IT 감사 3/e

IT 감사 3/e

정보자산 보호를 위한 통제기반 IT 감사

마이크 케게레이스 · 마이크 실러 · 크리스 데이비스 지음
지현미 · 최영곤 옮김

i!i
에이콘

에이콘출판의 기틀을 마련하신 故 정완재 선생님 (1935-2004)

내 가족과 친구들의 헌신적인 지원에 감사를 표한다.

– 마이크 케게레이스

내 삶의 가장 빛나는 순간을 만들어준 스테파니,
그랜트, 케이트에게 고마움을 전한다.

– 마이크 실러

지은이 소개

마이크 케게레이스^{Mike Kegerreis}

CISSP 자격이 있는 보안 전문가로서의 11년을 포함해 20년이 넘는 IT 경력이 있다. 텍사스 A&M 대학교를 졸업한 후 소프트웨어 개발자로 12년을 보냈다. 그 후 정보보안 분야로 전향했다. 또한 SANS 과정과 인증 개발에 참여하고, 인포섹 월드^{InfoSec World}, 캠프^{CAMP} IT, 댈러스의 텍사스 대학교와 댈러스 IIA 슈퍼 콘퍼런스^{Super Conference} 등에서 강연했다. 한때 웨스트 텍사스^{West Texas} 유전 시스템의 휴먼 인터페이스를 개발한 적도 있다. 평생 골프 팬으로, 시간이 날 때마다 라운드를 즐긴다. 가장 좋아하는 골프 코스는 TPC 라스베이거스다. 현재 텍사스 인스트루먼트^{Texas Instruments}의 수석 보안 아키텍트다.

마이크 실러^{Mike Schiller}

CISA 자격 보유자로서 텍사스 인스트루먼트의 최고 정보보안책임자^{CISO}다. 텍사스 인스트루먼트와 사브레^{Sabre}의 IT감사 책임자를 비롯해 IT감사 분야에서 15년 이상의 경력이 있다. CACS, 인포섹 월드, ASUG^{Americas 'SAP Users' Group}와 같은 콘퍼런스에서 연사로, 남부 감리교 대학교^{Southern Methodist University}에서 IT감사 과목의 강사로 활동했다. 이 책의 3개 판 모두에 저술 팀의 일원으로 빠짐없이 참여했다. 텍사스 A&M 대학교를 졸업했다. 여가에는 야구를 즐기고, 모든 메이저 리그 경기장에서 열리는 경기에 참가해왔다. 텍사스 레인저스^{Texas Rangers} 팀과 신시내티 레즈^{Cincinnati Reds} 팀의 충성 팬이다.

크리스 데이비스^{Chris Davis}

안전하고 유연한 하이브리드 클라우드 인프라 구축을 원하는 고객을 대상으로 Caveonix를 통해 제품 전략, 아키텍처 전략을 추진하고 있다. 전 세계 기업과 정부 기관을 대상으로 한 인증 커리큘럼, 위험 관리, 감사, 하드웨어 보안 설계, 고급 컴퓨터 포렌식 분석, 정보보안 분야에서 교육 훈련과 강연 활동을 해왔다. 오라클, 아마존, VMware, VCE, 크리티컬 스타트^{Critical Start}, 애큐데이터 시스템즈^{Accudata Systems}, 포스카웃 테크놀러지^{ForeScout Technologies}, 텍사스 인스트루먼트에서 근무한 경력이 있다. 토마스 에디슨^{Thomas Edison}에서 원자력공학기술 학사 학위, 오스틴에 있는 텍사스 대학교^{University of Texas}에서 경영학 석사 학위를 취득했다. 정보보안, 법의학, 감사 분야의 책을 다수 저술했으며, 이 분야의 기여 저자로도 참여했다. 그 중 일부는 다음과 같다. 『Hacking Exposed Computer Forensics 1/e & 2/e』(McGraw-Hill), 『Anti-Hacker Tool Kit 2/e & 3/e』(McGraw-Hill), 『Computer Security Handbook 5/e & 6/e』(Wiley).

기여 저자 소개

브라이언 브로젝Brian Wrozek

IT와 정보보안 및 관리 분야에서 20년 이상의 경험을 쌓은 노련한 사이버보안 임원이다. 옵티브사의 회사 보안, 위험, 준거 관리, 물리적 보안 담당 부사장으로, 사이버 운영, 사고 대응, 취약성 관리, 보안 거버넌스 활동을 비롯한 회사 보안 기능의 전반을 감독하고 있다. 댈러스 대학교University of Dallas의 Satish 및 Yasmin Gupta 경영 대학의 겸임 교수로, 대학원 수준의 사이버보안 과정을 가르치고 있다. 또한 정보 공유와 분석 조직ISAO인 텍사스 CISO 카운실Council의 이사다.

바비 로저스Bobby E. Rogers

정보시스템의 보호, 인증, 자격 인정 업무를 지원해주는 정보보안 엔지니어며, 국방부 기관 계약자의 일원으로 활동 중이다. 정보시스템보안 공학, 위험 관리, 증명, 자격 인증 활동을 맡고 있다. 네트워크 보안 엔지니어와 교관으로 일한 미 공군에서 21년 복무 후 은퇴해 전 세계 네트워크를 보호하고 있다. 정보 인증 분야IA에서 석사 학위를 받았으며, 메릴랜드의 캐피톨 기술 대학교Capitol Technology University에서 사이버보안 박사 학위 과정을 이수 중이다. CISSP-ISSEP, CEH, MCSE: Security와 CompTIA A+, Network+, Security+, Mobility+ 자격증을 갖고 있다.

케빈 휠러^{Kevin Wheeler}

정보보안, IT감사, 법규 준거 분야에 20년 이상의 경력을 보유한 업계 베테랑이다. 텍사스 플라노^{Texas, Plano}에 있는 정보보안 솔루션 제공업체인 인포디펜스^{InfoDefense}의 설립자 겸 전무이사다. 정보보안 감사, 평가 업무를 비롯해 금융 서비스, 의료, 제조, 정부, IT 서비스 업계의 조직을 위한 네트워크 보안 설계, 컴퓨터 사고 대응, 비즈니스 연속성 계획, IT 보안 교육을 수행해 왔다. 프로젝트 및 채용 포트폴리오에는 미 국방부, 뱅크오브아메리카^{Bank of America}, EDS(현재 DXC Technology), Symanance, 텍사스주와 같은 조직들이 포함된다. 또한 남부 감리교 대학교에서 IT 거버넌스, 리스크, 법규 준거 분야의 겸임 교수로 재직했으며, 정보보안과 정보기술 감사 콘퍼런스에서 자주 연사로 참여해 왔다.

기술 감수자 소개

팀 브리딩^{Tim Breeding}

CISA와 CGEIT 자격증 보유자다. 현재 Centennial Bank의 IT감사 매니저로 있으면서 이 은행의 현재와 미래의 요구에 대응한 IT감사 서비스를 구축, 지휘할 책임을 맡고 있다. 그 전에 월마트^{Walmart Stores, Inc.}와 사우스웨스트 에어라인^{Southwest Airlines}에서 IT감사업무를 지휘한 경험이 있다. 월마트와 사우스웨스트 에어라인에서 IT감사 기능의 실질적인 성장을 주재했다. 그 책임에는 IT감사의 모든 측면에 대한 완전한 감독권이 포함돼 있었다. 감사와 컨설팅 역량 모두에서 정보기술 위험과 완화 전략을 평가하는 프로젝트팀의 관리를 포함했다. 월마트에 재직하는 동안 월마트 U.S. 프로그램 매니지먼트^{Program Management}의 수석 이사로, 효과적인 프로그램과 프로젝트 지배구조를 촉진하는 데 몇 년을 보냈다. 또한 텍사스 인스트루먼트의 몇 가지 IT 기능 부문에 13년 이상 근무했다. 그 소임에는 컴퓨터 운영, 소프트웨어 개발, 소프트웨어 품질 보증과 IT감사가 포함돼 있다. 또한 지역 ISACA 지부의 이사회에서 봉사하고 있다. IT감사, 통제, 거버넌스 전문직으로 활동한 경력이 25년이다.

마이클 콕스^{Michael Cox}

현재 텍사스 인스트루먼트의 정보보안 분석가로 일하고 있으며, 수많은 감사 프로그램과 자동화된 감사 도구를 개발하는 IT감사인으로도 활동했다. 그 전에는 노텔^{Nortel}의 네트워크 엔지니어로 일했으며, 틈틈이 리눅스 시스템 관리자^{Linux sysadmin} 작업을 즐긴다. 애빌리 기독교 대학교^{Abilene Christian University}에서 역사학 학사 학위를 받았으며, 이 책 첫 두 개 판의 기술 감수자로 기여했다.

그레고리 고든 Gregory Gordon

20년 이상 정보기술 업계에서 활약해왔으며, 정보시스템보안, 감사에 대한 광범위한 배경 지식과 자격증(CISSP, CISA)을 갖고 있다. 글로벌 반도체 설계 및 제조 회사의 IT 보안 위원회에서 근무했다. 글로벌 B2B 통합 개발과 운영 팀의 IT관리자로, 기술적인 문제에 창의적인 솔루션을 제공하고 그다음 단계로의 진행을 도와줄 사람들의 개발에 열정적인 사람이다. 사무실 밖에서는 친구 및 가족과 함께 휴식하면서 여행을 통해 다른 문화도 경험하고, 축구의 모든 것을 즐기고 있다.

존 클락 John Clark

CISSP, CISA, CISM, CIPP/E, CIPT, FIP 자격 인증 소유자다. CISO, CIO, 중역회의와 기업 임원들의 정보보안 고문으로 일하고 있다. 20년이 넘는 정보기술과 보안 경험을 바탕으로 크고 작은 클라이언트와 협력해 왔다. 이런 협력을 통해 정보보안, 운영 위험 관리 프로그램을 해당 사업과의 연계, 개발하는 데 열정을 쏟을 수 있었다. 금융 서비스, 게임, 의료, 생명공학, 통신 서비스를 비롯해 다양한 산업에 걸쳐 정보보안 컨설팅과 위험평가 서비스를 제공해 왔다. 현재 옵티브에서 CISO 서비스의 전무이사로 재직 중이다. 정보보안 프로그램 전략의 개발, 실행 및 개발된 정보보안 프로그램의 효과적인 운영 업무에 고객을 지원하는 정예 팀의 일원이다. 옵티브에 합류하기 전에 앤드류 커누스 Andrews Kurth, 아메리칸 익스프레스 American Express와 애리조나 Arizona의 퍼스트 내셔널 뱅크 First National Bank에서 다양한 정보보안과 위험 관리 리더십 직책을 역임했다. 여러 산업 인증 자격증 외에도, 휴스턴 대학교 University of Houston에서 경영정보시스템 학사 학위와 MBA를 취득했다.

감사의 글

개정판 작업은 수많은 사람의 도움 없이 간단히 해낼 수 있는 일은 아니었다. 법인 조직, 법률, 기술에 관련된 주제는 매우 다양하므로 필요한 전문성의 깊이를 조정하는 일은 놀라운 도전 과제였다. 이 프로젝트가 성공하기까지 많은 오랜 친구와 새로 사귄 친구, ISACA, NIST, OWASP 같은 조직, 그 외에도 많은 사람이 지식, 시간, 기술, 도구 등의 공여를 통한 지원이 있었다.

엄청난 시간 동안의 글쓰기, 연구 조사, 협업이 이 책의 저술에 필요했다. 저자, 기여 저자, 기술 편집인, 산업계의 동료, 원고 교열자, 레이아웃 팀, 출판사 간부 팀 사이의 협업 과정에서 정면 반대에 직면하기도 했다. 이에 관계없이 지지하고 이끌어준 사람들의 호의에 감사를 표하는 것은 당연하다. 여러분 모두에 진심어린 사의를 표하고 싶다.

맥그우힐 출판사[McGraw-Hill]의 멋진 팀은 과할 정도로 열심히 일했으며 아주 탁월했다. 이 프로젝트의 진행 중에 기울여 주신 여러분의 헌신, 코칭, 장시간의 노고에 진심으로 감사드린다. 웬디 리날디[Wendy Rinaldi], 이 프로젝트의 결실을 위해 당신이 수행한 조정과 지도, 탁월한 리더십에 감사드린다. 곤경에 처한 저자들 옆에 다가와 기꺼이 해결책을 제시해준 출판사 팀원들께 감명을 받았다. 또한 조정, 기술 편집과 더불어 협업에 수고해준 클레어 이[Claire Yee](조달 담당 코디네이터)에게도 큰 감사의 말씀을 전한다. 이 부문의 일원이 되신 것을 매우 고맙게 생각한다. 또한 프로젝트 편집을 담당한 레이첼 포겔버그[Rachel Fogelberg], 원고 교열 작업을 한 리사 맥코이[Lisa McCoy], 교정 담당 폴 타일러[Paul Tyler], 색인을 담당한 테드 라욱스[Ted Laux], 편집 작업을 지휘한 패티 몬[Patty Mon], 제작을 지휘한 린 메시나[Lynn Messina], 문장 배열과 삽화를 구성한 Cenveo 출판 서비스[Publisher Services]의 놀라운 수고에 감사드린다.

브라이언 브로젝^{Brian Wrozek}과 바비 로저스^{Bobby Rogers}에 특별한 감사를 표한다. 마지막 순간에 합류해 몇 가지 중요한 간극을 메우는 데 도움을 줬다. 두 분의 참여는 소중했으며 진정한 가치를 만들어냈다. 그리고 이 책의 3판에 심층적 기술 감수를 해주신 팀 브리딩, 마이클 콕스, 그레고리 고든, 존 클락에게 감사드린다. 여러분의 리뷰는 놀랍고 상세하며 귀중했다. 독자에게 유용한 책을 저술하는 데 큰 도움이 됐다. 케빈 휠러의 기여에도 감사드린다.

또한 이 책의 첫 두 개 판의 편집, 검토, 출판에 참여한 많은 사람에게 감사의 말을 전하고 싶다. 처음 두 개 판에 대한 여러분의 노력이 없었다면 세 번째 판은 세상에 나올 수 없었을 것이다. 첫 두 개 판에 관여한 스테이시 해마커^{Stacey Hamaker}와 애론 뉴먼^{Aaron Newman}에게 감사드린다. 이전의 기술 감수자로 수고하신 바바라 앤더슨^{Barbara Anderson}, 마이크 커리^{Mike Curry}, 수베스 고스^{Subesh Ghose}, 케이스 로이드^{Keith Loyd}(Keith 보고 싶어요), 비샬 메라^{Vishal Mehra}에게 감사를 표한다. 그리고 첫 두 개 판에서 중요한 역할을 한 맥그로힐의 멋진 분들에게 감사드린다.

초판: Jane Brownlow, Jennifer Housh, Madhu Bhardwaj, Jim Madru, Ragini Pandey, Kevin Broccoli, Janet Walden, George Anderson 및 Jeff Weeks.

두 번째 판: Megg Morin, Joya Anthony, LeeAnn Pickrell, Lisa Theobald, Martin Benes, Karin Arrigoni, Jody McKenzie, James Kussow, Jeff Weeks, Lyssa Wald.

콘텐츠를 빌려준 3개의 조직에 진심어린 감사를 표한다. 감사 분야와 CISA 인증에 응집력 있는 지식을 제공한 ISACA 직원들에게 감사의 말씀을 전한다. 아직 해야 할 일이 많다. 팀으로서 동료들이 이런 훌륭한 지식 기반에 기여하게 장려하고 싶다. 또한 OWASP를 설립하고 기여한 제프 윌리엄스^{Jeff Williams}와 마크 커피^{Mark Curphey}에게도 감사드린다. 두 분의 이타적인 투자는 어디서 웹 사이트의 보안을 시작해야 할지를 모르는 전 세계 수천 명의 전문가와 그 이상의 많은 사람에 도움을 주고 있다. 그리고 사이버보안 세계에 매우 필요한 지침과 표준을 추가해준 NIST에도 감사를 표한다.

끝으로 이 책의 첫 두 판을 구입해 읽고 사용하면서 지지해준 모든 사람에게 감사 드린다. 이전 판에 대한 독자의 반응은 황송하게도 저자들에게는 크나큰 영광이 었으며, 세 번째 판 작업의 개선에 영감을 불어넣어줬다.

— 마이크, 마이크, 크리스

이 프로젝트에 나를 배려해줬으며, 또한 새로운 저자로 참여하면서 위험을 감수 하신 마이크 실러^{Mike Schiller}에게 감사드린다. 이번 집필 기간 동안과 나의 전반적 인 경력에 대한 당신의 신뢰와 지원은 정말 대단했다. 영광스러운 마음으로 당신 과 함께 일했다.

이 저술 작업에 기술적 검토를 수행해주신 그레고리 고든에게 감사의 말을 전하 며, 이를 가능하게 해준 다른 모든 기술 감수자에게도 감사드린다.

거의 12년 전 보안 분야의 문을 나에게 열어 줬으며, 또한 게임 후반에 이 프로젝트 에 뛰어 들어와 준 브라이언 브로젝에게 감사드린다. 수년 동안 당신의 지도와 영 향에 고마움을 전한다.

서적, 논문, 잡지, 콘퍼런스, 포럼, 블로그 등에서 배운 내용을 공유하는 모든 감사 인, 보안 실무자, 소프트웨어 개발자, 비즈니스 및 기타 분들에게 감사드린다. 이 와 같은 책은 저자로서 단지 '알고 있는' 것을 모은 편집물이 아니며, 저자들은 앉 아서 기억이나 경험으로부터 바로 시작해 완전한 장들을 기계적으로 작성하지 않 았다. 많은 부분은 다른 사람들의 연구 조사와 학습의 결과며, 여러분의 도움 없이 는 이러한 장들을 집필할 수 없었다. 여러분이 알고 있는 것을 공유함으로써 여러 분은 저자들의 나머지를 더 좋게 해준다. 이 책에서 유용한 것을 배운다면 주변 사람들에게 도움을 주고 그것을 전해주길 바란다.

내 친구 빌리 로저스^{Billy Rodgers}에게, 카운터에서 이 책의 두 번째 판을 본 후 실제(책 장 넘기기가 바쁠 정도로) 흥미진한 책 같다는 말을 했고, 그리고 내가 세 번째 판 집필을 한다는 소식을 듣고 보내준 소중한 의견에 감사드린다. 이 책은 퓰리처 타입의 간행물이 전혀 아니라는 사실을 일깨워줬고 저와 제 가족에게 훌륭한 기독교 역할 모델이 돼준 데 감사드린다.

그리고 무엇보다도 놀라운 사랑과 지원을 해준 내 가족에게 감사드린다. 크리스티[Kristy]에게 고마움을 전한다. 골판지 책상을 마련해 준 당신 덕분에 저자들이 이사하는 도중에도 이 프로젝트를 진행할 수 있었다. 물론 이 책이 향후 북 클럽의 선택을 받을 수 있게 하는 방안도 모색해줬다. 내가 마감일을 맞추려고 자리를 비우자, 휴가나 용무에 연기나 혼란이 일어났다. 그렇지만 이를 이해해준 리[Leah], 브라이언[Brian], 케롤라인[Caroline]에게도 감사의 말을 전한다. 이제는 휴식 시간이지요?

– 마이크 케게레이스

이 프로젝트에 참여하고 무거운 짐을 지게 허락해주신 마이크 케게레이스께 감사드린다. 당신의 참여가 없었다면 이번 판은 출간되지 못했을 것이다. 당신은 분명 이번 판의 MVP며, 보안 전문가로서 당신의 기량에 끊임없이 놀라워하고 있다.

나는 대부분의 장에서 기술 감수자로 시간을 내어준 좋은 친구 팀 브리딩에게 감사의 말을 전하려 한다. 탁월한 감사 전문가로, 당신의 감사 전문성과 품질 검토 코멘트가 차이를 만들어냈다. 기록적인 3연속 판 유닉스 장의 검토를 수락해주신 이 책의 기술 감수자 마이클 콕스, 칼 립켄 주니어[Cal Ripken, Jr.]에 감사드린다. 그리고 할당되지 않은 장에 대한 기술적 감수를 해준 그레고리 고든에게도 감사드린다.

또한 수년간의 우정과 파트너십을 이어온 크리스 데이비스에게도 감사드린다.

다이빙 캐치, 더욱 중요한 것은 훌륭한 친구이자 소중한 친구가 된 브라이언 브로젝에게 고마움을 전한다.

감사 분야의 최근 변경 사항에 대해 두뇌를 빌려주신 수베스 고스[Subesh Ghose]에게 감사드린다.

이전 판에서는 몇 년 동안 함께 일하고 배운 많은 사람을 나열했다. 간결성을 기하고자 여기서는 그 이름을 모두 반복하지는 않겠지만 그 책에 언급된 모든 사람에게도 여러분과 나의 삶, 경력에 대한 여러분의 영향에 고마움을 전한다.

물론 내 삶에 구원과 많은 축복을 주시는 신과 예수 그리스도께 감사드린다.

무엇보다도 내 가족 덕분에 나는 완벽한 아내, 아들, 딸, 엄마, 아빠, 형제들의 축복을 받았다. 당신들의 사랑과 지원에 감사한다. 스텝Steph, 내 가장 친한 친구며 나를 의지해준 당신에게 감사드린다. 나를 자랑스럽고 기쁘게 해줄 뿐 아니라 종종 디즈니Disney 방문 기회를 열어준 그랜트Grant와 케이트Kate에게도 고맙다는 말을 전한다.

– 마이크 실러

옮긴이 소개

지현미(hyunmiji11@gmail.com)

계명대학교 경영대학 회계세무학부 회계학 전공 교수로, 한국 및 미국 공인회계사(KICPA, AICPA)며, 국내 회계법인과 금융감독원에서 회계 및 감사업무를 수행한 경력이 있다. 계명대학교에서는 재무회계, 회계감사, 재무제표 분석 등의 과목을 가르치고 있다. 전공 관련 학회, 콘퍼런스, 웨비나 형태의 세미나 등에서 연사나 토론자로 꾸준히 활동하고 있다. 또한 각종 공공기구(기획재정부 국가회계제도심의위원회, 대구광역시 남북교류협력위원회, 대구지방법원 민사조정위원회 등)의 위원과 학회(한국회계학회 회계저널 편집위원장, 한국경영학회 이사) 구성원으로 대외 활동 중이다. 성균관대학교에서 경영학(학사, 석사, 박사) 학위를 취득했다. 집필한 책 중 일부는 다음과 같다.

『지금 당장 국제회계기준(IFRS) 공부하라』(한빛비즈, 2010), 『생활 속 회계탐구』(삼영사, 2013), 『New ISA를 반영한 알기 쉬운 회계감사』(삼영사, 2015), 『원칙 중심 K-IFRS 교육: 개념체계 기반 접근법(회계윤리와 종합사례)』(한국회계기준원, 2016), 『포렌식 탐정의 화이트칼라 범죄 제거전략』(교육과학사, 2016), 『IFRS 재무제표분석 제5판』(삼영사, 2018), 『리스크 기반 ISA 회계감사』(삼영사, 2019) 등이 있다.

최근에는 걷기를 통해 자연과 마주하며 내면의 속 뜰을 보살피고 있다. 아무에게도 방해받지 않고 홀로 걸으며, 자신의 존재를 오롯이 만날 수 있는 기쁨과 행복의 시간으로 채워 나가고 있다. 앞으로도 꾸준한 걷기를 통해 인생의 풍요로움과 즐거움을 만끽할 것이다.

최영곤(YKC5287@gmail.com)

계명대학교 경영대학 회계세무학부 회계학 전공 소속의 명예교수로, 한국 공인회계사^{KICPA}다. 계명대학교에서 33여 년 동안 재무회계, 회계감사, 회계정보시스템, 법규(회사법, 행정법, 세법) 등의 과목을 강의했다. 집필한 저서와 역서 중 일부는 다음과 같다.

『통계적 표본 회계감사론』(법문사, 1983), 『기초적 감사개념에 관한 보고서』(계명대출판부, 1992), 『디지털정보의 보안』(박영사, 2000), 『정보시스템』(탑북스, 2012), 『기업정보자원의 보호론』(범한, 2012), 『투자구매협상의 심리』(탑북스, 2011), 『포렌식 탐정의 화이트칼라 범죄제거전략』(교육과학사, 2016), 『리스크기반 ISA회계감사』(삼영사, 2019), 『세법요론 제3판』(세학사, 2019) 등이 있다.

연세대학교에서 경영학(학사, 석사, 박사)과 서울대학교 행정대학원에서 행정학(석사) 과정을 이수했고, 행정고시는 제19회다. 9년에 걸친 공직(경제과학심의회의, 체신부, 감사원) 활동 후 교직으로 전향했다. 음향시스템(CREDENZA(8-30) phonograph와 Turntable을 통한 SP와 LP의 구동) 이용 관련 취미활동은 미국 University of Rhode Island 교환교수로 체류 중 시작하고, 지금도 계속 중이다.

옮긴이의 말

정보기술^{IT} 감사 실무를 수행하는 내부/외부 감사인, IT 역량을 갖추려는 학생, 기업 내 IT 부서 구성원에게 이해하기 쉽고 실용적인 IT 전문 지침서를 제공하려는 취지로 이 책의 번역을 하게 됐다.

이 책의 저술에 참여한 9명은 미국 IT업계의 최고 베테랑이다. 한국어판의 독자는 다수의 옮긴이 해설을 포함, 최신 IT 용어와 관련 개념을 포괄적으로 접할 수 있다. 이 책은 IT와 인접 분야(규제 법규, 경영조직론, 인간관계론, 마케팅, 경영분석, 정보시스템, 회계감사 등) 지식을 접목시킨 융합 개론서다. 또한 해커용 안내서가 아니라 감사인이 회사의 IT 시스템, 업무프로세스에 대한 내부통제^{IC}와 보안^{security}을 평가, 판단하는 방법의 안내서다.

많은 IT 활용 기업이 갈수록 더 많은 데이터를 수집하고 저장하고 활용할 수 있게 되면서 이들 데이터 처리 시스템 자체에 대한 감사의 필요성과 데이터의 활용 분석이 더욱 중요해지고 있다. IT 기술은 계속 발전하고 있으며, IT 발전에 부합하는 감사 기법도 함께 발전해야 한다.

이 책의 1부에서는 IT감사 기능의 가치극대화라는 목표하에 IT감사부서의 효과적인 구축, 유지 방법, 감사인의 처신, IT감사 프로세스 등을 다룬다. 2부에서는 IT 시스템, 업무 프로세스에 대한 감사 기법과 다양한 신기술(예를 들어 클라우드^{cloud} 컴퓨팅, 사이버보안$^{cyber\ security}$ 프로그램, 빅데이터$^{big\ data}$, 데이터센터, 최종 사용자 컴퓨팅, 데이터 리포지토리$^{data\ repositories}$ 등)을 소개한다. 또한 최신 ICT의 동향, 세계의 주요 IT 기업, 제품, 기술의 탄생과 발전의 약력, 정보 자산의 보호 통제 지침(종합 체크리스트) 등을 주제별로 설명한다. 3부에서는 IT 활용 기업에 관련된 프레임워크, 표준, 규제 법규, 리스크 관리를 다룬다.

이 책은 IT 실무 지침서와 한국 공인회계사^{KICPA} 및 미국 정보시스템감사인^{CISA} 자격시험의 준비서로서의 역할을 훌륭히 해낼 것으로 기대된다. 시절의 인연에 따라 최근 공인회계사^{KICPA} 시험 과목 체계가 회계감사에서 IT 비중 확대 및 필수 이수과목에 IT 과목 3학점 추가로 개편됐다.

적시에 출간 기회를 주신 에이콘출판의 권성준 대표님과 출판 과정을 헌신적으로 지원해주신 박창기 이사님을 비롯한 직원 여러분의 노고에 깊이 감사드린다. 광활한 IT 시공간 세계를 초정밀 망원경으로 본 것 같은 감동을 한국어판 독자 여러분과 공유하고 싶은 생각이 간절하다. 전대미문의 COVID 19 활성기에 번역 과정을 조용히 지켜봐준 가족들과도 결실의 기쁨을 함께 나누고 싶다.

신축년 새봄에

지현미, 최영곤

차례

1부 감사 개요

2부 감사 기법

3부 프레임워크, 표준, 규제 법규, 위험관리

들어가며

"조직 내 IT감사부서의 구축과 IT감사실시를 이해하기 쉽게 설명한 핸드북을 집필해보자." 이는 집필 시작 무렵 저자들이 세운 기본 원칙의 하나였다. 이 책이 체크리스트와 교과서 이론 이상의 가치가 있기를 바랐다. 즉, 기업에서 실제 IT감사 업무를 매일 수행하는 사람들에게 생생한 실용적 지침서가 되길 지향했다. 이 점에 성공했다면 이 책의 독자들은 대부분의 IT감사서적, 강의에서 얻을 수 있는 것 이상으로 다음 세 가지 목표에 도달할 수 있다.

먼저 이 책은 IT감사실시 방법을 안내하고 감사인이 회사에 기여할 가치를 극대화할 수 있도록 돕는다.

이 책의 1부는 IT감사업무의 수행방법에 대한 실용적인 지침을 제시한다. 이러한 지침을 적용하면 IT감사 기능이 회사 IT 환경에서 필수적이고 훌륭한 요소로 간주될 수 있게 될 것이다. 이 지침은 수년간의 경험과 모범 사례에서 도출한 것이다. 경험이 아주 많은 IT감사인들조차도 유용한 도구와 기법들이 해당 장별로 다수 수록돼 있음을 알게 될 것이다.

일반적인 IT 주제, 프로세스, 기술에 대한 감사를 철저히 수행할 수 있게 돕는다.

이 책의 2부는 해야 할 일이 무엇인지뿐만 아니라 그것을 행하는 이유^{why}와 방법^{how}에 대한 실용적이고 상세한 조언을 독자에게 제시하고 있다. IT감사 자원이 감사인에게 해당 업무의 실시 이유나 정확한 단계별 수행방법의 이해를 위해 충분한 정보를 제공하지 않지만, 자원의 분량은 지나치게 많을 수 있다. 이런 경우 해당 자원은 총알 지향식 체크리스트를 제시하는 것과 같다. 저자들의 목표는 그러한 간극을 메우는 데 있다.

마지막으로 이 책은 현재 IT감사 전문직에 강력한 영향을 주고 있는 제반 법규를 비롯해 IT감사표준과 프레임워크를 제공한다.

3부는 COBIT, ITIL, ISO 27001과 같은 표준 및 프레임워크와 사베인스-옥슬리법 Sarbanes-Oxley, HIPAA, PCI와 같은 법규에 중점을 둔다. 이 절의 또 다른 목표는 대부분의 법규에서 요구하는 위험평가와 관리에 대한 신비적 요소의 제거다.

시스템 강화, 세부 침투테스트를 위한 지식과 자원들은 다른 서적을 이용해서도 충분히 입수할 수 있다. 그런 내용은 이 책의 초점이 아니다. 감사 경험에서 보건대 내부자 관점에서 내부통제 품질에 대한 자문 요청을 더 자주 받아왔다. 따라서 이 책의 감사 단계들은 대부분 모든 구성 파일, 문서, 정보에 감사인이 완전히 접근할 수 있다는 가정하에 작성돼 있다. 이 책은 해커용 안내서는 아니다. 감사인이 회사 IT 시스템, 프로세스의 내부통제와 보안을 평가, 판단하는 방법에 관해 다룬 안내서다.

이 책의 구성

이 책은 세 부분으로 구성돼 있다. 1부, '감사 개요'에서는 IT감사 프로세스, 효과적인 IT감사팀의 구축과 유지 방법, IT감사 기능의 가치극대화 방법을 이해하는 데 도움이 된다. 2부, '감사 기법'에서는 특정 시스템이나 프로세스 감사에 필요한 특정 구성 요소나 감사 단계를 이해하는 데 도움이 된다. 마지막으로 3부에서는 감사 기능의 범위를 관장하는 프레임워크, 표준, 법규, 위험을 다룬다.

감사 기법을 다룬 장

일반적인 감사 대상 시스템, 프로세스에 제안할 수 있는 감사 프로그램이나 기법들을 2부에 수록하고 있다. 2부에서 각 장들은 가장 유용한 정보를 빠르게 요약할 수 있게 구조화돼 있다.

배경지식

각 장의 이 부분은 주제를 익히는 데 도움이 되는 주제의 역사나 배경 정보를 제시했다.

감사 기본 사항

특정 기술을 다루는 장의 경우 해당 장의 이 부분에서는 해당 기술 관련 사항을 설명하고 기본 개념, 명령, 도구를 소개한다.

테스트 단계

2부에 속한 각 장들의 핵심이다. 감사인이 무엇을 찾아야 하는지, 왜 그렇게 해야 하는지(즉, 어떤 위험들을 다루고 있는지), 해당 단계를 세부적으로 수행하는 방법을 제시한다.

"이는 실시해야 할 감사 단계들이다."

해당 단계 바로 뒤에 나오는 문장은 이 단계가 중요한 이유를 설명한다. 이 절에서는 위험 및 업무상의 요구와 같은 해당 단계의 수행 이유를 설명한다.

방법

해당 단계의 수행방법을 설명한다. 독자들의 콘텐츠 탐색을 돕고자 테이블과 코드 목록 같은 디자인 요소를 흔히 이용했다.

"이는 예제 코드 목록이다."

도구와 기술

이 절은 테스트 단계에서 사용되는 도구들과 여기서 다루지 않았지만 널리 언급된 기타 도구들을 열거하고 있다. 이런 도구를 이용하면 해당 기술을 좀 더 면밀히 검사할 수 있다. 이 절은 독자들이 기술을 자세히 살펴볼 때 고려해야 할 몇 가지 도구를 짧은 형식으로 제시하는 것이 목표다.

지식 베이스

이 절에서는 독자가 해당 장에서 다루는 주제에 대해 자세한 정보를 찾을 수 있는 웹 사이트와 서적 목록을 제시한다. 모든 것을 논의할 수는 없지만 다른 사람들 사이에서 당신이 알고 싶어 할 수 있는 것보다 더 많은 것이 논의되는 장소를 알려줄 수 있다.

종합 체크리스트

이 체크박스 형태의 표는 각 장에 나열된 단계들을 요약한 것이다. 다른 체크리스트와 마찬가지로 자신의 우선순위를 고려하고 자신의 실정에 맞게 조정할 필요가 있다.

독자에게 드리는 말씀

이 책을 읽는 데 시간을 할애해주신 여러분께 감사드린다. 기술은 계속 발전하고 있으며, 감사 기법도 발전해야 한다. 이 책의 2판이 발간된 2011년 이후 몇 년 동안 사이버보안과 빅데이터 같은 영역이 성숙해지고 주류에 들어섰다. 이번 3판에서는 사이버보안 프로그램, 빅데이터, 데이터 리포지토리, 새로운 기술(이 책에서 구체적으로 다루지 않은 기술)에 대한 지침을 제공하는 완전히 새로운 장을 만날 수 있다. 또한 모든 장에 최근 동향과 발전을 반영해 업데이트하고 개선했다.

도움이 될 수 있는 무언가를 만들어내려고 셀 수 없이 많은 시간과 엄청난 노력을 기울였다. 이 책을 끝까지 읽은 다음, 자습서로 사용하려 한다면, 참고 자료로 계속 옆에 두고 보기를 추천한다. 감사는 상세 지향의 업무이므로 압도 당하고 무언가를 간과하기 쉽다. 또한 이해 능력을 넘어선 상태로 들어가기가 쉽다. 이 책은 여러분이 아는 것에서 시작해 새로운 것을 배우고 확장하기에 좋다. 저자들이 즐 거운 마음으로 이 책을 저술한 것처럼 여러분도 이 책을 재미있게 읽어주길 바란 다. 모든 감사업무에 행운이 함께 하길 바란다.

문의 사항

한국어판에 관해 질문이 있다면 옮긴이의 이메일이나 에이콘출판사 편집 팀 (editor@acornpub.co.kr)으로 문의해주길 바란다.

한국어판의 정오표는 에이콘출판사의 도서정보 페이지 http://www.acornpub.co. kr/book/it-auditing에서 찾아볼 수 있다.

1부

감사 개요

- ■ 1장　내부IT감사기능의 효율적 구축
- ■ 2장　감사업무의 진행과정

내부IT감사기능의 효율적 구축

1장에서는 내부감사부서의 목적과 회사에 최상의 이익을 가져다 줄 수 있는 내부 감사부서의 활용 방법을 다음 주제별로 알아본다.

- 내부감사부서(부문)의 진정한 임무
- 독립성 개념에 대한 이해 및 오용 방지 방안
- 관계망 형성을 통한 효율성 증대 방안
- IT감사기능의 역할과 정확한 포커스의 선택 방법
- IT감사팀의 효율성을 확보, 유지하기 위한 방법

1장에서 제시하는 지침과 철학은 이 책 전반에 걸쳐 기반이 된다. 1장은 내부감사 인 입장에서 서술된 것이지만 이 책에서 언급되는 제반 개념과 철학은 외부감사 환경에서도 적합한 지침으로 활용할 수 있다. 이 책의 나머지 부분(특히 2부)의 내 용은 내부감사인과 외부감사인을 구별하지 않고 본질상 동일하게 적용된다.

내부감사부서의 임무(우리가 여기에 있는 이유?)

내부감사부서(부문)^{internal audit department}를 효과적인 조직으로 발전시키고자 한다면 우선 내부감사부서의 목적부터 이해해야 한다. 내부감사부서의 존재 이유는 무 엇인가? 내부감사부서의 최종 목표는 무엇인가? 내부감사부서의 최종 목표가 보 고서 발행인가? 문제점을 제기하는 것인가? 혹은 나쁜 사람으로 보이게 만들기 위함인가? 내부감사부서[1]에 속한 직원이 얼마나 멋진 인물인지를 보여주는 한편, 회사 내의 타부서 직원들이 얼마나 부정직, 무능, 부패한지를 보여주고자 함인가? 내부감사부서는 이사회에 보고하는 위치에 있으므로 무슨 일이든 할 수 있고, 누구든 내리누를 수 있음을 보여주기 위한 것인가? 아마도 그중 어느 것도 적절한 답변이 될 수는 없을 것이다.

그러나 아쉽게도 내부감사부서의 활동이 앞의 예시 중 어느 하나 이상에 해당되는 것처럼 보이는 경우도 많다. 많은 감사부서가 회사 내의 타부서와 적대적 대결 관계 속에 존재하면서 타부서와는 '독립적으로' 그리고 타부서와는 일정한 거리를 두면서 편안한 상태로 스스로를 유지한다. 유감스럽게도 이러한 내부감사부서는 중요한 점을 간과하고 있다. 즉, 내부감사부서가 회사에 제공할 수 있을 잠재적 가치를 실현하지 못한다는 점이다.

회사의 감사위원회(이사회 내의 위원회)[2]는 감사부서를 별도로 설치하는 경우가 많다. 감사부서는 내부통제internal controls의 효과적인 설계, 운용 여부에 대한 독립적인 인증independent assurance을 감사위원회에 제공한다. 감사위원회는 감사부서라는 객관적인 부서를 통해 회사의 내부통제에 대한 실상really going on을 보고 받고자 한다. 감사위원회는 내부통제의 실행을 거부하는 모든 악행이 누군가(위원회가 신임할 수 있는 자)를 통해 밝혀지기를 원한다. 내부감사부서는 감사위원회 의장에 직접 보고하는 것이 일반적이다. 보고를 받은 감사위원회는 회사 내의 부정직한 관리자에게 보낸 경고 신호blowing the whistle의 결과에 따른 여러 가지 반응을 보고 안도감

---

1. 회사 조직의 부문화(departmentalization) – 부문화 또는 부서 만들기란 직무의 성격에 따라 해당 담당자들을 모아 동일한 경영자의 감독 아래 일하게 하는 것을 말한다. 부문화는 전문가들을 집단화시키는 방법이기도 하다. 대기업의 경우 기본적인 분할(부문화) 기준을 기능(functions: 재무, 생산, 판매, 인사, 감사, 전산 등)에 두고, 이를 다시 제품별, 지역별, 고객별, 생산 과정별 등으로 분화시키는 경향이 있다. 소기업의 경우 정교한 것은 아니지만 단순한 양적 기준(예, 인원수)을 도입해 인적 구성원을 집단화하거나 부문화시키는 방법이 정당화될 수도 있다. 기능 조직 이외에도 사업부 조직, 프로젝트 조직, 매트릭스 조직, 팀 조직 등 여러 부서 유형(조직 형태)이 있다(김남현 역, 『경영조직론』, 3장 참고). – 옮긴이
2. 최근 사업연도 말 현재의 자산 총액이 2조원 이상인 주식상장회사는 감사위원회를 의무적으로 설치해야 하며, 이 경우 감사를 둘 수 없다. 감사위원회는 이사회의 하위 기관이다(상법 415조2 및 542조11, 동법시행령 37조). – 옮긴이

을 느끼게 될 것이다.

앞 문단의 풍자적 표현에도 불구하고 극히 중요한 점은 감사위원회가 회사 내부의 눈과 귀 역할을 할 수 있는 내부감사기능[3]을 갖추고 있다는 것이다. 내부감사기능은 감사위원회가 제 역할을 다해 회사의 이해관계자에게 봉사하려는 경우에 중요하다. 감사위원회는 대표이사[CEO]나 재무담당이사[CFO]와 같은 회사 임원에게 보고한다. 보고에 관련된 사항은 1장의 뒷부분에서 다룬다. 우리가 주목해야 할 점은 감사위원회와 마찬가지로, 고위 경영진도 회사 내부통제에 대해 관심[4]을 갖고 있다는 것이다. IT 관점에서 감사위원회와 고위 경영진들이 원하는 것은 "우리 회사의 영업 기밀이 정말로 안전한가?"와 같은 의문 사항에 대한 솔직한 진술이다. "최대 경쟁업체와 네트워크를 공유하면서 협업하려는 계획안 때문에 우리 회사가 보안상의 위험에 노출될 우려는 없겠는가?"

이러한 것이 감사부서의 중요한 역할이지만 그것이 전부는 아니다. 단순히 이슈를 보고하는 것 자체만으로는 아무것도 이뤄지지 않는다. 보고된 이슈가 처리돼 문제가 해결되는 경우에 진정한 가치가 실현된다. 즉, 이슈의 보고는 마지막 결과로 가기 위한 수단이다. 이러한 맥락에서 최종 결과는 회사의 내부통제 상태의 개선으로 나타난다. 보고된 이슈는 공개적으로 드러나게 된다. 그러면 이를 고치기 위한 자원의 투입과 주의를 기울이는 메커니즘이 작동할 것이다. 누군가가 극히 중요한 데이터센터의 벽에 구멍 한 개를 발견해 이를 경영진에게 보고했다면 그러한 행위는 타인의 희생을 대가로 자신을 멋지게 보이려는 목표달성에는 도움이

---

3. 기업지배, 위험관리, 내부통제 관련 절차들의 효과성을 평가하고 개선하고자 설계된 인증과 자문 활동을 수행하는 기업의 기능이다. 많은 기업은 내부통제와 기업지배구조의 일부로, 내부감사기능을 수립한다. 내부감사기능의 권한과 책임을 포함해 내부감사기능의 목적과 범위, 책임의 성격과 조직 내 위상은 매우 다양하며 기업의 규모와 구조, 경영진(해당 시 지배 기구 포함)의 요구사항에 따라 달라진다(ISA 610). – 옮긴이

4. 2002년 7월 발효된 미국의 '사베인스–옥슬리법(Sarbanes–Oxley Act)' 404조는 각 회사의 재무보고에 관한 내부통제(Internal Control over Financial Reporting)를 구축, 운영할 책임이 경영진에게 있고, 각 년도 말 회사의 재무보고 내부통제에 대한 효과성을 경영진이 직접 평가하도록 요구하고 있다. 한국의 경우 자본시장법 159조와 동법시행령 169조에 의해 주식상장 법인 등의 대표이사(CEO)나 재무담당이사(CFO)는 유가증권신고서나 사업보고서(반기, 분기 보고서 포함)를 제출할 때 외부감사법에 따라 내부회계관리제도(내부통제제도의 축소판)가 운영되고 있다는 사실 등 일정 사항을 확인, 검토, 서명해야 한다. – 옮긴이

될지 모른다. 그러나 구멍은 여전히 존재하며, 회사는 여전히 위험 상태에 노출돼 있다. 구멍이 수선되는 시기는 회사의 가치를 높이는 어떤 행위가 실제로 수행된 때다(회사가 아직 알아차리지 못하고 있고 감사실시 이전에 구멍 수리 계획이 없는 경우에만 이런 말을 할 수 있다).

그러므로 내부감사부서의 진짜 임무는 회사 내부통제 상황의 개선을 지원하는 일이다. 이는 감사의 실시와 결과 보고를 통해 달성된다. 내부통제상의 결함이 해결된 경우에만 이런 활동이 실질적인 가치를 제공한다는 것이다. 감사 접근법을 개발할 때 유념해야 할 주요 특성 중 하나가 바로 이런 점이다. 감사의 '표적'이 되는 사람을 대하는 방식이 가장 중요하다.

결함이나 지적 사항이 없는 감사보고서가 무가치하다는 말은 아니다. 앞서 언급한 것처럼 내부감사부서가 감사위원회와 고위 경영진에게 제공하는 것은 일종의 '인증 서비스'다. 내부감사부서가 중요 분야를 객관적으로 평가해 모든 사항이 기대한 대로 작용하고 있다는 인증을 제공하는 경우 회사 경영진에게 확실한 존재 가치를 나타낼 수 있다. 각 계층별 경영진들이 감사를 통해 위험을 지각하고, 위험을 감수하기로 결정한다면(위험에 대처해 조치를 취하기보다는 오히려) 이 또한 가치 있는 일이다. 이 경우 적어도 최소한 위험에 대한 가시성은 확보돼 있으므로 의식적인 결정을 내릴 수 있다. 하지만 가장 큰 가치는 감사의 결과로 내부통제가 개선된 경우에 나타난다.

 참고 내부감사부서의 목표는 문제점(결함)의 교정을 위한 비용 효과적 해결책을 회사가 마련하도록 지원해 내부통제를 강화, 증진시키는 것이다. '보고'에서 '개선'으로의 초점이 이전되는 것이다. 회사 내의 타부서와 마찬가지로 내부감사부서의 존재 가치는 특정 분야의 전문성을 이용해 회사에 가치를 부가시키는 데 있다(이 경우 전문성은 내부통제에 대한 지식과 이를 평가하는 법이다).

내부감사부서의 임무를 요약하면 다음 두 가지다.

- 회사 내부에 내부통제가 설계돼 있으며 효과적으로 운용되고 있다는 독립적인 인증을 감사위원회(및 고위 경영진)에 제공한다.
- 회사가 내부통제상의 취약점을 식별하고, 이 취약점에 대처하기 위한 비용 효과적 해결책의 개발을 지원한다. 이를 통해 내부통제의 촉진과 회사 내부통제 현황이 개선될 수 있다.

미국 내부감사인협회[IA, Institute of Internal Auditors]의 웹 사이트(http://na.theiia.org)는 그 임무를 다음과 같이 제시한다. "위험에 기반을 둔 공정한 인증, 조언과 통찰력을 제공해 조직의 가치를 보호, 증진시키는 것을 그 임무로 한다."

1장의 나머지 부분은 IT감사 직무의 가장 효과적인 달성 방안을 다룬다.

 참고 내부통제[5]라는 용어가 1장에서 자주 사용된다. 아주 간단하게 표현하자면 회사 내 업무 프로세스의 올바른 작동을 확보하기 위한 메커니즘이다. 모든 시스템과 프로세스는 특정한 사업목적 속에 존재한다. 감사인은 이러한 목적의 달성에 영향을 줄 수도 있을 위험을 찾아내고, 이러한 위험을 완화시켜줄 내부통제가 실제로 마련돼 있는지 확인해야 한다. 2장에서 이 용어의 의미를 심층 탐구하기로 한다.

---

5. 내부통제란 경영의 효과성, 효율성, 재무보고의 신뢰성, 관련 법규의 준수에 관련된 기업의 목적 달성에 관한 합리적 확신을 제공할 목적으로 지배 기구, 경영진, 기타 인원에 의해 설계, 실행, 유지되고 있는 절차를 말한다. '통제'라는 용어는 내부통제 구성 요소 중 하나 이상의 어떤 측면을 말한다(ISA 315). 내부통제의 구성 요소는 통제환경, 기업의 위험평가절차, 관련 사업 프로세스 등 재무보고에 관련된 정보시스템과 커뮤니케이션, 통제활동, 통제의 모니터링의 다섯 가지다. 효과적인 내부통제제도는 경영진이 업무 성과를 측정하고, 경영의사결정을 수행하며 업무 프로세스를 평가하고 위험을 관리하는 데 기여함으로써 회사의 목표를 효율적으로 달성하고 위험을 회피하거나 관리할 수 있게 한다. 그리고 직원의 위법 및 부당행위(횡령, 배임 등) 또는 내부정책과 절차의 고의적인 위반 행위뿐만 아니라 개인적인 부주의, 태만, 판단상의 착오 또는 불분명한 지시에 의해 야기된 문제점들을 신속하게 포착함으로써 회사가 시의적절한 대응 조치를 취할 수 있게 해준다. - 옮긴이

독립성: 위대한 신화

독립성은 감사부서의 초석이 되는 원칙 중 하나다. 또한 감사부서의 존재 가치가 훼손되는 가장 큰 이유 중 하나이기도 하다. 독립성은 감사부서가 성공적으로 운영되기 위한 핵심 요소 중 하나다. 또한 독립성은 감사위원회가 감사부서에 의존할 수 있는 근거이기도 하다. 과연 독립성이란 어떤 것인가?

인터넷 사전에 의하면 독립성이란 '독립적인 상태 또는 자질'이다. 여기서 '독립적'이라는 단어에 주목해보자. 이 사이트는 독립적이라는 단어를 '스스로 생각하거나 행동하기, 의견이나 행위 등에 타인의 지배나 영향을 받지 않는 것'으로 정의하고 있다. 이 정의는 대부분의 감사부서들이 표방하고 있는 개념과도 잘 부합한다. 적어도 부분적으로는 이들이 감사위원회 의장에게 보고하기 때문에 타인의 영향 내지 통제에서 벗어나 있다고 믿는다. 그러나 이는 사실과는 다른 측면이 있으므로 좀 더 자세히 살펴보자.

대다수 회사에서 감사부서가 이사회에 보고하는 것이 맞지만 감사위원회는 회사의 대표이사^{CEO}나 재무담당이사^{CFO}에게도 보고한다(그림 1-1). 이들 임원은 일반적으로 감사부서의 예산과 감사부서 구성원들에게 지급될 보상금액 산정에 영향력을 행사한다. 현실적으로 구성원 개개인이 대표이사^{CEO}나 재무담당이사^{CFO}의 영향에서 얼마나 독립적이라고 느낄 수 있을지를 상상하기는 어렵다. 내부감사인은 보통 동료 직원들과 같은 건물에서 일하므로 감사부서 외부의 사람들과 관계 형성은 불가피하다. 모든 타부서 직원들처럼 감사인도 때로는 주로 자사 주식으로 구성된 기업연금(401(k))에 가입한다. 그러므로 회사의 성공이 내부감사인에게도 최고의 관심 사항이다.

감사부서의 인원 구성을 어떻게 하는 것이 가장 바람직한가? 일정한 시점에 회사 내부의 타부서 직원이 감사부서로 전입하고, 감사부서 직원이 타부서로 전출하는 직무순환 계획이 마련돼 있는지가 아주 중요하다. 독립성에 대해 원하는 바를 모두 말할 수는 있다. 이들 감사인이 많은 사람을 성가시게 한다면 나중에 감사인이 회사 내부의 타부서에 배치돼 일하게 될 때 매우 어려운 상황에 놓일 수도 있다. 감사인은 이런 점을 알고 있다. IT조직으로 전입을 앞두고 있는 IT감사인이 있다고 가정해보자. IT조직책임자[CIO]가 그 사람을 건방지고 세상물정 모르는 바보로 생각하지 않는다면 그나마 다행일 것이다.

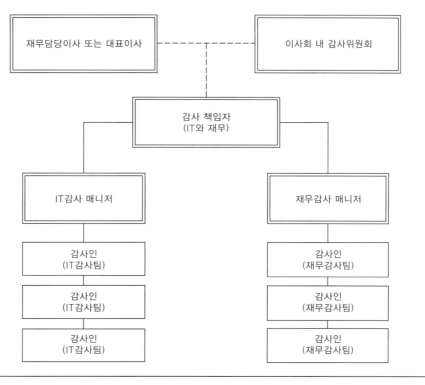

그림 1-1 감사팀의 보고 체계

지금까지 살펴본 바와 같이 내부감사부서가 실제로 독립적이지 않다는 점은 분명하다. 그럼에도 불구하고 독립성이 감사인의 역할 이면에 내포된 핵심 개념이라는 것은 여전히 유효하고 중요하다. 감사인은 문제점을 감추라는 부당한 압력에 굴복하지 말고 '일을 바로 처리하게' 허락받았다고 믿어야 한다. 이는 이사회와의 관계성이 작동하는 시작점이다. 감사인이 일을 바르게 처리하는 것을 회사의 경영진이 거부하는 경우 감사부서는 경영진의 분노를 막을 수 있다는 희망을 갖고 이사회에 보고할 수 있는 용기를 가져야 한다. 이는 마지막 수단으로 사용될 수 있다. 이와 같이 감사인이 이사회에 보고해야 하는 상황이 종종 발생한다면 결과적으로 회사가 건전한 상태라고 볼 수는 없다.

 참고 결론적으로 내부감사인으로 일하면서 감사업무와 관련해 경영진에게 보고하는 경우라면 내부감사인은 경영진으로부터 독립된 감사인이 될 수 없다.

내부감사인의 행위를 서술할 때 '독립적인independent'이라는 용어보다는 '공정한objective'이라는 용어의 사용이 더 적합하다. 공정성은 감사인으로 하여금 개인적인 느낌이나 편견에 휘둘리지 않고 불편부당한 자세를 취하게 요구한다. 정의상 내부감사인이 실제로 독립적이지는 못하지만 감사인이 공정한 자세를 견지할 것으로 기대하는 것은 당연하다. 훌륭한 감사인은 감사기간 중 개인적인 감정을 제쳐 두고 편견 없이 상황을 볼 수 있다.

내부감사인이 자신의 독립성 결여를 오히려 중요한 기회로 활용한다면 효율성을 극대화시킬 수도 있다. 상아탑 속에 안주하며 일상적 업무의 일부가 아닌 척 할 것이 아니라 업무에 대한 자신의 현장 지식을 지렛대로 이용해야 한다. 감사기간 동안에 회사 운영에 대한 깊은 지식을 가져와 집중할 수 있는 외부회계법인은 없겠지만 적절하게 구성된 내부감사팀은 그렇게 할 수 있다. 진행 중인 회사업무에 참여해 그 일원이 되기를 거부하고 회사업무에 대한 사전 지식을 구비한 감사인의 채용도 거부한다면 결과적으로 경영진에게 감사기능audit function을 아웃소싱outsourcing하게 촉구하는 셈이 된다.

 참고 감사인은 이사회와 고위 경영진에게 감사인이 갖고 있는 회사 관련 지식과 회사 내 관계망에 필적할 만한 외부업체는 결코 없다는 사실을 알려줘야 한다. 내부감사부서의 감사인을 활용하면 회사에 경쟁 우위를 제공한다는 점을 증명해야 한다. 내부감사인은 감시 기능(oversight)에 부가해 통찰력(insight)도 제공할 수 있다. 그렇지 않다

면 내부감사인은 단지 최저선 비용 개념에 불과하다. 경영진이 다른 외부 공급업체를 통해 좀 더 저렴한 비용으로 해당 기능을 수행할 수 있다면 내부감사부서가 필요 없게 된다.

공식감사 이외의 가치 추가

감사 이외에도 감사인이 활동할 수 있는 영역이 있다. 정식감사를 수행하는 것이 감사부서의 필요하고도 중요한 기능이지만, 정식감사에서 다룰 수 있는 범위에는 한계가 있다. 감사부서가 영역을 확대해 회사의 가치를 증진시킬 수 있는 서비스를 제공하는 데 이용가능한 방법들을 알아보자. 경영자문감사를 먼저 알아보고 이어서 계속감사의 개념을 다룬다.

경영자문감사

내부통제를 구현한 후post-implementation에 통제기능을 추가하거나 문제점을 수정하는 데 드는 비용은 처음부터 일을 제대로 하는 경우보다 훨씬 더 크다. 내부통제를 구현하기 전에 시스템이나 솔루션을 평가하는 것과 내부통제를 구현한 후에 평가하는 것에 있어 독립성 차이는 없으나 감사인이 회사에 부가시켜 줄 수 있는 가치의 크기는 차이가 있다.

 참고 품질과 마찬가지로 내부통제도 사전에 구축해야 한다.

많은 감사인은 독립성 때문에 감사과정에서 의견제시나 회사의 가치를 높이는 일을 하지 못한다고 변명하곤 한다. 내부통제상의 결함에 대처한 솔루션을 개발하려는 동료 직원들을 지원하고자 함께 일해도 감사인은 여전히 독립적일 수 있다.

감사인이 시스템에 배치될 통제를 미리 평가한다고 해서 독립성이 훼손되는 것은 아니다. 내부감사부서가 새로운 시스템이나 프로세스를 개발하고 있는 팀에 지침이나 조언을 제공하기를 거부하는 사례들이 반복적으로 발생하고 있다. 내부감사인이 시스템에 배치할 통제에 대한 조언을 한다면 더 이상 독립적이지 못하다는 것을 의미하므로 조언을 할 수 없다고 한다. "이미 제반 통제에 서명$^{sign\ off}$했다면 지금에 와서 무엇을 어떻게 감사할 수 있겠습니까?" 이렇게 말한다면 이는 내부감사인이 해야 할 일을 회피하는 좋은 방법이다. 그러나 이는 말도 안 된다. IIA 웹 사이트에서의 설명과 같이 "내부감사인은 조직의 핵심 기능에 대한 인증 서비스를 제공하면서 이사회에 주요 전략적 주도권을 조언하는 일에도 관여한다. 신뢰받는 조언자로서의 지위를 어느 정도 즐기면서 말이다. 전통적인 감사업무만으로는 점점 커지는 리스크에 대처해 기업 전략의 집행을 지원하는 데 불충분하다는 인식과 더불어 내부감사인은 더 많은 역할을 할 수 있다는 자각을 하고, 그렇게 이행하고 있다."

시스템의 구현 이전에 의견 개진을 요청받은 감사인들은 대개 두려워한다. 신통치 못한 조언을 한다면 어떻게 될까? 그러면 시스템의 구현 업무를 수행한 IT부서 직원들과 마찬가지로 감사인에게도 통제 실패에 대한 책임이 뒤따른다. 이 경우 감사인은 아무런 말을 하지 않는 것이 더 낫다고 생각할 것이다. 또한 내부통제시스템을 개발하는 중에 IT부서 직원들이 무엇을 하든 간에 가만히 내버려 두는 것이 더 좋다고 생각할 수도 있다. 이것이 과연 옳은 것인가? 감사인은 시스템에 대한 감사를 후속적으로 하게 되므로, IT부서 직원들이 망쳐놓은 곳을 감사 이후에 알려줄 수 있다. 이는 우스꽝스러운 시나리오다. 그러나 아쉽게도 이러한 일은 수시로 발생한다. 야구선수가 투수판$^{the\ plate}$에 등판하듯 감사인도 판에 올라서서 기꺼이 의견을 제공할 의사가 있어야 한다. 시스템의 구현 전이나 후에 감사인이 제시하는 의견은 본질적으로 내용이 동질적이어야 한다. 이번 주(구현 전)에 그러한 의견을 제시하면 감사인의 독립성이 훼손되고, 다음 주(구현 후)에 제시하면 감사인의 독립성이 훼손되지 않는 것인가? 이처럼 시간의 전후에 따라 달라진다는 것은 이치에 맞지 않다.

시스템 구현 과정의 처음부터 관여하다 보면 어떤 점을 놓치거나 부적당한 의견을 개진하게 될 가능성도 있다. 물론 기존 감사 중에도 어떤 점을 간과하거나 서투른 조언을 할 수도 있다. 리스크(위험)는 항상 존재하기 마련이다. 하지만 감사인 입장에서는 이를 극복하고 최선을 다해야 한다.

 참고 한 가지 중요한 질문 사항은 선행적으로 컨설팅 업무를 실시한 감사인의 미래 시점의 독립성(또는 공정성)에 관련된 것이다. 감사인이 나중에 그 시스템을 감사한다면 과연 독립성이 확보될 수 있을까? 감사인 자신이 통제시스템에 대해 이미 서명하고 승인했기 때문에 이후에 시스템에서 무엇인가 누락되거나 결함이 발견되는 경우 감사인이 스스로의 잘못을 인정할 것인가? 이러한 상황을 어떻게 타협할 것인가? 이 문제는 고려할 만한 가치가 있다. 그러나 우리 모두는 '좀 더 똑똑해질' 권리를 가져야 한다. 또한 시스템 구현 후에 실시한 감사의 결과로 시스템 구현 전에 고려되지 못한 문제점이 제기됐다고 해서 변명할 필요는 없다. 구현 이전 단계에서부터 관여했던 감사인은 내부감사부서의 구성원 중 구현 후 감사를 위한 가장 지식이 풍부한 자원이 될 것이다. 이러한 인적자원을 이용하지 않는다면 부끄러운 일이다. 처음부터 프로젝트 팀에 관여했던 사람보다 정밀감사에 더 적합한 사람이 누가 또 있을까? 특정 감사인의 공정성에 의문의 여지가 있다면 팀 리더까지는 아니지만 팀원으로 참여시키는 것을 고려할 수 있다. 당해 감사인의 업무에 대한 추가적 검토 계층을 통해 이전 업무에 의해 부당한 영향을 받지 않게 하는 것이다.

시스템을 구현하기 이전 단계에서 팀들과의 협력 작업을 할 때 일부 선은 넘지 않아야 한다. 일반적으로 감사인은 다양한 역량을 갖춰야 한다. 감사인은 내부통제 설계 방식에 관한 심층 토의에 참여해야 한다. 감사인은 팀과 내부통제 운용 방식에 대한 브레인스토밍을 두려워해서는 안 된다. 감사인은 팀과 내부통제 운용방식에 대한 브레인스토밍을 두려워할 필요는 없다. 감사인은 실제로 통제를 실행하고, 시스템 실행을 위한 코드를 작성하고, 시스템을 구성하는 업무를 해서는 안 된다. 해당 통제에 대한 주인과 감사인 역할을 겸할 수는 없다. 하지만 통제의 이상적인 모습과 관련해 최대한 많은 정보를 편안한 마음으로 제공해야 한다. 감사인에게 부여된 임무의 하나는 회사 내부통제 품질의 개선이다. 이를 소홀히 한다면 감사인 자신에게 부여된 임무 수행 능력을 제한하는 꼴이 된다.

경영자문감사를 위한 4가지 방법

감사업무를 수행하지 않는 경우에도 내부감사부서 직원이 타부서 동료 직원들과 내부통제에 대한 이야기를 해도 괜찮다는 것을 알았다. 경영자문감사를 하는 가장 좋은 방법을 알아보자. 공식감사와는 별개로 내부통제 개선을 위한 4가지 방법을 알아본다.

- 조기참여
- 비공식감사
- 지식공유
- 자체평가

조기참여

모든 제조업체는 제품의 생산 단계에서 품질관리 체계를 구축하는 것이 나중에 품질관리 체계를 구축하는 것보다 비용 측면에서 더 저렴하다고 말할 것이다. 내부통제도 마찬가지다. 일단 시스템을 생성하고 테스트를 거쳐 구현시킨 후에 되돌아가서 변경시키려면 처음부터 일을 바르게 처리한 경우에 비해 훨씬 많은 비용이 든다. 내부통제시스템을 구현한 이후 단계에서는 시스템을 변경시키는 것에 대한 저항이 클 것이다. 모든 사람이 다른 프로젝트로 이동한 이후에는 어느 누구도 뒤로 되돌아가서 완성된 프로젝트에 어떤 변경을 하려는 동기부여를 받을 자는 없다. 반면 프로세스의 초기에 내부감사인이 내부통제 요건을 제시할 수 있다면 그 요건은 실행자들에게 프로젝트 범위 내에서의 일상적인 상황이므로 통제 요건이 합리적인 한 크게 저항하지 않을 것이다.

이를 달성하는 방식은 회사마다 다르지만 모든 회사에는 일종의 검토나 승인 프로세스가 있어야 한다(그렇지 않다면 이를 문제점으로 다뤄야 한다). 이 과정에서 감사인은 자신의 존재 이유를 나타낼 수 있다. 프로젝트 검토 팀이 주별 또는 월별로 모이는가? 그 모임에 초대받도록 시도해야 한다. 프로젝트의 실행에 앞서 프로젝트의 각 진행 단계별로 서명을 해야 할 조직이나 팀이 회사에 있다면 당신 자신이 서명 팀의 일원이 되도록 요청해보는 것이 더욱더 좋다. 위험을 기꺼이 감수할 수 있게 대담해져야 한다. 이름을 어딘가에 서명한 다음 회사에 얼마간의 지분을 가지려는 의도와 '독립된 감사인'이라는 허튼 생각 등은 모두 잊어버려야 한다. 시스템의 내부통제나 전문 기술에 대한 정보를 제공하는 것이 감사인의 역할이며, 그 이외에는 없다는 것을 명확히 이해해야 한다. 감사인이 어떤 실수를 하거나 내부통제 상의 결함을 내포한 시스템에 서명하게 될 가능성은 물론 있다. 그렇지만 그것은 감사인이 포착해야 할 기회이기도 하다. 팀의 나머지 모든 사람이 서명했으므로 감사부서의 존재 가치를 무력화시킬 상아탑 모델에 안주하지 않는 한 기꺼이 서명하면 된다.

이러한 추가적인 역할을 수행할 때 다소간의 저항에 직면할 수 있다. IT그룹은 자신들의 회의에 내부감사인의 참여를 바라지 않고, 또한 프로젝트 도중에 내부감사인과의 접촉을 원하지 않을 수도 있다. 적대적인 관계에 있는 감사부서에서 근무하는 경우, 그리고/또는 과거에 그 가치를 전파하는 데 성공하지 못한 감사부서라면 특히 그렇다. IT그룹은 내부감사인을 참여자의 일원으로 테이블에 초대돼서는 안 될 기피 인물로 간주할지도 모른다. 그래서 좋은 관계 형성을 위한 노력을 해야 한다. 회의에 참여하는 동기가 그 어느 것도 업무의 속도를 늦추거나 중지시키고자 하는 것이 아님을 IT그룹에 주지시키고 플레이트에 등판해서 기꺼이 일을 돕고 싶다는 의지를 알린다. 문제의 일부가 아닌 솔루션의 일부가 되고 싶다는 의견을 전달해야 한다. IT그룹에게 감사인의 승인이 필요하다고 생각하게 해서는 안 된다. 감사인이 나중에 그 시스템에 대한 감사업무를 맡게 되는 경우 감사를 통과할 수 있게 지금 이 시스템의 구축을 돕기 원한다는 사실을 그들에게 주지시켜야 한다. 회사가 내부통제 전문가 역할을 부여했다는 점을 각인시키고 프로젝트 실행 중에도 IT그룹과 전문성을 공유해 사전적으로 통제시스템의 구축 활동을 지원한다는 사실을 인식시켜야 한다.

참고 조기에 시스템 구축 과정에 참여할수록 회사에 더 많은 가치를 제공할 수 있다.

조기에 개입하는 것은 사후 감사보다 비용이 절감되며 효율적이다. 구현 이전의 프로젝트에 관여할 수 있고 이러한 관여로 인한 가치를 입증할 수 있다면 예상보다 더 많은 지원 요청을 받을 수 있다. 조직 내 사람들 중에는 어떤 프로젝트는 크게 중요하지 않다거나 혹은 내부통제에 영향을 주지 않는다고 말하면서 일부 프로젝트를 무시하는 실수를 할 수 있다. 사람들은 내부통제에 대해 교육받은 사람을 일부러 찾아다니지는 않는다. 프로젝트에 참여할 기회가 생긴다면 적절한 자원을 그 일에 헌신적으로 투입해야 한다.

프로젝트 구현에 사전 참여를 한다는 것은 실제로 무엇을 의미하는가? 감사인이 각각의 모든 프로젝트에 대해 전체 감사를 실시해야 한다는 의미인가? 그것은 아니다. 자원의 관점에서 분명히 전체 감사를 한다는 것은 불가능하다. 프로젝트 자문을 요청받은 감사인은 무엇을 해야 하는지에 대해 혼란스러워 하며 벅찬 일로 여긴다. 그래서 단순화하는 것이 중요하다. 개념적인 관점에서 전통적 감사의 계획수립과 다르지 않다. 감사실시준비를 언제 해야 하고, 무엇을 해야 하는가? 감사인은 감사대상 시스템, 기술, 프로세스에 대한 이해에서 시작한다. 그런 다음 관련된 리스크를 파악해 어떤 유형의 통제가 그러한 리스크를 완화하거나 제거시킬 수 있을지 정한다.

초기 관여 단계에서 감사인이 수행하는 활동이 바로 이것이다. 이는 감사계획의 수립 활동과 같다. 감사인은 실행 대상의 시스템, 기술, 프로세스에 대한 이해를 하고, 보안이나 무결성, 신뢰성에 미치는 잠재적 위험을 고려해야 한다. 사후에 감사인이 구현한 상황에 대한 감사를 실시하는 경우 찾고자 하는 통제기능에 대한 자문을 팀에 제공할 수 있다. 시스템이 개발되고 있는 중이므로 감사계획을 수립해 피감사인과 감사계획의 핵심 사항을 공유하는 것이 중요하다(2부의 각 장은 계획수립 활동의 상세 지침들을 다룬다). 감사계획을 프로젝트팀원들과 공유하며, 내부통제 요건에 대한 자문은 팀원들의 관점에서 제시해야 한다. 이러한 자문이 감사인이 할 수 있는 전부라고 생각한다면 이미 프로젝트팀에게 탁월한 서비스를 제공하고 있는 것이다. 제반 통제들이 위험을 적절하게 감소시킬 수 있게 한다면 프로젝트팀에게 통제 요건이 시스템에서 어떻게 실행되고 있는지 확인시켜줄 때 실제로 경영자문감사를 하는 셈이 된다.

제반 통제가 당초의 서술된 것과 같이 제대로 작동되는지를 감사인이 독자적으로 테스트하고 타당성 검증을 실제로 해야 하는가? 즉, 감사인이 실제로 시스템에 서명하기에 앞서 구현 이전에 시스템을 감사해야만 하는가? 대기업의 애플리케이션이나 기타 대규모의 구현에는 좋은 아이디어가 될 것이다. 그러나 자원의 관점에서 모든 프로젝트에 적용하기에는 비현실적이다. 서명은 입수된 정보가 정확하다는 가정에 근거한 것임을 모두에게 분명하게 밝히는 것이 좋다. 나중에 감사인이 그 시스템을 감사해보니 제반 통제가 기술된 대로 운용되지 않은 것으로 판명됐더라도 감사인의 책임으로 물을 수는 없다.

여기서 이해돼야 할 또 하나는 모든 조기참여 기회들이 시간이 소모되는 일은 아니라는 점이다. 프로젝트 중에는 내부통제에 중대 영향을 미치는 것이 있다. 예를 들어 외부의 사업 파트너들이 내부 통신 네트워크에 접근할 수 있는 기능을 제공하는 새로운 도구를 설치하려면 상당히 신중한 접근이 필요하며 얼마간의 시간을 필요로 한다. 반면에 회의실 예약 시스템의 실행은 내부통제에 거의 영향을 미치지 않으며 신속하게 배치되게 할 수 있다. 내부통제가 해당 시스템에 적용되지 않는다고 참여를 거부해서는 안 된다. 프로젝트의 목적과 의도에 관계없이 어느 정도 수준의 고급 지침을 제공할 수 있다. 어떤 시스템이든 별 문제가 없다고 말하는 것과 중요하지 않은 것은 제외하고 평소와 같이 시스템에 서명 승인을 하고 싶다는 말 사이에는 이미지 조성 방식에 큰 차이가 있다. 하나는 부정적 메시지고, 다른 하나는 긍정적 메시지다.

 참고 감사의 관점에서 관여한 모든 프로젝트에 대해서 그것이 아무리 하찮아 보이더라도 내부통제와 그 중요성에 대해 동료 직원들을 교육시킬 수 있는 특별한 기회라는 점을 유념해야 한다.

조기참여의 또 다른 형태는 회사의 지배구조 활동에 관여하는 것이다. 관계망의 형성은 이후 다른 절에서 알아본다.

비공식감사

거의 모든 회사의 모든 부서가 직면하는 문제 중 하나는 자원의 제약이다. 원하는 모든 일을 하기에 충분한 시간은 없다. 대다수 부서에는 모든 리스크를 충분하게 다룰 시간이 없다. 이행할 수 없는 감사에 대한 요청도 항상 있다. 철저한 감사를 실시하려면 시간 제약상 매년 일부 소수 영역만 감사할 수 있다. 감사일정 프로세스가 완전히 리스크 기반인 경우(순환 방식으로 전체를 다루는 것에 대비됨) 일부 영역에는 감사가 이뤄지지 않게 된다. 한 해 동안 검토해야 할 상위 15가지 위험 중 하나가 원격의 작은 데이터센터라고 가정해보자. 이 데이터센터가 중요하지 않은 업무 프로세스를 수행하는 소수의 사람들을 지원하는 위치에 있다고 한다면 감사위원회에 이 사실을 결코 보고하지 않을 것이다. 이러한 것이 내부통제 상태를 이해하도록 돕고자 직원들과 절대로 협력해서는 안 된다는 것을 의미하는가? 아니면 해당 사이트의 리스크를 감사인이 이해하면 안 된다는 것을 의미하는가? 불필요하게 큰 노력을 들이지 않고도 해당 영역에 대한 검토를 수행할 수 있는 방법이 있어야 하는데, 그것이 바로 비공식감사^informal audit를 이용하는 것이다.

2장에서는 감사계획을 구성할 수 있는 잠재적 프로세스(즉, 감사 수행 계획의 목록)를 알아본다. 우선 매년 감사계획을 세우는 데 도움이 되는 위험평가 프로세스가 있다고 가정해보자. 어떤 계획이더라도 두 가지 큰 공백이 있음을 알 수 있다.

- 리스크 기반 프로세스인 경우 일부 영역에는 도달할 수 없다.
- 때로는 경영진이 감사를 요청하는 경우(일단 감사인이 경영진과 좋은 관계를 형성해 왔다)에도 위험 순위상 그 영역이 감사대상에서 제외되는 수가 있다.

공식적인 감사는 훈련되고 철저한 방식으로 수행돼야 한다. 감사 프로세스는 2장에서 설명한다. 감사를 올바르게 수행하려면 다음의 사실을 받아 들여야 한다. 즉, 감사 결론에 도달하려면 먼저 대표적인 데이터 표본의 추출, 테스트, 철저한 문서화가 요구된다. 이 모든 것이 중요하고 필요한 사항이지만 시간이 많이 걸린다. 그러나 좀 더 신속하게 일부감사를 수행할 수 있는 유연성이 있다면 어떨까?

풍부한 지식과 경험을 갖춘 강력한 IT감사팀을 구축할 수 있다면 그들이 시스템, 사이트나 기술에 대한 검토 활동을 '값싸고 빠르지만' 느슨하게 수행하게 놔둘 수 있을 것이다. 수행된 작업을 자세한 감사조서로 문서화해야 한다는 제약 요건들은 논외로 하자. 표본의 크기에 대한 생각도 잠시 뒤로 하고 감사인이 컨설턴트 역할을 해보자. 내부통제를 검토하고 프로젝트의 마지막에 생산해야 할 것은 결과를 요약한 메모라고 감사인에게 말해보자. 감사의 결과로 나타나는 감사품질이 놀랄만하게 향상될 것이다. 정상적인 감사 프로세스의 족쇄(족쇄들은 공식적인 감사에서는 중요하다)에서 풀려나면 짧은 시간 안에 감사인은 감사목표를 달성할 수 있다.

비공식적 감사업무와 결과에 대해 주의사항을 주지시켜야 한다. 비공식적으로 실시되는 감사에서 감사인이 주지시켜야 할 사항은 감사가 공식감사만큼 철저하지 않다는 것을 피감사인들에게 이해시켜야 한다. 또한 비공식적 감사가 모든 문제점을 발견해낼 수 있다고 주장해서는 안 되며, 통계적 표본 테스트를 하지 않는다고 알려줘야 한다.

다음과 같은 경우에는 감사인이 컨설턴트라는 단어를 피하려는 경향이 있다. 감사인이 통제에 관한 전문지식을 빌려주고 있는 것이다. 특히 감사인이 편집증적 성격인 경우 나중에 더 많은 문제가 발견돼도 다시 검토하지 않게 할 목적으로 최종 메모에 이러한 주의사항들을 표시할 수도 있다. 이러한 종류의 비공식적 검토와 관련된 일반적인 질문은 발견된 문제점에 대한 추가적 추적이 필요한지 여부다. 이 질문에 대한 정답은 없지만 일반적으로 '아니요'는 가장 좋은 답변이다. 이 것은 비공식감사며, 또한 공식감사에서처럼 문제점들이 철저하게 검증되지는 않는다. 그러므로 감사를 종료한 후 어느 시점에 와서 감사인이 제기했던 문제를 수정하게 하는 요구를 받은 경우 감사인은 약간 불안정한 근거 위에 서 있는 셈이다. 이는 크게 위험하지 않은 영역이기 때문에 공식적인 감사계획을 세우면 회사의 관점에서 볼 때 리스크가 상대적으로 적을 수 있다.

그러한 리스크의 완화를 강요하고 추적하는 것은 불필요한 간접비용을 유발할 수 있다. 또한 이로 인해 향후 다른 사람이 감사인에게 서비스를 요청할 가능성이 줄어들 것이다. 그들로부터 컨설턴트로 초대받는 경우 주변을 둘러보고 기습적으로 그들의 허를 찌르고 제기된 모든 문제점을 수정해야 한다고 말하거나 감사위원회에 보고하겠다고 말해버린다면 향후 다시는 도움을 요청하지 않을 것이다.

회사에 중대한 위험을 초래하는 주요 문제점들을 발견하면 어떻게 될까? 그러한 경우 적절한 수준의 경영진에게 보고해 리스크를 완화시키게 할 의무가 있다. 이는 피감사인들에게 검토 과정에서 발생하는 문제를 추적할 의도는 없지만 중요한 문제를 발견하면 예외를 만들어야 한다는 것을 시사한다. 대부분의 사람들은 이러한 의무를 이해하고 수락한다.

비공식감사의 경우 감사 프로세스는 어떻게 될 것인가? 간단하고 직선적이어야 하며, 다음과 같은 기본 단계로 구성된다.

- 감사부서는 비공식 검토의 시기와 범위에 동의해야 한다.
- 검토를 수행할 감사인은 검토 대상이 될 영역의 기본 체크리스트를 작성해야 한다(이 책의 체크리스트는 좋은 시작점을 제공한다).

- 감사인은 해당 단계를 수행해 필요에 따라 메모를 작성하지만 감사조서는 작성하지 않는다. 감사가 완료된 후에는 메모를 보관할 필요가 없다. 본질은 속도로, 이는 컨설팅 감사며 공식감사의 검토가 아님을 기억해야 한다. 이러한 것에 익숙하지 않으면 문서화 작업과 프로세스에 빠져 이러한 종류의 검토를 효과적으로 수행할 수 있는 유연성을 상실하게 된다.
- 프로젝트가 끝나면 감사인은 검토에서 나온 모든 문제점을 편집한다.
- 감사인은 피감사인들과 함께 문제의 심각성과 해결 방법을 토의하고자 모임을 가진다.
- 감사인은 문제에 대한 해결책과 함께 최종 우려사항 목록을 메모 형태로 문서화한다. 이 메모는 마감일을 포함할 필요가 없으며 앞에서 언급한 주의사항을 포함한다(예, "이것은 공식적인 감사가 아니며, 우리는 문제를 추적하지 않을 것입니다." 등). 이 메모에는 그러한 항목을 다루면서 팀에 대한 감사인의 지속적인 컨설팅 의지도 들어 있어야 한다.
- 감사인은 메모를 발행하고 나중에 참조할 수 있도록 전자적으로 보관한다.

이 단계의 목록은 지나치게 단순해 보일 수 있으며, 이는 의도적인 것이다. 이 프로세스를 과도하게 엔지니어링하지 않도록 유의해야 한다. 감사부서는 내부통제에 대한 전문지식을 보유한 부서며, 이와 관련해 다른 부서와 상담하고 있다는 점이다. 지식이 풍부하고 경험이 풍부한 감사인들을 거기에 보내 '본연의 일을 하도록' 해야 한다. 비공식 컨설팅 계약 업무는 회사의 내부통제 증진에 사용할 수 있는 도구 중 하나다. 회사에 가치를 더할 수 있는 다른 방식도 있다.

 참고 내부통제에 대한 전문지식을 갖고 있다면 상상할 수 있는 모든 방법을 활용해야 한다. 신속하고도 비공식적인 감사를 통해 회사의 리스크에 대해 다룰 수 있는 범위를 크게 증가시키고, 내부통제 증진 임무의 수행 능력을 확대시킨다.

지식 공유

내부감사인은 회사에 대한 지식과 내부통제에 대한 전문성을 겸비해야 한다. 내부감사부서는 회사의 다른 부서와 그러한 특별한 지식을 공유할 새로운 방법을 창의적으로 찾아내야 한다. 조기참여 활동의 일부로 정보를 제공할 때, 컨설팅 검토를 수행할 때, 감사를 수행할 때, 많은 지식 공유가 이뤄져야 한다. 그러나 여전히 약간의 부족함이 있다. 이 절에서 나머지 부족함을 메우는 방법을 알아본다.

가장 쉬운 커뮤니케이션 수단 중 하나는 회사의 인트라넷^{intranet}이다. 내부감사부서에는 자체 웹 사이트가 있어야 한다. 유감스럽게도 많은 회사의 이 웹 사이트는 단순히 감사부서의 조직도, 미션, 프로세스의 설명과 감사일정을 보여준다. 이는 이 사이트에 확실히 유용한 요소지만, 커뮤니케이션 수단으로 많은 것을 제공하지는 않는다.

다음은 감사부서 웹 사이트에서 추가적 가치를 얻을 수 있는 세 가지 주요 기회다.

통제 지침

감사를 준비할 때 가장 자주 듣는 질문 중 하나는 다음과 같다. "당신은 사람들이 구하고자 하는 그 무엇을 말해주는가?" 이에 대한 답변을 위해 웹 사이트를 참고하라고 할 수 있다면 좋지 않을까?

일부 일회성 감사의 경우 이전에 해당 영역을 검토한 적이 없고 수년이 경과된 이후 해당 영역을 검토한다면 실용적이지 않다. 그러나 공통적인 기술과 주제에 대한 통제기능이나 통제활동에 대한 지침을 제공하는 것은 매우 도움이 될 수 있다. 이러한 통제 지침은 감사 도중에 일반적으로 검토하는 내용을 설명한 것이다. 이 책의 2부에서는 이와 관련한 내용들을 주로 다룬다. 예를 들어 유닉스^{Unix}를 감사할 때 감사인이 무엇을 찾는지를 다른 사람들에게 알려주면 왜 안 되는가? 애플리케이션을 감사할 때 감사인이 찾는 기본적인 종류의 통제기능을 알려주면 왜 안 되는가? 감사인이 알려주는 것은 감사를 받는 사람들이 감사를 받을 준비를 하는 것을 돕고, 회사의 다른 부서의 사람(관심이 있지만 감사받을 계획이 없는 사람)에게도 훌륭한 정보를 제공할 것이다.

감사에서 찾아내려는 것들에 대한 체크리스트가 있다면 이를 통제 지침으로 바꾸는 것은 간단한 일이다. 이 통제 지침을 인트라넷에 게시하고 회사 전체에서 사용할 수 있게 한다. 예를 들어 "패스워드 숨기기 파일[6]을 응용해 암호화된 패스워드의 누출을 방지하게 하라."라고 말하는 유닉스의 테스트 단계가 있을 것이다. 그러면 통제 지침은 다음과 같이 말할 수 있다. "암호화된 패스워드의 보호를 위해 패스워드 숨기기 파일을 사용할 것." 감사 프로그램을 통제 지침으로 변환시킨 다음 웹 사이트에 올린다. 그러면 통제활동의 촉진과 개방적 커뮤니케이션의 추구라는 목적을 이루는 데 도움이 된다. 그러나 여기서 유의해야 할 점이 있다. 통제 지침은 정책은 아니라 회사의 공식 정책을 지원, 보충해주는 것임을 명확히 해야 한다.

 참고 감사를 받게 될 것으로 예상되는 그룹은 내부감사부서의 웹 사이트에 게시된 통제 지침을 참고할 수 있다. 그룹들 중에는 미리 통제상의 결함을 찾아내 적절한 통제 기능을 실행하려는 곳도 있을 것이다. 이러한 노력은 감사대상의 그룹과 회사에 유익하다.

피감사인(감사 의뢰인audit client)에게 감사기간 중 실시될 상세한 감사계획을 알려주면 감사실시 이전에 피감사인은 자신의 통제환경을 미리 삭제해버릴 것이므로 "통제환경의 진정한 모습을 감사인은 포착할 수 없게 되는 것이 아닌가?"하는 의문이 제기될 수 있다. 여기서 유념해야 할 점은 다음과 같다. 감사인의 목표는 회사 내부통제 상태의 개선이지, 감사보고서에 문제점을 기재하는 것이 아니다. 그러므로 통제기능의 실행이 감사 이전이든 감사 이후이든 관계없이 감사인의 목표는 달성되는 것이다. 감사를 받게 될 그룹이 감사인이 도착하기 전에 미리 자체

---

6. 암호 숨기기 파일(shadow password file)이란 보안 체계를 지칭하는 것으로, 암호화된 /etc/passwd의 패스워드 필드가 특별한 기호로 변환되며 치환된 패스워드는 정상적인 사용자가 읽을 수 없는 파일로 분리돼 저장된다. – 옮긴이

평가를 통해 통제기능을 강화시켜 감사에 대비하기를 바란다면 감사인은 그들을 격려해 그렇게 되게 해줘야 한다. 감사기간 중 감사인은 감사를 받게 될 그룹과 파트너가 돼 프로세스에 대한 이해를 도와주고 통제기능의 유지와 모니터링 활동이 지속되게 해야 한다.

공통적 이슈, 양호한 실무 관행과 혁신적인 솔루션

감사인은 회사 전반에 설정돼 있는 기술과 프로세스를 검토해 추세 파악과 상이한 조직 간의 비교, 대조 활동을 할 수 있다. 이러한 점에서 감사인의 지위는 독특하다. 감사의 결과가 회사 내부의 다른 유사 조직에도 유용하게 활용될 방법을 모색하는 데 시간을 투입하는 감사인은 아쉽게도 드물다. 많은 감사결과가 다른 조직에서는 적용 가능하지 않다. 반면 대다수 회사에서 어떤 기능들은 다중 분산 조직에서 수행되고 있다. 예를 들어 유닉스 관리는 회사의 각 사이트별로 배치된 IT 요원들에 의해 수행될 것이다. 그런 경우 어느 한 사이트에서 실시된 유닉스 보안 감사의 결과물을 다른 사이트의 유닉스 관리자들이 공유할 수 있다면 매우 유용할 수 있다. 이러한 결과물들을 활용한다면 타사이트 관리자들이 자신의 통제기능들을 분석해 동일한 문제점의 존재 여부를 확인하는 데 도움이 될 것이다. 이런 식으로 감사인이 여러 조직 부문을 감사한다고 실제로 돌아다니기 이전부터 몇 달 또는 수년간 한 번의 감사가 다른 여러 조직에 영향을 미칠 수 있는 것이다.

조직의 '더러운 세탁물'을 필요 이상으로 퍼뜨리는 건 일반적으로 건전해 보이지 않다. 그러나 일정 기밀은 삭제해 감사받은 조직임이 직접적으로 나타나지 않게 할 수는 있다. 유닉스 보안처럼 복수의 사이트에 대한 감사를 진행하려는 경우라면 감사인은 기다렸다가 서너 개 사이트에 대한 감사결과가 나오면 이를 편집해 수면 위로 부상한 공통적인 문제점들을 확인하는 것이 더욱더 좋다. 이는 유사한 책무가 부여된 모든 요원에게 공통적 이슈를 전달(커뮤니케이션)할 수 있게 해주는 기반이 될 수 있다. 이런 메시지 유형을 감사부서의 웹 사이트에 올리고, 경영진과 모든 관계 직원에게 미리 주도적으로(예, 이메일, 대면 미팅 등) 알려준다. 이로써 감사인의 메시지가 잘 전달될 수 있게 하는 일종의 밀고 당기는 메커니즘이 작동할 것이다.

감사인은 회사 전체 차원에서 과거의 감사를 토대로 양호한 실무 관행과 혁신적인 솔루션을 만들어내게 하자. 감사실시 과정에서 어떤 그룹의 통제기능은 유독 잘 작동되고 있다든지 혹은 다른 사이트나 그룹에 공통적으로 발견된 이슈에 대한 혁신적 해결책을 개발한 그룹을 발견할 수 있을 것이다. 감사인은 이런 정보를 모아 공유하게 한다. 이는 각 사이트나 그룹이 자신의 통제기능을 개선하고, 그들의 환경에 내포된 문제점들을 해결하는 데 도움이 될 것이다.

도구

감사 수행에 이용하는 감사 도구가 있는가? 회사 내부의 타부서가 자체평가를 행하는 것이 바람직하다면 감사 도구의 이용을 타부서에 개방하면 어떨까? 예를 들어 감사인이 회사에 설치된 다양한 기기의 보안을 검토하려고 어떤 '취약점 선별 도구'를 사용하는 경우 이를 사용할 수 있는 도구가 웹 사이트에 올라와 있도록 고려해보자. 기본적인 문서화 방법이 수반되며 라이선스 문제도 고려돼야 하지만 고려해 볼만한 가치가 있는 일이다. 타부서 직원들에게 스스로 평가해볼 수 있는 기회가 허용된다면 내부통제를 촉진시킬 또 하나의 방식이 된다. 오픈소스의 도구를 활용한다면 웹 사이트에 도구 검색을 위한 링크의 제공을 고려해보자. 감사인의 지식과 전문성을 모든 부문과 공유한다.

 참고 타인이 감사인의 감사 도구를 공유하면 각 그룹이 통제기능에 대한 자체 평가를 스스로 할 수 있다. 누구의 허락으로 언제, 어느 시스템에서 이 도구를 이용할 수 있는가를 표시한 엄격한 방침이 마련돼야 한다. 기타의 고려 사항은 감사 웹 사이트 같은 통제 구역의 개방을 IT조직에 한정시키는 것과 해킹 도구(예, crackers, spoofing utilities 등)의 이용 규제 등이 있다. 이런 수단이 부적절하게 사용되면 개인정보의 손상이나 중요 데이터의 무결성이 훼손될 수도 있다.

어떤 공통적인 문제에 혁신적인 해결책을 개발해낸 그룹의 사례를 알고 있고 해결책이 도구 개발에 관한 것이라면 타부서가 사용할 수 있도록 복사해 웹 사이트에 올릴 수 있는지를 해당 그룹에 문의해본다. 예를 들어 유닉스 NIS^{Network Information Service} 환경에서 패스워드 에이징^{password aging}[7]을 강제 적용하게 하는 스크립트를 어느 그룹이 개발한 경우 복사본을 구해 웹 사이트에 올려놓아라. 이러한 방식으로 하면 NIS를 운영하는 다른 조직도 이 도구에 접근(접속^{access})해 통제환경을 향상시킬 수 있다.

감사인이 이러한 목적으로 웹 사이트를 사용하는 경우 사이트에 도구에 대한 지원을 제공하지 않는다는 주의 조항을 표시하는 것이 중요하다. 사람들이 문제를 디버그하는 데 도움이 될 것으로 예상되는 모든 시간에 전화해도 감사인은 거기에 응할 위치에 있고 싶지 않을 것이다. 물론 할 수 있다면 기꺼이 응할 용의는 있어야겠지만, 내부감사부서가 소프트웨어의 지원 조직화되는 것은 바람직하지 않다. 또한 정보보안 조직과 함께 점검해야 할 사항은 정보보안 및 IT감사팀의 외부에서 배포하고 사용하는 것이 회사 방침에 위배되지 않는지를 미리 점검해 도구의 사용가능성 여부를 확인해야 한다. 마지막으로 특정 시스템과 도구의 호환성을 보증할 수 없음을 알리는 면책조항을 포함시키고 처음 사용하는 경우에는 테스트 환경에서 실행하도록 제안해야 한다. 도구가 '바이러스에 감염된' 소프트웨어와 이상하게 상호작용할 위험은 항상 있다. 어떤 불행한 일이 발생하더라도 감사인은 책임지기를 원치 않는다.

자체평가

정식감사 이외에 통제를 촉진하는 또 한 가지 개념은 자체 평가다. 이 개념에 대한 온전한 규칙들이 작성돼 있으며, 자체 통제평가^{CSA, Control Self-Assessment} 모델의 공식

---

7. 패스워드 에이징(password aging)이란 패스워드에 시간 개념을 도입해 사용자가 현재 사용 중인 패스워드를 사용할 수 있는 기간과 패스워드를 바꾸지 못하는 날짜 등을 추가해 사용자에게 패스워드를 강제적으로 바꾸게 종용하는 것이다. – 옮긴이

적인 적용 여부는 각 감사부서에 달려있다. 여기서는 이 프로세스를 자세히 다루지는 않는다. 그러나 개념적으로 조직의 자체 평가를 촉진하는 것은 또 다른 하나의 잠재적인 도구가 된다. 이는 통제 지침(1장의 앞부분에서 설명)을 개략적으로 이해한 이후 각 통제기능의 실행 여부를 조직에 묻는 것만큼 간단할 수 있다. 이는 각 통제의 목적과 진정으로 필요한 리스크 완화 수준에 관해 건전한 대화로 이어질 수 있다. 1장의 앞부분에서 공식적 감사보다는 시행 빈도가 좀 작은 비공식적 감사에 대해 알아봤다. 비공식감사도 내부통제 상태에 대한 훌륭한 정보를 제공해준다. 자체 평가 활동은 통제기능에 대한 독립적인 검증을 결코 할 수 없다는 점에서 비공식감사에 비해 빈도수가 낮다. 그렇지만 통제 증진을 위한 유용한 도구가 될 수 있다. 재차 말하지만 이 도구를 작동시키는 데 중요한 것은 지식과 경험이 풍부한 감사인의 역할이다.

계속감사

공식감사 이외의 가치를 추가하는 또 다른 방안은 계속감사를 실시하는 것이다. 특정한 영역을 정기적으로 감사하고 표본 데이터를 테스트하는 전통적인 형식의 감사에는 고유한 한계가 있다. 계속감사는 지속적으로 데이터를 추출하고 모니터링하는 것을 포함한다.

계속감사용 분석 도구가 개발되면 감사인은 이 도구를 이용해 지속적으로 부정, 내부통제의 이탈, 정책의 위반, 기타 남용의 증거를 입수할 수 있다. 이러한 것을 이용하게 된 감사부서는 경영진에게 실시간으로 첩보 정보를 제공하는 위치에 있게 된다. 또 감사부서는 위험 증가 영역 및 프로세스와 관련해 더 많은 지표를 갖고 있으므로 계속감사에서 나온 정보는 전통적 감사의 수행을 결정할 때 도움이 된다.

데이터 추출과 분석 전문가의 활용을 다룬 절에서 이 개념의 구현을 더 자세히 알아볼 것이다.

참고 '계속감사' 및 '계속 모니터링'이라는 용어는 흔히 호환적으로 사용된다. 이들은 일반적으로 자동화되고 지속적인 프로세스를 포함한다는 점에서 비슷하며, 통제의 효과성 평가와 문제점의 탐지를 가능하게 한다. 그러나 계속 모니터링은 경영 관리층이 자신의 책임 아래에 있는 환경과 프로세스를 감시, 관리하는 데 사용하는 도구다. 한편 계속감사는 내부감사부서에서 감사 활동을 지원하는 데이터를 수집하려고 사용하는 도구다. 실시 방법은 실제로 동일할 수 있다. 일부감사부서는 계속감사를 실시해 수집된 데이터를 경영자에게 모니터링 용도로 제공할 것이다(그 반대의 경우도 있다). 데이터의 수집 주체와 수집 목적 및 사용 방법에 따라 두 가지 개념에 차이가 있다.

공식감사 이외의 가치 창출에 대한 최종 생각

회사에서 내부통제를 검토하고 촉진하는 방법에는 공식감사 외에도 여러 가지가 있다. 물론 이런 식의 자원 사용에 대한 승인을 회사 경영진과 감사위원회에서 받아내는 것은 어려운 일이다. 그들은 공식감사를 제외한 모든 방식에 대한 자원사용에 저항할 수 있다. 이 경우 취할 수 있는 가장 좋은 방안은 감사보고서의 발행 횟수를 세는 데서 벗어나 감사부서가 내부통제를 어떻게 촉진시키고 있는지 살펴보도록 관심의 초점을 바꾸는 것이다. 경영진을 납득시켜 감사부서가 그렇게 시도해보도록 승인 받은 경우 시험적 테스트를 통해서라도 결과를 알아볼 수 있다. 적어도 처음에는 특별 보고서의 작성이 필요할 수 있다. 따라서 감사 자원의 사용 방법(예, 프로젝트에 컨설팅해 준 횟수, 참여로 인해 통제가 강화된 방식 등)에 대한 보고를 할 수 있게 된다. IT조직으로부터의 구두 형태 지원도 도움이 된다. IT조직이 내부 감사부서를 지원하고 감사인의 작업을 조율해주고, 그 사실을 고위 경영진에게 전달할 의사가 있다면 감사인은 지속 가능한 프로그램을 더 쉽게 구축할 수 있을 것이다.

참고 감사부서가 공식적인 감사에만 초점을 맞추는 경우 임무를 성공적으로 수행하는 능력과 범위는 심각하게 제한된다.

관계의 구축: 협력 파트너가 될 것인가? 치안 경찰이 될 것인가?

회사의 내부통제 상태를 촉진하고 개선하는 것이 임무라면 진행 상황에 대한 정보가 많을수록 감사인 입장에서는 더욱 효과적이다. 안타깝게도 너무나 많은 회사가 '드라이브 바이^{drive-by}(주행 중인 차에서 사람을 쏘는 행위)' 식의 감사를 수행한다. 감사인들은 감사하려는 무엇을 결정할 때 경영진으로부터 그에 대한 의견을 거의 받지 않는다. 감사 수행의 시기를 스스로 정해 감사받을 사람(피감사인)들에게 알려준다. 때로는 사전 통지도 거의 하지 않는다. 그런 다음 급습해 감사를 수행하고 해결돼야 할 문제점들을 벽면에 던져놓고 고위 경영진에게 그 부서가 얼마나 엉망진창인지를 지적하고서는 이내 사라져 버린다. 단지 그들이 다시 보이게 되는 때는 정해진 기일(종종 감사인이 지시함)까지 지적된 문제점들이 처리되지 않고 있다고 해당 부서 사람들을 심하게 질책하고 있을 때다.

이러한 방식으로 수행되는 감사는 고통스럽고 불쾌한 경험일 뿐이다. 피감사인들은 그냥 감사기간이 잘 넘어가길 바란다. 피감사인들은 '감사인의 질문에만 답하고 그 이상의 어떤 정보도 자발적으로 주지 않는다는' 태도를 취할 것이다. 감사인이 떠나고 나면 피감사인들은 감사인이 놓친 내부통제 구멍을 보면서 크게 웃는다. 그러한 감사가 효과적이었겠는가? 물론 아니다. 감사인들의 역행적인 처신으로 인해 감사과정에서 일반적으로 중요하다고 인식되는 문제점들을 발견하지 못한 것이다.

참고 효과적인 내부감사부서는 감사를 치안기능(policing function)이 아닌 동료 직원과의 파트너십(partnership)으로 간주한다. 효과적인 감사부서는 연중 상시로 핵심 부서들과 관계를 맺고 있다. 급습하고 사라지는 방식의 감사를 수행하지 않는다. 지속적인 관계 속에서 감사는 가끔 발생하는 이벤트여야 한다.

내부통제에 대한 감사인의 지식과 사업 및 일상적인 작업에 대한 피감사인의 전문지식을 함께 결합하면 어떤 위험을 해결해야 하는지 가장 잘 판단할 수 있다. 이러한 것을 성공적으로 수행하면 감사받는 사람들이 정보를 제공하기 시작할 것이다. 피감사인들은 감사인이 제기한 질문에 단순히 대답하는 차원을 넘어서 감사인과 잠재적 노출위험에 관한 브레인스토밍 방식의 토의도 한다. 감사인은 신뢰성이 있기 때문에 잠재적인 문제들을 제기하면 피감사인들의 첫 번째 반응은 감사인과 그 문제에 대해 다투는 것이 아니라 문제들을 수긍하고 문제를 이해하려고 애쓴다. 감사가 끝나면 피감사인들은 되돌아보니 도움이 된 경험이었고 불쾌하지 않았다고 할 것이다. 물론 예외도 있다. 드문 경우지만 피감사인은 자신의 부서에 필요한 내부통제를 설정, 운용할 의사가 없고 이에 무관심한 경우도 있을 것이다. 감사인은 자신이 한 일을 알고 있고 고객 중심으로 일을 진행하는 경우 갈등은 잘 일어나지 않을 것이다.

긍정적인 관계를 옹호한다고 해서 감사인이 자신의 공정성 유지책임을 포기하는 것은 아니다. 감사인은 임무를 수행함에 있어 건전한 의구심을 견지해야 하며, 이를 소극적으로 또는 적극적으로 수행할 수 있다. 감사인은 피감사인에게 신뢰하지 않는다는 암시를 하면서 모든 사항을 피감사인 측에서 입증하게 한다면 설정되는 관계는 방어적인 것이 된다. 또는 테이블에서 피감사인을 신뢰한다는 태도를 취할 수 있다. "여러분들이 하시는 말씀을 믿지만, 감사전문직의 기준에 따라 독립적으로 확인은 해야 합니다. 필요한 정보에 접속할 수 있게 저를 도와줄 수 있으시겠지요?" 후자의 접근방식에 대해 불쾌감을 느끼거나 방어적일 사람은 극소수일 것이다(물론 그들이 진짜 부정직한 직원들 중에서 적은 비율에 해당되지 않는 한).

참고 설정된 관계에 따라 감사부서는 회사에 가치를 부가시키기도 하고 훼손하기도 한다. 적대적 관계는 감사부서의 핵심 목표를 방해한다. 감사부서는 부정적인 관계의 영향을 최소화하고 긍정적인 관계의 조성에 최선을 다할 책임이 있다. 감사부서가 타 부서와 관계가 좋지 않다면 감사부서는 신뢰성이 낮은 비효율적 조직이 된다.

협력 파트너십 구축을 위한 학습

이러한 결과에 도달하려면 감사인과 IT조직은 협력적이고 협업적인 관계가 돼야 한다. 감사인은 IT조직의 내부에서 신뢰와 신용을 얻어야 한다. 관계가 발전함에 따라 시간의 투입과 인내가 필요하다. 다음은 관계를 구축하고자 취할 수 있는 몇 가지 기본 단계다.

- 의도적으로 정기적인 업데이트 및 IT관리자와 미팅을 한다.
- 상이한 IT조직들과의 관계를 위해 공식적인 감사 연락관을 둔다.
- 주요 미팅에 초대되게 한다.
- 회사의 지배구조 활동에 참여한다.
- 공동 합작과 협력적인 태도를 배양한다.
- IT조직과 직무교환을 실시한다.
- IT감사요원의 채용 결정과정에 IT조직을 참여시킨다.

IT관리자와의 의도적인 미팅과 정기적인 업데이트 실시

주요 영역의 IT관리자를 선정한 다음, 그들과 일정을 공유한다. 미팅 중에 해당 분야의 향후 활동을 이해하고, 그러한 활동에 대한 내부통제를 돕고 상담해줄 기회를 찾아본다. 이 정보는 1장의 앞부분에서 설명한 조기참여 기회를 식별하는 데 도움이 된다. 감사인이 수행할 감사에 대해 그들이 원하는 정보를 파악한다. 그런 정보는 공식적인 감사계획에 반영될 것이다. 이 프로세스에 CIO와 IT관리자의 직접적인 보고 사항들을 포함시켜야 한다. 이 미팅은 다가올 프로젝트와 그들의 관심 영역에 대해 정기적으로 의견교환을 할 수 있고, 감사인이 고위 IT관리자와 지속적으로 협력관계를 이어나가는 데 도움을 주는 좋은 기회다.

다른 IT조직과의 관계를 위해 공식적인 감사 연락관 제도의 마련

특정 감사인(또는 IT감사 관리자)을 각 중요 IT부서의 감사 연락관으로 지정하게 한다. 감사 연락관은 자신에게 배정된 조직의 관리자 및 주요 기여자와 연락 및 관계를 유지해야 할 책임이 있다. 해당 연락처와의 정기적인(예, 월별, 월별 또는 분기별) 미팅을 통해 우려사항을 이해하고 그들의 활동과 보조를 맞추는 업무를 한다. 부서 미팅에도 참석할 수 있을 것이다. 또한 공식 또는 비공식감사 활동에 대한 감사 연락관의 권장 사항을 입수해 매년 감사계획을 수립할 때 반영할 수 있다. 관계를 개발하고 감사부서에서 제공하는 가치를 '홍보'하는 용도로 미팅 기회를 사용하라. 감사부서의 각 구성원은 IT감사기능의 가치에 대한 명확한 비전과 매력적인 스토리를 표현할 수 있어야 한다. 또한 감사부서와의 협업이 어떻게 도움이 되고 회사에 가져다 줄 최대 이익을 위해 필요한지도 설명할 수 있어야 한다.

주요 미팅에 초대 받기

프로젝트 검토, 전략 세션, IT 커뮤니케이션 등의 주요 미팅에 초대받게 해보자. 미팅 참여는 무슨 일이 일어나고 있는지를 알아내 뒤떨어지지 않게 따라갈 수 있게 해주는 훌륭한 방법이며, 또한 탁월한 네트워킹 기회다. 사람들이 일상생활의 일부로 감사인을 만나는 것에 익숙해지면서 감사인과 함께하는 일에 더욱 편안함을 느끼게 된다. 그러면 내부통제 관련 문제나 질문이 있을 때 감사인을 호출하게 될 가능성이 훨씬 더 높아진다. IT커뮤니티에 감사인의 존재를 인지하게 한다. 일부 IT그룹은 네트워크를 지원하고 일부는 비즈니스 애플리케이션을 지원한다. 감사인은 내부통제에 대한 인증을 제공하는 IT그룹이다. 감사인은 전체 팀의 일원이며, 그들과 마찬가지로 독특하고 중요한 기능을 갖고 있다. 주요 미팅에 초대될 때 많은 감사인이 하는 방식대로 '몰래 남을 관찰하는 사람^{fly on the wall}'이 되지는 말

자. 목소리를 내고, 토론에 참여하고, 회의록에 감사인의 관점을 제시해보자. 이는 단순히 관찰만 하는 것보다 더 부가가치가 높은 접근법이다. 마찬가지로 직원 및 부서 미팅에서 관련 내부통제 개념들을 발표할 기회를 찾아보자. 이는 내부통제 단어를 널리 알리는 훌륭한 수단이다.

기업의 지배구조 활동에 참여

감사부서의 임무에 관련된 영역을 감시하고자 교차조직 지배구조$^{governance\ structure}$를 갖추는 회사도 있다. 예를 들어 교차조직 그룹이 기밀 정보의 분류, 표시, 보호를 위한 회사 프로그램의 실행을 감시하는 일에 중점을 둘 수 있다. 또는 회사에 개인정보보호에 중점을 둔 프라이버시 위원회를 둘 수도 있다. 이러한 지배구조를 찾고 거기에 추천되게 하는 방법을 알아본다.

회사 내의 여러 관련 조직에서 파견된 담당자가 배치돼 있는 경우 감사부서에서 파견된 담당자도 지배구조에 추가로 배치해주도록 제안해보자. 예를 들어 IT보안 정책 요소의 준수와 같은 IT 내에서 일어나는 주요 운영에 대한 검토 활동이 있다면 해당 미팅에 참여하자. 이러한 기회는 관계 구축 혜택을 제공할 뿐만 아니라 '조기참여'와 '지속적인 감사'의 이점도 제공한다. 지배구조[8] 전략과 구현에 관련된 토론에 참여해 들어볼 수 있기 때문이다.

협업과 협력적인 태도의 배양

IT감사팀 구성원은 구식의 위압적인 접근방식으로 감사하지 않도록 한다. 여기서 감사부서는 규칙을 따르지 않은 사람들을 두들겨 복종시키고자 만든 치안 경찰 부서가 아니다. 사람들을 피감사인 대신 고객으로 호칭하는 작은 일이 팀 구성원의 마음을 바꾸고 올바른 태도를 장려하는 놀라운 결과를 가져올 수 있다. 감사팀

---

8. 기업의 지배구조는 조직의 소유주(주주)와 채권자가 조직의 자원(경영)을 수탁 받은 자에게 적절한 설명책임을 요구하고 위탁된 자원에 대한 통제력을 행사하는 감시 구조다. 지배구조의 시작점은 대개 이사회다. 소유주는 이사를 선출(의사회 구성)한다. 이사회는 조직의 활동을 감시하고, 주주에 대한 설명책임을 진다. – 옮긴이

은 의사소통에서 "아이고 걸렸어, 붙잡았어^{gotcha}" 같은 전술과 언어를 피해야 한다. 대신 존중과 토론을 장려하는 열린 자세로 관심사를 표현하도록 한다. IT조직과의 신뢰관계 구축과 유지는 감사팀의 우선순위가 돼야 한다. 고객과 함께 일할 수 있는 능력은 감사인의 성과 평가의 일부가 돼야 한다.

IT조직과의 직무교환의 실행

감사부서와 주요 IT조직이 가끔 단기적으로 직원들을 상호 '교환'해 쓰게 한다. 예를 들어 IT운영 부문으로부터 초빙 감사인을 불러 감사를 수행하게 하는 한편 감사팀의 구성원을 몇 주나 몇 달 동안 운영 부문에 파견하는 것이다. 또는 데이터베이스 관리팀 구성원을 데려와 데이터베이스 감사(물론 해당 사람이 자신의 환경과 팀을 감사하지 않는 한)를 돕게 할 수 있을 것이다. 동시에 데이터베이스 감사에 전문성을 구비한 감사부서 직원도 몇 주 동안 데이터베이스 관리팀에 합류할 수 있다. 할당된 업무의 종료시점에서 각 직원은 원래의 직무로 복귀한다. 이러한 실무 관행은 많은 이점을 제공한다.

- 운영 부문 내의 내부통제에 대한 지식과 이해를 향상시킨다. 초빙 감사인은 감사에 대한 실무 경험을 갖고 자신의 작업 그룹으로 복귀한다. 이를 통해 개인의 환경 내에서 구현해야 할 통제기능을 더 잘 이해할 수 있다.
- 감사부서 직원의 지식을 확대시킨다. 데이터베이스 운영 환경에서 몇 주를 보낸 감사인은 기술적인 측면에서 해당 영역과 운영 그룹이 직면한 일상적인 문제와 압력에 대한 심층적인 이해를 얻는다. 이는 그 부문에 대한 감사 능력을 향상시키는 데 도움이 된다.
- 감사팀과 운영팀 사이의 전반적인 이해와 파트너십을 향상시킨다.
- 잠재적인 경력 기회에 대한 통찰력을 운영 직원과 감사팀 구성원 모두에게 제공한다.

IT감사인 채용 결정에 IT조직의 참여

IT감사인의 신규 고용을 위한 인터뷰 과정에 IT운영 조직의 구성원을 한 명 이상 포함시켜야 한다. 이는 후보자 평가에 대한 전문가 의견을 추가적으로 제공한다. 그 누가 매일 매일 현장에서 일하는 기술전문가보다 후보자의 기술 능력을 더 잘 평가할 수 있겠는가? 예를 들어 SAP가 강점인 사람을 인터뷰하는 경우 SAP 지원팀의 구성원이 후보자와 면담하도록 준비해보자. 감사팀과 보안팀 사이의 파트너십이 자연스러운 관계라면 정보보안팀원이 인터뷰를 돕도록 준비하는 것도 좋은 일이다. 이 실무의 또 다른 이점은 운영팀에게 일반적으로 감사기능에 대한 소유의식과 이해를 향상시키며, 또한 운영팀을 파트너라고 생각한다는 메시지를 준다는 것이다. 또한 운영 조직의 구성원이 채용 과정에 관여한 사람을 보증할 수 있으므로 감사팀의 신뢰성을 향상시킨다. 같은 이유로 CIO는 IT감사 관리자나 이사의 채용에 참여해야 한다. CIO와 IT감사부서의 리더가 서로 맞지 않아 감사기능의 가치에 관한 비전을 공유하지 않는다면 감사기능이 효과적으로 발휘되기가 어려워진다.

IT감사팀의 역할

이 책은 IT감사에 관한 책이 아닌가? 지금까지 이 장에서 읽은 내용은 대부분 모든 종류의 감사에 적용할 수 있다. 감사의 중점이 IT든 또는 다른 종류든 관계없이 논의된 개념들은 효과적인 내부감사팀의 구축에 쓰이는 기초적인 것들이다. 그렇다면 IT감사란 무엇인가? 정보기술, 컴퓨터 시스템 등에 대한 감사라고 말하는 것이 분명한 답이다. 독자가 이 책을 읽고 있다면 IT감사인과 재무 또는 운영 감사인 사이의 기본적인 차이를 이해할 것이다. 그러므로 IT감사에 대한 기술적 정의를 생각해내 요점을 장황하게 설명하지는 않기로 한다. 그러나 전반적인 감사기능 내에서 IT감사 그룹의 역할에 대해서는 많은 해석과 변형이 존재한다. 몇 가지 모델을 살펴보기로 한다.

- 애플리케이션 감사('통합 감사'는 또 하나의 적절한 설명이다)
- 데이터 추출과 분석 전문가
- IT감사인

이것들이 의미하는 바를 탐색하기에 앞서 타부서의 요청에 의해 IT감사 그룹이 검토 용역을 제공할 수 있는 잠재적이고 기술적인 주제 영역을 고려해보자. 이 주제 영역을 크게 단순화시켜 기본 더미(스택stack)로 표현한 것이 그림 1-2다.

- **데이터센터 시설:** 컴퓨터 장비를 수용하고 있는 물리적 건물과 데이터센터다. 해당 시스템은 이 컴퓨터 장비 속에 들어있다.
- **네트워크:** 다른 시스템과 사용자가 해당 시스템에 물리적으로 접근할 수 없지만, 네트워크를 통해 그 시스템과 통신할 수 있다. 이 계층layer에는 방화벽, 스위치, 라우터[9]와 같은 기본 네트워킹 장치가 포함된다.
- **시스템 플랫폼:** 더 높은 수준에서 애플리케이션이 실행되도록 기본적인 운영 환경을 제공해준다. 유닉스, 리눅스, 윈도우와 같은 운영체제가 여기에 속한다.
- **데이터베이스:** 최종 애플리케이션에서 가동될 데이터를 편성하고 접근하는 방식을 정의해주는 도구다.
- **애플리케이션:** 최종 애플리케이션을 말한다. 이에 실제로 접근해서 보는 자는 최종 사용자다. 이러한 애플리케이션의 예에는 기본적인 비즈니스 기능을 제공하는 전사적 자원 계획ERP, Enterprise Resource Planning 애플리케이션, 이메일 애플리케이션 또는 회의실 일정잡기 시스템이 있다.

---

9. 방화벽, 스위치, 라우터는 인터넷상에서 서브네트워크를 연결시켜주는 기기다. – 옮긴이

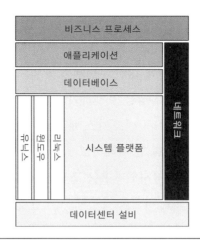

다음 표는 그림의 텍스트를 포함한다:

		비즈니스 프로세스	
		애플리케이션	
		데이터베이스	네트워크
서버	운영체제	스토리지	시스템 플랫폼
		데이터센터 설비	

그림 1-2 잠재적 감사주제 영역

물론 이러한 모든 기술적인 주제 영역은 하나 이상의 비즈니스 프로세스를 지원하고 활성화하고자 존재하며, 회사 전반 차원의 통제도 지원받는다.

 참고 이 계층은 잠재적인 주제 영역과 기술에 대한 전체 목록이 아니다. 단지 감사기간 중에 IT감사인이 검토할 수 있는 좀 더 일반적인 계층을 예시한 것이다. 스토리지, 미들웨어, 웹 서버와 같은 주제를 고정시켜 놓으면 잠재적인 감사 주제 영역의 스택은 훨씬 더 복잡하고 세분화될 수도 있을 것이다. 그러나 단순화된 이 버전은 IT감사인의 유형을 예시할 때 도움이 된다. 이들 모든 세부적인 주제 영역의 일부 요소는 검토 대상의 모든 시스템과 관련이 있다. 이 책의 대부분은 이러한 영역(및 다른 영역)에 대한 감사 방법을 자세히 설명한다. 여기서는 그러한 것에 시간을 할애하지 않을 것이다. 그러나 이러한 계층이 함께 움직이면서 각각 다음 계층의 기초를 형성한다는 사실을 이해하는 것이 중요하다. 이를 배경으로 앞에서 언급한 IT감사 모델을 다시 살펴보자. IT감사 모델은 전체 감사기능 내에서 IT감사 그룹의 역할을 설명한 것이다.

애플리케이션 감사인(또는 통합 감사인)

일부 IT감사 그룹은 주로 응용 계층에 중점을 둔다. 이러한 IT감사팀은 종종 비즈니스 애플리케이션 시스템의 사용법을 알고 있는 비즈니스 또는 재무 분야의 담당자로 구성된다. 이들 감사팀은 거의 응용 계층에만 중점을 둔다. 그들은 접근 시도가 적절히 제어되고 업무분장 문제가 발생되지 않게 철저히 작업을 수행한다. 그들은 또한 애플리케이션에 대한 무단변경을 방지하고, 시스템에 의해 관리되는 데이터와 프로세스의 무결성을 보장하기 위한 통제기능이 적절하게 설정되도록 하는 작업도 잘해낼 것이다. 비즈니스 배경을 가진 또는 애플리케이션의 지원을 받는 비즈니스 프로세스를 잘 이해하고 있는 IT감사인들은 감사부서에서 강력한 구성원이 될 수 있다. IT감사인들은 시스템 내에 설정된 비즈니스 통제기능의 실행을 평가하는 데 필요한 지식을 갖추고 있기 때문이다. 그러나 그들이 보는 것은 전체의 일부에 불과함을 의미하므로 다른 계층의 대부분이나 전부를 놓칠 수도 있다. 그들은 모든 시스템에서 의존하는 네트워크 및 운영체제^{OS} 환경의 보안과 같은 기본적 통제기능을 검토하지 않는다. 해당 분야가 통제되지 않는 경우 문을 잠그고 창문을 열어 두는 것과 같다.

사람들은 여러 가지 방식으로 다른 계층의 보안 취약점을 악용할 수 있다. 이러한 악용으로 인해 기밀성, 무결성, 응용시스템의 가용성이 파괴될 수 있다. 스택의 나머지 계층을 이해, 검토할 수 있는 적절한 세부 기술 세트가 없는 사람을 채용(종종 IT로 확장하거나 전환하길 바라는 재무 또는 운영 감사인)할 때 IT감사 그룹은 일반적으로 그러한 접근방식을 취한다. 이러한 감사인들은 IT감사기능의 중요한 일부며 실제로 IT감사팀에 상주하거나 재무/운영 부서에서 IT감사팀을 보완해준다. 제반 위험이 간과될 수도 있기 때문이다. 하지만 그들이 IT감사기능의 전체를 이루는 건 아니라는 점이 중요하다.

데이터 추출과 분석 전문가

여전히 다른 IT감사 그룹은 데이터를 가져와 분석하는 데 대부분의 시간을 소비한다. 그들은 ACL^{Audit Command Language}과 같은 데이터 추출과 분석 도구 전문가일 가능성이 높다. 그러나 전통적 용어의 의미에서 본다면 그들은 실제로 감사인은 아니다. 이들 팀 중 일부는 주로 재무감사인의 요구사항을 받아 이를 수행한다. 예를 들어 재무감사 팀이 매출채권 계정을 검토하면서 데이터 전문가에게 90일 초과 연체된 모든 송장 목록을 뽑아주도록 요청할 수 있다. 그러나 데이터 전달자 역할 만으로는 이 모델이 부가된 가치를 가장 효과적으로 구현시킬 수 없다. 이 모델이 가장 효과적으로 구현되려면 계속감사에서 다음을 수행할 수 있는 분석 도구를 개발해야 한다.

사기, 내부통제의 위배, 정책의 비준수, 그 외의 남용 증거를 찾아낸다. 예를 들어 공급업체에 중복 지급, 분할 지급(지출 승인 한도를 피하고자), 공급업자로 위장한 직원, 중복된 입금 계좌번호(유령 직원을 나타낼 수 있음), 동일 기간 내의 여행과 경비를 이중 청구하는 행위 등에 대한 증거를 찾도록 모니터링을 설정할 수 있다. 이와 유사하게 부적합한 패스워드나 패스워드 공유(예, 두 컴퓨터에서 동일한 계정에 대한 동시 로그인)와 같은 IT 위험을 지속적으로 찾고자 모니터링 활동을 수행할 수 있다. 모니터 대상이 될 특정 항목은 회사에 따라 다르다. 분석 도구가 있을 법한 예외사항을 표시하면 데이터 전문가가 이러한 잠재적 문제를 조사할 것이다(그러면 회사 내부의 적절한 조직으로 넘겨져야 한다). 공식적인 사기 조사로 이어질 수 있다. 또는 내부통제 문제의 식별로(이어서 부여된 책임, 해결책, 처리 기한을 비롯해 전통적 감사 이슈로 구성돼야 한다) 이어지거나 해당 영역에서 정식감사를 수행해야 한다는 결정으로 이어질 수도 있다. 감사부서는 경영진에게 실시간 정보(인텔리전스)를 제공해야 할 위치에 있다. 데이터 전문가도 감사업무를 도와 감사팀이 관련 데이터를 얻고 분석할 수 있도록 지원하지만 주요 초점은 아니다.

이는 효과적으로 설정하기 매우 어려운 기능이지만 올바르게 수행하면 기존 감사를 아주 강력하게 보완할 수 있다. 이것이 있으면 샘플링(표본 조사)에 의존하지 않고 데이터에 대한 100% 테스트(전수 조사)가 가능하다. 그러나 이런 종류의 기능 설정을 진지하게 생각한다면 데이터 추출과 분석에 중점을 두고 전용 자원에 투자해야 한다. 필요한 도구와 기량으로 모든 감사인을 훈련시키는 것은 일반적으로 효과적이지 않다. 감사인은 너무 많은 상이한 우선순위와 지나치게 많은 지시 사항 속에 있다. 이 팀을 효과적으로 구성하려면 데이터와 감사를 모두 이해(이것은 독특한 능력이다)하는 사람들을 찾아내야 한다. 그 독특한 기량을 가진 사람들을 찾아 전용 팀을 구성하더라도 회사에서 모니터링 대상이 될 가장 중요한 사항을 식별하고, 해당 데이터의 위치를 결정하고, 해당 데이터에 접근해 데이터 형식을 이해하고, 그것을 분석 도구(예, ACL)로 이식하는 데 상당한 시간을 투자해야 한다. 팀원들은 오류 탐지를 분류해 분석 도구를 조율하게 되므로 시행착오에 시간이 소요된다. 모니터링에 필요한 데이터가 무엇이든 간에 핵심 사본이 포함된 데이터베이스에 지속적으로 접근할 수 있게 정해두는 것이 중요하다. 이를 통해 필요에 따라 테스트를 수행할 수 있다(이와 반대로 매번 데이터를 요청하거나 데이터 피드에 의존해야 하는 경우에는 둘 다 데이터를 받기 전에 변조될 가능성이 있다). 또한 그러한 방법들을 적용하면 테스트 시기를 예측할 수 있게 돼 사람들이 자신의 계획을 더 쉽게 감출 수 있다. IT조직이 그들의 데이터에 대한 당신의 지속적인 접근에 반대하는 경우가 많으므로 이 문제를 협상, 지원할 수 있는 총명한 IT직원을 데이터 분석 팀에 확보하는 것이 중요하다. 이런 유형의 감사인들은 감사부서의 귀중한 자산이 될 수 있다. 그렇지만 그들이 전체 IT감사기능을 구성한다면 많은 위험을 알아차릴 수 있는 기회가 사라지게 된다.

IT감사인

다른 부서들은 대부분의 시간을 스택 내의 응용 계층 아래 영역에 노력을 집중하는 IT감사인을 두고 있다. 이들은 회사 시스템을 지원하는 핵심 인프라 구조에 적절한 보안과 통제기능이 구축되도록 확인하는 일을 한다. 응용시스템의 사용 방법을 이해하는 비즈니스 사람들과는 반대로 이러한 감사팀은 일반적으로 IT전문가로 구성된다. 데이터베이스 계층과 그 하부는 이들 IT감사인의 영역을 구성한다. 애플리케이션 감사는 필요에 따라 IT감사인의 지원하에 통합 감사인이나 재무감사인이 진행한다. 예를 들어 IT감사인은 특정 애플리케이션에 의뢰하면서 데이터베이스 계층과 그 하부를 살펴볼 것이다(IT환경에 대한 대규모 감사에서 그러한 항목들이 사전에 다뤄지지 않았다고 가정한다).

IT감사인은 전반 시스템 접근관리 및 변경통제와 같은 일부 일반통제와 응용통제에 대한 검토를 도울 수 있다. 그러나 통합 감사인이나 재무감사인은 특정 비즈니스 응용에 어떤 종류의 업무분장과 데이터 무결성 통제가 필요한지를 이해하기에 더 나은 위치에 있으므로 그에 대한 지식을 갖추고 있어야 한다.

 참고 세 번째 모델(IT감사인)은 철저하고 효과적인 IT감사를 수행하는 데 중요하다. 주제에 대한 가장 높은 수준의 지식을 구비한 사람들이 모든 계층을 다루기 때문이다.

이 세 가지 시나리오는 모두 동일한 감사부서에 존재할 수 있으며(아마도 존재할 것이다) 매우 성공적이다. 성공적으로 기능을 수행하려는 기업에게 필요한 것은 응용 계층을 넘어서는 IT감사다.

효과적인 IT감사팀의 구성과 유지

이 장에서는 감사의 실제 목적, 공식적인 감사 이외에 가치를 더하는 방법, 관계의 구축 방법, IT감사팀이 해야 할 역할을 알아봤다. 그러나 그중 어느 것도 실시할 효과적인 팀이 없이는 불가능하다. 이 절에서는 효과적인 IT감사팀을 구축하고 유지하는 방법을 다룬다.

이전 절에서는 IT감사팀의 역할에 관한 몇 가지 모델을 다뤘다. 몇 가지 중에서 선택된 모델은 팀을 구성하는 방식에 큰 영향을 줄 것이다. 해당 절에서 언급한 것처럼 일부 기업은 응용 계층에 노력을 집중할 IT감사팀을 찾고, 실제로 그들이 그렇게 해주기를 기대한다. 이 경우 회사의 주요 애플리케이션과 비즈니스 기능에 관한 지식을 가진 사람이 중요하다.

자체 감사팀 내의 재무 또는 운영 감사인이 그러한 역할을 수행하기에 적합한 훌륭한 후보가 될 수 있다. 마찬가지로 IT감사팀이 데이터를 가져오는 데 소요되는 시간에 시선이 집중된 경우라면 데이터 추출과 분석 도구에 대한 자세한 지식을 갖춘 IT감사인을 채용하는 것이 중요하다. 그러나 이 논의의 초점을 IT감사인에게 맞추고자 한다. 이들은 스택의 모든 계층에서 작업하지만 비즈니스 응용통제의 좀 더 세부적인 사항 검토에 대해서는 재무 또는 통합 감사인에 의존한다. 이 팀의 직원 구성을 어떻게 해야 할까? IT감사인의 두 가지 기본 프로필과 각각의 장단점을 살펴보자. 이에 대한 논의를 한 이후에 IT감사기능을 공동 소싱^{co-sourcing}하는 옵션을 검토해보자.

경력직 IT감사인

이들은 기본적으로 다양한 회사에서 IT감사업무수행에 대한 배경지식을 습득한 사람들이다. 일반적으로 CISA^{Certified Information Systems Auditor} 및/또는 CISSP^{Certified Information Systems Security Professional} 자격증을 갖고 있으면서 일반통제 검토와 사베인스-옥슬리법^{Sarbanes-Oxley Act} 준수 검토 업무에 대해 다양한 경험을 축적하고 있을 것이다.

개념적인 차원에서 감사 이론과 내부통제에 정통한 일부 경력 IT감사인이 팀에 있어야 한다. 그들은 감사 프로세스의 작동 방식과 검사 및 입증의 중요한 개념을 알고 있다. 그러나 전체 팀이 경력 IT감사인만으로 구성되면 안 된다. 그들은 IT를 이론상으로 이해하는 경향이 있지만, 대부분은 IT환경의 일상적인 운영을 책임지는 위치에 있지 않다. 세부적인 이해의 강도는 종종 상당히 약하므로 심층적으로 세부검토를 수행할 팀의 능력은 제한적이 될 것이다. 검토를 수행할 때 이런 감사인은 종종 일반통제의 검토 수준을 피상적인 상태로 유지한다. 감사 고객은 운영에 대한 경험이 부족한 감사인에게 신뢰성 문제를 제기할 수 있다. 감사인이 때때로 어리석고 문제에 대한 심도 있는 대화를 이어나갈 능력이 없기 때문일 것이다. 어떤 통제를 시행하는 것이 기술적으로 불가능하다는 말을 감사 고객으로부터 들어도 그러한 감사인은 종종 주장의 타당성을 입증하거나 반박하기 위한 지식을 갖추고 있지 않으므로 잠재적으로 완화된 기술적인 통제기능들을 대안으로 제시하지도 못한다. 환경의 제반 기초에 대해 감사인이 익숙하게 이해하려면 너무 많은 시간이 소요된다. 이 때문에 고객 불만이 발생하는 경우가 있다. 이는 명백히 일반적인 것이며, 많은 경력 IT감사인들은 극히 높은 수준의 전문지식을 지니고 있다. 그러나 이러한 감사인조차도 환상의 세계에 사는 경향이 있다. 즉, 그들은 운영에 미치는 영향과 비용/이익 분석의 필요성에 대한 고려 없이 모든 통제는 완전히 완화돼야 한다고 믿는다.

다시 말하지만 일부 경력 IT감사인이 팀에 있다는 점이 중요하다. 그 이유는 그들이 감사팀의 기초를 형성하기 때문이다. 그러나 이런 유형의 IT감사인으로 전체 팀을 만들면 팀이 실제로 일이 어떻게 작동되는지를 이해하지 못한다는 평판을 듣게 될 것이다. 또한 채용된 경력직 감사인이 조직 문화에 맞추고 감사 비전을 공유하게 하자. 그렇지 않으면 그들은 당신(감사부서)의 성공에 장애가 될 수 있다.

경력직 IT감사인의 공급원

일반적으로 경력직 감사인은 회사 외부에서 나온다(아마도 감사 경험을 가진 사람들 중 IT조직에 재직 중인 사람을 발견할 가능성은 극히 낮다). 이러한 감사인의 기본 공급원sources 은 다음과 같이 내부IT감사 경험을 가진 다른 회사의 사람, 외부의 IT회계법인, 임시 채용 인력을 직접 공급해주는 대학이다.

다른 회사에서 내부IT감사 경험을 쌓은 사람: 이런 사람들은 기존 팀과 합류해 재빨리 기여할 가능성이 아주 높다. IT감사 작업장의 초점이 기존 팀과 동일한지 확인해 보자(즉, 기존 팀이 포괄적인 IT감사 작업장이 되려는 계획을 세운다면 응용 계층에서만 사물을 검토한 IT감사 작업장의 누군가를 데려오길 바라진 않을 것이다). 다른 회사에서 내부IT감사 경험을 쌓은 사람들은 심층적인 기술 검토를 수행해 왔고 감사 고객과의 긍정적인 관계의 중요성을 이해하고 있을 가능성이 높다.

외부 IT감사 경험이 있는 사람: 외부 IT감사 경험이 있는 사람들은 팀의 귀중한 자산이 될 수 있다. 감사 이론에 대한 깊은 이해력을 갖추고 있기 때문이다. 유감스럽게도 '세계 4대 회계법인Big 4'에 소속된 많은 감사인은 심층적인 기술 검토를 수행하지 않는다. IT감사 중에는 겉만 훑어보고 총칭적인 일반통제에 집중하는 경향이 있다. 자신이 검토 중인 기술을 실제로 이해하는 누군가를 외부감사법인에서 찾는 것은 종종 어렵다. 이런 사람들은 감사 고객과의 신뢰를 해칠 가능성이 가장 높으며, 일이 어떻게 작동되는지를 정말로 이해하지 못한다는 평판을 고객에게서 받을 가능성이 매우 높다. 또한 그들은 모든 이슈가 동질적으로 생성되는 것은 아니라는 관점을 사람들에 제시하는 대신 모든 통제기능의 완화 비율이 100%가 되게 밀어 붙일 가능성이 가장 높다. 다시 말하지만 일반적으로 그렇다는 말이며, 매우 재능 있고 전문 기술적인 감사인도 외부감사법인에서 근무하고 있을 수 있다. 핵심은 인터뷰 과정에서 이 문제를 활발히 논의해보는 것이다.

대학에서 채용하기: 일부 대학에서는 우수한 IT감사 프로그램을 제공한다. 이 프로그램의 이수자들 중에서 감사 이론을 잘 이해하면서 다양한 여러 기술을 다뤄본 사람들을 구할 수 있다. 핵심은 새로운 것을 배우고 즐기는 진정한 전문 기술인, 감사 프로세스에 적성을 가진 사람들을 찾아내는 것이다. 대학으로부터 구하려면 더 많은 지침이 필요하다. 전체 팀을 대학에서 채용하기는 원치 않겠지만, 대학에서 우수한 프로그램을 이수한 자들은 많은 에너지를 제공할 수 있다. 또한 최신 기술에 대한 지식을 가져올 수 있다.

IT전문가

IT전문가는 기술 분야의 전문가지만 감사에 대한 경험은 없다. 이러한 감사인은 감사팀의 구성원이 특정 전문 분야를 아주 깊이 이해할 수 있도록 도울 수 있다. 또한 기술을 검토하기 위한 감사 도구와 감사 접근방식이 향상될 여지도 있다. 그러나 적합한 인물을 찾기란 쉽지 않다. IT전문가를 감사팀에 두려면 몇 가지 일반적인 함정을 알고 있어야 한다.

참고 IT전문가는 감사인의 능력으로 심층적이고 부가가치가 높은 감사가 수행될 수 있도록 감사인을 도와 놀라운 성공을 거두게 할 수 있다. IT전문가는 고객의 언어를 구사하며 감사인의 조직에 신뢰성을 가져온다. IT전문가는 고객이 해오던 일을 했기 때문이다.

많은 IT전문가는 매일같이 기술을 다루고 지원하면서 직업에서 오는 만족도를 얻는다. 그들이 IT감사팀에 참여하는 시점이 되면 그러한 시스템에 대한 일종의 정신적인 쇼크가 발생한다. 또한 IT전문가는 자신이 가장 즐기는 일의 일부 기술을 상실했다는 사실을 알게 된다. 그 기술을 갖고 일하겠지만 운영에 대한 책임은 없고 대신 다른 사람들의 환경을 고찰하는 일을 할 것이다. IT전문가를 채용할 때는 이러한 측면을 사전에 파악해야 한다. 그래야 IT전문가들이 열린 눈으로 감사팀에 합류하고자 할 것이다. IT전문가들은 이전 직장에 비해 훨씬 더 많은 문서화 작업을 해야 한다는 사실을 채용 이전부터 알고 있어야 한다. 이는 일부 사람에게 부정적인 영향을 줄 수 있다. 이런 점을 미리 IT전문가들과 솔직하게 논의해야 한다. 또한 새로운 것을 빨리 배울 수 있는 사람을 발견하는 것이 중요하다. 예를 들어 예전 업무에서 유닉스를 독점적으로 지원했던 IT전문가가 있을 수 있다. 감사 업무의 수행 시 그 전문가는 유닉스뿐만 아니라 회사에 실재하는 다른 모든 중요한 기술도 감사해야 한다. 감사부서장의 희망은 감사팀에 합류한 그들이 새로운 것들을 즐거운 마음으로 배워 빠른 학습자가 되게 하는 것이다.

이런 유형의 감사인에서 볼 수 있는 또 하나의 실패 원인은 때때로 IT전문가들이 결코 '알지' 못한다는 점이다. 복잡한 위험평가를 수행할 수 있는 능력을 결코 전개, 발전시키지 않는다. (기술 내부에서 기술적 설정^{settings}을 고찰하는 것과는 반대로) 프로세스를 검사할 때 특히 그렇다. 처음부터 끝까지 프로세스를 조사해 허점들의 위치를 정할 수 있어야 한다. 이러한 기량은 특정 기술만 지원하는 사람들에게는 종종 쉽게 습득되지 않는다. 인터뷰 과정에서 몇 가지 시나리오를 제시하고 그들의 마음이 어떻게 작동하는지를 검사하는 방식으로 '감사인처럼 생각할 수 있는' 잠재적 감사인의 능력을 측정해야 한다.

또한 적절한 구두 및 서면 형태의 의사소통 기량을 구비한 기술 전문가를 찾는 것
도 중요하다. 모든 레벨에서 문제점과 기술적 개념을 설명할 수 있어야 한다. 그들
은 기술 수준이 최상위인 사람을 설득하는 방식으로, 조치의 필요성을 이해할 수
있는 정도에 이르기까지 자신의 우려사항을 고위 경영진에게 설명할 수 있어야
한다. 인터뷰 과정에서 후보 감사인에게 어떤 기술적인 개념을 설명해보게 한 후
좋은 커뮤니케이션 기술을 체득하고 있는지 여부를 판단한다. 문서화 기량도 취
약할 수 있다. 감사조서에 요구되는 논리 정연한 방식으로 업무 내용을 문서화시
키는 과정에 이 사람들은 익숙하지 않을 수 있다. 그들의 머릿속에 있는 것을 종이
에 표현하는 방법을 코칭해줄 필요가 있다.

감사인으로서 IT전문가를 위한 소스

이러한 감사인의 공급처는 일반적으로 세 곳이다. 회사 내부, 회사 외부, 대학 졸
업생들이 있다.

회사 내의 전문 기술인: 회사 내의 전문 기술인이 이상적이다. 이러한 감사인은 그들
이 지원해온 기술에 대한 세부 지식을 갖고 있을 가능성이 있다. 뿐만 아니라 회사
의 특정 프로세스 작동 방식도 이해하고 있다. 또한 그들이 형성한 관계망은 회사
전체에 퍼져 있을 것이다. 그래서 IT감사팀에 즉각적인 신뢰성을 제공할 것이다.
이 명칭에 대한 인식은 매우 중요하다. 적어도 당분간 감사팀에 합류하기 전에 예
전에 근무한 부서의 감사에 그들을 배정하지 않도록 주의해야 한다.

내부 채용의 또 다른 이점은 경력 개발 관점에서 나머지 IT부서와 IT감사팀의 통
합을 증대시킨다는 점이다. 이러한 사실은 IT감사팀에게 IT감사와 나머지 IT부서
의 전후 움직임을 알아보도록 조장하고 격려한다. IT전문 인력이 IT감사팀으로
자리를 옮겨 경력을 쌓기로 결정할 수 있겠지만, 잠시 후 IT부서로 되돌아갈 가능
성이 높다. 최고의 인재를 유지하려는 회사의 목표를 달성하는 데 이러한 관행이

도움이 된다. 자리를 옮길 준비가 된 IT감사팀의 구성원들이 회사 내부 쪽으로 눈을 돌릴 가능성이 높아지기 때문이다. 사람들을 IT감사부서 안팎으로 옮겨 배치시킴에 따라 전환이 점점 더 자연스럽게 이뤄진다. 또한 자신의 경력관리를 계획 중인 IT직원들이 IT감사팀을 경력관리가 가능한 분야로 생각하게 만든다.

회사 외부의 전문 기술인: 외부 전문 기술인들은 다른 회사의 내부통제가 운영되는 방법에 대한 지식과 더불어 전문 기술적인 이해의 깊이를 감사팀에게 가져다 줄 수 있다. 그러나 이들에게 감사방법을 가르치는 것과 동시에 회사의 IT환경이 작동되는 방식도 이들에게 가르쳐야 한다.

대학에서 공급받는 인력: 비감사 기술 학위를 취득했지만 감사 분야 일에 첫 번째로 발을 내디딘 사람을 찾아내는 경우는 드물다. 그러나 그러한 일이 발생할 수는 있다. 이 프로필에 맞는 사람들을 데려오면 최신기술에 대한 '책에서 얻은 지식'과 함께 팀에 신선한 에너지를 불어 넣을 수 있는 이점을 얻을 수 있다.

경력 IT감사인과 IT전문가: 최종 생각

경력 IT감사인과 IT전문가, 이 두 범주 사이를 왔다 갔다 할 수 있다. IT부서에 근무하는 누군가를 데려올 수 있으며, 이 사람이 경력 감사인이 되기로 마음먹을 수 있다. 아니면 회사에 합류한 후 IT부서로 이전하기를 원하는 경력 감사인을 확보할 수 있다. 이러한 전환을 하는 사람들을 지지해야 한다. 가장 성공적인 IT감사 작업장은 이러한 유형의 감사인들을 혼합 형태로 구성해 이들의 경력관리에 유연성을 제공하는 것이다. 일부 회사에서 감사부서가 기본적으로 회사의 나머지 부분을 위한 훈련장 역할을 하는 경우 그런 회사는 강제적으로 직무순환 배치를 실시하기도 한다. 이런 회사에서는 정해진 시간이 지나면(보통 2년 또는 3년) 사람들이 감사부서를 떠나야 한다. 이는 회사의 프로세스와 기술에 대해 사람들을 훈련시키는 좋은 방법이지만, 효과적인 IT감사팀을 구축하는 방법은 아니다. 팀 구성원이 지속적인 직무순환 배치를 경험한다면 그로 인해 이 팀의 임무 수행 방식을 지속적으로 개선하기 위한 성숙한 토대를 배양하는 것이 어려울 수 있다. 그 대신 팀은 항상 새로 온 사람들의 업무속도를 높이는 데 주력하게 한다. IT부서와의 직무순환 배치 기회를 제공하면서도 한편 장기근속 감사인을 위한 확고한 기반을 유지하고자 경력직 및 순환적인 감사인의 혼합 형태를 갖추는 것이 좋은 대안이다.

성공적인 IT감사인의 주요 특성

감사팀을 구성하고자 검색을 시작할 때 성공적인 IT감사인에게 요구되는 다음의 주요 특성을 고려해보자.

- 세부사항을 잃지 않고 기술적 세부사항을 파헤칠 수 있다.
- 분석적이고 비판적인 사고 능력이다. 감사인에게 중요한 것은 기술을 이해하고 그 지식을 활용해 비즈니스 위험의 적발과 위험 정도에 대한 판단을 적용하는 것이다. 회사에 대한 위험을 구성할 수 있고 프로세스나 기술을 속속들이 고찰할 수 있는 사람이 필요하다. 감사인은 위험을 평가하고 잠재적인 이슈들의 중대성을 결정할 때 '큰 그림' 관점을 취해야 한다.
- 의사소통 능력(쓰기와 말하기)이다. 감사인은 모든 계층(세부 기술 수준이 가장 높은 담당자부터 최고위 경영진에 이르기까지)을 도울 수 있어야 한다. 어떤 사항이 왜 문제가 되는지를 정확히 이해하도록 한다. 이는 감사인이 비전문가(문외한)의 용어로 경영진에게 논리적으로 풀어 설명할 수 있어야 할 뿐 아니라 해당 분야에서 일하는 사람들에게 우려되는 기술적 세부사항을 모두 설명할 수 있어야 한다는 의미다.
- 신기술의 핵심적 개념을 빠르게 배우고, 그러한 기술 내부에서 발생될 주요 위험 지점을 식별할 수 있는 능력이다.
- 매일 특정 기술에 영향을 다루지 않을 의지다. 감사인이 분석 업무를 수행하는 데는 많은 실제 작업이 필요하지만 라우터 관리나 유닉스 박스의 관리자 등의 노릇을 하는 건 아니라는 점을 이해하는 것이 중요하다.

- 관계망 구축 역량이다. 감사인은 고객과 견실한 신뢰에 기초한 관계를 구축할 수 있어야 한다. 여기에는 고객과의 공감 능력, 고객의 입장에서 세상 일을 고려하는 능력이 포함된다.
- 비즈니스 통찰력이다. 앞에서 설명한 바와 같이 감사부서의 사명은 회사에 가치를 부가시키는 일이다. 감사인이 회사 사업에 대한 이해, 위험평가, 감사 권장 사항을 비즈니스 목표를 지원하는 방법에 연계시킬 수 있다면 가치 부가 과업을 더 잘 수행할 수 있다.
- 데이터 마이닝과 분석 역량이다. 모든 감사인이 데이터 추출과 분석의 전문가(1장의 앞부분에서 설명했듯이)가 되는 것은 아니지만 모든 감사인은 데이터를 분석하고 데이터 기반 결론에 도달하는 방법을 알아야 한다.

IT전문가를 IT감사로 채용하기 위한 홍보 포인트

회사의 IT조직에서 사람들을 모집하려고 할 때 이 직무의 다음과 같은 이점을 홍보 포인트로 명심하길 바란다.

- 다양한 기술에 노출될 기회다. 감사부서는 회사에서 사용되는 거의 모든 기술로 감사업무를 실제로 수행한다.
- 다양한 계층의 관리자와 함께 일할 기회다. 감사인은 모든 IT조직의 모든 계층의 IT관리자와 함께 일할 기회를 얻는다.
- 회사와 기타 IT그룹에 대한 광범위한 시각이다. 다양한 여러 IT그룹과 협력할 기회가 제공되는 업무는 거의 없다. IT감사업무는 회사의 IT환경 전반에 걸쳐 관계망의 개발을 통해 네트워크를 구축하고 경력을 쌓을 수 있는 다시없는 기회를 제공한다.
- 프로젝트를 이끌어갈 기회다. 대부분의 IT감사 그룹은 프로젝트 리더의 지위를 순환 교체하므로(물론 훈련 기간이 지난 후) 모든 사람에게 자원의 관리 감독, 이정표의 설정, 감사대상 영역의 관리자와의 긴밀한 협력, 이와

유사한 일들을 수행할 기회가 부여된다.

공동 소싱

일부 회사는 보충적인 노력의 일환으로 외부 회사의 감사인을 참여시키는 방식으로 감사기능의 공동 소싱을 한다. 감사계획을 충족하고자 추가 자원이 필요한 경우 이렇게 하는 것이 좋다. 그러나 이 방법에 크게 의존하지 않는 것이 가장 좋다. 회사 내부에서 공급된 감사인은 고객과 구축된 친밀한 관계로 인해 신뢰감을 형성한다. IT조직에서 우호 관계와 신뢰성을 구축하는 능력은 IT감사기능을 수행하는 내부직원과 신뢰를 쌓기에 충분할 정도로 오래 머무르며 일하는 직원에 따라 다르다. 여러 계약자와 컨설턴트가 지속적으로 출입하는 것은 관계 구축 목표에 도움이 되지 않는다. 그러나 그것은 나름대로 그 자리를 차지하고 유사시에 유용할 수 있다. 감사팀이 잘 모르는 기술이거나 감사를 자주할 계획이 없는 기술을 감사하려는 경우에도 이 방식이 유용할 수 있다.

예를 들어 몇 년에 한 번 메인 프레임 운영체제를 감사하려는 경우 IT감사팀이 기술 교육을 받는 데 시간을 투입하는 것은 좋지 않다. 전문지식을 가진 사람을 외부에서 데려 오는 것이 좀 더 효과적이다. 반면 회사의 핵심 기술을 감사하고 계속해서 평가하려는 경우 외부에서 다른 사람을 데려오는 대신 자신의 팀을 가속화하는 데 투자할 가치가 있다(또는 외부인의 임무 중 일부는 훈련을 제공하고 반복 가능한 감사 단계를 개발하는 것임을 이해하며, 외부에서 누군가를 한 번 초빙할지 살펴볼 수 있다). 공동 소싱 파트너를 데려오는 경우 고객 지향적 접근방식의 감사 수행을 파트너에게 강조하는 것이 중요하다. 이렇게 하는 이유는 고객과의 우호적인 관계 형성을 위해 기울인 노력을 엉망으로 만들지 않게 하기 위해서다.

전문지식의 유지

효과적인 IT감사팀을 보유하려면 시간과 돈을 투자해 팀의 기량을 최신 상태로 유지하도록 해야 한다. 기술과 기법은 부단히 변화하기 때문에 IT감사인에게 교육은 필수적이다. 부서의 감사인이 매일 매일의 기술을 지원하지는 않을 것이다(지속적인 기술 변화에 뒤쳐지지 않도록 보조를 맞추는 것이 불가피하다). 전문성을 유지하려는 의도가 없는 경우 팀의 지식은 재빨리 구식이 될 것이다. 미팅에 참여한 감사팀의 전문가들이 최근 기술 발전에 무지한 일종의 '이제는 더 이상 존재하지 않는 공룡'이 돼 있는 것으로 드러나기도 한다.

학습의 원천

다행스럽게도 감사인에게는 기량을 최신 상태로 유지하는 데 도움이 되는 풍부한 교육훈련이 있다. 공식감사에서 벗어나 있는 시간과 교육훈련 비용은 총명하고 효과적인 감사팀을 구축하는 데 도움이 될 것이다. 팀의 전문성을 최신 상태로 유지시켜줄 원천으로 다음을 고려해보자.

공식 훈련

각 감사인은 매년 한두 개의 외부 교육 과정이나 회의에 참석할 기회를 부여받아야 한다. 현명하게 선택하면 감사인이 새로운 것을 배우는 데 집중할 수 있는 좋은 방법이 될 수 있다. 이 분야의 일반적인 공급업체로는 SANS[SysAdmin, Audit, Network, Security], MIS 교육기관, 정보시스템 감사 및 통제협회[ISACA]가 있다.

교육 과정을 현명하게 선택해야 한다. 실습(실무 활동)을 제공하는 기술 교육 클래스들을 찾아보자. 생생한 기술적 기량을 가르칠 가능성이 훨씬 높기 때문이다. 너무나 많은 기술적인 교육 과정이 높은 수준에 중점을 두고 있으며, 슬라이드를 보는 것만으로 구성된다. 짧은 1~2시간의 세션은 감사인에게 기술적인 영역을 감사할 수 있는 충분한 정보를 적절하게 제공하지 않을 것이다. 기술에 손대지 않고 기술적인 기량을 배우기는 어렵다.

본질적으로 이론 수업에서 멀어지거나 쉬운 기술에만 집중하지 않는 한 특정 목표 중 하나가 충족되게 한다. 특정 기술의 감사와 보안 방법을 다루고, 또한 그렇게 하는 방법을 실습으로 보여주는 클래스를 대신 찾아보자. 가까운 미래에 실제로 감사할 기술과 관련된 수업도 찾아보자. 교육받은 지식을 빨리 사용하지 않으면 빨리 사라진다. 교육훈련 과정이 전문지식을 유지하는 데 있어 중요한 요소일지라도 그것들이 지식 습득의 유일한 원천이라는 생각은 비현실적이다. 새로운 것을 배울 필요가 있을 때마다 누군가를 어떤 클래스에 보내야 한다면 비용이 많이 든다. 다음과 같은 옵션은 최소한 공식적인 교육훈련 수업과 회의만큼이나 중요하다.

탐구의 시간

연구와 학습 활동을 위해 IT감사인에게 전용 시간을 제공해보자. 자율학습 활동을 일주일에 걸쳐 수행하게 해보자. 이 노력에 도움이 될 책을 구입해야 한다면 자유롭게 그렇게 할 수 있게 하자. 또한 회사에서 운용 중인 공통적인 기술들에 대한 감사를 위해 표준적인 감사 프로그램/도구를 만들거나 향상시키는 데 그 시간이 사용될 수 있다.

전문화

연구 시간과 밀접하게 관련돼 있는 경우로 한두 명의 감사인을 IT감사팀에서 감사하게 될 각각의 핵심 기술에 특화시키는 방안을 고려할 수 있다. 이 사람들은 당신 부서에 상주할 전문가가 돼서 해당 기술에 대한 감사와의 관련하에 감사부서의 도구를 유지하고 기술 변화에 뒤떨어지지 않게 할 책무를 맡게 될 것이다(전용 연구 시간의 사용). 또한 그러한 기술을 다루는 감사업무에 참여하는 다른 IT감사인에게 도움을 제공하는 책임도 있다. 해당 영역의 통제에 관해 질문 사항이 있는 회사 내부의 담당자에게 그러한 전문가는 접촉 대상으로서 최고다. 또한 해당 기술을 지원하는 팀 관리자와 연락 관계(이 장의 앞부분에서 설명한)를 설정하기 위한 최상의 후보다. 그 분야에서 일하는 IT부서의 기술 전문직 직원 중 한 명과 멘토링 관계를 만들어보자(예를 들어 유닉스 전문가를 한 사람 육성하려는 경우 유닉스 전문가로 성장할 그 사람과 유닉스 관리 팀원 중 한 사람 사이에 멘토링 관계를 설정해보자). 이런 종류의 혜택에는 전문지식과의 실재적인 연결 및 전문적인 조직과의 관계 강화가 포함된다. 또한 그러한 전문가가 자기의 기술을 갖고 아무렇게나 뛰놀 수 있도록 랩을 테스트하거나 혹은 개발 영역에 접근을 시도하는 것도 포함된다.

훈련 후 지식의 공유

앞서 훈련을 이야기했다. 훈련은 전문성을 유지하는 데 많은 금액이 투입되는 방식이므로 해당 투자를 완전히 활용해야 한다. 사람들이 훈련받은 후 돌아와 훈련 교재를 책상에 놓고서는 수업을 다시 생각하지 않는 경우가 비일비재하다. 사람들은 훈련 교실에서 이수받은 지식을 최대한 활용하는 데 책임 의식을 가져야 한다. 교실에서 회사로 되돌아온 각 개인은 어떤 종류의 지식 공유를 해야 한다는 요구사항을 실행하도록 고려해보자. 일단 훈련이 종료되면 감사인은 부서에 다시 무언가를 가져올 것이라는 다른 사람들의 기대와 기대에 부응한 감사인의 책임 의식이 있어야 한다. 지식 공유를 위한 전달 방법은 유연해야 한다. 다음과 같은 잠재적인 전달 방식들이 포함된다.

감사부서 구성원을 위한 짧은 교육 세션의 개최, 주제에 대한 표준적 감사 접근방식의 작성이나 개선, 기술의 자동화 및/또는 기술 분석용 도구 작성이나 개선, 훈련에서 배운 핵심적 학습 내용을 요약한 지식 공유 문서의 작성 등이 필요하다.

인증제도

많은 인증제도가 IT감사전문직업과 관련돼 있으며, 그중 가장 널리 알려진 것이

CISA다. 감사인들에게 인기 있는 또 다른 하나는 CISSP다. 감사인이 기본적인 수준으로 이해하게 하고, 부서의 명성을 개선하는 데 있어 인증은 한 가지 좋은 방법이 된다(많은 감사 책임자는 다수의 감사부서 직원이 인증 자격증을 보유하고 있음을 감사위원회에 자랑하길 좋아한다). 그러한 인증을 받도록 준비해보라고 감사인을 격려해준다는 점에서 인증제도는 지혜로운 일이다. 인증 시험의 준비 과정에서 감사인들은 의심할 여지없이 자신의 지식을 향상시킬 것이기 때문이다.

IT조직과의 직무교환

1장 앞부분의 '관계의 구축: 협력 파트너가 될 것인가? 치안 경찰이 될 것인가?' 절에서 이 개념을 다뤘다. 직무교환으로 인한 관계 구축의 이점 외에도 감사인은 특정한 세부 전문작업의 수행에 대한 실질적인 지식과 경험도 얻는다.

옵션의 결합과 기량 유지

IT감사팀이 적절한 수준의 지식이나 전문성을 갖추게 하기 위한 방안(예를 들어 공식적인 지도, 자기 주도적 연구, 지식의 공유, 실습의 실행)에는 여러 가지가 있다. 이상적인 세계라면 이들 모두를 조합해 구현하는 것이 가장 좋을 것이다. 그러나 중요한 것은 사용할 방법을 정하는 데 신중해야 한다는 점이다. 여기에서 눈을 떼면(즉, 방심하면) 세상일은 당신 옆을 재빨리 지나쳐 사라질 것이다. 그렇게 되면 회사 내부통제의 효과적 증진이라는 사명을 완수하는 데 필요한 전문성과 신뢰성을 잃어버린다. IT감사팀에 필요한 기량 모형^{skills matrix}의 개발을 고려해보자. 회사의 IT환경 감사에 중요한 전문적 기량을 지정해 개발하도록 한다. 각각의 기량에 대해 팀의 구성원 각각을 평가해보자. 이런 평가를 토대로 감사팀이 이러한 기량을 확보하고 있는지 여부를 파악할 수 있으며, 각 영역의 적절한 적용 범위와 개발 요구를 식별할 수 있게 된다.

전문 분야의 기량을 유지하는 것 외에도 감사인이 의사소통, 관계 구축, 프레젠테이션, 작문과 같은 핵심적인 소프트 기량을 개발하고 유지하는 것도 중요하다. 전용화된 훈련 과정을 이수하면 종종 이러한 기량을 강화하는 데 유용할 수 있겠지만 항상 필요한 것은 아니다. 그렇지만 지속적으로 이러한 기량의 중요성을 강조하고 기량의 강화 기회를 파악하면서 감사팀을 지도하는 것은 감사부서의 관리자층과 팀의 리더에게 중요한 일이다.

외부감사인과 내부인증기능의 관계

효과적인 내부IT감사기능을 구축하는 방법으로 1장을 마무리하면서 회사에 설정돼 있는 다른 인증(또는 확인) 기능들과 이것들이 내부감사팀에 미치는 영향을 끝으로 간략하게 알아본다. 외부감사인에서부터 시작해보자. 당신 회사의 외부감사인도 IT통제를 검토할 필요가 있다. 특히 사베인스-옥슬리법^{Sarbanes-Oxley Act}의 준수와 관련된 IT통제의 경우 그렇다. 외부감사인은 내부감사팀의 업무를 검토하고 특정 영역에서 자체 테스트를 수행할 필요가 있다. 외부감사인의 이러한 검토는 불쑥 끼어들어와 강요하거나 짜증나게 남을 괴롭히는 행위로 비춰질 수 있다. 그 누구도 자신의 일이 타인의 검토를 받아 의문이 제기되는 것을 좋아하지 않는다. 외부감사인이 내부감사인에게 자신들이 처방한 한 모금의 약을 곧 제공하겠지만 그렇다. 그러나 법 소정의 회사가 외부감사를 받는 것은 법적인 의무[10]다. 우리는 이 사실을 인정해야 한다. 내부감사인과 외부감사인 사이에 정보의 자유로운 공유가 이뤄지는 건전한 업무 관계는 최고의 환경을 조성하고 당신 회사에 가장 큰 가치를 제공한다.

각 그룹이 다른 그룹에게 그들의 활동을 알리는 것도 중요하다. 중복 질문이 제기된 것처럼 보일 수 있는 상황에 대해 감사 고객^{audit client}(외부감사를 받고 있는 회사)에게 알려 줄 수 있게 된다. 감사인이 상황을 원만하게 수습할 수 있도록 최선을 다하

---

10. 우리나라의 주식회사 등의 외부감사에 관한 법률, 미국의 사베인스-옥슬리법 등이 있다. - 옮긴이

면 고객이 최소한 그 이유를 이해할 것이다. 또한 고객과 대화하기 전에 외부감사인은 내부감사인의 업무를 검토하도록 장려돼야 한다. 사전 검토는 환경의 기본 사항을 설명하는 데 소비할 고객의 시간을 최소화시키고 기초적인 감사지식을 적어도 외부감사인에 제공해줄 것이다. 다시 말하지만 외부감사인의 존재 이유는 거기에 있으므로 최선을 다해 함께 일하고 고객에게 미치는 충격이 최소화되게 하자.

마찬가지로 회사 내의 일부 조직이 수행하는 다른 내부인증기능들(예를 들어 정보보안, 위험, 윤리, 법률 등)이 있을 수 있다. 각 조직마다 고유한 사명과 프로세스가 있지만 감사부서의 업무와 중복되는 경우가 많다. 예를 들어 정보보안 조직은 회사의 정보와 IT보안정책의 준수 여부에 관한 모니터링을 위해 소정의 프로세스를 갖추고 있을 것이다. 이들은 감사부서가 감사대상으로 할 정책과 동일하다. 감사부서가 이러한 다른 팀들에서 수행한 작업에 바로 의존할 수는 없지만(감사인은 자체적으로 객관적인 테스트를 별개로 수행해야 하기 때문에) 모든 팀은 협업하고 정보를 공유해야 한다. 예를 들어 감사팀과 다른 조직이 동일한 것을 테스트하는 경우 동일한 데이터 원천(또는 그렇지 않다면 그 이유를 알아본다)에서 테스트하고 있는지 확인하는 것이 좋다. 다른 결론에 도달하면 좌절과 혼란을 일으킬 수 있기 때문이다.

마찬가지로 감사팀은 회사 내의 다른 팀들이 모니터와 테스트(및 결과) 중인 세부 내역들을 이해해야 한다. 이해한 내용을 토대로 감사팀이 세부 내역들에 대한 테스트를 자체적으로 행한다면 어떤 맥락과 아이디어를 얻을 수 있다. 이런 내용은 파트너십과 강력한 관계 구축의 중요성(회사의 다른 인증기능을 다룰 때 특히 중요함)을 다룬 1장의 앞부분과 연관돼 있다.

요약

1장에서는 다음 내용을 다뤘다.

- 내부감사부서의 진정한 사명은 회사 내부통제 상태의 개선을 통해 회사의 가치를 높이는 일이다.
- 내부감사인은 실제로 독립적이지 않지만 공정한 자세를 견지해야 한다. 공식감사 이외에 감사부서의 임무를 수행하는 방법을 찾는 것이 중요하다. 조기참여, 비공식감사, 지식 공유, 자체 평가, 계속감사는 이와 관련된 5가지 중요한 도구다.
- IT조직과 좋은 관계를 구축하고 유지하는 것이 IT감사팀의 성공에 중요한 요소다.
- 업무의 효과적인 수행을 위해 IT감사팀은 응용 계층만이 아니라 스택stack 의 모든 계층이 조사 대상에 포함되도록 확인한다.
- 성공적인 IT감사팀은 일반적으로 경력 감사인과 IT전문가의 결합 형태로 구성돼 있다.
- 전문적 지식의 유지는 IT감사팀에 긴요한 과제다. 전문적 지식 유지를 위한 방안을 마련해야 한다.
- 내부인증기능을 수행하는 회사 내 조직과 외부 IT감사인의 관계가 건전하게 발전돼야 한다.

CHAPTER

감사업무의 진행과정

2장에서는 감사과정의 기본 단계와 각 단계별 효과적인 실행방법을 다음 주제별
로 알아본다.

- 내부통제의 유형
- 감사대상의 선택 방법
- 기본 단계별 감사업무수행방법
  - 계획수립
  - 감사업무의 실시와 문서화 작업
  - 문제(이슈^{issue})의 발견과 검증
  - 해법(솔루션^{solution})의 개발
  - 보고서 작성과 발행
  - 문제점 추적 활동

이러한 주제를 다룬 책 100여권이 이미 출간돼 있으므로 2장에서는 동일한 주제
를 다루는 101번째 감사책$^{Auditing\ 101}$이 되기를 원치 않는다. 또한 다른 책에서 이미
다루고 있는 감사기준이나 감사지침을 암기시키려는 것도 아니다. 이 장에서는
감사업무의 가장 효과적인 진행방법에 관한 지침을 IT감사팀에게 몇 가지 제시한
다. 2장에서는 2부로 넘어갈 수 있도록 개요 수준으로 논의한다. 2부에서는 다양
한 기술과 프로세스의 감사방법을 구체적으로 설명한다.

내부통제

감사업무의 진행과정^{auditing process}을 논의하기 전에 감사에서 가장 기본적인 개념 중 하나인 내부통제를 이해해야 한다. 감사전문직에게 절대적인 기초 원리가 되는 개념이 바로 내부통제^{internal controls}다. 1장에서는 회사 내부통제의 개선을 돕는 것이 내부감사부서의 진정한 임무라고 배웠다. 그렇다면 내부통제란 무엇인가? 이 질문의 답을 모른다면 내부감사부서의 임무를 수행하기가 어려울 것이다. 그렇다고 이 장에서 내부통제 관련 내용을 언급하는 데 너무 많은 시간을 할애하지는 않는다. 앞서 언급한 101번째 감사책의 코스로 돌아갈 우려가 있기 때문이다. 그러나 여기서 내부통제에 몇 가지 내용을 언급할 가치는 있다.

내부통제를 가장 간단하게 표현해본다면 회사 내의 업무 프로세스[1]들이 적절하게 작용해 제 구실을 다할 수 있도록 보장하는 메커니즘을 말한다. 회사 내의 모든 시스템과 프로세스는 특정한 사업목적을 위해 존재한다. 감사인은 그러한 목적에 따른 잠재적 위험들을 찾아보고 위험을 감소시킬 내부통제가 마련돼 있는지를 확인해야 한다.

내부통제의 유형

통제^{controls}는 예방, 적발 또는 반응적인 특성을 지닐 수 있다. 통제는 관리적, 기술적, 물리적인 구현을 포함한다. 정책과 프로세스 같은 항목은 관리적 구현의 예시에 속한다. 논리적으로 통제기능(예, 패스워드)을 강제적으로 보강시켜주는 도구와 소프트웨어들은 기술적 구현에 해당된다. 물리적 구현에는 보안 담당자와 잠긴

---

1. 업무 프로세스란 자료 입력, 분류, 합산, 계산, 거래 업데이트, 파일 관리, 거래 생성, 취합, 보고 등의 업무 과정을 포함하며, 정보기술 환경에서는 마스터 파일의 생성, 갱신 등의 활동을 포함한다(모범 규준). 기업의 업무 프로세스는 정보시스템에 의해 거래가 기록, 처리, 보고됨으로써 종결된다. 거래가 어떻게 시작되는지를 비롯해 기업의 업무 프로세스를 이해하는 것은 감사인이 기업의 상황에 맞게 재무보고에 관련된 기업의 정보시스템에 대한 이해를 얻는 데 도움을 준다. 기업의 업무 프로세스는 1) 기업의 제품과 서비스의 개발, 구매, 생산, 판매 및 유통, 2) 제반 법규의 준수 보장, 3) 회계와 재무보고 정보를 포함한 정보의 기록(ISA315)을 위해 설계된 활동이다. ─ 옮긴이

문 같은 통제가 포함된다(그림 2-1).[2]

유형	구현
예방	관리적
적발	기술적
반응	물리적

그림 2-1 내부통제의 유형과 구현

예방통제

예방통제^preventive controls는 위험이 되는 사건을 미리 막아준다. 예를 들어 시스템 접근^access to a system에 요구되는 사용자 ID와 패스워드는 일종의 예방통제다. 권한이 없는 사람들은 시스템에 접속할 수 없도록(이론적으로) 하는 것이다. 이론적인 관점에서 예방통제가 항상 선호되는 이유는 명확하다. 감사업무를 수행할 때 유의할 점이 있다. 예방통제가 항상 그리고 가장 비용효율적인 해결책이 되는 것은 아니며, 다른 유형의 통제가 비용/이익의 관점에서 좀 더 합리적일 수도 있다.

적발통제

적발통제^detective controls는 발생된 나쁜 사건을 기록해준다. 예를 들어 시스템에서

---

2. 예방통제와 적발통제(Preventive/Detective)란 재무제표의 왜곡 표시를 야기하는 오류나 부정의 발생을 사전에 예방하기 위한 통제활동을 예방통제(예, 거래의 사전 승인, 자산에 대한 물리적 접근통제, 전산 시스템에의 논리적 접근통제, 업무분장 등), 오류나 부정이 이미 발생해 이로 인해 재무제표의 왜곡 표시를 가져올 것으로 예상되는 경우 당해 오류나 부정을 적발하는 것을 목적으로 하는 통제활동을 적발통제(예, 중간 관리자의 검토, 실물 자산 실사, 매출채권/은행 거래 조회 등)를 말한다. 효과적으로 설계된 내부회계관리제도는 각 업무 프로세스별 통제목표달성을 위한 예방통제와 적발통제가 적절히 결합돼 있어야 한다. 예를 들어 승인받지 않은 자금 거래의 발생을 방지하기 위한 예방통제(통장과 인감 보관 기능의 구분 등)없이 주기적으로 예금 잔액을 확인하는 절차(적발통제)만으로는 실재성, 완전성 등 예금 계정에 대한 경영자의 주장을 만족시키기에 충분하지 않을 수 있다(내부회계관리제도 모범 규준 등). - 옮긴이

수행된 모든 활동을 기록한 접근 로그[3]가 있으면 사건의 발생 이후 일지를 검토해 부적절한 활동(접근 시도)을 찾아낼 수 있다.

교정통제(반응적 통제)

교정통제corrective controls는 예방통제와 적발통제의 중간 개념이다. 교정통제는 나쁜 사건을 막지는 못하지만 사건이 발생했을 때 감지해 잘못된 상황을 수정할 수 있는 체계적인 방법을 제공해준다. 교정통제와 반응적 통제 용어는 가끔 혼용되기도 한다. 예를 들어 각 사용자의 PC에 최신 버전의 서명 파일이 설치돼 있는지를 감지하는 중앙집중형 바이러스 방지 시스템이 있다고 가정해보자. 이 규칙을 위반한 기기에는 네트워크 접속을 허용할 수 없게 하는 것이 이상적이다. 그러나 비즈니스 관점에서 실용적이지 않을 수 있다. 규칙을 준수하지 않는 PC의 접속 시도를 기록한 후 당해 PC로 하여금 규칙을 준수하게 하거나 혹은 네트워크에 대한 접속 능력의 제거 등 엄격한 후속 조치를 수행하는 것이 하나의 대안이 될 수 있다.

내부통제의 예

회사의 매출채권 시스템을 검토한다고 가정해보자. 이 시스템의 존재 목적은 회사에 대한 외상채무가 있는 사람을 추적해 불량 채무자에게 변제를 독촉하고, 회수된 매출채권 금액을 적절하게 기록하는 것이다. 회계감사인은 매출채권의 처리 과정 자체에 내재된 위험을 우려하지만 IT감사인은 시스템이 사업목적을 달성하는 데 따르는 위험을 고려해야 한다. 다음은 내부통제의 개념을 설명하기 위한 몇 가지 기초적인 예다. 감사인은 감사대상의 사업목적을 이해하고, 목적 달성을 어렵게 하는 위험을 깊이 생각해야 한다. 그런 다음 이러한 위험을 완화시켜줄 내부통제의 실재성 여부를 파악해야 한다. 2부의 각 장들은 다양한 주제별로 내부통제를 평가할 때 찾아내야 할 것들의 자세한 지침을 제시한다.

---

3. 거의 모든 컴퓨터의 운영체제에서는 접근 로그(access log)를 자동으로 기록하는 보안 장치가 내재돼 있다. – 옮긴이

소프트웨어 변경통제

시스템 코드 자체에 대한 변경이 올바르게 테스트, 승인돼 있지 않은 경우 감사인은 당해 코드에 의해 실행되는 논리에 오류가 있다는 것을 발견할 수 있을 것이다. 그러면 시스템에서 생성된 데이터의 무결성을 신뢰할 수 없게 된다. 그 결과 누가 외상대금을 지급했고 누가 미지급 상태인지를 확실하게 알 수 없다. 그렇다면 이러한 위험을 완화시킬 수 있는 내부통제에는 어떤 것이 있는가?

- 프로그래머가 논리 코드에 접속해 프로덕션 코드를 업데이트하도록 허용하면 안 된다.
- 프로덕션 코드를 업데이트할 수 있는 논리적 접근권한이 실제로 있는 사람은 테스트와 승인에 대한 증거 없이 그렇게 하지는 않을 것이다.

접근통제

시스템에 접속할 필요가 없는 자에게 시스템 접근권한이 제공되면 시스템 데이터가 부적절하게 변경, 추가, 삭제될 수 있다. 이런 위험을 완화시킬 수 있는 내부통제에는 어떠한 것이 있는가?

- 시스템에 접속하려는 자에게 사용자 ID와 패스워드를 제시하도록 요구한다.
- 제한된 수의 애플리케이션 보안관리자를 두고 이들에게 시스템에 새 사용자 계정의 추가 기능을 통제하도록 임무를 부여한다.
- 우수한 애플리케이션 보안관리자를 두고 실제로 어떤 사용자가 시스템에 접근할 필요가 있는지를 파악하게 한다.

백업과 재해복구계획

시스템이나 해당 데이터가 유실되면 시스템 기능을 사용할 수 없게 된다. 그러면 미수금을 추적하거나 새로 회수된 금액을 기록할 수 없다. 이런 위험을 완화시켜 줄 내부통제에는 어떠한 것이 있는가?

- 시스템과 해당 데이터에 대한 정기적인 백업^{back up} 활동
- 재해복구계획^{disaster recovery plan}의 문서화 작업

감사대상의 결정

내부감사부서의 가장 중요한 임무 중 하나는 감사대상을 정하는 일이다. 1장에서는 조기 개입, 비공식감사, 자체 평가를 알아봤다. 이 절에서는 감사팀이 수행하는 감사 유형에 속하는 전통적 형식의 감사에 중점을 둔다. 이런 유형의 감사에는 감사팀이 감사를 실시해서 발견한 사항을 감사조서 형태로 기록하고, 감사보고서를 발행하고, 문제점 목록과 문제해결을 위한 실행계획을 작성하는 일들이 포함된다. 감사팀으로 하여금 위험이 가장 큰 영역과 감사에 의해 가장 높은 가치가 부가될 영역에 노력을 집중하도록 감사계획이 수립돼야 한다. IT감사 시간을 가장 중요한 영역을 조사하는 데 투입해 한정된 자원이 효율적이고 효과적으로 사용되게 해야 한다. 잠재적인 감사 영역을 난데없이 임의로 뽑아내면 안 된다. 그 대신 논리적이고 방법론적인 프로세스를 통해 모든 잠재적 감사 영역을 고려해야 한다.

감사 모집단의 정의

계획수립 과정의 효과성을 확보하기 위한 첫 번째 단계 중 하나는 IT감사 유니버스^{universe}(즉, 잠재적인 IT감사 모집단[4])을 정하는 일이다. 어떤 감사를 수행해야 하는지 알고 있어야 감사 순위를 정할 수 있다. IT 모집단 영역을 얇은 조각으로 갈라내는 방법에는 여러 가지가 있으며, 그중 특히 옳고 그른 것은 없다. 여기서 중요한 것은 IT환경을 세분화하는 방식들 중 어느 것이 감사를 가장 효과적으로 수행하는

---

4. 모집단이란 감사인이 샘플을 추출하고 결론을 도출하려고 하는 데이터의 전체집합이다. – 옮긴이

데 적합한가를 알아내는 일이다.

중앙집중식 IT기능

먼저 어떤 IT기능이 중앙집중화돼 있는지 파악한 다음에 각각의 중앙집중식 기능을 잠재적인 IT감사목록(표 2-1 참고)에 배열해보자. 예를 들어 중앙집중형 기능부서 하나가 회사의 유닉스와 리눅스 서버 환경을 관리하는 경우 그러한 환경관리에 대한 검토가 잠재적 감사대상에 포함될 수 있다. 이에는 계정관리, 변경관리, 문제점 관리, 패치patch 관리, 보안 모니터링, 환경 전반에 적용되는 기타 프로세스 등 관리적 성격의 프로세스들이 있다. 서버의 배치, 관리를 위해 중앙집중식 유닉스와 리눅스 관리 부문에서 사용하는 프로세스를 검토하는 일이 또 하나의 예가 된다.

유닉스와 리눅스 서버 관리	중앙 헬프 데스크
윈도우 서버 관리	데이터베이스 관리
무선 네트워크 보안	전화 통신과 VoIP(Voice over IP)
내부 라우터와 스위치 관리	모바일 서비스
방화벽/DMZ 관리	IT보안정책
	메인프레임 운영

표 2-1 중앙집중식 활동 감사의 예상 영역

다른 예로, 서버의 배포와 관리를 위해 중앙집중식 유닉스와 리눅스 관리 기능에서 사용되는 프로세스가 검토 대상이 될 수 있다. 이러한 감사는 전체 유닉스와 리눅스 서버 환경에 적용되는 모든 프로세스(예, 패치 관리와 접속 검토)와 새 서버 배포에 사용된 표준적인 구성(환경설정configuration)에 대한 보안 검토를 그 범위로 다룰 수 있다. 따라서 재무감사계획서가 유닉스 서버에 존재하는 특정 애플리케이션의 감사를 요구하는 경우 해당 감사에 참여한 담당자는 해당 서버를 관리하기 위한 프로세스의 이해에 시간을 소비하지 않고(이미 중앙집중식감사에서 이해했음) 특정 서버의 보안과 환경설정만을 전적으로 감사할 수 있을 것이다. 물론 각 회사는 이러한 종류의 핵심 IT기능을 각기 다른 수준으로 중앙집중화할 것이다. 감사인은 어떤 기능들이 중앙집중화돼 있는지를 확인해 감사 모집단에 그러한 기능을 추가할 수 있을 만큼 환경을 충분히 이해해야 한다. 이러한 종류의 기능에 대한 감사는 나머지 감사에 대한 속도를 높일 수 있다. 다른 감사를 수행할 때와 마찬가지로 감사범위에서 이미 감사된 적이 있는 중앙집중식 기능을 제외할 수 있다. 예를 들어 각 사이트에서 IT환경을 감사하지만 네트워크의 구성과 지원은 중앙집중화돼 있다고 가정해보자. 전원 빠짐없이 각 사이트를 감사하는 동안에 네트워크 그룹과 대화하는 것은 비효율적이다. 그렇게 하는 대신 네트워크의 구성과 지원의 프로세스들을 담당해주는 한곳에 대한 감사를 수행한 다음, 사이트들에 대한 감사에서 그 지역을 해당 영역의 범위로 규정한다.

분산 형태의 IT기능

회사의 모든 중앙집중식 IT 프로세스에 대한 목록을 만든 후 감사 모집단 중 나머지 부분을 징할 수 있다. 회사 사이트당 잠재직 감사가 하나씩 가능할 것이다. 이러한 감사는 데이터센터의 물리적 보안 및 환경적 통제와 같이 각 사이트가 소유한 분산형 IT통제에 대한 검토 업무로 구성된다. 그 핵심은 사이트 수준에서 각 사이트가 갖추고 있는 IT통제의 내용을 이해하고 그것들을 검토하는 일이다. 각 사이트에서 이보다 세분화되고 많은 잠재적 감사가 필요할 수도 있을 것이다. 이는 모두 환경의 복잡성, 조직의 계층 구조, 감사팀에 배치된 인원수준에 좌우된다. 감사인이 처한 환경에서 어떤 것이 가장 효과적인지를 정해야 한다.

 참고 효과적인 감사인이 되려면 주어진 모집단에 적용될 잠재적 감사를 이해해야 한다. 이 점은 매우 중요하다. 가능한 감사범위의 한계를 정하는 가장 좋은 방법은 회사의 IT관리자의 도움을 받아 IT책임이 할당(작업 배정)되는 방식을 이해하고, 그런 다음 어떤 IT기능들이 중앙집중화되고 또한 분산돼 있는지를 판정하는 것이다.

비즈니스 응용과 프로세스

감사인은 각 비즈니스 애플리케이션이나 업무 프로세스[5]에 대한 잠재적 감사를 계획할 수 있을 것이다. IT감사 영역에서 또는 재무감사 영역 중 어느 쪽에서 이러한 감사를 수행하는 것이 더 효과적인지 여부를 결정해야 한다. 여러 가지 면에서 볼 때 재무감사인이 이러한 감사를 수행하는 것이 가장 합리적이다. 재무감사인은 조달(취득) 프로세스 감사의 적절한 수행 시기를 정하는 데 가장 적합하다. 재무감사인이 그 결정을 내린다면 조달 감사에 포함돼야 할 관련 시스템 측면(예를 들어 조달 애플리케이션이 상주하는 서버, 시스템의 소프트웨어 변경통제, 시스템의 재해복구계획 등에 대한 검토)을 정해 달라고 요구할 수 있다.

규정의 준수

비즈니스가 제공하는 서비스나 상품에 따라 특정 규정에 대한 준수 책임이 수반된다. 관련 기업이 준수compliance해야 하는 규칙과 규정 중 일반적으로 가장 잘 알려진 것은 다음과 같다.

- 사베인스-옥슬리법SOX, Sarbanes-Oxley Act
- 병원 진료기록정보 보호법HIPPA, Health Insurance Accountability and Portability Act
- 지불 결제 산업PCI, Payment Card Industry 규정 및 표준

감사인은 법규 위반 사항의 검토를 위한 별도의 감사를 감사대상 영역에 포함시킬 수 있다.

사업 전략과 우선순위

감사대상 모집단 영역universe을 설정할 때 고려해야 할 또 하나의 사항은 특정 기술

---

5. 프로세스(process)란 일련의 진행과정, 작용(operation) 혹은 변화(changes)다. 사람이 특정한 결과를 이루고자 하는 일련의 행위다. 현상, 사건의 진행, 절차 혹은 처리다. 재화, 용역의 생산에 사용되는 시스템이나 원재료의 처리 과정이나 공정이다. – 옮긴이

과 시스템에 대한 감사에 초점을 맞출 것이 아니라 감사를 관련 업무 프로세스에 직접 연결하는 것이다. 1장에서 강조된 회사의 가치를 높이는 것이 감사부서의 주요 목표라는 개념과 이 접근법은 직접 연계돼 있다. 회사의 우선순위에 집중하는 것보다 더 좋은 방법이 있을까? 새로운 시장으로 진출하거나 신제품을 출시하는 것이 올해 회사의 최우선 과제인가? IT 시스템과 프로세스에 중점을 둔 감사를 감사대상의 전체 분야에 포함시켜 그러한 우선순위를 지원해보자. 예를 들어 감사가 신 제품 라인의 출시라는 우선순위에 초점을 둔 경우 해당 감사의 범위에는 해당 신제품 관련 지적재산권의 보안과 당해 제품 판매에 이용될 전자상거래 시스템의 가용성이 포함될 수 있다. 다루기 힘들 정도로 감사범위가 확대될 수 있으므로 이러한 감사범위를 신중하게 정해야 한다. 감사인은 IT환경에서 직접 발생할 수 있는 가장 큰 위험에 집중하고 싶을 것이다. 그렇게 하는 것은 우선순위의 성공에 영향을 미칠 것이기 때문이다. 일반적으로 이와 관련된 약간의 '마케팅'적인 요소가 있다. 실제로 감사인이 설정해둔 감사대상 영역 속의 다른 감사들과 중복될 것이다(사업의 우선순위를 지원하는 시스템이나 기술들은 전체 감사대상 영역 중 어떤 감사에서 이미 다뤄졌을 것이므로). 그렇지만 이는 감사인의 감사 활동을 회사의 선임 리더가 설정한 우선순위와 직접 연계시켜줄 강력한 방식이 될 수 있다.

 참고 IT지배구조의 모든 중요한 영역을 고려하는 데 참고할 수 있는 좋은 원천은 COBIT(정보 및 관련 기술의 통제 목적 체계)며, 높은 수준의 IT통제목적을 제시하고 있다. 계획수립 활동은 항상 회사 환경의 특성에 맞게 조정돼야 하겠지만 감사 모집단을 정의할 때 COBIT가 좋은 참고가 될 수 있다. 19장에서 COBIT를 좀 더 자세히 설명하며, COBIT 온라인(www.isac.org)에서 많은 내용을 배울 수 있다.

감사 모집단의 순위 정하기

일단 IT감사대상 모집단을 생성한 후 잠재적 감사대상 영역들에 대한 우선순위를 매길 방법론의 개발 및 이 방법론에 의해 당해 연도(또는 분기, 월 등)의 계획을 수립해야 한다(그림 2-2).

잠정적인 감사대상 영역	감사 순위	합계	파악된 이슈	고유위험	이익	경영진의 의견
유닉스 서버 관리	1	32	8	7	8	9
회사 방화벽	2	29	7	8	6	8
사이트 1 데이터센터	3	26	7	6	7	6
매출채권 시스템	4	20	4	5	6	5
중앙 헬프 데스크	5	15	4	6	3	2

그림 2-2 IT감사 순위표 예시

이 방법론에 모든 종류의 요소를 포함시킬 수 있지만, 다음은 일부의 필수 요소들이다.

- **해당 분야의 문제:** 해당 영역에 문제가 있다는 것을 파악하고 있다면 해당 분야에 대한 감사를 수행할 가능성이 높다. 해당 분야에 고유한 위험 해당 영역에서 특정 문제를 인식하지 못할 수 있지만, 이 영역에 문제가 발생하기 쉽다는 판단이 감사인의 경험에서 나온다면 이를 고려해야 한다. 예를 들어 특정 생산 활동을 지원하는 사이트 수준의 IT통제를 감사할 때 중요한 문제를 지속적으로 발견해 왔을 것이다. 이러한 경험은 해당 영역에서 더 높은 고유위험의 존재 가능성을 나타낸다. 해당 사이트에서 특정한 문제들을 인식하지 못하고 있더라도 이전의 경험이 다른 사이트에도 유사한 감사를 수행하는 방향으로 유도할 것이다.

- **해당 분야에서 감사를 수행할 때의 이점:** 감사로 인해 회사의 가치가 높아질 것인가에 특히 중점을 두고 당해 분야에 대한 감사 수행의 이점을 고려해야 한다. 이렇게 하면 목록의 첫 번째 항목에 대한 대체안을 제시받을 수 있다. 예를 들어 알고 있는 현재의 문제점들에 대해 경영진은 이미 알고 그런 문제점들을 해결하고 있는 중이다. 이 경우 경영진에게 이미 수정 과정에 있는 문제점들을 이야기해봐야 가치가 없다(1장에서 다룬 것처럼). 또한

어떤 영역이 회사에서 어느 정도로 중요한지 고려해야 한다. 감사를 하는 대신 문제의 해법을 개발하는 팀의 일원으로서의 역할을 고려해보자. 예를 들어 내부 회의를 위한 식사 주문에 사용되는 시스템에 문제가 있음을 알고 있다. 이 시스템은 회사의 전반적인 성공에 실제로는 그렇게 중요하지 않다는 사실을 순위 설정 모델의 적용 시 고려해야 한다.

- **경영진의 의견 반영:** 1장에서는 경영진과의 좋은 관계 형성과 유지의 중요성을 다뤘다. 그 관계가 건전한 경우 경영진의 의견은 감사대상 결정에 큰 요소가 돼야 한다. 예를 들어 최고 정보책임자^{CIO}나 IT 지도부의 핵심 구성원들이 우려하고 있는 어떤 영역에 대해 당신의 감사를 원한다면 그러한 의견은 당신의 결정과정에서 비중 있게 반영돼야 할 것이다. 그런 관계가 건전하고 1년 내내 연락을 유지하는 일을 당신이 잘해오고 있다면 감사계획은 거의 그 자체로 생성될 것이다. 경영진과 1년 내내 진행된 논의 과정을 통해 환경상의 주요 변동과 중요한 우려사항들을 알고 있을 것이다. 그래서 당신의 계획수립 프로세스는 그간의 논의 내용들을 확인하는 성격이 될 수 있다. 이 요소는 다른 요소들에도 영향을 줄 수 있다. 해당 지역의 문제를 알고 있을 수 있다. 예를 들어 경영진이 감사의 수행을 촉구한다면 경영진은 그 영역의 문제점들을 인지하고 있을 것이다. 그러면 감사인은 첫 번째 요소(해당 분야의 알려진 문제)의 평가를 높일 것이다. 감사인은 이 감사의 수행으로 회사의 가치를 추가할 수 있다고 생각해 세 번째 요소(해당 분야에서 감사를 수행할 때의 이점)의 평가를 잠재적으로 높일 수도 있다.

다른 요소도 감사대상 순위모델에 포함될 수 있지만 앞의 네 요소가 절대적으로 중요하다. 회사의 환경에 따라 다른 요소를 추가 할 수 있다(예를 들어 해당 지역이 나타내는 자산의 수량을 측정하는 요소나 해당 지역의 이전 감사결과를 반영해주는 요소).

또한 회사의 환경에 따라 감사인은 그러한 요소들 중 일부를 다른 요소보다 더 중요하게 생각할 수 있다. 순위모델이 작동하는 방법의 예로 각 요소에 1부터 10까지 순위를 부여할 수 있다. CIO와 전체 지도부 팀이 감사를 요청한다면 경영진의 의견 요소는 10점을 얻을 것이다. 그러나 감사인의 눈으로 보건데 그 영역의 고유 위험이 높지 않으면 감사인은 5점을 줄 수 있다. 감사 모집단을 구성하는 각각의 잠재적 감사별로 각 요소에 대한 점수를 감사인이 다 매길 때까지 이런 과정이 계속된다. 예를 들어 감사인이 다른 요소보다 '해당 분야의 알려진 문제' 요소에 더 높은 가중치를 줘야 한다고 정한다면 해당 요소를 두 배로 계산할 수 있다. 핵심은 잠재적 감사 모집단을 정의한 다음, 그러한 잠재적 감사 각각의 수행에 대한 상대적 중요성의 평가 시에 도움이 될 프로세스를 설정하는 일이다.

 참고 자세한 위험분석 기법에 대한 정보는 21장을 참고하라.

일부 회사는 순환감사에 중점을 두며 각 감사의 수행은 특정 일정에 따른다. 순환 감사는 정기적으로 중요한 모든 시스템과 사이트를 감사할 수 있는 유효한 방법 이다. 그러나 로테이션 일정은 확고한 규칙이 아닌 일종의 지침이 돼야 한다. 앞서 언급된 요소들에 근거해 감사인이 오늘 감사해야 할 가장 중요한 영역이 무엇인 지 고려해야 한다. 순환 일정을 핑계 삼아 알려진 문제와 경영진의 의견을 무시하 면 안 된다. 감사인이 회사에 가장 큰 가치를 더할 수 있는 영역을 조준하고 있는 경우에는 순환 일정을 무시할 수도 있다. 감사인에게 이러한 권리가 인정된다는 점이 중요하다. 순환 방침이 감사 진행 일정표 작성에 큰 영향을 주는 경우 순환 일정을 감사 순위모델의 한 가지 요소로 고려할 수 있다. 이런 식으로 어떤 감사의 순번이 도래될 예정이라면(또는 도래 시기가 지났으면) 그에 관한 계획이 마련될 것 같 다. 물론 법의 규정에 의해(예를 들어 사베인스-옥슬리법의 준수) 매년 감사를 받아야 하는 경우 그러한 감사에 순위를 매길 필요는 없다.

감사대상의 결정: 최종 생각

순위를 정했으면 각 잠재적인 감사에 필요한 자원 요건을 추정해야 한다. 감사계획의 최저 경계선을 정하려면 그렇게 한다(이미 감사인은 자신이 어떤 자원을 사용할 수 있는지를 알고 있으므로). 또한 감사인은 자원 요건의 추정치를 경영진에게 보여주면서 시간 제약상 어떤 감사를 수행할 수 없음을 설명할 수 있다. 이는 감사팀에 배정될 인원수의 적절성이나 공동 선발 옵션을 고려해야 할 필요성에 대한 건전한 토론으로 이어질 수 있다.

요약하자면 감사인 자신이 감사업무를 올바르게 수행하고 있다는 기분을 느낄 수 있으려면 먼저 다음과 같이 해야 한다. 즉, 잠재적 감사들로 이뤄진 감사 모집단을 파악한 후 각 감사에 순위를 매기는 방법론을 개발해야 한다. 일단 감사대상을 결정했다면 계획에 따라 각 감사를 실행할 수 있다. 2장의 나머지 부분은 그렇게 행하는 방법론을 논의하는 데 초점을 맞춘다.

감사의 진행 단계

이제 감사대상을 선택하는 절차를 이해했으므로 감사의 수행단계들을 알아보자. 감사계획에 따라 수행되는 감사업무는 여러 단계로 이뤄져 있다. 주요 감사단계는 다음의 6가지다.

1. 계획수립
2. 감사 현장업무의 실시와 문서화
3. 문제점의 발견과 타당성 검증
4. 해법의 개발
5. 보고서 초안 작성과 발행
6. 문제점의 추적

이러한 각 단계를 가장 효과적으로 수행하는 방법을 알아본다.

계획수립

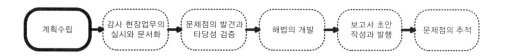

감사업무를 시작하기 전에 검토할 대상을 정해야 한다. 계획수립 활동을 효과적으로 실행한다면 감사팀이 성공적으로 구성될 수 있을 것이다. 반대로 어설프게 실행되거나 계획 및 명확한 지향점도 없다면 감사팀의 노력은 실패로 귀결될 것이다. 계획수립 활동의 목표는 감사의 목표와 범위를 결정하는 일이다. 감사인은 검토를 통해 달성하려는 것이 정확히 무엇인지를 명확히 해야 한다. 이 계획수립 과정의 일부로, 감사목표를 달성할 때 실행돼야 할 일련의 단계를 개발해야 한다. 이러한 과정에서 각 감사별로 신중한 탐색, 사고, 고려가 감사인에게 요구된다. 다음은 각 감사계획수립 과정의 일부로 참조해야 할 몇 가지 기본적 원천이다.

- 감사 매니저가 넘겨준 정보
- 예비조사
- 고객의 요청
- 표준 체크리스트
- 탐색 활동

감사 매니저가 넘겨준 정보: 감사계획에 특정한 감사를 포함시키려면 어떤 근거가 있어야 한다. 감사 매니저는 예정된 감사로 이어지는 정보를 감사팀에 전달hand-off 해야 한다. IT관리층의 의견이나 그 영역에서 알려져 있는 우려사항이 이러한 정보에 포함된다. 당해 감사의 실시를 예정하게 된 요인이 감사계획에 포함돼야 한다. 또한 감사 매니저는 감사의 주요 관계자 정보를 감사팀에 알려줄 수 있어야 한다.

예비조사: 각 감사를 수행하기 전에 감사팀은 감사할 영역에 대한 예비조사를 통해 감사에 수반될 내용을 미리 이해하도록 한다. 관련 문서화에 대한 검토를 비롯해 감사 고객과의 인터뷰를 통해 검토 대상 시스템이나 프로세스의 기능을 이해하는 것들이 예비조사 활동에 포함된다. 목표는 검토할 영역에 대한 기초적 이해와 배경지식을 얻는 데 있다. 이는 해당 영역에 대한 예비적 위험을 평가하는 데 필요하다.

고객의 요청: 1장은 감사에서 협력적, 협업적인 과정의 중요성을 다뤘다. 이 목표를 달성하기 위한 일환으로 감사 고객은 자신이 감사에 대한 어느 정도의 소유권이 있다고 생각해야 한다. 감사팀은 고객에게 자신들이 생각하는 검토 받아야 할 영역과 우려되는 영역을 물어봐야 한다. 감사범위를 결정하고자 고객의 의견은 감사인이 객관적 위험평가를 수행한 결과와 맞물려져야 한다. 물론 때때로 감사인은 고객의 의견을 반영하지 않는다. 예를 들어 때로는 감사 고객이 본질적으로 운영 차원의 성격이 강하지만 내부통제에 영향을 미치지 않는 영역에 대한 우려를 나타내기도 한다. 그러한 경우 감사팀이 그러한 요청을 실행하지 않는 이유를 고객에게 설명하면서 해당 영역을 감사범위에서 제외시키는 것이 합리적이다. 또한 감사인이 중요한 영역에 대한 검토를 고객 때문에 회피하면 안 된다. 감사인은 궁극적으로 최선의 판단을 적용해야 한다. 그러나 가능한 한 고객의 의견을 입수해 감사계획에 반영시키면 고객이 감사 프로젝트에 대한 소유의식을 갖게 될 것이며, 커뮤니케이션 채널이 진지하고 개방적인 상태로 최적화될 것이다.

표준 체크리스트: 검토 중인 영역에 대한 표준화된 감사 체크리스트(점검표)를 종종 이용할 수 있다. 2부의 체크리스트는 많은 감사에 적용할 수 있는 훌륭한 출발점이 될 수 있다. 또한 감사부서에는 당해 회사의 표준 시스템과 프로세스에 대한 자체 체크리스트가 있을 수 있다. 공통 영역에 대해 반복 가능한 표준 감사 체크리스트를 마련하면 많은 감사에 순조로운 출발 기능을 제공할 수 있다. 그러나 이러한 체크리스트는 필요에 따라 평가하고 변경해야 한다. 특정 감사별로 평가하고 수정해야 한다. 표준 체크리스트가 있어도 감사인은 각 감사 전에 위험평가를 수행해야 한다.

탐색 활동: 끝으로 인터넷, 서적, 교육 자료 등을 참조해 감사할 영역에 대한 추가 정보를 입수하고, 이를 각 감사에 적합하게 활용한다.

평가 활동

일단 이러한 자원을 참조한 후에는 감사인이 검토 중인 영역에 대한 위험평가를 수행해야 한다. 감사 중에 수행해야 할 단계를 식별하고자 그러한 평가를 하는 것이다. 이 개념은 이 장 앞부분의 '내부통제'에서 설명했다. 언급한 바와 같이 감사인은 감사대상 영역의 사업목적을 이해하고 회사의 목표달성에 대한 위험을 고찰한 다음, 그러한 위험을 완화시켜줄 내부통제가 설정돼 있는지 식별해야 한다. 어떤 프로세스를 검토하는 경우 감사인은 해당 프로세스를 끝까지 펼쳐 놓고 문제가 될 가능성이 있는 곳을 깊이 생각해야 한다. 시스템이나 기술을 검토하는 경우 감사인은 해당 시스템이나 기술 기능이 원래의 의도대로 작동되지 않을 위험을 신중히 생각해야 한다. 선행 활동의 결과를 토대로 감사인은 감사범위를 결정하고, 그 범위를 달성하고자 수행해야 할 단계의 목록을 만들고 범위를 벗어난 것을 구체적으로 결정하고 전달하는 일을 해야 한다. 감사인은 이들 단계를 충분히 상세하게 문서화해야 한다. 이를 통해 감사를 수행하는 감사인은 각 단계에서 다룰 위험을 이해할 수 있게 된다. 이는 기계적으로 감사목록을 실행하는 이른바 '체크리스트' 감사를 방지하는 데 도움이 된다. 그리고 감사단계들은 단지 지침 역할을 하는 것이므로 제반 위험을 반드시 처리하게 하는 데 중점을 둬야 한다. 또한 제반 감사단계를 문서화해 두는 것이 중요하다. 유사한 감사를 수행하는 다음 사람이 그것을 반복해서 쉽게 사용할 수 있기 때문이다. 또한 교육훈련 도구 역할을 하며 반복 감사를 좀 더 효율적으로 실행할 수 있게 해준다.

일정계획의 수립

계획수립 활동의 한 가지 중요한 요소는 감사일정의 수립scheduling이다(즉, 감사의 수행 시기 결정). 순전히 감사팀의 편의에 기초해 감사 시기를 강요, 지정할 것이 아니라 감사 고객과 협력해 감사일정을 정한다. 감사팀은 감사받을 조직의 업무량이 집중되는 시기와 관계 직원이 부재중인 시기에는 감사팀이 적절한 시간과 관심을 얻지 못할 수 있다. 고객과의 사전 협의를 통해 이러한 사항들을 고려한다. 좀 더 효과적인 감사를 수행하려면 감사 고객과 협력해 감사일정계획을 수립한다. 그렇게 하면 협력과 유연성의 분위기가 조성되고 출발점에서부터 감사를 잘 시작할 수 있다. 감사팀의 감사일정표에 감사 고객의 제약 조건과 시간 사정이 반영됐다는 사실에 감사 고객은 감사의 마음과 더불어 일정표에 대한 일종의 공동 소유의식을 느낄 것이다.

킥오프 미팅

계획 프로세스가 끝날 무렵 감사 고객과의 킥오프 kickoff(시작) 미팅을 개시해야 한다. 이 미팅에서 감사 프로젝트 범위 이내의 것과 범위를 벗어난 것의 내용을 전달하고 고객의 최종 의견을 받을 수 있게 한다. 미팅을 하는 동안 감사범위 변경과 관련된 고객의 의견에 유연하고 개방적으로 응해야 한다. 고객이 감사에 대한 소유의식을 느낀다면 감사인과 작업할 때 선적으로 협조할 가능성이 훨씬 높다. 또한 시작 미팅은 각 감사단계마다 주요 연락 담당자를 요청하고, 고객에게 감사의 진행 상황에 관한 정보를 제공하기 위한 방법(예를 들어 미팅이나 이메일)과 일정을 결정하기에 좋은 시간이다. 시작 미팅이 종료되면 감사팀원들에게 각각의 감사단계를 할당해야 할 것이다. 그러면 다음 단계의 감사가 시작될 수 있다.

감사 현장업무의 실시와 문서화

감사계획의 수립 활동에 이어 감사 현장업무가 실시된다. 대부분의 감사업무가 이 단계에서 발생한다. 이제 팀은 데이터를 수집하고 인터뷰를 할 것이다. 팀원들이 잠재적 위험을 분석하고 어떠한 위험들이 지금까지 적절히 완화되지 않은 상태에 있는지 판단하는 데 도움을 주고자 그렇게 한다. 제반 단계는 감사팀에 의해 실행된다.

2부에서는 표준적인 주제와 기술에 대한 현장업무의 수행 지침을 자세하게 설명한다. 또한 21장에서는 위험분석에 대한 상세 지침을 제공한다. 따라서 여기서는 이 주제에 많은 시간을 할애하지 않을 것이다. 그러나 건전한 의구심의 가치를 이해하는 것은 중요하다. 가능하다면 감사인은 제공된 정보와 통제환경의 효과성을 독립적으로 검증할 방법을 찾아야 한다. 이것이 항상 가능하지는 않지만 감사인은 항상 창의적인 테스트 방식을 강구해야 한다. 예를 들어 새로운 사용자로부터 계좌 개설 요청을 받은 감사 고객이 소정의 승인 절차에 따라 요청을 처리한다고 해보자. 그러면 감사인은 최근에 추가된 사용자 목록을 가져와 실제로 그들이 절차에 따라 적절한 승인을 받았는지를 확인해야 한다. 이는 인터뷰에 비해 프로세스가 준수되고 있다는 훨씬 더 강력한 증거를 제공한다.

문서화도 현장업무의 중요한 부분이다. 감사인은 자신의 결론과 그 근거를 입증할 수 있도록 실시한 감사업무를 적절히 문서화해야 한다. 합리적인 보통의 사람들이 어떤 감사업무가 실시됐는지를 이해할 수 있고, 또한 그런 상황에서 자신도 감사인으로서 동일한 결론에 도달할 것이라고 생각할 수 있을 정도로 매우 자세하게 기록하는 것이 문서화 작업의 목표다. 감사는 기본적으로 이야기하기^{story} ^{telling} 방식이 돼야 한다. "여기 내가 한 일은 이것입니다. 여기 내가 찾은 것이 있습니다. 여기 내 결론이 있습니다. 그러한 결론에 도달한 이유는 다음과 같습니다."라고 이야기하는 것이다. 어떤 프로세스를 검토했다면 프로세스의 내용을 설명하고, 프로세스 내의 주요 통제점$^{control\ points}$에 강조 표시한다. 시스템이나 기술을 검토한 경우라면 그것을 둘러싼 구체적인 환경^{setting}과 검토된 데이터에 대한 설명과 해석을 기재해야 한다(정보를 입수한 방법과 함께).

문서화 과정은 지루해 보일 수 있지만 중요하다. 첫째, 그것은 전문직업기준을 충족시키는 데 필요하다. 둘째, 향후 감사결과에 대한 의문이나 이의가 제기될 수 있다. 그것을 수행한 감사인은 더 이상 당시 회사나 부서에 있지 않다(또는 감사의 세부 사항을 잊었을 수도 있음). 그래서 당시의 감사과정을 설명하고 결론을 입증하기 위한 문서의 존재가 중요하다. 셋째, 감사가 언젠가 다시 실시되는 경우 자세한 문서를 유지하면 다음 감사팀이 이전 감사팀의 경험을 통해 배울 수 있고, 이를 통해 지속적인 개선과 효율성을 도모할 수 있다.

현장업무에 대한 최종 참고 사항: 감사기간 중 계획수립 국면에서 검토하려고 계획한 것들의 체크리스트를 개발할 것이다. 해당 체크리스트로 인해 감사팀원들의 판단이 양호한 수준에서 벗어나지 않도록 유의해야 한다. 감사기간 중 감사팀은 유연성을 유지하면서 계획단계에서 고려되지 않은 길을 탐색할 준비가 돼 있어야 한다. 팀원들은 지침만을 따라가는, 순전히 기계적으로 행동하는 사람이 되면 안 될 뿐 아니라, 항상 감사의 전반 목표를 명심해야 한다. 또한 각 팀의 구성원이 부여된 감사단계 이면에 담긴 목적을 이해하는 것도 중요하다. 단계들은 소기의 목적을 달성하기 위한 지침의 역할로 간주돼야 하므로 각 감사인은 각 단계의 수행 방식에 창의적인 태도를 유지해야 한다. 감사인이 각 단계를 수행했으나 검토 대상의 위험을 다루지 않았다면 감사목적의 달성에 실패한 감사가 된다.

 참고 감사의 목적은 제반 감사단계를 실시하는 데 있는 것이 아니라 검토 대상 부문에 설정된 내부통제의 상태를 평가하는 데 있다.

문제점의 발견과 타당성 검증

현장업무를 수행하는 동안 감사인은 잠재적 관심 사항의 목록을 개발한다. 이는 분명히 매우 중요한 감사국면 중 하나다. 감사인은 잠재적 목록을 편집, 수정하면서 모든 문제가 유효하고 관련성이 있는지를 확인해야 한다. 협업의 정신으로 감사인은 가능한 한 빨리 고객과 잠재적 문제를 논의한다. 감사인이 감사를 완료할 때까지 기다렸다가 완료 후 넘겨받은 문제점 목록을 감당해야 하는 상황을 아무도 좋아하지 않는다. 이는 고객에게 불쾌할 뿐만 아니라 당신에게도 불쾌한 일이 될 수 있다. 모든 정보가 정확하고 고객에 제시한 문제점들이 모두 유효한 것은 아니라는 사실을 당신이 알게 될 수도 있기 때문이다. 각각의 잠재적 문제를 과장되게 떠들어대는 대신 좀 더 비공식적인 접근방식을 취해보자. "저는 다소 중요한 사항을 발견했다는 생각이 듭니다. 제가 생각하는 사항facts이 과연 정확한지, 그리고 관련 위험을 적절히 이해하고 있는지에 대한 논의를 함께 해볼 수 있겠는지요?" 이를 통해 고객은 문제의 타당성을 확인하는 데 협력할 수 있으며, 고객이 문제에 대한 귀속감을 느끼게 될 수 있을 것이다.

이미 알고 있는 사실이 정확한지를 확인하는 것 외에도 문제에 내포된 위험이 매우 중대해 처리하거나 보고할 만한 가치가 있을지 여부도 확인해야 한다. 문제 제기 자체를 목적으로 하는 문제의 제기는 하면 안 된다. 대신 회사에 심각한 위험이 될 수 있을 문제는 제기해야 한다. 위험의 완화에 도움이 될 통제점들을 고려하면서 파악한 문제점이 감사 고객에게 보고할 가치가 있는지 여부를 결정하기 전에 전체 그림을 이해해야 한다. 규제가 엄격한 비즈니스를 제외하고는 내부정책에 순응하는 방식을 채택하자. IT감사인이 회사의 내부IT보안정책이 준수되는지를 확인하려고 시스템을 검토하는 것은 분명 중요한 일이지만 이러한 접근방식은 여전히 리스크 기반이어야 한다. 시스템이 기술적으로 정책의 위반 상태에 있지만 완화통제기능이 있거나 특정 시스템의 본질상 위반으로 인해 실제 리스크가 발생하지 않는 경우가 있다. 그러한 경우 문제를 제기할 가치가 과연 있을까? 또한 많은 경우에 정책과 아무런 관련이 없지만 검토 중인 특정 환경에 대한 위험이 수반된 중요 사항이 있다면 감사인은 이것들을 제기해야 한다. 감사팀이 정책준수팀이 되도록 허용돼서는 안 될 것이다. 그 대신 검토 중인 환경에 대한 실제 위험을 평가할 때 다른 모든 관련 요소와 더불어 정책도 고려해야 한다.

참고 감사인이 감사기간 내내 고객과 함께 문제의 타당성을 확인하고 문제에 내포된 리스크에 대해 의견의 일치를 본다면 감사의 결론은 훨씬 더 부드럽고 빠르게 진행될 수 있다. 감사 종료 시점에서야 제기된 모든 문제를 놓고 논쟁하는 대신 감사기간 내내 논의돼 온 제반 문제를 해결하는 데 집중할 수 있다.

해법의 개발

감사 중인 영역에서 잠재적인 문제를 식별하고 사실 관계와 리스크를 검증한 후 고객과 협력해 각 문제의 해결을 위한 실행계획을 개발할 수 있다. 문제가 해결되지 않는 한 단순히 문제를 제기하는 것만으로 회사에 도움을 주지는 못한다. 감사 이슈를 다룰 때 실행해야 할 항목들을 배정, 개발하는 데 사용할 수 있는 일반적인 3가지 접근법이 있다.

- 개선책 권고법
- 경영진 대응법
- 해결책 모색법

개선책 권고법

일반적인 접근방식을 사용해 감사인은 문제를 제기하고 해결을 위한 권장 사항을 제시한다. 그런 다음 고객에게 권장 사항에 동의하는지 여부를 물어본다. 동의한다면 개선책을 실행할 것이다. 다음은 이 방식의 일반적인 시나리오다.

사전에 최신 보안 패치^{latest security patches}가 설치돼 있는 사용자의 PC만 네트워크에 연결할 수 있게 허용하는 프로세스가 없음이 검토 결과 밝혀졌다. 그래서 감사팀은 고객에게 이 문제를 언급하면서 다음과 같은 권고안이나 이와 동등하게 유용한 의견을 제시한다. "미리 최신 보안 패치가 장착돼 있는 사용자 PC만 네트워크로의 연결이 허용되게 하는 프로세스를 권장한다." 그런 다음 감사인은 고객에게 이런 프로세스를 언제 마련할 수 있는지 묻는다. 비판을 모면하려고 고객은 어떤 날짜를 감사인에게 제시할 것이다. 일반적으로 그런 프로세스를 마련하는 데 어떤 일이 실제로 수반되는지를 그다지 고민하지 않으면서 말이다. 고객이 권고 사항을 수락했고 마감 기한도 약속했으므로 감사인은 기쁜 마음으로 감사 현장을 벗어난다. 고객이 실행계획에 대한 소유의식을 갖고 있지 않으므로 고객이 이행기한 약속을 깨버린다고 해도 누가 신경 쓰겠는가? 여기서 우려되는 것은 몇 달 내에 이행 마감일이 도래한다는 점이다.

이러한 예는 분명 다소 과장된 것이지만, 모두가 진실과 거리가 멀다는 말은 아니다. 총명한 감사팀이 잘 처리하면 권장 사항이 적용될 수 있다. 그러나 일반적으로 실행계획에 대한 고객의 귀속감(소유의식) 부재로 귀결된다. 감사인의 이행 날짜 질문에 고객이 그냥 대답하는 모습이기 때문이다. 또한 고객은 당해 문제에 대한 해결책을 개발할 수 있는 최상의 위치에 있으므로 감사대상 고객은 감사인보다 감사대상 영역에 대해 반드시 더 많은 지식을 갖추고 있어야 한다. 감사팀이 권고안을 고객 앞에 놓고 수용할 것인지 묻기 때문에 고객은 문제를 깊이 생각해 실행 가능하고 현실적인 실행계획을 개발할 가능성은 훨씬 적다. 대신 고객은 이제 일이 끝났으므로 자신의 업무에 방해되지 않게 감사팀을 내보내려고 권고안을 '수락'해버리는 경향이 있을 수 있다. 거의 감사 막바지에 이르러 감사인이 후속 조치를 취할 시점에 고객이 발견하는 것은 불가피한 장애물과 전면적인 복잡성일 뿐이다. 이로 인해 감사국면이 경과되거나 연장되기도 한다. 이는 효율적인 과정이 못된다. 이러한 방식을 적용하는 경우 고객을 참여시키는 것이 중요하다. 권고 사항을 문서화하기 전에 문제에 대한 해결책을 고객과 '브레인스토밍'해보는 것이다. 그럴 경우 모든 관련자가 이미 동의한 내용을 문서화하는 것이 바로 권고 사항이 된다. 그렇다고 해서 감사인이 아이디어를 제안할 수 없다는 의미는 아니다.

할 수 있을 뿐 아니라 그렇게 해야 한다. 그러나 고객은 궁극적으로 실행계획에 대한 주인의식을 가져야 한다.

경영진 대응법

경영진 대응법의 경우 감사인은 문제점의 목록을 전개한 다음 고객에게 보내 그에 대한 대응과 실행계획을 수립하게 한다. 때로는 감사인이 문제점과 함께 해결을 위한 시정 권고안을 보내거나, 때로는 시정 권고안 없이 문제점만 보낸다. 어느 쪽이든 고객은 답변을 보내게 돼 있으며, 이런 내용이 감사보고서에 반영된다. 이는 공손한 형태의 지탄과 매도에 적합한 방식이다. 감사인의 권고안은 이렇다. "문제가 한 가지 있다. 이 문제는 시정하는 것이 좋겠다." 이에 대한 경영진의 반응은 "이렇게 하는 건 멍청한 일이라 생각이 든다. 그러나 부가가치가 없고 또한 미숙한 해결책으로 보이긴 하지만 감사로부터 벗어나기 위해 실행은 해보겠다." 정도다. 더욱이 경영진은 다음과 같이 반응할 가능성이 높을 수도 있다. "이렇게 하는 건 바보짓이라 생각된다. 아무것도 하지 않을 것이다. 이제 감사팀께서는 전원 철수하셔도 된다." 그러한 경우 감사인은 다음과 같은 반론을 포함시킬 수 있다. "이 사람들을 믿을 수 있는가? 이들은 분명 통제기능에 신경 쓰지 않는다. CEO에게 보고할 것이다. 이렇게 되면 그들이 곤란한 입장에 처하게 될 것이다."

다시 말하지만 이는 과장된 예다. 그러나 전혀 엉뚱한 얘기는 아니다. 경영진 대응법은 합의점을 도출하는 데 쓸모 있는 것이 아니라 기본적으로 감사인이 고객에게 제시한 제반 문제점과 해법에 대한 찬성을 구할 책임에서 벗어날 수 있게 해준다. 상호 합의된 대책을 개발하는 대신 감사인은 자신이 바라는 것을 단지 말한 다음 감사 고객에게 그들이 원하는 것을 말하게 허용한다. 그런 다음 감사보고서에 표명될 최종 결론에 도달한다.

이 접근법을 적용해온 경우 다른 방식으로 변경해보는 것이 좋다. 변경할 수 없다면 그러한 시스템을 피할 방안을 시도해보자. 고객에게 문제점과 개선안을 보내기 전에 관련된 모든 사람에게 편안한 느낌을 주는 개선안을 개발해보자. 그러면 개선안에 이미 동의한 내용이 반영될 수 있으며, 경영진의 반응이 다음과 같이 나올 수 있다. "우리는 찬성하며 올해 말까지 이를 실행할 것이다." 경영진 대응법이 고객과 감사인이 협력해 상호 수용할 수 있는 해결책으로 진행하는 길을 막는 장애물이 되면 안 된다.

해결책 모색법

감사인이 고객과 함께 감사 중 제기된 문제를 처리하기 위한 해결책을 개발하는 접근방식이다. 이 해결책은 상호 합의로 개발해 의견 일치를 본 실행계획을 의미한다. 이는 앞의 두 가지 접근방식의 결합 형태로, 각각의 장점을 최대한 활용한다. 감사인은 자신의 통제 관련 지식을 바탕으로 해결책을 제시한다. 경영진 대응법의 경우와 마찬가지로 고객은 실제 운영에 관한 지식을 기반으로 하는 해결책을 제시한다. 결과물은 고객이 '소유'하면서 감사인에게도 만족을 주는 해결책이다. 고객은 문제점에 대한 소유의식을 갖고 있기 때문에 고객이 실제로 이 해결책을 따라갈 가능성이 훨씬 높다. 이 접근법에서 감사보고서는 소유의식의 이동을 미묘하게 반영한다.

개선책 권고법에서 감사인은 다음과 같이 작성할 수 있다. "감사용 로그$^{audit\ logs}$ 사용 가능" 또는 "감사용 로그를 사용하게 설정해야 합니다." 이 진술은 감사인이 바라는 소망을 강조한다. 그런데 고객은 이를 종종 고압적이고 거들먹거리는 소리(그리고 종종 무지한)로 받아들인다. 그 대신 해결책 접근법을 적용하는 감사인은 다음과 같이 작성한다. "감사용 로그 기능의 설정은 지원팀에서 할 수 있다." 이 문장은 고객 의도에 대한 선명하고도 명료한 진술이며, 감사인의 도움하에 고객이 동의한 것을 반영하고 있다.

이 접근법에서 해결책의 개발은 진정으로 협업적으로 이뤄져야 한다. 감사인은 고객이 초기 아이디어를 개발할 수 있게 노력해야 하겠지만, 고객이 수용할 수 있

2장_ 감사업무의 진행과정 123

는 해답을 제안할 수 없는 경우에 대비해 감사인은 '뒷 호주머니'에 잠정적 해결책을 준비해둔다. 또한 감사인은 안락한 환경을 조성해 줄 최소한의 위험완화통제에 대한 얼마간의 아이디어를 갖고 있어야 한다. 제안된 해법들이 최소화된 위험완화 요건을 충족시키지 못한다고 할지라도 감사인은 고객에게 이를 알릴 준비가 돼 있어야 한다.

해결책 개발에 대한 지침

사용하는 접근방식에 관계없이 실행계획을 수행할 담당자와 완료 예정 날짜를 설정해야 한다. 이는 그 일에 대한 설명책임을 부여하고 감사인이 수행할 후속 조치의 근거가 된다. 이러한 실행계획을 처리할 때 감사인은 감사보고서에 마무리된 실행계획을 기재하는 방식에 유연한 태도를 견지해야 한다.

일부 문제 중에는 시스템 설정 변경이나 파일 권한 잠금 같은 간단한 해결책을 도출하는 데 알맞은 것이 있다. 이 경우 감사인은 고객에게 해법의 구현 시기를 정확히 말할 수 있다. 그러나 여러 조직의 참여, 복잡한 프로세스의 개발, 신기술의 도입 등 복잡한 해법이 요구되는 문제도 있다. 이 경우 감사 고객이 무엇을 하고 언제 할 것인지를 즉시 이해할 것으로 감사인이 기대하는 것은 현실적이지 않다. 얼마간의 평가기간 동안 대안들이 검토되고 자세한 시간일정이 설정될 것이다. 비현실적인 시점에 그렇게 할 것으로 예상되는 정보제공을 고객에게 강요하지 말고 감사인이 어떤 중간 일자를 설정해 그들이 해법을 선택하고 시간일정을 개발할 여유 기간(즉, 계획안을 개발하게 함)을 부여할 수 있을 것이다. 해당 날짜가 도래한 후 그들이 실제로 세부 실행계획을 수립한 경우 당신은 해당 계획에 따라 새로운 기한을 정할 수 있을 것이다.

 참고 해법을 개발할 때 감사인이 유념해야 할 점이 있다. 즉, 위험의 100% 완화 내지 제거가 항상 실용적인 방안이 되지는 않는다. 위험을 100%까지 완화시키려면 과중한 비용이 소요되지만, 때때로 위험의 80% 수준은 합리적인 비용으로 완화시킬 수

있다. 첫 번째 20%의 비용으로 처리할 수 있다. 이는 '파레토 개념'으로 알려져 있다. 감사인이 자신의 의견을 양보하지 않고 100% 해결책을 고집한다면 감사인의 신뢰성과 고객과의 관계가 손상될 것이고, 그 결과 고객은 위험완화 방향으로 아무런 조치를 취하지 않을지도 모른다. 80%의 위험을 처리하는 것이 0% 처리보다 더 바람직하다. 감사인은 회사에 고용된 직원이란 점을 명심해 합리적이고 비용 효율적인 해법을 제안해야 한다. 물론, 감사인은 위험을 줄이지 않고 그대로 두는 것은 불합리하다는 점을 객관적으로 확실히 설명해야 한다. 그러나 항상 100% 해결책을 주장하는 감사인이 있다면 그런 사람은 비즈니스 감각이 없는 자로 간주돼 기피 대상 인물로 전락할 것이다.

감사인은 감사 고객과 함께 문제해결을 위한 마감 시한을 정하되 차후 일정을 쉽게 변경시킬 수도 있게 한다. 고객 조직 내의 많은 활동은 내부감사와 무관하다. IT그룹의 다른 압력 요인과 우선순위의 맥락에서 감사상의 이슈들을 설명해보자. 때로는 감사의 주안점들이 최우선순위가 아닌 경우도 있는데, 그렇다면 그것으로 괜찮은 것이다. 마감일이 실효성 있게 설정되면 감사 고객은 편하게 느낄 것이다. 또한 상호 간의 신뢰가 촉진되고 일정에 따라 문제가 해결될 가능성이 상승하며, 일정 변경과 단계별 확대를 없애는 데 도움이 된다.

앞서 설명한 것처럼 감사인은 고객과 감사상의 이슈 및 해결책에 대한 합의에 도달하고자 부지런히 노력해야 한다. 항상 합의에 도달할 수 있는 것은 아니다. 불가피하게 감사인과 고객 사이에 견해가 일치하지 않을 수도 있다. 이러한 경우는 거의 없지만 발생하는 경우도 있다. 또한 때로는 고객이 감사인의 의견에 동조하지만 문제를 처리할 자원이 고객에게 있다고 생각하지 않는다. 그렇다면 이 상황을 어떻게 해결할 것인가? 소리 지르고 고함치는 경기에 뛰어들 것인가? 감사인은 감사위원회에 보고할 것이며 문제를 처리하지 않으면 곤란한 상황에 빠질 수 있다는 점을 고객에 상기시키면서 고객을 위협할 것인가? 절대로 그렇게 하지 말자. 상호 협력과 존중의 정신으로 이 상황을 헤쳐나갈 수 있다.

'감사 요구사항'이란 개념은 잘못된 것임을 기억하자. 감사부서는 어떤 요구사항 설정 기관이 아니므로 어떤 행위를 강요하려는 업무에 관여해서는 안 된다. 그게 아니라 감사인의 임무는 위험을 식별한 다음, 적절한 수준의 관리층에 위험을 알려 위험을 완화할지 여부에 대한 결정을 내릴 수 있게 하는 데 있다. 경영 관리상 위험을 수용하는 것은 하나의 합리적인 대안이다.

감사인은 자신의 판단에 따라 위험에 대한 정보를 어느 수준의 경영진에게 제공할지 결정한다. 일부의 감사 문제는 적은 양의 위험을 수반한다. 그러한 경우에 어떤 일선 관리자가 그 위험을 알고 있으며 수용하겠다는 표명을 하면 감사인은 이를 문서화한 후 다음 단계로 계속 진행할 수 있다. 더욱 심각한 위험의 경우 감사인은 CIO가 문제를 인식해야 한다고 생각한다. 그러나 CIO가 위험을 이해하고 위험을 수용하기로 결정한 경우 감사인은 다시 한 번 자신의 일을 해낸 것이다. 여기서 더 이상의 조치는 필요하지 않다. 아주 심각한 위험을 나타내는 또 다른 문제들이 여전히 발생할 수 있는데, 이런 어떤 위험에 대해서는 오직 CEO나 심지어 감사위원회의 처리 승인이 나온 후에만 비로소 감사인이 안심할 수 있다.

 참고 주어진 문제에 관련된 위험의 수용 여부에 대해 서명권을 가진 경영진은 항상 있다. 감사인은 자신의 판단으로 해당 경영자가 어떤 계층에 위치한 사람인가를 정해야 한다.

어떤 사람을 건너뛰어 적절한 수준의 상부 경영진에게 가서 현재의 위험을 알려야 한다고 믿는 경우에도 이는 적대적 관계의 사건이 될 필요는 없다. 고객이 문제의 처리를 거부한 이유를 감사인은 이해하고 있으며, 직무상 감사인은 그 위험 관련 정보를 좀 더 상위의 경영진에게 알려 그들이 기분 좋게 그 위험의 수용 승인을 하게 해야 한다는 점을 고객에게 침착하게 설명할 수 있다. 심지어 해당 고객을 초대해 위험을 논의 주제로 열리는 미팅에 참여하게 하거나 이메일로 미팅 내용을 전송해 줄 수 있으며, 두 가지 모두도 가능하다. 이는 "그가 말했다/그녀가 말했다"라고 하는 경쟁 상대 형태로 바뀌면 안 된다. 그 대신 경영진과 커뮤니케이션하는 동안 감사인의 관점과 더불어 고객의 관점을 설명하면서 열린 마음과 상대를 존중하는 태도를 유지하는 것이 좋다.

문제를 상부 계층으로 이관하면 고객에게 긍정적인 결과(예를 들어 처리 대상의 문제에 자원의 추가 배정이 가능하게 되므로 상부 이관 절차가 말썽스러운 논쟁거리가 될 필요는 없다)가 나올 수 있다. 감사받기 전까지는 적절한 관심을 받지 못했던 문제가 있다고 해보자. 이 경우 때로는 고객은 감사인이 문제를 상부 계층으로 이관해주길 바란다. 알려진 문제의 처리에 필요한 추가적 지원을 받게 하기 위함이다. 문제를 상위 경영진에게 이관하는 경우 명령 계통을 따라 위로 순차적으로 이동하게 해서 아무도 자신을 한쪽 눈이 먼 사람이라고 느끼지 않게 해야 한다.

예를 들어 감사인이 궁극적으로 CIO에 이르기까지 줄곧 단계적으로 올라가야 될 필요성이 있는 문제라고 한다면 고객과 CIO 사이에 위치한 각 관리자들과 대화한 후에 CIO로 가는 것이 정상적인 순서다. 이관 과정에서 발생할 수 있는 논쟁을 피하는 데 이 또한 도움이 된다.

보고서 초안 작성과 발행

일단 감사 중인 환경에서 문제점을 발견했다면 고객과 함께 문제의 타당성을 검증하고 그에 대한 해법을 개발한 다음, 감사보고서 초안을 작성할 수 있는 것이다. 감사보고서는 감사결과를 문서화하는 수단이며, 다음과 같은 두 가지 주요 기능을 제공한다.

- 당신과 감사 고객의 관점에서 감사보고서는 실시한 제반 감사업무, 결론과 후속 실행계획을 기록한 것이다.
- 고위 경영진과 감사위원회의 관점에서 감사보고서는 감사받은 영역에 대한 '신고 카드' 역할을 한다.

감사보고서의 필수 요소

감사보고서의 형식은 내부감사부서만큼 많다. 그러나 다음은 감사보고서의 필수 요소들이다.

- 감사범위의 설명
- 실시사항의 요약
- 문제해결을 위한 실행계획이 포함된 문제점 목록

감사범위의 설명: 보고서에 감사에 포함된 것과 감사에 포함되지 않은 것(필요시)을 명확히 한다. 어떤 영역이나 주제가 구체적으로 범위를 벗어난 경우 오해를 피하려면 보고서에 그러한 내용을 설명하는 것이 중요하다.

실시사항의 요약: 모든 세부적인 문제점과 실행계획을 나열하는 것 외에도 모든 내역을 읽을 시간이나 의향이 없는 사람을 위해 감사실시 내용의 요약을 작성해 당해 환경의 전반적인 통제 상태를 이해할 수 있게 한다. 이 요약은 보고서의 나머지 부분에서 분리되더라도 독립적이고 유익한 문서가 되도록 작성해야 한다. 모든 문제를 나열하거나 논의해서는 안 되며, 가장 중요한 문제만 다뤄야 한다. 검토된 각 영역의 모든 결과를 지루하게 나열한 것이 되면 안 된다. 그 대신 독자가 보고서의 다른 부분을 읽지 않는다고 가정하면서 감사결과에 대한 관련 정보를 반영해야 한다. 상투적인 문구와 모호한 진술을 포함해서는 안 된다. 다음과 같은 식으로 말하지 말자. "대체적으로 이 영역은 잘 통제됐지만, 개선의 여지는 있다." 이것이 무슨 뜻인가? 당당하게 현실적인 의견을 제시하자. 즉, 이렇게 말해보자.

> 계정관리에 대한 통제기능들이 견고하게 설정돼 있지만 소프트웨어 변경통제에서 통제 우려사항들이 다수 발견됐다. 개발자는 직접 액세스해 생산 코드를 업데이트할 수 있는 권한이 있다는 점이 가장 중요한 문제다. 이는 적절한 테스트와 승인 과정을 거치지 않은 상태에서 이들 프로그래머가 생산 코드 기능을 변경시킬 수 있다는 의미가 된다. 개발팀은

이 문제를 해결하기 위한 실행계획을 개발했으며 앞으로 데이터 생성 환경으로의 접속이 차단될 것이다. 더 자세한 내용은 아래의 '문제점' 절에 있다.

이는 분명 한 가지 예일 뿐이며 대부분의 요약은 이보다는 더 길어질 것이다. 현실적인 정보를 충분히 제공해 경영진이 관련된 가장 중요한 사실을 이해할 수 있게 하는 것이 핵심 요소다.

문제점 목록과 실행계획: 이는 보고서의 핵심 요소다. 감사 중에 발견된 중요 문제점의 내역과 이를 시정할 때 수행할 작업을 제시하고 있기 때문이다. 여러 수준의 독자가 이해할 수 있게 문서화해야 하므로 표기의 명료성이 필수적이다. 매일 같이 해당 영역을 다루는 사람들은 감사인이 제기한 각 문제점과 계획을 이해할 수 있어야 하며, 고위 경영진도 당해 위험과 그것을 완화해야 하는 이유를 이해하고 있어야 한다.

평범한 일반인의 용어로 개념들을 설명하고, 각 위험도 상세하게 설명해야 한다. 예를 들어 서버에 설정된 기본값이 제거^{default unmask}된 상황을 우려하는 경우 문제점을 이렇게 말할 수 있다. "default unmask가 000로 설정돼 있다." 유닉스 관리자는 문제를 즉시 이해하겠지만, 이러한 표현은 이 문구를 읽는 다른 사람에게는 전혀 의미가 다가오지 않는다. 대안으로 이 문제를 다음과 같이 나타낼 수 있다. "서버상의 파일에 대한 접근권한을 개선해야 합니다." 일반 독자는 이를 이해하지만 유닉스 관리자는 여러 가지 방법으로 해석할 수 있다. 따라서 파일 접근권한의 어떤 측면인가에 대해 더 자세한 내용이 필요하다. 그래서 다음과 같이 문제점을 나타낼 수 있을 것이다.

서버상의 default unmask가 000로 설정돼 있다. 이는 다음을 의미한다. 즉, 서버에 대한 접속권이 있는 사람은 누구나 파일을 읽고 쓰기를 할 수 있으므로 기본값에 의해 새 파일이 생성된다. 이 서버에는 중요한 재무 데이터 파일이 포함돼 있으므로 데이터에 대한 부당한 접속 활동이나 데이터의 무단변경이 발생될 수 있다.

모든 계층의 사람이 이 세 번째 예시를 이해할 수 있다. 감사인이 언급하고 있는 시스템의 설정에 대해 전문 기술 담당자는 정확히 이해할 것이며, 평범한 사람도 제기된 사업위험을 파악할 수 있다.

 참고 감사인이 특정 시스템이나 주제 영역을 자주 감사한다면 감사하는 동안 자주 제기되는 공통적 문제점에 대해 표준적인 단어로 표현한 데이터베이스를 개발할 수 있다(스프레드시트처럼 간단한 것). 이를 통해 각 감사팀이 작성 시 문제점을 문서화하는 방법에 어려움을 겪지 않게 되며, 감사보고서 사이에 일관성이 확보된다. 예를 들어 여러 회사의 사이트에서 유닉스 보안을 자주 감사하면 패스워드 강제 교체(aging) 기능의 부재, 쉽게 연상되는 패스워드, 열악한 파일 보안 등과 같은 공통적인 문제에 대해 표준적인 문장으로 문서화할 수 있다. 물론 감사팀은 필요에 따라 특정 감사 환경에 적합하게 이를 수정해야 한다. 그러나 표준 문구는 우수한 출발점을 제공할 것이다.

다수의 감사부서는 감사보고서에서 각 감사 영역을 '불만족', '개선이 필요함' 혹은 '적합함' 같은 전반적인 감사 등급을 매길 수 있는 등급 측정시스템을 이용한다. 예를 들어 1은 최악, 10은 최고임을 나타내는 수치 등급을 부여할 수도 있다. 또한 시스템은 각 특정 감사 문제점의 엄중한 정도에 대한 평가를 포함하는 수도 있다. 회사 환경에 따라 이러한 종류의 시스템이 필요할 수 있겠지만 가능하면 이를 피하는 것이 가장 좋다. 고객과 무엇이 정확한 등급인가를 둘러싸고 벌어지는 논쟁에서 등급 측정시스템은 많은 시간과 에너지의 낭비를 초래한다. 보고서 등급이 5이냐 또는 6이냐 하는 논쟁에 에너지를 소비하는 대신 해야 할 필요성이 있는 어떤 내용과 실행계획의 개발에 합의하는 데 시간을 사용해야 한다. 최종 목표는 해당 환경에 적합한 통제기능을 향상시키는 것 to improve the controls 이다. 등급 측정을 둘러싼 논쟁은 이 목표달성에 도움이 되지 않는다.

다음 예는 앞에서 설명한 요소를 이용해 작성한 간단한 감사보고서다.

감사범위

감사기간 동안 감사인은 매출채권 계정^{AR}의 내부통제를 검토했다. 여기에는 애플리케이션, 데이터베이스, 운영체제에 관련된 통제기능의 검토가 포함된다. 매출채권 계정 시스템 서버의 물리적 보안은 검토 범위에 포함되지 않았다. 그러한 통제는 최근 데이터센터 감사 중에 테스트됐기 때문이다.

감사실시 개요

계정관리에 대한 통제기능들이 견고하게 설정돼 있지만 소프트웨어 변경통제에 연관된 통제 우려사항이 다수 발견된다. 이런 문제 중 가장 중요한 사실은 개발자가 직접 액세스해 생산 코드를 업데이트할 수 있는 권한이 있다는 것이다. 이는 적절한 테스트와 승인 과정을 거치지 않은 상태에서 이들 프로그래머에 의해 생산 코드 기능이 변경될 수 있다는 의미가 된다. 개발팀은 이 문제를 해결하기 위한 실행계획을 개발했으며, 앞으로 데이터 생성 환경으로의 접속이 차단될 것이다. 더 자세한 내용은 아래의 '이슈' 절에 있다.

감사상의 이슈

1. 시스템 개발자가 생산 코드 업데이트에 직접 접근할 수 있다.

애플리케이션 지원 담당자에 의한 시스템의 무단변경이 일어나지 않도록 방지하기 위한 기술적 또는 절차적 통제가 없다.

위험: 적절한 소프트웨어 변경통제가 없으면 제대로 테스트하거나 승인되지 않은 상태에서 무의식적으로 또는 악의적으로 애플리케이션이 변경될 수 있다. 이러한 코드 변경으로 인해 직원이 불미스러운 거래를 수행하거나 시스템을 사용할 수 없게 되는 등 시스템 처리가 부정확해질 수 있다.

솔루션: 매출채권 계정 시스템 팀이 생산 코드의 보호를 위한 기본 도구를 구현할 것이다. 이 도구에 새 코드를 체크인하는 기능은 이 그룹 관리자와 백업에 국한될 것이며, 아무도 코드 변경을 수행할 책임은 없다. 일단 이 도구가 구현되면 체크인을 위해 새로운 생산 코드를 제출하기 전에 해당 팀은 테스트와 승인에 필요한 절차를 문서화할 것이다.

책임자: Clark Kent

완료일: xx/xx/xx

2.서버상의 기본값 제거(default unmask)가 000로 설정돼 있다.

위험: 이는 서버에 대한 접속권이 있는 사람은 누구나 파일을 읽고 쓰기를 할 수 있으므로 기본값에 의해 새 파일이 생성된다는 것을 의미한다. 이 서버에는 중요한 재무 데이터 파일이 포함돼 있으므로 데이터에 대한 부당한 접속 활동이나 데이터의 무단변경이 발생할 수 있다.

솔루션: 유닉스 인프라스트럭처 팀의 Nsian Ryan이 당해 환경에서 영향을 받은 서버에 **default unmask**를 027로 재설정^{reset}할 것이다. 또한 새로운 시스템의 가동에 앞서 기본값 제거의 점검 내용을 포함하도록 유닉스 설명서(베이스라인 문서편람)를 업데이트할 예정이다.

책임자: Nolan Ryan

완료일: xx/xx/xx

감사보고서의 추가 요소

지금까지 언급한 세 가지 기본 절 외에 보고서에 몇 가지 다른 절의 추가도 고려할 수 있다.

핵심 통제: 발견한 문제들 외에도 감사인은 이미 완료 돼 있는 것들 중 의심할 여지없이 좋은 점 몇 가지를 인지했다. 평가기간 동안 감사인이 의지했던 몇 가지 중요

한 통제들은 이미 존재하고 있다. 이러한 통제가 없거나 변경됐다면 감사인은 환경에 대한 전반적인 평가 내용을 변경할 것이다. 고객이 개선해야 할 점을 알고 있어야 하는 것과 마찬가지로, 고객이 어떤 일을 바르게 하고 있는지를 감사인이 아는 것도 중요하다. 특정 통제가 중요한 것으로 간주된다는 정보를 말해주지 않으면 고객은 그러한 통제의 실행을 중단하기로 결정할 수도 있을 것이다. 예를 들어 감사 고객이 서버에서 모든 불필요한 네트워크 서비스를 비활성화했고 또한 환경의 변화를 감지하려고 정기적으로 덫^{Tripwire}을 가동시킨다는 사실에 당신이 의존했다면 감사보고서에 그러한 것을 언급해야 한다. 이렇게 함으로써 고객은 해당 통제를 변경하지 않아야 한다는 점을 알게 될 것이다.

마감된 항목: 고객이 감사과정에서 이슈를 해결한다면 그들에게 혜택을 주는 것이 필요하다. 별도의 절에서 이미 해결된 문제점들의 목록을 만들어보자. 이렇게 되면 '이슈' 절 내의 미처리 항목들이 해결될 것이다. 고객이 미처리된 문제점을 해결하려고 사전 대응을 하는 경우 고객에게 혜택을 줘야 한다. 또한 감사보고서가 검토 당시의 문제점들을 완전하게 해결할 수 있게 해야 한다.

사소한 문제: 때로는 프로젝트를 진행하는 동안 큰 위험이 수반되지 않는 사소한 문제를 발견할 수 있다. 고객이 문제를 해결하는지 여부는 중요하지 않으므로 감사인은 문제의 해결 상황을 추적하는 데 관심이 없다. 그러나 고객이 원한다면 스스로 조치를 취할 수 있게 해주려고 감사인은 관찰 내용을 고객에게 알려주고 싶어 할 수 있다. 미미한 문제의 목록은 자체 절에 별도로 표시할 수 있다. 순전히 정보제공의 용도로 이를 유통시키게 하며 해결 상황의 추적을 위한 실행계획은 필요 없다.

감사보고서 발행

보고서 초안이 일단 작성되면 보고서의 발행에 앞서 고객이 검토하고 의견을 제시하게 해야 한다. 전하려는 메시지를 고객이 바꾸지 않는 한 사소한 문구 변경

제안은 기꺼이 받아들이자. 고객이 편안한 마음으로 보고서에 있는 내용에 동의하는 것이 목표다.

보고서 초안이 작성되고 고객의 검토를 받고 나면 그다음 차례는 보고서의 발행이다. 대부분의 감사부서는 모든 감사보고서를 고위 경영진(CIO, CFO, CEO 포함) 앞으로 발행하고 때로는 감사위원회 앞으로도 발행한다. 이는 회사의 내부통제 상태에 대한 독립적인 인증을 고위 경영진에게 제공한다는 감사부서의 목표에 잘 어울리는 업무다. 그러나 내부통제 상태를 평가하고 개선하는 일로 인해 경영진과의 파트너십 설정 목표가 손상될 수도 있을 것이다.

 참고 감사인이 발견해낸 모든 것은 경영 계층 체계에 따라 결국 조직의 상층부로 전해질 것이라고 사람들이 믿고 있다면 고객은 정보의 공유를 꺼리게 될 가능성이 훨씬 높다. 또한 감사보고서에 기재될 내용을 최소화하려고 할 것이다.

상위 경영진의 허락을 받아 감사보고서의 발행을 하위 관리자들에게 국한시키는 방안을 고려해보자. 이럴 경우 상위 경영진들은 자신도 모르는 사이에 중요한 문제들이 미처리 상태로 방치될까 우려할 것이다. 이 프로세스에 몇 가지 사항을 추가하면 상위 경영진의 그런 우려를 불식시킬 수 있다.

- 각 감사업무별 실시요약본을 상위 경영진에게 보낸다. 분기별 편집과 발송이 가능하다. 이런 식으로 하면 각 이슈별 세부내용과 실행계획은 모르지만 상위 경영진은 여전히 권력의 중추에 머물러 있으면서 감사대상, 감사의 전반적 결과를 파악할 수 있게 된다.
- 적절한 시점에 해결되지 않은 문제가 있으면 감사인은 이를 상위 경영진에게 확실하게 이관시킨다. 이런 식으로 상위 경영진은 미처리 상태의 문제들만 통보받을 것이다.
- 상위 경영진에게 특히 중요하거나 전반적인 영향을 미치는 문제는 알려주겠다고 약속한다. 감사에서 이러한 종류의 문제를 발견하면 상위 경영진

에게만 바로 이 문제를 약식감사보고서 형태로 전송할 수 있을 것이다.

보고서를 문서화하고 배포하는 방법을 고려할 때 문제의 처리, 위험의 완화, 통제의 개선이라고 하는 감사인의 목적에 유의하자. 보고 자체를 위해 보고하거나 감사에서 찾아낸 모든 것을 보여주기 식으로 나열하는 것이 목적이 될 수는 없다. 진짜 목적이 달성될 가능성이 극대화되도록 보고 프로세스를 목적에 적응시켜보자.

문제점의 추적

감사보고서가 발행되고 나면 감사인은 감사가 일단 '완료'된 것처럼 느끼는 것이 일반적이다. 그러나 이 책의 앞부분에서 설명한 것처럼 어떤 행동상의 조치가 취해지지 않는 한 감사보고서를 발행해도 회사의 가치가 올라가는 것은 아니다. 감사에서 제기된 문제가 해결되거나, 수정(선호하는 해결책)되거나, 또는 적절한 경영관리층에 의해 수용될 때까지는 감사가 완전히 종결된 것이 아니다. 감사팀원들이 문제의 해결 시점까지 문제를 추적하고 후속 조치를 취할 수 있게 하려면 감사부서에서는 이를 위한 어떤 프로세스를 개발해야 한다. '결말이 지난'이거나 '기간이 지난' 등의 표시법과 더불어 이는 감사 요점과 처리의 만기일을 담은 데이터베이스의 유지를 포함할 것이다.

일반적으로 감사를 수행하거나 이끌었던 감사인이 관련 담당자와 함께 감사 요점에 대한 후속 조치를 책임지는 것이 현명하다. 해당 고객과 접촉하기 전에 감사 요점의 처리 기한이 도래하거나 기한이 지날 때까지 기다리지 말아야 한다. 문제의 상태와 관련해 정기적으로 고객과 연락을 취해야 한다. 이렇게 하는 목적이 몇 가지 있다. 첫째, 감사인은 의사결정 중인 고객에 조언을 할 수 있다. 둘째, 구현 중인 솔루션이 기대에 미치지 않는 경우 감사인은 조기에 변경시킬 수 있다. 이런 방식으로 감사인은 일의 종료 이전에 활동의 방향을 재지정하려고 시도할 수 있다. 셋째, 문제가 미해결 상태에 있으면 처리 기한이 지나기 전에 감사부서에서 이 문제를 다룰 수도 있다.

문제가 합의된 대로 처리되지 않는 것으로 판명되면 감사인은 필요한 경우 상층부로 올리는 이관 절차를 시작한다. 감사인은 위험이 얼마나 중요한지를 파악한 다음, 그 위험을 인식하고 위험의 완화 여부에 대한 판단을 어떤 계층의 경영진이 맡아해야 하는지를 결정해야 한다. 필요시 이처럼 상층 경영진으로 이관시켜야 되는 문제가 있는 것이다. 그렇지만 사소한 문제까지 모두 감사위원회에 이관할 필요는 없다. 문제에 관련된 위험 중 일부는 그렇게 할 만한 가치가 없기 때문이다. 예를 들어 감사위원회에 엉터리 패스워드 사용자에 대한 얘기를 할 필요는 없겠다.

이관은 최후의 수단이어야 하며 기계적 과정이 되면 안 된다. 문제점 추적 과정에서 판단을 유지해야 한다. 감사 요점의 처리 기한이 경과된 경우 첫 번째 단계는 책임 고객과 함께 시간을 보내면서 원인을 이해하려고 한다. 그들이 문제를 다루고 있는 중이지만 다른 우선순위에 문제가 생겨 처리 지연이 발생하거나 해결책의 구현이 처음에 예상한 것보다 더 복잡하다면 감사 요점의 이관은 불필요하다. 대신 무한정 연장할 수는 없다는 기대치를 설정하면서 마감 기한의 연장을 고려해보자. 고객이 조치를 실행하지 않기로 선택했거나 고객이 조치를 취하는 데 필요한 자원이나 권한이 없기 때문에 문제해결을 위한 작업이 진행되지 않은 경우가 있다. 그런 경우에만 이관을 추진하게 해야 한다.

 참고 이관 절차는 상식에서 벗어난 기계적 프로세스가 아니라 내부통제를 개선하려는 감사부서의 목표 실현을 가능하게 하는 도구가 돼야 한다.

마지막으로 감사상의 문제점들을 다루고자 구현된 해법들을 놓고 감사인은 그 유효성에 대한 판단을 해야 한다. 새로운 통제기능들이 효과적으로 작동하고 있는

지를 확인하고자 해당 영역을 다시 테스트하는 경우 그 일에 비중을 어느 정도로 둬야 하는가? 모든 것을 다시 테스트하는 것이 좋겠지만, 아마도 자원 관점에서 비실용적이다. 경우에 따라 해법의 유효성을 검증하려고 해당 지역을 완전히 다시 감사해야 할 수도 있다. 통제가 실제로 구현됐는지를 검증하고자 '최선의 노력'을 수행하는 것이 현실적인 방안이 될 것이다. 예를 들어 해법이 시스템 설정^{system} setting을 수정하는 것이라면 감사인은 확실하게 설정을 검증할 수 있다. 해법이 재해복구계획을 수립하는 것이었다면 감사인은 계획서를 확실히 볼 수 있다. 그러나 때로는 실제로 그 효과성을 테스트하지 않으면서 감사인은 고객으로 하여금 구현된 프로세스나 시스템을 설명하거나 추적하게 하는 방식으로 실용적인 대답을 얻기도 한다. 이는 감사인의 판단과 상식이 요구되는 또 하나의 영역이다.

기준

각 회사가 자체의 감사절차를 개발해 운영하는 것과 마찬가지로, 감사전문직에도 기준이 있으며 감사인은 이를 준수해야 한다. 내부감사인협회^{IIA, Institute for Internal Auditors}의 웹 사이트(www.theiia.org)에서 내부감사전문직에 적용되는 국제기준을 찾아볼 수 있다. 이러한 기준들을 검토해 감사 프로세스에 포함시켜야 한다. 또한 같은 웹 사이트에서 감사전문직의 윤리강령을 찾을 수 있다. 이 윤리강령은 감사에 적용되는 무결성, 공정성, 기밀성, 역량의 요건을 다룬다.

요약

2장에서 다룬 내용은 다음과 같다.

- 간략히 요약하자면 내부통제는 회사 내의 제반 프로세스가 적절하게 작동되도록 보장하는 메커니즘이다. 통제 유형을 예방, 적발, 교정적인 것으

- 로, 통제의 구현을 관리적, 기술적, 물리적 형태로 세분할 수 있다.
- 위험이 큰 영역과 최상의 가치를 더할 수 있는 곳에 감사인의 역량이 집중될 수 있도록 감사계획을 수립해야 한다. 포괄적인 감사 모집단과 효과적인 순위 측정 모델은 이 목표를 달성하는 데 중요한 요소다.
- 감사의 주요 단계는 6가지로, 계획수립, 감사 현장업무의 실시와 문서화, 문제점의 발견과 타당성 검증, 해법의 개발, 보고서 초안 작성과 발행, 문제점의 추적이다.
- 각 감사계획 프로세스의 일부로 참조해야 하는 일부 기본 원천에는 감사 매니저로부터 넘겨받은 정보, 예비조사, 고객의 요청 사항, 표준 체크리스트, 탐색 활동이 포함된다.
- 현장업무의 실시와 문서 작성 중 가능할 때마다 감사인은 그들에게 제시된 정보와 통제환경의 효과성을 독립적으로 검증하는 방법을 찾아내야 한다.
- 감사기간 중 내내 감사인이 고객과 협력해 문제를 확인하고, 이러한 문제가 나타내는 위험에 대해 의견 일치를 본다면 매우 순조롭고 또한 신속하게 감사업무가 결론에 도달할 것이다.
- 감사 문제를 다루기 위한 실행계획 항목의 개발, 배정에 사용될 공통적인 접근법으로는 개선책 권고법, 경영진 대응법, 해결책 모색법 세 가지가 있다.
- 감사보고서의 핵심적 요소는 감사범위, 문제를 해결하기 위한 실천계획과 함께 문제점 목록, 감사실시 개요의 3가지다.
- 감사에서 제기된 문제가 해결될 때까지 감사가 실제로 완료되지 않는다.

1장과 2장에서는 2부로 넘어갈 수 있는 토대를 마련했다. 2부는 특정 프로세스와 기술을 감사하는 방법의 세부 정보를 제공한다.

2부

감사 기법

테스트 단계별 실행 지침

2부에 제시된 테스트 단계test steps를 읽을 때 독자가 명심해야 할 지침이 몇 가지 있다.

하나의 시스템과 환경

3장~5장을 제외하면 테스트 단계는 단일 시스템(예를 들어 서버, 데이터베이스, 애플리케이션)을 감사한다는 관점에서 기술한다. 감사의 일부로 여러 시스템을 감사하는 경우 이들 단계의 대부분을 각 시스템에 적용해야 한다. 그러나 일부 시스템의 단계와 달리 프로세스 검토(시스템의 구성에 대한 검토에 비해)와 관련된 단계는 시스템마다 반복하지 않고 전체 환경에 대해 한 번만 감사할 수 있을 것이다. 이는 동일한 프로세스가 환경 전체에 적용되고 있다는 가정하에 그렇다. 여러 시스템을 한 번에 감사하는 것은 감사인의 판단과 조정에 따라 결정된다.

판단력의 행사

환경과 시스템의 전반적인 보안 상태에 따라 각 단계별 실제 위험을 평가할 때 감사인은 올바른 판단을 해야 한다. 예를 들어 8장에서 '네트워크 보안과 통제' 절과 '계정관리' 절에서 언급된 통제들은 가장 중요하게 다뤄진다. 접근권한이 부여되지 않은 누군가가 시스템에 접근하지 못하게 하는 예방 성격의 통제이기 때문이다. '권한 허용 관리' 절에 언급된 것과 같은 통제들도 이미 시스템상에 있는 누군가가 자신이 하지 말아야 할 것들에 대한 접근이나 권한을 행사하지 못하게 하는 것을 다룬다. 내부 네트워크상에 시스템이 있지만 네트워크 서비스는 잠겨 있고 소수의 시스템 관리 요원에게만 허용되는 사용자 계정이 있는 경우 해당 절의 일부 단계에서 나타나는 위험은 미약하다. 예를 들어 시스템에 접근하는 유일한 사람이 파일 관리 담당자임이 확실하다면 이 경우 파일 사용 권한의 중요성은 낮다. 심층방어 전략의 일환으로 모든 것에 잠금장치를 하는 것이 좋을지 모르지만, 일부 소규모 통제에서는 강력하게 방어하지 않을 수도 있다.

한편 DMZ의 시스템은 일반적으로 가장 작은 구멍도 막아둔 상태에서 경계를 아주 강화하고 출입구를 완전히 잠그는 것이다. 중요한 데이터를 다루는 시스템은 사소한 목적으로 사용되는 시스템보다 더 강력한 방어 장치가 필요하다. 부적합한 사례가 있을 때마다 감사 문제를 제기하면서 감사인이 이 절의 감사단계를 깊은 생각 없이 일종의 체크리스트 정도로 사용해서는 안 된다는 것이 핵심이다.

스크립트 활용

2부에서는 출력을 생성하는 명령^{commands}에 대한 설명을 주로 한다. 커맨드라인에서 입력한 대로 표시되는 경우가 있고, 코드가 셸 스크립트^{shell script}에 나타나는 것처럼 표시되는 경우도 있다. 감사 스크립트를 작성하는 것이 매우 유리하고 효율적일 수 있다. 필요한 정보를 수집하도록 시스템 관리자에게 제공할 수 있기 때문이다. 이 스크립트는 일반적으로 높은 계정(예를 들어 유닉스와 리눅스의 경우 root)의 권한으로 실행해야 하며, 감사단계를 완료하는 데 필요한 정보를 나열하고 일부 경우 실제로 해당 정보를 평가할 수 있다.

감사 데이터의 보호

감사에서 생성된 데이터 중 계정 정보와 같은 민감한 항목들은 잘 보호되게 해야 한다. 전송 시 이메일용 GnuPG 등의 도구를 사용해 데이터를 암호화하는 것이 중요하다.

전사적 수준 통제

3장에서는 조직 전반에 영향을 미치는 전사적 수준 통제^{entity-level controls}의 감사방법을 설명한다. 다음과 같은 IT감사를 다룬다.

- 전략계획과 기술 로드맵
- 성과 지표와 측정
- 프로젝트 승인과 모니터링 프로세스
- 정책, 표준, 절차
- 직원 관리
- 자산관리와 용량 관리
- 시스템 구성 변경관리

배경지식

전사적 수준의 통제는 조직에 미치는 영향의 전반성^{pervasives} 때문에 감사인은 한 번 감사하고도 회사 전체의 주제를 다뤘다는 자신감을 느낄 수 있다. 3장에서는 조직 내의 중앙집중화된 영역을 알아본다. 3장에서 다루는 주제 중 중앙집중식이 아니거나 중앙에서 조정되지 않은 것이 있다면 회사 내의 전사적 수준 통제에 대한 전반적인 효과성에 의구심이 생길 수 있다. 이런 주제의 대부분은 IT조직을 대하는 '경영진의 태도와 의식'을 논의하고, IT 전반 환경의 지배구조^{governance}를 제시하는 것이다. 중앙집중식이 아니거나 표준화되지 않은 경우 전체 IT환경의 관리 능력에 대해 감사인은 의문을 제기해야 한다.

전사적 수준 통제에서 고려되지 않는 것은 무엇이며, 또한 전사적 수준 통제[1]란 무엇인가 하는 것은 일관되게 정의하기 어렵다. IT환경을 어떻게 정의하는가에 따라 전사적 수준 통제가 조직별로 상이하기 때문이다. 어떤 회사의 전사적 수준 프로세스인 영역은 다른 회사의 전사적 수준 프로세스와 동일할 필요는 없다. 그러나 실제로 그것을 둘러싼 의문은 없다(결국 모든 것은 중앙집중식이 돼 회사 전반으로 확산된다). 어떤 중요한 IT 프로세스가 중앙집중화돼 있다면 이는 전사적 수준 통제로 검토해야 한다.

예를 들어 5장에서는 데이터센터 감사, 물리적 보안, 환경관리, 시스템 모니터링 등과 같은 영역의 주제를 다룬다. 많은 회사의 경우 여러 개의 분산된 데이터센터가 있다. 이러한 회사의 통제기능은 중앙집중식이 아니다. 그러나 일부 회사에는 하나의 데이터센터와 이 영역의 업무 집행을 위한 하나의 프로세스가 있다. 그래서 물리적 보안, 환경관리, 시스템 모니터링은 중앙집중적이고 널리 퍼져 있기 때문에 전사적 수준 통제로 적합하다(그러나 이러한 영역은 5장에서 다루므로 3장에서는 언급하지 않는다). 감사인은 회사에 대한 올바른 지식과 판단을 이용해 전사적 수준의 통제가 무엇인지, 그리고 무엇이 전사적 수준의 통제가 아닌지를 결정해야 한다.

앞에서 언급한 바와 같이 3장에서 다루는 주제는 IT지배구조의 핵심원칙을 제공하기 때문에 중앙집중화돼야 한다. 이러한 영역에 중앙집중식 조정이 없는 경우 감사인은 유효성에 대해 서명하기 전에 깊이 검토해야 한다. 즉, 3장에서 다루는 영역은 전사적 수준의 통제 검토를 위한 최소한으로 간주돼야 한다. 회사의 환경

---

1. 전사적 수준 통제는 개별 업무 프로세스 수준의 내부통제 기반을 형성한다. 이는 업무 프로세스, 개별 거래, IT 응용통제 등에 영향을 미치고 경영진이 효과적인 내부통제를 유지, 감독할 수 있게 하는 체계적 수단을 제공한다. 감사인은 기업이 효과적인 내부통제제도를 갖추고 있는지 여부에 대한 감사인의 결론에 중요한 전사적 수준 통제를 식별하고 테스트해야 한다. 전사적 수준 통제에 대한 감사인의 평가는 감사인이 다른 통제에 대해 수행했을 수도 있는 테스트를 늘리거나 줄이는 결과를 발생 시킬 수 있다. 이러한 전사적 수준의 통제에는 다음이 포함된다. 1) 통제환경과 관련된 통제(최고 경영자의 의지와 철학, 권한과 책임의 위임, 일관성 있는 정책과 절차, 윤리강령, 부정 방지 프로그램 등), 2) 경영진의 권한남용 및 통제무시 위험과 관련한 통제, 3) 기업의 위험평가 프로세스, 4) 공유 서비스 환경을 포함한 중앙집중화된 프로세스와 통제, 5) 운영 결과를 모니터링하는 통제, 6) 내부감사기능, 지배 기구, 자체 평가 프로그램의 활동을 포함한 다른 통제를 모니터링하는 통제, 7) 보고 기간 말 재무보고 프로세스에 대한 통제, 8) 유의적인 사업 위험에 대처하는 프로그램과 통제 등 – 옮긴이

에 따라 다른 영역(예를 들어 데이터센터 운영)이 추가될 수 있다.

참고 강력한 IT 전사적 수준 통제는 회사 내 IT통제환경[2]의 기초를 형성하며, IT관리가 내부통제, 위험관리 및 지배구조에 대해 중요한 역할을 한다는 것을 의미한다. 최고 경영진의 의식, 태도 및 강력한 전반적 통제환경은 조직 전반에 영향을 미치는 경향이 있으며, 분산된 프로세스 및 기능에 강력한 통제력을 발휘한다. 반대로, 전사적 수준 통제가 취약한 경우 조직전반에 걸쳐서 통제기능이 약화될 가능성이 증가한다. 상위 경영진이 내부통제의 가치를 조직 내에서 공유하지 않는다면 하위계층 관리자의 성격과 가치관이 조직 내에서 내부통제의 중요성을 결정하는 유일한 요인이 되기 때문에 하위계층에서는 불협화음이 발생할 수 있다.

경영진이 내부통제, 위험관리와 지배구조가 가치 있고 보상받을 만한 것이라는 분위기를 조직 내에 조성, 전달하는 것이 중요하다. 이런 메시지가 없으면 회사 내의 부서들은 내부통제를 고려하지 않고 비용절감, 예산관리, 정해진 일정 맞추기에 집중할 가능성이 높다.

---

2. 오늘날 거의 모든 기업은 IT를 이용해 비즈니스 활동을 수행하고 있다. 데이터 입력과 각종 관리 보고서의 생성은 IT 의존적 활동의 예다. IT의 사용은 통제활동이 실행되는 방식에 영향을 준다. 감사인의 관점에서 IT 시스템에 대한 통제는 정보의 무결성과 시스템 처리 데이터의 보안을 유지하고, 효과적인 IT 일반통제(general IT-controls)와 응용통제(application controls)를 포함한 경우 효과적이다. IT 일반통제는 다수의 응용소프트웨어와 응용통제의 효과적인 작동을 지원하는 정책과 절차다. 이들은 메인프레임, 미니프레임과 사용자 환경에 적용된다. 정보의 무결성과 데이터의 보안을 유지하는 IT 일반통제는 공통적으로 다음 사항에 대한 통제를 포함한다. 1) 데이터센터와 네트워크 운용, 2) 시스템 소프트웨어의 취득, 변경, 유지, 3) 프로그램 변경, 4) 접근 보안, 5) 응용시스템의 취득, 개발, 유지. 응용통제는 전형적으로 수작업이나 자동화된 절차며 업무 프로세스 수준에서 운영된다. 특정한 활동이나 프로세스에 개별적으로 적용되는 통제를 말한다. 응용통제는 본질적으로 예방하거나 적발 기능을 수행할 수 있고, 회계 기록의 무결성이 확보되도록 설계된다. 따라서 응용통제는 거래나 기타 재무정보의 개시, 기록, 처리, 보고에 사용되는 절차들과 관계가 있다. 이러한 통제들은 발생된 거래가 승인되고, 완전하고 정확하게 기록되고, 처리되게 도와준다. 이러한 예로는 입력 데이터의 편집 검정과 예외 보고서의 수작업 후속 조치 실행이나 데이터 입력 시의 수정에 대한 일련번호 검정이 있다(최영곤, 『ISA 新 회계감사』, 13장 참고). – 옮긴이

전사적 수준 통제 감사를 위한 테스트 단계

1. 전체 IT조직 구조를 검토해 IT운영에 대한 권한과 책임이 명확하게 배분돼 있고, 적절한 업무분장이 마련돼 있는지를 확인한다.

IT조직 구조가 잘못 설정되면 책임 부분에서 혼란을 야기해 IT 지원 기능이 비효율적으로 운영된다. 예를 들어 중요한 기능이 무시되거나 중복적으로 수행될 수 있다. 또한 권한 라인이 명확하게 설정되지 않은 경우 최종 결정자가 누구인가를 놓고 이견이 발생할 수 있다. 마지막으로 IT업무가 적절하게 업무분장되지 않으면 부정행위로 이어지고 회사 정보와 프로세스의 무결성에도 영향을 줄 수 있다.

방법

IT조직에 '모두에 적합한 한 가지 크기의' 모델은 존재하지 않으며, 회사의 IT조직이 적절한지 확인하고자 체크리스트를 기계적으로 사용할 수도 없다. 그 대신 전체 조직을 보고 가장 중요한 요소를 적절하게 처리하는지 여부를 판단해야 한다. 이러한 점을 고려해 다음의 몇 가지 주요 사항을 알아본다.

IT조직도를 검토해 보고구조가 명확한지 확인한다. 조직도는 회사에서 다양한 IT조직들이 만나는 지점에 대한 표시가 있어야 한다. 예를 들어 대부분의 회사에서 모든 IT조직은 최종적으로 최고 정보책임자[CIO]에게 보고하는데, 이렇게 되면 전체 IT환경에 대한 규칙을 하나의 최고 기관에서 결정할 수 있다. 효과적인 IT지배구조와 방향 설정을 위해 일상적인 IT운영과 '매우 밀접한' 하나의 기관에 보고하게 하는 IT조직 구조를 마련해야 한다. IT조직이 여러 최고 정보책임자[CIO]에 보고하거나 최고경영자[CEO]와 같은 고위 경영진에게만 보고할 경우 추가 프로세스를 통해 회사 IT의 지배구조, 우선순위와 전반 정책의 수립을 위한 효과적인 보고방법의 개발이 필요하다. 그렇지 않으면 IT 내에 '별개의 지배 세력[fiefdoms]'이 존재해 실제 전사적 수준의 IT통제가 어렵게 된다.

IT조직도와 인허가증을 검토해 책임 영역이 명확하게 설명돼 있는지를 확인한다. 조직 간에 책임 구분이 분명한지 또는 혼동과 중복의 여지가 있는지도 평가한다. 문서화된 조직도와 인허가증을 검토하는 것 외에도 IT직원 및 고객의 일부와 인터뷰해 책임 분담에 대한 일관된 이해가 있는지 확인한다.

IT조직 내의 책임 분담을 평가해 업무가 적절히 분리[3]되게 한다. 또한 판단을 하는 데 있어 비판적인 사항도 고려해야 한다. 사소한 편의 기능(예를 들어 회사의 내부교육 훈련 시스템)을 지원하는 시스템보다 중요한 재무시스템에서의 업무분장이 더욱 중요하다.

 참고 업무분장에 관한 구체적인 내용은 회사마다 다르다. 그러나 일반적으로 데이터를 시작, 승인, 입력, 처리, 확인하는 책임을 분리해 한 사람이 부정한 거래를 생성, 승인하고 증거를 숨길 수 없게 하는 것이다. 즉, 한 사람이 중요한 프로세스를 파괴하지 못하게 하는 것이다.

---

3. 업무분장이나 직무분리는 거래의 승인, 거래의 기록, 자산의 보관 유지에 대한 책임을 각각 다른 사람들에게 부여하는 것이다. 업무분장은 어느 누구도 일상적인 업무수행 중 오류나 부정을 범하고 동시에 이를 은폐할 수 있는 위치에 있게 허용하는 기회를 감소시키기 위한 것이다. 임직원의 업무수행에 있어 잠재적인 이해 상충이나 실수 또는 부적절한 행위가 발생할 위험을 감소시키고자 업무는 적절히 분장돼야 하며, 그러한 위험이 높은 업무 분야를 파악해 지속적으로 모니터링해야 한다. 한편 수작업에서 분화됐던 여러 가지 양립 곤란한 기능(거래의 승인, 집행, 기록)들이 컴퓨터시스템에서는 전산부서로 집중되는 경향을 보인다. 이러한 기능들의 집중, 통합에 대처하기 위한 대안적 통제의 하나로 조직과 운영 통제가 있다. 이는 전산부서 내의 기능 분화, 전산부서와 사용자 부서 간의 기능 분화에 관련되며, 전산시스템에 대한 통제 책임의 배정, 분할을 다룬다. 조직과 운영 통제의 목적은 전산 시스템의 오류나 부정의 발생위험을 최소화하는 데 있다. 전산 시스템과 관련된 기능 분화를 위해서는 다음과 같은 조정이 필요하다. 1) 거래 부서와 이용자 부서 간의 기능 분리. 전산부서는 이용자 부서, 즉 입력 자료를 제공해주고 자동화된 기능에 의해 산출된 출력물을 이용하는 부서와 독립돼 있어야 하며, 또한 처리돼야 할 정보를 통제해야 하지만 예컨대 입력 오류와 같이 전산부서 내에서 발생한 오류가 아니면 어떤 오류도 수정해서는 안 된다. 2) 거래의 승인과 집행. 전산부서는 거래를 발생 시키거나 승인을 해서는 안 되며, 거래를 위한 원시 자료를 작성하거나 컴퓨터 시설 이외의 자산을 보관해서도 안 되고, 내부통제와 마스터 파일의 변경 권한을 가져서도 안 된다. 전산부서는 거래 자료를 처리해야 한다. 3) 전산부서 내의 기능 분리. 전산부서로 기능이 집중화됨으로 인해 전산부서 내에서 새로운 형태의 기능 분리가 요구된다. 기능 분리의 정도는 전산 조직의 규모에 따라 다르겠지만 일반적으로 시스템 분석가, 프로그래머, 오퍼레이터, 라이브러리언, 통제 그룹의 기능이 분리돼야 한다. 비즈니스의 IT에 대한 의존도가 점차 증대함에 따라 IT업무의 책임자인 CIO나 IT관리자의 역할이 중요시되고 있다(최영곤, 『ISA 新회계감사』, 13장 참고). – 옮긴이

다음은 업무분장과 관련해 고려할 수 있는 몇 가지 기본적인 일반 지침이다. 다시 말하지만 이는 기계적인 점검표로 사용되면 안 되며, 감사인은 잠재적 예외사항들을 조사할 때 보완통제[4]에 대한 검토를 해야 한다.

- IT 담당자는 데이터 입력 업무를 해서는 안 된다. 회사마다 IT조직의 구성이 다르므로 일부 데이터 입력 담당자는 회사에서 IT직원으로 분류될 수 있음을 유의해야 한다. 이 경우 시스템 지원을 실제로 수행하는 IT직원을 말한다.
- 프로그래머와 시스템에 대한 실행/유지보수 지원을 수행하는 프로그래머는 생산 코드, 생산 데이터, 작업일정계획 구조를 직접 수정할 수 없어야 한다. 업무분장과 관련한 문제임이 명백할 때 감사인은 그것이 실제 문제인지를 판단하기 전에 보완통제를 찾아야 한다. 엄격한 책임 및 변경관리와 관련한 보완통제가 있다면 생산 데이터와 코드에 대한 접근은 큰 위험이 되지 않을 수 있다.
- 프로그래머와 시스템에 대한 실행/유지 지원을 수행하는 프로그래머는 IT운영 지원(예를 들어 네트워크, 데이터센터, 운영체제 등)을 수행하는 프로그래머와 분리돼야 한다.
- 정보보안 조직은 정책을 설정하고 해당 정책의 준수 여부를 모니터링해야 한다. 이 정보보안 조직은 정보보안과 관련된 업무 이외의 운영 책임을 맡지 않아야 한다.

---

4. 보완통제(compensating controls)는 본래의 통제에서 미비점이 발견됐다 하더라도 미비점에서 발생될 수 있는 유의한 재무제표 왜곡 표시 등의 위험을 경감시켜줄 수 있는 통제다. 즉, 효과적인 보완통제의 존재가 재무제표 왜곡 표시 등의 위험을 경감시켜주기 때문에 발견된 미비점이 유의한 미비점인지 또는 중요한 취약점인지를 결정할 때 보완통제를 고려하는 것이다. 보완통제가 재무제표 왜곡 표시 등의 위험을 경감시킨다고 결론지으려면 해당 보완통제의 설계와 운영의 효과성 평가를 통해 효과성을 입증해야 한다. 특정 미비점이 효과적인 보완통제의 존재로 인해 유의한 미비점이나 중요한 취약점으로 분류되지 않았다고 하더라도 다른 미비점과 종합적으로 고려해 유의한 미비점이나 중요한 취약점에 해당하는지 여부를 판단해야 한다. - 옮긴이

2. IT 전략계획 프로세스를 검토하고 비즈니스 전략과 일치하는지 확인한다. 전략계획에 대한 진행 상황을 모니터링하기 위한 IT조직의 프로세스를 평가한다.

IT조직은 일상적인 문제와 위기에 수동적으로 반응해서는 안 된다. 장기적인 효과성을 확보하고자 이 조직은 IT 전략계획이 지향해야 할 방향성에 대한 일종의 전략을 갖고 있어야 한다. IT조직은 다가올 비즈니스 요구사항과 환경의 변화를 인식해 그에 따라 계획하고 대응할 수 있어야 한다. IT 우선순위는 비즈니스 우선순위와 일치해야 한다. 많은 IT조직의 경우 회사가 비즈니스 목표를 달성할 수 있게 지원하는 것이 IT조직의 유일한 존재 이유라는 사실을 인식하지 못한다. 대신에 이러한 IT조직은 이 목표가 전체 회사 목표를 직접적으로 지원하지 않는 경우에도 '세계적 수준의 IT 상점'이 되는 데 중점을 둔다. IT조직의 목표를 회사의 목표와 연결하는 것이 중요하다.

방법

IT조직 내에 전략계획 프로세스가 있는지 증거를 찾아본다. IT 전략과 우선순위를 정할 때 회사 전략과 우선순위가 어떻게 적용됐는지 확인한다. 문서화된 단기 및 장기 IT 우선순위를 검토한다. 해당 우선순위에 대한 진행 상황을 주기적으로 모니터링하고 우선순위를 재평가해 업데이트한다.

3. 기술, 애플리케이션 전략과 로드맵이 존재하는지 확인하고 장기적인 기술 계획 프로세스를 평가한다.

IT환경은 빠르게 변화하고 있다. IT조직은 변화를 파악하고 대응계획을 마련하는 것이 중요하다. 그렇지 않으면 회사의 IT환경은 시대에 뒤떨어지거나 기술을 완전히 활용하지 않아 회사에 이익을 주지 못하게 될 위험에 처할 수 있다.

방법

장기적인 기술 계획이 실행되고 있는지 증거를 찾아본다. 구매한 애플리케이션과 기술의 경우 IT조직이 해당 제품에 대한 공급업체의 지원 로드맵을 이해하는지 확인한다. IT조직은 제품 버전의 지원 중단 시기를 알아보고, 제품 업그레이드나 교체 계획을 수립해야 한다. 관련 기술의 변경사항을 모니터링할 프로세스가 있는지 확인하고, 이러한 변경사항이 회사에 미치는 영향을 고려해 유용한 새로운 기술을 사용할 기회를 찾아야 한다.

4. IT조직의 성과 지표와 측정을 검토한다. 일상적인 활동의 성과를 측정하고 서비스 수준 약정, 예산, 기타 운영 요구사항에 대한 성과를 측정, 추적하기 위한 프로세스와 측정기준이 마련돼 있고 주요 이해관계자가 승인했는지 확인한다.

IT조직은 비즈니스와 일상적인 운영을 지원하고자 존재한다. 최소한의 성과 지표 기준을 설정하고 측정하지 않으면 IT조직의 서비스가 수용 가능한 수준에서 수행되고 있는지 판단하기가 어렵게 된다.

방법

IT조직의 일상 활동(예를 들어 시스템 가동 시간과 응답 시간)에서 확보할 수 있는 모든 측정 항목을 입수한다. 해당 측정 항목의 목표를 결정하고 해당 이해관계자가 해당 목표를 승인했는지 확인한다. 실적이 목표보다 상당히 미진한 경우 문제를 파악하고자 기본적인 원인을 분석했는지 여부와 문제해결 계획이 있는지 확인한다.

IT조직의 주요 이해관계자를 지원하고자 수립된 SLA(서비스 수준 약정)를 검토한다. SLA 요구사항에 대한 실적을 측정하고 편차를 수정하기 위한 프로세스가 마련돼 있는지 확인한다. 예산 수립과 예산 달성을 위한 IT조직의 책임성 확보를 위한 프로세스가 마련돼 있는지 확인한다. 현재와 과거의 IT 예산 자료와 '예산 대 실적' 분석 자료를 입수한다. 유의적인 차이에 대한 보고서 작성과 해결방법을 확인한다.

5. 신 프로젝트들에 대한 우선순위 지정과 승인을 위한 IT조직의 프로세스를 검토한다. 이 프로세스가 시스템의 취득과 개발 프로젝트들이 승인 없이 개시될 수 없게 하는 데 적합한지를 결정한다. 경영진과 주요 이해관계자들이 중요한 프로젝트 기간 동안 정기적으로 프로젝트 상태, 일정과 예산을 검토하는지 확인한다.

신 IT프로젝트들에 대한 우선순위 지정과 승인을 위한 체계적인 프로세스가 없다면 IT자원이 효율적으로 배치되지 않을 수 있다. 오히려 다음에 나타날 잠재적인 프로젝트에 대해 자원이 임시로 할당될 수도 있을 것이다. 또한 사업상의 요구를 충족하지 못하거나 해당 자원을 배치할 수 있는 다른 잠재적인 프로젝트만큼 중요하지 않은 IT프로젝트들이 시작될 수도 있다. 경영진과 주요 이해관계자들이 정기적으로 프로젝트 진행 상황을 검토하는 구조화된 프로세스가 없으면 프로젝트가 제대로 진행되지 않고 주요 목표와 이정표를 달성하지 못할 가능성이 높다.

방법

프로젝트 제안과 승인 프로세스에 관련된 문서를 입수, 검토한다. 승인 없이 프로젝트를 시작할 수 있는 잠재적 결함에 대한 프로세스를 평가한다. 제안된 프로젝트가 승인 전에 우선순위가 부여됐으며, 이 승인 프로세스 내에 일부 규율과 공통성이 존재한다는 증거를 찾는다. 활동 중인 IT 프로젝트 샘플을 선택하고 해당 프로젝트가 적절한 제안, 우선순위 지정, 승인 프로세스를 거쳤다는 증거를 입수한다. 경영진과 주요 이해관계자가 정기적으로 활성화된 IT 프로젝트의 상태, 일정, 예산을 검토하고 있다는 증거를 입수한다. 프로젝트 승인 프로세스는 프로젝트 시작 전에 철저한 비용 분석을 요구해 경영진이 프로젝트에 대한 예상 ROI(투자 수익률) 정보에 근거한 결정을 내릴 수 있게 해야 한다. 이러한 비용 분석에서는 프로젝트 시작 비용뿐만 아니라 소프트웨어 유지보수, 하드웨어 유지보수, 지원(작업) 비용, 시스템 하드웨어의 전원, 냉각 요구사항 등과 같은 지속적인 비용도 고려해야 한다. 이 요소는 종종 잘못 생략돼 잘못된 결정을 초래한다. 시작 비용은 새로운 시스템 구현에 소요되는 총진행 비용의 일부에 불과하다. 초기 프로젝트 분석의 일환으로 다년간의(5년이 종종 좋은 목표임) 총비용 모델을 개발해야 한다.

6. IT 프로젝트의 실행을 관리하고 IT조직이 개발하거나 취득한 제품의 품질을 보장하기 위한 표준을 평가한다. 이러한 표준이 어떻게 전달되고 시행되는지 결정한다.

IT환경에서 표준이 확립돼 있지 않으면 프로젝트가 예상치 못한 방식으로 실행되고 개발하거나 구매한 제품에서 품질 문제가 발생할 수 있고, IT환경이 불필요하게 잡다해지기도 한다(지원 비용 증가와 잠재적인 인터페이스 증가 등의 문제).

방법

다음과 같은 분야에 문서화된 표준이 존재하는지 확인한다. 문서화된 표준이 존재한다면 해당 표준을 검토하고 적절한지 확인한다.

- **프로젝트 관리:** 프로젝트 관리 표준 내에 있어야 하는 주요 요소에 대한 지침은 17장을 참고하나.
- **소프트웨어 개발:** 코드개발을 위한 표준이 있어야 하며, 명명 표준, 개정 이력, 주석, 기타 프로그램 호출 표준이 있어야 한다. 이러한 표준이 없으면 한 사람이 다른 사람의 코드를 지원하고 문제를 해결하는 데 필요한 시간과 노력이 크게 증가한다. IT조직의 규모에 따라 수용 가능 범위 내에서 프로그래밍 표준들이 어느 정도 분산될 수 있을 것이다. 그러나 중요한 각 개발 조직에는 일련의 표준이 있어야 한다. 이 표준 내에 존재해야 하는 핵심 요소에 관한 지침은 17장을 참고한다.
- **시스템 구성:** 여기에는 노트북, 데스크톱, 서버, 일반사용자 소프트웨어 패키지에 대한 표준 구성이 포함된다. 공통 구성은 시스템을 지원하고 적절한 보안 설정을 해야 한다.
- **하드웨어와 소프트웨어:** 회사에서 사용하도록 승인, 지원되는 하드웨어와

소프트웨어 관리를 위한 표준이 있어야 한다. 지원되는 특정 버전이 있어야 한다. 그렇지 않으면 IT환경은 유사한 기능을 수행하는 여러 제품으로 구성돼 IT 지원 비용을 높이고 다양한 제품이 서로 인터페이스하는 능력에 문제를 일으킬 수 있다.

- **품질보증**: 표준 개발 프로세스에 보안 위험과 내부통제 요건을 평가하는 표준이 있어야 한다.

이러한 표준이 모든 관련 IT직원에게 전달된다는 증거를 찾아보고, 이러한 표준이 적용되는 방식을 결정한다.

 참고 표준의 준수 여부를 확인할 수 있는 증거를 수집하고자 최근에 진행 중인 IT 프로젝트 샘플을 검토한다. 구성, 하드웨어, 소프트웨어 표준과의 차이가 있는지 시스템 샘플을 검토한다.

7. IT조직에 적합한 위험평가절차를 검토하고 평가한다.

이러한 절차가 없으면 IT조직은 목표달성에 따른 위험을 인식하지 못하므로 해당 위험을 수용할 것인지, 혹은 완화할 것인지에 대한 의식적인 결정을 내릴 수 없게 된다.

방법

이 단계와 이 장에서 언급한 다른 단계 사이에 일부 중복이 있다. 그중 많은 단계는 IT조직이 자체 위험을 평가하는 방식을 결정하도록 설계돼 있다. 이 단계를 명시적으로 수행하지 않고도 적절하게 다룬 것으로 간주할 수 있다. 그러나 IT조직이 IT환경에 대한 위험을 주기적으로 고려하고 이러한 위험을 수용, 완화, 회피할 것인지에 대한 의식적인 결정을 내린다는 증거를 찾아야 한다. 위험평가 메커니즘에는 다음이 포함될 수 있다.

- 내부감사와 자체 평가를 포함한 IT환경의 내부통제 모니터링
- 중요한 데이터센터와 시스템에 대한 공식적인 위협과 위험평가의 수행
- 전략적 IT계획과 기술 로드맵을 정기적으로 검토하고 해당 계획 달성에 대한 위험의 평가
- 정보보안정책과 기타 관련 IT정책준수 모니터링

8. 회사의 IT직원이 업무수행에 필요한 기술, 지식을 갖추게 하는 프로세스를 검토, 평가한다.

IT조직의 직원이 직무를 수행할 자격이 없으면 IT 서비스 품질이 떨어진다. IT직원의 지식과 기술을 유지하고 향상시키기 위한 메커니즘이 없으면 지식이 구식이 돼 쓸모없게 될 수 있다.

방법

IT직원과 관련된 인사(HR) 정책과 프로세스를 검토한다. 자격을 갖춘 인력을 고용하고 직원의 기술과 지식을 지속적으로 향상시킬 수 있는 메커니즘을 찾아본다. 이러한 정책과 프로세스가 준수됐다는 증거를 검토한다. 다음은 이와 관련한 몇 가지 예다.

- 모든 IT직책에 직무기술서[5]가 존재하고 직무기술서에는 각 직무에 필요한 지식, 기술이 구체적으로 명시돼 있는지 확인한다. 채용 프로세스 중에 이러한 직무기술서가 참조됐다는 증거를 검토한다. 직무기술서를 최신 상태로 유지하기 위한 절차를 검토한다.

---

5. 직무기술서는 각 업무 프로세스에서 수행되는 업무의 내용을 설명 형식으로 기술한 문서로, 업무의 출발점, 수행되는 업무처리 절차와 통제의 내용, 관련 서류 등을 명확하게 나타낸다. 업무 흐름이 단순해 설명 형식으로 기술하기에 용이할 때 이용할 수 있는 방법이다. 직무기술서는 업무 프로세스에서 수행되는 업무, 통제, 관련 문서 등을 시간의 흐름에 따라 순차적으로 표현할 수 있는 장점이 있다. 반면 기술된 통제의 내용을 관련 통제목표나 경영자 주장과 재무제표 계정 과목 등과 연계시키기가 어려운 단점이 있다. – 옮긴이

- IT조직의 교육훈련 정책을 검토하고 직원들이 기술과 지식을 향상시키고 업데이트하고자 교육훈련 과정과 세미나에 참석할 수 있는 기회를 제공하는지 확인한다. IT직원이 개별 교육훈련 계획을 갖고 있다는 증거나 지난해 교육훈련을 받았다는 증거를 찾아본다.
- 성과검토 절차를 검토한다. IT직원이 성과에 대한 정기적인 피드백을 받고 있다는 증거를 찾아본다. 성과가 개선되지 않는 경우 성과가 좋지 않은 직원을 식별, 코치하고 조직 외부로 이동시키는 절차가 있는지 확인한다. 반대로, 최고 성과자를 발굴해 보상하고, 인센티브를 제공해 회사에 남아 있게 하기 위한 절차가 존재하는지 확인한다.

9. IT에 영향을 미치는 관련 법률과 규정을 준수하고 규제환경의 변화에 대한 인식을 유지하기 위한 효과적인 프로세스가 존재하는지 확인한다.

회사가 관련 법률과 규정(예를 들어 병원 진료기록정보 보호법^{HIPPA}, 사베인스-옥슬리법$^{Sarbanes- Oxley}$)을 위반한 경우 엄격한 처벌, 벌금, 명예훼손, 소송, 회사 영업 중단 등의 위험에 직면할 수 있다. 규제환경을 모니터링하기 위한 강력한 절차가 회사에 확립되지 않은 경우 회사는 새로운 법률과 규정을 인식하지 못해 미준수 상태에 처할 수 있다.

방법

규제환경과 IT에 미치는 영향을 모니터링하는 하나의 사람이나 조직이 있는지 확인한다. 개인이나 조직은 회사의 IT환경에 적용되는 법률과 규정을 식별하고, 해당 규칙을 준수하는 책임이 해당 조직에 명시적으로 할당됐는지 확인하며, 회사에 영향을 미칠 추가와 변경에 대한 규정 환경을 모니터링해야 한다. 한 사람이나 조직이 이에 대해(또는 각각 특정 규제 도메인을 포함하는 소수의 사람들에 대해) 책임을 지지 않는 경우에는 전체 범위에 대한 보장 없이 임시로 수행될 수 있을 것이다. 규제환경을 모니터링하는 데 사용되는 절차를 검토하고 효과를 평가한다. 식별된 IT

에 적용할 수 있는 규정 목록을 확보하고 해당 규정 준수에 대한 책임이 할당돼 모니터링되고 있다는 증거를 찾아본다. 회사에 적용할 수 있는 법률과 규정에 대한 자세한 내용은 20장을 참고한다.

10. IT환경의 최종 사용자가 문제를 신고하고 IT환경 결정에 적절히 참여하며, IT환경에서 제공하는 서비스에 만족할 수 있게 하는 절차를 검토하고 평가한다.

IT환경은 회사 직원이 업무를 수행할 수 있게 지원하기 때문에 직원이 받는 서비스 품질에 대한 의견을 제시할 수 있는 절차가 있어야 한다. 그렇지 않으면 IT조직이 사용자와 어울리지 않은 관계가 돼 사용자의 의견을 알지 못할 수 있다.

방법

최종 사용자가 문제점을 신고할 수 있는 헬프 데스크 기능이 있는지 확인한다. 문제를 포착하고 문제가 해결될 수 있게 하는 절차를 검토하고 평가한다. 최근의 문제 카드 목록을 확보하고 샘플을 선택해 모든 문제 카드가 해결됐고 문제 카드를 입력한 사용자의 동의 없이 문제에 대한 결론을 내리지는 않았는지 확인한다.

문제 처리를 종료한 후 최종 사용자 피드백을 얻기 위한 절차가 있는지 확인한다. 사용자 만족도 측정기준이 존재하고, 최종 사용자 피드백에 따라 사후관리가 이뤄지는지 증거를 찾아본다.

헬프 데스크가 보안을 포기해가며 고객 만족을 추구하지 않게 하고자 패스워드 재설정과 시스템 접근권한을 얻기 위한 사용자 요청에 응답하기에 앞서 적절한 승인을 얻게 하는 정책과 절차를 검토한다. 이러한 종류의 문제 카드 샘플을 검토해 적절한 절차를 준수하고 승인을 얻었는지 확인한다.

IT 프로젝트의 입력, 우선순위, 개선작업을 제안하는 고객 지원팀이 있는지 확인한다. 중요한 비즈니스 영역의 경우 IT조직에 영향을 미치는 프로젝트와 결정에 대한 지침을 제공하고자 주요 이해관계자를 식별해야 한다. 그렇지 않으면 IT조직은 진공 상태에서 의사결정을 내릴 것이며, 비즈니스에 가장 큰 가치를 제공하지 않는 프로젝트나 개선작업을 수행할 것이다.

IT의 주요 이해관계자를 지원하고자 설정된 SLA를 검토한다. SLA 요구사항에 대한 실적을 측정하고 편차를 수정하기 위한 절차가 마련돼 있는지 확인한다.

11. 타사의 서비스 관리 절차를 검토, 평가한다. 그 역할과 책임을 명확하게 정의하고 성능을 모니터링하는지 확인한다.

많은 회사가 PC 지원, 웹 서버 호스팅, 시스템 지원, 프로그래밍 등과 같은 영역을 포함해 IT 지원 프로세스의 일부나 전부를 아웃소싱한다. 이러한 공급업체(용역 대행업체)를 적절하게 관리하지 않으면 IT환경에서 서비스 품질이 저하될 수 있다. IT환경의 어느 부분이 아웃소싱됐는지에 따라 이러한 문제는 회사 운영에 큰 영향을 줄 수 있다.

방법

공급업체를 선정하는 절차를 검토한다. 다수의 경쟁 입찰을 요구하고 사전 정의된 기준과 각 공급업체의 비교, 계약 협상을 돕기 위한 지식이 풍부한 조달 직원의 참여, 공급업체의 기술 지원 역량의 평가 및 회사와 유사한 규모 및 산업의 기업을 지원하는 경험을 요구하는 절차여야 한다. 철저한 비용 분석 수행, 각 공급업체의 자격, 재무 건전성 조사, 최근에 공급업체로 선택된 표본의 경우 정해진 절차를 따랐다는 증거를 검토해야 한다. 타사 서비스 제공업체와의 계약은 공급업체의 역할과 책임을 구체적으로 정의하고 정의된 SLA를 포함해야 한다. 계약 샘플을 검토해 기대치가 구체적으로 정의됐다는 증거를 확인한다.

공급업체가 회사 정보를 공개하지 못하도록 계약에 비공개nondisclosure 조항이 포함돼 있는지 확인한다. 또한 회사에 중요한 공급업체 활동을 감시할 수 있는 감사대상 조항right-to-audit clauses이 계약에 포함돼 있는지 확인한다. 계약 샘플을 검토해 이런 조항들이 들어있다는 증거를 검토한다. 기존 타사 서비스 제공업체의 능력을 모니터링하고 감독하는 절차를 검토한다. 기존 공급업체의 표본은 SLA 준수 여부를 모니터링하고 계약에 정의된 책임을 수행하고 있다는 증거를 찾아본다. 공급업체에 위탁된 업무^{outsourced operation}에 관한 세부감사 내용은 16장을 참고한다.

12. 직원이 아니 사람에 의한 논리적 접근을 방지하기 위한 절차를 검토하고 평가한다.

대부분의 회사는 내부 인력을 보충하고자 일정 수준의 아웃소싱과 계약 인력을 사용한다. 또한 일부 회사에서는 타사 공급업체가 문제해결과 지원 목적으로 구매한 시스템에 어느 정도의 논리적 접근을 허용한다. 이러한 직원은 회사의 직원이 아니기 때문에 회사의 성공이나 회사 정책과 문화에 대한 인식에 개인적 노력을 할 가능성이 적다. 회사 정보자산에 대한 접근 활동이 규제받지 않고 해당 접근 사용에 대한 예상들이 미리 알려지지 않으면 회사 정보자산이 불필요하게 노출되거나 오용될 가능성이 높아진다.

방법

직원이 아닌 사람이 회사 시스템에 논리적으로 접근하려면 사전에 내부직원의 승인과 후원을 받도록 규정한 정책이 있는지 확인한다. 가능하다면 직원이 아닌 사람 계정의 샘플을 입수해 적절한 승인과 지원을 받았는지 확인한다.

시스템 접근권한을 부여하기 전에 회사 정책(IT보안정책 포함)을 직원이 아닌 사람에게 알리는 절차를 검토하고 평가한다. 이러한 커뮤니케이션이 있었다는 증거를 찾아본다. 예를 들어 직원이 아닌 사람 모두가 정책을 읽고 동의했다는 진술에 서명해야 하는 경우 직원이 아닌 사람의 샘플을 추출해 약정의 사본을 입수한다.

직원이 아닌 사람이 회사와의 작업을 중단했거나 더 이상 접근이 필요하지 않을 때 논리적 접근을 제거하기 위한 절차를 검토하고 평가한다. 현재 직원이 아닌 사람의 계정 샘플을 입수하고 그 사람이 여전히 회사와 협력하고 있으며 현재의 접근 수준이 필요한지 확인한다.

직원이 아닌 사람이 비공개 약정NDA에 서명했는지 확인한다. 회사 데이터를 부적절하게 사용하지 못하게 하고 합법적으로 회사를 보호하기 위해서다. 직원이 아닌 사람의 계정 샘플을 입수해 비공개 약정NDA 사본을 입수한다.

지속적으로 고려해야 할 사항은 직원이 아닌 사람의 접근이 불허되는 데이터의 식별과 직원이 아닌 사람이 수행해서는 안 되는 활동의 식별이다. 예를 들어 회사는 특정 수준의 재무 데이터에 대한 접근권한을 직원이 아닌 사람에게 부여해서는 안 된다고 결정할 수 있다. 또는 직원이 아닌 사람에게 시스템 관리 업무를 부여해서는 안 된다고 결정할 수 있다. 결론은 회사의 업종과 철학에 달려 있다. 그러나 평가절차가 수행돼야 하며 해당 평가 결과는 회사 정책에 문서화되고 시행돼야 한다. 이 평가는 4장에서 설명하는 데이터 분류 노력의 일부여야 하며, 직원이 아닌 사람에 대한 논리적 접근 제한을 추구해야 한다.

13. 회사가 해당 소프트웨어 라이선스를 준수하는지 확인하기 위한 절차를 검토, 평가한다.

불법적으로 소프트웨어를 사용하면 처벌, 벌금, 소송이 발생할 수 있다. 회사 직원이 인터넷에서 소프트웨어를 다운로드하는 것이 점점 쉬워지고 있다. 회사가 그러한 활동을 방지하거나 추적하는 절차를 개발하지 않은 경우(구매한 소프트웨어에 대한 회사 라이선스 사용 추적도 포함) 회사가 공급업체 소프트웨어를 정당하게 사용하고 있다는 설명할 수 없게 돼 소프트웨어 공급업체로부터 조사를 받게 될 수도 있다.

방법

회사에서 기업용 소프트웨어 라이선스 목록(예를 들어 마이크로소프트 오피스, ERP 애플리케이션 계정 등)을 유지하고 해당 라이선스 사용을 모니터링하고 계약 조건을 준수하는 절차를 개발했다는 증거를 찾아본다. 분산형(비기업용) 라이선스를 모니터 링하고 추적하는 방법을 결정한다. 여기에는 직원이 구매하고 회사 컴퓨터에 설 치한 소프트웨어와 인터넷에서 다운로드한 소프트웨어가 포함된다. 회사에서 사 용할 권리가 있는 소프트웨어(구매 라이선스)와 당해 환경에서 사용 중인 소프트웨 어(사용 라이선스)에 대한 정보가 포함된 두 가지를 비교할 수 있는 중앙 데이터베이 스가 있어야만 진정하고도 포괄적인 소프트웨어 자산관리라고 말할 수 있다. 컴 퓨터 표본에서 직접 스캔을 수행하거나 회사 프로세스에서 나온 증거를 검토해 회사에서 사용된 방법의 효과성을 테스트한다.

14. 회사 네트워크에 대한 원격접근통제(예를 들어 VPN과 전용 외부연결)를 검토, 평가한다.

네트워크에 대한 원격접근을 허용하면 기본적으로 방화벽과 같은 일반적인 경계 통제를 무시하고, 네트워크가 정상 범위를 넘어 확장된다. 이 접근과 관련된 강력 한 통제기능이 없으면 네트워크에 대한 부적절한 접근과 네트워크 손상이 발생할 수 있다.

방법

원격접근에는 강력한 인증(예를 들어 다단계 인증)이 필요하며, 이러한 자격증명 credentials이 안전한(예를 들어 암호화된) 통신 채널을 통해 전송되는지 확인한다. ID와 패스워드만 필요한 원격 인증 체계에 의문을 제기해보자. ID와 패스워드는 손상될 수 있다. 그래서 이것만으로 사용자의 신원을 확인하기에는 불충분하다. 인증을 위 해 최소한 패스워드와 물리적 또는 가상 토큰token과 같은 두 가지 요소를 필요로 하 는 다단계 인증을 통하면 손상된 패스워드에 의해 노출될 위험은 감소될 것이다.

특히 직원이 아닌 경우 원격접근권한부여를 위한 승인 절차가 있는지 확인한다. 원격접근권한이 있는 사용자 샘플을 가져와 승인의 증거를 찾아본다. 직원이 회사를 떠날 때 원격접근 계정을 제거하는 절차도 평가한다. 원격접근권한이 있는 사용자 샘플을 가져와 여전히 활동 중인 직원인지 확인한다.

더 이상 필요하지 않은 경우 비즈니스 파트너에 대한 전용 외부연결이 제거되게 하는 통제기능을 평가한다. 적절한 IT조직(예를 들어 네트워크 팀)과 협력해 현재의 연결 샘플을 가져오고 인터뷰와 문서 검토를 통해 연결이 합법적으로 필요한지 여부를 결정한다.

네트워크에 무단으로 연결할 수 없게 하거나 또는 무단 연결된 경우에 이를 감지하기 위한 통제를 평가한다. 승인되지 않은 연결이 네트워크에 접속되지 않게 하거나 연결을 감지할 수 있는 통제기능을 평가한다.

네트워크에 원격으로 접근하는 모든 시스템이 충족해야 하는 최소 보안요건이 있는지 확인한다. 여기에는 운영체제의 패치^{patch} 수준과 멀웨어(악성소프트웨어) 방지^{anti-malware} 요건이 포함돼야 한다. 이러한 요건을 시행하는 예방통제나 적발통제를 찾아본다.

네트워크에 원격으로 접근 중인 기기에게 이중 홈^{dual-homed}이 되도록 허용하면 네트워크로 연결되는 가교 역할을 부여하게 된다. 따라서 이것이 허용되지 않는지 확인한다. 가능하면 기술적으로 그리고 명시적인 약정으로 네트워크 연결을 해야 한다.

15. 채용과 해지 절차가 명확하고 포괄적인지 확인한다.

현지 법률이 허용하는 경우 채용 절차에 따라 직원들은 조직 내에서 업무를 시작하기 전에 약물 검사와 신원 확인을 받아야 한다. 해고 절차는 불만이 있는 직원으로부터 회사가 피해를 입을 가능성을 방지하고자 사전에 회사 시스템과 시설에 대한 접근 차단과 회사 재산의 반환 조치를 취하게 한다. 부적절한 채용이나 해고 절차로 인해 정보보안침해로 이어질 수 있는 권한의 남용이나 태업의 위험에 회사가 노출될 수 있다.

방법

직원 채용과 해고에 대한 HR 정책과 절차를 검토한다. 채용 절차에 배경 점검, 약물 검사, 기밀유지 약정이 포함돼 있는지 확인한다. 해고 절차에는 물리적 및 논리적 접근 해지, 회사 소유 장비의 반환과 적절한 경우 종전 직원이 자신의 소지품을 정리하는 동안의 감독이 포함돼야 한다.

16. 하드웨어 구매와 이동을 관리하기 위한 정책과 절차를 검토하고 평가한다.

자산관리는 자산의 원활한 회계 처리를 위해 조직 자산을 통제, 추적, 보고하는 일이다. 효과적인 자산관리가 없으면 설명되지 않은 상황에서 이용가능한 장비의 중복 구입으로 장비 비용이 증가할 수 있다. 또한 임대 장비가 적시에 추적되고 제시간에 반환되지 않으면 회사는 불필요한 임대비용을 부담하게 된다. 마찬가지로 적절한 자산관리가 없으면 수명이 다한 장비의 상태가 표시되지 않아 하드웨어 고장 위험이 높아질 수 있다. 또한 추적되지 않은 장비의 도난 사실이 드러나지 않을 수 있다. 이 단계와 관련해 언급되는 자산은 데스크톱, 노트북, 서버 등과 같은 컴퓨터 하드웨어다.

방법

회사의 자산관리 정책과 절차를 검토, 평가해 다음 사항을 포함하는지 확인한다.

- **자산 조달 절차:** 하드웨어를 구매하기 전에 이 절차에 적절한 승인이 필요한지 확인한다.
- **자산 추적:** 회사에서 자산 태그[tags]를 사용하고 자산관리 데이터베이스가 있는지 확인한다.
- **모든 장비의 현재 재고:** 장비의 보증 상태, 리스 만료, 전체 수명주기(즉, 더 이상 공급업체 지원을 받을 수 없는 경우)에 대한 정보와 함께 모든 하드웨어의 자산 번호와 위치가 재고자산에 포함돼 있는지 확인한다. 이 재고자산을 최신 상태

로 유지하기 위한 효과적인 메커니즘이 마련돼 있는지 확인한다. 자산 태그 표본도 눈으로 보면서 검사해 재고자산과 일치한지 확인해야 한다.

- **자산 이동과 폐기 절차:** 사용하지 않은 장비는 안전하게 보관한다. 또한 장비를 폐기하기 전에 장비에서 데이터가 올바르게 삭제됐는지 확인한다.

17. 불필요한 시스템 중단을 피하고자 변경관리로 시스템 구성을 통제하는지 확인한다.

구성 변경^{configuration change} 관리는 시스템 중단의 위험을 줄이고자 시스템 변경을 통제, 추적하는 것을 말한다. 여기에는 환경 변경 위험을 줄일 목적으로 시스템 변경에 관한 계획수립, 일정계획, 적용, 추적하는 일이 포함된다.

방법

변경 활동은 하드웨어와 소프트웨어(운영체제 수준 변경 포함)의 두 영역에 영향을 줄 수 있다. 구성 관리 절차에 다음 프로세스가 포함돼 있는지 확인한다.

- 변경 요청(최종 사용자가 변경을 요청하는 프로세스 포함)
- 변경해야 할 사항의 구체적 결정
- 제안된 변경 우선순위 지정과 승인
- 승인된 변경 일정 예약
- 구현 전 변경사항의 테스트와 승인
- 구현하기 전에 계획된 변경 내용의 전달
- 변경 구현
- 구현 후 예상대로 작동하지 않는 변경사항의 롤백(제거)

또한 변경통제 문서를 검토해 변경이 완전히 문서화되고 승인, 추적되는지 확인한다. 승인에는 위험평가가 포함돼야 하며 일반적으로 이해관계자로 구성된 위원회가 승인한다. IT관리자로부터 변경통제 요청 표본과 기타 구성 관리 문서를 입수해야 한다.

18. 회사 전반 차원의 정책과 절차에 따라 매체의 운송, 보관, 재사용, 폐기가 적절히 처리되는지 확인한다.

데이터 저장 매체 정보가 기밀 상태로 유지되고 조기 악화 또는 파괴로부터 보호되게 하는 것이 매체 통제[media controls]다. 매체 운송, 보관, 재사용, 폐기 정책과 절차의 부적합성으로 인해 중요한 회사 정보가 무단 유출되거나 파기될 우려가 있다. 타사 통신업체를 통해 전송 중인 백업 매체가 분실되는 보안사고 유형이 점점 더 일반화되고 있다. 최근 몇 년 동안 많은 유명 기업이 이런 위협에 노출돼 법적 조치, 평판 손상, 사고대응 비용으로 인한 피해를 입었다.

방법

백업용 테이프, CD, DVD, 하드디스크, USB 드라이브를 포함하지만 이에 국한되지 않는 컴퓨터 매체는 데이터 프라이버시[privacy](개인정보보호)를 위해 엄격하게 통제돼야 한다. 백업 운영자, 컴퓨터 기술자, 시스템 관리자, 타사 통신업체, 최종 사용자조차도 저장 매체를 취급하므로 매체 정책과 절차들은 이러한 서로 다른 역할을 다뤄야 한다. 매체 통제 정책과 절차를 감사할 때 다음 사항을 확인해야 한다.

- 민감한 정보를 타사 통신업체를 통해 전송하기 전에 암호화해야 한다는 요건
- 재사용하거나 폐기하기 전에 자성 매체를 디지털 방식으로 파쇄하거나 소거해야 하는 요건
- 폐기하기 전에 광학 및 용지를 물리적으로 파쇄해야 한다는 요건
- USB 드라이브와 같은 이동식 매체를 비롯한 컴퓨터 매체의 저장, 폐기하는 방법의 사용자 교육에 필요한 요구사항
- 매체 손상을 방지하고자 컴퓨터 매체를 물리적으로 안전하고 온도가 제어되는 건조한 장소에 보관해야 한다는 요건

IT 정책, 절차, 보안 인식 교육 관련 문서의 검토와 사용자 인터뷰를 통해 이러한

정보를 입수할 수 있다.

19. 회사 정책과 절차에 따라 용량 모니터링과 계획이 적절히 수행되는지 검증한다.

데이터센터 시설, 컴퓨터 시스템, 애플리케이션의 용량을 예측하고 모니터링하는 것은 시스템 가용성을 확보하는 데 중요한 부분이다. 기업이 이러한 통제를 무시하면 종종 시스템 중단과 데이터 손실이 발생한다.

방법

다음 사항을 검토한다.

- 시스템과 시설이 예상 용량 요건에 맞게 설계되도록 선택된 아키텍처[6] 문서
- 용량capacity 임곗값에 특히 주의를 기울이는 시스템 모니터링 절차
- 용량 임곗값에 근접하거나 초과하는 시스템의 백분율을 결정하는 시스템 모니터링 로그logs
- 시스템 용량 문제로 인해 과도한 가동 중지 시간이 발생하지 않도록 시스템 가용성 보고서

데이터센터, 애플리케이션, 시스템 관리를 담당하는 그룹이 용량 관리 업무를 가장 자주 처리하므로 이러한 영역 내에서 특정 절차를 다루게 한다.

20. 회사의 ID와 접근관리 절차를 검토, 평가한다.

실제로 이 책의 모든 장에서 이 주제에 대한 감사단계를 찾을 수 있다. 각 개별 시스템과 기술을 평가할 때 해당 시스템에 대한 접근 시도가 어떻게 관리되는지 이해하는 것이 중요하다. 그러나 사용자 환경의 모든 시스템에 고유한 개별 계정과 계정관리 절차가 있을 수 있다. 하지만 어느 정도의 중앙집중화 수준은 있을 것이

---

6. 아키텍처(architecture)는 컴퓨터의 기능적 또는 물리적 구조를 말한다. – 옮긴이

다. 그렇지 않으면 계정의 생성, 패스워드 관리, 계정의 삭제와 같은 일반적인 계정 작업 등에 대한 적절한 통제 업무는 각 개별 시스템에 의존해 진행된다. 또한 중앙집중식 계정관리가 없으면 사용자가 여러 ID와 패스워드를 추적해야 하므로 패스워드를 적어놓고 찾기 쉬운 위치에 저장할 가능성이 높아진다. 거의 모든 기술에는 고유한 계정과 패스워드가 있지만 대부분은 중앙집중식 디렉터리와 인증 메커니즘을 참조하거나 동기화할 수 있는 기능도 있다. 한 시스템이 다른 시스템에서 오는 인증을 신뢰한다는 의미를 지닌 ID '페더레이션federation'이라는 명칭이 이와 관련해 사용되기도 한다.

기업 ID와 접근관리 절차는 중앙집중식 통제를 고려해서 보안을 강화하고 중복 노력을 제거해 효율성을 향상시킬 수 있을 것이다.

방법

'기업' 계정이 있는지 검토한다. 여러 시스템과 환경에서 사용할 수 있는 계정(ID)이다. 다음 통제기능들에 대한 기업 계정 절차를 검토한다.

- 계정을 만들고 각 계정이 특정 개인과 연결되고 추적될 수 있게 하는 절차
- 직원 해고 시 계정을 적시에 제거하거나 비활성화하는 절차. 중앙 디렉터리에서 계정을 종료하면 계단식 효과가 발생해 중앙 디렉터리를 구독하는 모든 시스템에서 해당 계정이 제거되거나 비활성화되게 한다.
- 회사 내에서 일자리가 변경되는 경우 개별 시스템에 대한 접근을 일시 중단하는 절차(또는 해당 접근의 유효성을 다시 확인해야 함)

기업 ID와 접근관리 절차에 어떤 회사 시스템들이 연결돼 있는지 확인한다. 기업 ID와 접근관리 절차에 포함될 시스템을 식별하고 우선순위를 정하는 절차를 평가한다.

ID와 접근관리 절차에 중앙집중식 인증 메커니즘이 포함된 경우 적절한 패스워드

와 인증 통제기능이 있는지 확인한다. 회사의 정책준수와 적합성에 대한 패스워드 설정(예를 들어 패스워드 구성 요건과 패스워드 만료 규칙)을 검토한다. 좀 더 강력한 형태의 인증(예를 들어 2단계 인증)의 필요성과 존재를 검토한다.

2부의 각 장에서는 특정 기술과 검토 중인 주제의 관점에서 해당 주제를 다룬다. 목적은 이러한 절차들이 중앙에서 관리, 통제되는 정도를 이해, 평가하는 것이다.

21. 회사의 사이버보안 프로그램 요소를 검토, 평가한다.

사이버보안은 모든 회사의 중요한 관심사가 됐다. 또한 정보와 프로세스의 기밀성, 무결성, 가용성을 유지하는 회사의 능력과 깊이 연계돼 있다.

방법

이 전사적 수준의 통제는 별개 장으로 분리될 만큼 중요하다. 자세한 내용은 4장을 참고한다.

22. 회사의 IT조직과 프로세스 구조에 따라 다른 전사적 수준의 IT 프로세스들을 식별, 감사한다.

기본 IT통제기능들의 식별을 통해 다른 감사를 하는 도중에 테스트를 줄이고 반복을 피할 수 있도록 해야 한다. 예를 들어 회사에 프로덕션 데이터센터가 하나만 있으면 해당 데이터센터의 물리적 보안과 환경관리를 한 번 테스트할 수 있다. 그런 다음 해당 데이터센터에 있는 개별 시스템에 대한 감사를 수행할 때 각 시스템에 대한 물리적 보안과 환경관리를 감사하는 대신(동일한 위치에 있기 때문에 매우 반복적임) 해당 주제에 대한 전사적 수준 감사를 참조하고 계속 진행한다. 또한 중앙집중식 프로세스에 대한 감사를 수행함으로써 전반적인 IT환경에서 잠재적인 보안 통제에 대한 이해를 통해 낮은 수준의 통제에 대한 우려를 줄일 수 있다.

참고 회사의 중요한 IT 프로세스가 중앙집중화돼 있다면 전사적 수준의 통제를 감사하는 중에 검토하는 것이 적합하다. 회사 전반 수준에서 한 번 감사를 하면 다른 IT 시스템과 프로세스에 대한 감사를 수행할 때 해당 감사결과를 이용할 수 있다.

방법

2부의 다른 장들에서 다루는 주제들을 검토하고 해당 영역이 당해 회사에 중앙집중화돼 있는지를 고려한다. 이러한 주제는 전사적 수준 통제의 검토 대상 후보가 된다. 다음은 가능한 후보들이다.

- 데이터센터의 물리적 보안과 환경관리(5장 참고)
- 시스템 모니터링(예를 들어 성능과 가용성)과 사고 보고(5장 참고)
- 재해복구계획(5장 참고)
- 백업 프로세스(5장 참고)
- 네트워크 보안과 관리(6장 참고)
- 윈도우 시스템 관리 프로세스(예를 들어 계정관리와 보안 모니터링)(7장 참고)
- 새로운 윈도우 시스템 배포에 사용되는 기준 보안(7장 참고)
- 멀웨어Malware 방지(예를 들어 바이러스 백신, 패치와 규정 준수 검사)(7장과 14장 참고)
- 유닉스와 리눅스 시스템 관리 절차(예를 들어 계정관리, 보안 모니터링, 보안 패치)(8장 참고)
- 새로운 유닉스와 리눅스 시스템 배포에 사용되는 기본 보안(8장 참고)
- 자체 개발한 코드에 대한 소프트웨어 변경통제(15장 참고)

지식 베이스

이 장 전체에서 언급한 것처럼 전사적 수준 통제의 세부사항은 회사별로 상이하다. 그러나 IT별 전사적 수준 통제에 대한 가장 일반적인 정보 원천은 ISACA

Information Systems Audit and Control Association 웹 사이트(www.isaca.org)에서 확인할 수 있다. 여기서 정보와 관련 기술의 통제목적[COBIT] 구조 체계와 사베인스-옥슬리법[Sarbanes-Oxley]의 IT 규정 준수 테스트용 지침에 대한 세부 정보를 제공한다. 또한 전사적 수준의 통제(IT에만 국한되지 않음)에 대한 일반 지침과 널리 알려진 COSO[Committee Of Sponsoring Organizations] 내부통제 모델과 관련된 연결 통로로 미국 내부감사인협회[IIA]의 웹 사이트(www.theiia.org)가 있다. 마지막으로 외부감사인은 이 주제에 대해 여러 이해관계자와 공유할 수 있는 공개 지침을 갖고 있을 것이다.

종합 체크리스트

다음 표는 전사적 수준 통제 감사를 위한 제반 단계를 요약한 것이다.

전사적 수준 통제 감사용 체크리스트
1. 전체 IT조직 구조를 검토해 IT운영에 대한 권한과 책임이 명확하게 배분돼 있고, 적절한 업무분장이 마련돼 있는지를 확인한다.
2. IT 전략계획 프로세스를 검토하고 비즈니스 전략과 일치하는지 확인한다. 전략계획에 대한 진행 상황을 모니터링하기 위한 IT조직의 프로세스를 평가한다.
3. 기술. 애플리케이션 전략과 로드맵이 존재하는지 확인하고 장기적인 기술 계획 프로세스를 평가한다.
4. IT조직의 성과 지표와 측정을 검토한다. 일상적인 활동의 성과를 측정하고 서비스 수준 약정, 예산, 기타 운영 요구사항에 대한 성과를 측정, 추적하기 위한 프로세스와 측정기준이 마련돼 있고 주요 이해관계자가 승인했는지 확인한다.
5. 신 프로젝트들에 대한 우선순위 지정과 승인을 위한 IT조직의 프로세스를 검토한다. 이 프로세스가 시스템의 취득과 개발 프로젝트들이 승인 없이 개시될 수 없게 하는 데 적합한지를 결정한다. 경영진과 주요 이해관계자들이 중요한 프로젝트 기간 동안 정기적으로 프로젝트 상태, 일정과 예산을 검토하는지 확인한다.

전사적 수준 통제 감사용 체크리스트

☐	6. IT 프로젝트의 실행을 관리하고 IT조직이 개발하거나 취득한 제품의 품질을 보장하기 위한 표준을 평가한다. 이러한 표준이 어떻게 전달되고 시행되는지 결정한다.
☐	7. IT조직에 적합한 위험평가절차를 검토하고 평가한다.
☐	8. 회사의 IT직원이 업무수행에 필요한 기술, 지식을 갖추게 하는 프로세스를 검토, 평가한다.
☐	9. IT에 영향을 미치는 관련 법률과 규정을 준수하고 규제환경의 변화에 대한 인식을 유지하기 위한 효과적인 프로세스가 존재하는지 확인한다.
☐	10. IT환경의 최종 사용자가 문제를 신고하고 IT환경 결정에 적절히 참여하며, IT환경에서 제공하는 서비스에 만족할 수 있게 하는 절차를 검토하고 평가한다.
☐	11. 타사의 서비스 관리 절차를 검토, 평가한다. 그 역할과 책임을 명확하게 정의하고 성능을 모니터링하는지 확인한다.
☐	12. 직원이 아니 사람에 의한 논리적 접근을 방지하기 위한 절차를 검토하고 평가한다.
☐	13. 회사가 해당 소프트웨어 라이선스를 준수하는지 확인하기 위한 절차를 검토, 평가한다.
☐	14. 회사 네트워크에 대한 원격접근통제(예를 들어 VPN과 전용 외부연결)를 검토, 평가한다.
☐	15. 채용과 해지 절차가 명확하고 포괄적인지 확인한다.
☐	16. 하드웨어 구매와 이동을 관리하기 위한 정책과 절차를 검토하고 평가한다.
☐	17. 불필요한 시스템 중단을 피하고자 변경관리로 시스템 구성을 통제하는지 확인한다.
☐	18. 회사 전반 차원의 정책과 절차에 따라 매체의 운송, 보관, 재사용, 폐기가 적절히 처리되는지 확인한다.
☐	19. 회사 정책과 절차에 따라 용량 모니터링과 계획이 적절히 수행되는지 검증한다.
☐	20. 회사의 ID와 접근관리 절차를 검토, 평가한다.
☐	21. 회사의 사이버보안 프로그램 요소를 검토, 평가한다.
☐	22. 회사의 IT조직과 프로세스 구조에 따라 다른 전사적 수준의 IT 프로세스들을 식별, 감사한다.

사이버보안 프로그램

세간의 이목을 끈 전문 기술 기업, 방위산업체에 대한 사이버 공격, 신용카드 정보 유출, 개인정보의 절취 등 이 모두가 이사회, 경영진, 기타 회사의 성공에 책임을 맡은 사람들에게 보안문제에 대한 경각심을 높이고 있다. 결제 카드 산업^{PCI, Payment Card Industry} 표준, EU 일반데이터보호규정^{GDPR}, 병원 진료기록정보 보호법^{HIPAA, Health Insurance Portability and Accountability Act}을 비롯한 데이터와 시스템 보호에 관한 규정들이 세계적으로 확산되고 있다. 회사에 보안 태세의 개선을 요구하면서 불응 시 벌점 이나 벌금을 부과한다는 규정들도 있다. 사이버 공격에서 회사를 방어하고 보안 과 개인정보보호규정을 준수하려면 교육훈련, 경계 감시, 일련의 기술적 및 절차 적 통제가 조직 내의 대부분 사람에게 부차적으로 필요하다. 이런 저런 우려사항 에 부응해 세계 각국의 기업들은 보안 투자를 늘려왔다.

규모가 좀 더 크거나 성숙한 기업들은 여러 해 동안 보안 프로그램을 사용해 왔다. 한편 10여년에 걸쳐 상당한 규모의 대다수 회사는 보안 프로그램을 개발했거나 기존 프로그램에 대한 관심을 키워왔다. 대규모 투자의 경우와 마찬가지로 회사 는 자신의 노력이 조직의 요구를 충족시키고 있는지를 알고 싶어한다. 감사인은 이러한 점을 고려해야 한다. 4장은 사이버보안 프로그램 감사 시 고려해야 할 사 항을 개략적으로 살펴본다. 4장에서 다루는 주제 중 일부는 다음과 같다.

- 사이버보안 프로그램의 범위와 구조
- 조직 차원의 감독과 지배구조
- 보안 프로그램의 공통적인 기능과 서비스
- 검토할 특정 기술과 절차 항목

배경지식

감사인이 이해해야 할 첫 번째 사항은 회사 사이버보안 프로그램의 규모, 범위, 목적이다. 사이버보안 프로그램은 다양한 형태를 취한다. 소규모 회사에서는 전체 보안팀의 구성원이 한 사람인 경우도 있으며, 전화를 받지 않는 시간에 IT 문제의 해결을 돕는 일을 일상적으로 한다. 대규모 조직에는 수백 명의 보안요원이 여러 기능에 분산돼 있을 수 있다. 일부 조직에는 자체 직원 수만큼 많은 외부 보안 서비스 업체가 있다. 회사 보안팀의 규모는 종종 회사의 수익이나 수익성에 직접적으로 비례하지만 다른 요인들도 보안 프로그램의 규모와 범위에 영향을 줄 수 있다.

소매업체와 금융기관은 처리하는 정보와 자산의 종류와 관련된 다양한 규정을 준수해야 한다. 신용카드를 취급하는 소매업체는 고객에게 해당 서비스를 제공하려면 일반적으로 PCI 규칙을 준수해야 한다. 은행과 중개업체는 다양한 정부 제정 규칙을 준수해야 한다. 다양한 법률과 표준을 준수하는 것 외에도 이러한 종류의 비즈니스는 평판 손상으로부터 자신을 보호해야 한다. 보안 결함으로 인해 고객이 경쟁업체로 이동해버리길 원치 않기 때문이다. 소매업체와 금융기관은 종종 규정 준수에 중점을 둔 보안 프로그램을 갖추고 있으며, 예산은 상당히 클 수 있다.

방위산업이나 항공 우주산업과 같은 정교한 장비의 설계와 생산을 다루는 기술 기업들은 전혀 다른 보안문제에 직면한다. 이런 조직은 경쟁사, 내부자, 외부 그룹에 의한 지적재산의 도용으로부터 자신의 지적재산을 보호하는 데 주로 집중할 것이다. 특정 규제 사항을 준수하지 않아도 되는 기업의 경우 내부 위험 취향에 따라 보안 프로그램을 더 많이 운영하도록 보안팀에 지시하는 수도 있다. 상대적으로 큰 위험을 허용하는 기업은 좀 더 빈약한 보안팀을 운영할 것이며, 위험 회피형 기업은 상대적으로 더 큰 보안팀을 필요로 할 것이다.

제조회사에도 보호할 지적재산이 있을 수 있지만, 회사의 관심사는 주로 생산 라인에 영향을 줄 사이버보안문제의 예방에 있을 것이다. 회사 구조에 따라 생산 현장 보안에 대한 책임은 공장팀 자체에 있거나, 대기업의 경우 책임의 귀속이 중앙 보안팀과의 공유 형태가 될 수 있다. 지적재산권 보유 기업의 경우와 마찬가지로 보안 프로그램의 범위는 종종 위험에 대한 해당 기업의 성향과 관련이 있다.

신용조사기관, 비영리단체, 정부, 의료기관 등에서 저장, 처리하는 개인정보가 공격의 대상물이 되는 수가 있다. 현재까지 가장 큰 침해 중 일부는 개인정보와 관련이 있다. 개인 데이터는 지적재산처럼 생각할 수 있지만 이에 대한 규제 강도는 점점 더 높아진다. 개인 데이터를 많이 다루는 기업은 데이터의 도난 피해 시 패널티 등이 부과될 수 있으므로 다른 요건에 비해 데이터보호 요건에 대한 우선순위가 높다.

3장에서와 같이 '모두에 적합한' 단일 접근방식은 없다. 프로그램을 올바르게 평가하려면 전체 조직과 위험 노출 상태를 고려해야 한다. 감사인은 사업상의 요구사항과 회사 보안 프로그램이 그런 요구사항을 어떻게 반영하는지 이해해야 한다. 그러면 프로그램의 강점을 평가하고 잠재적 차이를 고려하는 데 도움이 된다. 감사인은 관련 상황의 이해를 위해 논의된 모든 단계를 완료한 후 각 항목의 강점과 개선책의 개요를 설명해야 한다.

사이버보안 프로그램 감사단계

1. 전체 조직 내에 존재하는 사이버보안 프로그램 상태를 평가하고 감독의 적절성을 확인한다.

회사의 정보보안 담당자로 식별되는 누군가가 대부분의 조직에는 기본적으로 있다. 이 사람은 종종 최고 정보보안책임자[CISO]로 지정돼 있다. 팀의 규모와 성숙도에 따라 보안 담당이사, IT 보안관리자로 식별되거나 직무와 무관한 명칭을 부여받은 경우도 있다. 최고 정보책임자[CIO]가 정보보안을 담당하는 회사도 종종 있다. 보고구조와 책임라인은 조직별로 크게 다를 수 있다. 이 단계는 정보보안책임자의 식별 및 이들의 사업과의 관련성을 파악해 나머지 감사단계를 설정하는 데 도움이 된다.

방법

조직도를 검토해 정보보안팀과 관리층을 파악한다. 정보보안 프로그램은 종종 IT 기능의 일부며 보안관리자는 CIO에 보고할 수 있지만, 항상 그런 것은 아니다. 좀 더 큰 조직이나 사이버 관련 위험이 높은 조직의 CISO는 CEO나 다른 임원에게 보고할 것이다. 단일 관리 체인이나 프로세스를 통해 정보보안 자원이 전달되게 명확한 보고구조가 존재하는지 확인한다. 이러한 보고구조는 보안 그룹에 명확한 목표를 제시해준다.

CISO나 이와 동등한 대리인과 인터뷰해 정보보안팀에 대한 감독 수준을 이해한다. 많은 경우 운영위원회를 거치거나 회사의 이사회를 대상으로 정기적인 설명회가 개최될 것이다. 경우에 따라 이러한 감독은 CIO나 회사의 다른 고위 직원이 수행할 수도 있다. 영업활동과의 연계성을 확보하고자 정보보안팀의 제반 활동은 회사 전반 관리구조의 지침에 따라야 한다.

예를 들어 CISO가 CIO에게 보고하면 CIO는 운영위원회에 보고하고, 운영위원회가 이사회에 보고하는 구조 형태가 있을 것이다. 운영위원회는 정기적으로 CIO나 CISO와 만나 정보보안 상태를 검토하고 이사회에 정보를 제공하는 식이다.

이사회가 있는 회사 중에서 CIO나 CISO가 정보보안 프로그램의 상태를 최소 매년 단위로 이사회에 보고하는 것이 일반적이다. 다시 말하지만 단 하나의 '올바른' 구조란 없다. 이 단계의 주요 목표는 사이버보안책임자가 누구며 보안 프로그램에 대한 조언을 위해 회사 내에 어떤 감독 기능이 설정돼 있는지를 이해하는 것이다.

2. 조직의 정보 관련 위험관리 절차를 평가한다. 사이버보안 위험의 식별과 관리방법도 평가한다.

대부분의 기업에서 정보보안은 보험과 매우 유사하다. 보안은 회사 업무에 가치를 부가하는 경우가 거의 없다. 위험을 줄이는 데 주로 사용된다. 위험을 줄이려면 먼저 다양한 위험을 식별하고 조직이 각 위험에 어떻게 대응할 것인지 판별해야 한다. 사업 목표에 맞춰 위험을 관리하는 것이 보안 조직의 주요 기능이다. 건전한 위험관리 절차 없이 정보보안 조직이 보안의 개선에 관련된 투자 결정을 정당화시킬 수는 없다.

방법

매우 방대하고 복잡한 위험관리 절차가 있으며, 많은 조직이 절차를 엄밀하게 따른다. 이 경우 이러한 절차를 통해 회사가 위험을 적절하게 식별, 평가하고 있는지 파악하려면 감사인은 이 절차의 출력물을 검토하기만 하면 된다. 그러나 위험 절차가 공식적이지 못한 경우가 종종 있다. 정보보안팀은 회사가 직면한 사이버보안 위험을 고려하고 이에 대한 적절한 결정을 내렸다는 증거를 찾을 수 있어야 한다. 이를 입증할 수 있는 일부 절차나 항목은 다음과 같다.

- 정기적이고 공식적인 위협과 중요시스템에 대한 위험평가
- 보안통제에 대한 타사 테스트와 식별된 결함 수정
- 규정 준수 프로그램과 내부통제 모니터링
- 위험이나 가치에 따라 주도권의 우선순위를 정하는 전략계획수립 절차
- 회사 차원의 위험계획수립 절차

여기에서 고려해야 할 몇 가지 질문은 다음과 같다.

- 위험의 식별은 어떻게 하며, 팀은 위험의 해결 방법을 어떻게 조율하는가?
- 의사결정과정에서 비즈니스 리더와 기타 이해관계자의 역할은 무엇인가?

- 전체 조직 차원의 위험 논의에서 사이버보안 위협이 고려되는가?

모든 조직은 사이버보안 위험과 보안 투자의 우선순위 결정 절차를 명확히 이해해야 한다.

3. 사이버보안 프로그램의 범위와 조직 내의 다른 IT기능과의 관계를 평가한다.

앞서 설명한 것처럼 사이버보안 프로그램들의 크기와 범위는 크게 다를 수 있다. 감사인은 조직의 보안요건(위험 노출 상태에 의해 부분적으로 정의된) 이 정보보안 프로그램의 구조에 의해 어떻게 충족되는지를 알아내야 한다. 그러나 조직에 관계없이 일인 쇼든 혹은 전체 보안부서든 간에 대부분의 정보보안팀에는 몇 가지 공통 기능이 있어야 한다.

방법

보안팀의 구성과 직능을 설명하는 조직도나 기타 항목을 입수한다. 직능상의 리더와 인디뷰해 더 많은 정보를 수집한다. 보안 프로그램은 다음을 포함해 최소한의 관행을 어떤 형태나 방식으로 포함해야 한다.

- **정책과 규정 준수 관리:** 회사의 보안 지침을 정의한다.
- **인식:** 필요한 보안 정보를 필요로 하는 사람들에게 제공한다.
- **취약점 관리:** 잠재적 악용의 중대성과 위험에 대한 조직의 이해를 돕고 개선을 지원한다.
- **보안 모니터링:** 로그 및 경고 데이터를 수집해 잠재적인 보안사고를 탐지한다.
- **사고대응:** 바이러스, 침입, 기타 악의적인 활동의 처리와 정상 상태로의 업무 환원을 지원한다.

소규모 조직에서는 보안팀이 방화벽 관리, 웹이나 이메일 보안, 클라이언트나 엔드포인트 보안, 접근통제, 원격접근, 인증 등과 같은 보안의 운영 측면을 관리하는 경우가 있다. 대규모 조직에서는 별도의 운영팀이나 보안책임자에게 이중 보고하는 팀이 이를 처리한다. 조직이 성장함에 따라 보안 아키텍처나 침투테스트와 같은 다른 보안 기능을 추가할 수 있다. 조직 구조나 구성으로 인해 업무분장 관련 위험이 존재하는지 확인하는 것도 중요하다. 예를 들어 시스템 관리자가 보안관리자 역할도 겸하는 경우 편의를 위해 보안통제를 무력화하거나 재구성할 위험이 높다.

4. 조직의 보안정책과 규정 준수 기능을 검토해 IT보안정책이 존재하고 동 정책이 당해 환경의 보안에 적절한 요구사항을 제시하는지 확인한다. 이러한 정책의 커뮤니케이션 방법과 규정 준수의 모니터링, 시행방법을 알아본다.

회사 직원에 대한 기대치의 기준은 IT보안정책으로 확립된다. 정책들이 존재하지 않거나 적절한 적용 범위를 제공하지 않는 경우 직원은 보안 관련 문제에 대한 자체 규칙을 구성해야 한다. 동일한 개념은 시스템보안에 대한 평가 표준을 필요로 하는 컴퓨터 시스템으로 확장된다. IT보안정책이 너무 관대하면 회사의 정보자산을 적절히 보호하지 못한다. 반면 너무 엄격하면 무시되거나 비즈니스에 불필요한 중복과 비용이 발생한다. IT보안정책이 직원에게 전달되지 않으면 준수되지 않는다. 해당 정책준수에 대한 모니터 활동이 없고 정책을 시행하지도 않는다면 직원들은 정책을 무시해도 전혀 문제가 되지 않는다는 사실을 금방 알게 된다. 이 경우 정책은 요구사항이 아니라 '제안 사항'이 돼버리는 것이다.

방법

적절한 정책 적용 범위의 확인: 회사의 IT보안정책 사본을 입수해 회사의 IT환경을 적절하게 포괄하는지 확인한다. 최소한 정책에는 다음 영역이 포함돼야 한다.

- 직원이 회사 정보자산을 사용할 수 있는 범위(예를 들어 직원이 개인적 사유로 컴퓨터, 인터넷, 이메일을 사용할 수 있는지 여부)

- 데이터 분류, 보존, 파기
- 원격에서의 연결성(예를 들어 VPN 및 외부 당사자와 다른 형태로의 연결에 대한 보안요건과 전체 네트워크 보안)
- 패스워드
- 서버 보안(예를 들어 유닉스와 윈도우 서버의 보안요건)
- 클라이언트 보안(예를 들어 데스크톱과 노트북의 보안요건)
- 논리적 접근(예를 들어 시스템에 접근권한을 취득, 부여하기 위한 요건)

산업 표준과 회사의 특정 요구사항을 토대로 정책의 적절성을 검토한다. 2부의 다른 장에 있는 감사단계를 지침으로 활용할 수 있다. 회사의 패스워드 정책을 구체적으로 검토한다. 이 정책은 회사의 패스워드 구성(예를 들어 최소 8자, 추측하기 어려운 문자와 숫자의 조합 등) 요건, 회사 패스워드의 변경 시기(예를 들어 90일 단위로 변경해야 함)의 요건, 특정 횟수의 로그온 시도가 실패한 경우 계정을 잠그고, 일정 기간 동안 사용하지 않으면 로그인 세션 시간의 초과로 간주하고, 패스워드 사용이력을 유지해 특정 기간 동안 이전 패스워드를 재사용할 수 없게 하는 요건 등에 따른 적절한 지침을 제공해야 한다.

회사의 논리적 접근 정책을 구체적으로 검토한다. 모든 사용자가 고유한 ID를 갖도록 요구하고, 직원이 해고되거나 담당 직무의 변경이 있을 때 계정이 일시 중지되며, 사용자에게 작업 수행에 필요한 최소한의 접근권한이 부여되게 하는 적절한 지침을 제공해야 한다.

이해관계자의 찬성 확인: 정책의 작성 과정에 주요 이해관계자를 참여시킨다. 정책을 준수할 것으로 기대되는 IT조직과 같이 IT보안정책의 작성, 승인에 관련된 직원 목록을 확보한다. 다른 사람을 참여시키지 않고 IT 보안 조직만으로 IT보안정책을 수립하면 그런 정책은 비현실적인 것으로 간주돼 무시될 것이다. IT환경에 대한 일상적인 지원을 제공하는 사람들의 참여는 정책에 대한 중요한 관점을 불러일으키고, 정책을 시행하고 준수해야 하는 사람들의 찬성^{buy-in}을 보장할 것이다. IT보안정책이 CIO나 CEO와 같은 임원의 승인을 받았는지 확인한다. 이를 통해 IT조직은 정책을 시행하는 데 필요한 권한과 지원을 받을 수 있다.

정책 주변의 절차 확인: 정책을 정기적으로 검토하고 업데이트해 끊임없이 변화하는 IT환경에 보조를 맞출 수 있게 하는 절차를 검토한다. 이러한 절차가 실행됐다는 증거를 찾아본다.

새로운 정책 개발이 필요할 수 있는 환경 변화를 주기적으로 평가하기 위한 절차를 검토한다. 이러한 절차가 실행됐다는 증거를 찾아본다.

정책의 규정 내용 중에 적용 면제의 승인을 얻기 위한 조항(면책조항)이 마련돼 있는지 확인한다. 사람들이 불가피하게 정책을 준수할 수 없다고 생각하는 경우가 있을 수 있다. 이러한 사람들이 공식적으로 정책의 적용 배제를 요청할 수 있는 정의된 절차가 마련돼야 한다. 면책조항은 면제 이유의 설명을 요구하고 보완통제의 설정을 명확히 해야 한다. IT 보안 조직은 요청에 따라 위험 권고안과 의견을 제시하는 일을 비롯해 예외조항 적용을 수월하게 해야 한다. 그렇지만 일반적으로 위험의 수용 여부에 대한 최종 결정은 피해야 한다. 대신 일종의 비즈니스적 결정이어야 한다. 예외 절차에 대한 이관escalation 정책을 검토하고, 적어도 중대한 위험을 수용하기 위한 비즈니스(IT와 반대됨) 관리가 어느 시점에 포함돼 있는지 확인한다. 최종 결정이 문서화되고 유지되는지도 확인한다.

 참고 IT보안정책이 회사 직원 전체에 적절히 전달됐다는 증거를 찾아본다. 잠재적인 벡터(진행 궤도)에는 신입 사원의 오리엔테이션 동안 정책의 참조나 모든 직원이 정책을 읽고 동의한다는 진술서에 주기적으로 서명하는 것이 포함된다.

정책준수 모니터링을 위해 IT보안조직과 기타 IT조직들이 구현한 프로세스를 검토한다. 집행과 이관 절차가 마련돼 있어 비준수 상황이 수정되는지 확인한다. 규정 준수 모니터링 보고서의 최근 샘플을 검토해 중요한 문제들이 추적, 해결됐는지 확인한다.

5. 보안 위험과 우려사항에 대한 직원 교육 방법을 검토하면서 보안팀의 인식과 커뮤니케이션 기능을 검토한다.

새 직무를 시작하는 직원은 일반적으로 역할에 대한 기대치와 적절한 직무 수행방법의 교육을 받는다. 보안 정보가 교육에 포함돼 있으면 직원은 일상 업무에서 보안 위험을 피할 수 있도록 자신을 좀 더 잘 준비시킬 수 있다. 또한 조직의 전반적 보안 상태를 개선할 수 있다. 효과적인 보안 인식 프로그램은 직원에게 직무에 적합한 수준으로 보안문제를 교육한다. 대부분의 보안 인식 프로그램에는 몇 가지 주요 요소가 포함된다. 이들 요소의 경우 존재와 효과성의 평가가 있어야 한다.

방법

해당 기능을 담당하는 개인과 보안 인식 프로그램의 범위를 알아본다. 완전한 프로그램이라면 다음과 같은 기본 요소가 필요하다.

- 신입 사원을 위한 일반 보안교육
- 재직 중인 직원을 위한 정기 보안교육
- 지속적인 보안 전반에 대한 인식
- 지정된 기능(예를 들어 소프트웨어 개발자)의 역할별 보안교육

조직의 산업, 규모, 성숙도에 따라 다음 요소들이 포함될 수 있다.

- 원치 않는 상업성 이메일(일반적으로 '스팸spam'이라고 함)과 사회적 공작[1] 메시지(일반적으로 '피싱phishing'이라고 함)를 비롯해 성가시거나 악의적인 이메일에 대한 교육
- 피싱 이메일을 탐지하는 직원의 능력을 테스트하기 위한 훈련
- 지적재산이나 개인식별정보PII와 같은 특정 데이터 유형에 대한 교육

---

1. 사회적 공작(social engineering)이란 조직 내 컴퓨터 사용자를 속여 기밀 정보를 누설하게 하거나 시스템에 무단 침입을 가능하게 해서 보안 시스템을 우회 공격하는 수법이다. – 옮긴이

신입 사원에게 일반 보안교육을 제공하기 위한 절차를 검토한다. 보안에 대한 직원의 기대 사항, 회사 보안정책에 대한 정보, 회사의 주요 관심사나 위험, 보안문제의 신고 방법 등과 같은 기본 사항이 포함돼 있는지 검토한다. 직원이 보안 자료집을 검토하거나 교육 시스템 또는 오리엔테이션에 참석했다는 기록 중에서 샘플을 추출, 확인해본다.

교육훈련이 정기적으로 이뤄지는지를 확인한다. 위험 수준과 산업별 요건에 따라 조직은 보안교육을 자주 실시해야 하지만 많은 회사는 재직 중인 직원의 보안교육을 매년 또는 2년마다 의무화하고 있다. 교육 방법을 논의하고 교육이 완료됐는지 확인하는 절차를 검토한다. 이러한 검토에는 직원에게 상기시켜야 할 사항을 알리는 일과 감독관에게 이관하는 일이 포함된다. 교육 기록의 샘플을 추출해 직원들이 필수 보안교육을 이수했는지 확인한다.

지속적인 보안 인식 프로그램을 토론한다. 보안팀은 일반적으로 다양한 보안 주제에 대해 직원에게 정기적으로 업데이트 내용을 제공해야 한다. 예를 들어 패스워드 보호와 같은 일반적인 보안 수단에 대해 업데이트 내용을 제공할 수도 있고, 새로운 유형의 피싱 메시지에 대해 업데이트 내용을 제공할 수도 있다. 지속적인 보안 인식은 다양한 방식으로 제공될 수 있다. 조직은 포스터, 대량 이메일, 웹 콘텐츠, 소셜 미디어, 직접 프레젠테이션 등을 사용해 보안 인식을 높일 수 있다. 회사가 보안 인식과 관련해 지속적인 노력을 하는지 확인하고자 감사인은 이러한 내용들을 샘플로 입수해 검토해야 한다.

조직 내의 특수 임무나 특정 종류의 데이터 또는 시스템을 다루는 개인은 모든 직원에게 제공되는 일반 정보 이외의 추가 교육을 필요로 한다. 예를 들어 IT직원은 해당 시스템을 지원하기 때문에 직원에 대한 더 많은 데이터에 접근할 수 있다. 이러한 경우 IT 담당자를 위한 추가 교육을 해야 한다. 코드를 작성하는 소프트웨어 개발자는 소프트웨어 취약점을 인식하고 취약점을 극복하는 방법의 교육을 받아야 한다. PII나 기타 개인 데이터를 처리하는 직원은 해당 데이터 유형별 특정 요구사항을 교육을 받아야 한다. 회사의 민감한 지적재산과 관련된 모든 직원은 회사 데이터를 인식하고 처리하는 방법의 교육을 받아야 한다. 이런 교육 프로그램의 시기와 내용을 검토한다. 앞에서 다룬 다른 주기적인 훈련 프로그램과 마찬가지로 연례 또는 격년 교육훈련은 각 역할별이나 각 데이터별 교육을 위한 최소한의 교육훈련이다.

좀 더 성숙한 보안 프로그램에는 피싱 교육, 피싱 연습, 평가가 포함될 수 있다. 피싱과 기타 형태의 사회적 공작 수법이 횡행함에 따라 회사는 피싱을 식별하고 이를 회피하는 방법에 대한 직원 교육을 해 왔다. 조직에 피싱 인식 프로그램이 있는 경우 보안팀과 보안 프로그램의 매개변수를 논의해본다. 논의 시 다음 사항을 포함시킬 수 있다.

- 직원을 위한 피싱 인식 교육의 내용과 시기
- 인식 훈련의 효과를 평가하기 위한 피싱 연습(테스트)
- 피싱 연습과 관련된 측정기준이나 이관 절차
- 재무, HR, IT와 같은 고위험 그룹에 특화된 피싱 실습
- 직원이 의심쩍은 피싱 메시지를 신고하는 방법

피싱 연습의 결과를 시간의 경과에 따라 검토한다. 효과적인 프로그램은 시간이 지남에 따라 개선된 결과를 보인다. 회사별로 피싱 연습의 결과를 처리하는 방법은 다양하다. 보안팀과 이관 프로세스에 대한 논의를 통해 '실패한' 피싱 연습의 처리 방법을 이해하게 한다. 피싱 연습의 결과에 대한 조치가 회사 정책에 따라 적절하게 처리되는지 확인한다.

6. 조직의 취약점 관리 기능을 검토해 보안팀이 새로운 위협과 취약점을 자각하고 있으며, 당해 환경에서 위험에 처한 시스템을 식별하기 위한 프로세스를 갖추고 있는지 확인한다.

조직이 지속적으로 보안 상태를 유지하기 위한 조치를 취하지 않으면 시간의 경

과에 따라 위험은 증가한다. 일반적으로 매년 수천 개의 취약점이 소프트웨어에서 발견되고 있다. 한 달 전에 안전하다고 생각됐던 것이 오늘은 덜 안전하다고 생각되는 경우가 흔하다. 보안 취약점이 지속적으로 발견되고 있기 때문이다. 악의적인 행위자는 항상 유리한 판국을 찾는 법이다. 기업은 위험의 감축 방법과 더불어 새로운 위협, 잠재적인 악용을 인식할 수 있도록 능동적인 취약점 관리 프로그램을 갖춰야 한다.

방법

취약점의 발견과 해결에 대한 조직의 접근방식을 검토한다. 효과적인 프로그램에는 다음에 설명할 몇 가지 핵심 요소가 있어야 한다.

새로운 위협과 취약점에 대한 인식: 취약점 관리를 담당하는 개인이나 팀을 인터뷰한다. 운영체제나 웹 브라우저와 같이 보안 환경에 공통적으로 사용되는 제품에서 발견되는 취약점을 보안팀이 어떻게 인식하는지 평가한다. 일반적으로 취약점 정보를 제공하는 조직에 하나 이상의 피드feed(공급원)를 두는 경우가 가장 흔하다. 예를 들어 미국 컴퓨터비상대응팀US-CERT은 국가사이버인식시스템National Cyber Awareness System의 일부로 취약점 정보를 게시하고 있다. 일부 조직은 전국 표준 및 기술협회 NIST, National Institute of Standards and Technology와 같은 조직의 자동 피드를 이용할 수 있다. 또한 대부분의 주요 소프트웨어 회사는 제품의 보안 취약점을 고객에게 알리는 방법을 마련하고 있다. 보안팀은 해당 환경에 존재하는 제반 제품 관련 새로운 취약점 데이터를 수신하는 방법과 사용법을 알아야 한다.

알려진 취약점에 대한 정보를 수신하는 것 외에도 보안팀은 새로운 위협에 대한 정보를 수신해야 한다. 이들 정보는 타사의 위협 첩보 서비스에 가입해 제공받을 수 있다. 이 콘텐츠에는 새로운 취약점이 어떻게 악용되는지에 대한 정보, 세계 도처에서 볼 수 있는 공격 방법, 기타 악용 전술과 일반 보안 뉴스가 포함될 수 있다. 보안팀과의 인터뷰를 통해 외부 위협 첩보 서비스 사용 여부와 해당 정보가 어떻게 수신되고 다른 프로세스와 통합되는지 알아본다. 예를 들어 일부 첩보 공급 피드를 모니터링 시스템과 통합하면 탐지 기능을 향상시킬 수 있다. 회사 자산을 보호하기 위한 사전 조치를 취하고자 보안팀이 새롭게 부상하는 위협을 파악하고 있어야 한다.

보안 환경에 대한 취약점을 식별하기 위한 스캐닝과 기타 방법: 패치 절차, 방화벽 설정과 기타 보안 프로세스가 제대로 작동하는지 확인하고자 할 때 취약점 스캔 조사는 매우 효과적인 통제수단이다. 스캔 조사는 아직 해결되지 않은 취약점을 식별하는 데도 사용될 수 있다. Qualys, Rapid7이나 Tenable에서 제공하는 것과 같은 일반적인 취약점 스캐너들은 어떤 시스템상의 애플리케이션들을 식별할 수 있고, 개방형 네트워크 포트에서 응답하는 서비스 등을 찾아낼 수 있다. 그 시스템의 상태는 알려진 취약점 목록과 상관돼 있어 시스템의 잠재적 위험에 대한 보고서 생성이 가능하다. 모든 조직은 스캐닝 도구나 타사 스캐닝 서비스를 사용해야 한다. 조직에 없는 경우 앞서 나열된 상용 도구 중 하나를 무료로 사용해보거나 OpenVAS와 같은 오픈소스 도구를 고려할 수 있다.

 참고 일부 유형의 취약점 스캐너는 보안 결함을 초래하는 오류를 소프트웨어에서 스캔할 수도 있다. 이러한 도구는 종종 웹 기반 애플리케이션과 함께 사용되며, 애플리케이션 수준 위험을 식별하고자 코드 작성 방법과 웹 콘텐츠 구성 방법을 평가할 것이다. 포괄적인 취약점 관리 프로그램에는 시스템 수준과 애플리케이션 수준의 취약점 스캐닝이 모두 포함돼야 한다. 이 절에서는 시스템 수준의 스캐닝을 주로 알아본다.

보안팀과 취약점 스캐닝 프로그램을 알아본다. 스캐닝 프로그램에는 종종 두 가지 주요 목표가 있다.

- 새로 배포한 시스템에 배포 시 알려진 취약점이 없는지 확인
- 정기적으로 취약점을 체크해 배포된 시스템의 지속적인 보안을 확인

회사는 스캔에서 발견된 문제를 치유하는 데 적용할 기준과 스캔의 타이밍 요건

을 정한 취약점 스캐닝 정책을 수립해야 한다. 예를 들어 정책에 따라 인터넷 대면 시스템을 월 단위로 스캔해야 하며 '중간' 이상으로 등급이 지정된 취약점은 발견 후 7일 이내에 해결해야 한다. 시기와 중요도 기준은 회사와 위험 허용 범위에 따라 다르지만, 일정 수준의 정기적 스캐닝과 위험 해소 활동이 수행돼야 한다.

새 시스템과 기존 시스템 모두에 대한 스캔 레코드(기록)를 검토해 회사 정책에 따라 시스템을 스캔하고 있는지 확인한다. 취약점을 식별하고 해결하는 과정에서 시스템을 여러 번 스캔할 수 있다. 마지막 '정리clean' 스캔은 모든 관련 취약점이 완화됐음을 나타낸다.

발견된 취약점의 평가 스캐너에 의해 식별된 취약점뿐만 아니라 US-CERT와 같은 그룹이나 소프트웨어 제조업체의 취약점에는 낮음, 중간, 높음, 중대함 등의 심각도 등급이 일반적이다. 회사는 외부 등급을 수용해 그에 따라 운영하거나 회사가 처한 상황에 따라 위험을 평가하는 프로세스를 채택할 수 있다. 대부분의 회사가 심층방어 전략상 여러 보호 계층을 배치함에 따라 일단 전체 방어 범위를 고려한 후에는 중대함으로 등급 분류된 일부 취약점들이 긴요하게 다뤄지지 않을 수도 있다.

공개된 심각도 수준이 외부 등급과 독립적으로 평가되는지 여부를 취약점 팀과 알아본다. 이러한 결정에 대한 판단 기준을 검토하고 활동의 증거를 조사해본다. 일반적인 판단 기준에는 취약점을 악용하는 사건이 원격으로 발생할 수 있는지, 게시된 취약점에 대한 악용의 증거가 전 세계적으로 있는지 여부, 패치patching나 기타 치료가 가능한지 여부와 악용의 결과로 발생하는 부정적인 행동의 유형이 포함된다.

많은 회사에서는 게시된 심각도 수준과 '판정된' 수준을 비교하는 측정기준metrics을 추적한다. 이는 취약점 치유 활동의 우선순위 지정에 특히 중요할 수 있다. 본질적으로 중요하다고 판단되는 취약점은 회사 전체에 긴급한 조치를 유발할 수 있지만 낮은 등급으로 판단되면 일상적인 유지보수나 패치를 적용할 수 있다.

결과와 조치를 전달하고 추적하는 프로세스 취약점 해결 방법을 알아본다. 일부 조직에서는 취약점 관리팀이 발견된 취약점 해결 업무를 담당할 수 있다. 아웃소싱 서비스를 사용하는 조직도 있다. 일부 조직은 각 서버를 담당하는 애플리케이션팀에 취약점 해결 업무를 넘기기도 한다. 어떤 경우든 시스템을 스캔하고 적절한 팀에 결과를 제공하는 명확한 절차가 있어야 한다. 취약점 처리의 종결을 위한 추적 방법을 논의해본다. 대부분의 조직은 팀이 지시에 따라 조치를 취할 수 있도록 취약점 상태를 장시간 추적한다. 관련된 측정기준을 입수하고 팀이 지정된 시간 내에 취약점을 해결할 수 없을 때 발생하는 상황을 검토한다.

7. 로그 수집, 경고 처리, 탐지 기능을 검토해 보안팀의 보안 모니터링 기능을 평가한다.

조직들은 환경에 악영향을 주는 보안 사건의 모니터링 업무를 전담하는 개인이나 팀에 맡기는 경우가 자주 있다. 조직 구조에 관계없이 회사는 시스템 데이터를 검토하고 보안문제를 식별할 수 있는 인력, 프로세스, 기술을 갖춰야 한다. 감사인은 모니터링 그룹에 사용할 수 있는 적절한 시스템이 있으며 환경을 모니터링하고 회사를 보호하고자 필요한 조치를 취하고 있는지 확인해야 한다.

방법

시스템 로그 데이터와 경고 신호를 수집해 상호 연관시켜 보고, 프로세스와 기술을 검토한다. 보안운영센터[SOC, Security Operations Center] 팀 구성원과 모니터링 시스템을 알아본다. 팀에서 사용하는 주요 시스템과 인터페이스를 식별할 수 있어야 한다.

대부분 SOC의 주요 기술 구성 요소는 SIEM[Security Information and Event Manager]이며, 많은 소스에서 로그 데이터를 수집하고 연관시켜 관심 대상의 사건들을 찾아내는 일을 한다. SIEM은 일반적으로 방화벽, 프록시, 안티바이러스 시스템, 인증 서버 등과 같은 환경의 여러 소스에서 로그 데이터를 저장한다. 이 데이터는 원격 시스템에서 전송돼 중앙에 저장된다. SIEM 정책을 검토해 저장된 데이터 양, 사용된 소스와 보존 시간을 평가한다. 로그 소스는 매우 다양하지만 일반적인 데이터 세트에는 앞에서 언급한 시스템 유형이 포함된다. 보존 시간은 사용할 수 있는 저장 용량에 따라 다르지만, 6개월에서 12개월이 일반적이다. 거의 실시간으로 비정상적인 입력 활동을 모니터링하거나 사건 재구성과 같은 포렌식 조사에 SIEM을 활용할수 있다.

무단접근이나 조작에서 로그 데이터를 보호하는 방법을 SOC팀과 알아본다. SIEM에서 로그 데이터를 읽기 위한 접근 행위는 알아야 하는 개인에게만 허용돼야 한다. SIEM에 저장된 로그 데이터를 수정하거나 접근할 수 있는 사람은 없다. 로그 저장소에 대한 접근통제를 SOC에 물어보고 관련 정보를 요청한다.

SIEM과 SOC의 기타 도구를 사용해 비정상적인 활동을 식별할 목적으로 데이터를 연결시킬 수 있다. 연결된 데이터에서 경보 신호의 개발 절차를 검토한다. 보안사고는 종종 '정상' 사건과 함께 발생하므로 SOC가 적절한 수준에서 경고 신호를 개발하는 것이 중요하다. 팀은 경보시스템의 충실도를 향상시키고자 지속적인 프로세스를 갖춰야 하며, 임곗값이나 경보 수준이 특정 방식으로 설정된 이유를 정당화하는 이전 사건을 기반으로 증거를 제공할 수 있어야 한다. 또한 팀이 위협 첩보 서비스에 가입한 경우 그 정보가 SIEM이나 다른 탐지 시스템에서 모니터링의 개선을 위해 어떻게 통합되는지를 확인한다.

또한 조치나 경보가 해결되는 방법을 추적해야 한다. 일부 회사는 사고추적시스템을 사용해 경보와 보안사고를 관리한다. 스프레드시트에서 수동으로 문제를 추적하는 회사도 있다. 사용 중인 시스템에서 사건 샘플을 요청하고 마지막까지 경고를 추적해야 한다. SIEM이나 다른 시스템의 규칙이 경고를 하고 있지만 아무도 조치를 취하지 않는 경우 해당 경고가 생성되는 이유나 취해진 대응 조치가 없는 이유를 질문해야 한다.

사건을 탐지하고자 SIEM과 SOC에서 사용하는 기타 도구 외에 직원도 의심스러운 활동을 발견할 수 있다. 직원이 보안사고나 우려사항을 신고할 수 있고 또한 해당 신고 사항이 해결되도록 추적하는 메커니즘이 있는지 확인한다. 최근에 신고된 사건의 샘플을 검토해 사건이 적절하게 해결됐는지 확인한다.

8. 보안팀의 사고대응기능을 평가해 조직이 다양한 종류의 보안사고에 효과적으로 대응할 수 있는지를 확인한다.

거의 모든 경보, 바이러스 탐지나 피싱 보고서는 일종의 대응 방침을 포함하고 있다. 많은 회사에서 사고의 심각성에 따라 대응 유형이 달라진다. 중대한 보안사고가 발생하면 팀은 공식적인 사고대응IR 절차를 발동할 수 있다. 이를 통해 각 단계를 바르게 이행하면서 회사 내의 해당 사람들에게 상황을 알릴 수 있다. 감사인은 IR 기능을 검토해 문서화된 프로세스가 존재하며, 또한 보안사고가 발생하면 그에 따르는지 확인한다.

방법

IR프로세스의 사본을 요청한다. 팀에 문서화된 IR프로세스가 없는 경우 조직에서 대규모 보안사고를 처리하는 방법을 평가해야 한다. 예를 들어 대부분의 조직은 성가신 바이러스에 대응할 준비가 돼 있지만, 랜섬웨어ransomware 사고가 조직의 시스템 절반에 영향을 미치고 비즈니스 애플리케이션을 마비시키는 경우 보안팀은 어떻게 대응할 것인가?

효과적인 IR계획에는 다음 구성 요소가 포함돼야 한다.

- 다양한 수준의 대응책을 마련하는 기준
- 사고 발생 시 주요 역할과 책임 식별. 예를 들어 대응 프로세스를 '담당'할 사고 관리자가 식별돼 있어야 한다.
- 보안관리, IT관리, 비즈니스팀, 법률 고문, 커뮤니케이션팀, 기타를 포함해 조직의 다른 영역에 연락하기 위한 책임자 결정

- 특정 사고 유형을 다룰 때 선호되는 행동 과정에 대한 지침. 예를 들어 소매 시스템과 관련된 사고는 시설 시스템과 관련된 사고와 다른 대응을 유도할 수 있다. 실제 상황에서 스트레스를 받는 중에 결정을 내리기보다는 가능한 경우 이러한 시나리오를 미리 문서화하는 것이 좋다.

보안 및 IT관리자는 물론 법무팀이나 위험관리 책임자와 같은 다른 이해 관계자가 IR계획을 검토해야 한다.

9. 보안팀의 다른 기능을 적절하게 평가한다.

규모가 크고 성숙한 조직이나 특정 산업에 속한 조직의 경우 보안 프로그램에 다른 요소가 있을 수 있다. 해당 요소가 적절한 통제하에 집행되지 않으면 생성된 보안 프로그램의 목적이 충족되지 못할 수 있다.

방법

다음은 몇 가지 기능의 예시다. 인터뷰와 문서편람의 입수를 비롯한 기본 감사 원칙을 이용해 해당 기능이 회사의 명시된 목표를 충족하는지 확인할 수 있다. 보안 아키텍처팀은 종종 다른 IT 영역이나 다른 보안팀의 컨설턴트 역할을 한다. 보안 설계자는 하나 이상의 영역에서 전문 기술 지식을 보유한 경우가 많으므로 보안 원칙을 광범위하게 이해하고 있으며, 이러한 지식을 여러 문제에 적용할 수 있다. 가장 일반적으로 보안 설계자는 회사의 주요 보안 관련 기획에 참여하거나, 기획을 주도하거나, 다른 IT팀과 협력해 프로젝트 작업에서 보안문제가 올바르게 처리되게 한다.

보안 인프라팀은 회사의 많은 기술 보안을 제공하는 장치와 소프트웨어를 관리한다. 여기에는 방화벽, 웹 게이트웨이, 원격접근 시스템, 다단계 인증 플랫폼, 인증 시스템, ID와 접근관리 소프트웨어 등이 포함될 수 있다. 이러한 많은 기술에 대한 감사는 이 책의 다른 부분에서 다룬다.

또한 보안팀은 자체 프로젝트를 갖고 있으며, 그 결과 범위 내에서 프로젝트 관리 활동을 수행할 수 있다. 건전한 프로젝트 관리 관행은 IT조직의 다른 곳과 마찬가지로 보안 노력에서도 중요하다. 회사 프로젝트 감사를 다룬 17장은 보안부서 내의 다른 프로젝트팀에도 적용된다.

10. 회사 데이터의 소유권 지정, 데이터 분류, 분류에 따른 데이터보호와 데이터 수명주기 정의를 위한 정책과 프로세스를 검토하고 평가한다.

IT는 회사 데이터를 보호하기 위한 기술과 메커니즘을 제공해야 한다. 하지만 특정 데이터 요소에 필요한 보호 수준(데이터의 중요도에 근거함)을 정하기 위한 프레임워크framework가 마련돼야 한다. 이 틀이 없다면 데이터보호 방식은 일관성이 떨어진다. 그 결과 일부 데이터가 비보호 상태에 놓이거나(따라서 중요한 정보자산을 위험에 노출시킴) 과잉보호(불필요한 비용으로 이어지는) 상태가 될 가능성이 있다. 데이터의 수명주기를 정해두지 않으면 데이터가 필요 이상으로 유지되거나(추가 보관 비용과 법적 책임의 발생 가능성) 조기에 파괴될 수 있다(운영상의 법적이거나 세법상의 문제가 발생할 수 있나).

방법

회사의 데이터 분류 방침을 검토한다. 중요한 회사 데이터의 소유자를 식별하기 위한 규정이 있어야 한다. 또한 중요도(예를 들어 기밀, 내부 데이터, 공개 데이터)를 기준으로 데이터를 분류하기 위한 틀을 준비해 둬야 한다. 이 틀은 각 분류 수준별 구체적 정의와 각 수준별 데이터의 보호 방법에 대한 특정 요건(예를 들어 암호화)을 규정해야 한다.

데이터 분류 방침이 구현됐다는 증거를 검토한다. 데이터 소유자와 해당 소유자가 자신의 데이터를 분류했음을 나타내는 문서를 찾아본다. 이 데이터 샘플에 대한 보호 조치가 분류 방침에 따라 이행됐다는 증거를 검토한다.

회사 데이터에 대한 수명주기 정보가 작성돼 왔는지를 판별한다. 주요 데이터 요소의 샘플을 입수해 보존, 아카이브, 파기 요건을 비롯해 데이터의 수명주기 요건에 대한 설명서를 검토한다. 이상적으로는 데이터를 활성화(온라인, 쉽게 접근할 수 있고, 상황에 맞게 수정할 수 있으며, 주기적으로 백업됨)해야 하는 기간, 데이터를 보존(오프라인, 쉽게 접근할 필요성이 없는, 더 이상 수정할 수 없는, 더 이상 주기적으로 백업되지 않는 상태)해야 하는 시간, 기간, 폐기 시기에 대한 요건을 식별해야 한다. 수명주기 요건이 이행됐다는 증거를 검토한다.

11. 조직의 IT 프로세스에서 보안정책과 보안 위험을 처리하는 방법을 알아본다.

기업은 최상의 정책과 뛰어난 인식과 취약점 프로그램을 갖춘 최상의 보안팀을 보유할 수 있겠지만, 일반적으로 조직이 광범위한 프로세스에 내재된 보안문제의 원인을 밝히지 못한다면 회피할 수 있는 보안문제가 발생할 수 있다. 감사인은 다양한 비즈니스 직무, 특히 IT 영역에서 보안요건을 이해하고 의문 사항이 발생할 경우 보안팀을 참여시키는지 확인해야 한다.

방법

IT부서의 운영팀이나 개발팀 구성원과 IT 프로세스에 대해 알아본다. 프로젝트 계획수립 기간 동안에 보안문제를 어떻게 다루는지 물어보고, 보안팀이 IT 프로젝트 작업 측면에 관여하는지 여부를 판별한다. 공식적인 프로젝트 승인 절차가 있는 경우 정보보안팀이 승인에 참여하는지 확인한다.

취약점 관리와 소프트웨어 패치 작업은 서로 밀접한 관계가 있으므로 시스템 관리나 소프트웨어 개발을 담당하는 팀은 패치 일정을 통해 소프트웨어 취약점이 완화되고 있음을 입증할 수 있어야 한다. 소프트웨어 개발팀은 보안 스캐닝 도구를 이용해 소프트웨어의 생성 중에 발생될 잠재적인 취약점을 식별해야 한다.

회사에 보안 아키텍처 기능이 있는 경우 광범위한 IT 노력 포트폴리오를 회사에서 어떻게 이용하는지 확인한다. 보안 설계자는 프로젝트 초기에 잠재적인 보안문제의 처리 업무를 지원하고, 전략적인 보안문제를 고려할 수 있게 해준다.

일반적으로 조직의 각 영역은 보안정책을 이해하고 각 프로세스에서 이러한 정책의 처리 방법을 명확하게 설명할 수 있어야 한다.

회사 프로젝트 감사에 대해 기술하고 있는 17장에서 프로젝트 관리의 일환으로 사이버보안 우려사항이 어떻게 다뤄지는지 고찰해보자.

12. 보안 담당자가 작업 수행에 필요한 기량과 지식을 갖게 하는 프로세스를 검토, 평가한다.

5장에서 설명한 것처럼 직원이 직무를 수행할 자격이 없으면 업무 품질이 저하된다. 이는 정보보안팀에서도 마찬가지다. 보안요원의 지식과 기량을 유지하고 향상시키기 위한 메커니즘이 없다면 그들의 지식은 구식의 쓸모없는 상태로 전락할 수 있다.

방법

보안팀과 관련된 인사^{HR} 정책과 절차를 검토한다. 이는 3장에서 IT에 대해 다뤘던 절차와 동일할 수 있다. 자격을 갖춘 인력을 채용하고 직원의 기량과 지식을 지속적으로 향상시킬 수 있는 메커니즘을 찾아본다. 이러한 정책과 절차가 준수됐다는 증거를 검토한다. 다음은 이와 관련한 몇 가지 예시다.

- 직무설명서가 모든 직책에 존재하고 직무설명서에 각 직무에 필요한 지식과 기량이 구체적으로 명시돼 있는지 확인한다. 채용 프로세스 중에 이러한 직무설명서가 참조됐다는 증거를 검토한다. 직무설명서를 최신 상태로 유지하기 위한 절차를 검토한다.
- 보안팀의 교육 정책을 검토하고 직원들이 기량과 지식을 향상시키고 업

데이트하고자 교육훈련 수업과 세미나에 참석할 수 있는 기회를 제공하는지 확인한다. 지난 한 해 동안 직원들이 교육훈련을 받았다는 증거를 찾아본다.

- 성과검토 절차를 검토한다. 직원들이 성과에 대한 정기적인 피드백을 받고 있다는 증거를 찾아본다. 성과가 개선되지 않는 경우 성과가 좋지 않은 직원을 식별하고 코치하고 조직 외부로 이동시키는 절차가 있는지 확인한다. 반대로 최고 성과를 낸 자를 발굴, 보상하고 회사에 남아 있도록 인센티브를 제공하는 절차가 존재하는지 확인한다.

13. 보안 프로그램의 목표에 상응하는 측정기준들을 수합해 적절한 관리 담당자에게 보고하는지 평가한다.

성과 기반 조직은 흔히 이렇게 말한다. "측정할 수 있어야 성과를 평가할 수 있다." 측정기준(지표)은 조직이 성과의 다양한 측면을 추적하는 데 도움이 되므로 사람, 프로세스, 기술에 대한 투자 결정의 동인으로 작용할 수 있다. 측정기준은 간단한 계측(예를 들어 일주일 동안 스팸으로 차단된 이메일 수)에서 성숙도나 성능(예를 들어 알려진 취약점을 해결하는 평균 시간)에 이르기까지 다양한 형태를 취할 수 있다. 보안팀은 자체 운영을 개선하고자 측정기준을 추적해야 하지만 이해관계자와 공유할 측정기준도 고려해야 한다. 이들은 항상 같은 항목이 아닐 수도 있다. 감사인은 수합된 측정기준, 공유 대상, 조직이 수행하는 작업을 식별해야 한다.

방법

조직이 제공하는 다양한 보안 서비스 이용자로부터 측정기준을 입수한다. 측정기준을 검토할 때 조직이 측정기준을 기반으로 조치를 수행하는지, 또는 측정 항목이 계측 목적만을 위한 것인지 고려해야 한다. 보안 분야에서 다양한 측정기준의 효과에 대해 많은 논쟁이 있지만, 일반적으로 다음과 같은 것들이 있다.

- 보안사고 건수
- 사고 탐지의 평균 시간/사고 해결에 소요될 평균 시간
- 바이러스 백신 소프트웨어, 데이터 손실 방지 시스템, 네트워크 방화벽, 웹 애플리케이션 방화벽 등 다양한 보안 시스템에서 나오는 경고 신호
- 보안정책에 대한 예외 건수
- 패치/패치되지 않은 시스템의 백분율
- 발견/해결/해결되지 않은 취약점의 건수
- 보안 프로그램 비용

측정기준을 수집할 수 없거나 거의 수집할 수 없다면 기술적인 제약이 있는지 또는 해당 측정기준이 무익하거나 팀이 해당 측정기준에 관심이 없는 것인지 여부를 이해해야 한다.

측정기준은 외부 평가나 외부 기준의 달성도 형태가 될 수도 있다. 예를 들어 조직이 NIST 800-53과 같은 구현 표준을 사용하는 경우 측정기준은 해당 표준에 대한 준수 비율을 나타낼 수 있다. 인터넷 보안 센터^{Center for Internet Security}의 중요 보안통제^{Critical Security Controls}, ISO 27001과 같은 표준, NIST의 사이버보안 프레임워크^{Cybersecurity Framework} 등에 대해서도 유사한 측정기준을 만들 수 있다. 이런 유형의 측정기준은 프로그램의 차이를 식별하고 투자 영역의 우선순위를 정하는 데 도움이 될 수 있다.

어떤 측정기준이든 간에 누가 데이터를 소비하는지 이해하는 것이 중요하다. 측정치를 검토하거나 측정치에 대응한 행동을 하지 않으면 조직에 미치는 가치가 거의 없다. 시스템 관리자가 관심을 갖는 측정기준은 고위 경영진이 관심을 갖는 측정기준과 다르지만, 조직은 다양한 이용자에게 적합한 측정기준을 제공할 수 있어야 한다. 측정기준이 경영진에게 제시되지 않으면 감사인은 경영진에게 해당 프로그램의 가치를 어떻게 이해하는지 문의해야 한다.

14. 보안팀 내에서 관리형 보안 서비스 공급업체^{MSSP, Managed Security Service Provider}의 활용을 둘러싼 절차를 검토한다.

3장에서 다룬 것처럼 많은 회사는 보안 프로그램의 일부를 비롯해 다양한 IT 지원 프로세스를 아웃소싱한다. 이러한 공급업체를 적절히 선택하고 관리하지 않으면 제공받는 서비스가 조직의 요구를 충족시키지 못할 수 있다. 보안 기능의 어느 부분이 아웃소싱됐는지에 따라 이러한 문제는 보안팀의 효율성을 떨어뜨리고 회사 위험을 증가시킬 수 있다.

MSSP는 일반적으로 프로그램의 특정 요소에 대한 모니터링 서비스를 제공한다. 예를 들어 MSSP는 모든 직원에게 스팸이나 피싱 신고를 받고 심사기능을 수행해 추가 주의가 필요한 사항을 식별할 수 있다. 일부 조직은 전체 보안운영센터를 MSSP에 아웃소싱할 수 있다. 소규모 조직에서는 MSSP를 활용해 특정 전문지식을 얻을 수 있지만, 대규모 조직에서는 이들에게 일부 기능을 별도로 운영하게 맡기고 내부 인적자원은 다른 부문에 노력을 집중하게 할 수 있을 것이다.

이 항목에 대한 감사단계는 3장에서 다뤘지만, 완전성을 기하고자 다시 한 번 해당 항목을 기술한다.

방법

공급업체를 선정하는 절차를 검토한다. 절차가 여러 경쟁 입찰을 요구하고, 사전 정의된 기준과 각 공급업체의 비교, 계약 협상을 돕기 위한 지식이 풍부한 조달 직원의 참여, 공급업체의 기술 지원 역량 평가, 유사한 규모 및 산업의 기업을 지원해 본 경험을 요구해야 한다. 철저한 비용 분석 수행, 각 공급업체의 자격과 재무 건전성 조사를 해야 한다. 최근 공급업체 선정 샘플의 경우 절차를 준수했다는 증거를 검토한다.

서비스 공급업체와 계약하는 경우 공급업체의 역할과 책임을 구체적으로 정의하고 정의된 SLA(서비스 수준 약정)를 포함해야 한다. 보안 서비스의 경우 서비스와 관런된 측정기준이나 보고서의 전달을 포함시킬 수 있다. 계약 샘플을 검토해 기대 치가 구체적으로 정의됐다는 증거를 확인한다.

공급업체가 회사 정보를 공개하지 못하도록 계약에 비공개 조항이 포함돼 있는지 확인한다. 이는 회사의 많은 부분에서 중요할 수 있다. 민감한 취약점 데이터나 조사 관련 정보가 외부인에 의해 악의적으로 사용될 수 있듯이 보안 관련 정보의 유출로 회사에 나쁜 영향을 끼칠 수 있다. 또한 회사에게 중대한 공급업체의 활동 을 검사할 수 있는 검사권 조항이 포함돼 있는지 계약 내용에서 확인한다. 계약 조항을 검토해 해당 조항이 해당되는 경우 적용할 수 있는지 확인한다.

기존 서비스 공급업체의 성능을 모니터링하고 감독하는 프로세스를 검토한다. 기존 공급업체의 샘플에서 SLA 준수 여부를 모니터링하고 계약에 정의된 책임을 수행하고 있다는 증거를 찾아본다.

15. 조직은 자체 보안통제의 효과성을 보장하고자 여러 가지 방법을 사용한다. 감 사인은 그 방법을 확인해봐야 한다.

기업은 정보자산을 보호할 때 수백 가지의 서로 다른 보안통제를 고려할 수 있다. 세계에서 가장 안전한 조직조차 모든 가능한 방어나 통제를 구현하지는 않는다. 비용, 복잡성, 유용성에 대한 절충이나 통제에 대한 직원 수용성을 고려해 특정한 통제 세트를 구현한다. 앞에서 설명한 단계에서 조직이 위험을 보는 방식과 위험 완화의 우선순위를 정하는 방법을 모두 파악할 수 있어야 한다. 그러나 자신이 구 현한 것이 보안 요구를 충족시키는 데 효과적이라는 것을 어떻게 알 수 있는가?

증명이나 인증, 외부감사, 사고대응 연습과 침투테스트를 비롯한 독립적인 평가 를 통해 통제의 효과성을 검사하고 격차에 대한 가시성을 제시할 수 있다.

외부감사팀에 의한 현장 방문을 포함시킬 수도 있는 독립적인 증명이나 인증 활 동은 SSAE(인증 계약 업무에 관한 기준서)나 ISO^{International Organization for Standardization}(국제표 준화기구)와 같이 널리 알려진 평가와 연계될 것이다. 이러한 제품군에는 통제평가를 위한 많은 영역이 있지만, 목적과 가장 관련이 있는 것은 정보보안관리시스템을 다루는 ISO 27000 시리즈, SSAE의 시스템과 조직 통제^{SOC} 인증이다. 두 경우 모두 외부 팀이 보안 기능과 다양한 통제기능을 검토한다. SSAE/SOC의 경우 일부 유형의 보고서에는 보안통제의 운영 효율성 평가가 포함된다.

이 책에 정의된 동일한 요소가 외부감사에도 많이 포함된다. 그러한 감사의 범위와 목적에 따라 평가 업무에는 세부적인 통제평가가 포함될 수 있다. 이상적인 경우 내부감사와 외부감사는 동일한 통제와 잠재적 차이를 찾는다. 부당한 영향을 받지 않고 수행된 외부감사의 결과는 통제환경의 정확한 실상을 그대로 보여주고, 경영진에게는 독립성의 중요성을 다시 한 번 각인시켜준다.

사고대응 연습은 해당 팀에서 사용하는 절차를 평가해 사고대응팀이 다양한 유형의 사건을 처리할 수 있는 능력을 테스트하기 위한 것이다. 사고대응 연습에는 법률팀, HR, 또는 개인정보보호팀, 운영팀, 커뮤니케이션 및 기타와 같은 주요 보안 사건의 영향을 받을 수 있는 개인이나 팀뿐만 아니라 대응팀의 다양한 구성원이 참여해야 한다. 이러한 유형의 연습을 통해 팀이 적절하게 의사소통하고 대응 절차를 올바르게 문서화하고 준수할 수 있다.

침투테스트는 조직의 보안통제를 평가하는 가장 좋은 방법이다. 침투테스트 또는 '펜^{pen}' 테스트는 통제를 무력화하려는 특정 개인이나 팀의 노력에 대해 통제가 견뎌낼 수 있는지를 확인하는 것이다. 펜 테스트에는 사회적 공작, 물리적 탐사, 취약점 검색, 알려지거나 알려지지 않은 악용 수법의 사용 등이 포함될 수 있다. 이러한 테스트는 일반적으로 관련 당사자가 정한 특정 규칙에 따라 숙련된 개인이 수행한다. 펜 테스트는 특정 목표물이나 특정 목표에 대해 수행되거나(특정 고부가가치 응용 평가), 성격상 일반적인 테스트 방법으로 적용될 수 있다(주변 방어 평가).

감사인은 독립적인 평가의 여부, 범위, 빈도뿐만 아니라 해당 평가 결과를 처리하는 데 사용되는 프로세스를 평가해야 한다.

방법

CISO나 위임받은 자와의 인터뷰를 통해 조직이 보안 프로그램을 평가하고자 어떤 유형의 독립적 평가 방법을 적용하는지 확인한다. 이러한 노력으로 생성된 항목들을 조사해 실제 통제 테스트를 포함하는지 확인한다. 결과의 처리와 해결 방법을 검토한다. 외부 평가 결과에는 조직이 개선할 수 있는 방법에 대한 권장 사항이 포함돼야 한다. 권장 사항일 뿐이지만 조직에서는 정보를 고려하고 처리 방법을 결정하는 몇 가지 프로세스를 갖춰야 한다. 한 가지 일반적인 관행은 적격성을 갖춘 관리팀과 결과를 검토하고 어떤 권장 사항을 처리할지 조율하는 것이다. 이러한 논의에서 도출된 조치를 추적해 마무리해야 한다.

지식 베이스

정보보안 프로그램의 구성과 범위는 회사별로 다르다. 그러나 감사인은 보안정책 모델, 관리구조 등의 분야에서 많은 참고 자료를 활용할 수 있다. SANS(www.sans.org), 정보시스템 감사 및 통제협회[ISACA](www.isaca.org), 내부감사인협회[IIA](www.theiia.org) 등의 조직은 보안 프로그램 모범 실무에 대한 정보를 제공한다. ISO는 정보보안관리시스템을 다룬 ISO 27001을 포함한 기준들을 발행(유료)하고 있다. 마지막으로 외부감사인과 이런 주제의 정보를 공유해야 한다.

다음은 4장의 주제에 따른 자세한 정보를 찾을 수 있는 참고 자료들의 목록이다.

자원	웹 사이트
정보시스템감사 및 통제협회	www.isaca.org
내부감사인협회	www.theiia.org
국가 취약점 데이터베이스	https://nvd.nist.gov
미국 컴퓨터 긴급 준비팀(US-CERT)	www.us-cert.gov

자원	웹 사이트
SANS	www.sans.org
일반적인 취약점 및 위험노출 사례(CVE)	cve.mitre.org
전국표준 및 기술협회(NIST CSF)	www.nist.gov/cyberframework
국제표준화기구(ISO) 27001	www.iso.org/isoiec-27001-information-security.html
인터넷 보안센터	www.cisecurity.org
컴퓨터 보안자원센터	https://csrc.nist.gov

종합 체크리스트

다음은 사이버보안 프로그램 감사에 적용될 제반 단계를 요약한 것이다.

사이버보안 프로그램

사이버보안 프로그램 감사용 체크리스트
☐ 1. 전체 조직 내에 존재하는 사이버보안 프로그램 상태를 평가하고 감독의 적절성을 확인한다.
☐ 2. 조직의 정보 관련 위험관리 절차를 평가한다. 사이버보안 위험의 식별과 관리방법도 평가한다.
☐ 3. 사이버보안 프로그램의 범위와 조직 내의 다른 IT기능과의 관계를 평가한다.
☐ 4. 조직의 보안정책과 규정 준수 기능을 검토해 IT보안정책이 존재하고 동 정책이 당해 환경의 보안에 적절한 요구사항을 제시하는지 확인한다. 이러한 정책의 커뮤니케이션 방법과 규정 준수의 모니터링, 시행방법을 알아본다.
☐ 5. 보안 위험과 우려사항에 대한 직원 교육 방법을 검토하면서 보안팀의 인식과 커뮤니케이션 기능을 검토한다.
☐ 6. 조직의 취약점 관리 기능을 검토해 보안팀이 새로운 위협과 취약점을 자각하고 있으며, 당해 환경에서 위험에 처한 시스템을 식별하기 위한 프로세스를 갖추고 있는지 확인한다.

	사이버보안 프로그램 감사용 체크리스트
☐	7. 로그 수집, 경고 처리, 탐지 기능을 검토해 보안팀의 보안 모니터링 기능을 평가한다.
☐	8. 보안팀의 사고대응기능을 평가해 조직이 다양한 종류의 보안사고에 효과적으로 대응할 수 있는지를 확인한다.
☐	9. 보안팀의 다른 기능을 적절하게 평가한다.
☐	10. 회사 데이터의 소유권 지정, 데이터 분류, 분류에 따른 데이터보호와 데이터 수명주기 정의를 위한 정책과 프로세스를 검토하고 평가한다.
☐	11. 조직의 IT 프로세스에서 보안정책과 보안 위험을 처리하는 방법을 알아본다.
☐	12. 보안 담당자가 작업 수행에 필요한 기량과 지식을 갖게 하는 프로세스를 검토, 평가한다.
☐	13. 보안 프로그램의 목표에 상응하는 측정기준들을 수합해 적절한 관리 담당자에게 보고하는지 평가한다.
☐	14. 보안팀 내에서 관리형 보안 서비스 공급업체(MSSP, Managed Security Service Provider)의 활용을 둘러싼 절차를 검토한다.
☐	15. 조직은 자체 보안통제의 효과성을 보장하고자 여러 가지 방법을 사용한다. 감사인은 그 방법을 확인해봐야 한다.

데이터센터와 재해복구

일반적으로 정보기술^{IT} 처리 시설은 데이터센터라는 명칭으로 알려져 있다. 대다수 현대 조직 운영의 핵심적 위치에서 거의 모든 중요 비즈니스 활동을 지원해준다. 5장에서는 다음과 같은 영역을 포함해 데이터센터 통제의 감사단계를 알아본다.

- 물리적 보안과 환경관리
- 시스템과 사이트 복구
- 데이터센터 운영
- 재해대비

배경지식

세계 최초의 범용 전자식 컴퓨터^{ENIAC, Electronic Numerical Integrator and Computer[1]}가 개발된 1946년 이래 줄곧 컴퓨터 시스템들은 환경, 전력, 물리적 보안요건들을 개별적으로 갖춰왔다. 1950년대 후반부터 메인프레임 컴퓨터가 널리 보급되면서 이러한 요건들을 충족시키기 위한 목적으로 데이터센터를 만들게 됐다. 지금은 많은 기업이 독자적인 데이터센터나 공동 시설에 위치한 데이터센터를 갖고 있다. 과거

---

1. ENIAC은 세계 최초의 전자식 범용 디지털 컴퓨터다. 펜실베니아 대학의 교수 모클리(Mauchly)는 이 대학의 조교였던 에커트(Eckert)와의 공동 연구 끝에 1946년 ENIAC(전자식 수치 분석 계산기)을 개발했다. 미국 국방부의 15만 달러 연구 개발비 지원을 받아 2차 세계대전 중 극비로 제작했다. 미 육군 탄도연구소에 설치된 후 1955년10월까지 사용됐고 지금은 NJ 스미스소니언 박물관에 보존돼 있다. ENIAC은 진공관(18,800개)으로 구성됐으며, 무게는 30톤, 길이 30m, 높이 3m, 가동 시 150킬로와트의 전력을 필요로 한다. 명령은 내장돼 있지 않았고 외부에 놓여 있는 배선반과 스위치를 통해 제공됐다(소영일 외 2인, 『대학 컴퓨터』,1장 참고). – 옮긴이

에 전용 데이터센터나 공동 시설에 위치한 데이터센터에서 서비스를 받아왔으나 최근에는 많은 기업이 클라우드cloud를 이용하고 있다(이 개념에 대한 추가적 논의는 16장 참고).

오늘날의 데이터센터는 물리적 접근통제의 인프라, 환경관리, 전력과 네트워크 연결, 화재진압시스템과 경보시스템을 갖추고 있다. 이러한 데이터센터 인프라는 지속적으로 최적의 컴퓨팅 환경[2]을 유지하도록 설계돼 있다.

회사의 시스템과 데이터의 가용성, 무결성, 기밀성을 보호하는 데 필요한 모든 시스템과 절차가 있으며, 올바르게 작동하는지 확인하고 검증하는 것이 감사인의 역할이다.

데이터센터 감사의 기본사항

데이터센터는 컴퓨터 하드웨어, 운영체제 및 애플리케이션들로 구성돼 있으며, 조직의 중요시스템을 수용하게 설계된 시설이다. 주문의 이행, 고객 관계관리CRM 및 회계와 같은 특정 업무 프로세스를 지원하고자 애플리케이션들이 활용된다. 그림 5-1은 데이터센터 시설, 시스템 플랫폼[3], 데이터베이스, 애플리케이션, 업무 프로세스 간의 관계를 보여준다.

---

2. 코딩과 컴퓨팅 – 인간은 작업 명령을 컴퓨터에 내릴 뿐이다. 인간이 컴퓨터와 소통할 수 있는 수단이 있어야 하는데, 이때 사용하는 언어를 컴퓨터 '프로그래밍 언어'라고 한다. 반면 컴퓨터의 기계어는 '1'과 '0'으로 이뤄진 '디지털 2진수 언어'다. 이렇게 언어에는 '인간의 언어', 인간과 컴퓨터를 연결해주는 '프로그래밍 언어', 컴퓨터가 이해하는 '2진수 디지털 언어' 등 세 종류의 언어가 있다. 이 세 종류의 언어를 넘나들면서 사람의 생각을 컴퓨터가 이해할 수 있게 번역하는 작업을 '코딩'이라고 한다. 코딩보다 더 확대된 개념은 '컴퓨팅(Computing)'이다. 코딩을 포함해 컴퓨터를 이용해 인간의 생각을 구현하는 체계적, 수학적, 과학적, 논리적 사고 체계와 그 일련의 작업을 컴퓨팅이라고 부른다. 더 나아가 컴퓨터 기술 자원을 개발하고 사용하는 모든 활동을 가리키기도 한다. 컴퓨터를 이용한 과학적인 문제해결, 논리, 절차, 방법을 '컴퓨팅 사고'라고 한다(김정호, KAIST 전기전자공학과 교수). – 옮긴이
3. 플랫폼(platform)이란 사람들이 열차를 타고 내리는 정거장처럼 온라인에서 상품과 콘텐츠를 사고팔거나 마케팅을 하는 일종의 거래 장터를 뜻한다. 유튜브, 아마존, 구글, 앱스토어, 페이스북 등은 각각 동영상, 전자상거래, 검색, 앱, 소셜미디어의 플랫폼이다. 배달앱 시장의 경우 사업자(요식업 등)가 배달원을 고용하는 대신 배달의 민족 등 플랫폼 기업을 통해 플랫폼 노동자를 공급받는 구조다. 앱은 일종의 온라인 직업소개소 역할을 한다. – 옮긴이

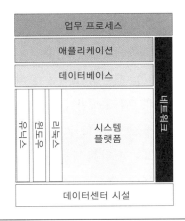

그림 5-1 데이터 처리 계층 체계

그림에서 보여주는 것처럼 데이터센터 시설은 처리 계층의 하부 구조에 놓여 있으므로 위험을 완화하는 데 필요한 통제기능^controls^을 갖추는 것이 중요하다. 데이터센터에 대한 주요 위협은 다음과 같다.

- 날씨, 홍수, 지진, 화재와 같은 자연 위협
- 테러 사건, 폭동, 도난, 방해 행위와 같은 인위적 위협
- 극한 온도, 습도와 같은 환경 위험
- 전력, 통신과 같은 유틸리티 손실

이러한 위협의 대부분은 본질적으로 물리적이라는 것을 알 수 있다. 오늘날 첨단기술의 시대에 살고 있는 우리는 물리적 통제의 중요성을 간과한 채 논리적 통제에 모든 역량을 집중시키기 쉽다. 그러나 논리적 접근통제기능이 우수하더라도 이러한 물리적 위협은 시스템의 보안과 가용성을 손상시킬 수 있다.

데이터센터에서 일해보지 않은 사람들에게는 데이터센터가 다소 위압적으로 느껴질 수 있다. 특히 대규모로 조성된 환경과 공동 배치된 여러 시설에서 데이터센터로의 접근 경험은 위협적인 맨트랩^man-trap^[4], 물리적 경비원, 생체인식 리더기, 카

---

4. 한 번에 한 사람만 통과할 수 있게 특별히 설계된 문을 의미한다. – 옮긴이

드 키 접근 인증 시스템을 이용해 할 수 있다.

컴퓨팅 환경으로 들어가면 높은 층에 설치된 컴퓨터 시스템 랙을 볼 수 있다. 많은 데이터센터가 천장에 매달려 있는 개방형 도관을 통해 케이블을 연결하지만 대부분의 경우 수 마일의 전력 및 네트워크 케이블은 돌출마루 아래로 지나간다. 또한 항상 청정한 무정전 전력을 사용할 수 있도록 발전기, 대형 전력 조절장치, UPS 장치(무정전 전원공급장치)나 배터리로 채워진 방을 목격할 수 있다. 대부분의 데이터센터는 시설 내에서 최적의 온도와 습도 수준을 유지하고자 산업용에 적합한 난방, 환기, 공조 시스템을 갖추고 있다.

데이터센터 시설의 핵심은 통제센터다. 일반적으로 온도, 습도, 전력 소비, 경보, 중요시스템 상태를 모니터링하는 데 사용되는 일련의 콘솔과 컴퓨터 모니터로 구성돼 있다. 통제센터가 데이터센터 내에 실제로 위치한 경우 데이터센터 직원이 지속적으로 관리하는 유일한 영역은 통제센터 운영과 테이프 작업이 될 수 있을 것이다.

데이터센터 감사의 목적상 여기서는 물리적 보안과 환경관리, 시스템과 사이트 복구 통제, 데이터센터 운영 관리에 사용되는 정책, 계획 및 절차와 재난 대비를 가능하게 하는 통제들을 알아본다.

물리적 보안과 환경관리

데이터센터에는 일반적으로 시설 출입통제시스템, 경보시스템, 화재진압시스템을 비롯한 물리적 보안과 환경관리라고 하는 여러 유형의 시설 기반 통제들이 통합화돼 있다. 이들 시스템은 무단 침입을 방지하고 손상을 유발하기 전에 문제점을 탐지하며, 화재확산을 방지하게 설계돼 있다.

시설 접근통제시스템

작업자에게 시설에 대한 물리적 진입을 허용하기 전에 작업자를 인증하는 것이 시설 접근통제시스템이며, 데이터센터 내에 있는 정보시스템을 보호하고자 이렇게 한다. 알고 있는 것, 갖고 있는 것, 본인의 신체적 특성을 기반으로 인증을 하는 논리적 접근통제시스템과 같이 물리적 접근통제시스템도 이와 동일한 개념을 사용한다. 예를 들어 '알고 있는 것'은 출입문의 PIN 코드일 수 있다. '있는 것'에는 카드 키 시스템이나 근접 배지badge 시스템이 포함되거나 문을 열 수 있는 물리적 키가 있을 수 있다. 경우에 따라 접근통제시스템은 표준 키 잠금이나 단순 잠금 키일 수 있지만, 접근통제를 위한 단독 실행형 메커니즘으로 선호되지는 않는다는 것을 나중에 알게 될 것이다. '신원'에는 지문, 손 모양, 심지어 망막 특성을 인식하는 생체인식 장치가 포함될 수 있다. 이는 시설에 입장해야 하는 개인을 인증하는 데 사용된다.

접근통제시스템은 맨트랩을 사용해 인증 메커니즘을 실행할 수 있다. 맨트랩은 복도나 작은 옷장 크기의 방으로 분리된 두 개의 문으로 구성된다. 시설에 출입하는 사람들은 복도로 들어갈 수 있는 문을 열려면 먼저 인증을 받아야 한다. 첫 번째 문이 닫힌 후 데이터센터 시설로 이어지는 문을 열려면 다시 인증을 받아야 한다. 두 개의 문을 동시에 열 수는 없다. 누군가가 보안망을 우회해 첫 번째 문을 통해 복도에 접근할 수 있더라도 접근통제시스템이 데이터센터 자체에 대한 접근을 차단하면 그 사람은 효과적으로 갇히게 된다.

경보시스템

화재, 물, 극심한 고열과 습도 수준, 전력 변동, 물리적 침입으로 인해 데이터센터 운영이 위협을 받게 되므로 데이터센터는 여러 유형의 경보시스템을 구현해야 한다. 특히 일반적으로 볼 수 있는 경보의 유형은 다음과 같다.

- 도난경보(마그네틱 도어, 창, 캐비닛 센서, 동작 센서, 오디오 센서 포함)
- 화재경보(일반적으로 시설의 다른 부분을 포함하는 구역으로 분리된 열이나 연기 활성화 센서)

- 수돗물 경보(보통 바닥 아래, 욕실 근처, 수도관 덕트에 센서가 있음)
- 습도 경보(일반적으로 센서가 시설 전체에 분산돼 있음)
- 전력 변동 경보(전력망에서 딥^{dips}과 스파이크를 감지할 수 있는 센서 포함)
- 화학 물질이나 가스 경보(때때로 배터리 실이나 공기 흡입구 근처)

이러한 경보시스템에서 생성된 정보는 일반적으로 데이터센터의 운영 센터로 이송된다. 경보 상태 동안 작업자는 드릴 도구를 이용해 특정 센서의 뚜껑을 연 다음 감시 카메라를 참조해 문제의 원인을 격리할 수 있다.

화재진압시스템

많은 양의 전기 장비로 인해 화재는 데이터센터의 주요 위협 요인이다. 따라서 데이터센터에는 일반적으로 정교한 화재진압시스템이 장착돼 있으며, 충분한 수의 소화기가 있어야 한다. 일반적으로 화재진압시스템에는 수성 시스템과 가스 기반 시스템의 두 종류가 있다.

시스템과 사이트 복구

데이터센터에 상주하는 컴퓨터 시스템은 비즈니스 기능을 자동화하는 데 활용되므로 비즈니스 운영 시 언제든지 사용할 수 있어야 한다. 중요한 비즈니스 운영을 수행하려면 시스템을 계속 사용할 수 있게 해야 한다. 이를 위해 데이터센터는 다양한 유형의 통제기능을 통합적으로 설정할 필요가 있다. 이러한 통제기능들은 전력, 컴퓨팅 환경, 광역 통신망$^{WAN, Wide Area Network}$을 보호하게 설계된다.

전력

컴퓨터가 계속 작동하려면 청정한 전력이 매우 중요하다. 스파이크^{spikes}, 서지^{surges}, 처짐^{sags}, 브라운아웃^{brownouts}, 정전^{blackouts}과 같은 전력 변동은 컴퓨터 구성 요소를 손상시키거나 충격을 줄 수 있다. 이런 위험을 완화하고자 데이터센터는 다음을 비롯해 여러 계층에서 중복적으로 전력을 공급받아야 한다.

- 중복 전원공급장치(데이터센터를 둘 이상의 전원 그리드에 연결)
- 접지(접지 상태에서 중요한 구성 요소로부터 전원을 공급받음)
- 전력 조절(유해한 스파이크와 처짐을 평평히 하게 함)
- 배터리 백업 시스템이나 UPS(전원 변동, 브라운 아웃 또는 정전 시 중단 없는 전원 공급)
- 발전기(장시간 정전 시 전력 공급)

난방, 환기, 냉방(HVAC)

온도와 습도가 너무 높으면 컴퓨터 시스템이 손상될 수 있다. 컴퓨터가 안정적으로 작동하려면 특정 환경 조건이 필요하므로 HVAC 시스템을 제어해야 한다. 데이터센터는 일반적으로 정교한 중복성을 제공한다. 일정한 온도와 습도를 유지하고 종종 필요한 용량의 두 배를 제공하는 시스템을 갖추고 있다.

네트워크 연결

내부 네트워크든 인터넷이든 관계없이 사용자는 네트워크 연결을 통해 데이터센터 시설 내에 있는 정보시스템에 접근한다. 네트워크 연결성이 중요하다. 데이터센터 시설에는 여러 이동 통신사를 통한 인터넷과 WAN 연결이 중복되는 경우가 많다. 한 운송업체가 네트워크 중단을 경험해도 다른 운송업체가 시설에 서비스를 제공할 수 있다.

데이터센터 운영

데이터센터는 자동화되도록 설계됐지만 운영 직원이 필요하다. 결과적으로 데이터센터 운영은 정책, 계획, 절차에 따라 관리해야 한다. 감사인은 정책, 계획, 절차에서 다루는 다음 영역을 찾아봐야 한다.

- 물리적 접근통제
- 시스템과 시설 모니터링
- 시설과 장비 계획, 추적 및 유지보수
- 정전, 긴급 상황과 경보 조건에 대한 대응 절차

재해대비

모든 데이터센터는 자연재해와 인공재해에 취약하다. 재난이 데이터센터에 닥쳤을 때 그러한 시설에서 서비스를 제공받아온 조직은 비명을 지르며 멈춘다는 것을 역사에서 배웠다. 감사인의 임무는 시설에서 다음을 포함해 데이터 처리 중단의 위험을 완화하는 물리적 및 관리적 통제를 식별하고 측정하는 것이다.

- 시스템 복구
- 데이터 백업과 복원
- 재해복구계획

 참고 비즈니스의 연속성을 다루는 것은 이 장의 범위에 포함되지 않는다. 대신 데이터센터 내에 있는 시스템과 관련된 조직의 IT환경에 대한 재해복구 관련 통제에 중점을 두기로 한다.

데이터센터 감사를 위한 테스트 단계

데이터센터 감사 중에 감사인은 다음과 같은 주제를 다뤄야 한다.

- 주변과 외부 위험 요소
- 물리적 접근통제
- 환경관리
- 전력과 전기

- 화재진압
- 데이터센터 운영
- 시스템 복원력
- 데이터 백업과 복원
- 재해복구계획

이러한 각 영역별 테스트 단계를 자세히 알아보자.

주변과 외부의 위험 요소

데이터센터 기능을 감사할 때는 먼저 데이터센터가 처해 있는 환경을 평가해야 한다. 목표는 고위험 위협요인들을 식별하는 데 있다. 예를 들어 범죄율이 높은 지역, FEMA^{Federal Emergency Management Agency} 홍수 구역, 또는 지역 공항의 비행경로에 감사대상인 데이터센터가 놓여있을 수 있다. 이러한 유형의 환경 특성은 잠재적인 위협을 드러낸다. 감사인은 이러한 위협 중 어느 하나가 실현될 가능성을 줄이는 통제기능을 찾아볼 것이다.

1. 데이터센터의 외부 조명, 건물 방향, 간판, 울타리, 주변 특성을 검토해 시설 관련 위험을 식별한다.

데이터센터 시설은 정보시스템과 직원에게 물리적으로 안전한 환경을 제공해야 한다. 폭탄, 물리적 침입, 날씨 관련 사건을 통한 물리적 보안침해는 직원의 안전과 정보의 보안을 손상시킬 수 있다.

방법

데이터센터 시설에 대해 물리적 검사를 행한다. 건물이 연석에서 얼마나 멀리 떨어져 있는지, 차가 건물에 너무 가까이 가지 않게 막는 장벽(예를 들어 볼라드)이 있는지 여부에 유의한다. 차량 사고나 차량 폭탄이 데이터센터에 영향을 줄 위험을 줄일 수 있는 통제 방안을 찾아본다.

데이터센터가 있는 건물의 층을 확인한다. 지하와 지면 수준의 데이터센터가 홍수에 취약하기 때문에 이 정보는 중요하다. 더 높은 층에 있는 데이터센터는 번개, 바람, 토네이도 피해를 받기 쉽다. 이상적인 것은 지상 5피트 정도의 단일 층의 데이터센터다. 기존 데이터센터에 대한 감사를 수행하는 경우 피감사인의 층이 마음에 들지 않기 때문에 피감사인으로 하여금 층을 옮기게 할 수는 없다. 그러나 이 정보는 보완통제를 찾는 데 도움이 된다. 예를 들어 데이터센터가 지면 아래에 있는 경우 감사인은 물 감지 제어(이 장의 뒷부분에서 설명)에 집중할 것이다. 이는 회사의 프로젝트 초기에 참여하는 것이 가치 있는 이유에 대한 훌륭한 사례다. 감사인이 새 데이터센터의 개발 초기에 테이블에 초대된다면 위치 선정에 영향을 줄 수 있을 것이다. 그렇지 않으면 기존 위치의 문제를 보완하기 위한 통제를 제안하기만 하면 된다.

표시판: 외부 안내 표시판을 검토해 시설 내에 데이터센터가 있다는 것이 통행인에게 명확히 드러나는지 판단한다. 데이터센터는 주요 도로에서 멀리 떨어져 익명으로 표시돼야 하며, 눈에 잘 띄지 않아야 한다. 실제로 대부분의 데이터센터는 보안 산업에서 알려진 개념, 즉 모호성을 적용한다. 상대적 익명성을 유지하면 시설이 스파이, 도난, 방해 행위의 대상이 될 가능성이 줄어든다. 내부 간판도 검토한다. 일반적으로 건물에 회사 외부 방문자의 출입이 빈번한 경우 건물의 방문자를 데이터센터로 안내하지 않는 것이 가장 좋다.

주변: 다음 질문은 "데이터센터 시설의 이웃은 누구입니까?"다. 다중 테넌트tenant 건물에 있는가, 아니면 독립형 구조인가? 이웃이 가까운 곳에 있다면 어떤 종류의 사업을 하고 있는가? 창고나 제조 시설 옆에 위치한 데이터센터는 위험한 물질의 유출이나 화재의 영향을 받을 위험이 증가할 수 있다. 이상적인 것은 이웃이 없는 독립형 구조다. 또한 기존 데이터센터를 감사하는 경우 이 정보에 영향을 주는 것은 어렵지만 정보를 알면 필요한 보완통제를 식별하는 데 도움이 된다. 예를 들어 다중 테넌트 시설에 있는 경우 데이터센터에 독립형의 분리된 유틸리티(예를 들어

전원공급장치)가 있어 다른 테넌트가 데이터센터의 전원공급장치, 물 공급장치 등에 부정적인 영향을 미치지 않게 제안할 수 있다.

외부 조명: 외부 조명을 평가한다. 적절한 조명은 시설 주변의 범죄와 약탈을 방지한다. 중요 시설의 외벽과 주차장은 적당한 거리에서 볼 수 있는 강도 수준으로 균일하게 조명돼야 한다.

울타리: 침입자를 막기 위한 시설 주변 울타리의 적합성을 평가한다. 3~4피트(1~1.2m)의 울타리는 일반적인 침입자를 저지한다. 6피트(1.8m)의 울타리는 등반하기가 매우 어려우므로 잠재적인 침입자를 추가로 저지한다. 상단에 철조망이 있는 8피트(2.5m) 울타리는 가장 결정적인 침입자를 저지할 것이다.

2. 데이터센터 위치가 환경 위험에 주는 영향을 조사하고, 응급 서비스까지의 거리를 확인한다.

홍수, 악천후, 교통 관련 사고와 같은 환경 위협은 데이터센터를 파괴하거나 심각하게 손상시킬 수 있다. 비상사태가 발생하면 당국의 신속한 대응이 중요하다. 따라서 소방서, 경찰서, 병원과의 근접성이 중요하다.

방법

현장 방문 시 분명하게 드러나지 않을 수도 있는 환경 위험을 식별하기 위한 연구를 수행한다. 다음 영역에 관한 정보를 찾아본다.

- 홍수 고도
- 날씨와 지각 변동 위험
- 교통 관련 위험에 대한 근접성
- 지역 범죄율
- 산업 지역과의 근접성

- 응급 서비스와의 근접성

기존 시설을 검토하는 경우 데이터센터 이전을 권장하는 것은 보통 현실적이지 않기 때문에 이러한 특성이 데이터센터의 존재에 영향을 미치지 않을 수 있다. 그러나 감사 중에 이 정보를 사용해 적용해야 할 보완통제를 결정할 수는 있다. 이상적으로는 신 데이터센터를 신축하는 동안 이러한 요소의 존재에 근거해 해당 위치에 영향을 줄 조언을 할 수 있을 것이다. 그러나 데이터센터가 이미 구축된 경우에도 경영진에게 비즈니스 위험에 대해 알리는 것은 감사인의 책임이다. 이러한 위험을 완화하고자 제한된 자원을 어디에 사용할 것인지 정하는 것은 경영진의 책임이다. 데이터센터를 이전하는 것이 현실적이지 않더라도 추가 모니터링과 재난복구 기능을 갖추도록 제안하는 것이 합리적일 수 있다.

홍수 고도: FEMA에 따르면 홍수는 미국에서 가장 흔한 위험 중 하나다. 인터넷에서 홍수 지역 정보를 찾는 것은 비교적 쉽다.

 참고 홍수 위험을 평가하는 감사인에게 도움이 될 수 있는 인터넷 출처는 https://hazards.fema.gov와 https://msc.fema.gov가 있다.

또한 건물 내 데이터센터 위치에 기인해 발생하는 홍수 위험을 식별해야 한다. 데이터센터 바로 위와 옆의 방에 위치해 있는 것이 무엇인지를 확인한다. 화장실과 물 사용량이 빈번한 다른 방은 데이터센터에 누수위협을 유발시키며, 파열된 수도관으로 물이 유입될 위험이 있다.

날씨와 지각 변동 위협: 지역마다 다른 날씨와 지각 변동 위험이 발생하기 때문에 데이터센터가 상주하는 지리적 영역에서 이러한 위협 중 어느 것이 널리 퍼져있는지 이해해야 한다. 예를 들어 감사 중인 데이터센터가 텍사스 댈러스에 있는 경우 위협은 토네이도, 홍수와 심한 고온이 될 것이며, 캘리포니아 북부에서는 지진 위협이 발생할 수 있다.

참고 몇 가지 우수한 기상 관련 인터넷 출처에는 www.noaa.gov, https://earthquake. usgs.gov, https://hazards.fema.gov가 있다.

교통 관련 위험에 대한 근접성: 비행기, 기차, 자동차는 데이터센터 운영에 또 다른 위험을 나타낸다. 구체적으로 감사 중인 데이터센터가 공항의 비행 경로에 있거나 철도 노선이 시설 근처에 있는 경우 드물기는 하지만 비행기가 추락하고 열차가 탈선해 위험에 처할 수 있다. 지도와 관측은 근처 교통 관련 위험을 식별하는 좋은 방법이다.

지역 범죄율: 데이터센터가 범죄가 많은 지역에 있을 경우 도난과 기타 범죄의 위험이 더 높다. 따라서 조사해야 할 또 다른 통계는 지역 범죄율이다. 해당 지역의 범죄율이 높은 경우 강화 울타리, 보안요원의 추가 배치, CCTV와 경계경보시스템 같은 위험완화용 통제를 권고하는 것이 좋다.

참고 온라인 범죄 통계에 관한 몇 가지 유용한 출처는 www.ucrdatatool.gov와 www.cityrating.com/crimestatistics.asp가 있다.

산업 지역과의 근접성: 많은 데이터센터 시설은 공장과 창고 근처의 산업 지역에 있다. 이러한 지역은 일반적으로 범죄율이 높고 데이터센터 운영에 영향을 미치는 유해 물질의 유출 위험이 높다. 따라서 데이터센터가 산업 지역에 위치한 경우 해당 지역의 고유위험을 평가하고 필요한 보완통제를 결정해야 한다. 마찬가지로 자신의 건물 내에서 데이터센터 바로 위와 옆 방의 용도를 확인한다. 화학 물질과 관련된 제조 공정과 기타 공정은 화학물질의 누출과 폭발 위험이 있다.

응급 서비스와의 근접성: 데이터센터 내에서 응급 상황이 발생하면 통과하는 데 걸리는 일 분 일 초마다 높은 비용이 발생될 수 있다. 따라서 경찰서, 병원, 소방서까지의 거리를 평가하는 것이 중요하다. 다시 말하지만 이러한 것은 상황 발생 후에 영향을 줄 수 있는 영역은 아닐 것이다. 그렇지만 나머지 감사를 수행할 때 좋은 배경 정보를 제공하므로 현장에서 필요한 성능 수준과 외부에서 의존할 수 있는 성능 수준을 측정하는 데 도움이 될 수 있다.

물리적 접근통제

도둑이 물리적 접근통제 메커니즘을 무력화해 민감한 정보에 무단으로 접근하는 몇 가지 정보보안 사건들이 발생하고 있다. 따라서 물리적 접근을 제한하는 것은 논리적 접근을 제한하는 것만큼이나 중요하다. 데이터센터 환경에서 물리적 접근통제 메커니즘의 구성은 다음과 같다.

- 외부 문과 벽
- 접근통제절차
- 물리적 인증 메커니즘
- 경비원
- 민감한 지역을 보호하고자 사용되는 기타 메커니즘과 절차

3. 데이터센터 문과 벽을 검토해 데이터센터 시설을 적절히 보호하는지 확인한다.

데이터센터의 최초이자 가장 강력한 방어선은 구축에 사용된 벽과 문이어야 한다. 문과 벽이 침입 및 폭발물과 같은 다른 위험으로부터 얼마나 잘 보호되는지 자세히 살펴본다.

방법

인터뷰와 관찰을 통해 데이터센터의 모든 잠재적 진입지점을 식별한다. 벽과 문이 적절히 보강됐는지 확인한다. 외부 벽은 시설을 보호하고자 강철과 콘크리트로 강화해야 한다. 데이터센터가 건물 내에 있는 경우 벽은 시트 록으로 구성될

수 있지만 침입을 방지하고자 강철로 보강해야 한다. 외부 문도 강화해야 하며 침입 시도를 견뎌낼 수 있어야 한다. 이상적으로는 외부로 향한 문이나 벽이 없어야 한다. 데이터센터를 신축하기 전에 컨설팅하는 경우 이러한 것에 영향을 미칠 수 있다.

돋워 올린 마루와 낙하 천장: 대부분의 데이터센터는 환기 덕트, 전원 및 네트워크 케이블을 은폐하고자 돌출된 바닥이나 낙하 천장을 사용한다. 때로는 건물 내부의 벽이 낙하 천장 위와 이중 마루 아래에 각각 공백을 두는 구성으로 돼 있어 공백부분에는 둘러싼 벽이 없다. 이 공간을 통해 보안 영역에 대한 무단접근을 시도할 수 있게 된다. 바닥 타일이나 드롭 천장 부분을 제거해 벽 위로 또는 벽 아래로 기어갈 수 있을 것이다. 침입자가 물리적 보안통제를 우회할 수 있도록 허용하는 것이 되므로 흔히 일어나는 실수다. 빌딩 둘러보기 중에 데이터센터 벽에서 돌출된 바닥 부분과 천장 타일을 제거해 벽이 구조 바닥에서 구조 천장으로 확장되는지 확인한다. 그렇지 않은 경우 무단출입을 방지하고자 데이터센터 위와 아래에 벽 확장이나 강화 와이어 케이지^{wire cages}를 추가하도록 권장해야 한다.

문: 문은 가해지는 힘에 내구성이 있고, 가급적 마그네틱 잠금장치를 부착한 문이 좋다. 각 문에 부착된 경첩의 위치를 검토한다. 이들이 방의 외부에 있는 경우 침입자가 문에 타격을 가해 경첩이 튀어 나오게 한 다음, 문을 제거하지 못하도록 보호해야 한다.

맨트랩은 중요 시설에 대한 접근을 제어하는 효과적인 수단이다. 맨트랩이 적절한 곳에 있고 제대로 작동하는지 관찰해 확인한다. 맨트랩은 복도 중간에 2개의 잠금 도어가 구비된 형태로 돼 있다. 보안을 유지하려면 다른 문을 열기 전에 한쪽 문은 잠겨 있어야 한다. 분명히 맨트랩은 강화벽과 강화문으로 구성해야 한다.

비상 출구 경로가 직원의 안전을 보장하고자 사용되는 경우 데이터센터를 빠져나가기 위한 인증이나 기타 특수 조치가 필요하지 않아야 한다(비상 출구 경로가 사용돼야 하는 경우 경보신호 및 일종의 탐색 행위가 있을 수 있겠지만).

창문: 데이터센터를 들여다보는 모든 창을 식별하고 모든 창이 강화된 안전유리

로 구성돼 있는지 확인한다. 일반적으로 데이터센터 내부가 들여다보이는 창은 데이터센터의 위치를 통행인에게 알리는 것과 같으므로 보이지 않게 조치해야 한다. 건물 외부의 창문에서 데이터센터 내부를 들여다 볼 수 있는 경우 커튼이나 블라인드 또는 기타 불투명 자재로 적절히 덮여 있는지 확인한다.

4. 물리적 인증장치를 평가해 장치가 적절하고 제대로 작동하는지 확인한다.

카드 키 리더, 근접식 배지, 생체인식 장치, 단면(복합) 잠금장치, 기존의 키 잠금장치와 같은 물리적 인증장치는 권한 있는 직원에게 접근권한을 부여하고, 권한이 없는 직원의 접근을 차단할 수 있다. 이러한 장치가 고장 나거나 잘못 사용되면 데이터센터에 권한이 없는 사람의 접근을 허용하거나 반대로 권한이 있는 직원의 출입을 막는 수가 생길 것이다.

방법

데이터센터의 각 진입점에 대해 물리적 인증 메커니즘을 식별해 다음 특성을 갖추고 있는지 확인한다.

- 개인의 고유한 접근 요구에 기초한 접근 제한이나 특정 문 또는 특정 시간에 대한 접근 제한
- 직원이 해고되거나 작업이 변경된 경우 혹은 키/카드/배지의 도난이나 분실의 경우 쉽게 비활성화됨
- 자격증명을 복제하거나 도용하기 어려움

데이터센터 인증장치 로그 샘플을 확보해 장치가 다음 정보를 로깅^{logging}하는지 확인한다.

- 사용자 식별
- 접근 시도 날짜, 시간, 장소

- 접근 시도의 성공이나 실패

이러한 로그를 정기적으로 검토하고 조사하기 위한 절차를 검토한다.

카드 키 및 근접 장치: 카드 키 장치는 마그네틱 띠나 RFID 칩을 사용해 카드를 소유한 사용자를 인증한다. 도난당한 카드가 무단 인증에 사용될 수 있기 때문에 카드 키 리더와 PIN 코드 장치의 결합이 바람직한 형태가 될 것이다. 모든 카드 키 리더가 올바르게 작동하고 접근 시도를 기록하고 있는지 확인한다.

생체인식 장치: 생체인식 장치는 지문, 망막, 손 모양을 측정할 수 있다. 이러한 생체 특성은 각 개인마다 고유하기 때문에 생체인증장치를 무력화시키기가 어렵다. 그러나 그렇다고 해서 장치의 무력화가 불가능하다는 의미는 아니므로 여전히 두 번째 요소(예를 들어 PIN 코드)와 이상적으로 짝을 이룬다. 사용된 생체 시스템의 품질을 검토해 지나치게 많은 오탐지나 관찰된 오탐지가 발생했는지 확인한다.

키 잠금과 콤비네이션 잠금: 기존의 키 잠금과 단일(복수) 번호 조합 잠금 형태는 가장 약한 물리적 인증 형식이므로 피해야 한다. 이러한 형태의 물리적 인증으로는 누가 데이터센터에 접근할 수 있는 사람인지를 식별할 수 없다. 열쇠의 분실, 절취, 복사, 무단 차용이 가능하다. 조합 코드를 공유하거나, 어깨 넘어 엿보기^{shoulder surfing}를 통해 조합 코드를 몰래 알아낼 수 있다(다른 사람이 코드를 입력하는 것을 관찰). 직원이 더 이상 데이터센터에 접근할 필요가 없을 때 철회하기 가장 어려운 자격증명이기도 하다.

5. 물리적 접근통제절차가 포괄적이고, 데이터센터와 보안 담당자가 따르는지 확인한다.

물리적 접근통제절차는 데이터센터 시설에 대한 직원과 방문객의 접근을 관리한다. 물리적 접근통제절차가 불완전하거나 지속적으로 시행되지 않으면 데이터센터의 물리적 접근통제기능은 손상된다.

방법

물리적 접근통제절차와 관련된 다음 사항을 검토한다.

- 직원과 손님 모두에 대한 접근권한 요구사항이 문서화되고 명확하게 정의돼 있는지 확인한다. 데이터센터 접근권한을 부여하기 전에 사전 정의된 지식이 풍부한 개인 중 한 명 이상의 승인이 필요하다. 지속적인 데이터센터 접근의 필요성을 구성하는 표준이 확립돼야 한다. 예를 들어 데이터센터에 가끔씩(예를 들어 분기별) 접근이 필요한 직원은 지속적인 접근이 필요하지 않다. 대신 접근이 필요한 경우 안내받아 접근할 수 있게 한다. 데이터센터 시설에 대한 접근권한을 부여할 때는 '최소한의 필요한 접근^{minimum necessary access}'이라는 철학이 채택돼야 한다.

- 방문객 접근 절차에 데이터센터 내에서 사진 촬영 금지와 행동 수칙 요건이 포함돼 있는지 확인한다. 방문자는 이름, 회사, 방문 이유를 나타내는 방문자 로그에 서명해야 하며, 직원 배지와 다른 색의 식별 배지를 착용해야 한다. 방문객은 항상 안내를 받아야 하며, 현장에 체류 중인 공급업체 서비스 요원(청소 요원 포함)은 내부직원의 감독을 받아야 한다.

- 방문객의 접근과 직원 ID 권한부여 요청의 샘플을 검토해 접근통제절차가 준수되고 있는지 확인한다.

- 데이터센터 접근이 더 이상 필요하지 않은 경우(배지, 키, 카드와 같은 물리적 장치 회수 포함) 제거됐는지 확인하는 절차를 검토한다. 이는 종료 체크리스트의 일부여야 하며 자동화되는 것이 좋다. 또한 직원에게 필요한 시점을 초과해 데이터센터 접근권한이 유지되지 못하도록 회사 내 작업 변경도 포함해야 한다.

- 데이터센터에 접근할 수 있는 모든 개인의 목록을 입수한 다음 데이터센터에 접근할 수 있는 대표적인 직원 샘플을 선정해 접근이 적절한지 파악한다.

- 경영진이 물리적 접근권한을 정기적으로 검토하는지 여부를 확인한다.

경영진은 정기적으로 데이터센터 접근권한이 있는 사람의 목록을 가져와 적절성을 검토해야 한다. 이렇게 하고 있다는 증거를 검토한다.

6. 침입 경보와 감시 시스템이 물리적 침입으로부터 데이터센터를 보호하고 있는지 확인한다.

침입 경보와 감시 시스템은 적발통제와 침입자에 대한 억제기능을 제공함으로써 발견되지 않은 물리적 침입의 위험을 완화시킨다. 이러한 통제가 없으면 도난과 기타 범죄 행위의 위험이 높아질 것이다.

대부분의 데이터센터는 CCTV, 소리 감지 시스템 또는 이 둘의 조합을 사용한다. 이러한 시스템은 일반적으로 경비실과 연결돼 있으며, 보안 담당자가 모니터링하고 테이프나 디지털 저장 시스템에 기록된다. 데이터센터는 일반적으로 문과 복도 같은 전략적 위치에 배치되는 일련의 센서를 통해 도난경보를 활용하기도 한다.

방법

침입 센서의 배치를 검토해 데이터센터의 중요 영역이 적절하게 포함되는지 확인한다. 유지보수 로그를 검토해 시스템을 올바르게 유지보수하고 테스트하는지 확인한다. 다음과 같은 일반적인 유형의 센서를 찾아본다.

- 적외선으로 움직임을 감지하는 동작 센서
- 창문과 문이 열렸거나 깨졌을 때 감지하는 접촉 센서
- 유리 깨지는 소리와 일상적인 주변 소음의 변화를 감지하는 소리 감지 센서
- 데이터센터 문이 지정된 시간 이상(일반적으로 30초) 동안 열린 상태를 감지하는 도어 지원 알람 장치

카메라 품질과 배치를 검토해 데이터센터의 전략적 지점(예를 들어 각 진입점)에 있는지 확인한다. 감시 시스템을 모니터링하는지 확인하고 모니터링 빈도를 평가

한다. 향후 재생 가능한 비디오 감시가 기록돼 있는지 확인하고 테이프 교체나 대용량 저장 아카이브 일정을 검토한다.

이러한 단계는 문서 검토와 관찰의 조합을 통해 수행할 수 있다. 데이터센터 보안 관리자는 이러한 정보를 제공할 수 있어야 한다.

7. 보안 건물에 대한 순찰 기록과 기타 문서를 검토해 경비원 역할의 효과성을 평가한다.

보안 경비원은 가장 효과적인 물리적 접근통제수단 중 하나일 수 있다. 이들은 억제 역할을 하며, 시설 접근도 통제하고 인지적 추론으로 사고에 대응할 수 있다. 보안요원의 기능이 비효과적인 경우 비상시 늑장 대응으로 비효율적일 상황이 발생할 수 있다. 또한 문을 잠금 해제 상태로 두거나 데이터센터 시설에 들어갈 수 있는 기회가 권한이 없는 사람에게 부여될 수 있다.

방법

빌딩 순찰에 관한 서류, 접근 로그, 사건 로그/보고서가 존재하는지 검증한다. 보안 담당자로부터 샘플을 입수해 정보가 올바르게 기록되는지 확인한다. 일관된 출입 시간, 정기적인 건물 순찰, 포괄적인 사건 기록/보고서를 찾아본다. 주요 보안부서를 방문해 이 문서를 입수한다.

8. 데이터센터 내의 민감한 영역이 적절히 보호되고 있는지 확인한다. 데이터센터 운영에 필수적인 모든 컴퓨터 처리 장비(예를 들어 하드웨어 시스템과 전원공급장치 차단기)가 컴퓨터 처리실이나 보호 구역 내에 있는지 확인한다.

데이터센터에는 일반적으로 중요한 정보를 처리하는 장비 설치 구역, 생성기와 컴퓨터 시스템 같이 다른 것보다 민감한 영역이 있다. 많은 사람이 데이터센터에 접근할 수 있는 경우 민감한 장비를 보안 수준이 높은 영역에 분리 설치해 둘 필요가 있다. 이러한 영역이 적절히 보호되지 않으면 정보가 변경되거나 권한 없는 사람에게 공개되는 수가 있다. 또한 사고로 인한 시스템 장애 때문에 정보가 파괴되는 수가 있다.

데이터센터 운영에 필수적인 장비가 데이터센터(또는 동일하게 관리되는 영역) 내에 있지 않으면 데이터센터 접근권한이 없는 사람이 데이터센터 가용성에 악영향을 미치거나 민감한 정보에 접근할 수 있다.

방법

데이터센터에 접근할 수 있는 인원수와 그 안에 포함된 장비의 특성에 따라 데이터센터 내에서 접근 행위를 추가적으로 분리할 필요가 있는지를 평가한다. 예를 들어 민감한 정보를 처리하는 컴퓨터 시스템은 케이지나 캐비닛 내에 잠겨있을 수 있다. 데이터센터를 둘러보고 인터뷰하는 동안 이러한 영역이 적절한 접근통제 메커니즘으로 잘 보호되고 있으며, 필요시 CCTV 카메라나 경보시스템으로 모니터링되는지 확인한다.

전원공급장치, HVAC 장비, 배터리, 생산 서버 등을 비롯한 모든 데이터센터 시스템의 위치를 검토해 모두 데이터센터 내에 있거나 동일하게 보호된 시설 내에 있는지 확인한다.

환경관리

컴퓨터 시스템에는 온도 및 습도 제어와 같은 특정 환경 조건이 필요하다. 데이터센터는 이러한 유형의 통제환경을 제공하도록 설계됐다.

9. HVAC 시스템이 데이터센터 내에서 일정한 온도를 유지하는지 확인한다.

HVAC 시스템은 일정한 온도와 습도 수준을 제공하는 데 사용된다. 컴퓨터 시스템은 극단적으로 손상될 수 있다. 습도가 높으면 컴퓨터 구성 요소가 부식될 수 있으며, 습도가 낮으면 정전기가 방전돼 시스템 보드가 단락될 수 있다. 고온은 컴퓨터 장비의 수명을 단축시키고 시스템 정지와 충돌을 초래할 수 있다.

방법

다음 영역을 검토한다.

- 주어진 기간 동안, 온도와 습도가 각각 허용 가능한 범위 내에 있는지 로그를 통해 확인한다. 일반적으로 데이터센터 온도는 65~70°F(컴퓨터 장비를 손상시키는 85°F 이상의 온도) 범위여야 하며 습도는 45~55% 사이여야 한다. 그러나 이는 장비의 사양에 따라 다르다. 데이터센터 직원이 장비의 매개변수를 어떻게 설정했는지 확인한다.
- 온도와 습도 중 어느 한 요소가 허용 범위를 벗어난 경우 경보를 통해 데이터센터 직원에게 상태를 알리게 한다. 전자 장비가 있는 데이터센터의 모든 영역에 이를 위한 센서를 배치해야 한다. 아키텍처 다이어그램을 검토하거나 시설을 방문해 센서가 적절한 위치에 배치돼 있는지 확인한다. 유지보수와 테스트 설명서를 검토해 시스템의 작동이 양호한 상태에 있는지 확인한다.
- 데이터센터의 모든 영역에 HVAC 설계가 적절하게 적용돼 있는지 확인한다. 적절하고 효율적인 적용 범위를 보장하고자 데이터센터 내의 공기 흐름이 모델링됐는지 확인한다. 냉기 통로와 온기 통로 구성을 찾아본다. 냉기와 온기가 분리되도록 서버가 향하는 장비 랙의 구성으로 냉각 효율이 향상된다.
- HVAC 시스템 구성을 확인한다. 데이터센터는 다른 빌딩 시스템과 격리돼 백업 전원과 함께 사용할 수 있는 독립형 에어컨 시스템을 사용해야 한다. 이를 통해 HVAC 컨트롤은 정전 시 데이터센터에서 계속 작동할 수 있다. 데이터센터의 에어컨 덕트는 주변 벽을 관통하지 않게 설계해야 한다. 그

렇지 않으면 데이터센터 외부에서 무단접근을 허용할 수 있다. 가장 극단적인 조건에서도 데이터센터를 서비스할 수 있는 충분한 HVAC 용량이 있는지 확인한다.

이러한 정보는 일반적으로 시설 관리자로부터 얻을 수 있다.

10. 물 경보시스템이 데이터센터의 위험이 높은 지역의 물을 감지하게 구성돼 있는지 확인한다.

물과 전자 장비는 섞이지 않게 한다. 데이터센터는 일반적으로 수원 근처나 고가 바닥과 같은 전략적 위치에 물 센서를 설치한다. 물 센서는 물의 존재를 감지하고 중대한 문제가 발생하기 전에 데이터센터 직원에게 경고하도록 설계돼 있다.

방법

배수구, 에어컨 장치, 외부 문, 수도관과 같은 잠재적인 수원을 식별해 수위 센서가 대부분의 위험을 완화할 수 있는 위치에 설치돼 있는지 확인한다. 시설 견학 동안 시설 관리자는 수원과 센서의 위치를 지적할 수 있어야 한다. 유지보수 기록을 검토해 경보시스템을 정기적으로 유지보수하는지 확인한다.

모든 급수 시스템에 대한 차단 밸브를 나타내는 평면도를 사용할 수 있어야 한다. 데이터센터 관리자는 보안 구역 내의 모든 워터 밸브를 알고 있어야 한다. 이 경우에 해당하는지 판별한다.

전력과 전기

컴퓨터 시스템이 작동하려면 중단 없는 깨끗한 전력이 필요하다. 데이터센터는 일반적으로 청정 전력을 유지하고자 여러 가지 유형의 통제기능을 마련한다. 이러한 통제수단에는 다음이 포함된다.

- 두 개 이상의 발전소에서 전력을 공급하는 중복 전원공급장치
- 전기 고장 시 시스템에서 오는 과도한 전력을 흘러 보내기 위한 접지선
- 잠재적으로 더러운 전력을 깨끗한 전력으로 변환하는 전원 콘디셔닝 시스템
- 일반적으로 단기간 동안 즉각적인 전력을 공급하는 배터리 백업 시스템[UPS]
- 연장된 전력 손실 동안 지속적인 전력을 공급하는 발전기

11. 데이터센터에 중복 전력 공급장치가 있는지 확인한다.

일부 데이터센터는 둘 이상의 발전소에 연결할 수 있는 위치에 설치돼 있다. 한 피드에서 공급되는 전력이 끊기면 다른 피드는 종종 활성 상태를 유지한다. 결과적으로 중복 전력 공급장치를 사용해 유틸리티 전원의 연속성을 유지할 수 있다.

방법

이 통제가 항상 가능한 것은 아니지만 인터뷰 중에 데이터센터 시설 관리자와 함께 살펴볼 가치가 있다.

12. 컴퓨터 시스템을 보호하기 위한 접지선 연결이 있는지 확인한다.

접지되지 않은 전력은 컴퓨터 장비 손상, 화재, 부상, 사망을 초래할 수 있다. 이러한 위험은 정보시스템, 인력, 시설 자체에 영향을 미친다. 오늘날 전기 콘센트가 없는 건물은 건축법에 저촉될 것이다. 예비 전원공급장치와 달리 접지 통제는 항상 존재해야 한다. 접지선은 모든 전기 콘센트를 지면 아래로 내려앉는 막대와 연결하는 녹색 전선으로 구성돼 있으며, 모든 전기 설비의 기본 기능이다. 단락이나 전기 고장이 발생하면 과도한 전기 장비가 단락되는 것이 아니라 접지선을 통해 과도한 전압이 안전하게 접지로 전달된다. 이 통제는 30년 이하의 시설에 존재해야 하지만 반드시 검증할 가치가 있다. 전기 시스템을 업그레이드하지 않은 오래된 건물에는 전기 접지가 없을 수 있다. 그러나 건물 코드에는 일반적으로 전기

접지가 필요하다.

방법

이 정보는 데이터센터 시설 관리자를 인터뷰하거나 관찰을 통해 얻을 수 있다.

13. 데이터 손실을 방지하기 위한 전력 조절장치가 있는지 확인한다.

전력 스파이크와 처짐은 컴퓨터 시스템을 손상시키고 정보를 파괴한다. 전력 조절 시스템은 스파이크와 처짐을 버퍼링해 이러한 위험을 완화시킨다. 청정 전력은 대칭적인 상승과 하강 모양의 파동으로 표현할 수 있다. 일반 유틸리티 전력은 대칭이 아닌 상승과 하강 모양을 갖고 있어 순간적인 급상승과 처짐이 발생한다. 이러한 스파이크와 처짐은 전자 부품의 수명을 단축시키며, 때때로 시스템 고장을 유발한다. 전력 조절 시스템은 파형을 부드럽게 만들어 대칭으로 만든다.

방법

인터뷰와 관찰을 통해 전력 조절 시스템(예를 들어 전압 급상승 보호 장치)이나 배터리 백업 시스템으로 전력이 조절하는지 확인한다.

14. 순간 정전과 등화관제 중에 배터리 백업 시스템이 지속적으로 전력을 공급하고 있는지 확인한다.

갑작스러운 정전으로 시스템 가동이 중단되면 데이터가 손실될 수 있다. UPS 배터리 시스템은 일반적인 유틸리티 전력 상태에서 일반적으로 20~30분의 전원과 전력 조절을 제공해 이러한 위험을 완화시킨다. 기본적으로 발전기(사용 가능한 경우)를 켜고 전기를 생산하기 시작하거나 중요한 시스템을 정상적으로 종료해 데이터 손실을 최소화할 수 있는 충분한 시간을 제공한다. 또한 유틸리티 전원과 컴퓨터센터 장비 사이에 논리적으로 위치하기 때문에 전력 조절 기능을 수행한다. 결과적으로 배터리는 실제로 데이터센터에 항상 전력을 공급한다. 유틸리티 전원이 켜져 있으면 배터리가 지속적으로 충전된다. 반대로 전원이 끊어지면 방전되기 시작한다.

방법

데이터센터 시설 관리자와 인터뷰하고, UPS 배터리 백업 시스템을 관찰해 데이터센터 UPS 시스템이 모든 중요한 컴퓨터 시스템을 보호하고 있으며 적절한 실행시간을 제공하는지 확인한다(즉, 발전기가 가동할 수 있을 만큼/중요한 시스템이 정상적으로 종료될 수 있을 만큼 배터리가 충분히 오래 작동하는지 확인한다). 경우에 따라 용량이 특정 임곗값에 도달하면 UPS 시스템이 자동으로 정상 종료를 시작할 수 있다. 이 기능의 존재와 구현을 찾아본다.

UPS에 연결된 장비 목록을 검토하고 모든 중요한 시스템(예를 들어 중요한 생산 서버, 네트워크 장비, HVAC 시스템, 화재 감지 및 진압시스템, 모니터링 시스템, 배지 리더 등)이 포함돼 있는지 확인한다.

15. 발전기가 장기간의 전력 손실을 방지하고 양호한 작동 상태인지 확인한다.

중대한 임무를 수행하는 데이터센터는 본질적으로 전력 손실을 견딜 수 없다. 데이터센터에 한두 시간 이상 동안 전력을 공급하기에 충분한 배터리를 설치하는 것은 실용적이지 않다. 유틸리티 전력에 장기간의 손실이 발생되는 경우 발전기는 데이터센터로 하여금 자체 전력을 생산하게 한다.

발전기는 디젤이나 천연 가스에 의해 가동되거나 프로판에 의해 구동되는 두 가지 일반적인 종류로 제공된다. 각각의 장점과 단점이 있다.

디젤 발전기가 가장 일반적이지만 탱크에 한정된 양의 연료가 저장돼 있다. 디젤 연료도 생물학적 위험 요소다. 유출로 인해 상당한 청소 비용이 발생할 수 있다. 또한 발전기가 데이터센터에 가까이 있고 유출이 데이터센터에 도달하면 재앙이 될 수 있다. 그러나 이러한 위험은 연료 서비스 약정과 유출 장벽을 통해 완화할 수 있다.

천연가스 발전기는 깨끗하게 작동하며 이론적으로 가스 라인이 손상되지 않는 한 무한한 연료 공급이 가능하다. 유출 위험은 없지만 화재 위험이 증가한다. 그러나 천연가스 발전기는 비용 때문에 거의 사용되지 않는다.

프로판 발전기는 비싸지만 연료 공급이 제한돼 있다. 서비스약정을 통해 이를 완화할 수 있다.

방법

관찰과 인터뷰를 통해 데이터센터에 발전기가 있는지 확인한다. 또한 설비 관리자로부터 지속 및 최대 전력 부하를 확보해 현재 발전 용량과 비교해본다. 발전기는 지속 전력 부하의 두 배 이상을 생성할 수 있어야 한다.

연료 보충을 위한 서비스 약정뿐만 아니라 현장 연료 저장을 검토해 발전기가 지속 기간 동안 동력을 공급할 수 있는 능력을 결정한다. 사용되는 연료의 종류(예를 들어 디젤 연료를 사용하는 경우 유출 방벽)에 내재된 위험을 완화하기 위한 통제 방법을 검토한다.

모든 유형의 발전기에는 빈번한 유지보수와 테스트가 필요하므로 데이터센터 감사 중에 유지보수와 테스트 로그[logs]를 모두 검토한다.

16. 비상 전원 차단(EPO) 스위치의 사용과 보호 상태를 평가한다.

EPO 스위치는 데이터센터 화재나 비상 대피와 같은 비상사태 동안 컴퓨터와 주변 장치의 전원을 즉시 차단하도록 설계돼 있다. 적절히 보호되지 않으면 데이터센터의 가동이 우발적으로 중단될 수 있다.

방법

관찰을 통해 데이터센터의 EPO 스위치(es)를 살펴본다. 스위치 단추별 명칭이 명확히 식별되고 쉽게 접근할 수 있는 곳에 있지만, 무단 사용이나 우발적인 사용으로부터 여전히 안전해야 한다. 우발적인 활성화를 방지하고자 보안 구역 내부와 보호막 아래에 있어야 한다.

화재진압

화재 발생 시 데이터센터는 심각한 위험에 직면할 가능성이 있으므로, 일반적으로 가스 기반 시스템과 수성 시스템의 두 가지 유형 중 하나인 정교한 화재진압시스템을 갖추고 있다. 그러나 데이터센터는 통제수단으로서 단순한 화재진압시스템 이외에도 추가적인 것들을 사용한다. 다른 화재진압 통제수단으로 다음과 같은 것들이 있다.

- 건물 신축
- 소화기
- 유해 물질의 적절한 취급과 보관

17. 데이터센터 건물 신축에 적절한 화재진압 기능이 포함돼 있는지 확인한다.

건축법에 의하면 30년 이상 화재에 견딜 수 있는 방식으로 건물을 건설해야 한다. 다음은 눈에 띄는 화재진압 도구들이다.

- 건물의 한 영역에서 다른 영역으로 화재가 이동하는 것을 방지하기 위한 내화벽과 문
- 방화벽이나 바닥 조립품을 밀봉해 화재의 확산을 막는 경우의 화재 중단 조치
- 화재진압을 위해 준비된 물 공급을 하는 스탠드 파이프 소방 호스 시스템

(스탠드 파이프는 건물 내의 소화전과 유사하며, 소방 호스를 연결할 수 있는 고정식 수도관을 제공한다)

이러한 기능이 없으면 화재가 더 빨리 확산돼 추가 피해를 입히고 생명을 위협할 수 있다.

방법

시설에 내장된 사용 가능한 화재진압 성능을 검토한다. 시설 관리자나 지역 소방관은 벽/문의 방화 등급과 방화에 대한 정보를 제공할 수 있어야 한다. 건물 둘러보기 동안 스탠드 파이프 물 시스템은 쉽게 눈에 뜨이므로 이를 관찰할 수 있다.

18. 데이터센터 직원이 위험 물질(위험) 취급과 보관에 대한 교육을 받았으며, 위험 물질 관련 절차들이 적절한지 확인한다. 또한 데이터센터 직원이 비상 화재 발생이나 위험 물질 유출에 대응하는 방법의 교육을 받았는지 확인한다.

위험스럽고 가연성이 높은 물질은 화재의 일반적인 원인이다. 이런 물질에는 다음이 포함된다.

- 디젤과 기타 연료
- 용제와 희석제
- 프로판이나 아세틸렌 횃불
- 염소나 암모니아 기반 화학 물질
- 접착제와 접착 혼합물

이러한 물질은 화재나 유출의 위험을 완화하도록 적절한 방식으로 취급하고 보관해야 한다. 또한 데이터센터 직원은 장비나 사람에 대한 위협을 최소화하고자 화재나 유해 물질 유출에 대처하는 방법(예를 들어 긴급 전화번호, 화재진압시스템 활성화시기와 방법 등)을 교육받아야 한다.

방법

위험 사고발생 보고서, 위험 물질과 화재대응교육 자료, 절차를 검토하고 데이터센터 직원을 인터뷰한다.

관찰을 통해 데이터센터 내부나 근처에 불필요하게 가연성(예를 들어 종이 스톡, 토너, 클리너, 기타 화학 물질) 물건이 저장돼 있는지 확인한다. 그렇다면 위험 물질 취급 절차의 적용 필요성을 줄이고자 제거할 것을 제안한다.

비상대응 절차의 확립, 전달 방법에 대한 지침으로 26단계를 참조할 수 있다.

19. 소화기가 전략적으로 데이터센터 전체에 배치되고 적절하게 유지되는지 확인한다.

소화기는 종종 화재 예방의 첫 번째 라인이다. 데이터센터에서는 50피트 정도마다 복도와 통로에 배치해야 한다. 건식 화학 기반, 수성 기반, 불활성가스 기반의 세 가지 일반적인 유형의 소화기가 사용될 수 있다. 대부분의 경우 데이터센터는 물과 건조 화학 물질이 전기 장비를 손상시키기 때문에 CO_2 소화기와 같은 불활성가스 기반 소화기를 사용해야 한다. 사용 가능한 소화기가 부족하면 작은 화재가 통제되지 않을 수 있다.

방법

데이터센터 둘러보기 동안 소화기의 위치와 첨부된 서비스 태그의 샘플을 검토한다. 각 소화기의 위치가 적절하고 쉽게 보이는지 확인한다. 많은 데이터센터에는 높이가 6피트 이상인 랙이 포함돼 있으므로 랙 위에 보이는 각 소화기의 위치를 표지판으로 식별할 수 있어야 한다.

데이터센터 시설 관리자는 유지보수 기록도 제공할 수 있어야 한다. 소화기는 최소한 매년 점검해야 한다.

20. 화재진압시스템이 데이터센터를 화재로부터 보호하는지 확인한다.

모든 데이터센터에는 화재 방지를 위한 화재진압시스템이 있어야 한다. 대부분의 시스템은 가스 기반이나 수성 기반이며, 종종 첫 번째 센서(일반적으로 연기 센서)가 시스템을 활성화하고 두 번째 센서(일반적으로 열 센서)가 물이나 가스를 방출하는 다단계 프로세스를 사용한다.

가스 기반 시스템: 다양한 가스 기반 화재진압시스템에는 CO_2, FM-200, CEA-410이 있다. 가스 기반 시스템은 비싸고 종종 비현실적이지만 전자 장비에 손상을 주지 않는다.

수성 기반 시스템: 수성^water^ 기반 시스템은 저렴하고 일반적이지만 컴퓨터 장비에 손상을 줄 수 있다. 데이터센터나 화재 연장 지역의 모든 컴퓨터 장비가 손상될 위험을 줄이고자 화재진압시스템은 화재가 발생한 위치에서만 스프링클러 헤드에서 물을 떨어뜨리게 설계돼 있다. 4가지 유형의 화재진압시스템이 흔히 사용된다.

- **습식 파이프:** 파이프는 항상 물로 채워져 있다. 파이프가 새거나 스프링클러 헤드가 파손되면 홍수가 발생하기 때문에 데이터센터에 바람직스럽지 못한 시스템 유형이다.
- **건식 파이프:** 파이프에는 공기가 채워지고 배출 시 물이 채워진다.
- **프리 액션:** 파이프는 1단계 활성화 시 채워지고, 2단계에서는 물이 배출된다.
- **폭우:** 화재를 압도하고자 많은 양의 물을 배출하는 건식 파이프 시스템이 있다.

화재진압시스템이 없으면 화재가 더 빨리 확산돼 더 많은 장비 손실과 인명 손실이 발생할 수 있다.

방법

시스템의 설계, 유지보수, 테스트에 관한 레코드^{records}를 검토한다. 인터뷰, 문서 검토, 관찰의 조합을 통해 이런 정보를 입수할 수 있다. 데이터센터 시설 관리자는 설계, 유지보수, 테스트 관련 문서를 제공할 수 있어야 한다.

수성 기반 시스템을 사용하는 경우 데이터센터 위의 파이프에 항상 물이 채워져 있는지 확인한다(습식 파이프 시스템). 그렇다면 스프링클러 헤드 파손이나 파이프 누수와 같이, 의도하지 않은 물이 데이터센터로 유입될 가능성을 최소화하고자 어떤 완화통제를 적용했는지 확인한다. 예를 들어 스프링클러 헤드 주위의 케이지^{cage}(물을 가둬두는 장치), 물 흐름 센서, 파이프의 정기적인 유지보수를 찾아본다.

가스 기반 시스템을 사용하는 경우 사용 중인 가스의 유형을 결정하고 흡입 시 사람에게 해가 되지 않는지 확인한다. 가스 기반 시스템은 산소를 대체할 수 있으므로 데이터센터 직원이 훈련, 표지판, 조합을 통해 화재 절차와 억제시스템 위험을 인식하는지 확인한다. 사람에게 해로운 화재진압제를 사용하는 경우 억제제를 배출하기 이전과 배출하는 동안 시각이나 청각 경보가 있는지 확인한다.

21. 화재 위험으로부터 데이터센터를 보호하고자 화재경보기가 설치돼 있는지 검증한다.

모든 전기 장비로 인해 데이터센터에서 화재 발생 가능성이 크게 높아질 수 있다. 화재경보는 데이터센터 직원과 지역 소방서에 화재 상황을 알려 화재대응 절차의 개시와 구내 대피를 하게 한다. 화재경보기가 작동되지 않으면 데이터센터 운영과 인명에 피해가 발생할 수 있다.

데이터센터의 화재경보시스템은 일반적으로 다중 구역 시스템이며, 이는 단일구역의 센서나 구역으로 인한 잘못된 경보의 위험을 줄여준다. 이러한 시스템에서 둘 이상의 구역에 있는 센서는 경보음이 울리기 전에 화재를 감지해야 한다. 세 가지 유형의 센서를 사용할 수 있다.

- **열 센서**: 온도가 미리 정해진 임곗값에 도달하거나 온도가 빠르게 상승할 때 활성화
- **연기 센서**: 연기 감지 시 활성화
- **불꽃 센서**: 적외선 에너지나 불꽃의 깜박임을 감지하면 활성화

연기 및 열 센서가 가장 일반적이다.

데이터센터 전체에 손으로 당기는 화재경보기(예를 들어 모든 출입구 근처)를 전략적으로 배치해 화재 상황을 발견한 직원이 경보를 발할 수 있게 한다.

방법

물리적인 관찰과 인터뷰를 통해 화재경보 센서의 유형, 배치, 유지보수 기록, 테스트 절차를 검토한다. 센서는 천장 타일 위와 아래 및 돌출된 바닥 아래에 위치해야 한다.

수동으로 당기는 화재경보기가 데이터센터 전체에 전략적으로 배치돼 있는지 확인하고 유지보수 기록과 테스트 절차를 검토한다.

데이터센터 운영

효과적인 데이터센터 운영을 위해 공식적으로 채택된 정책, 절차, 계획의 엄격한 준수가 요구된다. 다뤄야 할 영역은 다음과 같다.

- 시설 모니터링
- 데이터센터 직원의 역할과 책임
- 데이터센터 직원의 업무분장
- 비상사태와 재난에 대응
- 시설과 장비 유지보수
- 데이터센터 용량계획

- 자산관리

22. 경보 모니터링 계기판(콘솔), 보고서, 절차의 활동을 검토해 데이터센터 직원이 경보를 지속적으로 모니터링하는지 확인한다.

경보시스템은 경보 상태에 응답할 수 있는 모니터링 콘솔에 가장 자주 연결돼 있어 당국에 전화하거나 건물의 소개 조치나 장비 폐쇄 전에 데이터센터 직원이 경보 상황에 대응할 수 있다. 모니터링 콘솔과 적절한 대응 절차가 없으면 경보 상황이 눈에 띄지 않을 위험이 있다.

방법

경보 보고서를 검토하고 데이터센터 경보 모니터링 콘솔을 관찰해 침입, 화재, 물, 습도, 기타 경보시스템이 데이터센터 직원에 의해 지속적으로 모니터링되는지 확인한다. 데이터센터 보안 담당자가 침입 경보를 모니터링하는 경우가 있다. 여기서 주요 목표는 적용할 수 있는 모든 경보가 모니터링되고 있는지 확인한다.

시설 상태의 모니터링과 대응 절차를 검토해 경보 조건이 신속하게 처리되는지 확인한다. 시설 모니터링 절차는 모든 중요 경보 조건을 포착하고 즉시 조치되게 보증한다. 여기에는 화재, 침입, 물, 정전 데이터, 회로 중단, 시스템 및 시스템 구성 요소의 경보 조건 비롯해 모니터링할 경보시스템에 대한 설명과 합리적으로 예측할 수 있는 모든 경보의 발생 시 취해야 할 단계가 포함돼야 한다. 각 경보 조건 유형에 대한 대응이 명확하게 설명돼 있는지 확인한다. 데이터센터 설비 관리자로부터 실제 모니터링 절차와 모니터링 로그를 입수한다.

23. 네트워크, 운영체제, 애플리케이션 모니터링이 데이터센터에 위치한 시스템들의 잠재적인 문제 식별에 적절한 정보를 제공하는지 확인한다.

시스템 모니터링은 용량 관련 이슈, 시스템 구성의 오류, 시스템 구성 요소의 결함으로 인한 잠재적 문제점에 대한 통찰력을 제공한다. 시스템 모니터링이 부적절하면 보안 위반이 감지되지 않고 시스템이 중단될 위험이 있다. 이 기능은 일반적으로 데이터센터 직원이 아닌 IT 서비스 그룹에서 관리하지만 모니터링은 데이터센터의 시스템에 대한 건전한 운영의 중요한 구성 요소다. 시스템 모니터링은 네트워크 장치, 침입탐지 시스템, 운영체제, 시스템 하드웨어, 애플리케이션에 대한 모니터링을 포함한다.

침입탐지 시스템 모니터링은 주로 보안 위반 모니터링, 네트워크 장치, 운영체제, 시스템 하드웨어에 중점을 두고 있다.

애플리케이션 모니터링은 주로 하드디스크 사용량, 동시 연결 수 등 시스템의 가용성에 영향을 줄 수 있는 항목에 중점을 둔다. 따라서 시스템 절차의 모니터링을 감사할 때 당해 시스템의 목적을 이해해야 한다.

방법

데이터센터 내 특정 시스템 구성 요소들의 중요성을 확인하고, 또한 모니터링 시스템이 이러한 시스템 구성 요소들의 문제를 탐지하고자 거의 실시간 정보를 제공하는지 확인한다. 컴퓨터 시스템을 모니터링하는 방법과 하드웨어 및 소프트웨어 고장 및 고장 시간에 대한 자동식 또는 수동식 문제점 로그 기록이 유지되는지 확인한다. 모니터링할 수 있는 항목의 예로는 시스템 가동 시간, 사용률, 응답 시간, 오류가 포함된다. 또한 모니터링 로그와 보고서를 검토해 모니터링 중인 구성 요소가 사전 결정된 임곗값을 초과하는지 식별한 후 상태를 개선하기 위한 조치가 수행됐는지 확인한다. 모니터링 로그와 보고서는 일반적으로 시스템 지원 그룹, 네트워크 지원 그룹, 보안 및 애플리케이션 모니터링 팀에서 입수할 수 있다.

24. 데이터센터 직원의 역할과 책임이 명확하게 정의돼 있는지 확인한다.

직원의 역할과 책임을 명확하게 정의하면 데이터센터 기능에 대한 책임과 책임이 명확해진다. 역할과 책임이 부적절하면 작업 경계가 명확하지 않고 데이터센터 기능이 불완전해져 시스템 중단의 위험이 높아질 수 있다.

방법

직무 편람을 검토해 모든 직무 영역이 포함돼 있고 직무와 관련된 책임이 명확하게 정의돼 있는지 확인한다. 데이터센터 시설 관리부서는 역할과 책임을 포함한 직무설명서를 제공할 수 있어야 한다.

25. 데이터센터 직원의 임무와 직능이 적절히 분리돼 있는지 확인한다.

직무분리는 인사 관리의 기본적인 보안 개념이다. 목표는 부정이나 실수로 인한 오류의 위험을 줄이고자 두 명 이상의 직원에게 고위험 업무를 분산시키는 것이다. 고위험 직능이 분리되지 않으면 데이터센터는 부정 위험에 노출될 가능성이 높아진다.

방법

접근권한과 같은 고위험 직능은 두 명 이상의 직원으로 분산돼 있는지 검증한다. 이런 절차는 로그와 양식으로 추적, 검토될 수 있어야만 업무가 효과적으로 분리됐는지 확인할 수 있다.

26. 비상대응 절차가 합리적으로 예상되는 위협을 처리하는지 확인한다.

데이터센터는 다음과 같은 다양한 위협에 직면해 있다.

- 화재
- 홍수
- 물리적 또는 논리적 침입

- 전력 손실
- 시스템 장애
- 통신 중단
- 유해 물질의 유출

이들과 기타 식별된 위협 요인들은 비상대응계획으로 처리해야 한다. 화재가 발생하거나 데이터센터 층이 침수되기 시작하면 데이터센터 직원은 이런 상황을 처리하고 손실을 최소화하기 위한 명확한 계획을 필요로 한다. 비상사태 발생 시에만 사용되지만 비상대응계획은 데이터센터 직원의 부적절한 대응으로 인한 비상상황 떠넘기기 위험을 줄이는 데 절대적으로 중요하다. 예를 들어 테스트 중 발전기에 화재가 발생했다고 가정해보자. 명확한 절차와 적절한 교육이 없는 경우 직원들이 순간적으로 발열 구역 주변을 뛰면서 가장 적절하다고 생각하겠지만 함께 문제를 해결하는 방식으로 대응하지 못할 가능성이 아주 높다. 명확한 비상대응 절차가 있다면 그러한 결정은 이미 고려됐을 것이므로 직원들이 더운 열기를 느끼는 순간에 무리한 결정을 내리지 않아도 된다. 결과적으로 좀 더 체계적인 대응이 이뤄진다.

방법

대응계획을 검토한다. 예측 가능한 모든 위협에 대한 계획이 있는지 확인하고 대응 절차가 포괄적이고 잘 고려됐는지 확인한다. 데이터센터 운영 부문이 이러한 계획을 마련할 수 있어야 한다. 직원들이 계획에 관한 적절한 의사소통과 훈련을 받았는지 확인한다. 외부 경찰, 소방서, 기타 비상대응 그룹을 포함한 비상용 전화번호의 게시 여부나 이에 대한 접근의 용이성을 관찰한다.

27. 데이터센터 시설 기반 시스템과 장비가 올바르게 유지보수되는지 확인한다.

올바르게 유지보수하지 않으면 시설 기반 시스템과 장비가 조기에 고장이 나기 쉽다. 이러한 고장으로 인해 정보가 손실되고 시스템이 중단될 수 있다. 결과적으로 유지보수가 중요하다.

방법

중요한 시스템과 장비에 대한 유지보수 로그를 검토한다. 최소한 반년마다 중요한 시스템과 장비를 유지보수해야 한다. 데이터센터 설비 관리자는 유지보수 로그를 제공할 수 있어야 한다. 데이터센터 바닥과 컴퓨터 장비를 정기적으로 청소하는 등 데이터센터를 매일 또는 매주 청소하기 위한 절차가 있는지 확인한다. 데이터센터의 오물과 먼지는 컴퓨터 장비의 기능에 부정적인 영향을 줄 수 있다.

28. 데이터센터 직원이 직능을 수행할 수 있도록 올바르게 훈련됐는지 확인한다.

직무 교육을 받지 못한 데이터센터 직원에게 능숙함을 기대할 수는 없다. 제대로 교육받지 않으면 데이터센터 직원이 실수로 인해 데이터 손실이나 시스템 중단을 일으킬 가능성이 높다.

방법

교육훈련의 이력과 일정을 검토한다. 교육이 직무와 관련성이 있고 모든 데이터센터 직원에게 교육훈련 기회가 제공되는지 확인한다. 모든 IT자원의 기밀성, 무결성, 가용성, 안정성, 보안의 관점에서 직원의 책임에 대한 지속적인 커뮤니케이션 활동이 있는지 확인한다. 데이터센터 내에서 식사, 음주, 흡연을 금지하는 정책이나 그러한 활동을 특정한 휴게실로 한정하는 정책을 찾아본다. 또한 그러한 금지 사항이 적힌 표지판을 찾아본다.

데이터센터 관리부서는 교육훈련의 이력과 일정에 관한 접근 자료를 마련할 수 있어야 한다. 지난 1년 동안의 이력과 향후 6개월 동안의 일정을 검토해본다.

29. 불필요한 중단을 피할 수 있도록 용량계획이 데이터센터에 마련돼 있는지 확인한다.

용량계획이 수립돼 있으면 데이터센터의 현재나 미래의 전력, 네트워크, 난방, 환기, 공조, 공간 요구사항에 영향을 줄 수 있는 요소의 모니터링, 분석을 위한 절차를 설정할 수 있다. 용량계획이 부적절하면 데이터 손실, 시스템 중단이나 시스템 배포 지연이 발생할 수 있다. 3장에서 자세히 다뤘던 용량 관리는 광범위한 주제다. 잘 관리된 데이터센터는 랙 공간의 양(네트워크 드롭, 네트워크 기어, 전기, 난방, 환기, 에어컨)을 예측할 수 있으며, 단지 몇 가지 이름을 대는 것이지만 현재와 미래의 운영을 지원하고자 필요하다.

방법

데이터센터 관리부서가 시설, 장비, 네트워크의 업그레이드가 필요한 시기를 결정하는 데 사용하는 모니터링 임곗값과 전략을 검토한다. 데이터센터 관리부서는 시스템 업그레이드에 대한 임곗값을 비롯해 용량계획 전략과 문서화된 절차를 마련할 수 있어야 한다. 이 절차가 포괄적이며 절차가 준수되고 있다는 증거를 검토한다.

30. 전자 매체를 안전하게 보관하고 폐기하기 위한 절차가 있는지 확인한다.

전자 매체는 민감한 정보를 포함하고 있어 종종 공개될 경우 정보보안이 위태롭게 될 수 있다. 결과적으로 매체의 보관과 폐기를 면밀히 통제해야 한다. 전자 매체를 잘못 보관하면 매체에 저장된 정보가 실수로 손상될 수 있다.

방법

데이터센터 내에 다음과 같은 매체 저장과 폐기 통제절차가 있는지 확인한다.

- 전자 매체는 건조하고 온도 조절이 되는 안전한 환경에 보관한다.
- 민감한 정보가 포함된 전자 매체는 한 위치에서 다른 위치로 이동할 때 암호화되거나 추적되게 한다.
- 전자 매체의 소거를 풀거나 국방부[DOD] 호환 전자 분쇄 유틸리티로 덮어 쓰거나 폐기 전에 물리적으로 파기한다.

데이터센터 관리부서로부터 매체 추적, 저장, 폐기 기록을 입수할 수 있어야 한다. 데이터센터 내에서 전자 매체 저장 시설을 둘러보고 적절한 접근과 환경관리가 이뤄지고 있는지 확인한다. 전자 매체 관리에 대한 자세한 내용은 3장을 참고한다.

31. 데이터센터 장비의 자산관리를 검토, 평가한다.

자산관리는 자산을 쉽게 관리할 수 있도록 자산을 통제, 추적, 보고하는 것이다. 효과적인 자산관리가 없으면 자산을 사용할 수 있지만 찾을 수 없는 경우에 장비 비용이 이중으로 발생한다. 임대 장비가 적시에 추적되고 제시간에 반환되지 않으면 회사는 불필요한 임대비용을 부담하게 된다. 마찬가지로 적절한 자산관리가 없으면 수명이 다한 장비 상태가 표시되지 않아 하드웨어 장애 위험이 높아질 수 있다. 장비의 도난 사고가 발생해도 표시가 나지 않고 추적되지 않을 수가 있다.

방법

데이터센터의 자산관리 방침과 절차를 검토, 평가해 회사 정책을 준수하고 다음을 포함하는지 확인한다.

- **자산 조달 절차:** 하드웨어를 구매하기 전에 이 절차에 적절한 승인이 필요한지 확인한다.
- **자산의 추적:** 데이터센터에서 자산 태그[tags]를 사용하고 자산관리 데이터베이스가 있는지 확인한다.
- **모든 장비의 현재 재고:** 재고에 장비의 보증 상태, 리스 만료, 전체 수명주기

(즉, 공급업체 지원에서 제외된 경우)에 대한 정보와 함께 모든 하드웨어의 자산 번호와 위치가 재고에 포함돼 있는지 확인한다. 이 재고를 최신 상태로 유지하기 위한 효과적인 메커니즘이 마련돼 있는지 확인한다. 자산 태그 표본도 눈으로 보면서 재고를 추적해봐야 한다.

- **자산 이동과 폐기 절차:** 사용하지 않은 장비는 안전하게 보관되는지 확인한다.

시스템 복원력

데이터센터에 상주하는 대부분의 정보시스템은 높은 시스템 가용성이 필요한 정보를 처리한다. 데이터센터 통제는 시설에 적합한 높은 가용성을 보장하는 반면 중복 시스템 구성 요소와 사이트는 컴퓨터 하드웨어와 관련해 시스템의 가용성을 보장하는 데 사용된다.

32. 필요한 경우 높은 가용성을 확보하고자 하드웨어 중복성(시스템 내 구성 요소의 중복성)을 사용하는지 확인한다.

시스템 구성 요소의 장애로 인해 시스템 중단과 데이터 손실이 발생한다. 높은 시스템 가용성이 필요한 경우 시스템에는 RAID^{Redundant Array of Inexpensive Disk}와 중복 전원공급장치와 같은 중복 시스템 구성 요소가 포함돼야 한다.

방법

데이터센터 하드웨어 표준에 중복 구성 요소에 대한 요건이 포함돼 있는지 확인한다. 데이터센터 내 시스템 중의 한 샘플을 선택해 디스크 저장과 전원공급장치와 같은 중요한 시스템 구성 요소가 가능한 한 중복돼 있는지 확인한다. 하드웨어 중복성에 대한 정보는 시스템 사양 문서에서 찾을 수 있다. 데이터 보관자(관리 담당자)가 이 문서를 제공할 수 있어야 한다.

33. 시스템 가용성 요건이 매우 높은 수준에 중복 시스템이 사용되는지 확인한다.

시스템의 가동 중단 시간으로 인해 상당한 비용이나 비즈니스 손실이 발생하고 시스템 가동 중단 시간을 견딜 수 없다면 갑작스러운 시스템의 고장으로 인한 자동적인 가동 중단에 대비해 이중(여분, 중복) 시스템을 준비해 놓는다. 단일 시스템 내에서 구성 요소의 중복성을 평가하는 이전 단계와 혼동해서는 안 된다. 이 단계는 시스템의 복제에 대한 잠재적 요구를 전체적으로 참조한다. 가장 중요한 시스템의 경우 이 중복 시스템은 둘 이상의 별도 위치에 배치돼 정보를 매일 또는 실시간과 같은 정해진 간격으로 대체 사이트에서 복사할 수 있다.

시스템 중복성을 검토할 때 주 시스템에서 데이터를 복제시스템으로 복사하는 방식을 결정해야 한다. 이 수준의 중요도를 가진 대부분의 시스템은 데이터베이스 애플리케이션이므로 데이터베이스 중복성에 중점을 두고자 한다. 세 가지 유형의 시스템은 데이터베이스 거래 중복성을 생성시킨다.

- **전자 보관소**electronic vaulting: 일괄batch 처리를 통해 주기적으로 데이터를 복사해둔다.
- **원격 저널링**remote journaling: 네트워크 연결을 통한 실시간 병렬 처리 기능을 제공한다.
- **데이터베이스 셰도잉**database shadowing: 둘 이상의 네트워크 연결을 통해 실시간 병렬 처리를 제공한다.

방법

데이터센터에 있는 시스템 샘플의 경우 시스템 중복성의 적절한 수준이 요구되는 시스템 가용성 수준에 사용되고 있는지 확인한다. 데이터센터에 대한 네트워크 연결 중복성이 분석에 포함된다. 시스템 중복성 정보는 일반적으로 시스템 아키텍처 설명서와 데이터센터 및 시스템 관리자와의 인터뷰에서 얻을 수 있다.

데이터 백업과 복원

시스템 백업 작업은 대부분의 시스템에서 정기적으로 수행된다. 그러나 종종 시스템 손상이나 하드디스크 오류로 인해 복원이 필요할 때 복원을 위한 테스트가 처음으로 실시된다. 소리의 백업과 복원 절차는 파괴적인 사건 이후 시스템을 재구성하는 데 중요하다.

34. 백업 절차와 용량이 각 시스템에 적합한지 확인한다.

일반적으로 백업 절차는 백업 일정, 테이프 교체, 센터 밖의 저장 절차의 형태로 이뤄진다. 허용 가능한 최대 데이터 손실(종종 목표복구시점RPO이라고 함)에 따라 시스템 백업 일정이 실시간 또는 매월 자주 발생하지 않을 수 있다. 중요한 시스템에 요청되는 것보다 덜 빈번하게 시스템을 백업하거나 별도 장소에서 백업하면 시스템 장애나 재해발생 시 허용할 수 없는 양의 데이터 상실로 큰 피해가 발생한다.

백업 일정은 일반적으로 1주일이며, 주말에는 보통 전체 백업을 하며 일주일 동안 이따금 증분 백업이나 차등 백업도 한다. 테이프 교체는 일반적으로 6~10주 간격이다. 따라서 예를 들어 조직은 필요한 경우 6주나 8주 이전 버전의 파일을 검색할 수 있다. 이는 손상이 발생한 후 일주일 이상까지 파일 손상이 발견되지 않은 경우에 중요할 수 있다.

방법

시스템이 정기적으로 백업되고 있으며 백업 내용물이 센터 밖에 있는 별도의 안전한 장소에 저장되는지 여부를 결정한다. RPO를 기반으로 데이터센터의 각 시스템에 대한 적절한 백업 빈도를 결정하기 위한 절차가 있는지 검증하고 백업 매체에 적절한 시스템 내용을 저장할 수 있는 충분한 공간이 있는지 확인한다. 조직의 백업 방식과 각 시스템의 요구사항에 따라 백업을 수행해 센터 밖의 별도 장소로 가져가는지 확인한다. 시스템 백업 절차와 로그는 데이터센터 직원으로부터 입수할 수 있다. 백업 시스템 로그 샘플을 검색, 검토한다.

35. 백업 매체에서 시스템을 복원할 수 있는지 확인한다.

복원이 가능하지 않다면 정보를 백업할 이유가 없다. 그러나 불행히도 시스템 복원이 제대로 작동하는지 확인하고자 백업 매체를 테스트하는 조직은 드물다. 특히 백업 테이프 오류 비율은 자기 테이프에서 높다. 백업 매체에서 복원할 수 없으면 데이터가 손실된다.

방법

복원 절차를 주기적으로 테스트하는지 증거를 관찰한다. 또는 시스템 관리자에게 별도 저장 시설에 백업 매체를 주문하도록 요청해 매체에서 테스트 서버로 데이터가 복원되는지 확인한다. 복원 로그를 검토해 모든 파일이 복원됐는지 검증한다.

36. 별도 저장 시설에서 백업 매체를 즉시 검색할 수 있는지 확인한다.

별도 저장 시설에서 백업 매체를 검색할 수 없는 경우가 종종 있다. 백업 매체가 잘못 표시됐거나 잘못된 위치에 있기 때문이다. 이 상황으로 인해 시스템 복원 시 과도한 지연이 발생하거나 데이터가 완전히 상실될 수 있다.

방법

별도 저장 공급업체와의 서비스 수준 약정에 명시된 기간 내에 백업 매체를 검색할 수 있는지 확인한다. 이는 최근 검색 요청의 로그를 검토하거나 감사 중에 검색을 요청하고 결과를 측정해 수행할 수 있다. 또한 별도 시설에 저장된 모든 테이프의 영속 재고가 유지되고 있는지 확인한다.

재해복구계획

재해복구계획의 목표는 허리케인이나 홍수와 같은 재난 발생 이후 시스템을 효율적으로 재구성하는 것이다.

37. 재해복구계획(DRP)이 존재하고 포괄적이며 주요 직원이 재해발생 시 자신의 역할을 알고 있는지 확인한다.

DRP가 없는 상태에서 재해가 유일하게 데이터센터를 강타한다면 조직이 파산을 일으킬 정도로 큰 손실을 입을 확률이 매우 높다. 따라서 재해복구는 중대한 관심 사항이다.

방법

데이터센터 운영을 성공적으로 복구하는 일은 복잡하다. 그로 인해 DRP 감사가 어려울 수 있다. 다음 단계를 수행해보자.

- DRP가 존재하는지 확인한다.
- DRP가 모든 시스템과 운영 영역을 포함하는지 확인한다. 여기에는 시스템 복원 순서를 설명하는 공식 일정 개요가 포함돼야 하며, 중요한 시스템의 복원을 위한 자세한 단계별 지시 사항이 있어야 한다. 이 지시 사항은 대부분의 시스템 관리자가 따라올 수 있는 충분한 세부 내역을 규정해야 한다.
- 가장 최근의 데이터센터 위협 평가를 검토해 DRP가 여전히 유효하고 데이터센터에 대한 현재 위험을 다루고 있는지 검증한다.
- 재해복구의 역할과 책임이 명확하게 정의돼 있는지 확인한다.
- 구조, 회복, 재구성 절차가 다뤄졌는지 검증한다.
- 응급 운영 센터를 이용하는 경우 적절한 소모품, 컴퓨터, 통신 연결을 갖추고 있는지 검증한다.

- 계획에 비상 연락망이 포함돼 있는지 확인한다. 여기에는 재난 발생 시 통보할 모든 직원의 연락처 목록과 전화번호가 기재돼야 한다. 재난 통보를 받는 직원에는 핵심 의사결정 인력, 복구에 관여할 직원, 장비 공급업체, 대체 처리 시설의 담당자가 포함될 수 있다.
- DRP가 중대하거나 복구 불가능한 손실을 겪기 전에 비즈니스 처리가 재개돼야 하는 긴급복구 기간을 식별하고 있는지 확인한다(종종 복구시간 목표 또는 RTO라고 함). 계획이 해당 기간 내에 복구를 고려해 이에 대비하는지 확인한다.
- 계획에 어떤 상황이 재해인지 여부를 판단하기 위한 기준과 재해를 선언하고 계획을 발동시키는 절차가 포함돼 있는지 확인한다.
- DRP의 현행 사본이 별도의 안전한 위치에 유지되는지 확인한다.
- 가장 최근의 재난복구 연습의 결과를 검토한다.

이 정보는 실제 DRP를 검토하거나 데이터센터 시설 관리자 또는 재해복구계획자와의 인터뷰에서 얻을 수 있다.

38. DRP가 정기적으로 업데이트되고 테스트되는지 확인한다.

계획을 테스트하지 않으면 필요할 때 계획이 작동한다는 보장이 없다. 새로운 시스템을 업그레이드하거나 조달하거나, 합병 또는 인수를 수행하거나, 새로운 비즈니스 라인을 추가하는 조직에 대해서는 계획을 매년 최소 1년마다 테스트하고 업데이트해야 한다. DRP를 업데이트하거나 테스트하지 않으면 재해발생 시 복구 시간이 느려진다.

방법

일반적으로 계획서 앞부분에 포함된 업데이트나 버전 기록을 검토한다. 계획은 최소한 매년 또는 회사 정책에 따라 업데이트해야 한다. 마찬가지로 재해복구 테스트 문서를 검토해 최소한 매년 또는 회사 정책에 따라 테스트를 수행하는지 확인한다. 이 정보는 일반적으로 전자 또는 종이 형태의 계획서를 동반한다.

39. 부품 재고 및 공급업체와의 약정이 정확하고 최신인지 확인한다.

재난이 발생한 경우 조직이 직면한 과제는 종종 완전히 파괴된 상태의 스크래치 시스템scratch systems을 복구하는 일이다. 복구에는 하드웨어, 소프트웨어, 백업 매체가 필요하다. 프로세스 속도를 높이고자 데이터센터는 특정 장비(예를 들어 서버와 부품)를 별도 외부 시설에 보관하고, 재난 발생 시 급속한 장비를 받고자 공급업체와 약정을 체결해야 한다. 이 예비 장비는 종종 '핫 사이트hot site'나 '웜 사이트warm site'에 보관돼 있다. 이들 사이트에서 시스템을 이용할 수 있고, 대체 데이터센터에서 이를 이용해 복구를 신속하게 수행할 수 있다. 핫 사이트와 웜 사이트의 주요 차이점은 일반적으로 사이트의 데이터를 프로덕션 데이터와 동기화하는 방법과 사이트를 얼마나 빠르게 프로덕션을 준비할 수 있는지에 있다. 핫 사이트는 웜 사이트보다 더 빨리 작동하지만 더 비싼 옵션이다.

방법

예비 장비 재고 및 공급업체와의 약정을 검토해 현재의 시스템이 최신 상태인지 확인한다. 공급업체 약정서는 DRP를 동반해야 한다. 예비 장비 재고는 자산관리 부서나 시스템 담당자에게서 입수할 수 있다.

40. 비상 운영계획이 다양한 재난 시나리오를 적절히 처리하는지 확인한다.

데이터센터에서 여러 유형의 재해가 발생할 수 있다. 일반적인 사건으로는 화재, 홍수, 기타 날씨 관련 사건이 있다. 사건의 유형별로 각기 다른 구조, 복구 노력이 필요하다. 비상 운영계획에는 합리적으로 예상되는 시나리오가 반영돼야 한다. 부정확한 비상 운영계획은 복구시간을 증가시킨다.

방법

비상 운영계획이 합리적으로 예상되는 시나리오에 적용되고, 해당 계획에 각 시나리오와 관련된 특정 요구사항이 정확하게 반영되는지 검증한다. 이 분석은 재해복구 계획을 수립한 사람들을 인터뷰하거나 긴급 운영계획을 검토해 수행할 수 있다.

41. 비즈니스팀이 DRP에 적절하게 관련돼 있는지 여부와 DRP가 회사의 전체 비즈니스 연속성 계획과 연결돼 있는지 확인한다.

DRP의 존재 목적은 궁극적으로 데이터센터에 영향을 미치는 재해발생 시 비즈니스 운영 복구를 지원하는 데 있다. 복구 요건을 준비하는 데 해당 비즈니스에 정통한 직원의 관여가 없다면 작업 복구에 소요되는 시간이나 재해 중에 손실된 데이터의 양이 비즈니스 요구와 맞지 않을 수 있다.

비즈니스 연속성 계획^{BCP, Business Continuity Planning}은 전체 비즈니스에 대한 재해복구 계획과 유사하며, 심각한 사고와 재해로 인한 영향을 복구하고 최소화하고자 비즈니스에 대한 프로세스와 우발성^{contingency}의 정의를 포함한다. DRP는 종종 복구의 IT 측면을 다루는 BCP의 하위 집합으로 간주된다. 회사의 DRP와 BCP 사이에 연계가 없는 경우 실제 사건에서의 피해를 복구하는 동안 커뮤니케이션 결함이 발생할 수 있다.

방법

데이터센터에 대한 비즈니스 영향 분석^{BIA, Business Impact Analysis}을 하는지 증거를 찾아본다. BIA는 데이터센터에서 정전이 발생할 경우 비즈니스에 미치는 영향에 대한 비즈니스 사용자의 의견을 얻고자 수행된다. 이를 통해 데이터센터의 백업과 복구 메커니즘을 조율한다. 데이터센터 규모에 따라 전체 시설에 대해 하나의 BIA가 있거나 각각 특정 유틸리티/애플리케이션(또는 비즈니스 영역별로 그룹화된 유틸리티와 애플리케이션의 하위 집합)을 다루는 일련의 BIA가 있을 수 있다.

최소한 재해발생 후 데이터센터를 얼마나 빨리 백업해야 하는지를 나타내는 데이터센터 RTO와 재해발생 시 비즈니스가 잃을 수 있는 데이터양을 나타내는 RPO에 관한 문서화된 요건을 찾아본다. 적절한 비즈니스 리더가 BIA에 참여했고, RTO와 RPO에 서명했다는 증거를 찾아본다.

데이터센터 시설 관리자나 재해복구계획수립자와의 인터뷰를 통해 DRP가 회사의 BCP와 어떻게 연결돼 있는지, 특히 실제 재해발생 시 BCP 프로세스와의 통신을 위해 문서화된 계획에 중점을 두는지 확인한다.

지식 베이스

데이터센터와 관련 통제에 대한 정보를 제공해주는 몇 가지 추가 리소스가 있다. 다수의 우수한 웹 사이트는 특정 지역의 잠재적 위험(예를 들어 홍수 위험)에 대한 정보와 비상 및 재난 활동에 대한 일반 정보를 제공해준다.

- https://hazards.fema.gov
- https://msc.fema.gov
- www.fema.gov
- www.noaa.gov
- https://earthquake.usgs.gov

Green Grid는 데이터센터의 에너지 효율성을 개선하려는 IT 회사와 전문가의 컨소시엄이다. 데이터센터 전력 효율에 대한 유용한 배경과 지침은 웹 사이트 www.thegreengrid.org에서 찾을 수 있다 .

재해복구는 철저한 훈련에 달려 있다. 이제까지 모범 사례를 다뤘고 높은 수준의 감사절차를 제시했다. 감사인은 다음과 같은 추가 정보를 얻고자 몇 가지 원천을 이용할 수 있다.

원천	웹 사이트
재해복구 저널(The Disaster Recovery Journal)	www.drj.com
국제 재해복구 연구소(Disaster Recovery Institute International)	www.drii.org
재해복구월드(Disaster Recovery World)	www.disasterrecoveryworld.com
ISACA	www.isaca.org

종합 체크리스트

다음은 데이터센터와 재해복구 감사용 단계를 요약한 것이다.

데이터센터, 재해복구 감사

데이터센터, 재해복구 감사용 체크리스트
☐ 1. 데이터센터의 외부 조명, 건물 방향, 간판, 울타리, 주변 특성을 검토해 시설 관련 위험을 식별한다.
☐ 2. 데이터센터 위치가 환경 위험에 주는 영향을 조사하고, 응급 서비스까지의 거리를 확인한다.
☐ 3. 데이터센터 문과 벽을 검토해 데이터센터 시설을 적절히 보호하는지 확인한다.
☐ 4. 물리적 인증장치를 평가해 장치가 적절하고 제대로 작동하는지 확인한다.
☐ 5. 물리적 접근통제절차가 포괄적이고, 데이터센터와 보안 담당자가 따르는지 확인한다.
☐ 6. 침입 경보와 감시 시스템이 물리적 침입으로부터 데이터센터를 보호하고 있는지 확인한다.
☐ 7. 보안 건물에 대한 순찰 기록과 기타 문서를 검토해 경비원 역할의 효과성을 평가한다.
☐ 8. 데이터센터 내의 민감한 영역이 적절히 보호되고 있는지 확인한다. 데이터센터 운영에 필수적인 모든 컴퓨터 처리 장비(예를 들어 하드웨어 시스템과 전원공급장치 차단기)가 컴퓨터 처리실이나 보호 구역 내에 있는지 확인한다.
☐ 9. HVAC 시스템이 데이터센터 내에서 일정한 온도를 유지하는지 확인한다.
☐ 10. 물 경보시스템이 데이터센터의 위험이 높은 지역의 물을 감지하게 구성돼 있는지 확인한다.

데이터센터, 재해복구 감사용 체크리스트
☐ 11. 데이터센터에 중복 전력 공급장치가 있는지 확인한다.
☐ 12. 컴퓨터 시스템을 보호하기 위한 접지선 연결이 있는지 확인한다.
☐ 13. 데이터 손실을 방지하기 위한 전력 조절장치가 있는지 확인한다.
☐ 14. 순간 정전과 등화관제 중에 배터리 백업 시스템이 지속적으로 전력을 공급하고 있는지 확인한다.
☐ 15. 발전기가 장기간의 전력 손실을 방지하고 양호한 작동 상태인지 확인한다.
☐ 16. 비상 전원 차단(EPO) 스위치의 사용과 보호 상태를 평가한다.
☐ 17. 데이터센터 건물 신축에 적절한 화재진압 기능이 포함돼 있는지 확인한다.
☐ 18. 데이터센터 직원이 위험 물질(위험) 취급과 보관에 대한 교육을 받았으며, 위험 물질 관련 절차들이 적절한지 확인한다. 또한 데이터센터 직원이 비상 화재 발생이나 위험 물질 유출에 대응하는 방법의 교육을 받았는지 확인한다.
☐ 19. 소화기가 전략적으로 데이터센터 전체에 배치되고 적절하게 유지되는지 확인한다.
☐ 20. 화재진압시스템이 데이터센터를 화재로부터 보호하는지 확인한다.
☐ 21. 화재 위험으로부터 데이터센터를 보호하고자 화재경보기가 설치돼 있는지 검증한다.
☐ 22. 경보 모니터링 계기판(콘솔), 보고서, 절차의 활동을 검토해 데이터센터 직원이 경보를 지속적으로 모니터링하는지 확인한다.
☐ 23. 네트워크, 운영체제, 애플리케이션 모니터링이 데이터센터에 위치한 시스템들의 잠재적인 문제 식별에 적절한 정보를 제공하는지 확인한다.
☐ 24. 데이터센터 직원의 역할과 책임이 명확하게 정의돼 있는지 확인한다.
☐ 25. 데이터센터 직원의 임무와 직능이 적절히 분리돼 있는지 확인한다.
☐ 26. 비상대응 절차가 합리적으로 예상되는 위협을 처리하는지 확인한다.
☐ 27. 데이터센터 시설 기반 시스템과 장비가 올바르게 유지보수되는지 확인한다.
☐ 28. 데이터센터 직원이 직능을 수행할 수 있도록 올바르게 훈련됐는지 확인한다.
☐ 29. 불필요한 중단을 피할 수 있도록 용량계획이 데이터센터에 마련돼 있는지 확인한다.
☐ 30. 전자 매체를 안전하게 보관하고 폐기하기 위한 절차가 있는지 확인한다.

데이터센터, 재해복구 감사용 체크리스트
☐ 31. 데이터센터 장비의 자산관리를 검토, 평가한다.
☐ 32. 필요한 경우 높은 가용성을 확보하고자 하드웨어 중복성(시스템 내 구성 요소의 중복성)을 사용하는지 확인한다.
☐ 33. 시스템 가용성 요건이 매우 높은 수준에 중복 시스템이 사용되는지 확인한다.
☐ 34. 백업 절차와 용량이 각 시스템에 적합한지 확인한다.
☐ 35. 백업 매체에서 시스템을 복원할 수 있는지 확인한다.
☐ 36. 별도 저장 시설에서 백업 매체를 즉시 검색할 수 있는지 확인한다.
☐ 37. 재해복구계획(DRP)이 존재하고 포괄적이며 주요 직원이 재해발생 시 자신의 역할을 알고 있는지 확인한다.
☐ 38. DRP가 정기적으로 업데이트되고 테스트되는지 확인한다.
☐ 39. 부품 재고 및 공급업체와의 약정이 정확하고 최신인지 확인한다.
☐ 40. 비상 운영계획이 다양한 재난 시나리오를 적절히 처리하는지 확인한다.
☐ 41. 비즈니스팀이 DRP에 적절하게 관련돼 있는지 여부와 DRP가 회사의 전체 비즈니스 연속성 계획과 연결돼 있는지 확인한다.

네트워킹 장치

네트워크는 IT 인프라^{infrastructure}의 중추로, 사용자^{users}, 데이터 저장소^{data storage}, 애플리케이션^{application} 간에 데이터를 전송할 수 있다. 라우터^{routers}, 스위치^{switches}, 방화벽^{firewalls}은 네트워크, 데이터와 최종 사용자를 보호하면서 데이터 전송을 가능하게 하려고 함께 작동한다. 무선 네트워크는 모바일 사용자이거나 기존 인프라가 너무 비싸 사용하기에 적합하지 않은 곳에서 사용할 수 있다. 네트워크 장비가 발전하고 더욱 강력해짐에 따라 새로운 기능들이 추가되고 있다. 차세대 방화벽^{NGFW}의 등장으로 전체 시장이 세분화[1]되고 있다. 5장에서는 다음 사항을 수행하는 데 도움이 될 수 있는 중요한 인프라 부분을 검토한다.

- 네트워크 장비의 복잡성을 해부한다.
- 중요한 네트워크 통제를 이해한다.
- 라우터, 스위치, 방화벽, 무선 구성 요소를 포함하는 네트워크 장비에 관련된 특정 통제를 검토한다.

배경지식

오늘날 컴퓨터와 기타 장치들이 전 세계 거의 모든 곳을 서로 연결시켜 온라인 쇼

---

1. 시장 세분화(market segmentation) – 고객은 요구사항, 거주 지역, 구매 능력, 구매 행동 등에서 매우 다양하다는 사실을 인정하고 별개의 마케팅 전략이 필요한 고객 집단으로 전체 시장을 나누는 것을 말한다. 시장 세분화를 하는 이유는 경쟁자보다 고객을 더 효율적으로 만족시킬 수 있기 위해서다(서성무, 이지우, 『경영학의 이해』, p. 294 참고). – 옮긴이

핑, 통신, 소셜 네트워킹 등을 가능하게 하며, 대중은 이를 당연한 것으로 받아들이고 있다. 인터넷Internet은 자체로 복잡한 것이지만 많은 사람에게 물이나 전기와 같은 유틸리티로 간주되고 있다. 어떻게 우리가 지금 이 순간까지 오게 됐는가? 전세계적으로 상호 연결된 네트워크에 우리가 어떻게 연결됐는가? 우리가 속한 회사의 네트워크는 어떻게 그러한 맵과 조화되고 있는가?

쌍방향 대화형 컴퓨터에 대한 아이디어는 첫 번째 컴퓨터가 개발되자마자 등장했다. 전신 전보는 하나의 개념으로, 신기한 일은 아니었으며 당시 백년이 넘게 존재해 왔었다. 전신 기계는 먼 지점 사이의 전자 통신을 가능하게 해줬다. 그러나 전자 컴퓨팅의 잠재력을 깨닫는 정부와 군사 조직은 현실 세계의 네트워킹 애플리케이션을 연구하기 시작했으며, 오늘날 우리에게 인터넷으로 알려진 것의 소재(빌딩 블록building blocks)를 개발하기 시작했다.

최초의 노력 중 하나는 1962년에 시작됐다. 이 무렵 미국 공군이 RAND 사의 폴 바란Paul Baran에게 핵 공격 후에도 항공기와 핵무기에 대한 통제력을 유지하는 방법을 연구하도록 의뢰했다. 기존 방식보다 내결함성이 높은 강력한 통신 유형이 필요했다. 유사한 프로젝트를 진행해온 바란 등은 단일 장애 지점이 아닌 다른 경로를 통해 데이터를 이동할 수 있게 하려고, 네트워크상에서 '패킷 교환packed-switched,2 방식으로 작동하는 데이터 블록blocks of data 개념을 발전시켰다.

이러한 개념들이 통합, 발전돼 1969년 ARPANET(알파넷, 고등연구계획국 네트워크) 건설로 이어졌다. ARPANET은 처음에 네 개 대학(캘리포니아 대학교(로스앤젤레스), 스탠포드 연구소(SRI), 캘리포니아 대학교(산타바바라), 유타 대학교)의 네트워크 노드를 연결시키는 50kbps의 회로로 구성됐다.

이어 다른 그룹들이 비슷한 프로젝트를 수행하기 시작했고 새로운 문제가 발생했

---

2. 패킷(packet) - 전통적인 데이터 통신에 주로 사용되는 패킷 교환 방식은 전달할 수 있는 메시지의 길이가 제한돼 있어 일정 길이를 넘는 경우 이를 분할한 후 전송해야 한다. 이렇게 분할된 메시지를 블록(block)이나 패킷(packet)이라 하고, 이는 수신지에서 재조립된다(이상문, 『경영정보시스템』, p.159 참고). - 옮긴이

다. 프로젝트가 다르면 거기서 개발된 프로토콜도 달랐다. 한 노드의 클러스터가 다른 노드와 통신할 수 있는 간단한 방법은 그 당시 없었다. 해결책으로 전송 제어 프로토콜/인터넷 프로토콜TCP/IP이 나중에 개발됐다. 이 프로토콜의 제안서에 '인터넷'이라는 용어를 처음으로 사용해 상호 연결된 네트워크 통신을 설명했다. TCP/IP는 내부에서 어떤 프로토콜을 사용하든 서로 다른 네트워크가 서로 통신할 수 있게 했으며 1983년 ARPANET의 토대가 됐고, 사용 중인 다른 프로토콜들을 대체했다.

1980년대 초반부터 상용 인터넷 서비스 제공업체ISP[3]가 등장했으며, 신흥 인터넷은 민간 부문의 영향을 받기 시작했다. 기본 개념들이 완성됨에 따라 정부와 연구 기관이 배후에 들어오기 시작했고, 인터넷의 이륙이 시작됐다. 오늘날 인터넷은 지구상의 모든 주요 회사의 통신 중추 역할을 하며, TCP/IP 프로토콜은 모든 회사 네트워크의 기본이다. 급여 시스템, 물류, 제조 활동, 판매 시스템, 웹 사이트 등은 모두 TCP/IP를 통해 활성화된다.

1990년대부터 인터넷은 무선으로 발전하기 시작했다. 1997년, IEEE^{Institute of Electrical and Electronic Engineers}는 무선 네트워킹에 대한 802.11 표준을 발표했다. 원래의 802.11은 현재 많이 사용되지 않지만, 그 이후로도 여전히 강세를 보이고 있다. 802.11n과 802.11ac 표준은 오늘날 가정과 기업에서 널리 사용되는 플랫폼을 주도하고 있다. 무선은 노트북과 프린터에서 스마트폰과 시계, 온도 조절장치와 냉장고에 이르기까지 어디에서나 가능하다.

오늘날의 대기업 네트워크는 인터넷의 축소 모형처럼 보일 수 있다. 예를 들어 메인 캠퍼스, 2개의 위성 사무실, 데이터센터가 있는 경우 이들은 모두가 TCP/IP를 이용해 서로 통신하는 소규모 지역 네트워크인 것처럼 작동할 수 있다. 그리고 각 위치에 유사한 네트워크 구성 요소가 있을 가능성이 높으므로 모든 통신이 용이하게 이뤄진다는 점이 중요하다.

---

3. 2021년 현재 국내 인터넷 서비스 제공업체에는 LG유플러스, LG헬로비전, 딜라이브, SK브로드밴드, KT 등이 있다.
  – 옮긴이

다음 절에서는 간단한 설명과 비유를 활용해서 이러한 구성 요소가 어떻게 작동하는지 알아본다.

네트워크 감사의 요점

호스트[host]들은 네트워크를 통해 한 호스트에서 다른 호스트로 데이터를 전달하기 위해 최적화된 특수 하드웨어나 소프트웨어[4]를 사용해 통신할 수 있다. 기본적으로 하드웨어는 데이터가 이동하게 설계된 운영체제를 실행하는 컴퓨터다. 라우터, 스위치, 방화벽과 같은 네트워크 장치에는 일반적인 서버(맞춤형 서버는 제외)에서 볼 수 있는 것과 동일한 기본 구성 요소가 많다. 이 장치에는 빠르고 효율적인 방식으로 데이터 이동을 처리하게 설계된 특수 프로세서가 있다. 이 프로세서에는 내장 명령이 들어 있다. 또한 메모리, 운영체제, 장치 구성 수단도 탑재돼 있다. 오늘날 많은 유형의 네트워크 장비는 특히 클라우드 환경이나 가상 머신 인프라에서 가상화[virtualized]될 수 있다. 이는 감사 노력에 혼란을 줄 수 있지만 감사인은 가상화된 네트워크 장비를 물리적 장비와 유사한 요건으로 생각해야 한다.

최근 몇 년간 네트워킹 거대 기업은 단순성에 대한 요구에 부응하고 네트워크 장치와 상호작용하고 구성하는 데 사용되는 때로는 어려운 커맨드라인 인터페이스[CLI][5]를 보완하고자 이해하기 쉬운 그림 중심 사용자 인터페이스[GUI]를 만들었다. 그

---

4. 컴퓨터 소프트웨어에는 크게 시스템 소프트웨어(SS)와 응용 소프트웨어(AS)의 두 가지가 있다. 운영체제(OS), 통신 모니터, 유틸리티 등은 SS에 속한다. 가장 기본적인 SS인 OS는 컴퓨터 하드웨어를 효율적으로 작동시키기 위한 기본적인 소프트웨어다. 그 외의 모든 소프트웨어는 OS의 감독하에 작동할 수 있다. OS는 사용자 인터페이스(명령 방식, 메뉴 방식, GUI 방식), 자원 관리, CPU 스케줄링, 파일 관리와 같은 4가지 기능을 수행한다(박관희, 『경영정보시스템』, p.122 참고). – 옮긴이

5. 인터페이스(interface) – 하위 시스템(subsystems) 간의 상호 관련성과 상호작용을 의미한다. 인터페이스는 경계에서 발생하며 입력, 출력의 형태를 취한다. OSI 모델은 7계층으로 구분된 구조를 갖고 있다. 각 계층은 컴퓨터 네트워크 상에서 서로 다른 정보 처리 장치들을 상호 연결시켜 통신을 효과적으로 지원하고자 하나 이상의 기능을 수행한다. 각 계층 간은 인터페이스라는 경계에 의해 구분된다. 각 계층은 바로 상하의 계층에 대해 클라이언트와 서버 기능(다른 장에서 추가 설명됨)을 수행한다. – 옮긴이

러나 방식에 관계없이 장치란 기본적으로 데이터의 이동을 위해 설계된 컴퓨터이므로 감사인은 이에 대한 운영체제를 여전히 고려해야 한다.

네트워크 감사를 위한 주요사항을 알아본다. 라우터, 스위치, 방화벽에 대한 이해를 높이고자 프로토콜과 ISO^{International Standards Organization}의 OSI^{Open System Interconnection} 모델도 함께 알아본다.

이 검토는 네트워크 팀과 협력해 네트워킹 환경을 감사하는 데 도움이 된다. 가급적 복잡한 문제는 피하고, 간단한 비유와 사례를 들 것이다.

고급 네트워킹 개념을 익히려면 몇 년이 걸릴 수 있다. 이 절의 목적은 네트워킹을 처음 접하는 감사인이 라우터, 스위치, 방화벽의 기능을 빠르게 이해하도록 돕기 위한 것이다.

 참고 이 장에서는 소프트웨어 한정 네트워킹(SDN)이나 소프트웨어 한정 광대역 통신 (SD-WAN)은 다루지 않는다. 이러한 기술을 통해 사용자, 애플리케이션, 작업부하 (workload)의 다이내믹한 요구에 따라 중앙 제어 지점에서 네트워크를 쉽게 재구성할 수 있다. 조직에서 이러한 기능을 사용하는 경우 네트워크 관리자와 상의해 시스템 평가 시 이 장과 다른 장의 개념을 적용한다.

프로토콜

네트워킹에서 장치들이 서로 연결돼 통신이 가능하려면 어떤 구조나 규칙이 필요하다. 프로토콜(통신 규약)은 구조나 규칙을 정의한 것이다. 비유를 들자면 서로 다른 여러 언어를 사용하는 두 사람이 있고 한 사람은 다른 사람의 주소를 말하고 싶어 한다고 가정해보자. 먼저 그들은 자신을 소개한다(핸드셰이크). 그런 다음 공통 언어(메시지 유형)를 사용할지, 통역사를 사용할지를 몇 단어로 정한다. 다음으로 실제 관심 정보^{payload}를 교환하기 시작한다.

주소 자체에도 규칙과 특정 순서가 있다. 주소를 'USA 123 Anytown Street Main'이라고 표시하지 않는다. 이러한 모든 아이디어(핸드셰이크, 메시지 유형, 페이로드)는 해당 주소를 교환하는 데 필요한 프로토콜[6]을 구성한다. 네트워킹에서 제반 개념들은 조금 추상적일지는 몰라도 서로 비슷하다.

컴퓨터와 네트워킹을 사용하고 있다면 TCP/IP보다 더 많은 프로토콜이 있음을 알 수 있다. 각 프로토콜은 특정 유형의 데이터를 전달하거나 특정 기능을 고려해서 프로토콜을 좀 더 효율적으로 사용할 수 있도록 설계된 특성을 지니고 있기 때문이다.

OSI 모델

OSI 7계층 모델은 한 시스템에서 다른 시스템으로 데이터가 이동하는 방식을 다루고 있다. 이 모델은 데이터를 응용 계층에서 물리 계층으로 수백 또는 수천 마일에 걸쳐 다른 쪽의 응용으로 이동시키는 응용, 프로토콜, 장비를 구축하는 방법을 나타내고 있다 .

두 가지 일반적인 계층 모델은 ISO OSI 모델과 TCP/IP 모델이다. TCP/IP 모델에는 ISO OSI 모델의 7계층과 약간 관련된 5개의 층이 있다. 6장의 목적을 위해 ISO OSI 7계층 모델(표 6-1)에 대해서만 다룰 것이다. 이는 단지 모델일 뿐이며 실제 프로토콜 구현이 다음 7계층과 항상 완벽하게 일치하는 것은 아니다.

계층	계층 이름	설명
계층 7	응용	HTTP, 파일 전송 통신 규약(FTP), 이메일 전송 통신 규약(SMTP), 텔넷(Telnet) 같은 사용자 응용을 표현한다.
계층 6	표현	포맷팅 처리, 암호화, 압축, 응용에 이르게 데이터를 표현한다(예를 들어 보안 소켓 계층(SSL), 전송 계층 보안(TLS)).

---

6. 데이터를 효율적으로 정확하게 송수신하려면 송신자와 수신자의 쌍방이 약속된 체계에 의해 송수신해야 한다. 이때 약속된 체계를 프로토콜이라 한다. 이러한 체계에 따라 여러 단계별로 분류해 통신 시스템이 갖춰야 할 기능을 계층적으로 체계화한 것을 '네트워크 아키텍처'라고 한다. 컴퓨터 네트워크 분야에서 네트워크 아키텍처로는 IBM의 SNA, DEC의 DNA, ISO의 OSI 7계층(layer) 등이 있다(이상문, 『경영정보시스템』, p.161 참고). – 옮긴이

계층	계층 이름	설명
계층 5	세션	컴퓨터 응용들 간의 연결 성립과 세션 관리를 취급한다(예를 들어 pipes에 이름 부여, Net BIOS, TCP의 세션 설정).
계층 4	전송	한 piece에서 목적지로 가기, 오류 제어(error control)[7]와 같은 전송 문제를 취급한다(예를 들어 TCP와 사용자 데이터 그램 통신 규약(UCP)).
계층 3	네트워크	네트워크 사이의 패킷의 루트를 정해준다(예를 들어 IP, 인테넷 제어메시지 통신규약(ICMP), IP보안(IPsec), 네트워크 계층주소와 링크 계층 주소사이의 변환을 담당하는 통신규약(ARP)). 일반적으로 라우터는 IP 주소를 이용해 이 계층에서 작동한다.
계층 2	데이터 링크	한 곳에서 다른 곳으로(일반적으로 지역통신망(LAN), 가끔 광역통신망(WAN)), hosts 상의 데이터를 링크한다(예를 들어 Ethernet, 고리형망(Token Ring), 광섬유 분산데이터 인터페이스 표준(FDDI), 프레임릴레이(FramRelay), 비동기식전송방식(ATM)). 일반적으로 매체접근제어(MAC) 주소를 이용해 스위치와 브릿지는 이 계층에서 작동한다. 무선 802.11 프로토콜도 이 계층에서 기능을 수행한다.
계층 1	물리	물리적 링크(연결노드)를 지정하고 케이블 연결한 다음, 비트(이진수)를 전송한다. 이 계층에서 흐름제어(flow control)와 변조(modulation)가 일어난다.

표 6-1 단순화된 OSI 모델 개요

데이터가 네트워크를 통해 이동할 때 OSI 모델의 여러 계층이 함께 작동해 정보를 이동시킨다. 네트워크 전송은 계층 7의 응용 계층에서 시작한다. 각 계층은 관리하는 프로토콜에 특정한 몇 비트의 헤더[header] 정보를 추가한 다음, 페이로드(우편물)를 다음 계층으로 전달한다. 그 층은 이러한 과정을 반복한다. 물리 계층이 페이로드를 처리하면 정보는 수신자에게 전송된다. 그런 다음 수신 시스템은 헤더 정보 비트를 사용해 역방향 프로세스를 시작하고, 정보 비트를 버린 다음 나머지 페이로드를 다음 계층에 전달한다. 이러한 다른 헤더 비트들을 데이터 덩어리에

---

7. 오류 제어(error control) - 전송 도중에 발생할 수 있는 오류를 검출하고 정정하는 기능으로, 흐름 제어(flow control)란 송신 측 개체(entity)와 수신 측 개체 간에 주고받는 전송량이나 전송 속도 등을 조절하는 기능이다. — 옮긴이

추가하는 과정을 캡슐화라고 한다. 그림 6-1은 이러한 내용을 나타낸다. 여기서 다양한 계층이 각 계층에 대해 H7, H6 등으로 지정된 고유 헤더 비트들을 초기 페이로드에 추가한다.

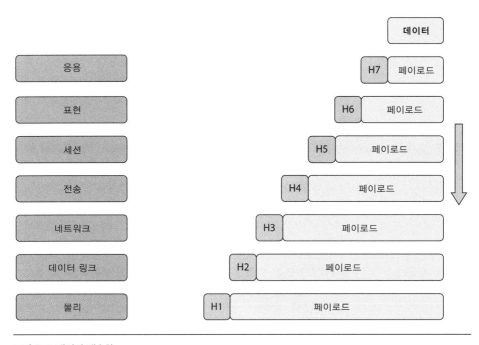

그림 6-1 데이터 캡슐화

라우터와 스위치

네트워크의 두 가지 주요 하드웨어 구성 요소는 스위치와 라우터다. 라우터는 계층 3 네트워크 주소(일반적으로 IP 주소)를 이용해 네트워크 간에 데이터를 연결하고 발송한다. 라우터는 OSI 계층 3에서 작동한다. 일단 데이터가 대상 네트워크로 발송되면 대상 호스트가 있는 스위치로 이동한다. 스위치는 OSI 계층 2에서 대상 호스트의 MAC 주소를 이용해 나머지 방법으로 호스트에 데이터를 보낸다. 일부 네트워크 장치는 스위칭과 라우팅 기능을 결합하고 여러 OSI 계층에서 작동할 수 있다. 비유적인 예를 들어 라우터와 스위치를 알아보자.

스위치와 라우터의 간단한 예

교실로 가득 채워진 지역 학교를 예로 생각해보자. 수업 시간에 학생들은 교실 내 모든 학생에게 자신의 이름을 외칠 수 있으며, 교실의 모든 학생이 들을 수 있다. 강의실은 자체 브로드캐스트 도메인^{broadcast domain}이므로 교실 내 학생들이 서로의 개인 이름을 익히는 데 시간이 오래 걸리지 않는다. 그러나 강의실이나 브로드캐스트 도메인의 크기가 너무 커지면 몇 가지 통신 문제가 발생한다. 지나치게 많은 음성이 나올 수 있고, 대화가 잘못 이해되는 경우 반복해야 한다.

그래서 커뮤니케이션을 이렇게 체계화해보자. 즉, 한 학생이 다른 학생과 대화하고 싶을 때마다 먼저 교사에게 말하면 교사가 메시지를 중계하게 하는 식이다. 이제 교사는 네트워크 스위치 기능을 수행해 양쪽 학생을 인식한 다음, 메시지가 지정된 상대 학생에 전달되게 한다.

지금까지는 잘 전달됐다. 이제 교실에는 학생(종점이나 네트워크 노드)과 교사(스위치)가 있다. 다음으로 학생들이 다른 교실에서 학생들과 어떻게 대화할 수 있는지 정해야 한다. 이러한 메시지를 처리하고 라우터 역할을 할 강의실 모니터^{hall monitor}를 지정해보자. 한 학생(발신자)이 다른 학생(수신자)에게 보낼 메시지를 갖고 있다. 발신자에서 메시지를 넘겨받은 교사는 수신자가 같은 교실에 있지 않다는 것을 깨달았다. 교사는 다른 모든 교사가 보고 있는 강의실 모니터에 메시지를 전달하면 그 모니터는 올바른 교실로 메시지를 가져가 다른 교사에게 전달한다. 이 메시지가 수신자에게 전달되고 이러한 프로세스는 계속된다.

이 비유적인 예를 염두에 두고 네트워크에서 볼 수 있는 특정 장치 몇 가지를 알아보자.

스위치

네트워크 스위치는 장치들^{devices}과 주고받는 메시지를 처리한다. 연결된 각 장치의 고유 식별자(MAC 주소)를 확인하고, 특정 수신자를 위한 메시지가 해당 수신자에게만 전송되게 한다. 수신자를 모르는 경우 처리를 위해 네트워크의 다음 수준으로 보낸다. 스위치 수준의 모든 항목은 일반적으로 OSI 계층 2로 표시되는 MAC 주소로 처리된다.

한 쌍의 장치를 스위치에 연결한다면 LAN^Local Area Network(근거리통신망)을 갖게 된다. LAN은 일반적으로 건물이나 캠퍼스와 같은 소규모 지역으로 제한된다. 스위치를 다른 스위치에 연결해 LAN 크기를 늘릴 수도 있다. 그러나 다른 캠퍼스의 호스트와 대화하고 싶다고 가정해보자. 그렇다면 스위치는 라우터에 연결돼야 할 것이다.

라우터

라우터는 지역별로 연결된 스위치나 다른 라우터로 패킷을 보내면서 한 네트워크에서 다른 네트워크로 데이터 이동을 처리한다. 패킷은 원격 LAN에 도달한 다음, 마침내 다른 쪽 호스트에 도착한다. 사용자와 원격 호스트 사이의 각 라우터는 계층 3에 있는 IP 주소 헤더 정보를 보고, 다음에 전송할 위치를 확인한다.

라우터 고유의 기능을 사용하면 인터넷이나 회사 네트워크를 통해 통신할 수 있다. 라우터는 OSPF^Open Shortest Path First와 BGP^Border Gateway Protocol 같은 프로토콜을 사용해 라우팅 테이블을 동적으로 구축한다. 이를 통해 라우터는 가능한 한 빨리 다른 쪽에 도달하고자 필요한 방향으로 패킷을 보낼 수 있다. 라우터에는 접근통제목록^ACL과 서비스 품질^QoS 성능이 있을 수도 있다. 라우터와 스위치 사이의 연결은 표 6-2에 표시돼 있다.

계층	이름	사용 장치	의존 대상	예시
계층 3	네트워크	라우터	IP 주소-WAN	198.133.219.25
계층 2	데이터 링크	스위치	AC주소-LAN	00-14-22-F5-04-16

표 6-2 라우터와 스위치

스위치와 라우터는 차이점이 있지만, 일반적으로 유사한 구문을 사용하며 유사한 방식으로 관리된다. 감사 관점에서도 동일한 관심사가 많다. 감사를 단계별로 진행할 때 장치의 목적을 유념한다. 그러면 수행할 추가 단계를 결정하는 데 도움이 된다.

LAN, VLAN, WAN, WLAN

LAN은 네트워크의 간단한 구현이지만 네트워크 팀과 대화에 나올 수도 있을 많은 다른 '영역'의 네트워크가 있을 수 있다. 다음에 몇 가지를 정의해보자.

가상 근거리 통신망(VLAN)

가상 LAN 또는 VLAN은 대부분의 스위치 유형에 사용돼 스위치에 연결된 네트워크를 더욱 세분화할 수 있다. 이러한 VLAN 사이의 라우팅은 스위치와 분리된 라우터에 의해 수행되거나 경우에 따라 이 기능이 스위치에 통합될 수도 있다.

VLAN을 통해 네트워크 관리자는 신뢰 수준이나 트래픽 유형에 따라 분리된 네트워크를 만들 수 있다. 예를 들어 민감한 호스트를 관리하고자 별도의 VLAN을 생성해, 네트워크 장비나 민감한 기기의 관리용 콘솔에 대한 일반적 접근을 방지할 수 있다. 네트워크를 더 작은 VLAN으로 나누면 개별 호스트가 처리해야 하는 브로드캐스트(패킷) 수를 줄이는 데 도움이 되며, VLAN을 통해 네트워크 관리자는 케이블을 이동시키는 대신 스위치를 논리적으로 변경해 호스트를 이동시키는 것도 가능하다.

VLAN은 매우 강력하다. VLAN을 사용하면 물리적 스위치를 여러 개의 논리적 스위치로 분리해 각각 자체 VLAN을 관리할 수 있다. 또한 여러 물리적 스위치와 라우터 간에 동일한 네트워크 내에서 VLAN을 공유할 수 있으므로, 지리적으로 분리된 두 장치가 논리적으로 동일한 가상 네트워크에 존재할 수 있다.

광역 정보통신망(WAN)

WAN은 매우 넓은 지역, 전체 지역, 전 세계를 포괄하게 설계됐다. WAN은 LAN 사이의 트래픽을 전달하는 데 사용되며, 광대한 지역을 커버함으로써 다른 전송 방식을 사용한다.

무선 근거리 통신망(WLAN)

종종 와이파이$^{Wi-Fi}$라고도 하는 무선 LAN은 전자기파를 통한 네트워크 데이터 전송을 허용해 네트워크 케이블의 한계에서 끝점을 제거한다. WLAN은 무선 데이터를 물리적 신호로 변환하는 데 쓰이는 전송 장비가 포함된 물리적 장치다. 접근 포인트를 이용해 WLAN이 배치되면 사용자는 나머지 네트워크에 접근할 수 있게 된다.

인증 관리와 침입탐지는 무선 네트워크에 대한 추가적 고려 사항이다. 무선 네트워크에 대한 특별 감사단계는 이 장의 뒷부분에서 설명한다.

방화벽

라우터와 스위치는 한 네트워크 노드에서 다른 네트워크 노드로 트래픽^{traffic}을 보내게 설계됐지만, 네트워크 방화벽^{firewall}은 트래픽 흐름을 제어하는 규칙을 설정함으로써 기본적으로 장벽 역할을 하게 설계돼 있다. 방화벽은 네트워크의 보호 영역을 설정해 특정 시스템이나 특정 방법으로만 접근할 수 있게 하는 데 도움이 된다. 민감한 네트워크 영역을 격리시켜 무단접근의 위험을 줄이는 데 사용할 수 있다. 방화벽은 원하지 않는 트래픽을 차단시켜줌으로써 네트워크의 주변 보호용으로 가장 일반적으로 사용되고 있다.

매우 간단한 네트워크 모델의 경우 조직은 원하지 않는 인터넷 트래픽으로부터 네트워크를 방어하고자 두 개의 방화벽을 배치할 수 있다. 인터넷에 직접 대면하는 회사 네트워크의 경계에 하나의 방화벽을 설치한다. 이는 회사의 공용 웹 사이트처럼 인터넷에 접근할 수 있는 지정된 대상을 제외한 모든 수신 패킷을 차단하도록 구성된다. 회사의 내부 네트워크 경계에 다른 방화벽을 배치해 회사의 공용 웹 사이트나 다른 시스템에서 내부 네트워크로 들어오는 트래픽을 차단할 수 있다.

이러한 식으로 때때로 네트워크를 '신뢰 영역'이라고 불리는 다른 보안 영역으로 분해할 수 있다. 인터넷에 가장 가까운 회사 네트워크 부분을 보통 DMZ라고 한다. DMZ는 하나 이상의 방화벽으로 보호되지만, DMZ는 인터넷에서 직접 접근할 수 있기 때문에 신뢰도가 낮은 영역으로 간주된다. 즉, 종종 직접적인 공격을 받을 수도 있다. 내부 네트워크와 같은 신뢰 영역은 네트워크의 동일한 부분에 있는 시스템의 경우 안전한 영역으로 간주될 수 있다. 그러나 DMZ와 같이 신뢰도가 낮은 영역에서 오는 트래픽을 관리하는 데는 방화벽이 사용될 수 있다. 간단한 방화벽 구성의 예가 그림 6-2에 나와 있다.

오늘날 수십 개의 서로 다른 공급업체가 제공하는 다양한 유형의 방화벽이 있다. 그러나 모두 원치 않는 트래픽을 차단하게 설계됐다. 이 책의 목적상 NIST[National Institute of Standards and Technology] Publication 800-41-Rev1의 정의에 따른다.

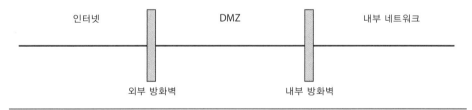

그림 6-2 간단한 방화벽 배치

참고 http://csrc.nist.gov/publications/PubsSPs.html에서 NIST 간행물 800-41-Rev1 '방화벽과 방화벽 정책 지침'을 찾아볼 수 있다.

패킷 필터링(packet filtering) 방화벽

본질적으로 패킷 필터링 방화벽은 설정된 ACL을 사용해 계층 3에서 작동하는 라우터다. 트래픽의 허용과 차단의 결정은 소스 IP주소와 대상 IP 주소, 프로토콜과 포트[port] 번호를 기반으로 한다.

상태 기반 검사 방화벽

상태 기반 검사[stateful inspection], 상태 기반 패킷 검사[SPI], 동적 패킷 필터링 방화벽은 계층 3과 4에서 작동한다. 가정에 있는 라우터를 사용하면 외부에서 다른 주소로 세션을 설정하고 유지할 수 있다. '상태'는 계층 4와 5에서 발생하는 세션을 식별, 추적하는 것을 표시한다. 아웃바운드[outbound][8] 연결을 설정하면 대상 IP 주소의 패킷을 사용자에게 반환할 수 있도록 규칙이 동적으로 변경된다. 다른 모든 트래픽은 차단돼 컴퓨터에 도달하지 못하게 되므로 인터넷 고유의 위험에서 컴퓨터를 보호한다.

애플리케이션 방화벽

애플리케이션 방화벽[application firewalls]은 애플리케이션 문제점에 대한 강력하고 심층적인 검사기능과 하위 OSI 계층에서 작동하는 일반적인 방화벽의 기능을 결합한 형태다. 현재까지 알려진 악의적인 트래픽과 같은 응용 수준에서의 정보를 기반으로, 트래픽을 허용하거나 허용하지 않는 결정을 내릴 수 있다. 예를 들어 웹 서버에 도달하기 전에 웹 트래픽을 차단하는 장치나 호스트가 있을 수 있다. 웹 트래픽의 동작과 내용에 따라 웹 서버에 대한 접근을 차단하도록 역동적인 결정을 내릴 수 있을 것이다.

---

8. 아웃바운드(outbound)란 호스트에서 단말기로 전송하는 것이다. – 옮긴이

응용 프록시 게이트웨이

응용 프록시 게이트웨이^{application-proxy gateway}는 OSI 모델의 응용 수준에서 호스트 간의 대화를 중개자 역할로 관리한다. 프록시는 대화를 수신지 방향으로 재설정하므로 대화의 출처를 효과적으로 숨길 수 있다. 프록시는 인증, 로깅, 콘텐츠 규칙을 시행할 수 있다. 응용 프록시 게이트웨이의 장점 중 하나는 암호화된 세션을 중지하고, 데이터를 디코딩하고, 일반 텍스트로 데이터를 읽고, 데이터를 인코딩한 다음 암호화된 세션을 수신지 방향으로 다시 시작할 수 있는 기능이다. 이는 매우 자원 집약적이며, 이런 애플리케이션의 경우 문제는 성능 요건에 관한 것이다.

추가 방화벽 기술

NIST Publication 800-41-Rev1에서 자세히 설명된 추가 방화벽 유형은 방화벽 시장에서 발생한 전문 특수화를 보여준다. 이러한 방화벽 기술에는 전용 프록시 서버, 가상 사설망, 네트워크 접근통제, 통합 위협 관리, 웹 애플리케이션 방화벽, 가상 인프라를 위한 방화벽이 포함된다.

 참고 패킷 필터링 방화벽, 상태 기반 검사 방화벽, 전용 프록시 서버는 일반적으로 '전통적인' 방화벽 기술이다. 응용 방화벽과 같이 더 높은 수준의 OSI 스택(stack)에서 작동하는 방화벽은 일반적으로 NGFWs로 간주된다. NIST 800-41에는 NGFW라는 용어가 포함돼 있지 않지만, 이 용어는 수년간 고급 방화벽을 설명하는 데 사용돼 왔다.

스위치, 라우터, 방화벽의 감사

감사단계를 일반적인 단계와 특정 단계로 구분한다. 일반적인 감사단계는 일반적으로 네트워크 장비에 적용되며, 라우터, 스위치, 방화벽에 대한 특정 섹션으로 이어진다. 감사에 관계없이 일반통제^{general controls}의 첫 번째 섹션을 진행한 다음, 감사를 완료하는 데 필요한 특정 섹션으로 이어진다.

참고 감사대상 네트워킹 장치에 관계없이 일반적인 네트워킹 감사단계를 수행해야 한다. 네트워크상의 어느 위치에 라우터, 스위치, 방화벽이 있는지에 관계없이, 그리고 어느 계층에서 작동하는지에 관계없이 이 단계는 라우터, 스위치, 방화벽에 적용된다.

네트워크 장비에 대한 일반적 감사단계

구성 파일^{configuration file}의 사본과 감사하려는 장치의 버전을 네트워크 엔지니어에게 요청하면서 감사를 시작해보자. 라우터와 스위치의 경우 원하는 거의 모든 정보가 구성 파일에 있으므로 장치에 반복적으로 로그온하지 않아도 된다. 최신 스위치와 기타 네트워크 장비는 웹 기반 관리 인터페이스를 제공함으로써 단일 장치의 구성에 대한 검사를 훨씬 더 간단하게 할 수 있지만, 커맨드라인^{command-line} 인터페이스도 제시돼 있다. 사용 가능한 또는 선호되는 접근 방법에 대해 네트워크 관리자와 상의한다. 다수의 환경에서 네트워크 장비에 직접 접근하는 것이 허용되지 않을 수 있다. 이 경우 네트워크 관리자에게 문의해 감사를 완료하는 데 필요한 증거의 제공을 요청한다.

참고 다음 예들 중 다수는 시스코(Cisco) IOS에서 나온 것이다. 회사마다 네트워킹 장비는 다를 수 있지만 개념은 일반적으로 동일하다. 네트워크 엔지니어는 차이가 발생하는 시기를 알고 있어야 한다. 또한 네트워크가 안전하며 기준에 따라 작동한다는 확신을 가질 수 있도록 적절한 지원 문서를 감사인에게 보여줄 수 있어야 한다.

1. 구성의 개발과 유지에 관련된 통제를 검토한다.

이 단계는 네트워크의 안전한 구성을 유지하는 데 가장 중요한 개념인 구성 관리를 다루는 포괄적인 단계다. 안전한 구성을 유지하지 않으면 네트워크 보안에 영향을 주는 기술이나 프로세스가 중단될 수 있다. 네트워크 장치의 변경사항을 검토해 변경사항이 실수로 네트워크의 성능이나 보안을 저하시키지 않았는지 확인한다.

방법

네트워크 관리자와 변경관리 실무를 알아본다. 구현 전에 변경사항에 대한 계획 수립, 일정표 작성, 문서화(변경 목적 포함), 승인이 있었는지 확인한다. 회사의 구성 변경관리 정책과 프로세스가 준수되고 있는지 확인한다. 자세한 내용은 3장을 참고한다.

이 단계는 일상적인 패치 주기^{patch cycles}를 간략하게 다루며, 2단계에서 구체적으로 다시 다룬다는 점을 유의한다. 적절한 구성 관리 통제가 설정돼 있는지 확인하고자 가능하다면 관리자와 다음 사항을 논의해보자.

- 보안 메일링리스트를 모니터링한다.
- 합의된 정책, 절차의 서면 지침서에 따라 최신 패치들을 일상적인 패치 주기에 적용한다.
- 당해 환경에서 장비에 대한 구성 지침이 있으며 이를 엄격하게 준수한다. 예외사항은 신중하게 문서화해 유지한다.
- 새로운 위험을 신속하게 발견하고 계획된 환경 변화를 테스트하고자 내부와 외부 관점에서 정기적으로 취약점을 검색한다.
- 기존 인프라를 구성 지침과 비교하고자 구성에 대한 정기적인 내부 검토를 수행한다.
- 전반적인 네트워크 보안 상태가 기록된 상태 보고서를 정기적으로 상사에게 보고한다.

네트워크의 안전성에 긴요한 것은 강력한 구성 표준을 갖추는 것이다. 라우터, 스위치, 방화벽을 비롯한 네트워크 장비는 보안에 영향을 미친다. 장비에 관련해 기본적으로 거의 안전하지 않은 많은 구성 옵션이 있다. 이러한 옵션을 이해하고 환경에 맞게 구성하는 방법을 이해하는 것은 건전하고 안전한 네트워크를 유지하는 데 필수적이다.

네트워크 장치의 구성과 보안 강화 지침서가 여러 종류 나와 있다. 6장 뒷부분의 '지식 베이스' 절에서 몇 가지 리소스를 제시했다. 조직에서 특정 강화 지침을 활용하지 않는 경우 해당 문서에 제반 원칙들이 회사의 구성 프로세스에 포함돼 있는지 확인해야 한다.

2. 현행 소프트웨어 버전과 관련된 모든 취약점에 대비해 적절한 통제기능을 마련하고 있는지 확인한다. 이러한 통제에는 소프트웨어 업데이트, 구성 변경, 기타 보완통제가 포함될 수 있다.

이 단계는 구성 변경을 넘어 특히 소프트웨어 업데이트와 관련 취약점을 대상으로 한다. 이 단계에서 감사인은 소프트웨어와 관련된 중요한 취약점을 조사하고, 소프트웨어 업데이트, 구성 변경이나 기타 보완통제와 같은 적절한 통제기능의 설정 여부를 확인해야 한다.

각 장비 모두에 업데이트 설치가 필요한 것은 아니지만, 일반적으로 네트워크 장비는 최신 상태로 유지해야 한다. 보안 커뮤니티에 취약점들이 알려지면서 http://nvd.nist.gov에 있는 NVD[National Vulnerability Database]와 같은 다양한 온라인 데이터베이스들이 취약점을 공시하고 있다. 이런 목록을 확인해야 하며, 사용 중인 코드 버전에 알려진 취약점이 있는 경우 장치를 패치하거나 네트워크 장치와 네트워크의 보호를 위한 다른 완화통제를 채택해야 한다.

방법

네트워크 관리자와 소프트웨어 버전 정보 및 보류 중인 패치나 업그레이드 상태를 논의한다. NVD와 비교해 소프트웨어와 버전을 확인한다. 네트워크 관리자와 잠재적인 문제점들에 주목하면서 논의한다.

3. 불필요한 서비스는 모두 비활성화돼 있는지 확인한다.

불필요한 서비스를 실행하면 성능과 보안 관련 위험에 노출될 수 있다. 이는 모든 호스트나 장치에 적용되며 잠재적인 공격자가 사용할 수 있는 공격 영역을 추가시킬 수 있다.

방법

네트워크 관리자와 불필요한 서비스에 대해 논의하고 장치 구성을 검토한다. 장치가 다른 플랫폼(예를 들어 일부 방화벽)에 의존하는 경우 기본 플랫폼에서도 모든 불필요한 서비스를 비활성화해야 한다.

관리자와 예외사항에 대해 논의하고 어떤 추가적인 위험 노출이 있을 수 있으며, 예외가 필요한지 결정한다. 사용 가능한 다른 서비스의 경우 관리자와 논의해 서비스에 대한 합당한 비즈니스 요구가 있는지 확인한다. 서비스는 필요할 때만 활성화해야 한다. 최고의 필수 서비스 소스와 보안 위험으로 간주될 수 있는 서비스에 대해서는 공급업체 웹 사이트를 참조한다. 이러한 서비스의 유무에 유의한다.

4. 올바른 SNMP 관리 실무를 준수하는지 확인한다.

SNMP^{Simple Network Management Protocol}(간이 망 관리 규약)[9]는 네트워크 장치에 대한 전체 관리 접근권한을 얻는 데 종종 간과되는 방법을 다루고 있다. 장비가 SNMP 관리를 지원하지 않거나 비활성화된 경우 이 단계는 장비에 적용되지 않을 수 있다.

---

9. SNMP는 네트워크 트래픽과 네트워크 장치를 관리하기 위한 프로토콜이다. 원래 SNMP는 네트워크 관리를 위해 일시적으로 출현한 기술로 CMIP(Common Management Information Protocol)보다 기술적인 수준은 훨씬 낮은 프로토콜이다. 하지만 SNMP는 TCP/IP에 기반을 두고 있으며 단순성과 오버헤드가 적다는 장점으로 인해 오히려 관리 프로토콜의 대세를 이루고 있다. 이 프로토콜을 이용해 네트워크 관리 정보를 획득하고 설정할 수 있다(출처: TTA 정보 용어 사전). - 옮긴이

방법

네트워크 관리자와 SNMP 관리 실무에 대해 알아본다. SNMP 버전 1과 2는 패스워드 정보를 일반 텍스트로 보내며 패킷에 대한 인증은 없다. SNMP 버전 3은 메시지 무결성, 인증과 암호화를 패킷에 추가하고 있다. 그러나 모든 버전에는 보안문제가 있다. 시스코^{Cisco} 웹 사이트를 참조하고, '해결 방법^{Workarounds}'에 나열된 권장 보완통제를 주의 깊게 검토한다(https://www.cisco.com/c/en/us/support/docs/csa/cisco-sa-20080610-snmpv3.html).

SNMP 커뮤니티 문자열(패스워드)은 강도와 변경 빈도에 대한 표준 패스워드 정책을 따라야 한다. SNMP를 통한 관리는 접근 목록에 제한이 있어야 하며, 신뢰할 수 없는 네트워크에서의 접근 시도는 허용되지 않게 관리돼야 한다.

5. 사용자 계정을 만들고 합법적인 비즈니스 요구가 있을 때만 계정이 생성되게 하는 절차를 검토, 평가한다. 또한 해지나 작업 변경 시 계정을 적시에 제거하거나 비활성화할 수 있는 프로세스를 검토, 평가한다.

계정의 사용과 관리에 대한 통제를 포함하는 등, 이 단계는 미치는 범위가 넓다. 부적절하게 사용, 관리된 계정이 있으면 악의적인 공격을 방지하고자 설정된 다른 추가 보안통제를 우회해 네트워크에 쉽게 접근할 수 있다. 이 단계는 인증된 관리자만 네트워크 장치에 로그인할 수 있고, 일단 로그인하면 적절한 권한 수준을 갖게 하는 데 필요한 정책과 절차를 다뤄야 한다. 로그인 절차는 강력한 인증, 권한부여, 계정(AAA)에 충실해야 한다.

방법

관리자와 논의하고 관리자의 도움을 받아 장치에 대한 계정 접근을 추가하고 제거하기 위한 적절한 정책과 절차가 있는지 확인한다. 접근권한이 있는 사용자만 장치에 로그온할 수 있게 계정을 통제해야 한다. 해당되는 경우 사용하지 않는 계정은 네트워크 장치 구성에서 제거하거나 조직의 계정관리 정책에 따라 완전히 비활성화해야 한다.

또한 더 이상 접근이 필요하지 않게 된 계정의 제거 프로세스를 검토한다. 이 프로세스에는 시스템 관리자나 기타 이 분야에 정통한 관리자의 활성 계정에 대한 정기적인 검토와 유효성 검사가 포함된다. 계정 샘플을 확보해 활성 직원이 소유하고 있으며 계정 작성 이후 해당 직원의 직책이 변경되지 않았는지 확인한다.

일반적으로 관리자들이 계정을 공유하면 안 된다. 시스템에서 수행한 작업들에 대한 책임 소재를 알 수 없게 될 위험이 있기 때문이다. 항상 당해 네트워크 장치별로 강력한 계정 정책을 시행한다. 또한 관리자와 로그인 절차를 논의해 지위를 이용하는 모든 사용자가 적절하게 관리되고 행위들이 적절하게 기록되는지 확인한다. 네트워크 장치에 접근해야 하는 모든 사람에게 개별 ID를 작성하게 하거나 네트워크 장치는 이러한 계정을 대상으로 중앙 인증서버(AAA 서버라고도 함)를 사용해야 한다. RADIUS(원격 인증 전화 접속 사용자 서비스)와 TACACS+(터미널 접근 컨트롤러 접근통제시스템 플러스)는 AAA 서비스에 사용되는 프로토콜의 예다.

일부 네트워크 인프라는 라우터와 스위치상에서 AAA을 위해 TACACS+를 이용한다. 그러면 싱글 사인온$^{sign-on}$용으로 액티브 디렉터리$^{Active\ Directory}$나 LDAP와의 통합이 가능하겠지만 권한 있는 접근을 위해서는 추가 '활성화' 패스워드가 필요하다. TACACS+ 서버가 사용되는 경우 구성 파일 항목^{entry}의 예는 다음과 같다.

```
tacacs-server host <IP Address>
```

개별 ID는 구성 파일에서 다음과 같은 형태로 나타날 것이다.

```
사용자이름 <이름> 패스워드 5 <암호화된 패스워드>
```

이 ID는 특권 수준 1(디폴트 값)로 작성해야 하며, 추가 접근의 경우 패스워드가 필요하다.

6. 적절한 패스워드통제를 적용하는지 확인한다.

취약하거나 암호화되지 않은 패스워드를 사용하면 공격자가 일반 텍스트로 패스워드를 쉽게 추측하거나 읽어낼 수 있다. 네트워크 장비를 보호하려면 강력한 패스워드 통제가 필수적이다. 이전 버전의 네트워크 소프트웨어는 기본적으로 패스워드를 일반 텍스트로 저장할 수 있었다. 아마도 이 내용을 볼 수는 없겠지만 패스워드가 관리자에게 안전하게 저장돼 있는지 확인해야 한다. 시스코는 AAA 서버를 네트워크 장치와 함께 사용할 것을 권장한다. 이를 통해 패스워드 통제와 정책을 중앙에서 적용할 수 있다.

방법

네트워크 관리자와 패스워드 통제에 대해 논의하고 기존 정책과 절차를 참조한다. 복잡한 패스워드를 사용하고 적절한 빈도(예를 들어 90일마다)로 변경하는지 확인한다. 전용의 운영 모드에 사용되는 패스워드가 장치에서 사용되는 여타의 패스워드와 같으면 안 된다.

마지막으로 네트워크 전체나 신뢰 영역에서 동일한 패스워드가 많은 장치에서 공유되지 않도록 적절한 통제가 존재하는지 확인한다.

7. 가능한 경우 보안관리 프로토콜이 사용되는지 확인한다.

텔넷^{Telnet}은 모든 정보를 일반 텍스트로 보내 패스워드와 기타 정보를 스니퍼^{sniffer}로 볼 수 있게 해준다. SNMP 버전 1과 2는 비슷하다. SSH^{Secure Shell}, IPSec, SNMPv3이 안전한 대체 수단이다. 신뢰할 수 없는 네트워크상에서는 보안 프로토콜을 사용해야 하지만 더 신뢰할 수 있는 영역에서도 중요하다.

방법

네트워크 관리자와 관리 절차에 대해 논의하고 네트워크 장치의 구성을 검토한다. 라우터, 스위치, 방화벽을 최대한 안전하게 관리하기 위한 정책과 절차가 있는지 확인한다. 원격관리에는 SSH 프로토콜, 다른 보안관리 프로토콜, 대역 외 out-of-band 관리 시스템을 사용해야 한다.

많은 최신 네트워크 장치들은 브라우저를 경유해 당해 장치의 웹 인터페이스에 접근하는 식으로 관리될 수 있다. 장치 관리에 사용되는 모든 웹 서비스가 HTTP Hypertext Transfer Protocol Secure를 사용해 중요한 데이터의 전송을 보호하도록 구성돼 있는지 확인한다.

8. 구성 파일에 대한 최신 백업이 있는지 확인한다.

모든 네트워크 장치 구성의 사본을 쉽게 접근 가능한 안전한 위치에 보관하게 하자. 이 점이 중요하다. 이러한 파일에는 구성 설정과 필터에 대한 관점을 제공하는 데 도움이 되는 설명이 포함돼야 한다. 이전 구성 파일을 다시 참조할 수 있다면 훨씬 쉽고 정확하게 필터를 변경할 수 있다. 이러한 백업은 예기치 않은 네트워크 장애를 진단하고 복구하는 데 매우 유용할 수 있다.

방법

네트워크 관리자와 정책과 절차를 논의하고 현행의 구성이 유지되는 위치를 확인한다. 백업 저장소가 라우터와 스위치에 표시된 최신의 제반 구성을 포함하는지 관리자와 함께 검증한다. 구성 파일은 네트워크 팀과 해당 관리자만 접근할 수 있는 안전한 위치에 저장해야 한다.

9. 네트워크 장비의 로깅과 모니터링 프로세스를 검토한다.

AAA와 기타 주요 사건에 대한 로그를 수집한 다음 정보가 변경되지 않게 보안 호스트로 전송해야 한다. 로그를 보관하지 않거나 적절히 모니터링하지 않으면 관리자가 네트워크 문제를 제대로 진단하거나 악의적인 동작을 감지하지 못할 수 있다.

방법

네트워크 관리자와 인터뷰하고 관련 문서를 검토해 로깅과 보안 모니터링 실무를 알아보자. 모니터링 수준은 중요하지만 필요한 모니터링 수준은 시스템의 중요도 및 환경의 고유위험과 일치해야 한다(예를 들어 DMZ의 비정상적인 트래픽에 관련된 경고는 지역 영업소에서의 일반 트래픽 경우보다 심각성 정도가 더 높다). 로그가 중앙 저장소로 전송되는지 확인한다.

네트워크 장비와 보존 기간에 대한 로그 수준을 검토한다. 시스코 장비에서 로그 수준은 0에서 7까지며, 수준 0에는 중요한 시스템 사건만 포함되고 수준 7은 디버그 수준 로깅으로 간주된다. 로그 보존이 회사 정책을 준수하는지 확인한다.

보안 모니터링이 수행되는 경우 모니터링 빈도와 수행 품질을 평가한다. 보안 모니터링 도구가 실제로 사용됐다는 증거를 찾아본다. 최근 경보를 검토, 조사하고 해결 여부를 판별한다.

일부 조직은 네트워크 사건 로그를 중앙 로깅 환경으로 보내거나 전용 팀 또는 외부 서비스 제공업체가 검토하도록 구성할 수 있다. 이 경우 모니터링 팀과 네트워크 모니터링 실무에 대해 알아본다.

10. NTP 사용을 평가한다.

NTP^Network Time Protocol(통신망 시간 규약)[10]는 시스템 작동을 위한 시간 동기화를 제공하고 기록된 모든 사건에서 정확한 타임스탬프^timestamp를 보장한다. 이러한 타임스탬프는 보고와 문제해결에 매우 중요하다.

---

10. 네트워크 타임 프로토콜(network time protocol)은 인터넷상의 시간을 정확하게 유지시켜 주기 위한 통신망 시간 규약이다. 라디오나 원자시계에 맞춰 시간을 조정하며 밀리초(1/1000초) 단위까지 시간을 맞출 수 있다. 인터넷 표준(STD) 12와 RFC(통신 규약 설명 문서) 1119에 정의돼 있다(『IT용어사전』, 한국정보통신기술협회). – 옮긴이

방법

관리자와 NTP 사용에 대해 논의하고 구성 파일을 검토한다. 시스코 장치의 경우 NTP는 일반적으로 기본값[default]으로 활성화되며, UTC(협정 세계시)를 사용하게 구성된다. show ntp status 명령을 사용해 커맨드라인에서 NTP의 상태를 검토할 수 있다.

좀 더 위험한 환경에서는 NTP 소스 시스템을 인증하도록 장치를 구성해야 한다. show running-config ntp 명령을 사용해 추가 NTP 정보를 표시할 수 있다.

11. 모든 연결 사용자가 회사의 사용 정책과 모니터링 정책을 인식하도록 배너 (banner)가 구성돼 있는지 확인한다.

라우터나 스위치를 사유 재산으로 명확하게 표시하고 무단접근을 금지하는 경고 배너는 재산 침해에 대한 법적 대응을 해야 할 경우 필수적이다.

방법

장치 구성을 검토하고 연결 시 모든 연결 사용자가 회사의 사용 정책과 모니터링 정책을 알고 있는지 관리자와 함께 검증한다. 오늘의 메시지[MOTD, Message-Of-The-Day]나 로그인 배너가 회사나 네트워크 장치에 대한 정보를 노출시키지 않는지 확인한다. 이 정보는 로그인이 성공한 후에만 표시되는 EXEC 배너용으로 표시돼야 한다.

시스코 장비의 경우 banner motd, banner login, banner exec 지시문[directive]의 구성 파일을 검토한다. LOGIN과 MOTD 배너의 표시 순서는 장비마다 다를 수 있으므로 표시돼 있다면 민감한 정보가 포함되지 않는지 확인한다.

12. 접근통제기능이 콘솔 포트에 적용돼 있는지 확인한다.

콘솔 포트를 통해 스위치에 논리적으로 접근할 수 있다. 종종 콘솔 포트에는 편의를 위해 패스워드가 없다. 물리적 통제를 넘어 추가적인 방어 계층을 제공하고자 패스워드가 사용되는지 확인한다. 위치가 물리적으로 안전하지 않은 경우 패스워드가 필수적이다.

방법

관리자와 접근통제에 대해 알아본다. 콘솔 포트에 대한 물리적 접근이 보호되고 논리적으로 콘솔 포트가 패스워드로 보호되는지 확인한다.

13. 모든 네트워크 장비가 안전한 곳에 보관돼 있는지 확인한다.

네트워크 장치에 물리적으로 접근한 사람은 문서화가 잘된 패스워드 복구절차를 이용해 완전한 논리적 접근권한을 얻을 수 있다. 누군가 케이블을 뽑거나 서비스를 방해할 수도 있다. 또한 케이블에 걸려 넘어지는 등의 악의 없는 사고로 인해 서비스가 중단되지 않게 접근을 제한해야 한다.

방법

네트워크 장비의 위치를 육안으로 관찰하고 네트워크 관리자와 장비에 대한 물리적 접근을 알아본다. 승인된 사람들만 네트워크 하드웨어에 물리적으로 접근할 수 있어야 한다.

14. 모든 장치에 표준 명명 규칙이 사용되는지 확인한다.

표준 명명 규칙을 통해 문제를 쉽게 해결하고 문제를 찾을 수 있다. 표준 명명 규칙은 조직의 규모가 커짐에 따라 환경을 좀 더 쉽게 관리할 수 있게 도와준다.

방법

네트워크 관리자와 함께 사용되는 명명 규칙을 알아본다.

15. 네트워크 장치 구성을 위한 표준, 문서화된 프로세스가 있는지 확인한다.

문서화된 프로세스는 반복성을 촉진해 서비스 중단이나 네트워크 손상으로 이어질 수 있는 일반적인 실수를 방지한다.

방법

네트워크 관리자와 네트워크 장비를 구성하기 위한 문서화된 정책과 절차를 알아본다. 가능하면 최근에 배치된 장치를 이용해 그러한 프로세스를 수행했는지 확인한다.

16. 네트워크 접근이 회사 정책에 따라 이뤄지는지 확인하고자 네트워크 접근통제 (NAC) 기술의 사용을 평가한다.

NAC^{Network Access Control}를 통해 조직은 네트워크 접근 제한 정책을 시행할 수 있다. NAC를 사용하지 않는 경우 누군가 무단으로 또는 비호환 장치를 네트워크에 연결해 내부시스템에 접근할 수 있다.

방법

네트워크 관리자와 논의해 당해 환경에서 NAC 사용의 존재와 범위를 판별한다. 네트워크 인증과 시스템 프로파일링을 포함해 NAC를 충분히 현실화해 배치한다면 NAC는 장치와 사용자가 알려져 있는 것인지 여부와 시스템이 안티바이러스 보호나 패치 수준과 같은 보안정책을 준수하는지 확인하는 기능을 수행할 것이다. 네트워크 장비나 시스템의 에이전트가 수행한 다양한 검사 결과에 따라 NAC 소프트웨어는 특정 장치에 네트워크 접근 수준을 동적으로 할당할 수도 있다. 예를 들어 시스템이 보안 패치를 지원하지 않는 경우 NAC 소프트웨어는 패치가 적용되도록 검역소 네트워크에 컴퓨터를 할당할 수 있을 것이다.

NAC의 요소는 유선 네트워크보다 무선 환경이나 원격접근 시스템과 함께 사용하는 것이 더 일반적이다. 그러나 자동화된 네트워크 접근통제 솔루션이 없어도 조직은 예기치 않은 장치가 민감한 리소스에 접근할 수 없게 하기 위한 프로세스를 갖춰야 한다.

17. 네트워크 구성 요소에 대한 웹 기반(GUI) 접근의 가용성과 접근통제를 검토한다.

웹 인터페이스는 특히 소규모 환경에서 장치의 접근과 관리를 단순화할 수 있다. 그러나 웹 서버는 종종 취약점을 찾는 악의적인 공격자의 공격을 받는다. 제대로 통제되지 않으면 확장된 공격 영역을 나타낼 수 있다.

방법

네트워크 관리자와 웹 인터페이스를 알아본다. 웹 인터페이스를 사용하지 않으면 비활성화해야 한다. 웹 서버에 대한 접근은 사용자의 요구가 검증된 경우로 제한돼야 한다.

좀 더 위험한 환경에서는 웹 인터페이스에 대한 접근이 특정 시초 호스트(hop 호스트 또는 jump 호스트라고도 함)로 제한돼야 한다. 추가 보호 계층을 제공해주는 다단계 인증기능은 좀 더 안전한 환경에 있어야 한다. 이 두 가지를 함께 사용하면 인터페이스에 대한 공격자의 접근 가능성을 줄일 수 있다.

18. 웹 세션이 적절한 유휴 시간과 세션 시간 초과로 구성돼 있는지 확인한다.

모든 웹 서버는 특히 관리 작업에 사용되는 웹 서버의 경우 일정 기간 동안 사용하지 않거나 특정 기간 후에 사용자를 자동으로 로그아웃시키도록 구성해야 한다.

방법

네트워크 장치 관리자와 웹 인터페이스 구성을 검토한다. 웹 서버에 적절한 유휴 시간과 세션 시간 초과timeout가 구성돼 있는지 확인한다. 웹 인터페이스 보안에 대한 자세한 내용은 9장을 참고한다.

19. 네트워크 장치와 관련된 재해복구계획을 검토한다.

탄력성을 위해 복잡한 글로벌 네트워크를 구축해야 한다. 조직의 재해복구계획에 주요 네트워크 인프라가 포함되지 않으면 비즈니스가 예상보다 악화되거나 불안정한 상태로 복구될 수 있다. 무선 네트워크는 물리적 케이블 없이도 넓은 영역을 처리할 수 있기 때문에 조직의 재해복구계획에서 필수적 구성 요소가 될 수 있다.

방법

네트워크 관리자와 네트워크 아키텍처 및 재해복구에 대해 알아본다. 인증 시스템, 로깅 시스템, 무선 컨트롤러, 웹 접근 게이트웨이, NAC 장치, 기타 잠재적인 단일 장애 지점과 같은 네트워크 인프라의 주요 요소를 검토한다. 패스워드 시스템, 인증서 관리 시스템, NAC 구성 요소와 같은 네트워크 접근관리를 담당하는 네트워크 구성 요소를 재해복구계획에 포함시켜 복구 중에 네트워크의 보안 상태를 유지해야 한다.

재해복구계획에 네트워크 서비스의 필수 요소가 포함돼 있어야 한다. 계획이 완전하게 문서화돼 있고 복구 문서가 별도 시설과 같은 재난 발생 시 접근할 수 있는 위치에 저장돼 있는지 확인한다. 조직의 프로세스를 검토해 네트워크 복구계획이 주기적으로 실행되는지 확인한다. 재해복구계획에 대한 자세한 내용은 5장을 참고한다.

추가 스위치 통제: 계층 2

다음은 스위치나 계층 2 장치에 대한 추가 테스트 단계다.

1. 관리자가 VLAN 1의 사용을 기피하는지 검증한다.

기본적으로 시스코 스위치의 모든 포트는 VLAN 1의 구성원이다. VLAN 1을 사용하지 않으면 네트워크 침입자가 사용되지 않는 포트에 연결해 나머지 네트워크와 통신하는 것을 막을 수 있다.

방법

이 실무 관행을 관리자와 논의하고 구성 파일을 검토해 VLAN 1 사용을 확인한다.

2. 트렁크 자동 협상의 사용을 평가한다.

스위치의 트렁크는 별도의 VLAN을 집계 포트에 연결해 트래픽이 VLAN에 접근할 수 있게 해준다. 자동 협상을 통해 장치는 트렁크를 형성할지 여부를 스스로 결정할 수 있다. 트렁크는 명시적으로 정의해야 하며, 네트워크 설계자가 의도한 위치에만 있어야 한다.

방법

네트워크 관리자와 논의하고 구성 파일을 검토한다. 스위치 포트가 트렁킹trunking 프로토콜 협상을 시도하지 않는지 확인한다. 구성에서 switchport nonegotiate 지시문을 찾아본다. 시스코는 트렁킹과 VLAN 사용에 관한 '네트워크 보안 기준' 문서에서 여러 모범 사례를 설명하고 있다. 이 안내서에 대한 정보는 '지식 베이스' 절에 나와 있다.

3. 스패닝 트리 프로토콜 공격 완화 기능이 활성화돼 있는지 확인한다(BPDU Guard, STP Root Guard).

STPSpanning Tree Protocol는 호스트 사이에 다중 경로가 존재할 수 있는 네트워크를 지원하면서 네트워크 루프가 개발되지 않도록 설계됐다. 스위치는 네트워크 토폴로지를 학습하고 네 가지 단계(차단, 청취, 학습, 전달)를 통해 포트를 이동해 네트워크 트래픽 패턴에서 무한 루프가 발생하지 않게 한다. STP는 보안을 염두에 두지 않고 설계돼 네트워크 토폴로지 변경 공격에 노출되거나 결과적으로 중간자^{man-in-the-middle} 공격 시나리오가 현실화되기도 한다.

방법

네트워크 관리자와 논의하고 구성 파일을 검토한다. BPDU^{Bridge Protocol Data Unit} Guard는 STP에 포트의 참여를 방지한다. 이는 모든 사용자 대면 스위치 포트에 대해 수행해야 한다. 접근 포트의 경우 다음 구성을 찾아본다.

```
spanning-tree portfast
spanning-tree bpduguard enable
```

STP Root Guard는 다음을 사용해 활성화할 수 있다.

```
spanning-tree guard root
```

4. 네트워크에서 VLAN 사용을 평가한다.

브로드캐스트 도메인을 분리하고 필요한 경우 다른 보안 레벨로 자원을 나누는 데 도움이 되도록 VLAN을 사용해야 한다.

방법

네트워크 관리자와 VLAN 적용을 알아본다. 다른 보안 수준의 장치들은 별도의 스위치나 계층 2 장치에서 격리시키는 것이 이상적이다. 예를 들어 어떤 이유로 회사의 표준 안티바이러스 소프트웨어와 보안 패치로 보호할 수 없는 장비가 있는 경우 해당 장비를 별도의 VLAN에 배치할 수 있다.

5. 사용하지 않는 모든 포트를 비활성화하고, 사용하지 않는 VLAN에 넣어둔다.

이 설정은 네트워크 침입자가 사용하지 않는 포트에 플러그인한 다음, 나머지 네트워크와 통신하는 것을 방지한다.

방법

이 실무 관행을 네트워크 관리자와 알아본다.

6. 환경에서 VLAN 트렁킹 프로토콜(VTP)의 사용을 평가한다.

VTP는 VLAN 구성 정보를 트렁크로 분산시키는 계층 2 메시지 전송 프로토콜이다. VTP를 사용하면 네트워크 전체에서 VLAN을 추가, 삭제하고 이름을 바꿀 수 있다. 네트워크 공격자는 VTP 도메인에서 VLAN을 추가하거나 제거하고 STP 루프를 만들 수 있다. 두 상황 모두 문제해결이 매우 어려운 비참한 결과로 이어질 수 있다. 이 유형의 사건은 실수로 발생할 수도 있다. VTP 데이터베이스에서 구성 버전 번호가 더 높은 스위치는 더 낮은 번호의 다른 스위치에 대한 권한을 갖는다. 이 스위치와 같은 랩 스위치를 프로덕션 네트워크에 배치한 경우 실수로 전체 네트워크를 재구성해버릴 수 있다.

방법

네트워크 관리자와 VTP 사용에 대해 논의해 VTP가 필요한 경우 패스워드가 사용되는지 확인한다. 사용하지 않으면 VTP를 꺼야 한다. 스위치의 VTP 모드는 서버, 클라이언트, 투명 모드일 수 있다. 클라이언트나 서버가 필요하지 않으면 투명 모드를 사용하게 한다.

VTP가 필요한 경우 네트워크의 다른 영역에 도메인을 설정하고 패스워드를 활성화해야 한다. 구성 파일에서 다음 행을 찾아본다.

```
vtp domain domain_name
vtp password password
```

7. 포트의 브로드캐스트/멀티캐스트 트래픽을 제한하는 임곗값이 있는지 확인한다.

스톰 통제^{storm controls}를 구성하면 브로드캐스트 스톰 시 네트워크 중단 위험을 완화시킬 수 있다.

방법

관리자와 논의하고 스톰 통제(브로드캐스트^{broadcast}/멀티캐스트^{multicast}/유니캐스트^{unicast} 수준^{level}이 있는지 구성 파일을 검토해본다.

추가 라우터 통제: 계층 3

다음은 라우터나 계층 3 장치에 대한 추가 테스트 단계다.

1. 라우터의 비활성 인터페이스가 비활성화돼 있는지 검증한다.

비활성화해야 하는 비활성 인터페이스에는 이더넷^{Ethernet}, 직렬, ATM과 같은 LAN과 WAN 인터페이스가 있다. 누군가가 인터페이스에 연결하면 개방형 인터페이스가 공격의 소스가 될 수 있다.

방법

이것이 일반적인 관행인지 확인하고자 네트워크 관리자와 정책 및 절차를 알아본다. 관리자에게 사례를 요청한다. 셧다운^{shutdown} 명령은 인터페이스를 비활성화하는 데 사용된다.

2. 라우터가 모든 코어 덤프를 저장하도록 구성돼 있는지 확인한다.

코어 덤프^{core dump}(크래시^{crash} 시점의 라우터 메모리 이미지)가 있으면 크래시 진단과 근본 원인^{root cause} 파악을 위한 기술 지원에 매우 유용할 수 있다.

방법

라우터가 코어 덤프[11]를 처리하는 방법에 대해 네트워크 관리자와 알아본다. 코어 덤프는 중요한 정보가 공개될 수 있으므로 네트워크 관리자만 접근할 수 있는 보호된 영역에 있어야 한다. 다음과 유사한 구성 파일을 검토할 수 있다. TFTP^{Trivial FTP}와 RCP^{Remote Copy Protocol}도 여기에서 선택할 수 있지만, FTP를 사용하는 것이 좋다.

```
ip ftp username username
ip ftp password password
exception protocol ftp
exception region-size 65536
exception dump ip address
```

 참고 코어 파일을 서버로 덤프(dump)하는 데 시간이 걸린다. 이 때문에 코어 덤프는 충돌 후 라우터의 재부팅 소요 시간을 연장시킨다는 사실을 유의한다.

3. 모든 라우팅 업데이트가 인증됐는지 확인한다.

수신 라우터가 신뢰할 수 있는 송신 라우터에서 실제로 전송하려는 경로 정보만

---

11. 코어 덤프(core dumps)란 코어 기억 장치의 내용을 출력 장치(라인 프린터나 종이테이프 천공기)에 출력하는 것을 말한다(『컴퓨터인터넷IT용어대사전』, 전산용어사전편찬위원회). - 옮긴이

을 해당 테이블에 통합하게 해주는 것이 인증이다. 인증 절차는 네트워크의 보안이나 가용성을 손상시킬 수 있는 악의적이거나 손상된 라우팅 테이블이 무단으로 들어와 배치되지 못하게 함으로써 합법적인 라우터를 보호해준다. 그러한 손상은 트래픽 경로 변경, 서비스 거부 또는 무단 사용자에 의한 특정 데이터 패킷 접근으로 이어질 수 있다.

방법

라우팅 인증 공시물은 RIPv2[Routing Information Protocol v2], OSPF, IS-IS[Intermediate System to Intermediate System], EIGRP[Enhanced Interior Gateway Routing Protocol], BGP를 통해 제공된다. 대부분의 경우 일반 텍스트 인증이나 MD5 해시[hash]를 사용할 수 있다. 패스워드의 스니핑을 방지하고자 MD5 방법을 사용해야 한다.

RIPv2 인증은 인터페이스별로 구성된다. 구성 파일에서 다음과 같은 것을 찾아본다.

```
router rip
version 2
key chain name_of_keychain
key 1
key-string string
interface ethernet 0
ip rip authentication key-chain name_of_keychain
ip rip authentication mode md5
```

OSPF 인증은 인터페이스별로 키를 추가로 지정해 영역별로 구성된다. 구성 파일에서 다음과 같은 것을 찾아본다.

```
router ospf 1
area 0 authentication message-digest
interface ethernet 0
ip ospf message-digest-key 1 md5 authentication_key
```

BGP 인증은 이웃별로 구성된다. 다양한 형식이 있지만 구성 예는 다음과 같다 (MD5는 유일한 옵션이므로 지정할 필요가 없다).

```
router bgp 1
neighbor ip_address password password
```

4. IP 소스 라우팅과 IP 지정 브로드캐스트가 비활성화돼 있는지 확인한다.

IP 소스 라우팅을 사용하면 IP 패킷을 보낸 사람이 패킷의 경로를 대상으로 통제할 수 있으며, IP 지향 브로드캐스트를 통해 스머프나 부서지기 쉬운 공격에서 네트워크를 의도하지 않은 도구로 사용할 수 있다.

방법

라우터 구성에 대해 네트워크 관리자와 알아본다. IP 소스 라우팅을 비활성화하기 위한 구성 예는 시스코 라우터의 경우 다음과 같다.

```
no ip source-route
```

시스코 라우터가 IP 지정 브로드캐스트를 비활성화하려면 구성 파일의 각 인터페이스에 다음이 표시돼야 한다.

```
no ip directed-broadcast
```

추가 방화벽 통제

다음은 방화벽에 대한 추가 테스트 단계다. 이러한 통제 중 일부는 방화벽과 함께 라우터에서 다뤄질 수 있지만, 라우터 자체는 회사 네트워크 주변에 대한 방화벽 역할을 하기엔 취약하다.

1. 모든 패킷이 기본값으로 거부됐는지 확인한다.

명시적으로 정의된 주소와 포트^{ports}로 들어오고 나가는 패킷^{packets}을 제외한 나머지 모든 패킷은 방화벽상에서 거부돼야 한다. 이는 특정 주소나 서비스를 차단하고자 설정한 규칙 정보에 주의를 기울이기보다는 훨씬 더 강력한 방어 포지션이다. 예를 들어 DMZ에 허용된 유일한 트래픽이 웹 서버에 있는 경우 네트워크 내부의 라우터를 대상으로 하는 네트워크 외부에서 온 질의^{queries}[12]는 기본적으로 거부된다.

방법

모든 패킷이 기본값$^{by\ default}$으로 거부되는지 방화벽 관리자와 함께 검증해보자. 관리자에게 당해 구성에서 이것이 어떻게 설정돼 있는지를 보여 달라고 요청한다.

2. 부적절한 내부 및 외부 IP 주소는 필터링되는지 확인한다.

내부 주소 공간에서 들어오는 트래픽은 외부 주소를 소스^{source} 주소로 사용해서는 안 된다. 마찬가지로 네트워크 외부에서 들어오는 트래픽은 내부 네트워크를 소스 주소로 사용하면 안 된다.

방법

방화벽 관리자의 도움을 받아 내부 네트워크용으로 설정된 소스 IP 주소를 갖고 외부에서 들어오는 모든 패킷은 거부되는지 검증한다. 마찬가지로 내부용으로

---

12. 질문(query)은 질의(inquiry)와 같은 뜻으로 사용된다. 파일의 내용 등을 알고자 몇 개의 코드(code)나 키(key)를 기초로 질의하는 것을 가리킨다. 데이터베이스에 존재하는 자료를 사용자가 원하는 조건을 통해 검색하고, 검색된 결과를 자유로이 조회할 수 있는 기능 등을 지원한다. 이러한 질의어들이 구조적으로 체계화된 것을 SQL(Structured Query Language)이라고 한다(『컴퓨터인터넷IT용어대사전』, 전산용어사전편찬위원회). - 옮긴이

설정되지 않은 소스 IP 주소를 사용해 내부에서 들어오는 모든 패킷도 거부돼야 한다. 또한 방화벽은 외부 네트워크로부터 내부 DNS^{Domain Naming Service} 정보를 숨겨야 한다.

3. 방화벽 규칙 세트가 적절한 보호 기능을 제공하는지 평가한다.

방화벽 규칙을 관리하지 않으면 개방 상태의 접근이나 부적절한 접근으로 불필요한 위험에 노출될 수 있다. 변명할 수 없을 정도로 관리하기 어려운 방화벽 규칙들이 수백 개 있다는 말이 나온 건 그리 오래전이 아니다. 오늘날 많은 조직에서 단일 설비에 수백 개 또는 수천 개의 방화벽 규칙이 있다. 방화벽 규칙은 빠르게 누적돼 제거하기가 어렵다. 관리자가 애플리케이션의 중단을 두려워하거나, 특정 규칙이 존재하는 이유를 잊어버리거나, 복잡한 수백 가지 규칙을 탐색할 수는 없기 때문이다. 이 단계의 중요성을 과소평가하지 말자.

방법

관리자를 인터뷰해 구성 관리 절차와 변경관리 절차의 관리에 어떤 도구와 프로세스가 있는지 논의한다. 기존 방화벽 규칙의 목적을 식별할 수 있는 적절한 통제가 있는지 확인한다. 변경통제는 이 시점에 이르기까지 이미 다뤘다. 그러나 이는 관리자에게 변경통제의 중요성을 검토할 수 있는 좋은 기회이기도 하다.

수십 개의 방화벽에 수백 가지 방화벽 규칙과 같은 대규모 데이터 세트의 복잡성이 증가하는 시점에 특화된 기술과 자동화 프로세스를 고려해 방화벽 관리를 지원해야 할 것이다. 몇 가지 우수한 제품이 시장에 나와 있으며(표 6-3 참고), 관리자가 실수를 피하고 대규모 환경에서 방화벽 규칙을 관리할 수 있도록 지원해준다. 일부 감사인은 방화벽에서 취약점 검색을 실행하길 원하고 Nmap을 사용해 차단대상 자산에 도달하는 다양한 방법을 시도할 수 있다. 이러한 접근방식은 훌륭한 보완책이다. 그러나 방화벽의 현재 상태가 자산을 보호할 수 있지만, 방화벽 관리 프로세스가 부적절하거나 손상되면 조직에 지속적인 위험이 발생할 수 있다. 둘 다 중요하다. 전문 기술적 통제technical controls가 현재 효과적이며, 시스템 변경을 관리하기 위한 추가 통제의 설정으로 계속 효과적일 것임을 감사인은 확인해야 한다.

제품	회사	웹 사이트
파이어 몬(FireMon)	FireMon	www.firemon.com
보안트랙(SecureTrack)	Tufin	www.tufin.com
방화벽 분석기(Firewall Analyzer)	Algosec	www.algosec.com
방화벽 인증(Firewall Assurance)	Skybox Security	www.skyboxsecurity.com
플레이북(Playbook)	Matasano Security	www.matasano.com/playbook

표 6-3 방화벽 관리 솔루션

4. 침입탐지나 기타 패킷 보안 모니터링 기술의 사용을 평가한다.

고급 방화벽(소위 NGFW)에는 침입탐지나 기타 패킷 검사 기술이 포함될 수 있다. 포함돼 있는 경우 지속적인 보호 기능을 제공하고자 유지보수해야 한다.

방법

네트워크 관리자와 IDS(침입탐지 시스템) 규칙에 대해 알아본다. 많은 환경에서 이 기능은 방화벽에 내장돼 있다. 다른 기기의 경우 별도의 기기나 시스템이 네트워크 IDS 역할을 하는 수가 있다.

서명 기반 IDS 규칙이 정기적으로 유지보수, 업데이트되는지 알아본다. 많은 IDS 제공업체가 IDS 서명을 정기적으로 업데이트한다. 조직의 변경 프로세스에 따라 사용자 지정 IDS 규칙을 문서화해야 한다. IDS가 업데이트되지 않으면 시스템이 새로운 위협을 감지하지 못할 수 있다.

5. 계층 7(응용 계층) 보호 기능의 사용을 평가한다.

고급 방화벽은 소스, 대상과 포트보다 훨씬 더 많은 곳에서 트래픽 페이로드를 검사할 수 있다. 응용 계층 방화벽은 기존 방화벽으로 검사되지 않은 트래픽에 포함된 위협에서 웹 서버와 기타 애플리케이션을 방어할 수 있다.

방법

네트워크 관리자와 인터뷰해 애플리케이션 방화벽의 존재와 범위를 확인한다. 여기에는 웹 애플리케이션 방화벽^{WAF, Web Application Firewalls}이나 기타 패킷 검사 시스템이 포함될 수 있다. 많은 조직에서는 네트워크 경계나 웹 서버 앞에 이런 종류의 기술을 배치한다. 특정 유형의 트래픽에 대해 트래픽을 필터링하고 문서를 분석하는 등의 작업에 그런 기술들을 사용할 수 있다.

IDS와 마찬가지로 애플리케이션 방화벽 내에서 규칙을 업데이트하는 프로세스를 찾아내 문서화된 변경이나 업데이트 절차가 이 프로세스에 따라 진행되는지 확인해야 한다.

6. 방화벽 데이터를 검토하거나 모니터링하는 방법을 판별한다.

방화벽이 작동하면 원하지 않는 트래픽이 차단된다. 방화벽은 대규모 네트워크 상에서의 수많은 연결 관계를 차단시킨다. 그러나 트래픽이 방화벽에 의해 차단됐다면 이는 어떤 위협 요인이 회사의 네트워크를 탐사하거나 검사해 취약점을 찾고 있다는 징후일 수 있다. 방화벽 데이터에 대한 정기적 검토를 통해 잠재적인 위험을 식별해내야 한다.

방법

관련된 방화벽 유형에 따라 여러 팀과 상황을 논의해야 할 수도 있다. 일부 조직에서는 기존 방화벽 관리를 IDS 및 애플리케이션 방화벽과 분리할 수 있다. 모든 경우에 관리자를 파악해 방화벽 출력물의 검토, 기록 방법을 확인해야 한다.

트래픽이 많은 조직에서는 모든 방화벽 데이터를 기록^{log}하는 것이 실용적이지 않을 수 있다. 그러나 모범 사례는 차단^{block}과 기타 규칙 기반 경고^{rule-based alerts}뿐만 아니라 '수락된^{accepted}' 트래픽^{traffic}에 대한 정보도 기록하는 것이다. 예를 들어 특정 소스 IP 주소가 세 개의 대상을 시도한 후 차단됐지만 네 번째 시도에서 방화벽을 통과할 수 있는 경우 차단된 패킷만 표시하는 로그는 보안팀에게 무단접근 시도가 성공했음을 경고하지 않는다.

IDS와 애플리케이션 방화벽 시스템의 경우 규칙을 발동시키는 활동이 있는지 시스템을 모니터링해야 한다. 경고가 중앙 모니터링 팀으로 전송되는지 또는 네트워크 관리자가 검토하는지 확인한다. 탐지 시스템을 모니터링하는 사람이 없으면 환경에서 악의적인 활동이 지속될 수 있다.

무선 네트워크 장비에 대한 추가 통제

다음은 무선 환경에 대한 추가 단계다. 네트워크 팀의 책임 구성 방식에 따라서는 이 단계를 별도의 감사로 진행, 완료할 수도 있다.

1. 접근 포인트들이 승인된 최신 소프트웨어를 실행 중인지 확인한다.

접근 포인트^{AP}에서 구식 펌웨어^{old firmware}를 실행하는 경우 조직이 알려진 공격에 노출되거나 좀 더 강력한 보안 성능을 활용하지 못할 수 있다.

방법

관리자와 함께 AP의 대표적인 샘플을 평가하고 AP에서 실행되는 코드가 최신 버전인지 확인한다. 제조업체의 웹 사이트나 제조업체에서 업데이트된 다른 유사한 정보 소스를 이용해 최신 버전이 올바른지 확인한다. AP의 현재 코드 릴리스^{code releases}를 평가하고 유지보수하는 데 사용되는 변경관리 절차를 검사한다. 이 절차가 자동화되고 조정되는지 여부와 지역 사무소 전체에 걸쳐 운영 규모가 확장되는지 확인한다. 펌웨어 업데이트를 위한 제거 계획이 있는지 확인한다.

2. 중앙집중식 WLAN 관리에 대한 통제를 평가한다.

관리 소프트웨어를 최대한 사용하고 올바른 정책과 절차를 통해 철저하게 통제하는지 검증한다. 중앙에서 관리되는 WLAN 도구 모음은 네트워크 팀의 감독하에, 특히 여러 지역에서 많은 AP를 제어할 수 있는 강력한 수단이다. 흔히 관리 소프트웨어는 AP를 제조한 회사에서 입수할 수 있다. 도구 모음을 둘러싼 접근통제도 관리해야 한다. 그것은 AP 설정을 변경해 누군가가 의도적으로 또는 실수로 네트워크와 사용자 모집단에 혼란을 유발하지 않게 하기 위해서다.

방법

관리자와 관리 소프트웨어의 성능에 대해 토론하고 관리 제품군과 해당 성능의 시현을 요청한다. 접근권한이 있는 사람과 접근통제 방법을 포함해 관리 제품군에 대한 접근을 논의하는 절차를 요청한다. 패스워드를 사용하는 경우 패스워드가 회사 정책 요건을 충족하고 적절한 정책에 따라 교체되는지 확인한다. 사직, 해지, 역할 변경 시 무선관리 시스템에 대한 접근이 즉시 제거되는지 확인한다.

3. 무선 인증과 암호화 방법의 보안을 평가한다.

안전하지 않은 인증과 암호화 방법은 네트워크의 무결성을 위험에 빠뜨린다. 일부 인증 시스템을 손상시키는 데 사용되는 도구, 방법들은 입수와 사용이 용이하다.

방법

여러 가지 방식으로 무선 네트워크를 구성할 수 있다. 건물의 로비나 회의실 영역의 게스트[guest] 네트워크의 경우 사용자가 연결할 때 인증이 요구되지 않을 수 있다. 회사 내부의 무선 네트워크는 연결의 허용에 앞서 장치나 사용자에게 적절한 자격증명을 제시하도록 요구할 것이다. 감사범위에 따라 질문에 대한 답변이 크게 다를 수 있으므로 무선 환경에 대한 감사기간 동안 다양한 네트워크를 논의 대상으로 고려해보자. 다음을 포함해 무선 팀과의 논의를 통해 인증과 암호화의 몇 가지 주요 측면을 평가해야 한다.

- 네트워크에서 회사 내부 정보에 직접 접근할 수 있는가?(즉, 내부 무선 네트워크인가?)
- 장치나 직원은 무선 네트워크를 어떻게 인증하는가? 접근 패스워드 기반인가? 인증서 기반인가? 인증서는 어떻게 배포하고 해지되는가? 사용자 수준이나 장치 수준에서 관리되는가? 무선 NAC 시스템이 사용 중인가?
- 인증과 전송에 어떤 유형의 암호화가 사용되는가? 개인(내부) 네트워크는 연결에 WPA2^{Wi-Fi Protected Access 버전 2} 표준을 사용해야 한다. 보안 취약점으로 인해 WEP^{Wired-Equivalent Privacy}나 시초의 WPA는 어떤 상황에서도 사용되면 안 된다.

 참고 WPA3은 2018년에 발표돼 장치에 적용되기 시작했지만 엔터프라이즈 표준이 되려면 시간이 걸린다. WPA3는 '개방형' 무선 네트워크에서 전송을 암호화하는 기능을 비롯해 추가 편의 기능과 보안 기능을 제공한다.

무선 인증과 암호화에 대한 자세한 설명은 이 책의 범위를 벗어나지만, 무선 보안에 대한 유용한 입문서는 NIST 특별 발행물 800-97, "강력한 무선 보안 네트워크 설정하기: IEEE 802.11i 안내서"에서 찾을 수 있다.

4. 네트워크에 불량 접근 포인트가 없는지 확인한다.

누군가가 무선 감사를 제기할 때 대부분의 사람이 생각하는 단계다. 불량 접근 포인트^{rogue AP}는 사설 네트워크 연결을 용이하게 하는 비인증 AP다. 불량 AP로 인해 인증되지 않은 시스템이 내부 네트워크에 참여해 민감한 회사 데이터로 접근하는 수가 있다.

방법

네트워크 관리자와 함께 불량 AP를 식별, 제거하기 위한 조직의 절차를 검토한다. 네트워크 팀은 예상치 못한 AP를 감지하고 적절한 담당자에게 경고하게 하는 절차를 갖춰야 한다. 경고 처리 방법을 알아보고 반복 가능한 문서화된 절차가 확립돼 있는지 확인한다. 특수 무선기기, 소프트웨어, 네트워크 트래픽을 통한 검색 등 여러 가지 방법으로 불량 AP가 없는지 검증을 시도할 수 있다. 무선 인프라에 내장된 상용 도구를 사용하는 것이 가장 효과적인 방법이다.

상용 WLAN 보안 도구: 많은 최신 무선 인프라에는 예기치 않은 무선 장치, 특히 '공식' AP와 동일한 SSID를 사용하려는 장치를 감지하는 성능이 포함돼 있다. 회사에서 상용 WLAN 보안 도구를 이용할 수 있다면 관리자와 협의해 어떻게 설정settings돼 있으며, 불량 AP가 감지된 경우 누가 통지를 받는지 대응 프로세스는 어떻게 되는지 확인해야 한다.

참고 무선 네트워크 및 접근 포인트(워드라이빙[13])에 대한 스캐닝은 오늘날 엔터프라이즈 환경하에서 유용성이 그리 높지는 않다. 많은 이동통신사 데이터 요금제에 포함된 개인용 핫스팟(personal hotspots)[14]의 증가 때문이다. 이런 장치들이 회사 내부 네트워크에도 연결돼 있지 않는 한 개인용 핫스팟은 주로 수용가능한 이용 정책에 미치는 영향과 관련해 문제가 된다.

네트워크 트래픽을 통한 검색: 이론적으로 네트워크를 통해 AP에 속하는 MAC 주소를 검색하고, 이 방식으로 알 수 없는 장치의 식별을 시도한다. 각 네트워크 카드에는 제조업체가 고유하게 할당한 MAC 주소가 있다. 각 MAC 주소는 이러한 장치

---

13. 워드라이빙(wardriving)은 주로 차량으로 이동하면서 타인의 무선신호에 무단 접속하는 하는 행위를 말한다. – 옮긴이
14. 개인용 핫스팟(personal hotspots)은 이동통신 데이터 통화를 와이파이 신호로 바꿔주는 기능을 한다. – 옮긴이

의 각 제조업체에 고유한 식별자를 주소의 일부분이다. 이 조직 고유의 식별자나 OUI는 24비트 전역 고유 할당 번호다. OUI는 일반적으로 특정 하드웨어에 고유한 48비트 번호를 만들고자 회사에서 할당한 다른 24비트와 연결된다. 48비트 숫자는 MAC 주소다. 각 네트워크 카드에는 네트워크 카드에서 네트워크의 다음 홉^{hop}으로 패킷을 라우팅하는 데 사용되는 MAC 주소가 카드에 할당돼 있다. 이 아이디어는 한 피스의 하드웨어를 고유하게 처리하는 데 있다. 이 접근방식의 문제점은 네트워크가 성장함에 따라 장치와 장치 제조업체의 수가 많으므로 결과적으로 MAC 주소를 기반으로 네트워크에 무엇이 있어야 하는지 알기가 매우 어렵다는 것이다.

5. 최종 사용자 불편 사항 기재표를 추적하기 위한 절차를 평가한다.

최종 사용자에게 발생하는 문제를 처리하는 주체를 정하고 이에 대응하지 않으면 사용자의 연결성 문제는 해결될 수 없다.

방법

불편 사항 기재표^{trouble tickets} 발급 시스템을 통해 최종 사용자가 제기하는 문제점을 추적해야 한다. 이러한 문제점의 처리 주체를 지정해야 하며 어떤 그룹이 WLAN 문제로 인해 발급된 기재표의 마무리를 위해 진행과정을 추적해야 한다. 관리자와 이러한 프로세스에 대해 논의한다.

6. WLAN에 적절한 보안정책이 마련돼 있는지 확인한다.

회사의 정책을 통해 표준의 준수를 보장하고 반복 가능한 프로세스를 지원하며, 회사가 문서화된 회사 위반 사항에 대처할 수 있게 한다. 직원들은 자신이 갖고 있는 다양한 무선 장치와 관련된 위험을 즉시 이해하지 못할 수 있으므로 조직에서 무선 네트워킹이나 무선 장치 사용과 관련된 정책을 유지하는 것이 유용하다.

방법

WLAN 정책이 존재하는지 여부와 WLAN을 담당하는 관리자가 제반 정책의 내용을 알고 이해하는지 여부를 판별한다. 정책의 준수 여부나 정책을 준수하지 못하는 장벽이 있는지 판별한다. 마지막으로 WLAN 정책과 관련된 내용이 무선 네트워크를 사용하는 직원에게 전달되는지 확인한다. 몇 가지 일반적인 정책 항목에는 다음이 포함될 수 있다.

- 도청을 방지하려면 모든 무선 전송을 암호화해야 한다.
- 모든 AP에는 업데이트된 펌웨어가 있어야 한다.
- 무선 네트워킹 팀의 승인된 사람만 AP를 직접 관리할 수 있다.
- 무선 네트워킹 팀의 승인된 사람만 AP를 설치할 수 있다.
- AP 패스워드는 회사 정책을 준수해야 한다.
- 시설 외부의 전파 방해를 줄이고자 모든 노력을 기울인다.
- 네트워크에 접근하는 장치는 엔드포인트^{endpoint} 방화벽과 바이러스 백신 프로그램을 사용해야 한다.
- 무선 팀은 정기적으로 불량 AP를 모니터링해야 한다.
- 회사 소유의 승인된 시스템만 네트워크에 접근하고 적절한 비즈니스 용도로만 접근할 수 있다.

도구와 기술

이러한 도구는 네트워크의 구성과 트래픽 패턴을 이해하는 데 도움이 될 수 있다. 다수의 일반적인 취약점 스캐너는 네트워크 구성 문제나 보안 위험도 식별할 수 있다.

도구	웹 사이트
와이어샤크(Wireshark)	https://www.wireshark.org
엔맵(Nmap)	https://nmap.org
탑 125 네트워크 보안 도구(Top 125 Network Security Tools)	https://sectools.org

 참고 자동화된 도구는 프로덕션 환경에 매우 해로울 수 있다. 프로덕션 시스템에 영향을 미치지 않는 방식으로 주의를 기울이고 테스트를 설계해야 한다.

지식 베이스

리소스	웹 사이트
Aruba (HP)	www.arubanetworks.com
Cisco	www.cisco.com
Fortinet	www.fortinet.com
Palo Alto Networks	www.paloaltonetworks.com
Institute of Electrical and Electronics Engineers(IEEE)	www.ieee.org
Internet Engineering Task Force (IETF)	www.ietf.org
National Vulnerability Database	http://nvd.nist.gov
Assigned port numbers, essential for reading access lists	https://www.iana.org/assignments/service-names-port-numbers/service-names-port-numbers.xhtml
OSI model	https://en.wikipedia.org/wiki/OSI_model
NIST Special Publication 800-97	https://csrc.nist.gov/publications/detail/sp/800-97/final

종합 체크리스트

다음 표는 라우터, 스위치, 방화벽 감사를 위해 지금까지 나열한 단계들을 요약한 것이다.

네트워크 장비에 대한 일반 감사단계

다음 체크리스트의 특정 단계를 수행하는 것 외에 다음의 통제기능들도 평가해야 한다. 예를 들어 스위치, 라우터, 방화벽, 무선 시스템을 감사하려는 경우 다음 체크리스트의 제반 단계를 수행한 다음, 해당 유형의 장치에 대한 특정 체크리스트의 다음 단계를 추가로 수행한다.

네트워크 장비 감사용 체크리스트
☐ 1. 구성의 개발과 유지에 관련된 통제를 검토한다.
☐ 2. 현행 소프트웨어 버전과 관련된 모든 취약점에 대비해 적절한 통제기능을 마련하고 있는지 확인한다. 이러한 통제에는 소프트웨어 업데이트, 구성 변경, 기타 보완통제가 포함될 수 있다.
☐ 3. 불필요한 서비스는 모두 비활성화돼 있는지 확인한다.
☐ 4. 올바른 SNMP 관리 실무를 준수하는지 확인한다.
☐ 5. 사용자 계정을 만들고 합법적인 비즈니스 요구가 있을 때만 계정이 생성되게 하는 절차를 검토, 평가한다. 또한 해지나 작업 변경 시 계정을 적시에 제거하거나 비활성화할 수 있는 프로세스를 검토, 평가한다.
☐ 6. 적절한 패스워드통제를 적용하는지 확인한다.
☐ 7. 가능한 경우 보안관리 프로토콜이 사용되는지 확인한다.
☐ 8. 구성 파일에 대한 최신 백업이 있는지 확인한다.
☐ 9. 네트워크 장비의 로깅과 모니터링 프로세스를 검토한다.
☐ 10. NTP 사용을 평가한다.

네트워크 장비 감사용 체크리스트
☐ 11. 모든 연결 사용자가 회사의 사용 정책과 모니터링 정책을 인식하도록 배너(banner)가 구성돼 있는지 확인한다.
☐ 12. 접근통제기능이 콘솔 포트에 적용돼 있는지 확인한다.
☐ 13. 모든 네트워크 장비가 안전한 곳에 보관돼 있는지 확인한다.
☐ 14. 모든 장치에 표준 명명 규칙이 사용되는지 확인한다.
☐ 15. 네트워크 장치 구성을 위한 표준, 문서화된 프로세스가 있는지 확인한다.
☐ 16. 네트워크 접근이 회사 정책에 따라 이뤄지는지 확인하고자 네트워크 접근통제(NAC) 기술의 사용을 평가한다.
☐ 17. 네트워크 구성 요소에 대한 웹 기반(GUI) 접근의 가용성과 접근통제를 검토한다.
☐ 18. 웹 세션이 적절한 유휴 시간과 세션 시간 초과로 구성돼 있는지 확인한다.
☐ 19. 네트워크 장치와 관련된 재해복구계획을 검토한다.

추가 스위치 통제: 계층 2

이러한 통제는 네트워크 장비 감사를 위한 일반적인 단계 다음에 추가로 수행한다.

계층 2 장치 감사용 체크리스트: 스위치에 대한 추가 통제
☐ 1. 관리자가 VLAN 1의 사용을 기피하는지 검증한다.
☐ 2. 트렁크 자동 협상의 사용을 평가한다.
☐ 3. 스패닝 트리 프로토콜 공격 완화 기능이 활성화돼 있는지 확인한다(BPDU Guard, STP Root Guard).
☐ 4. 네트워크에서 VLAN 사용을 평가한다.

계층 2 장치 감사용 체크리스트: 스위치에 대한 추가 통제
☐ 5. 사용하지 않는 모든 포트를 비활성화하고, 사용하지 않는 VLAN에 넣어둔다.
☐ 6. 환경에서 VLAN 트렁킹 프로토콜(VTP)의 사용을 평가한다.
☐ 7. 포트의 브로드캐스트/멀티캐스트 트래픽을 제한하는 임곗값이 있는지 확인한다.

추가 라우터 통제: 계층 3

이러한 통제는 네트워크 장비 감사를 위한 일반적인 단계 다음에 추가로 수행
한다.

계층 3 장치 감사용 체크리스트: 라우터에 대한 추가 통제
☐ 1. 라우터의 비활성 인터페이스가 비활성화돼 있는지 검증한다.
☐ 2. 라우터가 모든 코어 덤프를 저장하도록 구성돼 있는지 확인한다.
☐ 3. 모든 라우팅 업데이트가 인증됐는지 확인한다.
☐ 4. IP 소스 라우팅과 IP 지정 브로드캐스트가 비활성화돼 있는지 확인한다.

추가 방화벽 통제

이러한 통제는 네트워크 장비 감사를 위한 일반적인 단계 다음에 추가로 수행
한다.

방화벽 감사용 체크리스트: 추가 통제
☐ 1. 모든 패킷이 기본값으로 거부됐는지 확인한다.
☐ 2. 부적절한 내부 및 외부 IP 주소는 필터링되는지 확인한다.
☐ 3. 방화벽 규칙 세트가 적절한 보호 기능을 제공하는지 평가한다.
☐ 4. 침입탐지나 기타 패킷 보안 모니터링 기술의 사용을 평가한다.

방화벽 감사용 체크리스트: 추가 통제
☐ 5. 계층 7(응용 계층) 보호 기능의 사용을 평가한다.
☐ 6. 방화벽 데이터를 검토하거나 모니터링하는 방법을 판별한다.

네트워크 장비에 대한 추가 통제

이러한 통제는 네트워크 장비 감사를 위한 일반적인 단계 다음에 추가로 수행한다.

무선 네트워크 장비 감사 체크리스트: 추가 통제
☐ 1. 접근 포인트들이 승인된 최신 소프트웨어를 실행 중인지 확인한다.
☐ 2. 중앙집중식 WLAN 관리에 대한 통제를 평가한다.
☐ 3. 무선 인증과 암호화 방법의 보안을 평가한다.
☐ 4. 네트워크에 불량 접근 포인트가 없는지 확인한다.
☐ 5. 최종 사용자 불편 사항 기재표를 추적하기 위한 절차를 평가한다.
☐ 6. WLAN에 적절한 보안정책이 마련돼 있는지 확인한다.

CHAPTER 7

윈도우 서버

마이크로소프트의 윈도우는 1985년 처음 등장한 이후 줄곧 서버^{servers}와 클라이언 트^{clients1} 모두에서 가장 널리 사용되는 운영체제^{OS} 중 하나로 발전해 왔다. 7장은 윈도우 서버 감사의 기본 구성 요소를 다룬다. 7장에서 설명하는 많은 도구와 리 소스는 윈도우 클라이언트에도 적용되며, 최종 사용자 컴퓨팅 장치에 관한 14장 과 연계해 사용할 수 있다.

7장에서 다루는 내용은 다음과 같다.

- 윈도우 개발의 약력
- 윈도우 기본사항: 대상 호스트에 대한 학습
- 윈도우 서버의 감사방법
- 윈도우 감사 개선을 위한 도구와 리소스

배경지식

1980년대 중반에 마이크로소프트와 IBM은 DOS와 윈도우의 후속 계획인 OS/2 플 랫폼^{platform} 개발을 위해 공동 작업을 시작했다. 그러나 윈도우 플랫폼의 보급이 성

---

1. C/S(servers/clients) – 식당에서 손님은 클라이언트로서 메뉴판의 음식을 주문하고, 주인은 서버로서 음식을 제공한 다. 과거 오랫동안 호스트 기반 컴퓨팅이 기존 애플리케이션을 통한 정보 접근에 사용돼 왔다. 현재는 C/S가 컴퓨팅 환경(특히 인터넷 기반 Web C/S) 환경하에서 분산 처리 시스템으로 활성화되고 있다. C/S는 서비스를 요청하는 클라 이언트와 서비스를 제공하는 서버로 구성돼 있다. 통신망을 통해 서로 연결된 다양한 종류의 컴퓨터에 애플리케이션 과 데이터를 적절히 분산시켜 정보 자원의 효율적 공유와 분산 처리를 가능하게 하는 시스템이다. 서버의 종류에는 응용 서버, 파일 서버, 통신 서버, 데이터베이스 서버 등이 있다. – 옮긴이

공적으로 확대됨에 따라 OS/2의 방향에 대한 견해가 갈라지고 관계가 악화됐다. 결국 마이크로소프트와 IBM은 헤어졌다. 마이크로소프트는 자체 비전을 자유롭게 추구해 1993년 7월에 윈도우 NT 3.1을 처음 출시했다. 윈도우 NT는 기업과 정부 조직을 대상으로 한 최초의 '전문' 버전 윈도우 운영체제다. 25년이 지난 후에도 윈도우 NT는 여전히 강력하다. 즉, 윈도우 10과 윈도우 서버 2019는 최신 버전의 NT 코어^{core}나 '커널^{kernel}'에 장착돼 있다.

서버 시장은 여러 해에 걸쳐 서서히 발전해 왔다. 윈도우 NT, 윈도우 2000, 윈도우 서버 2003/2008/2012/2016, 현재 윈도우 서버 2019를 비롯한 다양한 제품군이 출시돼 왔던 것이다. 2017년에 마이크로소프트는 윈도우 서버를 위한 대체 전달 모델(두 번의 연례 업데이트가 포함)을 제시하기 시작했다. 이들에 부여된 명칭은 연간 버전 또는 빌드^{build} 번호(예를 들어 1709 또는 1803)와 함께 단순히 '윈도우 서버^{Windows Server}'다.

감사인은 여러 버전의 운영체제가 대규모 환경에서 존재할 수 있다는 점을 이 모든 상황을 통해 알 수 있다. 환경의 운영체제에 익숙해지는 데 시간을 투자해야 한다. 융통성 있게 준비하자. 여기에 언급된 일부 유틸리티는 모든 버전의 윈도우에서 작동하지 않을 수 있다. 경우에 따라 더 이상 마이크로소프트에서 지원하지 않는 호스트^{hosts}가 네트워크에 있을 수 있다. 네트워크 공격이나 멀웨어 전파를 방지하는 기술과 같이 이러한 시스템을 보호하기 위한 추가 통제기능이 설정돼 있어야 한다.

마이크로소프트의 윈도우 플랫폼은 디렉터리와 인증 서비스, 웹 인프라, 데이터베이스 시스템 관리, 이메일, 모바일 장치 관리 등 많은 비즈니스에 존재할 수 있는 수십 가지 구성 요소의 기반이 된다. Hyper-V, AD, Exchange, IIS, SQL 서버, Intune, SCCM과 같은 약어나 서비스 명칭들이다. 이들은 모두 윈도우 서버에서 실행되고 있으므로 시스템 관리자는 이쪽으로 방향을 급히 돌릴 수도 있을 것이다. 감사인은 검토 대상 환경 유형과 해당 환경에 적용되는 조직의 보안정책을 파악하는 것이 중요하다.

또한 랙스페이스^{Rackspace2}와 같은 원격지 호스팅$^{offsite\ hosted}$ 환경, 아마존 웹 서비스$^{Amazon\ Web\ Services}$ 혹은 마이크로소프트 애저$^{Microsoft\ Azure}$와 같은 클라우드 서비스$^{cloud\ service3}$를 조직에서 어떻게 이용하고 있는지도 이해해야 한다. 클라우드 컴퓨팅에 대해서는 16장에서 자세히 설명하지만 조직의 네트워크 아키텍처에 따라 로컬 데이터센터의 경계 밖에 놓인 윈도우 서버 시스템을 감사해야 할 수도 있다. 베어 메탈$^{bare\ metal}$에 설치돼 있든, 가상머신으로 가동 중이든, 로컬 데이터센터에 설정돼 있든, 높은 가용성 클라우드 환경에서 실행되든 간에 7장에서 설명하는 원칙은 거의 모든 윈도우 서버 환경에 적용된다.

윈도우 감사 기본 사항

7장의 내용을 전개함에 있어 윈도우 환경을 형성하는 구성 요소에 대한 기본적인 이해가 필요하다. 또한 윈도우 플랫폼에 대한 포괄적인 감사 접근법을 이해한다면 감사인과 자문역으로서의 역할이 크게 향상될 것이다.

그림 7-1은 운영체제가 애플리케이션(앱)을 지원하는 수단으로 어떻게 사용되는지를 보여준다. 운영체제에 관련된 많은 구성 요소는 완전 검토의 관점에서 고려해야 한다. 예를 들어 제대로 유지보수되지 않거나 엉성하게 구성된 애플리케이션의 위험을 생각해보자. 감사인이 해당 플랫폼에 애플리케이션을 더 많이 추가

---

2. 랙스페이스(Rackspace)는 클라우드 서비스 제공하는 미국 기업이다. - 옮긴이

3. 서버와 클라우드 - 버너 보겔스 아마존 최고 기술책임자(CTO)는 2020년 09월 16일 개막하는 세계 지식 포럼에 앞서 최근 매일경제에 보내온 메시지를 통해 "코로나19가 촉매가 돼 수많은 기업이 서버 대신 클라우드로 강제 전환해야 하는 상황에 직면했다"고 진단했다. 클라우드는 서버처럼 직접 사내 컴퓨터 용량을 조절하는 것과 달리 컴퓨터 트래픽 폭증 같은 변화에 빠르고 유연하게 대응할 수 있기 때문이다. 그는 여행 산업처럼 침체로 인해 컴퓨터 용량과 비용을 줄여야 하는 상황에서도 클라우드의 유용성이 커지고 있다고 강조했다. 평소에 클라우드를 활용하면 굳이 커다란 용량의 서버를 구축하지 않고도 대응할 수 있다는 주장이다. 보겔스 CTO는 특히 "클라우드를 활용하면 거대 기업의 전유물이었던 인공지능 기술을 누구나 이용할 수 있다"며 "클라우드 확산이 '기술 민주화(democratized technology)'를 가져온다"고 말했다(매일경제신문, 2020.09.13). - 옮긴이

할수록 공략해야 할 표면 영역을 증가시키게 되므로 감사인은 더 많은 잠재적 골칫거리를 맡게 된다. 이 책의 여러 장은 감사에서 고려할 만한 애플리케이션들을 다룬다. 또한 하드웨어, 저장 매체, 네트워크는 운영체제의 성능과 보호에 영향을 준다. 끝으로, 환경관리와 주변 통제는 지원, 위험, 규정 준수, 서버의 업무 조정에 영향을 준다.

7장에서 다루는 도구에 대해 좀 더 많은 시간을 할애해 배워보자. 대부분 이용하기 쉽고 훨씬 더 효율적으로 감사를 수행할 수 있을 것이다. 필요한 정보를 얻을 수 있는 지름길을 알고 있기 때문이다. 때로는 효율성 향상을 위한 새로운 방법을 찾는 대신 감사인이 항상 사용해 왔던 방식을 계속 활용하기는 아주 쉽다. 약간의 과제를 공부한 후에 회사 관리자에게 사용법을 배우고 싶다고 요청할 수 있다. 대부분의 우수한 관리자는 실제로 가르쳐 주기를 좋아한다. 관리자에게 모호한 어떤 도구에 대해 질문을 하면 관리자의 주의를 끌 수 있을 것이다. 이러한 질문과 이해를 통해 누군가는 좀 더 현명질 수 있을 것이다.

커맨드라인

윈도우의 커맨드라인command-line[4] 환경은 여기서 논의된 대부분의 작업을 완료하는 데 적합하다. 탐구심이 많은 감사인은 복잡성이 높은 작업이나 자동화에 파워셸PowerShell을 이용해보길 원할 것이다. 파워셸은 최신 윈도우 플랫폼에 디폴트default[5] 상태로 설치돼 있다.

윈도우 서버를 서버 코어Server Core로 설치할 수 있다. GUI의 지원 없이 최소한의 서비스만 포함하는 일부 용도로 설치하는 것이다. 서버 코어 시스템을 감사하는 경우 여기에 나열된 커맨드라인 도구만 사용하거나 원격관리 도구를 이용해야 한다. 표준적인 서버 설치는 완전한 윈도우 GUI를 동반한다. 서버 관리자server manager

---

4. 커맨드라인(command-line) - 명령을 입력할 때 입력한 전체 줄로, 명령의 문자열이다. 옮긴이
5. 디폴트(default) - 예상한 설정이나 사전에 정한 데이터로, 하드웨어나 소프트웨어의 초기 설정이다. - 옮긴이

와 같은 유용한 도구도 포함돼 있다.

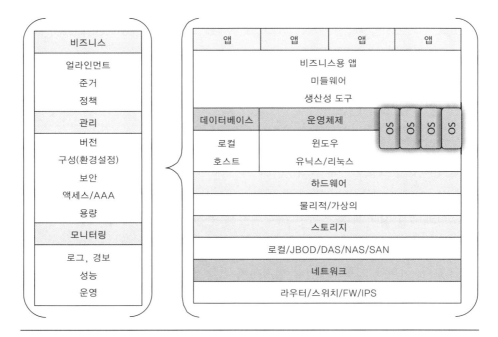

그림 7-1 호스트 감사 모델

유닉스 머신에서 커맨드라인에 익숙한 사용자는 www.cygwin.com의 시그윈^{Cygwin}을 이용한 유닉스 기능의 설치를 높이 평가할 것이다. 이 기능은 ls, sed, grep, more, cat 같은 일부 유틸리티에 편리하게 접근할 수 있게 해준다. bin 디렉터리에 있는 이들 이진수를 기반으로 스크립트를 작성해 표준 윈도우 유틸리티의 텍스트 출력을 조작할 수도 있다. 끝으로 관련 위험을 이해하는 한 고급 사용자들은 심지어 <drive>:\cygwin\bin 디렉터리를 환경 경로에 추가하길 원하기까지 한다.

윈도우 서버 2019부터는 이전에 윈도우 10에서만 사용할 수 있었던 리눅스용 윈도우 하위 시스템^{WSL}을 서버 플랫폼에서 지원한다. WSL을 사용하면 전체 리눅스 설치를 가상머신이 아닌 윈도우의 일부로 직접 설치할 수 있다. 조직의 정책에 따라 유닉스 커맨드라인의 사용을 선호하는 경우 일종의 탐색 옵션이 될 것이다.

참고 커맨드라인이 마음에 들고 스크립팅(scripting)을 즐기는 경우 마이크로소프트 스크립팅 센터 웹 사이트(https://gallery.technet.microsoft.com/scriptcenter)에 있는 리소스를 활용해보자.

기본적인 커맨드라인 도구

모든 관리자는 여러 도구를 복안으로 갖고 있어야 한다. 오늘날의 복잡한 방화벽과 멀웨어 방지 기능을 사용하면 이러한 도구 중 일부가 제대로 작동하지 않을 수도 있다. 이 장에서 참조된 명령commands은 윈도우 서버 2016에서 검증됐지만, 특정 운영체제를 설치해 프로덕션 네트워크에서 실행하기 전에 랩lab 환경하에서 모든 도구를 테스트해야 한다. 또한 일부 환경에서는 특정 유틸리티 사용이 제한될 수 있다. 서버에 소프트웨어를 설치하기 전에 필요한 승인을 받고 관리자에게 알린다.

참고 이 장에서 다룬 다양한 도구의 성능은 강력할 수 있다. 모범 사례를 따른다. 자신의 컴퓨터나 프로덕션 네트워크와 시스템에서 사용하기에 앞서 테스트 환경하에 네트워크 외부의 다른 컴퓨터상에서 이들 도구가 어떻게 작동하는지 알아보자.

리소스 키트 도구

이전 버전의 윈도우는 마이크로소프트의 리소스 키트의 부가물add-on과 함께 제공되거나 호환성이 있었다. 이들 키트에는 시스템 관리, 문제해결, 보안 기능 구성 등을 위한 많은 추가 도구가 포함돼 있다. 윈도우 서버 2008부터는 이러한 도구가 좀 더 강력하거나 강력한 도구로 대체됐다. 많은 유용한 명령이 윈도우에 기본으로 장착됐으며, 파워셸을 통해 접속할 수 있다. 원격 서버 관리 도구Remote Server Administration Tool의 이용이나 시스인터널스 명령Sysinternals suites of commands을 이용해 다른 것들을 찾아볼 수 있다.

참고 https://docs.microsoft.com/en-us/windows-server/administration/ windows-commands/windows-commands에서 마이크로소프트는 뛰어난 커맨드 라인 도움말을 제공한다. 명령 프롬프트에서 help cmd를 입력하면 윈도우의 커맨드 라인 사용법에 대한 일반적 정보를 구할 수 있다.

시스인터널스 도구

관리자들은 시스인터널스^{Sysinternals} 도구를 20년 이상 사용해 왔다. 이 패키지는 인기가 높아 2006년 마이크로소프트가 인수했다.

시스인터널스는 관리자와 감사인을 지원해 복잡한 작업과 세부 분석을 수행할 수 있도록 도와준다. https://docs.microsoft.com/en-us/sysinternals/를 통해 마이크로소프트에서 시스인터널스 도구를 다운로드하거나, 인터넷에 접근할 수 있는 시스템에서 시스인터널스 라이브^{Sysinternals Live} 서비스를 시도해 호환 가능한 시스인터널스 도구를 실행시킬 수 있다. 수십 가지 그래픽 유저 인터페이스^{GUI}와 커맨드 라인 도구를 이용해, 원격관리, 네트워크 분석, 프로세스, 레지스트리^{registry6} 모니터링, 기타 작업을 수행할 수 있다. 일부 회사는 서버와 클라이언트를 위한 표준 빌드^{build}의 일부로 이러한 도구의 하위 세트를 포함시키기도 한다. 많은 시스인터널스 기능을 파워셸에서 복제하거나 스크립트^{script7}할 수 있지만, 많은 관리자는 여전히 단순한 시스인터널스를 선호한다.

---

6. 레지스트리(registry) - 윈도우 95나 윈도우 98, 윈도우 NT와 같은 운영체제에서 환경설정과 각종 시스템에 관련된 정보를 저장해 둔 장소로, 윈도우 3.1에서 사용되던 환경설정 파일(INI 파일)의 기능을 확대, 대체한 것이다. 컴퓨터 시동과 각종 물리적 장치에 대한 설정, 사용자 애플리케이션과 프로그램 간 연결 등에 관한 정보가 담겨 있는 곳으로, 다양한 정보를 체계적이고 효율적으로 관리하게 해준다. 애플리케이션을 설치하거나 삭제할 때마다 레지스트리 정보도 함께 수정되며 regedit.exe 파일을 이용해 임의로 레지스트리 내용을 열람하거나 수정, 삭제할 수 있다(출처: TTA 정보통신용어사전). – 옮긴이
7. 스크립트(script) - 소프트웨어에 실행시키는 처리 절차를 문자(텍스트)로 기술한 것으로, 일종의 프로그램이라고 할 수 있다. 일반적으로 애플리케이션이나 유틸리티의 규칙과 구문(syntax)을 써서 표현된 명령들과 루프(loop), 이프덴(if/then) 등의 단순한 제어 구조의 조합으로 구성된다. 애플리케이션이나 운영체제(OS)상에서 최종 사용자가 제어할 수 있는 절차를 조합한 일련의 처리를 자동화하고자 이용한다(출처: TTA 정보통신용어사전). – 옮긴이

기타 도구

다른 많은 도구도 이용할 수 있다. 이 절에서는 여러 감사단계에서 다룰 도구 중 일부를 제시한다. 다음 감사에서 거의 모든 것을 스크립트할 수 있다. 경우에 따라 조직에 이미 윈도우 시스템에 대한 자세한 분석을 수행할 수 있는 상용 구성 관리 도구가 있음을 발견할 수도 있을 것이다. 중요한 서버를 표본으로 선정한 다음, 적절한 통제를 개별적으로 테스트하는 것이 여전히 도움이 된다. WFT^{Windows Forensic Toolchest}(Monty McDougal – 만든 이)는 커맨드라인 도구들의 래퍼^{wrapper} 역할을 하는 흥미로운 도구다. WFT는 여기에 나열된 도구나 추가하길 원하는 도구를 다룰 수 있다. SANS 포렌식 트랙의 일부로 WFT를 참조할 수 있다. 좀 더 자세한 내용은 www.foolmoon.net/security에서 확인할 수 있다.

공통적인 명령

표 7-1은 이 장에서 사용된 커맨드라인 도구 목록이다.

도구	설명	구할 수 있는 곳
PsInfo	설치된 서비스 팩, 패치, 앱, 드라이브 정보를 비롯한 시스템 정보의 리스트	www.sysinternals.com
systeminfo	시스템 정보의 리스트	네이티브 명령
pslist	가동 프로세스의 리스트	www.sysinternals.com
PsService	설치된 모든 기기의 리스트	www.sysinternals.com
cmdkey	생성, 리스트, 혹은 저장된 자격증명의 제거	네이티브 명령
netsh	네트워크 구성의 표시나 수정	네이티브 명령
netstat	네트워크 정보의 제공	네이티브 명령
Sc	서비스 컨트롤러와의 대화 도구	네이티브 명령
tcpview	포트로 매핑된 프로세스를 GUI 방식으로 보기	www.sysinternals.com

도구	설명	구할 수 있는 곳
procexp	강력한 GUI 프로세스 탐색기	www.sysinternals.com
schtasks	커맨드라인에 있는 과업 일정의 리스트	네이티브 명령
bootcfg	부트 파티션 정보의 리스트	네이티브 명령
pendmoves	다음 리부트가 예정된 파일 이동 운영에 대한 리스트	www.sysinternals.com
autoruns	컴퓨터 시작 시점에 출발하기로 예정된 모든 것의 리스트(GUI 버전)	www.sysinternals.com
autorunsc	컴퓨터 시작 시점에 출발하기로 예정된 모든 것의 리스트(커맨드라인 버전)	www.sysinternals.com
rsop.msc	Start ▶ Run 경로 혹은 커맨드라인에서 가동 시 호스트상의 전체 보안정책을 열기	네이티브 명령
secpol.msc	로컬 컴퓨터 정책만 열기	네이티브 명령

표 7-1 이 장에서 사용된 공통적인 명령

서버 관리 도구

최신 윈도우 서버 버전에는 시작 메뉴에서 사용할 수 있는 서버 관리자[Server Manager]라는 GUI 대시보드[dashboard]가 포함돼 있다. 서버 관리자에는 많은 기본 구성 정보가 표시돼 있다. 즉, 시스템 구성, 서비스, 컴퓨터 관리와 같이 흔하게 사용되는 기능에 대한 단축 도구 메뉴가 있다.

마이크로소프트는 윈도우 관리 센터[Windows Admin Center]라는 도구도 출시했다. 이 도구는 관리자가 특정 서버에 몰입해 시스템 상태의 평가, 설치된 업데이트의 확인, 실행 중인 프로세스의 검토 등을 통해 마이크로소프트 SCCM[System Center Configuration Manager]을 보완할 수 있게 해준다. 이 장에 나열된 많은 기능은 윈도우 관리 센터에서 입수할 수 있다. https://docs.microsoft.com/en-us/windows-server/manage/windows-admin-center/overview에서 좀 더 많은 정보를 얻을 수 있다.

원격 서버 관리 도구^{RSAT}를 이용하면 윈도우 10 클라이언트가 윈도우 서버 시스템에서 실행되는 역할과 특성을 관리할 수 있다. RSAT를 통해 관리자는 원격 서버 관리 기능을 수행할 수 있으며, 기능면에서 복제하기 어려운 여러 가지 훌륭한 도구를 포함하고 있다.

 참고 마이크로소프트 윈도우 RSAT를 데스크톱이나 노트북 컴퓨터에 쉽게 추가할 수 있다. www.microsoft.com에서 RSAT를 검색할 수 있다. 설치 프로그램 패키지를 컴퓨터에 다운로드한 후 파일을 관리자로 실행해 제반 도구를 시스템에 설치해야 한다.

감사의 실시

윈도우 서버 감사를 성공으로 이끌기 위한 열쇠는 호스트 자체를 철저히 검토하는 것이다. 여기에는 호스트와 데이터를 주고받는 다른 많은 연결 관계 검토도 포함된다.

다음의 감사단계들은 호스트에만 초점을 맞추고 있다. 위에 가로 놓인 애플리케이션에 대한 광범위한 검토나 외부 시스템과의 신뢰관계는 다루지 않는다. 또한 데이디 입력과 데이터 출력 방법이나 그 유효성도 나루시 않는나. 이 책의 다른 부분에서 다루는 기술과 도구를 이용해 호스트별로 이러한 문제를 다룰 수 있다. 여기에 표시된 단계들은 많은 서버 감사의 전형들이며, 커버된 위험 건수와 호스트 검토에 소요되는 시간 사이의 절충점을 나타낸다.

윈도우 감사를 위한 테스트 단계

이상적이라면 가능한 모든 환경설정^{configuration setting}이 포함된 정보와 통제의 집합을 참조해 감사할 것이다. 그러나 세상이 이상적이지 않으며, 대다수에게는 호스트당 많은 시간이 없다. 이 장에 제시된 테스트 단계들은 평가 대상 항목에 대한 권장 목록이다. 경험상 윈도우 감사에 관련된 논쟁이 많다는 것을 알고 있다. 윈도우 서버를 보호할 수 있는가? 다른 사람의 단계보다 더 나은 단계를 만드는 어떤 것이 있는가? 여기서 다루는 단계들은 여러 회사에서 적용돼 온 것들이다.

효과적인 감사와 효과적인 시간 관리의 균형을 맞추지 못한 감사 프로그램들이 많다. 시간 관리와 관련해 결과를 스크립트하는 방법들에 대한 논의에 많은 시간을 쓴다는 점을 유의해야 한다. 감사팀은 구성 관리 도구를 활용해 서버의 스코어를 매우 빠르게 검토할 수 있으며, 일부감사 패키지도 동일한 기능을 한다. 여기서 감사인의 유일한 관심사는 해당 비즈니스에 영향을 미치는 모든 통제가 포함되는지 확인하고, 때로는 독립적인 검토를 통해 제반 도구의 결과물에 대한 타당성을 검증하는 일이다.

초기 단계

다음은 전반적인 시스템 설정과 기타 기본통제에 관한 점검표를 제시해 전체 시스템이 조직의 정책을 준수하고 있는지를 확인하게 한다. 시스템이 회사에서 제공하는 방화벽과 바이러스 백신 프로그램을 실행하는지 확인하는 등 대부분 고급수준의 일반통제다.

1. 시스템 정보와 서비스 팩 버전을 입수해 정책 요구사항과 비교해본다.

환경을 좀 더 안전하고 쉽게 관리, 감사할 수 있도록 정책들이 작성, 승인돼 있다. 기본 구성 정보를 다시 확인해 호스트가 정책을 준수하는지 확인한다. 오래된 운영체제는 서버 관리를 어렵게 한다. 또한 이종의 운영체제^{OS} 버전에 대한 제어를 유지하려고 시도할 경우 관리자 책임의 범위를 증가시킨다. 표준적인 빌드와 패치 수준의 유지를 통해 서버 관리 프로세스는 크게 간소화된다.

방법

그래픽 유저 인터페이스^{GUI, Graphical User Interface}를 통해 추적을 시작하면서 레지스트리를 뒤져보면 내장된 커맨드라인 도구를 이용해 이 정보를 찾아낼 수 있다. 그러나 이 정보를 끌어올리는 두 가지 효율적인 방법에는 시스인너털 도구 PsInfo와 기본 도구 systeminfo가 있다. 이 도구 중 하나를 이용해 정보를 검색한 다음, 결과물을 조직의 정책 및 요구사항과 비교해본다.

 참고 PsTools나 전체 시스인터널스 스위트(Sysinternals suite)를 www.sysinternals. com에서 다운로드한다. PsInfo는 이 도구 세트의 일부다. 서버 감사를 위해 시스인터널스의 몇 가지 도구를 사용할 수 있다.

2. 서버가 회사에 공급된 방화벽을 실행 중인지 확인한다.

방화벽을 사용하지 않으면 멀웨어malware(악성 소프트웨어), 공격자와 캐기 좋아하는 사람들로 인해 클라이언트는 네트워크 공격에 노출된다.

방법

대개 시스템에 대한 제반 프로세스를 검사해보면 회사에 공급된 방화벽이 시스템에 실지돼 실행되고 있음을 알 수 있다. 이 검사를 스크립트하기에 쉬운 방법은 시스인터널스 도구 pslist를 실행해보는 것이다. 시스템에서 pslist <process name>을 실행해 이를 검사하고, 찾으려는 프로세스를 지정해 실행 중인 적합한 프로세스를 검색해본다.

많은 조직에서 방화벽은 중앙에서 관리되며, 그룹의 모든 호스트에서 동일하다. 호스트상의 방화벽 구성을 검증해보길 원할 수 있다.

윈도우 방화벽을 이용하고 있다면 스크립트 출력과 방화벽 변경을 허용하는 netsh 명령 세트를 학습해본다. netsh advfirewall show currentprofile을 실행해 호스트상의 방화벽 구성과 방화벽이 특정 어댑터adapters용으로 구성돼 있는지 확인해야 한다. netsh advfirewall을 이용해 netsh advfirewall 도구에 사용할 수 있는 다른 옵션을 살펴본다.

3. 서버가 회사에 공급된 바이러스 방지 프로그램을 실행 중인지 확인한다.

바이러스 방지antivirus 기능이 없으면 시스템에서 유해한 코드가 실행될 수 있다. 바이러스 방지 도구는 악의적인 행위자가 실행하는 해킹 도구의 존재나 동작을 식별할 수도 있다. 윈도우 서버 2016에서 윈도우 디펜더Windows Defender AV가 기본으로 설치돼 활성화되지만 일부 조직에서는 대체 바이러스 방지 프로그램을 사용할 것이다.

방법

GUI 환경에서 해당 로컬 서버Local Server의 서버 매니저 스크린Server Manager screen은 윈도우 디펜더의 상태를 열거해 보여준다. 다른 AV 패키지의 경우 시스템 트레이에 대한 영상 검사를 통해 일반적으로 시스템에 바이러스 방지 프로그램이 설치돼 실행되고 있음을 알 수 있다. 앞서 언급했듯이 검사를 스크립트하기 쉬운 방법은 시스템상의 시스인터널스에서 pslist를 실행하고, 다음 예제에서 실행 중인 프로세스 MsMpEng를 검색해보는 것이다.

```
pslist MsMpEng
PsList 1.4 - Process information lister
Copyright (C) 2000-2016 Mark Russinovich
Sysinternals - www.sysinternals.com
Process information for MK-PROD:
Name Pid Pri Thd Hnd Priv CPU Time Elapsed Time
MsMpEng 10012 8 30 981 416528 0:53:58.843 437:26:12.997
```

감사의 특성에 따라 호스트상에서 바이러스 방지 프로그램의 구성을 점검할 수도 있다. 많은 조직에서 바이러스 방지 프로그램은 중앙에서 관리되며 모든 호스트에서 동일하다. 일부 조직은 고부하, 레거시legacy[8] 또는 기타 환경에서 전문적인 보

---

8. 레거시 시스템(Legacy system) – 새로운 시스템과 구별해 '기존 시스템'을 일컫는 말로, 새로 제안된 방식이나 기술 등을 부각하는 의미로 사용된다. 과거에 개발돼 현재까지 계속 사용되는 기술, 데이터, 플랫폼, 소프트웨어, 하드웨어 등을 총칭한다. 현재 사용하지 않지만 새로운 시스템에 영향을 주는 경우도 포함한다. – 옮긴이

안 소프트웨어나 구성을 이용할 수 있다. 이상적으로는 구성을 스캐닝하는 경우 파일이나 폴더가 제외되지 않게 해야 한다. 또한 모든 파일 작업에 대해 시스템을 실시간으로 보호하도록 구성이 설정돼야 한다. 또한 바이러스 방지 도구는 자동으로 서명 업데이트를 다운로드하고 설치하게 구성돼야 한다. 이탈 사항으로 인해 시스템이 더 위험해질 수 있다.

4. 서버가 회사에 공급된 패치 관리 솔루션을 실행 중인지 확인한다.

공급된 패치 관리 솔루션이 회사에 없으면 서버가 최신 패치를 받지 못하게 된다. 그러면 컴퓨터에서 유해한 코드나 해킹 도구가 실행될 수 있다.

방법

과업 매니저Task Manager에서 제반 프로세스를 육안 점검해보면 회사에 공급된 서버용 패치 관리 시스템이 당해 시스템에 설치, 실행되고 있음을 통상적으로 볼 수 있다. 예를 들어 Task Manager에서 해당 프로세스(예를 들어 CcmExec.exe)의 존재나 pslist 의 출력을 통해 증거로서 입증될 것이다. 또한 당해 시스템이 SCCM 콘솔상에 나타나는지 검증하고, 주어진 머신에 적용된 마지막 패치 주기의 유효성을 확인할 수 있다.

일부 조직에서는 당해 시스템의 윈도우가 자동으로 업데이트되게 설정할 수 있다. 여기에는 마이크로소프트에서 배포한 패치와 업데이트만 포함될 것이다. 그 시스템상에서 타사 애플리케이션은 다른 방식으로 패치돼야 한다. 윈도우 업데이트의 상태를 점검하려면 sconfig 명령을 사용하고 윈도우 업데이트 설정의 속성attribute을 검토해본다.

5. 승인된 모든 패치는 서버 관리 정책에 따라 설치돼 있는지 확인한다.

모든 OS와 소프트웨어 패치가 설치되지 않은 경우 널리 알려진 보안 취약점이 서버에 존재할 수 있다.

방법

systeminfo 또는 psinfo -s를 사용해 이러한 정보를 끄집어낸 다음, 정책과 조직의 요구사항과 결과물을 비교해본다. 출력물을 이용해 기존 SCCM이나 다른 패치 관리 데이터와 비교할 수 있다. 또한 출력물을 취약점 스캐너의 데이터와 비교해 가능한 차이를 식별할 수도 있다.

계정관리

계정관리와 관련 통제는 서버 관리의 기본 구성 요소다. 오랜 시간 동안 시스템상에서 이리저리 이동하는 것[tracking]은 이용자에겐 어려운 작업이지만 이용자가 처음에는 접근할 수 없었던 시스템에 접근권한을 얻기 위한 일반적인 방법의 하나다.

6. 사용자 계정의 생성 절차를 검토, 평가해 정당한 비즈니스 요구에 대해서만 계정이 생성되는지 확인한다. 해지나 작업 변경 시 계정을 적시에 제거하거나 비활성화할 수 있는 절차를 검토, 평가한다.

서버에 대한 접근을 제공하고 제거하기 위한 효과적인 통제가 없으면 시스템 자원에 대한 불필요한 접근이 발생할 수 있다. 따라서 서버의 기밀성, 무결성, 가용성이 위험에 처할 수 있다.

방법

시스템 관리자와 인터뷰(면담)하고 계정 생성 절차를 검토한다. 사용자가 정당하게 접근할 필요성을 갖고 있는지 확인하는 데 사용된 양식이 절차에 포함돼야 한다.

시스템상에서 계정 속성을 보는 몇 가지 방식이 있지만 완전한 그림을 그리려면 약간의 노력이 필요할 수 있다. 컴퓨터 관리[Computer Management] GUI(compmgmt.msc)를 열어 대상 시스템에서 로컬 계정 목록[local accounts listing]을 보고 시작할 수 있다.

로컬 사용자^{Local User}와 그룹 트리^{Groups tree}를 선택한다. net user 명령을 실행해 시스템의 로컬 사용자 목록을 열어볼 수도 있다. 두 방식 모두 계정의 생성에 앞서 계정이 적절하게 승인됐다는 증거를 검토해보자.

좀 더 큰 조직의 경우 대다수의 시스템 접근은 로컬 계정을 통해 관리되지 않으며, 다음 절에서 다루는 AD^{Active Directory} 도메인 계정으로 관리된다. 시스템에 접근할 수 있는 계정에 대한 완전한 그림을 얻으려면 시스템에 할당된 그룹의 구성 방법과 어떤 그룹의 AD 계정 유형이 어떤 그룹에 속하는지 이해해야 한다.

또한 더 이상 접근이 필요하지 않을 경우 계정의 제거 절차를 검토해야 한다. 이 절차에는 종료와 작업 변경에 대한 정보를 제공해주는 회사 인사 관리^{HR} 시스템의 자동 피드^{automated feed}가 포함될 수 있을 것이다. 하지만 로컬 계정에서는 이것이 간단치 않은 일일 수 있다. 이 절차에는 시스템 관리자나 기타 이 부문에 정통한 관리자가 정기적으로 활성 계정을 검토하고 유효성을 검증하는 과정이 포함될 수 있다. 계정 샘플을 확보해 활성 직원이 소유하고 있으며, 계정의 생성 이후 해당 직원의 직무 역할이 변경되지 않았는지 검증한다.

사용자 환경에서 추가 통제를 설정해 민감한 관리자 계정의 사용을 모니터링하는 것이 적절할 수 있다. 그러한 것들이 감사의 중요한 부분으로 판단되면 추가 통제를 검토한다.

7. 모든 사용자가 도메인 수준에서 생성되고 액티브 디렉터리(Active Directory)에 명확하게 주석이 달렸는지 확인한다. 각 사용자는 특정 직원이나 팀의 계통으로 거슬러 올라가게 돼 있어야 한다.

대부분의 사용자 계정(시스템 관리자 계정을 포함)에 대해서는 도메인의 구성원이 아닌 격리된 시스템에서 생성된 계정을 제외하고, 도메인 컨트롤러가 중앙집중식으로 관리해야 한다. 계정을 중앙에서 관리하면 계정의 관리와 통제가 간소화된다. 이는 단일 위치에서 계정의 생성이나 삭제와 계정 정책의 글로벌한 적용이 가능하기 때문이다. 랩 환경, 키오스크^{kiosk} 또는 회의실에서 발견할 수 있는 공유 계정도 특정 직원이 관할해야 한다.

방법

사용자 계정을 생성해 서버에 할당하는 프로세스를 알아보기 위해 시스템 관리자나 도메인 관리자와 인터뷰(면담)해보자. 발견한 사항들을 관리자와 논의하고, 도메인에서 관리되지 않는 계정에 주목해보자. 좀 더 안전한 환경에서는 대부분의 로컬 계정이 비활성화되거나 삭제될 것이고, 디폴트 관리자 계정은 덜 분명한 이름으로 다시 명명될 것이다.

이는 공유 계정의 이용 관계를 조사하기에 좋은 시기이기도 하다. 시스템에서 수행된 작업 내용을 알 수 없다는 점에서 그러한 계정은 위험을 드러낸다. 그렇지만 특정 상황에서는 피할 수 없다. 개인식별정보^{PII}, 결제카드산업^{PCI, Payment Card Industry}, 병원 진료기록정보 보호법^{HIPAA, Health Insurance Portability and Accountability Act}을 다루는 조직은 공유 계정의 사용을 면밀히 조사해야 한다.

8. 그룹의 사용을 검토, 평가하고 사용 제한을 판별한다.

사용자들이 팀에 합류하거나 탈퇴할 때 그룹들은 시스템에 대한 사용자 접근을 추가하거나 제거하기 위한 허용과 허용 해제 절차를 크게 단순화할 수 있다. 그러나 팀을 떠날 때 단골 멤버들은 때때로 그룹 내부의 어딘가에 머물면서 어슬렁거리며 배회했다.

방법

당해 시스템의 그룹 내용을 검토해 회원제의 적정성을 확인한다. 컴퓨터 관리에 접속한 다음 System Tools ❯ Local User and Group ❯ Group tree를 선택한다. 패널 내의 각 그룹을 좀 더 자세히 보면 그룹의 회원제를 볼 수 있다. 액티브 디렉터리 환경에서 그룹들은 중첩될 수 있다는 점을 유념한다. AD 관리자와 중첩된 그룹의 회원 자격을 확인해야 할 수도 있다. 관리자, 게스트, 사용자, 고급 사용자, 원격 데스크톱 사용자 그룹에 특히 주의한다.

또한 정보보안팀, 조사팀, 해당 지원 담당자가 서버에 적절한 접근권한을 갖고 있는지 확인한다. 이는 모든 조직과 관련이 있는 것은 아니며, 일부 예외가 있을 수 있다. 이러한 사용자는 어떤 그룹에 배치돼야 하며 서버에 개별 사용자로 추가되면 안 된다. AD 보안문제에 민감도가 높은 조직은 일시적인 관리상의 접근을 위해 외부 솔루션을 선택하거나 윈도우의 새로운 적시 재고$^{JIT, Just-In-Time}$ 관리 기능을 활용할 수 있다. 이러한 사항들이 조직에 적용되는 경우 관리자에게 문의해 관리 권한이 할당되고 제거되는 방법을 알아보자.

 참고 완벽한 정책은 거의 없다. 항상 예외가 있다. 예외 요청을 문서화하고 적절한 수준의 관리층으로부터 승인을 받게 하는 절차가 조직에 있는 한 예외사항은 완전히 수용할 수 있다. 많은 대규모 조직의 경우 정책에 대한 예외 요청에 대해서는 최고 경영진의 승인을 받게 규정해 이를 억제하고 있다.

9. 패스워드 존속 기간, 길이, 복잡성, 이력, 잠금 정책 등 서버상에서 패스워드의 강도와 패스워드 통제의 사용을 검토, 평가한다.

모든 계정에는 패스워드가 있어야 한다. 이러한 통제를 테스트하는 데 사용되는 방법은 패스워드 부여 과정과 서버, 액티브 디렉터리에서 활성화된 통제기능에 따라 다르다. 최소한 패스워드 통제를 제공하는 시스템 설정을 검토해야 한다. 패스워드의 복잡성, 길이, 존속 기간, 권한이 없는 사용자를 시스템에서 격리시키는 기타 요소를 적용함에 있어 패스워드 통제는 필수적이다. 서버에 대한 관리자 권한의 경우와 마찬가지로 많은 조직은 특권 계정$^{privileged accounts}$에 좀 더 엄격한 패스워드를 설정하도록 하고 있다.

322

방법

시작 메뉴에서 Server Manager 인터페이스를 이용해 시스템에 영향을 주는 계정 정책을 찾아낼 수 있다. 창이 열리면 Tools 드롭다운 drop-down 을 찾아 Local Security Policy를 선택한다. 패널이 열리면 Account Policy tree를 선택해 패스워드 정책과 계정 잠금 정책 목록을 확인한다. `net accounts`를 사용하면 해당 커맨드라인에서도 동일한 정보를 많이 볼 수 있다. 일반적으로 표 7-2에 나열된 정책들이 로컬 정책에 따라 설정돼 있는지 검증한다. 몇 가지 일반적인 설정이 나열돼 있다.

정책	설정
최소 패스워드 기간	하루
최대 패스워드 기간	30~90일
최소 패스워드 길이	8~14 문자
패스워드 복잡성	활성화
패스워드 이력	10~20 패스워드 기억
역암호화를 이용한 패스워드 저장	가능한 한 비활성화. 그러나 이런 결정에 앞서 이를 이해하고 테스트한다.
계정 잠금 기간	10~30분
계정 잠금 분계점	10~20회 시도
계정 잠금 후의 리셋	10~30분

표 7-2 계정 정책

이 책의 이전 판에서는 패스워드 강도를 직접 테스트하고자 윈도우 계정 해시 Windows account hashes 를 입수, 해독하는 절차를 설명했다. 철저한 감사는 여전히 패스워드 해독과 관련이 있을 수 있지만 이 시점에서 윈도우 암호 해독 연습은 침투 전문 테스터에게 맡기거나 보안팀에 도움을 요청하는 것이 좋다. 이러한 경로를 탐색하고 싶다면 이 프로세스를 다룬 많은 리소스를 웹에서 구할 수 있다.

사용 권한관리

마이크로소프트는 사용자 권한^{user rights}과 보안 옵션을 구성할 수 있는 강력한 성능을 제공한다. 그러나 올바르게 구성된 경우에만 효과적이다.

10. 보안정책 설정 시 제반 요소에 할당된 사용자 권리와 보안 옵션의 사용을 검토, 평가한다.

윈도우 서버는 수백 가지 사용자 권리 설정과 보안 옵션을 제공한다. 이러한 설정과 옵션을 사용하면 다양한 상황에서 호스트의 작동 방식을 광범위하고 포괄적으로 강력하게 바꿀 수 있다.

 주의 여기에 주의할 점이 있다. 자신을 잠그고 중요한 내부 프로세스를 비활성화하고, 필요한 기능을 제한시킬 수 있다. 시스템에서 실행 중인 설정에 따라 달라질 수 있는 애플리케이션을 사용해 테스트 환경에서 변경한 내용을 철저히 테스트해보는 것이 좋다.

방법

로컬 보안정책 패널^{Local Security Policy panel}(secpol.msc 또는 서버 관리자의 도구 메뉴)에 접근하면 시스템에 영향을 주는 보안정책들을 발견할 수 있다. 폴더 아이콘을 마우스 오른쪽 버튼으로 클릭하고 **목록 내보내기**^{Export List}를 선택해 설정을 내보낼 수 있다. 또 다른 유용한 커맨드라인 옵션은 gpresult /v를 입력해 그룹정책 설정 목록을 얻는 것이다.

조직의 정책과 함께 찾아낸 설정들을 평가해보자. 마이크로소프트 자체의 윈도우 서버 2016 보안 가이드, 인터넷 보안 강화 가이드 센터(www.cisecurity.org), SAN(www.sans.org)을 비롯한 여러 가이드가 설정 권장 사항을 제안하고 있다.

여기서 핵심은 조직이 달성하려는 것을 결정하고 설정에 대한 감사를 실시해야 한다는 점이다. 조직에서 이러한 설정 정보들을 전혀 이용하지 않는 경우 감사인은 프로젝트를 주도해 해당 설정을 들여다봐야 한다. 다음은 양쪽 모두에 흔한 설정들이다.

흔히 사용되는 보안 옵션은 다음과 같다.

- 게스트와 관리자 계정의 이름 바꾸기
- 게스트 계정 비활성화
- 마지막으로 로그온한 사용자를 표시하지 않도록 선택
- 만료 전에 패스워드를 변경하라는 메시지를 이용자에게 촉구
- 익명에 의한 공유와 SAM 계정 열거 거절
- 네트워크 자격증명credentials 저장 거절(주의한다)

사용자 권리 할당에는 흔히 다음이 포함된다.

- 네트워크를 통해 컴퓨터에 접근할 수 있는 사람 변경
- 로컬에서 로그온할 수 있는 사람 정의
- 터미널 서비스를 통한 로그온 거부
- 네트워크에서 컴퓨터로의 접근 거부
- 파일이나 다른 객체의 소유권을 가질 수 있는 사람 정의

11. 호스트상에서 파일 공유 사용을 찾아내 평가한다.

부적절한 혹은 개방형 공유open shares는 개인이나 회사 데이터를 불필요하게 손상시킬 수 있다. 모든 공유, 공유 디렉터리, 사용 권한을 식별해야 한다. 예를 들어 개인, 그룹 순위, 급여 정보가 있는 네트워크상에서 개방형 공유를 발견하는 것은 드문 일이 아니다. 이런 유형의 데이터는 개방형 공유 형태로 보관하면 안 된다.

방법

컴퓨터 관리 패널^{Computer Management panel}을 이용해 검색 창에 compmgmt.msc를 입력한다. 패널이 열리면 System Tools ➤ Shared Folders 공유 폴더로 가서 개방형 공유, 세션과 파일을 본다. `net share` 명령을 실행해 공유 목록을 볼 수도 있다.

서버에 많은 공유 세트가 있어 예상치 못한 내용이 있는지 확인하려면 Explorer에서 이용할 수 있는 윈도우 내장형 검색 도구를 활용한다.

찾아낸 각 공유별로 사용 권한이 적절한지 확인한다. 개방형 공유는 특히 쓰기 권한이 부여된 경우 위험을 증가시킬 수 있다. 인증된 사용자나 도메인 사용자 그룹에 모든 통제 권한이 있는 경우 누구든지 사용 가능한 형태의 공유^{public share}는 불허돼야 할 것이다.

네트워크 보안과 통제

네트워크에 의한 서버 접근을 통제해야 한다.

12. 원격접근의 필요성과 사용 방법을 검토, 평가한다. RAS 연결, FTP, 텔넷, SSH, VPN, 기타 방법을 포함한다.

모든 원격접근 기술이 동일하게 생성된 건 아니다. FTP^{File Transfer Protocol} 및 텔넷^{Telnet}과 같은 일부 레거시 서비스는 인증 정보를 비롯한 모든 데이터를 (암호화되지 않은) 평문으로 전송한다. 이상적인 환경에서는 이러한 레거시 연결을 제거해야 한다. 보통의 사용자, 관리자들이 시스템에 접근하는 경우 모두가 SSH^{Secure Shell}나 RDP^{Remote Desktop Protocol}와 같은 최신 암호화 방식을 통과하게 돼 있어야 한다. 외부 접근의 경우 다단계 인증과 더불어 VPN(가상 사설망)으로 연결된 네트워크가 설치돼야 한다.

방법

제반 서비스의 출력 상황과 포트 매핑port-maping 도구를 관찰하고, 이를 관리자와 논의한다. 원격접근 정책과 개개의 접근 방법들을 관리자에게 문의한다. 사업상의 필요에 의한 경우가 아닌 경우 평문 형태 통신의 필요성에 의문을 제기한다. 경우에 따라 레거시 애플리케이션으로 인해 평문 형태의 통신이 존재하고 제거하기가 어렵거나 트래픽이 그다지 민감하지 않는 경우가 있다. 그러나 가능하면 평문 대신에 암호화된 프로토콜을 사용해야 한다. 마이크로소프트 호스트의 경우 암호화된 프로토콜에는 RDP, Citrix(ICA 프로토콜), SSH, SSLSecure Sockets Layer 등이 있다.

윈도우 서버에 대한 대부분의 접근은 원격 데스크톱 서비스Remote Desktop Service나 파워셸, SCCM, RSAT 등과 같은 원격관리 플랫폼을 통해 이뤄진다.

 참고 DMZ과 기타 위험이 높은 환경에서는 보안 프로토콜을 사용하는 것이 특히 중요하다. 내부 네트워크상에서 중요성은 그리 높지 않다는 감사인의 판단이 나올 수 있다. 그러나 내부 네트워크에서도 보안 프로토콜을 사용해 내부 공격을 최소화하는 것이 좋다.

13. 시스템과의 연결 시에 법적 경고 배너가 표시되는지 확인한다.

법적인 로그온 고지legal logon notice는 누군가 시스템에 연결하려고 할 때마다 표시되는 일종의 경고다. 이 경고는 실제 로그인login 전에 표시돼야 하며, 다음과 유사한 내용이어야 한다.

"허락받지 않은 사람은 이 시스템을 사용할 수 없습니다." 법정에서 침입자를 기소하려면 이러한 종류의 문구가 필요할 수 있다.

방법

원격 데스크톱remote desktop 등 접근을 제공하는 사용 가능한 각 서비스를 이용해 계정에 로그인한다. 경고 배너가 표시되는지 확인한다. 시스템 관리자와 인터뷰(면담)해 회사의 법무담당관실과 함께 이 경고 배너 문구를 개발했는지 확인한다.

14. 시스템상에서 어떤 서비스가 제공될 수 있는지 확인하고 시스템 관리자와 함께 필요성을 검증한다.

네트워크 서비스를 활성화하면 새로운 잠재적 공격 벡터의 생성으로 인해 시스템에 대한 무단 침입 위험을 증가시킨다. 따라서 정당한 비즈니스 요구가 있는 경우에만 네트워크 서비스를 활성화해야 한다.

 참고 이는 감사인이 수행할 가장 중요한 단계 중 하나다. 불필요하고 안전하지 않은 네트워크 서비스는 윈도우 서버에 대한 최고의 공격 벡터다.

방법

표 7-3의 도구들은 서비스의 식별과 사용법의 식별에 도움이 되는 주요 정보 견본들을 보여준다. Netstat는 컴퓨터의 활성 소켓$^{active sockets}$이 외부 통신을 수신하고 있음을 나타낸다. Psservice와 sc 쿼리는 실행 중인 서비스를 나열해 보여준다. 윈도우 관리 센터$^{Windows Admin Center}$와 서버 관리자$^{Server Manager}$를 이용해 서비스들을 살펴볼 수도 있다. 다음으로 tcpvcon을 이용해 실행 중인 서비스를 열린 포트^{ports}에 매핑^{mapping}[9]할 수 있다. 끝으로 procexp는 이런 정보를 많이 보여줄 수는 있지만 스크립팅할 수는 없다. 여기서 언급하는 이유는 강력한 성능과 무료 이용이 가능

---

9. 사상(寫像, mapping) - 하나의 값을 다른 값으로, 또는 한 데이터 세트를 다른 데이터 세트로 번역하거나 2개의 데이터 세트 사이에 1:1 대응 관계를 설정하는 것이다. 컴퓨터 그래픽스에서 3차원 대상을 평면에, 또는 2차원 이미지를 구체(球體, sphere) 위로 사상하는 것 등이 있다. 또한 가상 기억 시스템에 기억돼 있는 가상 주소를 컴퓨터가 물리적 주소로 번역하는 것도 사상하는 것이다. 도메인 이름을 인터넷 주소로 번역하는 서버 프로그램의 기능이나 메시지 통신 처리 시스템(MHS)에서 디렉터리 이름을 발신자/수신자 주소(O/R address)로 번역하는 메시지 전송 시스템(MTS) 기능도 사상하는 것이다(출처: TTA 정보통신용어사전). - 옮긴이

하기 때문이다.

도구	비고	구할 수 있는 곳
netstat	네트워크 정보제공	Native command
PsService	서비스 정보 리스트	www.sysinternals.com
Sc	서비스 컨트롤러와의 대화를 위한 기본 도구	Native command
Tcpvcon	포트 매핑 프로세스를 GLI 방식으로 보기	www.sysinternals.com
TCPview	포트 매핑 프로세스를 GUI 방식으로 보기	www.sysinternals.com
procexp	강력한 GUI 프로세스 탐색기	www.sysinternals.com

표 7-3 서비스 정보 보기 도구

이것들은 많은 유틸리티처럼 보일지 모르지만, 감사 수행에 필요한 정보를 정하고자 살펴볼 가치가 있다. 일반적으로 AD 도메인에서 시스템이 가동 중인 경우 GPO(그룹 정책 객체)[10] 정책 규칙이 정기적으로 검토되고 있는지 확인한다. 이 규칙은 도메인/특정 지점에 참가하는 모든 시스템에 적용된다.

커맨드라인에 netstat -a를 입력해 기본 netstat 명령을 타이핑할 수 있다. LISTEN이나 LISTENING을 포함하는 줄을 찾아본다. 이러한 TCP와 UDP 포트상의 진입 연결을 위해 호스트를 이용할 수 있다. NIX 시스템의 netstat 서비스와 매우 유사한 psservice와 같은 도구를 사용해 서비스 목록을 찾을 수 있다.

프로세스를 포트 번호에 매핑하는 다른 유틸리티로는 내장 sc(sc query type = service) 명령과 시스인터널스의 tcpvcon이 있다. 시스인터널스의 tcpvcon을 권한

---

10. Group Policy Object(GPO, 그룹 정책 객체) – 윈도우 2000 운영체제에서 컴퓨터와 사용자에 대한 그룹정책을 정의한 일단의 집합체다. 액티브 디렉터리 도메인에서 일체의 윈도우 기반 클라이언트/서버를 중앙에서 제어할 수 있게 하는 시스템이다. 그룹 정책이란 사용자의 그룹에 대해 컴퓨터나 사용자 설정을 규정하는 것을 말하는데, 사이트, 도메인, 조직 단위별로 그룹 정책 객체(GPO)를 만들거나 기존 GPO를 편집해 확장할 수가 있다. 그러나 자동으로 만들어지는 그룹에는 적용할 수가 없으며, 그룹 정책 편집기(Group Policy Editor)라는 마이크로소프트 관리 콘솔(MMC, Microsoft Management Console) 스냅인(snap-in)으로 관리한다(출처: TTA 정보통신용어사전). – 옮긴이

다. 조금 후에 나올 '도구와 기술' 절은 이러한 도구 등을 찾을 수 있는 위치에 대한 정보를 제공한다. 기존 프로세스 ID를 실행 중인 서비스에 신속하게 매핑하려는 경우 tasklist /svc를 실행할 수 있다. 프로세스에 대한 모든 것을 완전히 알고 싶다면 시스인터널스 프로세스 탐색기^{Sysinternals Process Explorer}를 다운로드해 실행한다.

활성화된 서비스 목록을 얻은 후에는 시스템 관리자와 결과를 논의해 각 서비스의 필요성을 이해하게 한다. 많은 서비스는 기본적으로 디폴트로 활성화돼 있으므로 시스템 관리자가 의식적으로 활성화하지는 않았다. 필요하지 않은 서비스는 관리자가 비활성화하게 권장한다. 작업표시줄^{taskbar}의 검색 옵션에서 services.msc를 입력해 마이크로소프트 관리 콘솔^{management console} 스냅인^{snap-in}[11]을 시작할 수 있다.

15. 취약점 스캐닝 절차를 평가하고 알려진 취약점이 해결됐는지 확인한다.

새로운 보안 취약점들이 윈도우에서 정기적으로 발견되고 있으며, 이에 대한 정보(잠재적인 공격자 포함)가 윈도우 커뮤니티에 배포되고 있다. 시스템 관리자가 이러한 문제를 인식하지 못하고 보안 패치를 설치하지 않거나 다른 완화 조치를 취하지 않는 경우 잘 알려진 보안 취약점이 존재할 가능성이 있다. 취약점들은 시스템의 손상을 초래할 매개체가 될 수 있다.

방법

스캔 저장소나 스캐닝 도구에 대한 접근권한을 요청하고 최근 스캔 결과를 직접 검토하거나 관리자에게 스캔 결과 사본을 제공하도록 요청한다. 일반적으로 시스템 스캔을 통해 하나 이상의 취약점과 각 취약점별 표준 위험 등급을 식별할 수

---

11. 스냅인(snap-in) – 전체 프로그램의 일부분으로 작용하는 모듈 형식의 프로그램이다. 예를 들면 이메일과 웹 애플리케이션용 PKEnable 스냅인 보안 시스템, 클러스터 환경에서 워크스테이션 목록을 지원하는 프로그램인 Desktops 3 Cluster 스냅인을 위한 ZENworks, 마이크로소프트 관리 콘솔(MMC, Microsoft Management Console) 스냅인 등이 있다. 특히 MMC 스냅인은 실질적인 관리 도구로, 콘솔 자체는 스냅인들로 가미된 하나의 도구 호스트다(출처: TTA 정보통신용어사전). – 옮긴이

있다.[12] 스캔 결과가 취약점 스캔에 대한 회사 정책과 일치하는지 확인한다. 취약점 스캐닝에 대한 자세한 내용은 4장을 참고한다.

보안 모니터링과 기타의 일반통제

16. 서버 관리 정책에 따라 승인된 애플리케이션만 시스템에 설치돼 있는지 확인한다.

관리자는 다음과 같은 이유로 호스트에 설치된 애플리케이션 세트를 관리해야 한다.

- 모든 애플리케이션이 함께 잘 작동하는 것은 아니다.
- 애플리케이션에 설치되지 않은 종속성이 있을 수 있다.
- 더 많은 애플리케이션은 더 많은 잠재적인 타협 영역을 의미한다.

관리되지 않거나 알 수 없는 애플리케이션에도 서버가 손상될 수 있는 구성이나 코딩 문제가 있을 수 있다. 예를 들어 제대로 관리되지 않는 애플리케이션은 패치가 결여돼 있거나, 제한적인 프로세스에 접근할 수 있게 허용해주거나, 실수로 권한 없는 사용자에게 비밀 채널을 생성시켜줄 수 있다.

방법

설치된 애플리케이션에 대한 정보가 포함된 psinfo -s 출력 결과물을 이용한다. 프로세스 탐색기Procces Explorer를 통해 살펴볼 수도 있다. 발견 사항을 조직 정책과 비교해보고 관리자와 논의한다.

17. 시스템 시동 정보를 검토하고 검증한다.

시스템 시동system startup 기간에 회사 정책에 위배되는 불량 파티션, 프로세스, 프로

---

12. 스캐닝 프로그램(Scanning Program) – 네트워크상의 컴퓨터와 컴퓨터상에서 가동되는 서비스에 관한 기본 정보와 취약점 정보 등을 탐색, 확인하는 프로그램이다(출처: 안랩 보안용어 사전). – 옮긴이

그램을 발견하는 경우가 있다. 또한 때로는 멀웨어가 다음 재부팅[13]을 악용해 키트[kits]를 OS에 더 깊게 설치할 것이다.

방법

다음 재부팅으로 시스템에서 어떤 작업이 수행될 것인가에 대해 분석하는 경우 도움이 될 유틸리티가 몇 가지 있다. 두 가지 탁월한 도구로 pendmoves와 autorunsc가 있다. 스위치 없이 pendmoves를 따로 사용하면 다음 시스템 재시작을 위해 어떤 파일 이동이 계획돼 있는지 알 수 있다.

자동 실행[Autoruns]은 autorunsc의 GUI 버전이다. 커맨드라인에서 autorunsc를 사용하면 -c 스위치를 갖고 CSV[Comma-Separated Values] 파일로 출력해 엑셀[Excel] 내에서 결과를 보는 것이 더 쉬울 수 있다. 사용자에게 드러낼 수 있는 정보를 보려고 GUI 자동 실행 버전을 이용할 때까지 자동 실행 성능의 진가를 알기가 어려울 수 있다.

18. 승인된 예약 작업만 실행되고 있는지 확인한다.

관리자가 호스트에서 실행 중인 예약 작업[running scheduled tasks]을 보는 데 시간이 걸린다. 그때까지 예약된 작업은 몇 주 동안 숨겨져 있을 수 있다. 악의적이거나 알려지지 않은 소스로 생성된 예약 작업은 호스트나 네트워크 리소스를 손상시킬 수 있다.

방법

커맨드라인에서 예약된 작업을 읽는다고 해서 실제로 수행될 작업을 감사인에게 보여주지는 않는다는 점을 유의해야 한다. 작업을 설정하는 중에 공격자는 자신이 원하는 어떤 것으로 작업의 명칭을 부를 수 있다. 앞서 말한 것처럼 커맨드라인에서 schtasks를 이용해 작업을 들여다 볼 수 있다.

---

13. 부팅(booting) – OS를 주기억장치로 옮기거나 OS를 사용할 수 있게 만드는 것을 말한다. – 옮긴이

```
The current directory is C:\> schtasks
TaskName                          NextRunTime                Status
================================ ======================= ===========
Malicious Task                    12:27:00 PM,6/13/2011
```

각 작업의 기능을 정확히 이해하려면 각 작업의 속성을 독립적으로 열어봐야 한다. 거기에서 대상 파일을 보고 다른 몇 가지 설정을 검토할 수도 있다. 검색을 선택하고 **schedule**을 입력한다. 그런 다음 작업 스케줄러^{Task Scheduler}를 선택한다. 또는 커맨드라인에 taskschd.msc를 입력해 작업 스케줄러를 열 수 있다.

19. 조직의 정책에 따라 서버가 감사기능을 활성화하는지 확인한다.

감사는 사건의 발생 이후에 증거를 확보하는 것으로 호스트상의 문제해결에 도움을 준다. 이상적으로 사건 상관성 엔진은 시스템 관리자에게 의미 있는 데이터를 필터링, 생성시켜줄 것이다. 그렇게 될 때까지 감사기능을 활성화해 호스트에서 발생하는 사건이 기록될 수 있게 하는 것이 중요하다.

방법

그룹 정책 패널^{Group Policy panel}(secpol.msc)을 통해 감사 설정을 수동으로 관찰해야 한다. 고급 감사 정책 구성 ❯ 시스템 감사정책 – 로컬 그룹 정책 객체 ❯ Security Settings에서 제반 설정을 찾아본다. 일부 제안된 설정은 표 7-4에 표시돼 있다. 이러한 설정과 기타 설정에 대한 논의는 https://docs.microsoft.com/en-us/windows-server/identity/ad-ds/plan/security-best-practices/audit-policy-recommendations를 참조한다.

감사 정책	감사 설정	
감사 정책 변경 감사	성공(이행)	실패(미이행)
인증 정책 변경 감사	성공(이행)	실패(미이행)
컴퓨터 계정관리 감사	성공(이행)	실패(미이행)
자격 유효성 감사	성공(이행)	실패(미이행)
IPSec 드라이버 감사	성공(이행)	실패(미이행)
로그오프 감사	성공(이행)	실패(미이행)
로그온 감사	성공(이행)	실패(미이행)
기타 계정관리 사건 감사	성공(이행)	실패(미이행)
프로세스 생성 감사	성공(이행)	실패(미이행)
보안 그룹 관리 감사	성공(이행)	실패(미이행)
보안 상태 변경 감사	성공(이행)	실패(미이행)
보안 시스템 확충 감사	성공(이행)	실패(미이행)
특수 로그온 감사	성공(이행)	실패(미이행)
시스템 무결성 감사	성공(이행)	실패(미이행)
사용자 계정관리 감사	성공(이행)	실패(미이행)

표 7-4 일반적인 감사 시스템 설정

윈도우 감사 정책 설정이 디스크 사용과 시스템 활용에 영향을 줄 수 있음을 고려해야 한다. 잘못 사용하면 로그를 빠르게 채우고 무의미한 오버헤드overhead로 시스템에 무거운 부담을 지울 수 있다. 이러한 설정을 활성화하기 전에 대상 시스템에 충분한 리소스가 있는지 확인한다.

20. 시스템의 보안 상태를 모니터하고 유지하기 위한 시스템 관리자 절차를 검토, 평가한다.

시스템 관리자가 예상치 못한 시스템 변경사항을 모니터링하지 않으면 자신도 모르는 사이에 보안사고가 발생할 수 있다. 모니터링이란 로그 데이터와 시스템 정보를 적극적으로 검토하는 것을 의미한다. 결과 데이터에 대한 검토 없이 로그 수집만으로는 로그 데이터가 전혀 없는 것보다 더 나을 것이 거의 없다.

시스템보안도 유지해야 한다. 보안 취약점의 세계는 끊임없이 변화하고 있으며, 정태적 감사 프로그램^{static audit program}이 매일의 시스템보안을 보장할 수 있다고 믿는 것은 비현실적이다. 자주 업데이트되는 취약점 스캐닝 도구는 해당 머신의 현재 보안 상태를 이해하는 효과적인 메커니즘을 제공할 수 있다. 또한 시스템 관리자가 보안 패치 프로세스^{security patching process}를 마련하고 있는 경우 이 스캔은 해당 프로세스 효과성에 대한 검증 기능을 제공한다.

방법

시스템 관리자와 면담하고 관련 문서를 검토해 보안 모니터링 실무를 파악한다. 일부 모니터링 수준이 중요하지만 필요한 모니터링 수준은 시스템의 중요도와 환경에 내재된 위험과 일치해야 한다(예를 들어 DMZ의 웹 서버는 내부 네트워크상의 프린트 서버보다 강력한 보안 모니터링을 갖추고 있어야 한다). 시스템 관리자는 이 장의 감사단계를 통해 감사해 온 것과 같은 이슈들을 호스트상에서 모니터링할 책임이 있다.

보안 모니터링 활동이 수행되는 경우 모니터링 빈도와 수행 품질을 평가해보자. 보안 모니터링 도구가 실제로 사용됐다는 증거를 찾아본다. 최근 결과를 검토하고 조사와 해결 여부를 결정한다. 이 평가를 수행할 때 나머지 감사결과를 활용한다. 예를 들어 모니터링 중인 영역에서 감사인이 중대 문제를 발견한 경우 해당 모니터링의 효과에 의문을 제기할 수 있다.

일부 조직은 서버 사건 로그를 중앙 로깅 환경으로 보내 전용 팀이나 외부 서비스 제공업체가 검토하게 구성할 수 있다. 이 경우 모니터링 팀과 서버 모니터링 실무를 논의해보자.

21. 하나 또는 두 개의 격리된 시스템이 아닌 더 큰 환경을 감사하는 경우 새 시스템에 대한 표준 빌드(build)가 있는지와 해당 베이스라인에 적절한 보안 설정이 있는지 확인한다.

베이스라인^{baseline}에서 새로 생성된 시스템의 감사를 고려해보자. 환경 전체에 보안을 전파하는 가장 좋은 방법 중 하나는 테스트나 제작 단계로 이동하기 전에 새 시스템들이 올바르게 구축될 수 있게 확인하는 것이다.

방법

시스템 관리자와의 인터뷰(면담)를 통해 새 시스템을 구축하고 배치하는 데 적용할 방법론을 알아내보자. 표준 빌드를 사용하는 경우 이 장의 제반 단계를 이용해 새로 생성된 시스템에 대한 감사실시를 고려해보자. 마이크로소프트의 구성 관리자$^{Configuration\ Manager}$와 같은 것이 여기서 가장 효과적이다. 델타(베이스라인을 넘어선 증분)만 계속감사한 다음, 베이스라인에서 벗어난 이탈 사항을 보고할 수 있다. 또한 가상 서버의 생성에 사용하는 베이스라인에 대한 정보를 가상화^{virtualization} 관리자에게 요청해야 할 시점이기도 하다.

참고 새 표준 빌드의 승인 절차에 대한 논의를 고려해보자. 새 표준 빌드의 관점에서 감사인은 변경사항을 검토하고 새 이미지에 대한 전반 감사를 수행한다. 이는 감사팀이 윈도우 서버 팀과 협력관계를 구축할 수 있는 좋은 방식이다.

22. 감사대상 시스템과 관련해 3장과 5장의 제반 단계를 수행한다.

시스템의 논리적 보안을 감사하는 것 외에도 적절한 물리적 통제와 운영을 통해 시스템의 안전과 가용성이 확보돼 있는지 확인해야 한다.

방법

3장과 5장의 단계를 참조해 감사 중인 시스템과 관련된 단계들을 수행해보자. 예를 들어 다음 주제들이 관련될 수 있다.

- 자산 목록
- 물리적 보안
- 환경관리
- 용량계획
- 변경관리
- 백업 절차
- 재해복구계획

도구와 기술

이 장에서 언급한 여러 도구는 무료며 쉽게 접근할 수 있다. 개인용 컴퓨터에서 다운로드해 사용하는 것이 좋지만 신중하게 한다. 그중 일부는 성능이 강력하다. 프로덕션 환경에서 사용하기 전에 시험용 네트워크에서 테스트가 필요하다. 표 7-5에는 윈도우 감사업무로 들어갈 때 고려할 수 있는 몇 가지 도구가 나열돼 있다.

리소스	웹 사이트
마이크로소프트 스크립트 센터	https://gallery.technet.microsoft.com/scriptcenter
마이크로소프트 커맨드라인 레퍼런스	https://technet.microsoft.com/en-us/library/cc754340(WS.10).aspxReference
마이크로소프트 시스인터널스 도구	https://docs.microsoft.com/en-us/sysinternals/

표 7-5 도구와 기술: 윈도우 감사

지식 베이스

다음 표는 윈도우 환경과 관련 통제에 대한 정보 입수가 가능한 추가 리소스를 안내한다. 마이크로소프트는 웹 사이트에 일반 용도로 엄청난 양의 정보를 보유하고 있다. 또한 유익한 열성팬들과 소셜 포럼 커뮤니티가 계속 성장하고 있다.

리소스	웹 사이트
Microsoft Server and Tools	www.microsoft.com/en-us/cloud-platform/windows-server
Microsoft TechNet	www.technet.com
Microsoft System Center	www.microsoft.com/systemcenter
Windows Intune	www.microsoft.com/en-us/cloud-platform/microsoft-intune
Microsoft Tech-Ed Online	https:docs.microsoft.com/en-us/intune/what-is-intune
TCP/IP Fundamentals for Windows	https://technet.microsoft.com/en-us/library/cc307741.aspx
Secure Windows Server	https://technet.microsoft.com/en-us/library/dd548350(WS.10).aspx
Windows Firewall with Advanced Security	https://technet.microsoft.com/en-us/library/dd772715(WS.10).aspx
The Center for Internet Security	www.cisecurity.org

리소스	웹 사이트
Computer Security Resource Center	https://csrc.nist.gov
KeePass Password Tool	https://keepass.sourceforge.net

종합 체크리스트

다음 표는 윈도우 서버와 클라이언트 감사용으로 앞서 나열된 단계들을 요약한 것이다.

윈도우 서버 감사

윈도우 서버 감사용 체크리스트
☐ 1. 시스템 정보와 서비스 팩 버전을 입수해 정책 요구사항과 비교해본다.
☐ 2. 서버가 회사에 공급된 방화벽을 실행 중인지 확인한다.
☐ 3. 서버가 회사에 공급된 바이러스 방지 프로그램을 실행 중인지 확인한다.
☐ 4. 서버가 회사에 공급된 패치 관리 솔루션을 실행 중인지 확인한다.
☐ 5. 승인된 모든 패치는 서버 관리 정책에 따라 설치돼 있는지 확인한다.
☐ 6. 사용자 계정의 생성 절차를 검토, 평가해 정당한 비즈니스 요구에 대해서만 계정이 생성되는지 확인한다. 해지나 작업 변경 시 계정을 적시에 제거하거나 비활성화할 수 있는 절차를 검토, 평가한다.
☐ 7. 모든 사용자가 도메인 수준에서 생성되고 액티브 디렉터리(Active Directory)에 명확하게 주석이 달렸는지 확인한다. 각 사용자는 특정 직원이나 팀의 계통으로 거슬러 올라가게 돼 있어야 한다.
☐ 8. 그룹의 사용을 검토, 평가하고 사용 제한을 판별한다.
☐ 9. 패스워드 존속 기간, 길이, 복잡성, 이력, 잠금 정책 등 서버상에서 패스워드의 강도와 패스워드 통제의 사용을 검토, 평가한다.

윈도우 서버 감사용 체크리스트
☐ 10. 보안정책 설정 시 제반 요소에 할당된 사용자 권리와 보안 옵션의 사용을 검토, 평가한다.
☐ 11. 호스트상에서 파일 공유 사용을 찾아내 평가한다.
☐ 12. 원격접근의 필요성과 사용 방법을 검토, 평가한다. RAS 연결, FTP, 텔넷, SSH, VPN, 기타 방법을 포함한다.
☐ 13. 시스템과의 연결 시에 법적 경고 배너가 표시되는지 확인한다.
☐ 14. 시스템상에서 어떤 서비스가 제공될 수 있는지 확인하고 시스템 관리자와 함께 필요성을 검증한다.
☐ 15. 취약점 스캐닝 절차를 평가하고 알려진 취약점이 해결됐는지 확인한다.
☐ 16. 서버 관리 정책에 따라 승인된 애플리케이션만 시스템에 설치돼 있는지 확인한다.
☐ 17. 시스템 시동 정보를 검토하고 검증한다.
☐ 18. 승인된 예약 작업만 실행되고 있는지 확인한다.
☐ 19. 조직의 정책에 따라 서버가 감사기능을 활성화하는지 확인한다.
☐ 20. 시스템의 보안 상태를 모니터하고 유지하기 위한 시스템 관리자 절차를 검토, 평가한다.
☐ 21. 하나 또는 두 개의 격리된 시스템이 아닌 더 큰 환경을 감사하는 경우 새 시스템에 대한 표준 빌드 (build)가 있는지와 해당 베이스라인에 적절한 보안 설정이 있는지 확인한다.
☐ 22. 감사대상 시스템과 관련해 3장과 5장의 제반 단계를 수행한다.

유닉스와 리눅스 운영체제

8장에서는 유닉스와 리눅스 기반 운영체제(*nix 시스템 이라고도 함) 감사에 필요한 단계를 다루며, 다음과 같은 내용을 다룬다.

- 유닉스와 리눅스의 역사
- *nix 환경에서 문제를 해결해 나가기 위한 기본 명령
- 다음과 같은 주요 영역에 중점을 둔 유닉스와 리눅스 시스템 감사방법
  - 계정관리
  - 권한관리
  - 네트워크 보안과 통제
  - 보안 모니터링과 기타 일반통제
  - *nix 감사 강화를 위한 도구와 리소스

배경지식

유닉스[1]의 역사는 AT&T 직원들에 의해 개발된 1969년으로 거슬러 올라간다. 여러 사용자가 동시에 이용할 수 있는 다중 사용자multiple users 운영체제로 개발됐다. 한 시스템에서 동시에 여러 프로그램을 실행할 수 있다. 강력한 보안은 개발의 제반 목표 속에 포함되지 않았다.

---

1. 유닉스는 다중 사용자(멀티유저)와 다중 프로세스(다중 작업) 기능을 갖추고 있다. 유닉스의 가장 큰 특징은 단순성, 이식성, 개방성이다(창병모, 『유닉스, 리눅스』, p.16-17 참고). – 옮긴이

1970년대 후반, 캘리포니아 대학교 버클리 캠퍼스의 학생들은 AT&T 유닉스 시스템을 대폭 수정해 버클리 소프트웨어 배포^{BSD, Berkeley Software Distribution} 유닉스 변형판^{Unix variant}을 만들었으며, 학계에서 높은 호응을 받았다. 같은 시기에 AT&T는 유닉스 운영체제를 AT&T System V(또는 System V)라고 하는 합법적인 상용 제품으로 개발하기 시작했다.

1980대에 유닉스 운영체제에 대한 상업적 관심이 높아짐에 따라 기업들은 두 버전의 유닉스 중 어느것을 채택할지 정해야 한다는 딜레마에 직면했다. 선마이크로시스템^{Sun Microsystems}의 SunOS와 디지털 이퀴프먼트^{Digital Equipment Corporation}의 Ultri×는 BSD를 기반으로 했다. 휴렛패커드^{HP, Hewlett-Packard}, IBM, 실리콘그래픽^{Silicon Graphics}를 비롯해 유닉스 기반 OS를 개발하려는 다른 회사들은 System V를 표준으로 사용했다. 마이크로소프트는 Xenix라는 유닉스의 세 번째 버전을 개발해 SCO^{Santa Cruz Operations}에 라이선스를 부여했다. Xenix는 이전 버전의 AT&T 유닉스 운영체제를 기반으로 했다.

이들 세 가지 유닉스 버전들로 인해 유닉스 기반 플랫폼에서 사용할 소프트웨어를 개발하려는 공급업체들의 노력은 좌절됐고, 당해 산업계는 혼미 상태에 빠졌다. 이로 인해 1988년 Xenix와 AT&T의 System V를 시작으로 일부 버전들이 병합됐다. 그다음에 AT&T와 Sun 버전 시스템도 병합해 System V나 BSD용으로 작성된 프로그램과 호환되는 V Release 4^{SVR4}를 발표했다. Sun은 나중에 이 운영체제의 독점 버전(Sun이 오라클^{Oracle}에 인수된 후 오라클 솔라리스^{Solaris}로 명칭이 변경됨)을 솔라리스로 명명했다. IBM과 HP와 같은 다른 많은 회사는 OSF^{Open Software Foundation}라는 조직을 설립했다. 이 조직의 임무는 비영리 단체의 손을 빌어 유닉스를 통제하는 것이었다. OSF 운영체제(OSF/1)는 널리 채택되지 않았으며, 개별 회사들은 IBM의 AIX, HP의 HP-UX, SCO 유닉스, IRIX와 같은 고유한 독점 유닉스 변형을 계속 개발해 사용했다.

'유닉스와 같은' 운영체제인 리눅스는 1991년 소프트웨어 프로그래머인 리누스토발즈[Linus Torvalds]가 유즈넷에 게시[Usnet posting]하면서 등장했다. 엄밀히 말하면 리눅스는 운영체제가 아닌 일종의 커널[kernel2]이다. 토발즈가 개발한 것은 다른 프로그램들을 실행할 수 있는 도구이기 때문이다. 시스템을 진정으로 사용할 수 있게 하는 다른 프로그램들의 대부분은 GNU 프로젝트에서 나왔다. 따라서 많은 사람이 OS라고 해도 손색이 없다고 말할 때의 리눅스는 GNU/리눅스을 지칭한다. 그러나 이 주제는 약간 일종의 종교 전쟁 같은 것이므로 여기서는 더 이상 다루지 않는다.

1991년, 취미생활자의 소박한 호기심에서 시작된 리눅스는 1994년에 1.0 릴리스로 성장했다. 그러나 1.0 릴리스 이전에도 리눅스 커널과 애플리케이션 및 시스템 유틸리티를 결합한 많은 리눅스 '배포판'이 개발됐다. 오늘날 널리 사용되는 배포판의 예로, 레드햇[Red Hat], 우분투[Ubuntu], 데비안[Debian], 수세[SUSE], 민트[Mint]가 있다. 모든 리눅스 배포판의 여러 측면은 동일하거나 매우 유사하지만 패키지 관리 및 초기화 시스템과 같은 차이점도 포함돼 있다. 지원 모델들도 다르다. 리눅스 배포판에 비용을 지불하는 경우 소프트웨어 자체는 무료이기 때문에 지원에 대한 대가를 전형적으로 지불하고 있는 셈이 된다. 일반 x86/64비트 기반 하드웨어에서 실행할 수 있는 기능과 결합된 리눅스는 무료 소프트웨어지만, 기업용과 개인 컴퓨팅 요구에 모두 적합한 선택 대안이 됐다.

참고 이 역사에서 볼 수 있듯이 유닉스와 리눅스 OS에는 여러 가지 변형이 있다. 이 장의 정보와 개념은 일반적이며 모든 버전에 적용할 수 있지만, 각 *nix 버전의 차이점을 설명하려면 더 많은 지면이 필요하다. 따라서 이 장에서는 버전별 명령과 예제가 필요한 솔라리스(유닉스)와 레드햇(리눅스)에 중점을 둔다.

---

2. 커널(kernel) – 운영체제(Operating System)에서 가장 핵심적인 역할인 자원(메모리, 프로세서 등)을 관리하며, 시스템이 원활히 돌아갈 수 있게 제어해준다. (1) 운영체제의 핵심. (2) 기본적인 기능의 캡슐화. 커널은 운영체제의 일부나 전체 또는 펌웨어 집합의 형태와 결합될 수 있다. (3) 컴퓨터의 성능 평가를 위해 연구하는 컴퓨터 선택에 사용하는 모델이다(출처: 단체표준 TTAS). – 옮긴이

유닉스와 리눅스 감사 기본 사항

유닉스에 익숙하지 않다면 이 절을 읽는 동안 유닉스/리눅스 시스템에 접속해보는 것이 도움이 된다. 이들 시스템에 익숙해지도록 명령을 실행해보자.

윈도우 사용자는 윈도우 파일 시스템을 변경하지 않고도 자신의 컴퓨터를 리눅스 시스템으로 쉽게 전환할 수 있다.

이미지 하나만 다운로드해 인기 높은 크노픽스^{Knoppix}(www.knoppix.org)와 같은 부팅 가능한 CD나 USB 드라이브를 하나 만든 다음, 모든 기능을 갖춘 리눅스 배포판으로 부팅해 들어가 본다. 사용할 여분의 PC가 있는 경우 https://distrowatch.com을 방문해 주 배포판^{Major Distributions}을 선택한다. 다양한 무료 배포판에 대한 풍부한 정보를 거기서 찾을 수 있다.

 참고 이러한 명령을 학습할 때 포괄적인 도움말을 위해 man<commandname>을 입력하고 단축된 도움말을 위해 <commandname> --help를 입력하면 언제든지 도움말에 접속할 수 있다.

주요 개념

세부사항을 살펴보기 전에 다음과 같이 몇 가지 주요 개념을 정리해보자.

- 유닉스의 모든 것은 일종의 파일이다. 예를 들어 명령을 입력하고 엔터키를 누르면 입력한 명령과 이름이 같은 시스템 내의 파일을 실제로 실행시킨다. 그리고 프린터나 저장 장치와 같은 기기를 유닉스 시스템에 연결하면 시스템상에 파일로 표시된다.
- 유닉스 파일 시스템의 루트는 root 또는 /라는 디렉터리다. 모든 디렉터리와 모든 파일은 이 루트 디렉터리에서 분기된다. 유닉스의 모든 것이 파일이기 때문에 / 디렉터리에서 재귀 목록^{recursive listing}을 출력하면 시스템의 모든 구성 요소를 볼 수 있을 것이다.

- 유닉스의 시스템 관리자(또는 슈퍼유저) 계정을 '루트'라고 한다. 이 계정은 시스템을 완전히 제어할 수 있다.
- 실행 중인 타인의 파일을 변경할 수 있다면 그 계정을 쉽게 캡처(즉, 손상 또는 '취득')할 수 있다.

파일 시스템 레이아웃과 내비게이션

파일 시스템을 일종의 트리^{tree}로 생각할 수 있으며, 모든 트리의 기본은 루트^{root}(뿌리)다. 따라서 /로 지정된 루트 디렉터리[3]는 다른 디렉터리들이 분기하는 몸통^{trunk}이다. 모든 유닉스 시스템에는 루트 디렉터리가 있지만 거기에는 약간의 가변성이 있다. 표 8-1에는 일반적으로 사용되는 몇 가지 공통적인 디렉터리가 열거돼 있다.

명령 프롬프트에 표시된 몇 가지 필수 명령들이 리눅스와 유닉스 파일 시스템을 탐색하는 데 도움이 될 수 있다. 가장 기본적인 명령들은 표 8-2에 있으며, 일반적이고 유용한 스위치와 함께 나와 있다.

참고 *nix 시스템을 탐색(navigating)할 때는 경로(path)에 선행 /의 존재 여부가 매우 중요하다. 존재하는 경우 루트 디렉터리에 경로를 고정(anchor)시키는 역할을 한다. 따라서 현재 in/usr에 있다면 cd /bin과 cd bin은 서로 다른 두 위치(각각 /bin과 /usr/bin)로 이동시킬 것이다. 이것들은 절대 경로 또는 상대 경로라고 알려져 있다. 절대 경로는 항상 /로 시작하고, 루트 디렉터리에서 전체 경로를 추적한다. 선행 /가 없는 상대 경로는 현재 디렉터리에서 시작한다.

---

3. 디렉터리(directory) – 파일 이름과 그 파일이 실제로 기억돼 있는 물리적인 장소와의 대응을 나타내는 테이블로, 운영 체제에 의해 관리된다. 파일 이름, 속성, 작성 일자, 크기, 위치, 소유자 등이 기록돼 있으며, 파일의 판독과 기록은 이를 통해 한다. 각 디렉터리에는 부 디렉터리(subdirectory)나 파일을 저장할 수 있다. 따라서 파일군은 단일 노드(뿌리, root)를 갖는 나무 구조로 구성된다. 디렉터리는 일반적으로 어떤 대상의 이름과 그것에 관계되는 정보를 모아 놓은 테이블이며 파일들의 정보를 갖고 있는 전화번호부와 유사하다(출처: TTA 정보통신용어사전). – 옮긴이

디렉터리	설명
/bin	대다수 시스템 바이너리(프로그램)의 위치
/sbin	특권 계정의 용도로 보관 중인 바이너리를 포함한다.
/etc	시스템 설정 파일을 포함한다.
/boot	많은 시스템에서 커널의 위치를 포함한다.
/home	사용자 홈 디렉터리의 전형적인 위치를 포함한다.
/var	(ID 처리 등) 프로그램 가동 시에 추적해야 할 정보를 포함. 일반적으로 로그 파일도 포함한다.
/lib	시스템과 애플리케이션 라이브러리. 직접 실행되지는 않지만 애플리케이션의 가동 시 사용된다.
/opt	많은 추가 설치 패키지를 포함한다.
/usr	이용자의 패키지 추가를 위한 또 다른 장소. 흔히 자체 내에 최상위 레벨 디렉터리를 복제하므로, usr/etc, /usr/bin 등을 확보할 것이다. usr/share에 대한 문서화도 흔하다.
/root	흔히 루트 계정에 대한 홈 디렉터리를 포함한다.
/tmp	전형적으로 이용자들이 접근할 수 있는 임시 디렉터리. 시스템의 부팅 후에는 제거되는 것이 보통이다.
/mnt	원격 파일 시스템이나 이동 가능 미디어는 여기에 연결(mount)될 수 있다.
/dev	모든 것이 파일이라는 개념을 나타내므로, 여기에서 시스템의 하드웨어를 표현하는 디바이스 파일을 발견할 것이다.
/proc	의사(pseudo) 파일 시스템은 물리적 디스크상에는 없지만 제반 프로세스(시스템상에서 운용 중인)[4]와 당해 시스템 자체 관련 메모리 상주 정보를 포함한다.

표 8-1 공통 리눅스와 유닉스 디렉터리

---

4. 프로세스는 실행 중인 프로그램을 말한다. 각 프로세스는 유일한 프로세스 ID(PID)를 갖는다. − 옮긴이

명령	의미	비고	사용 힌트
cd	디렉터리 경로 이동	윈도우 명령 프롬프트에서 디렉터리 위치를 이동한다.	cd ~ 디렉터리를 이용자의 홈 디렉터리로 이동한다. . 현재 디렉터리를 의미한다. .. 부모 디렉터리를 의미한다.
ls	현재 디렉터리의 내용 나열	-1 옵션과 함께 사용되는 경우 소유권, 권한, 파일크기 등의 정보와 더불어 디렉터리 내용을 나열한다.	ls -1은 디렉터리 내의 긴 목록 포맷을 이용한다. ls -ld는 디렉터리 자체에 관한 긴 목록 포맷을 제공한다. ls -al은 숨김 파일을 비롯한 모든 디렉터리 내용에 관한 긴 목록 포맷을 제공한다. ls -alR은 긴 목록 포맷을 이용해 재귀 디렉터리 목록을 제공한다. 그리고 숨김 파일을 나타낸다. ls -altr은 역연대순으로 디렉터리 내용을 나타내면서 긴 목록 포맷을 제공한다.
pwd	현재 작업 디렉터리의 프린트	스크린상에 현재 작업 디렉터리를 나타낸다.	감사인은 이 명령을 사용해 감사용 스크린 출력을 카피할 수 있다. 작업 중인 해당 시스템을 감사조서에 나타내고자 그렇게 한다.
more cat less	파일 내용의 나열	파일 내용을 나열한다.	cat은 한 번에 모든 파일 내용을 보여준다. more는 한 번에 한 페이지씩 파일 내용을 보여준다. less는 한 번에 한 페이지씩 파일 내용을 보여주며 후방 탐색을 허용한다.
ypcat	NIS 파일 내용의 나열	중앙집중화된 NIS 파일 내용을 나열한다.	중앙집중형의 계정관리를 위해 NIS를 사용하는 경우 NIS 패스워드 내용과 그룹 파일 내용을 보여준다.
su	이용자 교체	사용자에게 다른 사용자 ID로 교체를 허용한다.	루트 접근권한을 갖고 있거나 옮겨가길 원하는 계정의 패스워드를 알고 있는 경우에만 작동한다.

표 8-2 일반적인 리눅스와 유닉스 탐색 명령

파일 시스템의 사용 권한

파일과 디렉터리 사용 권한[permissions]을 사용자, 그룹, 기타의 세 가지로 분리시킬 수 있다. 즉, 파일 소유자, 파일과 연관된 그룹, 그 밖의 모든 사람(종종 '월드[world]' 또는 '기타[other]'라고 함)의 사용 권한이 각 파일과 디렉터리에 설정돼 있다.[5] 이러한 각 권한 대상[entities]에는 읽기, 쓰기, 실행의 접근권한이 부여될 수 있다. 파일과 디렉터리 모두 고유한 사용 권한 세트를 갖는다. 이 방법이 까다로울 수 있지만, 가장 제한적인 사용 권한 집합이 최선이라는 점을 유념하자. 예를 들어 파일에 월드 읽기 권한이 있지만 상위 디렉터리에서 월드 읽기 권한을 허용하지 않도록 제한된 경우 기타(모든 사람을 의미함)는 파일을 읽을 수 없다.

이러한 권한은 두 가지 방식으로 표시된다. 일부 장소에서는 읽기, 쓰기, 실행에 세 가지 세트의 rwx를 사용한다. 세 가지 세트는 소유자, 그룹, 기타를 위한 것이다.

한 가지 예는 rwxr-xr--다. 이는 파일 소유자가 파일에 대한 읽기, 쓰기, 실행 권한을 갖고 있음을 의미한다. 파일 그룹에는 읽기와 실행 권한이 있다. 다른 모든 사용자에게는 읽기 권한이 있다.

다른 예로 rw-r----- 가 있다. 이는 파일 소유자에게 파일에 대한 읽기와 쓰기 권한이 있고, 파일 그룹은 읽기 권한이 있으며, 그 밖의 모든 사람에게는 권한이 없음을 의미한다.

754와 같은 3자리 숫자 코드를 사용해 이런 권한을 표현할 수도 있다. 여기서 754는 rwxr-xr--과 동일하다(그림 8-1 참고). 바이너리를 공부한 적이 없는 사람들은 읽기가 4점, 쓰기가 2점, 실행이 1점이라는 것만을 기억하자. 각 세트(즉, 소유자

---

5. 리눅스는 윈도우처럼 단일 사용자 인터페이스가 아닌 다중 사용자 인터페이스 환경을 제공한다. 따라서 여러 사람이 한 컴퓨터를 동시에 사용할 수 있다. 이때 어떤 사람이 접속해 다른 사람의 파일을 읽거나 삭제하는 일이 발생하면 안 된다. 여기서 나온 개념이 파일에 대한 권한(permissions)이다. 이는 파일이나 디렉터리별로 각각의 접근권한을 둬서 허가된 사용자만 이 파일을 제어할 수 있게 하는 것이다. 이 권한 대상은 사용자(소유자), 소유자가 속한 그룹, 그 밖의 사용자 등 세 가지로 분류할 수 있다. 그리고 이 세 분류의 권한 대상에 읽기(r), 쓰기(w), 실행(x)이라는 권한을 부여할 수 있다(심종익, 『유니스 리눅스 이해하기』, p.74-75 참고). – 옮긴이

owner, 그룹group, 월드world)별로 합산된 수치가 부여된 권한을 나타낸다. 따라서 754는 "다른 사람들이 이 파일을 읽거나 내가 속한 그룹 내의 사람들이 이 파일을 실행하더라도 상관이 없지만, 나는 수정할 수 있어야 한다."라고 말하는 식이다. 추가 예제로 rw-r-----의 권한은 640으로 표시하고 rwxrwxrwx는 777로 표시한다.

파일이나 디렉터리에서의 사용 권한:

이용 가능한 사용 권한	소유자			그룹			월드(기타)		
	읽기	쓰기	실행	읽기	쓰기	실행	읽기	쓰기	실행
할당된 사용 권한	r	w	x	r		x	r		
이진값(1 = 예, 0 = 아니요)	1	1	1	1		1	1		
십진값	4	2	1	4		1	4		
계산된 결과	7			5			4		

결과 사용 권한: 754 (또는) rwxr-xr--

그림 8-1 유닉스 권한

끝으로 파일 사용 권한file permissions은 파일을 포함하는 디렉터리의 권한과 완전히 독립적이지는 않다. 이 상호작용은 그림 8-2에서 설명했다. 예를 들어 파일에 rwx 접근권한이 있지만 접근권한이 없는 디렉터리에 해당 파일이 있는 경우 파일을 읽거나 쓰거나 삭제하거나 접근할 수 없다.

		디렉터리 사용 권한			
		-	r	x	wx
파일 사용 권한	-	접근 못함	접근 못함	접근 못함	파일 제거
	r	접근 못함	접근 못함	데이터 읽기	파일 제거 또는 데이터 읽기
	w	접근 못함	접근 못함	데이터 추가 또는 삭제	파일 제거 또는 데이터 추가나 삭제
	rw	접근 못함	접근 못함	데이터 업데이트	파일 제거 또는 데이터 업데이트
	x	실행 불가	실행 불가	실행	파일 제거 또는 실행

그림 8-2 파일과 디렉터리 권한 간의 상호작용

반대로 파일에 접근할 수는 없지만 해당 파일이 쓰기와 실행 접근권한이 있는 디렉터리에 있는 경우 디렉터리에서 파일을 삭제하고 디렉터리에 파일을 추가할 수 있다. 파일에 대한 쓰기와 실행 접근의 조합이 사용자에게 허용돼 있기 때문이다.

이 시나리오에서는 파일을 삭제한 다음 해당 디렉터리 내에 동일한 이름으로 새 파일을 생성시켜 두면 파일 스푸핑^{spoofing} 가능성이 열리게 된다. 따라서 파일의 보안을 평가할 때 관련 디렉터리 권한을 평가하는 것이 중요하다.

 참고 사용자가 해당 경로 내의 파일에 대한 작업을 수행하려면 /로 돌아가는 모든 상위 디렉터리에 대한 실행 권한이 필요하다. 예를 들어 /home/andrew의 파일에 대한 권한은 777이지만, andrew 디렉터리의 권한은 7000이다. Andrew 이외의 비루트 (nonroot) 사용자는 해당 파일을 읽거나 삭제할 수 없다.

사용자와 인증

유닉스 시스템에 대한 접근은 일반적으로 사용자 이름과 패스워드를 통해 제어된다. 지역의 파일 시스템에 이 인증 정보를 보관하거나 많은 시스템이 동일한 정보에 접근할 수 있는 네트워크의 중앙 위치에 보관할 수 있다. 모든 정보가 해당 지역^{local}에 있는 가장 간단한 경우에는 일반적으로 /etc/passwd, /etc/shadow, /etc/group의 세 가지 파일을 고려한다.

유닉스 패스워드 파일

/etc/passwd 파일(표 8-3)에는 모든 사용자에 대한 계정 정보가 포함돼 있다. 로컬 시스템의 각 계정은 /etc/passwd 파일에 단일 줄을 갖고 있을 것이다. 시스템은 사용자가 인증을 시도할 때 이 파일을 참조한다.

/etc/password의 줄은 다음 형식을 갖는다.

계정:패스워드:UID:GID:GECOS:디렉터리:셸

필드	용도
account	당해 시스템에 대한 해당 사용자를 나타낸다. 사용자가 로그인할 때 이 이름을 사용한다.
password	암호화된 패스워드. 대신 /etc/shadow에 유지하는 수도 있다. 그렇다면 이 필드는 단순히 *, x, !, 혹은 기타 부호가 포함할 것이다.
UID	수치로 나타낸 사용자 ID
GID	해당 사용자 기본 그룹을 수치로 나타낸 그룹 ID
GECOS	계정 관련 임의의 추가적 정보의 저장에 이용된 옵션 필드. 전형적 용도는 실제 이름이나 사용자의 직원이 될 것이다.
directory	제반 사용자 홈 디렉터리의 위치
shell	명령을 해석해 커널로 보내는 사용자의 디폴트 셸, 커맨드라인 환경

표 8-3 유닉스 패스워드 파일의 구성 요소

유닉스 섀도우 파일

설계상으로는 /etc/passwd 파일(표 8-4)은 월드 읽기 접근을 허용한다. 따라서 암호화된 패스워드가 해당 파일에 보관된 경우 당해 시스템상에서 사용자는 누구나 모든 사용자의 암호화된 패스워드를 다운로드하고 무료로 사용할 수 있는 패스워드 해독 소프트웨어를 이용해 패스워드를 해독할 수 있다. 이러한 위험을 줄이고자 대부분의 시스템은 암호화된 패스워드를 패스워드 섀도우[shadow] 파일에 저장한다. 이 패스워드는 루트로만 읽을 수 있다. 패스워드 섀도우 파일은 /etc/passwd 파일의 보완물이며, 각 사용자별로 해당 줄[line]이 있다.

/etc/shadow의 줄은 다음 형식을 갖는다.

```
account:password:UID:GID:GECOS:directory:shell
```

필드	용도
account	당해 시스템에 대한 해당 사용자를 표시하는 이름
password	암호화된 패스워드. *LK*는 계정 잠금을 표시한다.
lastchange	패스워드가 변경된 후 경과 일수
min	패스워드 변경일 사이의 허용 최소 경과 일수
max	패스워드 변경일 사이의 허용 최대 경과 일수
warn	패스워드 변경 경고를 이용자에 보내게 될 이전의 최대 경과 일수
inactive	사용자 계정이 비활성화된 후 비활성 일수
expired	1970년 1월1일 이래 계정이 비활성화된 일수
reserved	비사용 상태의 추가 필드 수

표 8-4 유닉스 섀도우 파일의 구성 요소

유닉스 그룹 파일

/etc/group 파일(표 8-5)에는 시스템의 그룹에 대한 정보가 포함돼 있다. /etc/group의 열은 다음 형식을 사용한다.

```
name:password:GID:users
```

필드	용도
name	당해 그룹명
password	사용된다면 그룹의 패스워드
GID	수치화된 그룹 ID
users	그룹의 멤버인 사용자들의 목록. 그룹 멤버들은 /etc/password(표 8-3 참고)의 GID를 통해 그룹에 할당돼 있지만, 반드시 이 목록상에 있는 건 아니다.

표 8-5 유닉스 그룹 파일의 구성 요소

LDAP, NIS, NIS+

사안이 좀 더 복잡한 경우 네트워크상에 위치한 인증 데이터베이스에서 자격증명을 체크할 수 있다. LDAP^{Lightweight Directory Access Protocol}, 액티브 디렉터리^{Active Directory6}, NIS^{Network Information System} 또는 NIS+가 전형적인 것들이다. 감사인은 시스템 관리자와의 예비 토의에서 그중 어느 하나의 사용 여부를 판정하거나 당해 시스템들을 직접 고찰해보길 원한다.

/etc/nsswitch.conf에서 passwd로 시작하는 줄을 보고 NIS, NIS+, LDAP의 사용 여부를 판정해보자. 그 줄에 nis, nisplus, ldap의 존재는 그러한 프로토콜의 사용을 은연중에 나타내며, 일반적으로 로컬 패스워드 파일을 지칭하는 files와 함께 있다. 또한 NIS/NIS+에서 로컬 패스워드 파일에 +와 – 사용이 가능한 compat를 볼 수도 있다. compat 모드가 사용되는 경우 /etc/passwd에서 줄 시작 부분의 +는 NIS/NIS+를 사용하고 있음을 나타낸다. /etc/nisswitch.conf의 passwd_compat 항목을 검토해보면 둘 사이의 구분이 가능하다. 로컬 접근을 한 감사인에게 보여주는 것은 로컬 유닉스 인증에 대해 알아야 할 내용만에 국한된다. NIS나 LDAP와 같은 네트워크 인증 체계의 효과성을 확인하려면 추가 정보가 필요하다. 이를 위해 특정 인증 인프라를 별도로 검토할 수 있다.

네트워크 서비스

사용자 환경에서 잠재적인 위험 영역을 이해하려면 시스템에 접근할 수 있는 방법을 알아야 하며 시스템에서 어떤 네트워크 서비스가 활성화돼 있는지 확인할 수

---

6. 액티브 디렉터리(Active Directory)는 윈도우 2000 서버 이상의 제품군에서 지원하는 디렉터리 서비스다. 윈도우 NT 서버에서 업그레이드된 확장 기능을 지원하는 디렉터리 서비스로, 진보된 계층적 디렉터리 서비스를 지원한다. 또한 사용자, 사용자 그룹, 네트워크 데이터 등을 통합 관리하는 기능을 지원한다. 액티브 디렉터리는 LDAP를 만족하며, 인터넷의 DNS상에 구현되고 LDAP를 만족하는 클라이언트는 액티브 디렉터리에 액세스할 수 있다. 또한 다른 기종으로 구성돼 있는 기업의 네트워크에서 기능을 발휘할 수 있으며, NDS나 NIS+를 비롯한 다른 디렉터리 서비스를 포함하므로 기업의 네트워크 운영체제, 이메일 시스템, 그룹웨어가 각각 갖고 있던 디렉터리의 통합 관리도 가능하다(출처: TTA 정보통신용어사전). – 옮긴이

있어야 한다. 이전 시스템을 비롯한 대부분의 시스템에서 netstat 명령을 사용해 이 정보를 볼 수 있다. 가장 일반적인 사용법은 많은 정보를 리스트해줄 netstat -an이다. 외부연결을 위해 수신 대기하는 TCP^Transmission Control Protocol 포트에서 실행되는 서비스는 일반적으로 출력에서 LISTEN이라고 말할 것이다. 솔라리스^Solaris 같은 일부 시스템에서 UDP^User Datagram Protocol 포트는 IDLE이라고 말할 것이다. 리눅스에서 원격 주소가 0.0.0.0인 UDP 포트를 찾아보자.

열린 포트를 식별한 후에는 실행 중인 애플리케이션(종종 daemons라고 함)을 판별해야 한다. www.iana.org/assignments/port-numbers의 IANA^Internet Assigned Numbers Authority에서 관리하는 잘 알려진 포트 목록에 해당 포트를 매핑해 판별할 수 있다. 그러나 예를 들어 TCP 포트 25가 SMTP용이라 할지라도 해당 포트에서 웹 서버를 실행할 수 없는 이유는 없다. 포트 번호 할당에 대한 의문이 있으면 시스템 관리자에게 문의한다. 또한 이 장 뒷부분의 '도구와 기술' 절에 나열된 일부 도구를 이용해 열린 포트와 해당 포트에서 실행되는 애플리케이션을 식별하는 프로세스를 자동화할 수 있다.

netstat의 새로운 대안은 ss 명령이다. ss -ap를 호출하면 소켓과 소켓이 속한 애플리케이션을 모두 보여준다.

유닉스와 리눅스 감사를 위한 테스트 단계

감사단계를 다음과 같이 4개의 절로 구분한다.

- 계정관리
- 사용 권한관리
- 네트워크 보안과 통제
- 보안 모니터링과 기타 일반통제

참고 이 장의 테스트 단계들은 리눅스와 유닉스 상자의 논리적 보안 테스트와 해당 보안의 유지, 모니터링 프로세스에 중점을 둔다. 그러나 물리적 보안, 재해복구계획, 백업 프로세스, 변경관리, 용량계획, 시스템 모니터링과 같은 리눅스/유닉스 환경의 전반적인 운영에는 다른 내부통제가 중요하다. 5장에서 이들 주제를 다뤘다. 별도의 데이터센터나 전사 수준 IT통제 감사에서 이들 주제를 효과적으로 다루지 않았다면 리눅스/유닉스 환경에 대한 감사에 포함시켜야 한다.

계정관리

이 절의 제반 단계는 대부분 어떤 형식의 테스트를 시스템의 패스워드 파일에 적용하도록 요구한다. 이들 단계에 대한 작업 개시에 앞서 감사인은 시스템이 로컬 패스워드 파일(/etc/passwd)만 사용하는지, 또는 NIS나 LDAP와 같은 추가 중앙집중식 계정관리를 사용하고 있는지 확인해야 한다. 후자의 형식을 사용하는 경우 감사인은 중앙 패스워드파일과 로컬 패스워드 파일 모두에서 다음 단계들을 실행해야 한다. 그룹 파일을 참조하는 단계에도 동일한 개념이 적용된다.

다음 단계의 '방법' 절에서 가능한 모든 중앙집중식 계정관리 시스템에 대한 명령들의 지정을 시도하지 않을 것이다. 여러 공급업체별 도구가 있기 때문이다. 이러한 시스템 중 가장 공통적인 것 중 하나인 NIS에서 정보를 끌어오기 위한 세부사항을 예로 들어 설명하려고 한다. 회사에서 NIS+나 LDAP와 같은 다른 도구를 사용하는 경우 시스템 관리자와 함께 작업해 해당 시스템의 문서편람을 검토해 동등한 명령을 판정해야 한다. 그러나 여기에 설명된 제반 개념은 로컬과 NIS 패스워드 및 그룹 파일에는 적용될 것이다.

1. 유닉스나 리눅스 사용자 계정의 생성 절차를 검토, 평가하고, 적합한 업무상 필요한 경우에만 계정이 생성되는지 확인한다. 또한 해지나 작업 변경 시 계정을 적시에 제거하거나 비활성화할 수 있는 절차를 검토, 평가한다.

서버에 대한 접근권한을 제공하고 제거하기 위한 효과적인 통제가 없으면 시스템 자원에 대한 사용자의 불필요한 접근 사건이 발생할 수 있다. 결과적으로 서버의 무결성과 가용성이 위험 상황에 놓이게 된다.

방법

시스템 관리자와 인터뷰하고 계정의 생성 절차를 검토한다. 이 절차에는 모든 사용자가 정당한 접근 요건을 갖추고 있다는 어떤 형식의 인증이 포함돼야 한다. 패스워드 파일에서 계정 샘플을 가져와 생성에 앞서 계정이 제대로 승인받았는지 증거를 검토한다. 또는 패스워드 파일에서 계정 샘플을 선택한 다음, 계정 소유자의 직능을 조사, 이해함으로써 적합성을 검증한다.

또한 더 이상 접근이 필요하지 않은 경우의 계정 제거 절차를 검토한다. 이 절차에는 종료와 작업 변경에 대한 정보를 제공하는 회사 인사^{HR} 시스템의 자동 피드$^{automated\ feed}$가 포함될 수 있다. 또는 시스템 관리자나 기타 재능 있는 관리자가 정기적으로 활성 계정을 검토, 확인하는 절차가 포함될 수도 있다. 패스워드 파일에서 계정 샘플을 입수해 활성 직원이 소유하고 있으며, 또한 계정의 생성 이후 해당 직원의 직책이 변경되지 않았는지 검증한다.

2. 패스워드 파일의 모든 사용자 ID가 고유한지 확인한다.

두 명의 사용자가 동일한 사용자 ID^{UID}를 갖고 있으면 서로의 파일과 디렉터리에 완전히 접근해 현재 실행 중인 프로세스를 '강제 종료^{kill}'시킬 수 있다. 사용자 이름이 다른 경우에도 마찬가지다. 운영체제는 UID를 이용해 사용자를 식별한다. 그것은 단지 사용자 이름을 패스워드 파일의 해당 UID에 매핑만 한다.

방법

로컬 계정의 경우 `more /etc/passwd` 명령을 사용한다. 그리고 입력 항목을 검토해 중복 UID가 없는지 확인해보자. NIS를 사용하는 경우 `ypcat passwd` 명령도 사용해야 NIS UID를 조사할 수 있다.

다음 명령은 로컬 패스워드 파일에서 발견된 중복 UIDs를 나열해 보여줄 것이다.

```
cat /etc/passwd | awk -F : '{print $ 3}'| uniq -d
```

3. 패스워드 음영 처리 여부와 가능한 경우 강력한 해시를 사용하는지 확인한다.

시스템이 제대로 작동하려면 패스워드 파일이 월드(일반 사람들) 읽기 가능으로 돼 있어야 한다. 이는 암호화된 패스워드가 파일 내에 있는 경우 시스템상의 모든 사용자가 거기에 접근할 수 있음을 의미한다. 따라서 사용자는 암호화된 패스워드를 복사한 다음, 인터넷에서 자유롭게 사용할 수 있는 암호 해독 도구를 통해 이를 해독할 수 있다. 충분한 시간이 주어진다면 무차별 대입 크래킹[brute-force cracking] 도구는 가장 효과적인 패스워드조차도 추측할 수 있다. 패스워드의 형태도 고려해보자. 전통적으로 유닉스 패스워드에 사용된 암호 루틴은 오늘날 표준에 비해 비교적 약한 암호화 형식이며, 최대 유효 패스워드 길이는 8자다. SHA-512나 MD5 해시[hashes]의 사용이 더 나은 선택이다. SHA-512나 MD5 해시는 해독하기가 더 어렵고 패스워드에 8자를 초과할 수 있다. bcrypt와 같은 전용 패스워드 해싱 체계를 사용하는 것이 한층 더 나은 선택이다.

방법

패스워드 섀도우 파일[password shadow file]을 사용 중인지 판별하려면 `more /etc/ passwd` 명령을 입력해 그 파일을 보면 된다. 모든 계정의 패스워드 필드[password field] 내부를 주시해보자. 각 계정에 '*', 'x' 또는 다른 공통 문자가 있으면 시스템은 어떤 패스워드 섀도우 파일을 사용하는 것이다. 패스워드 섀도우 파일은 대부분의 시스템에서 /etc/shadow에 위치해 있다. NIS를 이용하는 시스템들은 섀도우 처리된 패스워드의 사용을 좀 더 어렵게 만드는 몇 가지 특수한 문제를 생성시키며, 구형 시스템들은 이러한 패스워드를 전혀 섀도우 처리할 수 없다. 회사가 NIS를 사용하는 환경이라면 이러한 패스워드들의 섀도우 처리 가능성에 대해 시스템 관리자와 논의해보자. 그렇게 할 수 없으면 패스워드 관련 다른 정책들을 고려해보자.

취약점이 있는 것으로 밝혀졌지만, 일부 리눅스 시스템상에서 MD5가 디폴트 해시default hash다. SHA-512(또는 SHA-2 제품군의 다른 패밀리)가 좀 더 안전한 옵션이 됐다. 다른 배포판은 bcrypt 기능을 디폴트로 사용한다. 암호 형식은 항상 13자이므로 이를 인식할 수 있다. /etc/passwd나 /etc/shadow에서 MD5나 SHA-512 해시의 경우 1(MD5의 경우)나 6(SHA-512의 경우) 문자가 앞에 붙고 길이가 늘어난다. bcrypt 해시에는 $2a$, $2b$, $2y$ 문자가 앞에 부착된다(길이 역시 늘어난다). 알다시피 이는 복잡한 주제다. 가장 좋은 배팅은 시스템 관리자와 함께 현행 패스워드 해시 방법의 이해와 개선 옵션의 논의에 시간을 투입하는 것이다.

4. 패스워드와 섀도우 패스워드 파일의 사용 권한을 평가한다.

사용자가 파일의 내용을 변경할 수 있다면 UID를 0으로 변경해 사용자를 추가, 삭제하거나, 사용자 패스워드를 변경하거나, 슈퍼유저[7]가 될 수 있을 것이다. 사용자가 섀도우 패스워드 파일의 내용을 읽을 수 있다면 암호화된 패스워드를 복사해 해독cracking을 시도할 수 있다.

방법

ls -l 명령을 사용해 파일에 대한 파일 사용 권한을 살펴보자. /etc/passwd 파일은 'root'로만 쓰기 가능해야 한다. /etc/shadow 파일도 'root'로만 읽을 수 있어야 한다.

---

7. 슈퍼유저(superuse)라는 사용자는 시스템 안에서 특별한 권한을 갖는다. 슈퍼유저 계정의 사용자 ID는 0이고 로그인 이름은 보통 root다. 전형적 유닉스 시스템에서 슈퍼유저는 시스템의 모든 검사를 우회한다. 시스템 관리자는 슈퍼유저 계정으로 시스템상의 여러 가지 관리 작업을 수행한다(출처: 김기주 외 5인, 『기초 리눅스 API』, p.83-84). – 옮긴이

5. 시스템 패스워드의 강도와 더 강력한 인증 형식의 사용을 검토, 평가한다.

시스템의 패스워드를 추측하기 쉬운 경우 공격자가 해당 계정에 침입해 시스템과 해당 자원에 대한 무단접근권한을 얻을 가능성이 높다. 또한 멀웨어(악성 소프트웨어), 피싱, 기타 형태의 사회적 공작에 노출된 사용자 등을 통해 표준 계정 자격증명(사용자 이름과 패스워드)이 훼손될 수 있다. 단순한 ID와 패스워드는 종종 가장 민감한 시스템에 대한 접근을 제어하기에 충분하지 않다. 좀 더 강력한 인증 메커니즘(예, 2단계 인증)이 필요하다.

방법

패스워드 구성 통제를 마련해주는 시스템 설정을 검토한다. 솔라리스 시스템의 경우 일반적으로 /etc/default/passwd에서 패스워드 정책을 설정한다. 이 파일에서 추가 명령을 사용해 PASSLENGTH 매개변수를 본 다음 최소 패스워드 길이를 판정한다. 이 매개변수 값을 회사의 정보보안정책과 대조해보자. 대부분의 리눅스 시스템에는 /etc/login.defs가 있다. 이는 최소 패스워드 길이 및 최대 패스워드 사용 기간과 같은 기본통제기능을 로컬에서 생성된 계정에 제공한다.

아쉽게도 표준 유닉스 passwd 프로그램은 취약한 패스워드의 보호를 위한 강력한 기능을 제공하지 않는다. 사용자는 자신의 사용자 이름을 패스워드로 선택할 수 없게 돼 있을 것이며, 그 외의 기능은 그다지 많지 않다. 시스템 관리자와의 논의를 통해 패스워드 요건을 구성함에 있어 기본 패스워드 기능의 대체나 향상을 위해 다른 도구가 구현됐는지 여부를 판별할 수 있다. pam_cracklib, pam_passwdqc, 또는 유사한 모듈을 사용해 PAM[Pluggable Authentication Modules]을 통해 추가 통제수단을 제공받을 수도 있다(pam_cracklib는 많은 리눅스 배포판에 포함돼 있음). /etc/pam.conf에서 패스워드로 시작하는 줄이나 /etc/pam.d/에서 구성 파일을 찾아내 감사 중인 시스템에서 어떤 것이 사용 중인지 알아보자. 해당 파일에서 추가 명령을 수행해 내용을 살펴보자. 시스템 관리자는 취약한 패스워드를 식별하고자 오픈소스 패스워드 해독 도구를 이용해 패스워드 강도에 대한 사전 또는 주기적인 사후 테스트를 구현해 기본 유닉스 기능을 보충할 수도 있다.

패스워드 해독을 비롯한 철저한 감사가 수행될 수 있겠지만, 일반적으로 패스워드 해독 실습은 전문 침투 테스터에게 맡기거나 정보보안팀에 도움을 요청하는 것이 좋다. 그러나 회사의 정책과 관례에 따라 적절한 경우 취약한 패스워드의 식별을 고려해보자. 식별은 패스워드 파일과 패스워드 섀도우 파일의 사본을 입수한 다음, 암호화된 패스워드에 대해 패스워드 해독 도구의 실행을 통해 한다. 패스워드 해독 도구에 대한 내용은 이 장 뒷부분의 '도구와 기술' 절을 참고한다. 충분한 시간이 주어진 경우 무차별 대입 해독 도구를 이용하면 결국 패스워드를 해독할 것이다. 그러므로 결과를 해석할 때 이를 감안해 판단을 내린다. 패스워드 파일이 섀도우 처리된 경우 명백하고 추측하기 쉬운 약한 패스워드에 대해서만 걱정할 필요가 있다. 이러한 종류의 패스워드는 패스워드 해독 프로그램을 실행하는 사람이 처음 30~60분 내에 추측할 수 있다. 반면 패스워드 파일이 섀도우 처리되지 않은 경우 시스템에 접근할 수 있는 모든 사람이 동일한 작업을 수행할 수 있기 때문에 프로그램을 훨씬 더 오래 실행하고 싶을 것이다. 이러한 경우 시스템 관리자는 스스로 패스워드 해독^{password cracking}이나 이와 동등한 통제를 구현해 섀도우 처리된 패스워드^{shadowed password} 통제의 부재를 보완해야 할 것이다. 강도 테스트를 위해 암호화된 패스워드를 입수할 경로로 내려가는 경우 확인해야 할 사항은 해당 데이터와 결과물들이 적절히 보호된 위치에 저장돼 있는지 여부다.

시스템 관리자와의 대화를 통해 서버에 접근하는 데 있어 더 강력한 인증 형식이 구현되고 있는지 판정한다. 검토 중인 시스템의 중요도에 따라 더 강력한 인증 메커니즘(단순한 ID와 패스워드 제외)이 적합할 수 있다. 기본 유닉스 인증기능을 보완할 수 있는 여러 가지 상용 및 오픈소스 도구들을 이용할 수 있다.

앞서 언급했듯이 표준화된 계정 자격증명은 시간이 지남에 따라 손상될 수 있다. 그래서 중요한 처리 과정과 기밀 정보의 보호를 위해 더 강력한 형태의 인증(예를 들어 2단계 인증)이 필요한 경우가 있다. 이 강력한 인증은 서버에 대한 모든 접근이나 가장 중요한 계정에 대한 접근에만 필요할 수 있다. 검토 대상 서버상에서 열리는 서비스나 애플리케이션들에 대해서는 핵심 사용자 및 시스템 관리자와의 토론을 통해 이러한 추가적 보호 조치가 필요한지 여부를 탐색해본다.

6. 사용 기간 같은 패스워드 통제기능의 사용을 평가한다.

두 가지 주요 이유로 패스워드를 주기적으로 변경하는 것이 중요하다. 첫째, 사용 기간[aging]의 제한이 없다면 암호화되거나 해시[hashed] 패스워드의 사본을 가진 공격자는 시간 제약 없이 오프라인 상태에서 무차별적인 패스워드 해독 시도 공격을 행할 수 있다. 둘째, 이미 무단접근권한을 보유한 사람(예를 들어 크래킹, 해킹, 패스워드 공유를 통해)은 해당 접근권한을 무기한으로 유지할 수 있다.

방법

패스워드 사용 기간 통제기능을 제공하는 시스템 설정을 검토한다. 솔라리스 시스템의 경우 패스워드 정책은 일반적으로 /etc/default/passwd에서 설정된다. 이 파일에서 한 가지 추가 명령을 수행해 MAXWEEKS 매개변수를 보고 암호의 최대 보존 기간을 판별한다. 또한 MINWEEKS 매개변수를 보고 암호의 최소 보존 기간을 판별한다. 사용자가 패스워드를 변경한 다음, 즉시 이전 값으로 다시 변경하지 못하게 하려면 최소 사용 기간이 중요하다. 이 매개변수의 설정을 살펴본 후 회사의 정보보안정책과 비교해보자.

대부분의 리눅스 시스템에는 /etc/login.defs가 있으며 로컬로 생성된 계정의 최소 암호 길이 및 최대 패스워드 사용 기간과 같은 기본적 통제기능이 있다. pam_cracklib, pam_passwdqc, 또는 유사한 모듈을 이용하면 PAM을 통해 추가 통제기능을 제공받을 수 있다(pam_cracklib는 많은 리눅스 배포판에 포함돼 있음). /etc/pam.conf에서 패스워드로 시작하는 열을 찾거나 /etc/pam.d/에서 구성 파일을 찾아 감사 중인 시스템에 어떤 것이 사용 중인지를 알아보자. 해당 파일에서 추가 명령을 수행해 내용을 살펴보자.

일반적으로 계정이 잠길 가능성을 방지하고자 루트 계정에는 자동적인 시용 기간 autimatic aging 기능이 적용되지 않는다. 그러나 회사 정책에 따라 주기적으로 패스워드를 변경하는 경우 수동 프로세스를 적용해야 한다. 이 패스워드 변경 프로세스를 검토하고 준수 여부에 대한 증거를 찾아보자.

7. 신규 사용자를 위한 초기 패스워드 설정과 해당 패스워드의 전달을 위해 시스템 관리자가 사용하는 프로세스를 검토한다.

새 사용자 계정이 생성되면 시스템 관리자는 해당 사용자에게 초기 패스워드를 할당해야 한다. 추측하기 쉬운 패스워드인 경우 계정이 해킹돼 서버와 해당 자원에 대한 무단접근 사건이 발생할 수 있다. 초기 패스워드가 보안 채널을 통해 전달되지 않으면 다른 사람들이 패스워드를 볼 수 있게 돼 계정에 대한 무단접근권한을 획득할 수 있다.

방법

시스템 관리자와 인터뷰하고 문서편람을 검토해 초기 패스워드의 생성에 사용된 메커니즘을 이해한다. 메커니즘에 대한 이해를 통해 패스워드의 추측이 어렵고 회사의 IT보안정책이 준수되고 있는지 확인한다.

또한 새 패스워드를 사용자에게 전달하는 데 사용되는 채널을 검토한다. 암호화되지 않은 상태로 전송되지 않는지 검토한다. 마지막으로 처음 로그인하는 경우 사용자가 즉시 패스워드를 변경하게 돼 있다면 바람직하다. 시스템 관리자에게 문의해 이의 적용 여부를 확인한다. 계정은 만료될 수 있다. 솔라리스에서 passwd -f를 사용하고 리눅스에서 passwd -e를 사용해 다음 로그인 시 사용자가 자신의 패스워드를 강제로 변경하게 할 수 있다. 이들 명령은 사용자 계정을 즉시 만료시켜 다음에 로그인할 때 사용자 계정을 변경시킨다. 이들은 시스템 관리자에게 작업 수행 방법을 요청하는 것 외에 실제로 확인할 수 있는 항목은 아니다.

8. 각 계정이 특정 직원과 연결돼 있고 특정 직원으로 쉽게 추적할 수 있는지 확인한다.

계정 소유자가 분명하지 않으면 이는 해당 계정에서 수행한 부적절한 조치에 대한 포렌식 조사[forensic investigations]를 방해할 것이다. 여러 사람이 한 계정을 사용하는 경우 해당 계정에 의해 수행되는 작업에 대한 설명책임을 확립할 수 없다.

방법

패스워드 파일의 내용을 검토한다. 각 계정의 소유자는 분명해야 한다. 사용자 이름이나 다른 고유 식별자(직원 번호 등)를 사용자 이름으로 사용하거나 GECOS 필드에 배치하든지 분명해야 한다. 예컨대, 게스트[guest]나 애플리케이션 계정 같은 공유된 것으로 보이는 계정에 질문해보자. 이와 같은 계정이 필요한 경우 제한된 셸[shell]로 구성하거나 사용자가 직접 로그인할 수 없게 구성해야 한다(따라서 사용자가 자신이 먼저 로그인한 다음 공유 계정에 접근하려면 su나 sudo를 사용하게 요구되고, 감사증적의 생성이다).

9. 유효하지 않은 셸이 비활성화된 모든 계정에 있는지 확인한다.

트러스트 접근[trusted acces](패스워드 사용 없이 접근 가능)이 허용되는 경우 이는 심각한 위험이다(이 장 뒷부분의 '네트워크 보안과 통제' 절 참고). 트러스트 접근이 허용되면 한 시스템(트러스트 시스템[trusted system])상에서 어떤 특정 사용자 이름을 가진 사용자는 패스워드를 입력하지 않고도 동일한 사용자 이름으로 다른 시스템(트러스팅 시스템)상의 어느 계정에 로그인할 수 있다. 트러스팅 시스템의 사용자 계정에 유효한 셸이 할당돼 있는 한 이렇게 할 수 있다. 설사 당해 계정이 비활성화돼 있어도 그렇다. 따라서 시스템 관리자가 어떤 계정을 비활성화하면서 유효한 셸과 함께 두면 동일 사용자 이름을 가진 원격지의 트러스트 시스템상에 있는, 사용자는 여전히 그 계정에 접근할 수 있다.

방법

(more 명령을 통해) 패스워드 파일 내용을 살펴보자. 어떤 계정이 비활성화돼 있다면 패스워드 필드에서 '*', '*LK*', 또는 이와 비슷한 것을 보여줄 것이다(이용되고 있다면 패스워드 새도우 파일을 잠깐 들여다보자). 그러한 계정의 경우 셸 필드의 내용을 검토한다. /dev/null,/bin/false나 이와 유사한 것 이외의 것이 포함돼 있으면 계정은 여전히 유효한 셸이나 프로그램에 접근할 수 있을 것이다.

10. 슈퍼유저(루트 수준) 계정과 기타 관리 계정에 대한 접근을 검토, 평가한다.

루트 수준 접근권한이 있는 계정은 모든 파일 삭제와 시스템 종료를 비롯해 시스템에서 모든 작업을 수행할 수 있다. 이 능력에 대한 접근은 최소화돼야 한다. 특정 애플리케이션을 관리하고자 다른 계정들이 시스템상에 존재할 수 있다. 시스템 중단을 방지하려면 이런 계정도 역시 엄격히 제어해야 한다.

방법

패스워드 파일의 내용을 검토하고 UID가 0인 모든 계정을 식별해보자. UID가 0인 계정은 시스템에서 루트root 계정인 것처럼 취급받는다. root 이외의 계정이 0의 UID를 가질 필요가 있는지 질문한다. 루트와 기타 UID 0 계정의 패스워드를 알고 있는 사람과의 인터뷰를 통해 이 목록의 적합성을 판정, 평가한다. 또한 시스템 관리자가 해당 계정의 패스워드들을 문서화, 전달하는 데 이용하는 프로세스가 있다면 검사한다. 팀 구성원 간에 패스워드를 공유할 가능성이 있기 때문이다. 이러한 패스워드들은 어떤 종류의 패스워드 볼트vault에 저장돼 있고, 패스워드의 입수 과정은 제어되고, 감사증적이 확보되게 체크아웃 기능이 마련돼 있다면 바람직하다.

다른 관리 계정(예를 들어 'oracle')이 있는지 패스워드 파일을 검토한다. 단계8의 수행시 잠재적 후보들을 식별했을 것이다. 이들 계정의 패스워드를 알고 있는 자와의 인터뷰를 통해 적절성을 판정, 평가한다. 이러한 패스워드를 문서화하고 전달하는 절차도 검토한다.

많은 환경에서 sudo나 유사한 도구를 이용하면 사용자가 상승된 권한^{elevated privileges}으로 특정 기능을 수행할 수 있다. 이는 사용자에게 전체 루트 접근권한을 부여하지 않고 특정 시스템 관리 업무를 수행하게 허용할 수 있는 유용한 방법이다. 전체 루트 접근권한이 필요한 사용자의 경우에도 루트 접근권한으로 모든 명령을 실행할 수 있게 sudo를 구성할 수 있으므로 사용자는 루트 계정에 로그인하는 대신 자신의 계정으로 시스템 관리를 수행할 수 있다. 이는 감사 증거의 흔적을 추적하는 데 유용하다.

sudo가 사용되는 경우 sudo 명령을 이용해 사용자가 명령을 루트(및 기타 민감한 계정들)로 실행할 수 있는 능력의 평가를 위해 /etc/sudoers 파일을 검토해보자. sudo 도구는 마치 그것들이 루트(또는 그 문제에 대해 다른 계정)인 것처럼 특정 명령들을 실행하는 능력을 특정 사용자에게 부여하는 데 이용할 수 있다. 일반적으로 사용자에게 모든 루트 접근권한^{full root access}을 부여하는 것이 좋다.

sudoers 파일에서 항목의 기본 형식은 다음과 같다.

```
Andrew ALL = (root) /usr/bin cat
Micah ALL = ( ALL) ALL
```

이 예에서 사용자 Andrew는 모든 시스템에서 사용자 루트로 /usr/bin/cat 명령을 실행할 수 있으며, Micah 사용자는 모든 시스템에서 사용자로 명령을 실행할 수 있다. 다른 많은 옵션은 여기에서 다루지 않는다. 자세한 내용은 sudoers 매뉴얼 페이지를 참조한다.

sudo나 이와 유사한 도구가 이용되는 경우 sudoers 파일(또는 동급)의 관리 절차를 검토한다. 이 파일은 여러 줄로 구성돼 있어 빠르게 복잡해질 수 있다. 각 줄은 특정 사용자에게 상승된 접근권한을 구체적으로 부여한다. 따라서 방화벽 규칙 세트 등에서 볼 수 있는 것과 유사한 관리가 필요하다. 이 파일에서 정기적으로 제반 항목을 검토, 확인, 정리하는 프로세스를 찾아본다. 대형의 유닉스 환경(많은 수의 서버로 구성된 것)인 경우 오히려 각 개별 시스템별로 파일을 관리하는 대신에 모든 시스템에서 참조하는 중앙집중식 sudoers 파일 형태를 구현하는 것이 바람직할 수 있다.

끝으로 루트와 기타 관리 계정에 대한 트러스트 접근trusted access의 이용을 검토하는 것이 중요하다. 트러스트 접근을 테스트하는 데 관련된 정보는 단계29와 단계 30을 참고한다.

11. 직접 루트 로그인 방지를 위한 통제를 검토한다.

일부 사람은 일반적으로 루트 패스워드를 알고 있기 때문에 그들에게 루트 계정으로 직접 로그인할 수 있게 허용한다면 해당 계정에서 수행한 작업에 대한 책임소재가 불명하게 된다. 루트 계정을 통해 부적절한 작업이 수행된다고 해도 해당 작업을 특정 사용자에게로 추적해갈 수 있는 방법이 없을 것이다. 그래서 사람들에게 우선 스스로 로그인하게 한 다음, su나 sudo를 이용해 루트 계정에 접근하게 하는 것이 좋다.

방법

직접 루트 로그인이 없음을 검증하고자 (시스템 유형에 따라 /usr/adm/wtmp, /var/adm/wtmp, /etc/wtmp에서 more 명령을 수행해) wtmp 로그를 검토한다. 당해 last 명령을 이용하면 대다수 시스템에서 파일의 내용을 볼 수 있다. 비상 상황에 필요할 수 있겠지만 콘솔에서 직접 로그인하는 경우는 예외다.

telnet과 rlogin을 통해 직접 루트 로그인을 방지하기 위한 설정을 검토한다.

- /etc/default/login 파일을 이용해 솔라리스 머신에서 직접 루트 로그인을 비활성화시킬 수 있다. 이 파일이 이용가능한 경우 CONSOLE= 매개변수는 존재하지 않는 장치의 경로 이름에 맞춰 설정해야 한다. 관리자가 실제 콘솔 장치(유닉스 머신에 직접 연결된 터미널)의 경로 이름을 이 매개변수 내에 두려면 콘솔이 안전한 위치에 있어야 한다. more /etc/default/login 명령을 실행해 이 파일의 내용을 볼 수 있다.
- 리눅스와 HP 시스템에서 /etc/securetty 파일을 이용해 루트로 직접 로그인하지 못하게 할 수 있다. 파일의 내용에는 직접 루트 로그인이 허용되는 모든 터미널이 포함돼야 한다. 파일이 존재하지만 비어 있어야 한다. 때때로 시스템 관리자는 콘솔 터미널에서 직접 루트 로그인을 허용하려고 한다. 콘솔이 안전한 위치에 있으면 가능하다. more /etc/securetty를 실행하면 이 파일의 내용을 볼 수 있다.

SSH를 통한 직접 루트 로그인을 방지하기 위한 설정을 검토한다. /etc/ sshd_config나 /etc/openssh/sshd_config 파일이 이런 목적으로 사용된다. more 명령을 사용해 이 파일의 내용을 검토한다. PermitRootLogin 매개변수를 찾아본다. 이 매개변수가 no 값으로 설정되면 루트 로그인은 허용되지 않는다. 매개변수가 없거나 yes 값으로 설정되면 루트 로그인이 허용된다.

FTP를 통한 직접 루트 로그인을 방지하기 위한 설정을 검토한다. /etc/ftpusers 파일에 루트 항목을 넣어 수행할 수 있다. more 명령을 사용해 이 파일의 내용을 검토한다.

12. 그룹의 사용을 검토, 평가하고 사용 제한을 확인한다.

이 정보는 이후 단계에서 파일 권한을 평가하기 위한 기초를 제공한다. 모든 사용자가 하나 또는 두 개의 큰 그룹에 배치되면 그룹 파일 권한은 그다지 유용하지 않다. 예를 들어 모든 사용자가 하나의 그룹에 속하는 경우 그룹 '쓰기' 권한을 허용하는 파일은 월드(다른 사람들)에게 '쓰기' 권한을 효과적으로 부여하는 셈이 된다. 그러나 사용자들이 면밀하게 정선된 그룹에 배치되면 그룹별 파일 권한은 효과적인 통제수단이 된다.

방법

more(예를 들어 more /etc/passwd 등)와 NIS의 경우 ypcat(예를 들어 ypcat passwd와 ypcat group) 명령을 사용해, /etc/group, /etc/passwd, 관련 중앙집중식 파일(예, NIS)의 내용을 검토한다.

패스워드 파일에서 사용자 기본 그룹이 지정돼 있으므로 그룹 파일에 다시 나열할 필요는 없다. 그래서 그룹 지정에 대한 아이디어를 얻고자 그룹 파일뿐만 아니라 패스워드를 주목한다. 즉, 사용자가 /etc/passwd 파일의 'users' 그룹에 지정된 경우 /etc/group 파일에서 해당 그룹의 구성원으로 사용자를 나열할 필요가 없다. 따라서 'users' 그룹의 모든 구성원에 대한 전체 목록을 얻으려면 /etc/group 파일에서 해당 그룹에 누가 할당돼 있는지를 판정하고 /etc/passwd 파일에서 해당 그룹에 누가 할당돼 있는지를 판정해야 한다(해당 환경에서 사용되는 NIS, LDAP 등과 함께). 그룹 파일에 그룹이 기재돼 있을 필요는 없다. 목록에 기재돼 있지 않다고 존재가 없는 것은 아니다. 따라서 패스워드 파일에서 모든 그룹 ID^{GID}를 식별하고 해당 그룹의 멤버십을 판정해야 한다. 감사인이 그룹 파일에 의존해 시스템상의 모든 그룹을 식별한다면 완전한 그림을 포착하지 못할 수 있다.

13. 그룹 수준에서 패스워드 사용을 평가한다.

그룹 수준의 패스워드를 사용하면 사람들이 관련이 없는 그룹의 구성원이 될 수 있다. 그룹 파일에 그룹과 연관된 패스워드가 있는 경우 사용자는 newgrp <group name> 명령을 사용할 수 있으며 해당 그룹의 패스워드를 입력하라는 프롬프트가 표시된다. 일단 패스워드를 올바르게 입력하면 세션 기간 동안 해당 그룹의 구성원에게 권한이 부여된다. 사용자들은 일반적으로 접근해야 하는 그룹에 대한 멤버 자격을 부여받으므로 일반적으로 이 기능이 거의 필요하지 않다. 그룹 수준의 패스워드가 생성되면 사용자가 그룹 수준의 패스워드를 해킹하고 권한을 높일 수 있는 기회를 얻는다. 결과적으로 당해 시스템에 또 다른 공격 경로를 만들어주는 셈이 된다.

방법

로컬 파일에 more /etc/group을 이용하고 NIS에 ypcat group을 이용해 그룹 파일의 내용을 검토한다. 제반 그룹이 패스워드 필드(각 항목의 두 번째 필드)에 공통 문자 이외의 어떤 것(예, '*' 또는 아무것도 없음)을 갖고 있는 경우 패스워드가 사용되고 있는 것이다. 그룹 수준의 패스워드를 사용하는 경우 시스템 관리자에게 문의해 해당 패스워드 사용의 목적과 가치를 이해하고 해당 패스워드에 대한 지식을 제한하는 프로세스를 검토한다.

/etc/group에서 패스워드를 찾으려면 감사 스크립트에서 다음 명령을 사용할 수 있다.

```
awk -F : '{if ($ 2! = ""&& $ 2! = "x"&& $ 2! = "*") print "A password is set for group
"$ 1" in / etc / group \ n" "}'/ etc / group
```

14. 새 사용자를 추가할 때 시스템 관리자가 사용하는 디폴트 경로에서 디렉터리의 보안을 검토, 평가한다. 경로에서 '현재 디렉터리'의 사용을 평가한다.

전체 경로 이름을 입력하지 않고 사용자가 명령을 내릴 때마다 검색될 디렉터리 세트가 사용자 경로에 포함된다. 예를 들어 시스템에 ls 명령이 /bin/ls에 놓여있다고 가정해보자. 이 프로그램을 실행하고 /home 디렉터리에서 권한을 보려면 /bin/ls /home을 입력할 수 있을 것이다. 파일의 정확한 위치를 입력해 전체 경로 이름을 이용하려 한다. 그러나 거의 이렇게 하지 않는다. 대신 표준은 ls /home을 입력하는 것이다. 이 경우 사용자의 경로는 실행할 파일을 찾기 위한 메커니즘이다.

예를 들어 경로가 다음과 같다고 가정해보자.

```
/usr/bin:/usr/local/bin:/bin
```

이는 명령을 입력하면 운영체제가 먼저 /usr/bin에서 해당 이름으로 파일을 찾을 것임을 의미한다. 거기에 파일이 존재하지 않으면 다음에 /usr/local/bin을 들여다본다. 여전히 해당 이름의 파일을 찾지 못하면 /bin을 찾아본다. 여전히 찾지 못하면 그 명령은 실패로 귀결된다. 이 예에서 /bin에 있는 ls 명령을 실행하려고 했다. 시스템은 먼저 /usr/bin 디렉터리에서 ls라는 파일을 찾는다. 해당 디렉터리에 파일이 없으므로 /usr/local/bin 디렉터리를 찾는다. 거기에도 파일이 없기 때문에 /bin을 찾는다. ls라는 파일이 시스템의 /bin에 있으므로 운영체제가 해당 파일을 실행하려고 시도한다. 해당 파일에 대한 권한이 사용자에게 부여되면 사용자는 프로그램을 실행할 수 있다.

어떤 사용자 경로의 디렉터리에 쓸 수 있는 공격자들은 파일 이름 스푸핑을 수행할 수 있다. 예를 들어 ls 명령이 포함된 디렉터리가 보호되지 않은 경우 공격자는 자신의 버전으로 ls 명령을 바꿀 수 있다. 또는 '현재 디렉터리'(명령이 실행되는 시점에 사용자가 우연히 있게 되는 디렉터리가 무엇이든 간에) 또는 보호되지 않은 다른 디렉터리가 사용자의 경로에 일찍 배치된 경우 공격자는 자신의 ls 명령 버전을 이들 중 하나에 배치할 수 있고, 또한 실제 ls 명령을 터치touch[8]할 필요가 없다.

이 모든 것 때문에 경로의 디렉터리들은 사용자(또는 시스템) 소유여야 한다. 또한 그룹이나 월드(기타 사람들)에게 쓰기 권한이 부여되면 안 된다.

'·' 또는 빈 항목(공백)은 '현재 디렉터리'를 나타낸다. 이는 사용자가 명령을 실행할 때 어떤 디렉터리든 사용자가 우연히 있게 되는 곳을 의미한다. 이는 알려지지

---

8. touch 명령은 파일의 타임스탬프 정보를 변경할 때 사용한다. 파일과 디렉터리 보기 명령인 ls, 파일과 디렉터리 목록을 상세히 볼 수 있는 옵션 -l을 사용해 정보를 출력한 다음, 현재 날짜와 시각으로 바꾸는 명령이다. ─ 옮긴이

않은 곳이므로 일반적으로 경로를 벗어난 곳에 이것을 두는 것이 더 안전하다. 그 렇지 않으면 공격자가 사용자나 관리자를 속여 특정 디렉터리로 전환한 다음, 어 떤 공통 명령을 실행해 악의적인 버전을 해당 디렉터리에 둘 수 있다.

각 사용자는 초기화 파일에서 경로를 설정할 수 있다. 그러나 대부분의 사용자 경 로를 결코 터치하지 않으므로 시스템 관리자는 안전한 디폴트 경로를 제공해야 한다.

방법

자신의 경로를 보는 가장 쉬운 방법은 커맨드라인에 echo $ PATH를 입력하는 것이 다. 사용자 경로의 디폴트 설정은 /etc/default/login, /etc/profile, /etc/skel에 있는 파일 중 하나에 위치해 있다. 확실하지 않은 경우 디폴트 설정이 유지되는 위치를 시스템 관리자에게 문의한다. 사용자가 자신의 경로를 수정하는 경우 일반적으 로 홈 디렉터리의 도트 파일 중 하나에서 수행한다. .login, .profile, .cshrc, .bash_ login 등과 같은 파일의 내용을 살펴본다. 빠르게 보는 방법은 사용자의 홈 디렉터 리에 있는 grep "PATH = " .* 명령을 사용하는 것이다. 패스워드 파일에서 자신의 항목entry을 보고, 사용자의 홈 디렉터리를 확인할 수 있다.

일단 경로가 포함된 파일 이름을 파악한 후 more 명령을 사용해 파일 내용을 본다. ls -ld의 명령은 디렉터리 권한을 볼 수 있는 경로 내의 각 디렉터리상에서 수행할 수 있다. 사용자와 시스템 계정만 제반 디렉터리에 쓸[9] 수 있어야 한다. (그룹에 오직 시스템 수준 계정만 포함돼 있지 않는 한) 그룹과 월드(기타 사람들)의 쓰기 액세스가 허용 되지 않아야 한다.

---

9. 디렉터리에서 쓰기 권한은 디렉터리에 어떤 변경(만들기, 이동, 복사, 지우기)을 할 수 있으며, 읽기 권한은 디렉터리의 이름을 읽을 수 있고, 실행 권한은 해당 디렉터리를 탐색할 수 있다는 개념이다. 파일에서 쓴다는 개념은 파일 변경을 할 수 있다는 의미다(출처: 심종익, 『유니스 리눅스 이해하기』, p.75). – 옮긴이

15. 루트 경로에 있는 디렉터리의 보안을 검토, 평가한다. 경로에서 '현재 디렉터리'의 사용을 평가한다.

사용자가 루트 경로 내의 디렉터리에 쓸write 수 있으면 사용자는 파일 이름 스푸핑spoofing을 수행하고 루트 계정에 접근할 수 있다. 이 개념에 대한 자세한 설명은 단계14를 참고한다.

방법

시스템 관리자에게 루트 경로를 표시하게 한(루트로 로그인할 때 echo $PATH 명령 사용) 다음, ls -ld 명령을 사용해 각 디렉터리의 권한을 검토한다. 루트 경로 내의 모든 디렉터리는 시스템 소유여야 하며, 그룹이나 월드(기타 사람들)는 거기에 기입할 수 없어야 한다(그룹에 bin 및 sys와 같은 시스템 수준 계정만 포함돼 있지 않는 한). '현재 디렉터리'는 일반적으로 루트 경로의 일부가 돼서는 안 된다.

다음은 루트 경로의 권한을 인쇄하고(스크립트script가 루트로 실행됐다고 가정함), 경로에 '.'가 있거나 디렉터리 중 하나가 월드 쓰기 가능한 경우에 경고를 보낸다.

```sh
#!/bin/sh
for i in `echo $PATH | sed 's/:/ /g'`
do
if [ "$i" = . ]
then
echo -e "WARNING: PATH contains .\n"
else
ls -ld $i
ls -ld $i | awk '{if(substr($1,9,1)=="w")print "\nWARNING - " $i " in
root'\'s' path is world writable"}'
fi
done
```

16. 사용자 홈 디렉터리와 구성 파일의 보안을 검토, 평가한다. 일반적으로 소유자만 쓸 수 있어야 한다.

사용자 구성 파일들은 기본적으로 사용자의 홈 디렉터리에 위치해 있는 파일이며 일반적으로 도트 파일^{dot-files}이라고 하는 도트(.)로 시작한다. 이러한 파일은 사용자 환경을 정의하며 제3자가 해당 파일들을 수정할 수 있다면 계정에 대한 접근 특권^{privileged access}을 얻을 수 있다.

예를 들어 어떤 사용자가 처음 로그인하면 .login, .profile, .bashrc, 또는 기타 파일(셸에 따라 다름) 내의 명령들이 실행된다. 어떤 공격자가 이러한 파일 중 하나를 수정할 수 있는 경우 임의의 명령들을 삽입할 수 있다. 사용자는 다음 로그인 시 삽입된 해당 명령들을 실행할 것이다. 예를 들어 사용자의 셸을 다른 파일로 복사하고, 그것을 Set UID^{SUID}(19단계에서 설명할 개념)로 만드는 명령이 실행될 수 있다. 그런 다음 공격자는 이 새 파일을 실행시켜 그 사용자가 될 수 있다. 또한 이러한 파일에 접근권한을 가진 공격자가 해당 파일을 수정해 사용자의 경로를 변경하거나 일반적인 명령에 대한 악성 별칭을 만들 수 있다.

새로운 셸이 가동되거나 누군가가 su 명령을 이용해 그 사용자 계정으로 전환할 때 .cshrc와 .kshrc 같은 다른 구성 파일들은 로그인 상태에서 실행된다. 이들 파일에 임의의 명령을 삽입시킬 수 있는 능력은 .login과 .profile 파일의 경우와 유사한 위험을 초래한다.

잠궈야 할 다른 구성 파일은 .rhosts 파일이다. 이 파일은 다른 시스템의 특정 계정에서부터 그 사용자 계정으로 트러스트 접근^{trusted access} 권한('암호를 사용하지 않고 접근할 수 있는 권한')을 부여한다. 이 파일을 수정할 수 있는 사람은 당해 사용자 계정에 트러스트 접근권한을 얻을 수 있다.

다른 도트 파일에 대해서는 특정 위험이 언급되지 않았지만 일반적으로 잠금을 유지하는 것이 좋다. 일반적으로 타인들이 어떤 사용자의 구성 파일을 수정해야 할 합당한 근거는 없다.

사용자의 홈 디렉터리에 대한 접근도 차단돼 있어야 한다. 공격자가 디렉터리에 대한 쓰기 권한을 갖고 있으면 사용자의 구성 파일을 삭제하고 자신의 버전으로 대체할 수 있다.

방법

사용자 홈 디렉터리의 위치는 패스워드 파일의 계정 기입 항목에서 입수 가능하다. 디렉터리 권한을 보려면 각 디렉터리에서 `ls -ld`의 명령을 수행해야 한다. 디렉터리 내(구성 파일 포함) 파일에 대한 권한을 보려면 각 디렉터리에서 `ls -al` 명령을 수행해야 한다.

사용 권한관리

17. 중요 파일과 관련 디렉터리의 판단 표본[10]을 통해 파일 사용 권한을 평가한다.

중요한 파일이 제대로 보호되지 않으면 부적절한 사용자가 해당 파일 내의 데이터를 변경하거나 삭제할 수 있다. 이로 인해 시스템이 중단되거나 무단 공개와 독점권을 가진 정보가 변경될 수 있다.

방법

`ls -l` 명령을 이용해 중요한 시스템 파일과 관련 디렉터리에 대한 사용 권한을 검사한다. 일반적으로 유닉스와 리눅스 운영체제 안에서 가장 중요한 파일은 다음 디렉터리에 들어있다.

- /bin, /usr/bin, /sbin, /usr/bin, /usr/local/bin(명령을 해석하고 비밀번호 변경 등

---

10. 판단 표본(judmental sample)은 비통계적 표본이나 주관적 표본이라고 한다. 비통계적 표본 조사법(통계적 표본 조사법과 대비됨)을 적용하는 경우 감사인은 표본 규모와 표본 추출 방법을 전문가적 판단에 의해 주관적으로 결정한다. 표본 조사 결과도 비통계적(주관적)으로 평가한다. – 옮긴이

- /etc(각종 데몬^{daemons}의 실행을 제어하는 트러스트 호스트^{trusted hosts}와 파일들, 패스워드나 그룹 구성원 등의 정보가 포함된 파일들)
- /usr 또는 /var(다양한 계정 로그 포함)

이러한 디렉터리와 그 안에 포함된 파일의 경우 시스템 관리 담당자 이외의 다른 사람에게 쓰기 접근권한을 부여할 필요성이 있는지 의문을 제기해보자.

또한 감사 중인 시스템에 있을 수 있는 다른 중요한 데이터 파일들(예를 들어 주요 애플리케이션 데이터와 회사 고유 정보가 포함된 파일)은 안전하게 보호돼야 한다. 이런 파일의 식별에 도움이 되도록 시스템 관리자와 면담한다.

이용의 편의성과 파일 시스템 전체 그림의 파악을 위해 시스템 관리자에게 전체 파일 시스템에 대해 ls -alR 명령(재귀 파일 목록)을 실행하고 결과를 파일로 저장하도록 요청할 수 있다. 그런 다음 이 단계와 다른 단계를 수행해 이 파일의 내용을 볼 수 있다. 슈퍼유저만 모든 디렉터리의 내용에 접근할 수 있으므로 시스템 관리자가 이를 수행해야 한다.

전체 ls -alR에 미치지 못한 여러 변형을 찾을 수 있다. 예를 들어 모든 쓰기 가능 파일(기호 링크나 심볼릭 링크 제외)을 찾으려면 find / -perm -777 ! -type l -print를 사용한다. 감사에서 해당 명령을 사용하는 방법의 자세한 내용은 매뉴얼 페이지를 참고한다.

18. 시스템에서 열린 디렉터리(권한이 drwxrwxrwx에 설정이 돼 있는 디렉터리)를 찾아 고정 비트가 설정돼 있는지 판별한다.

디렉터리가 열려 있으면 누구나 디렉터리 내의 파일을 삭제하고 동일한 이름을 가진 그들 자신의 파일로 바꿀 수 있다. 이는 때때로 중요하지 않은, 일시적인 데이터를 위한 /tmp 디렉터리와 기타 저장소에 적합하다. 그러나 대부분의 디렉터리에는 권장되지 않는다. 고정 비트^{sticky bit}를 디렉터리에 배치하면(권한을 drwxrwxrw에 설정함) 파일 소유자만 해당 파일을 삭제할 수 있다.

방법

이전 단계에서 입수한 재귀 파일 목록^{recursive file listing} 내의 디렉터리 권한을 검사하고, 열린 디렉터리를 검색한다(ls -alR 목록에서 디렉터리 권한들은 '.' 다음에 열거됨을 유의한다). 월드 쓰기 권한이 있는 디렉터리만 찾으려면 find / -type d -perm -777 명령을 사용할 수 있다. 그러한 디렉터리가 발견되면 시스템 관리자와 해당 디렉터리의 기능에 대해 논의한 후 열린 권한의 적합성을 판정한다.

19. 시스템상의 모든 SUID 파일, 특히 루트에 이르는 SUID 파일들의 보안을 평가한다.

SUID 파일을 이용하면 다른 UID의 권한으로 사용자가 해당 파일을 실행할 수 있다. 다시 말해 파일이 실행되는 동안 운영체제는 파일을 실행하는 사용자가 파일을 소유한 UID에 대한 특권을 가진 것처럼 보이게 한다. 예를 들어 모든 사용자는 패스워드 파일을 업데이트해 주기적으로 패스워드를 변경할 수 있어야 한다. 그러나 패스워드 파일의 파일 권한을 월드 쓰기 접근에 허용하도록 설정하는 것은 현명하지 않다. 이는 모든 사용자에게 계정을 추가, 변경, 삭제할 수 있는 기능을 부여하는 것이기 때문이다. 따라서 passwd 명령의 생성을 통해 사용자에게 자신의 패스워드 업데이트 능력을 부여하면서 패스워드 파일의 나머지 부분은 변경할 수 없게 한다. passwd 파일은 루트의 소유며, SUID 비트 세트(rwsr-xr-x)를 갖고 있다. 이것이 의미하는 바는 그것을 실행할 때 사용자들이 루트의 제반 권한을 이용해 그렇게 한다는 것이다.

소유자가 아닌 다른 사람이 SUID 파일을 쓸 수 있다면 소유 계정이 손상될 수 있다. 다른 사용자가 가동 중인 프로그램을 바꿔 당해 파일 소유자의 UID하에서 임의의 명령을 실행시킬 수 있다. 예를 들어 어떤 명령을 삽입시켜 당해 소유자의 셸이 파일에 복사돼 SUID가 되게 할 수 있다. 그런 다음 공격자가 이 복사된 셸을 실행하면 마치 그 SUID 파일의 소유자인 것처럼 실행될 것이다. 그러면 공격자가 캡처된 계정의 권한 수준을 사용해 어느 명령이든 실행할 수 있다.

방법

솔라리스와 리눅스의 경우 다음 명령을 사용해 SUID 파일의 전체 목록을 볼 수 있다.

```
find / -perm -u+s
```

이 명령의 결과는 슈퍼유저 접근권한이 있는 사람이 실행하지 않으면 완료되지 않는다.

특히 루트에 이르는 SUID 파일의 경우 해당 프로그램에 대한 파일 권한을 검토해 보자. 소유자만 거기에 쓸 수 있어야 한다.

또한 사용자 계정에 SUID인 프로그램이 필요한지 질문한다. 한 사용자가 다른 사용자인 것처럼 프로그램을 가동시킬 이유가 거의 없다. 대부분의 SUID 프로그램들은 루트나 다른 시스템 또는 애플리케이션 계정에 대한 SUID다. 사용자 계정에 SUID인 프로그램이 표시되면 이 프로그램을 사용해 해당 사용자의 계정을 캡처할 수 있다.

20. 커널에 대한 보안을 검토하고 평가한다.

커널은 운영체제의 핵심이다. 변경하거나 삭제할 수 있으면 공격자가 전체 시스템을 파괴할 수 있다.

방법

감사 중인 시스템의 커널 위치에서 1s -1 명령을 사용한다. 슈퍼유저만 소유하고 쓸 수 있어야 한다. 커널은 가능한 한 많은 위치에 저장될 수 있다. 일반적인 커널 이름은 /uniix(AIX), /stand/vmunix(HP), /vmunix(Tru64), /kernel/genunix(솔라리스), /boot/vmlinuz(리눅스)이다. 감사 중인 시스템에서 커널 위치를 시스템 관리자에게 문의한다.

21. /etc/passwd 파일에서 모든 파일은 유효한 소유자를 두고 있는지 확인한다.

파일이 생성될 때마다 파일이 소유자에게 할당된다. 해당 소유 계정이 이후에 삭제된 경우에도 소유권이 어떤 유효한 계정으로 이전되지 않는 한 해당 계정의 UID는 여전히 파일의 소유자로 표시될 것이다. 나중에 같은 UID로 다른 계정을 만들면 당연히 해당 계정의 소유자에게 해당 파일의 소유권이 부여된다.

예를 들어 Grant(UID 226)가 /grant/file 파일을 생성한다고 가정해보자. UID 226(Grant)이 이 파일의 소유자로 표시된다. 그런 다음 Grant가 해고되고 그의 계정이 삭제된다. 그러나 파일 소유권은 이전되지 않는다. 패스워드 파일에서 UID가 더 이상 사용자에게 매핑되지 않더라도 운영체제는 여전히 UID 226을 해당 파일의 소유자로 간주한다. 몇 달 후 Kate가 고용돼 UID 226를 할당받는다. 시스템은 이제 Kate가 /grant/file 파일의 소유자인 것으로 간주하며, 그녀는 파일에 대한 모든 권한을 갖는다. /grant/file에 매우 민감한 정보가 포함돼 있으면 문제가 될 수 있다. 이 문제를 방지하려면 계정을 삭제하기에 앞서 시스템 관리자는 해당 계정이 소유한 모든 파일을 삭제하거나 소유권을 이전해 처리해야 한다.

방법

시스템 관리자에게 quot 명령(슈퍼유저가 실행해야 함)을 수행하게 해본다. 이 명령은 시스템의 모든 파일 소유자를 표시한다. 이 목록을 검토하고 모든 항목에 UID가 아닌 사용자 이름이 표시되는지 확인한다. UID가 표시되면 해당 UID의 패스워드 파일에 항목이 없음을 의미하므로 패스워드 파일이 UID를 사용자 이름으로 변환할 수 없다. 어떤 사용자가 나중에 해당 UID로 패스워드 파일에 추가되면 그 사용자는 해당 파일의 소유권을 갖게 된다.

참고 quot의 명령은 유닉스와 리눅스의 모든 버전에서 이용가능한 것은 아니다. 이러한 경우 1s -alR 명령의 출력을 수동으로 검토해 파일들이 잘못된 이름을 파일의 소유자로 나열하는지 확인할 필요가 있다.

22. 사용자가 chown 명령을 이용해 사용자 계정을 손상시킬 수 없는지 확인한다.

chown 명령을 이용하면 사용자가 다른 사람에게 자신의 파일 소유권을 이전할 수 있다. 사용자가 SUID 파일을 다른 사용자에게 전송할 수 있다면 전송받은 자는 해당 파일을 실행하고 사용자가 될 수 있다. 예를 들어 사용자가 자신의 셸을 복사해 SUID와 월드 실행 가능 상태로 만든 다음, 소유권을 루트로 전송한다. 그런 다음 해당 파일을 실행함으로써 사용자는 루트가 된다.

방법

유닉스의 많은 버전은 슈퍼유저만 chown을 실행할 수 있게 허용한다. 다른 많은 것은 SUID 비트가 다른 사용자에게 전송되는 것을 허용하지 않는다. 이러한 통제가 감사 중인 시스템에 설정돼 있는지 확인하려면 다음을 순서대로 수행해보자.

1. 패스워드 파일을 검토하고 셸 위치를 판정한다(/bin/csh나 /usr/bin/sh와 같은 형식일 수 있음).
2. cp <shell file name> ~/myshell 명령을 실행해 홈 디렉터리에 셸 파일의 사본을 작성한다.
3. chmod 4777 ~/myshell 명령을 실행해 새 셸 파일을 SUID와 월드 실행 가능

상태로 만든다.

4. 패스워드 파일에서 다른 사용자를 선택해 소유권을 가급적 동료 감사인에게 이전한다.

5. `chown <new ower name> ~/myshell` 명령을 실행해 파일의 소유권을 다른 사용자에게 이전하려고 시도한다.

6. `ls -l ~/myshell` 명령을 실행해 소유권을 성공적으로 전송했는지 여부와 SUID 비트도 전송됐는지 확인한다.

7. SUID 비트가 다른 소유자에게 전송된 경우 `/myshell`을 입력해 파일을 실행한다. 이렇게 하면 셸이 실행될 것이다.

8. `whoami` 명령을 실행한다. 명령 실행자는 이제 다른 사용자고 타인의 계정을 인계했다는 것을 알게 될 것이다.

9. 이러한 일이 일어나면 시스템 관리자는 해당 공급업체와 접촉해 수리를 요청해야 한다.

23. 서버의 기본 umask 값을 입수, 평가한다.

새 파일과 디렉터리가 설정 초기에 어떤 권한을 가질 것인지 결정하는 것이 umask[11]다. 언마스크의 기본값이 올바르게 설정되지 않은 경우 사용자들은 실수로 자신들의 파일과 디렉터리에 그룹이나 월드 접근권한을 부여할 수 있다. 파일이 안전하게 생성되도록 기본값을 설정해야 한다. 그런 다음 사용자의 필요와 의식적 결정에 따라 권한은 완화될 수 있다(새 파일과 디렉터리가 안전하지 않다는 사실을 모르는 것과는 달리).

---

11. 사용자가 서버에 접속해 파일이나 디렉터리를 생성하면 초기에 모든 사용자에게 기본적으로 설정된 권한이 있다. 이에 관련된 권한은 umask(user mask)에 정의돼 있다. 'umask' 명령은 사용자, 그룹, 타인의 읽기, 쓰기, 실행의 기본적 권한에 대한 정의를 변경하려고 할 때 사용되는 명령이다. – 옮긴이

방법

/etc/profile이나 /etc/skel의 파일 중 하나에서 기본값을 설정할 수 있다. 그러나 가장 쉬운 테스트는 대개 자신의 계정에 대한 umask 값을 단지 보는 것이다. 이는 일반적으로 모든 새 사용자의 기본값을 나타내기 때문이다. umask 명령을 사용해 이 수치를 볼 수 있다.

모듈 형식의 파일 권한을 이용해 파일과 디렉터리를 만드는 경우 umask는 기본적으로 권한들을 차감한다. 생성될 모든 파일과 디렉터리에 대해 기본값은 완전히 열린 상태(777 권한 허용)라고 가정한다, 즉, umask 값이 000이므로 모든 새 파일과 디렉터리의 생성은 777(777 마이너스 000)의 기본 권한 허용으로 이뤄진다. 이는 소유자, 그룹, 월드에게 전체 접근권한을 허용한다는 의미다.

예를 들어 umask 값을 027로 설정한 경우 새로 생성될 파일과 디렉터리에 대한 기본 허용 권한은 다음과 같다.

정상적인 기본값	777
umask 값 차감	027
서버상의 기본 권한 허용	750

이는 소유자에게 모든 접근권한, 그룹에게 읽기와 실행 접근권한을 제공하며, 월드에는 아무런 접근권한이 부여되지 않는다.

최소한 기본값 시스템은 일반적으로 027(그룹에는 쓰기 허용, 월드의 모든 접근권한 제거)이나 037(그룹에는 쓰기/실행 허용, 월드의 모든 접근권한 제거) 값으로 설정해야 한다.

24. 시스템의 크론 탭, 특히 루트의 크론 탭에서 비정상적이거나 의심스러운 기입 항목이 있는지 검사한다.

크론[cron]은 미리 설정된 어떤 시간에 프로그램을 실행시킨다. 그것은 기본적으로 유닉스나 리눅스 시스템의 고유한 작업일정 예약 방식이다. 크론 탭^{crontab}(크론 테이블의 줄임말)은 시스템에 예약된 모든 크론이 포함돼 있다. 크론은 시한폭탄을 만들거나 소유 계정을 손상시키는 데 이용될 수 있다. 예를 들어 공격자가 사용자 계정을 용케 손상시켰다면 크론을 설치할 수 있다. 그러면 밤에 사용자의 셸을 복사해 SUID로 만든 다음, 15분 후에 셸의 이 복사본을 삭제할 수 있게 된다. 이렇게 한 경우 공격자는 해당 시간 동안 매일 계정에 다시 접근할 수 있을 것이다. 그러나 그 15분 시간대에 제반 도구들이 작동되지 않는 한 보안 모니터링 도구들은 이를 감지하지 못할 것이다. 해고나 축출된 어느 시스템 관리자가 6개월 후에 시스템을 파괴시킬 크론의 작업일정을 미리 잡아뒀다면 이는 시한폭탄 사례에 속한다.

방법

크론 탭은 /usr/spool/cron/crontabs 또는 /var/spool/cron/crontabs 디렉터리 내에 있어야 한다. 이 디렉터리상에서 ls -1 명령을 수행하면 제반 내용을 나열해볼 수 있다. 크론 탭을 옆에 둔 각 계정은 이 디렉터리에 자체 파일을 보유할 것이다. 이러한 파일의 내용은 more 명령으로 볼 수 있다. 이를 통해 실행 중인 명령과 해당 실행 일정을 볼 수 있다. 파일 권한에 따라서는 관리자가 크론 탭의 내용을 표시해 줄 필요가 있다. 또한 유닉스 지식수준에 따라 관리자의 도움을 받아 파일 내용을 해석해야 하는 경우도 있다.

25. 특히 루트 크론 탭의 경우 크론 탭 항목 내 참조 파일의 보안을 검토한다. 그 항목들이 크론 탭 소유자만 소유하고 쓸 수 있는 파일을 지칭하는 것인지, 그리고 해당 파일이 크론 탭 소유자만 소유하고 쓸 수 있는 디렉터리에 위치해 있는지 확인한다.

크론 탭의 소유자가 가동 중인 것처럼 모든 크론은 가동된다. 이는 실행 중인 파일의 소유자와는 상관없다. 크론 탭 소유자 이외의 사람이 크론 탭에서 실행 중인 파일에 쓸 수 있는 경우 허가받지 않은 사용자가 실행 중인 프로그램을 변경해 크론 탭 소유자로 하여금 임의의 명령(예를 들어 크론 소유자의 셸을 복사해 SUID로 만드는 것과 같은)을 실행하게 함으로써 해당 계정에 접근할 수 있다. 예를 들어 루트 크론 탭에 /home/barry/flash 파일을 실행하는 항목이 있고 해당 파일이 'Barry'의 소유인 경우 'Barry'는 원하는 명령을 플래시 파일^{flash file}에 추가할 수 있다. 그러면 크론이 실행되는 다음 시점에 해당 명령의 실행은 루트에 기인한다.

크론 탭이 안전하지 않은 디렉터리에 있는 파일을 실행하는 경우 다른 사용자가 실행 중인 프로그램을 삭제하고 자신의 프로그램으로 대체해 또다시 크론 탭 소유자가 임의의 명령을 실행시키는 결과가 초래될 수 있다.

방법

각 사용자의 크론 탭 내용을 검토해야 한다(자세한 내용은 이전 단계 참고). 크론 탭에서 실행 중인 각 파일에 대해 ls -l 명령을 수행해야 한다. 또한 해당 파일을 포함하는 각 디렉터리에 대해 ls -ld 명령을 실행해야 한다.

26. 시스템에 예정된 일회성 작업에서 비정상적이거나 의심스러운 항목이 있는지 검사한다.

atjobs는 미래에 언젠가 실행되게 예정된 일회성 작업이다. 크론 작업과 비슷하게 작동하며(한 번만 실행되는 경우 제외) 시한폭탄을 만들거나 계정을 손상시키는 데 이용될 수 있다.

방법

atjobs는 /usr/spool/cron/atjobs나 /var/spool/cron/atjobs 디렉터리 내에 위치해 있어야 한다. 이 디렉터리에서 ls -l 명령을 수행하면 내용 목록을 열거할 수 있다. 이러한 파일의 내용은 more 명령으로 볼 수 있다. 이를 통해 실행 중인 명령과 해당 실행 일정을 볼 수 있다. 파일 허용 권한에 따라 감사인은 atjobs의 제반 내용을 보여주는 관리자를 필요로 하는 수가 있다. 또한 유닉스 지식수준에 따라 파일 내용을 해석하는 데도 관리자의 도움이 필요할 수 있다.

네트워크 보안과 통제

27. 시스템상에서 어떤 네트워크 서비스가 가능한지 판정하고, 필요성을 시스템 관리자와 함께 검증한다. 필요한 서비스에 대해서는 해당 서비스와 관련된 취약점 평가절차와 그에 대한 패치 유지 절차를 검토, 평가한다.

원격접근이 허용될 때마다(즉, 네트워크 서비스가 활성화될 때마다) 새로운 잠재적 공격 경로의 생성으로 인해 시스템에 대한 무단 침입 위험이 증가한다. 따라서 합당한 업무상 필요가 있는 경우에만 네트워크 서비스를 활성화해야 한다.

(잠재적인 공격자 포함) 새로운 보안 허점들의 발견 시 유닉스/리눅스 커뮤니티와의 정보 공유는 빈번하다. 시스템 관리자가 이러한 경고를 인식하지 못하고 보안 패치security patches를 설치하지 않으면 시스템에 잘 알려진 보안 허점이 존재할 수 있다. 이는 시스템을 손상시키는 매개체가 된다.

 참고 감사인이 수행할 가장 긴요한 단계 중 하나가 이것이다. 불필요하고 안전하지 않은 네트워크 서비스는 *nix 서버에 대한 제일 첫 번째 공격 벡터다. 이로 인해 시스템에 업무상의 볼일이 없는 자가 시스템에 접근하거나 시스템을 혼란에 빠트릴 수 있다.

방법

netstat -an이나 ss -lp 명령을 사용하고 LISTEN이나 LISTENING이 포함된 커맨드 라인을 찾아보자. 이는 TCP와 UDP 포트들이며 호스트는 포트상에서 진입 연결용으로 이용할 수 있다. 시스템상에 LSOF(열린 파일의 리스트) 명령이 있으면(리눅스에서는 더 일반적이다) lsof -i를 이용할 수 있다.

일단 활성화된 서비스 목록을 얻은 후에 감사인은 목록을 놓고 시스템 관리자와 논의해 각 서비스의 필요성을 이해시킨다. 많은 서비스는 사전에 기본값으로 활성화돼 있으므로 시스템 관리자가 의식적으로 활성화하지는 않았다. 필요성이 없는 서비스에 대해서는 관리자에게 촉구해 비활성화하게 한다.

활성화된 서비스에 수반되는 새로운 취약점에 대응하고 취약점 제거를 위한 패치의 입수, 적용 절차를 파악한다. 취약점 발표의 일반적인 출처는 공급업체의 통지와 컴퓨터비상대응팀CERT, Computer Emergency Response Team의 주의 경보다. CERT는 주의를 끌만한 취약점을 다루기는 하지만 회사의 OS와 애드온 소프트웨어 공급업체가 적절한 범위에까지 회사에 알림 통지를 보내야 한다. 이 절차에 대한 정보는 인터뷰와 문서 검토를 통해 입수할 수 있다.

특정 패치나 패키지 버전의 유효성을 검사해야 하는 경우 다음 명령을 통해 설치된 패치와 패키지를 볼 수 있다.

- **솔라리스**: showrev -p는 적용된 패치 목록을 열거해준다. 이들과 Sun의 보안 권고에 나열된 패치를 상호 참조할 수 있다.
- **리눅스**: rpm -q -a(레드햇Red Hat 또는 RPM을 사용하는 다른 배포판) 또는 dpkg --list(데비안Debian과 관련 배포판)는 설치된 패키지의 버전을 보여준다.

공급업체에서 제공한 패키지 관리 시스템 외부에 소프트웨어가 설치될 수 있음을 주목하자. 그 경우 이들 명령을 실행시켜도 필요한 정보를 보여주지는 않는다. 실행 파일의 버전을 찾아야 할 경우 -v 스위치를 사용해 명령을 실행해보자. 대개 취약점 경보와 비교할 수 있는 버전 정보를 보여줄 것이다.

기존 취약점을 네트워크 스캔해 패치 프로세스의 효과성을 검증할 수도 있다. 자세한 내용은 다음 단계를 참고한다.

단지 서비스의 허용 여부만이 아니라 서비스 구성을 고려해보자. NFSNetwork File System, 익명의 파일 전송 프로토콜FTP, 트러스트 접근을 허용하는 서비스와 같은 특정 서비스의 올바른 구성은 이 장의 뒷부분에서 알아본다. 공간 제약으로 인해 모든 잠재적 서비스의 올바른 구성을 자세히 다룰 수는 없다(또한 새로운 취약점들이 줄곧 발견되고 있기도 하다). 이렇기 때문에 효과적인 감사에 긴요한 요소는 네트워크 스캐닝 도구의 사용이다. 이러한 도구를 이용하면 최신의 취약점에 대응하고 이를 테스트할 수 있을 것이다.

28. 네트워크 취약점 스캐닝 도구를 실행해 당해 환경에서 현재의 취약점을 검사한다.

네트워크 서비스 관점에서 시스템의 현재 보안 수준에 대한 스냅샷^{snapshot}을 제공한다. 네트워크 취약점의 세계는 끊임없이 변하고 있으므로 정태적 감사 프로그램을 만들어 검사받아야 할 최근 취약점 모습을 제시하게 하는 것은 비현실적이다. 따라서 자주 업데이트되는 스캐닝 도구가 시스템의 현재 보안 상태를 이해하는 가장 현실적인 메커니즘이다. 또한 시스템 관리자에게 보안 패치 프로세스가 있는 경우 이러한 스캔을 통해 해당 프로세스의 유효성(또는 실제로 실행 중인지 여부에 대한)을 확인할 수 있을 것이다.

방법

잠재적인 네트워크 취약점 검색 도구에 대한 내용은 이 장 뒷부분의 '도구와 기술' 절을 참고한다. 이러한 도구 중 많은 도구가 시스템을 혼란시키지 않게 설계돼 있고 또한 시스템에 대한 접근을 필요로 하지 않겠지만 항상 해당 IT 담당자(예를 들어 시스템 관리자, 네트워크 팀, 정보보안팀)에게 도구의 실행계획을 알려야 한다. 그런 다음 승인을 받아 도구를 실행할 시간일정을 잡는다. 스캔 도구가 예기치 않은 형태로 어떤 포트와 상호작용해 혼란을 야기할 수 있으므로 다른 사람들이 감사인의 활동을 인식하는 것이 중요하다. 이러한 도구는 일반적으로 발견된 취약점을 악용하지 않게 '안전'(중단시키지 않는) 모드에서 실행해야 한다. 드문 경우지만 좀 더 정확한 결과를 얻고자 실제 악용 행위를 실행해보고 싶은 마음이 생길 수도 있다. 그렇지만 그 실행은 시스템 소유자와 관리자의 협조 및 동의하에서만 가능하다.

29. /etc/hosts.equiv 파일과 사용자 .rhosts 파일을 통한 트러스트 접근의 이용 상황을 검토, 평가한다. 트러스트 접근방식이 이용되지 않거나 절대적으로 필요한 것으로 간주되는 경우에도 최대한 억제되고 있는지 확인한다.

트러스트 접근[trusted access]을 통해 사용자는 패스워드를 사용하지 않고도 시스템에 원격으로 접근할 수 있다. 특히 /etc/hosts.equiv 파일은 특정 컴퓨터와의 트러스트(신뢰) 관계를 만드는 반면 .rhosts 파일은 특정 컴퓨터의 특정 사용자와 신뢰관계를 만든다.

예를 들어 트러스팅[Trusting] 시스템이 트러스트[Trusted] 머신을 신뢰 호스트[trusted host]로 나열하는 /etc/hosts.equiv 파일을 갖고 있는 경우 두 시스템에서 동일한 사용자 이름을 사용하는 계정을 가진 모든 사용자는 '트러스트(트러스트 머신)'에서 '트러스팅(트러스팅 머신)'으로 패스워드를 사용하지 않고 접근할 수 있다.'

따라서 사용자 이름 'Hal'이 두 컴퓨터에 모두 있는 경우 '트러스트'의 'Hal' 계정 소유자는 패스워드를 사용하지 않고 '트러스팅'의 'Hal' 계정에 접근할 수 있다. 키[key]는 계정 이름이다. John Jones가 두 시스템 모두에 계정을 갖고 있지만 하나는 계정 이름이 'jjones'이고 다른 하나는 'jjonzz'인 경우 신뢰관계가 작동하지 않는다. 운영체제는 이들을 동일한 계정으로 인식하지 않는다.

사용자에 따라 다르다는 점을 제외하면 .rhosts 파일들은 비슷하게 작동한다. 각 사용자는 자신의 홈 디렉터리에 자신의 계정에 대한 트러스트 접근을 제공하는 .rhosts 파일을 가질 수 있다. '트러스팅' 시스템상의 사용자 이름 'Barry'가 그의 홈 디렉터리에 .rhosts 파일을 갖고 있으며, 해당 .rhosts 파일이 '트러스트' 시스템을 나열한다면 '트러스트'의 'Barry' 계정이 '트러스팅'상의 'Barry' 계정에 패스워드 없이 접속할 수 있다. 또는 시스템과 사용자 이름의 쌍이 .rhosts 파일에 나열되는 수가 있다. '트러스팅'상의 'Barry'에 대한 .rhosts 파일은 '트러스트' 시스템상의 사용자 이름 'Wally'를 나열할 수 있다. 이는 '트러스트' 시스템상의 'Wally' 계정이 패스워드를 사용하지 않고 '트러스팅'상의 'Barry' 계정에 접근할 수 있음을 의미한다.

감사 중인 시스템이 다른 머신들과 신뢰관계를 갖는 경우 '트러스팅 시스템^{trusting} system'의 보안은 '트러스트 시스템^{trusted system}'의 보안에 종속적이다. 트러스트 계정들이 손상되면 정의에 따라 감사 중인 시스템의 계정도 손상될 것이다. 트러스트 머신에 대한 접근은 트러스팅 시스템에 대한 접근을 제공하기 때문이다. 가능하면 이러한 종류의 종속성을 피하는 것이 가장 좋다.

참고 NIS를 사용하는 경우 트러스트 접근권한을 특정 넷그룹(사용자 이름 그룹)에 부여하는 것도 가능하다.

또한 트러스트 접근권한을 사용해 공유 계정에 대한 통제를 우회할 수 있다. 다른 단계에서 설명한 것처럼 접근 시에 su나 sudo가 필요하게 해 공유 계정의 접근을 차단시킬 수 있다. 그러나 사용자가 이러한 메커니즘 중 하나를 통해 공유 계정에 접근한 다음 자신의 개인 계정에 대한 트러스트 접근권한을 부여하도록 해당 계정에 대해 .rhosts 파일을 작성한다면 사용자는 당해 계정에 접근함에 있어 su나 sudo의 사용 필요성을 우회할 수 있다.

첫 번째 옵션은 트러스트 접근을 제거하는 것이다. 이렇게 하는 것이 당해 환경에서 적합하지 않다면 감사인은 다음의 '방법'을 적용해 위험을 완화시킬 수 있다.

참고 버클리(Berkeley) r 명령(예, rlogin, rsh, rexec)을 사용해 트러스트 접근을 일으킨다. 실행 시점에 이 명령은 rhosts와 /etc/hosts.equiv 파일을 통해 신뢰관계를 자동으로 찾게 설계돼 있다. 신뢰관계가 존재하지 않으면 이 명령에 패스워드를 입력해야 한다. 신뢰관계가 존재하는 경우 이 명령에는 패스워드를 입력하지 않아도 된다.

방법

시스템상의 /etc/hosts.equiv 파일과 .rhosts 파일의 내용을 조사해보자. **more**

/etc/hosts.equiv 명령을 사용하면 /etc/hosts.equiv 파일의 내용을 볼 수 있다. .rhosts 파일을 찾으려면 ls -l 명령을 통해 각 사용자의 홈 디렉터리 내용을 보고 (패스워드 파일에서 사용자 홈 디렉터리의 위치를 찾을 수 있음) .rhosts 파일이 있는지 확인해야 한다. 찾아낸 .rhosts 파일의 내용은 more 명령을 이용해 볼 수 있다. 파일 권한으로 인해 해당 파일의 내용을 볼 수 없는 경우 시스템 관리자로 하여금 이 명령을 수행하게 해야 한다.

각 항목에 대한 업무상 필요를 이해하고자 시스템 관리자와 이 파일의 내용을 알아본다. 불필요한 항목을 삭제하거나 바람직하게는 트러스트 접근을 완전히 제거하도록 관리자에게 권장한다. 필수적 신뢰관계의 경우 일반적으로 hosts.equiv와 .rhosts의 대체안 중 하나인 트러스트 SSH^{Secure Shell} 키 사용가능성을 알아본다 (자세한 내용은 다음 단계 참조).

+ 기호가 포함된 파일이 없는지 확인한다. 이 기호는 네트워크의 모든 시스템을 트러스트로 정의하고, 패스워드를 사용하지 않고 모두 로그온할 수 있게 한다(트러스팅 서버상에 동일한 사용자 이름이 있는 경우). /etc/hosts.equiv 파일에 +의 기호가 있으면 트러스팅 시스템상의 계정과 같은 이름을 가진 네트워크상의 모든 시스템(루트 제외) 사용자는 패스워드를 사용하지 않고도 계정에 접근할 수 있다.

.rhosts 파일에 + 부호가 있으면 .rhosts 파일의 소유자와 동일한 사용자 이름을 가진 네트워크의 모든 시스템 사용자는 패스워드를 사용하지 않고 계정에 접근할 수 있다. 여기에는 루트 계정이 포함되므로 루트 홈 디렉터리에 + 기호의 .rhosts 파일은 일반적으로 특히 좋지 않은 아이디어다.

합당하고도 필요한 신뢰관계의 관점에서 관리자가 트러스트 접근이 부여된 각 시스템이 감사받는 당해 시스템만큼 안전한 것으로 가정돼 있음을 잘 알고 있는지 판단한다. 앞에서 언급했듯이 시스템의 보안은 트러스트 시스템의 보안에 달려 있다. 시스템 관리자는 일반적으로 자신이 통제하지 않는 시스템에 트러스트 접근권한을 부여해서는 안 된다. 시스템 관리자가 부여하는 경우 트러스트 시스템의 보안과 무결성에 대한 확신을 얻기 위한 조치를 취해야 한다. 그런 조치는 자체 보안 스캔의 수행과 트러스트 시스템의 시스템 관리자와 인터뷰 여부와 관계없다.

/etc/hosts.equiv 파일에 트러스트 호스트^{trusted hosts}가 요구되는 경우 이 파일에 새로운 트러스트 사용자가 지정되지 않았는지 확인한다. 일부 유닉스 버전에서는 이 파일에 지정된 트러스트 사용자가 패스워드를 입력하지 않고 시스템에 모든 사용자 이름(루트 제외)으로 로그인할 수 있다.

트러스트 접근이 허용되는 경우 패스워드 파일의 사용자 이름은 신뢰관계에 관련된 각 시스템에서 일관성이 있어야 한다. 이 경우에 속하는지 판별해보자. system2가 system1을 신뢰하는 경우 system1의 사용자 이름 'Bob'은 패스워드를 입력하지 않고 system2의 사용자 이름 'Bob'으로 로그인할 수 있다. system1의 'Bob'이 Bob Feller이고 system2의 'Bob'이 Bobby Thomson이라면 Bobby Thomson의 계정은 이제 손상된 것이다.

ls -l 명령을 사용해 /etc/hosts.equiv와 .rhosts 파일이 적절하게 보호되는지 확인한다. (root 같은) 시스템 계정이 /etc/hosts.equiv 파일을 소유해야 하고 해당 시스템 계정만 쓰기 가능해야 한다. 다른 계정들이 이 파일에 쓸 수 있다면 트러스트 호스트 목록에 권한이 없는 머신을 나열할 수 있다. .rhosts 파일은 홈 디렉터리가 있는 계정에서 소유해야 하며 해당 계정에서만 쓸 수 있어야 한다. 어느 사용자가 다른 사용자의 .rhosts 파일에 쓸 수 있으면 해당 사용자는 다른 머신으로부터 해당 사용자의 계정에 로그인할 수 있도록 자신이나 다른 사람에게 트러스트 접근을 허용할 수 있다.

기입 항목들이 트러스트 시스템에 대해 온전한 도메인 이름을 사용하는지 확인(예를 들어 'rangers' 대신 'rangers.mlb.com')해본다. 온전한 도메인 이름을 사용하지 않는 항목은 호스트 이름은 같지만 도메인이 다른 머신에서 스푸핑될 수 있다.

시스템에 설정된 새로운 트러스트 접근을 감지하고 검토하고자 시스템 관리자가 사용하는 프로세스를 검토한다. 시스템 관리자는 새로운 .rhosts 파일이나 항목과 새로운 /etc/hosts.equiv 항목을 탐지, 검토해야 한다.

30. SSH 키를 통한 트러스트 접근의 사용법을 검토, 평가한다.

SSH 키를 통한 트러스트 접근은 개념적으로 이전 단계에서 설명한 .rhosts 파일을 통한 트러스트 접근과 동일하다. 그리고 트러스트 접근이 필요한 경우 일반적으로 선호된다. 특정 머신상에서 특정 사용자와의 신뢰관계 생성으로 인해 사용자는 패스워드를 사용하지 않고도 SSH를 통해 원격으로 시스템에 접근할 수 있게 된다.

SSH 키를 통한 신뢰관계의 설정을 위해 사용자는 트러스트 머신에서 홈 디렉터리에 서브디렉터리(.ssh라 부름)를 생성한 다음(혹은 생성을 위해 SSH 키 발생 명령의 사용가능성이 더 높음), 해당 디렉터리 내에 두 개의 파일을 배치한다. id_rsa는 개인키이고 id_rsa.pub는 공개키다(RSA 대신 DSA 암호화 방식을 사용하는 경우 해당 파일 이름에서 rsa를 dsa로 바꾼다). 그런 다음 사용자는 공개키 파일의 텍스트를 사용자가 접속하려는 머신(트러스팅 머신이 됨)에서 홈 디렉터리의 .ssh 서브디렉터리에 있는 authorized_keys2 파일에 배치한다. 일단 이 작업이 완료되면 사용자는 트러스트 머신(사용자의 공개키와 개인키 파일이 포함된 머신)에서 트러스팅 머신(홈 디렉터리에서 사용자가 authorized_keys2 파일을 생성한 시스템)으로 패스워드를 사용하지 않고 SSH를 통해 접속할 수 있다.

 참고 이러한 디폴트 파일 이름(authorized_keys2, id_rsa, id_rsa.pub)은 사용 중인 SSH 버전에 따라 다를 수 있으며, 일부 버전의 SSH에서는 사용자가 바꿀 수도 있다. 이 단계는 이러한 표준 파일 이름을 사용해 작성됐지만 감사대상 환경에 대한 구체적인 내용은 관리자와 논의한다.

감사 중인 시스템이 다른 머신과 신뢰관계를 갖는 경우 트러스팅 시스템의 보안은 트러스트 시스템의 보안에 종속적이다. 트러스트 계정이 손상되면 당연히 감사 중인 시스템의 계정도 손상될 것이다. 트러스트 시스템에 대한 접근은 트러스

팅 시스템에 대한 접근을 제공하기 때문이다. 가능하면 이러한 종류의 종속성을 피하는 것이 상책이다.

또한 트러스트 접근을 이용해 공유 계정에 대한 통제를 우회할 수 있다. 다른 단계에서 설명한 것처럼 su나 sudo를 접근에 필요한 요건으로 설정해 공유 계정을 잠글 수 있다. 그러나 사용자가 이러한 메커니즘 중 하나를 통해 공유 계정에 접근한 다음, 자신의 개인 공개키를 공유 계정의 authorized_keys2 파일에 놓고 걸면 su나 sudo 사용을 우회하면서 계정에 접속할 수 있다.

첫 번째 옵션은 트러스트 접근을 제거하는 것이다. 당해 환경에서 제거의 타당성이 명백히 없다면 감사인은 다음 '방법' 절의 단계를 위험완화에 이용할 수 있다.

방법

시스템에서 authorization_keys2 파일의 내용을 조사해보자. 이 파일을 찾으려면 ls -1 명령(패스워드 파일에서 사용자 홈 디렉터리의 위치를 찾을 수 있음)을 통해 각 사용자의 홈 디렉터리에서 .ssh 서브디렉터리의 내용을 살펴보고 authorized_keys2 파일이 있는지 확인해야 한다. 발견된 authorized_keys2 파일의 내용은 more 명령을 사용해서 볼 수 있다. 이러한 파일의 내용을 볼 수 있는 파일 권한이 감사인에게 없으므로 감사인은 시스템 관리자에게 이 명령을 수행하도록 요청해야 한다.

각 기입 항목별 업무상의 필요를 이해하고자 시스템 관리자와 이 파일의 내용을 알아본다. 관리자에게 촉구해 불필요한 항목을 삭제하거나 바람직하게는 트러스트 접근을 완전히 제거한다.

합법적으로 필요한 신뢰관계를 위해 트러스트 접근이 부여된 각 시스템은 감사 중인 시스템만큼 안전한 것으로 간주된다는 사실을 관리자가 충분히 이해하고 있는지 감사인은 판정해야 한다. 앞에서 언급했듯이 당해 시스템의 보안은 트러스트 시스템의 보안에 달려 있다. 시스템 관리자는 일반적으로 자신이 제어하지 않는 시스템에 트러스트 접근을 부여해서는 안 된다. 그러한 경우 자체 보안 스캔을 수행하거나 트러스트 시스템의 시스템 관리자와 인터뷰를 통해 트러스트 시스템의 보안과 무결성을 확신하기 위한 조치를 취해야 한다.

Authorized_keys2 파일과 관련 .ssh 서브디렉터리가 적절하게 보호되는지 확인한다(ls -l 명령 사용). 홈 디렉터리가 있는 계정에서 그러한 파일을 소유해야 하며 해당 계정에서만 쓸 수 있어야 한다. 사용자가 다른 사용자의 authorized_keys2 파일에 쓸 수 있으면 다른 사용자의 계정에 대한 추가적 신뢰관계를 설정할 수 있는 것이다. 많은 유닉스 버전에서 이러한 파일과 디렉터리에 대한 권한이 600으로 설정돼 있지 않는 한 SSH 키를 통한 트러스트 접근은 작동하지 않는다.

ls -l 명령을 사용해 시스템과 관련 .ssh 서브디렉터리의 모든 id_rsa 파일이 적절하게 보호되는지 확인한다. 제반 파일은 홈 디렉터리가 있는 계정에서 소유해야 하며 해당 계정에서만 읽고 쓸 수 있어야 한다. 사용자가 다른 사용자의 개인키 파일을 읽을 수 있으면 해당 사용자는 그 정보로 다른 사용자를 스푸핑하고 사용자가 다른 서버와 설정한 신뢰관계에 접근할 수 있게 된다.

또한 이런 형식의 트러스트 접근으로 행할 수 있는 활동을 추가로 제한하고자 암호 문구를 사용할 수도 있다. 암호 문구의 사용 여부와 범위를 확인하려면 관리자와 협의한다. 사용 중인 경우 해당 암호 문구의 강도와 제어를 검토하는 것이 중요하다.

시스템 관리자가 시스템에 설정된 새로운 트러스트 접근을 탐지, 검토하고자 사용하는 절차에 대해 감사인은 검토해야 한다. 시스템 관리자는 새로운 authorized_keys2 파일이나 항목을 탐지, 검토해야 한다.

키 기반 인증을 허용하지 않거나 사용자 인증에 사용되는 키를 (다양한 계정의 홈 디렉터리 대신) 중앙집중식 위치에 저장하게 하는 요건 등 사용 중인 SSH 버전에 따라 이 기능에 대한 추가 통제를 설정할 수 있다. 관리자와 논의하고 연구를 수행해 당해 환경에서 이용가능하고 활성화된 기능들을 알아본다.

31. 익명의 FTP가 활성화돼 있고 실제로 필요하다면 제대로 잠겨 있는지 확인한다.

익명의 FTP를 사용하면 네트워크상의 모든 사용자가 제한된 디렉터리에서 파일을 가져오거나 파일을 보낼 수 있다. 패스워드의 사용이 요구되지 않으므로 그런 행위를 제대로 통제해야 한다.

방법

익명의 FTP가 활성화돼 있는지 여부를 확인하고자 패스워드 파일의 내용을 조사해본다. 패스워드 파일에 'ftp' 계정이 있고 FTP 서비스가 활성화돼 있으면 시스템 상에서 익명 FTP는 이용가능하다. 일단 익명의 FTP 사용자가 로그인하면 ftp 계정의 홈 디렉터리 내에 있는 파일과 디렉터리에만 국한된다. 그리고 이 디렉터리는 ftp의 패스워드 엔트리에 명기된다(이 단계에서는 홈 디렉터리가 /ftp에 있다고 가정한다). 패스워드 파일에서 ftp 계정은 비활성화돼야 하며, 유효한 셸을 가지면 안 된다.

ftp가 아닌 root만 FTP 디렉터리(/ftp)를 소유하고 쓸 수 있는지 확인한다. 익명의 FTP를 이용하면 사용자는 사용자 ftp가 된다. ftp가 자체 파일과 디렉터리를 소유한 경우 익명 FTP를 사용하는 사람은 누구나 ftp 소유의 파일 권한을 변경시킬 수 있다. ftp 홈 디렉터리상에서 ls -l 명령을 수행하면 이를 판별할 수 있다. ftp는 /ftp/pub 디렉터리만 소유해야 한다.

ls -l 명령을 사용해 /ftp 디렉터리와 서브디렉터리의 허용 권한을 조사해보자.

- 사람들이 디렉터리에서 파일을 삭제할 수 없도록 /ftp/pub 디렉터리에 고정 비트가 설정돼 있어야 한다.
- 사용자가 디렉터리 내에서 파일을 삭제, 교체할 수 없게 하려면 최소한 dr-xr-xr-x만큼 제한적인 권한으로 /ftp 디렉터리와 다른 서브디렉터리를 설정해야 한다.

/ftp/etc/passwd 파일에 사용자 기입 항목(ftp만)이나 패스워드(파일상에서 more 명령

을 수행해)가 없는지 확인한다. 그렇지 않으면 네트워크상의 모든 사람이 서버의 사용자 이름을 참조하고 시스템을 공격할 때 이용한다. 그룹이나 월드에게 쓰기 권한을 허용해서는 안 된다(ls -l /ftp/etc/passwd).

/ftp/pub 디렉터리 외부의 다른 파일들은 그룹이나 월드에게 쓰기 권한을 허용하지 않아야 한다(ls -l 명령을 이용해 검증).

공격자는 큰 파일들을 /ftp 디렉터리로 전송해 파일 시스템을 채울 수 있다(예, 서비스 거부 공격을 감행하거나 감사 로그 작성을 방해한다). 시스템 관리자는 ftp 사용자에게 파일 할당량을 배치하거나 /ftp 홈 디렉터리를 별도의 파일 시스템에 배치하는 것을 고려해야 한다.

32. NFS가 활성화돼 있고 실제로 필요하다면 제대로 보호되고 있는지 확인한다.

NFS는 다른 컴퓨터들에게 네트워크상에서 파일 공유를 허용한다. 기본적으로 한 시스템(NFS 서버)상에 물리적으로 위치한 디렉터리들이 다른 머신(NFS 클라이언트)에 의해 마운트^{mount}[12]되도록 허용한다. 디렉터리들이 클라이언트 파일 구조의 일부인 것처럼 보이게 하는 것이다. 디렉터리를 안전한 방식으로 익스포트^{export}하지 않으면 해당 데이터의 무결성과 가용성이 불필요한 위험에 노출될 수 있다.

방법

(more 명령을 사용해) /etc/exports 파일이나 /etc/dfs/dfstab 파일을 조사하면 NFS 사용을 검증할 수 있다. 파일 시스템들이 익스포트[13]되는 중이라고 이 파일에 표시

---

12. 마운트(mount)는 특정 장치를 특정 디렉터리처럼 사용하고자 장치와 디렉터리를 연결하는 작업을 말한다. 리눅스 시스템은 주변 장치들을 하나의 파일로 취급한다. 그러나 시스템 버전에 따라 인식을 못하는 버전도 있다(출처: 심종익, 『유니스 리눅스 이해하기』, p.350). – 옮긴이

13. 사용자가 생성하는 모든 변수는 익스포트 명령으로 표시하지 않는 한 현재 셸에 국한된다. 흔히 프로그래밍 작업을 할 때 지역 변수와 비슷한 의미가 된다. 예를 들어 특정 변수를 익스포트시키면 환경 변수(전역 변수)화되기 때문에 끝까지 기억된다(심종익, 『유니스 리눅스 이해하기』, p.240). – 옮긴이

되면 NFS가 활성화된 것이다.

NFS는 UID를 기반으로 사용자에게 권한을 부여하므로 모든 NFS 클라이언트의 UID는 일관성이 있어야 한다. 예를 들어 감사대상 시스템에서 Cathy의 계정이 UID 111이지만 NFS의 클라이언트에서 BruceD의 계정이 UID 111인 경우 Bruce는 익스포트되는 모든 파일에 대해 Cathy의 접근 수준을 갖는다(운영체제는 이를 동일한 사용자로 간주하므로). 감사 중인 시스템에서부터 어떤 시스템들이 중요 디렉터리를 설치할 수 있는지 결정한 후 시스템 관리자와의 협의를 통해 그런 시스템에서 UID 의 일관성 유지 방법을 판단한다. 여기에는 각 시스템의 패스워드 파일 사본을 확보하고 NFS 서버와 NFS 클라이언트 모두에 나타나는 UID를 비교하는 것이 포함될 수 있다. 동일한 위험이 존재하며 GID에 대한 조사가 필요한 점을 주목해보자.

/etc/exports 파일이나 /etc/dfs/dfstab 파일을 검토해보자(more 명령 사용).

- 각 파일 시스템의 익스포트 필요성을 시스템 관리자에게 설명하도록 요청한다.
- 익스포트할 각 파일 시스템에 access= 옵션이 사용되는지 확인한다. 그렇지 않으면 네트워크의 모든 머신이 익스포트된 파일 시스템에 접근할 수 있다. 이 옵션은 파일 시스템에 접속할 수 있는 호스트^{hosts}나 넷그룹^{netgroups}을 지정하는 데 사용해야 한다.
- ro 옵션을 사용해 가능한 경우 읽기 전용 접근권한이 부여되는지 확인한다(읽기 전용이 지정되지 않은 경우 읽기/쓰기가 디폴트로 부여됨에 유의).
- 꼭 필요한 경우가 아니거나 NFS 클라이언트가 동일한 시스템 관리자를 서버로 두지 않는 한 NFS 클라이언트에 루트 접근권한을 부여하지 않고 있는지를 확인한다(즉, root= 옵션이 사용되고 있지 않다). root= 옵션은 지정된 호스트에 대한 원격 슈퍼유저의 접근을 허용한다.
- NFS 클라이언트에서 로그인한 루트 계정에 루트 접근이 허용되지 않는지를 확인한다. 모든 NFS 클라이언트 슈퍼유저 접근을 허용하는 anon=0이

표시되지 않아야 한다.

/etc fstab이나 /etc/vfstab(또는 HP 시스템의 경우 /etc/checklist) 파일(more 명령 사용)의 내용을 검토해 감사 중인 시스템이 NFS를 통해 파일을 임포트[import]하고 있는지 확인한다. 그렇다면 제반 파일이 'nosuid'로 임포트 중인지를 확인한다. NFS 클라이언트는 루트가 소유하고 권한이 rwsr-xr-x로 설정된 파일을 임포트할 수 있다. 그런 다음 NFS 클라이언트의 사용자가 이 프로그램을 실행하면 해당 클라이언트의 슈퍼유저로 실행된다. NFS 서버상의 루트 사용자는 클라이언트 루트 사용자의 홈 디렉터리에 .rhosts 파일의 생성 명령과 같은 악성 명령을 프로그램에 삽입했을 수 있다. 그런 다음 이 .rhosts 파일을 NFS 서버에서 사용하면 NFS 클라이언트에 대한 무단 슈퍼유저 접근권한을 얻을 수 있다. 시스템 관리자가 NFS 클라이언트와 NFS 서버 모두에서 동일한 경우 이는 큰 위험이 아니다.

이러한 모든 NFS 단계에서 감사인은 올바른 판단을 내려야 한다. 익스포트된 파일의 중대성은 감사인이 수행할 파일 검토의 정밀성 정도에 영향을 미친다.

33. 보안 프로토콜의 사용을 검토한다.

텔넷, FTP, 원격 셸(rsh), 원격 로그인(rlogin), 원격 파일 복사(rcp)와 같은 특정 프로토콜은 UID와 패스워드를 비롯한 모든 정보를 평문[cleartext]으로 전송한다. 이로 인해 누군가는 네트워크상에서 도청을 통해 정보를 입수할 수 있게 된다.

방법

사용 가능한 서비스 목록을 검토하고 텔넷, ftp, /나 r 명령의 사용가능성을 판별한다. 그렇다면 시스템 관리자와의 인터뷰를 통해 그것들을 비활성화하고 안전한 (암호화된) 대안으로 교체할 수 있는지 판정한다. 텔넷, rsh, rlogin은 SSH로 대체할 수 있다. FTP는 SFTP[Secure File Transfer Protocol]나 SCP[Secure Copy Protocol]로 대체할 수 있다. rcp는 SCP로 대체할 수 있다.

참고 DMZ와 기타 위험이 높은 환경에서는 보안 프로토콜을 사용하는 것이 특히 중요하다. 그러나 내부에서 오는 공격과 성공적인 외부 공격 능력이 상승하지 않도록 내부 네트워크에서도 보안 프로토콜을 사용하는 것이 좋다.

34. .netrc 파일의 사용을 검토, 평가한다.

.netrc 파일은 로그온을 자동화하는 데 사용된다. 이러한 파일 중 하나에 기밀 패스워드가 있으면 패스워드는 시스템상의 다른 사용자에게 노출될 염려가 있다.

방법

다음 명령을 사용해 시스템에서 모든 .netrc 파일의 내용을 찾아내 인쇄해볼 수 있다. 전체 시스템을 검색하려면 시스템 관리자에게 부탁해 다음 명령을 실행한다.

```
find / -name '.netrc' -print -exec more {} \;
```

찾아낸 .netrc 파일이 있으면 파일 내용을 검토해보자. 읽기 접근이 제한된 경우 시스템 관리자에게 수행하게 한다. 이 파일에 패스워드가 표시돼 있는지 확인한다. 찾아낸 경우 ls -l 명령을 통해 파일 권한을 검토한다. 소유자 외에는 아무도 파일을 '읽을' 수 없는지 확인한다. 파일 권한이 잠겨 있어도 슈퍼유저 권한을 가진 사람은 누구나 파일을 읽을 수 있으므로 이러한 파일을 전혀 사용하지 않는 것이 좋다. 그러나 이런 파일이 존재하고 절대적으로 필요한 경우 감사인은 가능한 범위 내에서 안전한지 확인해야 한다.

35. 사용자가 시스템에 연결하면 법적인 경고 배너가 표시되는지 확인한다.

법적인 로그온 고지는 누군가 시스템에 연결을 시도할 때마다 표시되는 경고다. 이 경고는 실제 로그인하기 전에 표시돼야 한다. 기본적으로 "사용 권한이 없으면 이 시스템을 사용할 수 없습니다."로 표시해야 한다. 이런 종류의 문구는 법원에서 공격자를 기소하는 데 도움이 될 수 있다. 경고 배너는 권한 있는 사용자에게 시스템상에서 자신의 활동이 모니터링될 것임을 알리는 데도 이용할 수 있다.

방법

텔넷과 SSH 같은 셸 접근권한을 제공하는 각 메커니즘을 이용해 계정에 로그인해보자. 경고 배너가 표시되는지 확인한다. 이 배너의 텍스트는 종종 /etc/issue, /etc/sshd_config(또는 /etc/openssh/sshd_config)와 같은 파일에 위치해 있다. 시스템 관리자와의 인터뷰를 통해 이 경고 배너에 대한 문구가 회사의 법무담당실과 연계해 개발됐는지 확인한다.

36. 서버상의 모뎀 사용을 검토, 평가한다.

모뎀은 회사 경계 보안(방화벽 등)을 우회한다. 또한 네트워크 외부에서 시스템에 직접 접근할 수 있도록 허용해준다. 모뎀은 상주하는 머신의 보안에 심각한 위험을 초래하며, 모뎀 사용자에게 감사 중인 시스템에서 '벗어나' 나머지 네트워크에 접근을 허용하는 수도 있다. 다이얼인dial-in 모뎀을 프로덕션 시스템에 배치하도록 허용하는 것은 일반적으로 좋지 않다. VPN(가상 사설망)이나 RAS(원격 접속 서비스)와 같은 표준 회사 외부 접근 메커니즘을 통해 연결된 머신에 접근하는 것이 거의 항상 바람직하다.

방법

모뎀은 구식 기술이지만 여전히 사용할 수 있으므로 점검해볼 가치가 여전히 있다. 유감스럽게도 모뎀이 물리적 검사의 범위를 넘어선 외부 머신에 연결돼 있는지 여부를 판단하는 데 신뢰할 수 있는 방법은 없다. 실제 검사가 실용적이지 않으면 다음으로 가장 좋은 방법은 시스템 관리자에게 문의해 모뎀 사용 여부를 이해하는 것이다. 모뎀이 사용되는 경우 당해 머신에 대한 외부 접근을 허용하는 대체 메커니즘을 조사해야 한다. 전화 접속 모뎀이 꼭 필요한 것으로 판단되면 전화 되걸기와 같은(즉, 전화가 수신된 후 기기가 전화를 끊고 트러스트 번호로 전화 되걸기) 보완통제를 구현하고 인증하는 것을 고려해보자.

보안 모니터링과 기타 일반통제

37. su와 sudo 명령 로그를 검토해 이러한 명령의 사용 시에 명령의 입력 날짜, 시간, 사용자 정보가 기록되는지 확인한다.

su 명령은 사용자의 계정에 침입을 시도하는 공격자에 의해 자주 사용되는 도구다. sudo 명령은 마치 루트(또는 다른 권한 있는 계정)인 것처럼 인가된 이용자들에게 특정 명령을 수행하도록 허용한다. 두 명령의 사용에 대한 기록^{log}은 책임 관계를 확인하고 조사를 돕는 데 필요하다.

방법

su 로그에서 more 명령의 수행을 시도해본다. 그러나 로그가 보호돼 있을 것이므로 작업을 수행하지 못할 수도 있다. 이 경우 시스템 관리자에게 부탁해 로그 사본의 제공과 명령을 수행하게 한다. 일부 시스템의 경우 su 로그는 /usr/adm/sulog, /var/adm/sulog, /var/log/auth.log에 있을 것이다. 다른 시스템의 경우 /etc/default/su 파일은 su 로그가 보관될 위치를 결정할 것이다.

- 이 파일이 존재하고 su 사용법에 대한 정보(예를 들어 누가 명령을 수행했는지, 어떤 계정으로 전환했는지, 명령 날짜와 시간, 명령의 성공 여부에 대한 정보)를 캡처하고 있는지 확인한다.
- 한 사용자가 다른 사용자의 계정에 su -ing 명령을 시도한 사례를 문의한다. 시스템상에서 한 사용자가 다른 사용자의 계정으로 su를 시도할 이유

가 전혀 없지는 않아야 한다. 대부분의 경우 관리자 계정에서 루트로 어떤 사용자 계정에서 애플리케이션 ID로 su 명령을 실행해야 한다.

sudo 로그를 살펴본 후 그 로그가 sudo 사용 내역 정보를 캡처하고 있는지 확인한다(누가 며칠, 몇 시에 어떤 내용의 명령을 수행했는지 등). 디폴트로 sudo 로그는 syslog에 기재되지만, /etc/sudoers에서 변경될 수 있으므로 시스템에서 위치를 확인한다(more 명령 사용).

38. syslog를 평가해 적절한 정보를 캡처하는지 확인한다.

시스템 감사 로그$^{audit\ logs}$가 유지되지 않으면 시스템 문제나 사용자 활동에 대한 기록을 이용할 수 없을 것이다. 이 때문에 부적절한 활동에 대한 추적, 조사가 어렵다.

방법

more 명령을 사용해 /etc/syslog.conf 파일의 내용을 살펴본다. /etc/syslog.conf 파일은 각 메시지 유형의 진행 경로(파일 이름, 콘솔, 사용자)를 판별해준다. 최소한 auth에 관련된 crit와 err 메시지(인증 시스템 사용자 이름과 패스워드를 요구하는 프로그램), 데몬(시스템 데몬), 크론 데몬$^{cron\ daemon}$은 아마도 캡처돼야 할 것이다, emerg와 alert 메시지도 포함한다.

메시지를 생성하는 프로그램 이름과 메시지 텍스트, 설비, 메시지 우선순위가 각 syslog 메시지에 들어 있다.

다음은 일반적인 syslog 설비 중 일부(즉, 유형별 시스템 기능)다.

- kern: 커널
- user: 일반사용자 프로세스
- mail: 메일 시스템
- lpr: 라인 프린터 시스템

- auth: 인증 시스템(사용자 이름과 패스워드를 요청하는 프로그램)
- daemon: 시스템 데몬
- cron: 크론 데몬

다음은 메시지의 심각도를 나타내는 잠재적 우선순위 레벨이다.

- emerg: 비상 상태(예, 시스템 붕괴 임박 등)
- alert: 즉각적인 조치 필요
- crit: 심각한 오류
- err: 일반 오류
- warning: 경고
- notice: 오류는 아니지만 특별한 취급 요구
- info: 정보 메시지
- debug: 프로그램을 디버깅할 때 사용

내림차순으로(가장 중요한 것부터 가장 중요성이 낮은 항목으로) 나열돼 있다. 로깅 수준을 명시할 때 특정 수준은 해당 수준 이상을 다 포괄하므로, 예를 들어 로깅은 디버그^{debug}(가장 낮은) 수준에서 다른 모든 수준도 기록한다. 설비나 수준에 대한 별표는 모든 설비나 수준이 로그됐음을 나타낸다.

HP 시스템에서 /etc/btmp 파일에는 유효하지 않은 로그인 시도가 포함돼 있다. 이 파일의 존재 여부를 확인한다. 존재하지 않은 경우 작성해본다. 솔라리스에서 /var/adm/loginlog 파일에는 사용자가 시스템에 로그인하려고 잘못된 패스워드를 한 번에 5번 입력할 때마다 기록할 것이다(이는 기본값이다. 이 횟수는 /etc/default/login 파일에서 구성할 수 있음). 이 파일이 존재하지 않으면 작성해야 한다.

39. wtmp log, sulog, syslog, 기타 관련 감사 로그의 보안과 보존 상황을 평가한다.

감사 로그$^{audit \; log}$가 안전하지 않으면 권한이 없는 사용자가 내용을 변경시켜 조사

기간 중 로그의 유용성을 손상시킬 수 있다. 적절한 기간 동안 로그가 유지되지 않으면 필요시에 관리자가 부적절한 활동과 기타 시스템 문제를 제대로 조사하지 못할 수 있다.

방법

이 절의 이전 단계에서 로그 파일의 위치를 다뤘다. 해당 파일에서 ls -1 명령을 수행해보자. 일반적으로 루트나 다른 시스템 계정으로만 쓸 수 있어야 한다.

시스템 관리자와 인터뷰해 온라인이나 오프라인 형태일 수 있는 보존 상황을 판단한다. 일반적으로 조사 기간 동안 적절한 내력을 유지하려면 이러한 보안 로그를 적어도 3~6개월 동안 보관하는 것이 좋다.

40. utmp 파일의 보안을 평가한다.

utmp 로그는 해당 시스템에 현재 로그인한 사용자를 추적하고 사용자가 로그인한 터미널에 대한 정보를 갖고 있다. 침입자는 이 파일에서 터미널 이름을 중요 파일의 터미널 이름으로 변경시킨 후 사용자 터미널에 쓰는 시스템 프로그램으로 하여금 대상 파일에 덮어 쓰게 할 수 있다. 이런 행위는 중요 파일의 손상을 초래할 수 있다.

방법

utmp 파일에서 ls -1 명령을 수행해보자. 일반적으로 유닉스 시스템의 경우 파일은 /etc/utmp에 위치하고, 리눅스 시스템의 경우 /var/run/utmp에 위치해 있다. 파일은 루트나 다른 시스템 계정에서 소유해야 하며, 소유자에게만 쓰기를 허용해야 한다.

41. 시스템의 보안 상태를 모니터링하기 위한 시스템 관리자 절차를 검토, 평가한다.

시스템 관리자가 보안 모니터링의 수행을 위한 프로세스를 갖추고 있지 않은 경우 보안 허점이 존재할 수 있다. 관리자 자신도 모르는 사이에 보안사고가 발생할 수 있는 것이다.

방법

시스템 관리자와 인터뷰하고, 관련 문서를 검토해 보안 모니터링 실무를 이해한다. 다양한 수준과 방법으로 보안 모니터링 활동을 수행할 수 있다. 모든 모니터링 수준과 방법을 수행할 필요는 없지만 시스템의 중요도 및 환경의 고유위험과 일치하는 일부 모니터링 수준을 확인해야 한다. 예를 들어 DMZ의 웹 서버에는 내부 네트워크상의 프린트 서버보다 강력한 보안 모니터링 기능이 있어야 한다. 기본적으로 감사인은 알고 싶은 것이 있다. 즉, 이 장의 다른 감사단계에서 줄곧 감사 대상으로 다뤄 온 문제들에 대해 시스템 관리자가 모니터링하는 방법이 궁금한 것이다.

다음은 네 가지 주요 모니터링 수준이다. 이러한 유형의 모니터링을 수행하기 위한 잠재적 도구는 이 장 뒷부분의 '도구와 기술' 절에서 설명한다.

- **네트워크 취약점 스캐닝**: 대부분의 환경에서 이는 아마도 가장 중요한 보안 모니터링 유형일 것이다. 시스템에 아무런 용무가 없는 자가 시스템에 접근하거나 시스템을 마비시킬 수 있는 잠재적인 취약점을 모니터링한다. 네트워크상의 모든 사람이 이러한 취약점을 악용할 수 있으므로 이를 인식하고 중단시켜야 한다.
- **호스트 기반 취약점 스캐닝**: 시스템상에 이미 와 있는 사람이 자신의 권한(예를 들어 루트 계정 악용)을 높여 민감한 데이터에 부적절하게 접근하거나 시스템을 마비시킬 수 있는 취약점을 스캐닝하는 것이다(예를 들어 파일 사용 권한이 잘못 설정돼 있음). 이런 유형의 스캐닝은 일반적으로 비관리직 최종 사용

자가 많은 시스템에서 더욱 중요하다.

- **침입탐지**: 이 모니터링은 시스템에 승인되지 않은 항목(또는 인증되지 않은 항목에서 시도)을 탐지한다. 기본적인 모니터링 도구(OSSEC나 Tripwire 등)를 사용해 중요 파일의 변경사항을 탐지할 수 있다. 로그 모니터링 도구는 시스템 로그를 통해 의심스러운 활동을 탐지하는 데 이용할 수 있다.
- **침입방지**: 이런 유형의 모니터링은 시도된 공격을 탐지하고 시스템을 손상시키기 전에 공격을 중단시킨다. 예를 들어 호스트 침입방지 시스템IPS 도구, Snort나 Suricata와 같은 네트워크 기반 IPS 도구가 있다.

보안 모니터링을 수행 중인 경우 모니터링 빈도와 수행 품질을 평가해보자. 보안 모니터링 도구가 실제로 사용되고 작동한다는 증거를 찾아본다. 최근 결과를 검토해 조사와 조치 여부를 판단한다. 나머지 감사결과를 활용해 이 평가를 수행한다. 예를 들어 모니터링되고 있는 것으로 추정되는 영역에서 중대 문제를 발견한 경우 해당 모니터링의 효과성이 의문시될 수 있다.

42. (하나 또는 두 개의 격리된 시스템이 아닌) 좀 더 큰 유닉스/리눅스 환경을 감사하는 경우 새 시스템에 대한 표준 빌드가 존재하는지 여부와 해당 베이스라인이 적절한 보안 설정을 갖추고 있는지 확인한다. 베이스라인에서 새로 생성된 시스템에 대한 감사를 고려한다.

환경 전체에 보안을 전파하는 가장 좋은 방법 중 하나는 새 시스템이 올바르게 구축됐는지를 확인하는 것이다. 이런 식으로 새 시스템이 배치됐으므로 새 시스템은 처음에 적절한 수준의 보안을 갖추고 있다는 확신을 주게 된다.

방법

시스템 관리자와의 인터뷰를 통해 새 시스템을 구축하고 배치하는 데 사용되는 방법론을 판정한다. 표준 빌드가 사용된 경우 이 장의 제반 단계를 적용해 새로 생성된 시스템을 감사해보자.

43. 감사 중인 시스템과 관련된 5장의 단계들을 수행한다.

시스템의 논리적 보안 감사 외에도 시스템 보호와 가용성을 확보하고자 적절한
물리적 통제와 운영 활동이 마련돼 있는지 확인해야 한다.

방법

5장의 제반 단계를 참고하고, 감사대상 시스템과 관련된 단계를 수행해보자. 예를
들어 관련 주제들은 다음과 같다.

- 물리적 보안
- 환경관리
- 용량계획
- 변경관리
- 시스템 모니터링
- 백업 프로세스
- 재해복구계획

도구와 기술

오픈소스 커뮤니티는 감사업무의 정확성과 효율성을 모두 높이고자 활용할 수
있는 수많은 유용한 도구를 제공해 왔다. *nix 시스템 감사에 가장 일반적으로
사용되는 오픈소스 도구 중 몇 가지를 사용법에 관련된 약간의 팁과 함께 알아
보자.

네트워크 취약점 스캐너

이 책의 이전 판에서 레너드 더레이즌^{Renaud Deraison}이 만든 Nessus 네트워크 취약점 스캐너를 권장했다. 1998년에 처음 나왔으며, 가장 널리 사용되는 오픈소스 네트워크 취약점 평가 도구였다. 간단히 말해 Nessus는 대상 호스트상에서 열린 포트를 찾아내 작동한다. 해당 포트에서 실행되는 서비스의 식별을 시도한 다음, 특정 취약점에 대해 해당 서비스를 테스트한다. 서버는 유닉스/리눅스에서만 작동하지만 서버를 제어하는 클라이언트들은 윈도우에서도 사용할 수 있다. 버전 3.0부터 Nessus는 이제 비공개 소스며 Tenable Security의 소유다. 그러나 오픈소스 네트워크 취약점 스캐너인 OpenVAS를 대안으로 사용할 수 있으며, 마지막 오픈소스 버전의 Nessus를 하부 기초로 이용한다.

자세한 내용은 www.openvas.org, www.tenable.com을 참고한다.

NMAP

호스트 기반 방화벽의 규칙을 테스트하고자 Nessus와 같은 전체 취약점 스캐너를 실행하지 않고 서버에서 열린 포트를 체크하는 편리한 방식이 NMAP다. NMAP은 사용자에게 많은 옵션을 제공하며, 모든 옵션을 이해하고자 매뉴얼 페이지^{man page}[14]를 반드시 읽어야 한다.

자세한 내용은 https://nmap.org를 참고한다.

악성코드 탐지 도구

감사과정에서 멀웨어 탐지 도구를 실행해 가능한 손상을 체크할 수 있다. 시스템 관리자에게 이 도구를 추천해 정기적으로 보안 모니터링을 실행하도록 제안할 수 있다. 여러 가지 오픈소스 도구를 이용할 수 있다.

---

14. 유닉스/리눅스 등의 OS에서 볼 수 있는 소프트웨어 문서(매뉴얼의 축소판)다. - 옮긴이

Chkrootkit와 Rootkit Hunter는 시스템에서 실행 중인 알려진 루트킷[rootkits]과 '의심스러운' 파일이나 프로세스를 모두 식별하도록 설계됐다. 자세한 정보는 chkrootkit. org와 rkhunter.sourceforge.net을 참조한다.

ClamAV와 LLM[Linux Malware Detect]은 좀 더 전통적인 바이러스 방지 기능을 제공하며, 리눅스 시스템에서 멀웨어를 탐지하도록 설계됐다. 자세한 내용은 www.clamav.net과 www.rfxn.com/projects/linux-malware-detect를 참고한다.

패스워드 강도의 유효성 검증 도구

사용자가 선택한 패스워드의 강도를 확인하는 것이 감사범위의 일부인 경우 감사인은 이들 세 가지 도구를 살펴보고 싶을 것이다. 알렉 머펫 크랙[Alec Muffett's Crack]은 1990년대 초반으로 거슬러 올라간다. 좀 오래된 도구며 좀 더 최신 패스워드 해싱 알고리즘을 지원하지 않을 수 있지만, 여전히 널리 알려져 있다. 한편 존더리퍼[John the Ripper]는 일반적으로 더 빠르고 좀 더 많은 기능을 갖추고 있다. 2015년까지 독점 코드 기반을 보유한 해시캣[hashcat]은 세계에서 가장 빠르고 가장 진보된 패스워드 복구 도구임을 자부한다. 이 세 가지 옵션 중 어느 것이든 대부분의 경우 당해 업무를 수행할 것이다. 영어 이외의 단어 목록을 포함시키고 이러한 도구의 사전에 단어 목록을 추가해 효율성을 제고해보자.

자세한 내용은 ftp.cerias.purdue.edu/pub/tools/unix/pwdutils/crack, www.openwall.com/john, hashcat.net/hashcat/를 참고한다.

호스트 기반 취약점 스캐너

이 책의 이전 버전들은 여러 테스트 단계의 성능을 자동화할 수 있는 호스트 기반 취약점 검색 도구로 Tiger와 TARA를 권장했으므로, 각 단계의 번거로운 수동 실행과 분석을 피할 수 있었다. Tiger는 원래 Texas A&M University에서 개발한 보안 도구다. TARA[Tiger Analytical Research Assistant]는 Tiger의 변형이다. 아쉽게도 두 도구의 발전은 최근 몇 년 동안 중단됐지만 감사를 보완하고자 오픈소스 호스트 기반 취약점 스캐너를 찾고 있다면 두 도구 모두 여전히 이용가능하고 기능이 작동한다. 자세한 내용은 savannah.nongnu.org/projects/tiger, www.nongnu.org/tiger, www.arc.com/tara를 참조한다.

좀 더 최신 오픈소스 호스트 기반 취약점 스캐너를 찾아보려면 2007년부터 사용돼온 Lynis(https://cisofy.com/lynis)에 대한 탐색을 고려한다. Lynis은 Tiger와와 유사한 포커스를 갖고 있다.

Shell/Awk/etc

다른 것들과 같은 의미의 도구는 아니지만, *nix 셸은 특히 awk나 sed와 같은 추가 도구를 활용하면 명령의 실행으로 텍스트 출력을 잘게 썰어 처리하는 등 유용성이 입증될 수 있다. 이 감사 프로그램의 제반 단계를 수행하는 데 필요한 많은 정보는 셸 스크립트를 사용해 입수할 수 있다. 이 스크립트는 시스템 관리자에게 제공될 수 있으며, 시스템 관리자는 그것을 루트로 실행해 감사인에게 출력을 제공한다. 반환된 값을 테스트하려고 논리 연산을 이용하면 평가 프로세스를 자동화시킬 수 있으며, 일부 단계에서 간단한 합격/불합격 등급을 되돌릴 수도 있다. 단계2에서는 중복 UID를 확인하려고 passwd 파일을 검사하는 간단한 예를 볼 수 있다.

지식 베이스

*nix 운영체제 감사의 주제에 대해 더 자세히 알고 싶다면 인쇄물과 인터넷에서 많은 자료를 입수할 수 있다.

유닉스 보안에 관한 '입문' 서적 중 하나는 Simson Garfinkel, Gene Spafford, Alan Schwartz가 저술한 『Practical UNIX & Internet Security』(O'Reilly Media)이다. 이 책은 유닉스 환경을 보호하는 방법에 대한 자세한 지침과 함께 주제에 대한 훌륭한

개요를 제공한다.

또 다른 우수한 인쇄물로 O'Reilly Media가 펴낸 Æleen Frisch의 『Essential System Administration』이 있다. 이 책은 *nix 관리자용이다. 하지만 이 장에서 다룬 많은 개념의 구현 방법에 대한 세부사항을 찾으려는 감사인에게 훌륭한 안내서 역할을 할 수 있다.

많은 웹 사이트가 유닉스를 다루고 있다. 어느 웹 사이트들이 가장 유용한지 결정하려면 그 사이트들을 훑어보는 것이 필요하다. 고려해야 할 사항들은 다음과 같다.

웹 사이트	설명
https://www.isaca.org	표준과 보안 지침 안내
https://www.sans.org/reading-room	인증과 기타 SANS 문서
https://www.cisecurity.org/controls	인터넷 보안 센터 'top 20' controls
https://apps.nsa.gov/iaarchive/library/ia-guidance/security-configuration	국가 안전국의 보안 구성 가이드
https://csrc.nist.gov/publications https://www.nist.gov/publications	표준, 기술에 관한 국가연구소의 보안 지침
https://.sectools.org	NMAP 사용자 서베이 조사에서 도출된 Top 125 보안 도구
https://seclists.org	목록의 리스트; 양호한 보안 기반의 메일링 리스트
https://www.securityfocus.com	메일링 리스트, 뉴스, 취약점
cve.mitre.org	보안 초점의 취약점 데이터베이스 섹션과 더불어 잠재적 취약점 연구를 시작하기에 적합한 분야를 제시해준다.

구글은 쉽게 접근할 수 있으며, 유닉스와 리눅스 시스템이 어떻게 작동하는지 인터넷에서 풍부한 정보를 얻을 수 있다는 것을 기억하자. 예를 들어 command list unix를 검색해보자.

종합 체크리스트

이 장에서는 유닉스 호스트와 변종을 감사하기 위한 몇 가지 방법을 다뤘다. 변형이 너무 많으므로 발생 항목 모두를 나열할 수는 없다. 다음은 이 장에서 검토한 제반 항목의 리스트다.

계정관리 감사

계정관리 감사용 체크리스트
1. 유닉스나 리눅스 사용자 계정의 생성 절차를 검토, 평가하고, 적합한 업무상 필요한 경우에만 계정이 생성되는지 확인한다. 또한 해지나 작업 변경 시 계정을 적시에 제거하거나 비활성화할 수 있는 절차를 검토, 평가한다.
2. 패스워드 파일의 모든 사용자 ID가 고유한지 확인한다.
3. 패스워드 음영 처리 여부와 가능한 경우 강력한 해시를 사용하는지 확인한다.
4. 패스워드와 섀도우 패스워드 파일의 사용 권한을 평가한다.
5. 시스템 패스워드의 강도와 더 강력한 인증 형식의 사용을 검토, 평가한다.
6. 사용 기간 같은 패스워드 통제기능의 사용을 평가한다.
7. 신규 사용자를 위한 초기 패스워드 설정과 해당 패스워드의 전달을 위해 시스템 관리자가 사용하는 프로세스를 검토한다.
8. 각 계정이 특정 직원과 연결돼 있고 특정 직원으로 쉽게 추적할 수 있는지 확인한다.
9. 유효하지 않은 셸이 비활성화된 모든 계정에 있는지 확인한다.
10. 슈퍼유저(루트 수준) 계정과 기타 관리 계정에 대한 접근을 검토, 평가한다.
11. 직접 루트 로그인 방지를 위한 통제를 검토한다.
12. 그룹의 사용을 검토, 평가하고 사용 제한을 확인한다.
13. 그룹 수준에서 패스워드 사용을 평가한다.
14. 새 사용자를 추가할 때 시스템 관리자가 사용하는 디폴트 경로에서 디렉터리의 보안을 검토, 평가한다. 경로에서 '현재 디렉터리'의 사용을 평가한다.

계정관리 감사용 체크리스트
☐ 15. 루트 경로에 있는 디렉터리의 보안을 검토, 평가한다. 경로에서 '현재 디렉터리'의 사용을 평가한다.
☐ 16. 사용자 홈 디렉터리와 구성 파일의 보안을 검토, 평가한다. 일반적으로 소유자만 쓸 수 있어야 한다.

사용 권한관리 감사

사용 권한관리 감사용 체크리스트
☐ 17. 중요 파일과 관련 디렉터리의 판단 표본을 통해 파일 사용 권한을 평가한다.
☐ 18. 시스템에서 열린 디렉터리(권한이 drwxrwxrwx에 설정이 돼 있는 디렉터리)를 찾아 고정 비트가 설정돼 있는지 판별한다.
☐ 19. 시스템상의 모든 SUID 파일, 특히 루트에 이르는 SUID 파일들의 보안을 평가한다.
☐ 20. 커널에 대한 보안을 검토하고 평가한다.
☐ 21. /etc/passwd 파일에서 모든 파일은 유효한 소유자를 두고 있는지 확인한다.
☐ 22. 사용자가 chown 명령을 이용해 사용자 계정을 손상시킬 수 없는지 확인한다.
☐ 23. 서버의 기본 umask 값을 입수, 평가한다.
☐ 24. 시스템의 크론 탭, 특히 루트의 크론 탭에서 비정상적이거나 의심스러운 기입항목이 있는지 검사한다.
☐ 25. 특히 루트 크론 탭의 경우 크론 탭 항목 내 참조 파일의 보안을 검토한다. 그 항목들이 크론 탭 소유자만 소유하고 쓸 수 있는 파일을 지칭하는 것인지, 그리고 해당 파일이 크론 탭 소유자만 소유하고 쓸 수 있는 디렉터리에 위치해 있는지 확인한다.
☐ 26. 시스템에 예정된 일회성 작업에서 비정상적이거나 의심스러운 항목이 있는지 검사한다.

네트워크 보안, 통제 감사

	네트워크 보안, 통제 감사용 체크리스트
☐	27. 시스템상에서 어떤 네트워크 서비스가 가능한지 판정하고, 필요성을 시스템 관리자와 함께 검증한다. 필요한 서비스에 대해서는 해당 서비스와 관련된 취약점 평가절차와 그에 대한 패치 유지 절차를 검토, 평가한다.
☐	28. 네트워크 취약점 스캐닝 도구를 실행해 당해 환경에서 현재의 취약점을 검사한다.
☐	29. /etc/hosts.equiv 파일과 사용자 .rhosts 파일을 통한 트러스트 접근의 이용 상황을 검토, 평가한다. 트러스트 접근방식이 이용되지 않거나 절대적으로 필요한 것으로 간주되는 경우에도 최대한 억제되고 있는지 확인한다.
☐	30. SSH 키를 통한 트러스트 접근의 사용법을 검토, 평가한다.
☐	31. 익명의 FTP가 활성화돼 있고 실제로 필요하다면 제대로 잠겨 있는지 확인한다.
☐	32. NFS가 활성화돼 있고 실제로 필요하다면 제대로 보호되고 있는지 확인한다.
☐	33. 보안 프로토콜의 사용을 검토한다.
☐	34. .netrc 파일의 사용을 검토, 평가한다.
☐	35. 사용자가 시스템에 연결하면 법적인 경고 배너가 표시되는지 확인한다.
☐	36. 서버상의 모뎀 사용을 검토, 평가한다.

보안 모니터링과 기타 일반통제 감사

	보안 모니터링과 기타 일반통제 감사용 체크리스트
☐	37. su와 sudo 명령 로그를 검토해 이러한 명령의 사용 시에 명령의 입력 날짜, 시간, 사용자 정보가 기록되는지 확인한다.
☐	38. syslog를 평가해 적절한 정보를 캡처하는지 확인한다.
☐	39. wtmp log, sulog, syslog, 기타 관련 감사 로그의 보안과 보존 상황을 평가한다.
☐	40. utmp 파일의 보안을 평가한다.

보안 모니터링과 기타 일반통제 감사용 체크리스트
☐	41. 시스템의 보안 상태를 모니터링하기 위한 시스템 관리자 절차를 검토, 평가한다.
☐	42. (하나 또는 두 개의 격리된 시스템이 아닌) 좀 더 큰 유닉스/리눅스 환경을 감사하는 경우 새 시스템에 대한 표준 빌드가 존재하는지 여부와 해당 베이스라인이 적절한 보안 설정을 갖추고 있는지 확인한다. 베이스라인에서 새로 생성된 시스템에 대한 감사를 고려한다.
☐	43. 감사 중인 시스템과 관련된 5장의 단계들을 수행한다.

웹 서버와 웹 애플리케이션

지난 30년 이상에 걸쳐 웹 서버와 웹 기반 애플리케이션은 사람과 시스템이 정보에 액세스하고 조작할 수 있게 인터페이스 기능을 제공해 왔다. 인터넷이 진화함에 따라 웹 서비스는 풍부한 대화식 경험, 모바일 애플리케이션을 지원하는 등 점점 더 복잡해지고 있다. 애플리케이션 모델은 다양할 수 있지만 웹 서비스 통제의 일부 기본 원칙은 광범위한 시스템에 적용될 수 있다. 9장에서 다루는 내용은 다음과 같다.

- 웹 서버를 감사하는 방법
- 웹 애플리케이션을 감사하는 방법

배경지식

월드와이드웹World Wide Web[1]으로 알려진 개념은 1980년대 후반에 팀 버너스 리Tim Berners-Lee와 로버트 칼리오Robert Cailliau에서 시작된 개념으로, 텍스트 문서에서 참조 기능을 향상시키려는 방식이었다. 당시 스위스에 소재한 유럽 핵 입자 물리연구

---

1. WWW – 1989년, 팀 버너스 리(CERN 연구원)는 월드와이드웹(WWW, World Wide Web)을 만들자는 제안서를 돌렸다. 그리고 혼자서 WWW를 만들었다. 1990년 성탄절 최초의 웹 브라우저를 공개했다. '마우스'만 클릭하면 원하는 정보를 찾을 수 있는 '웹'의 혁명에 사람들은 경탄했다. 1999년 3월, TIMES(미 시사주간지)가 20세기의 20대 지성을 선정했을 때 그는 아인슈타인 등과 나란히 한자리를 차지했다. 그는 당초 자신이 만든 이 세기의 발명품의 이름을 짓는 데 고심했다. 정보의 보고(寶庫)라는 뜻의 모이(Moi, mine of information), 자신의 이름과 같은 팀(Tim, The information mine)도 후보였다. 그러나 결국 수학의 곡선 그래프와 비슷한 형태의 'WWW'로 세기의 발명품을 부르기로 결정했다. 이제 그가 만든 '월드와이드웹'을 모르는 젊은이는 없다(출처: 조선일보, 1999.12.23. 편집). – 옮긴이

소^{CERN}의 소프트웨어 엔지니어였던 버너스 리는 컴퓨터에 저장된 정보에 접속해 공유하는 더 좋은 방식을 모색했다. 버너스 리와 칼리오가 개발한 기반들은(웹 서버, 웹 브라우저, 웹 페이지에서 사용되는 언어와 형식을 포함) 30년이 지난 후에도 여전히 웹의 토대가 되고 있다. 웹 인터페이스^{web interface}는 단순한 정적 페이지^{static pages}에서 오늘날 브라우저와 모바일 애플리케이션을 통해 경험하는 대화식 온라인 세상^{interactive online world}으로 발전했다.

기업들은 웹 애플리케이션에 의존해 웹 사이트를 통한 고객과의 연결, 인적자원 시스템의 관리, 이메일, 공동 작업 등을 수행한다. 오늘날 거의 모든 기업은 하나 이상의 웹 사이트를 온라인 상태로 유지하고 있으며, 많은 주요 업무 프로세스는 웹 기술에 의존하고 있다. 이러한 애플리케이션의 이용 확대와 영향의 중대성으로 인해 회사 이익의 보호를 위한 적절한 통제기능이 마련돼 있는지 확인하는 일은 감사인에게 중요 임무가 됐다.

웹 감사의 기본 사항

버라이즌^{Verizon}의 2018년 데이터 침해 조사보고서에 의하면 회사 데이터 침해 유형의 약 20%는 웹 애플리케이션 공격으로 발생했다. 또한 손상된 웹 애플리케이션이 스팸이나 피싱과 같은 다른 악의적인 목적으로 이용되거나 다른 조직에 대한 공격 역할로 용도 변경된 사건이 23,000건 이상 발생했다고 한다.

웹 서버는 흔한 공격 대상이 되고 있으며 보호가 어려울 수 있다. 회사 비밀, 개인정보, 신용카드 기록과 같은 재무 데이터에 액세스하거나 그러한 데이터의 보관에 종종 이용된다.

많은 감사와 같이 웹 서버 평가 업무가 정밀 과학은 아니다. 다양한 유형의 웹 서버가 사용되고 있다(아파치^{Apache}, 엔진엑스^{nginx}, 마이크로소프트 인터넷 정보 서비스^{IIS, Internet Information Services}상에서 가동되는 서버가 가장 흔하다). 수백만의 다양한 애플리케이션이 웹 서비스에 의존하고 있다. 점점 더 큰 비율의 웹 트래픽이 오늘날 애플리케이션과 관련돼 있으며, 시스템들은 웹 서비스 역할자로서의 API^{Application Programming} Interface(응용 프로그래밍 인터페이스)[2]와 접해 있다. 웹 서비스에 의존하는 매우 다양한 시스템들은 감사업무에 복잡성을 초래할 수 있다. 그렇지만 거의 모든 웹 기반 시스템에 적용할 수 있는 기본 사항들에 국한시킨다면 감사인은 상황을 단순화시킬 수 있다.

강력한 보안 프로그램을 갖춘 조직들은 웹 서버 보호를 위한 여러 추가 통제기능을 설계 운용한다. 웹 애플리케이션 방화벽^{WAF}, 네트워크 포트 제어^{port controls}, 리버스 프록시^{reverse proxies}는 웹 환경에서 볼 수 있는 기술이다. 또한 성숙된(역사가 있는 체계가 갖춰진) 조직들은 웹 시스템 관련 취약점 테스트나 침투테스트를 정기적으로 수행하거나 외부업체와 서비스 계약을 체결할 것이다. 웹 서버의 보호 문제를 온전히 감사에만 의존할 수 없다. 방어 계층들을 적극 권장한다. 이러한 보충적 통제 중 일부를 다음에 설명한다.

아파치, MIIS를 비롯해 인터넷 보안센터^{CIS, Center for Internet Security}는 널리 사용되는 기술에 대한 강화 안내서를 많이 발행하고 있다. 이 안내서에는 자세한 기술 구성 지침과 검증 단계들이 포함되며, 감사인과 시스템 관리자에게 훌륭한 자료원이다. 가능하면 CIS 강화 안내서 사본을 구해 권장 사항을 검토, 이용해보자.

다중 구성 요소에 대한 일회 감사

완전한 웹 감사란 실제로 서버 운영체제, 웹 서버, 웹 애플리케이션을 비롯한 세 가지 기본 구성 요소에 대한 감사를 말한다. 이 세 가지 구성 요소가 표 9-1에 나와 있다. 지원 데이터베이스나 관련 네트워크 인프라와 같은 추가 구성 요소도 감사의 일부로 고려할 수 있다.

---

2. API는 애플리케이션 개발자들이 애플리케이션을 만들 때 운영체제에서 동작하는 프로그램을 쉽게 만들 수 있도록 화면 구성이나 프로그램 동작에 필요한 각종 함수를 모아놓은 것이다(출처: (주)천재교육, 학습용어사전 소프트웨어).
　 - 옮긴이

웹 감사의 구성 요소	핵심 관심 사항
서버 운영체제	호스트 플랫폼과 운영체제의 보안
웹 서버	디폴트설정, 샘플 코드, 일반적 구성 오류, 로깅
웹 애플리케이션	개발 프레임 보안 설정, 디폴트 애플리케이션 설정, 입력 유효성 검증, 잘못 제시된 데이터, 회사 기밀 자료에 대한 접근, 일반적 구성 오류

표 9–1 구성 요소에 대한 웹 감사

논의할 첫 번째 구성 요소는 기본 플랫폼이나 운영체제며, 웹 서버와 애플리케이션이 설치, 작동되는 곳이다. 다음은 MIIS나 아파치와 같은 웹 서버 자체다. 이는 웹 애플리케이션web application을 호스팅[3]하는 데 이용된다. 끝으로 웹 애플리케이션 감사를 다룬다.

웹 애플리케이션 개발에 이용할 수 있는 언어와 구조들은 매우 다양하다. 이로 인해 감사 프로세스가 복잡해진다. 그러나 주의를 요하는 사항의 판정에 도움이 되는 몇 가지 도구와 방법도 있다. 다음 단계는 이러한 도구와 방법을 다룬다. 다음 단계를 수행해도 감사인이 자신의 우려사항을 완전히 해소하지 못하는 경우 감사 애플리케이션을 다루는 15장을 검토해야 한다. 15장이 의도한 중점사항은 복잡하거나 드물게 수행되는 감사업무를 개념적으로 세분화하는 것이다.

1부: 호스트 운영체제 감사를 위한 테스트 단계

호스트 운영체제 감사는 웹 서버 및 웹 애플리케이션 감사와 함께 수행해야 한다. 플랫폼 감사는 윈도우나 유닉스에 관한 7장과 8장을 참고한다.

---

3. 인터넷 호스팅 서비스(Internet hosting service)는 인터넷 서버를 운영하는 서비스다. 단체와 개인이 콘텐츠를 인터넷에 제공하는 것을 도와주며, 여러 수준의 다양한 서비스를 제공한다. – 옮긴이

2부: 웹 서버 감사를 위한 테스트 단계

일단 운영체제 통제가 갖춰져 있다면 웹 서버 계층을 검사해야 한다. 여기에 제시된 기본 단계들은 기본 운영체제 플랫폼이나 웹 애플리케이션 자체의 특성에 관계없이 대부분의 웹 서버 환경에 적용된다. 대부분의 감사단계에는 애플리케이션이나 서버 관리자와의 인터뷰나 토의가 포함된다. 전문 기술적인 명령을 참조하는 경우 일반적으로 아파치 기반 서버용이다. 감사인은 회사의 서버나 애플리케이션 관리자의 도움을 받아 MIIS나 다른 서버 유형에서 유사한 명령을 식별한다.

1. 웹 서버가 전용 논리 시스템(중요한 다른 애플리케이션들과 공유되지 않음)에서 가동되고 있는지 검증한다.

웹 호스트가 손상되면 공격자가 서버상의 다른 애플리케이션을 손상시킬 수 있다. 별도의 물리적 호스트 또는 별도의 가상머신[4] 형태로 웹 서버에 전용 논리 머신을 사용해야 한다. 예를 들어 액티브 디렉터리 도메인 컨트롤러를 실행하는 동일한 시스템상에 웹 서버를 결코 설치하지 않을 것이다.

방법

각 애플리케이션을 식별해 관리자와 알아본다. 다른 애플리케이션들이 해당 웹 서버와 동일한 호스트상에 있어야 할 업무의 합당한 요건을 신중하게 고려해보자. 이러한 애플리케이션들이 공존해야 한다면 추가 애플리케이션들의 각각을 감사범위 내로 가져올지 고려해보자.

---

4. 가상머신(VM, Virtual Machine)은 실존하는 컴퓨터가 아닌 '가상(virtual)'으로 존재하는 머신(Machine=Computer)으로, 컴퓨팅 환경을 소프트웨어로 구현한 것(즉 컴퓨터를 에뮬레이션하는 소프트웨어)이다. 가상머신에 운영체제나 애플리케이션을 설치하고 실행할 수 있다. 즉, 실제로 존재하는 윈도우 컴퓨터(호스트 OS) 안에 가상의 컴퓨터를 만들어 다른 운영체제(게스트 OS)인 리눅스 3개(서버A, 서버B, 클라이언트)를 추가 설치, 운영할 수 있게 제작된 프로그램을 말한다. 멀티부팅(Muli booting)과는 달리 하드디스크의 파티션을 나누지 않고 동시에 여러 개의 운영체제를 구동할 수 있는 환경을 제공해주는 프로그램이다(출처: 신윤환, 『쾌도난마, Linux & Unix 정복하기』, p.45). – 옮긴이

2. 웹 서버가 완전히 패치되고 최신 승인 코드로 업데이트됐는지 확인한다.

적절히 패치된 시스템^patched systems^을 구동하지 않으면 업데이트된 코드 릴리스^code releases^으로 수정될 수도 있었을 취약점으로 인해 웹 서버는 불필요한 손상 위험에 노출된다.

방법

모든 조직에는 자체 패치 관리 시스템과 정책이 있다. 관리자와 논의하고 관리자의 도움을 받아 웹 서버가 환경의 정책, 절차에 따라 승인된 최신 코드를 실행 중인지 검증한다. 유닉스 플랫폼상의 아파치 시스템의 경우 `httpd -v` 명령을 통해 사용 중인 아파치 버전을 볼 수 있다. 또한 최신 코드 릴리스로 시스템을 최신 상태로 유지하기 위한 정책, 절차를 검토해야 한다.

웹 서버는 종종 기업 지원의 관점에서 '미들웨어' 버킷에 속한다. 많은 인프라 팀은 웹 서버를 애플리케이션 스택의 일부로 간주한다. 반면에 웹 서버는 일반적으로 서버 베이스라인과 함께 설치된다는 점을 주목하면서 애플리케이션 팀은 웹 서버를 인프라 범위의 일부로 고려한다. 웹 서버의 패치와 유지에 대한 소유권이 조직 내의 누구에게 있는지 판정하는 일은 패치 문제와 다른 웹 서버 감사 문제의 해결 방향 모색에 많은 도움이 된다.

일부 애플리케이션에는 내장 웹 서버가 있을 수 있으며, 해당 패치 관리 프로세스는 다를 수 있다. 일부 맞춤형 웹 서버는 특정 라이브러리나 바이너리에 의존하므로 패치가 어려울 수 있다. 이런 그룹에 속하는 웹 서버의 경우 적절한 문서화가 조직에서 필요하다.

3. 불필요한 서비스, 모듈, 객체, API가 제거됐거나 비활성화돼 있는지 검증한다. 서비스와 모듈의 가동 업무는 최소 권한 계정으로 운용해야 한다.

불필요한 서비스, 모듈, 객체^objects^, API는 추가적인 공격 노출 영역을 보여준다. 결과적으로 악의적인 공격자와 멀웨어에게 좀 더 많은 기회를 준다.

방법

불필요한 서비스는 비활성화돼 있고 서비스의 실행 업무는 최소 권한 계정으로 운영되고 있는지를 검증하는 데 있어 관리자의 도움을 받는다. 파일 전송 프로토 콜FTP, SMTPSimple Mail Transport Protocol, 텔넷, 추가 서버 확장, NNTPNetwork News Transfer Protocol 서비스들이 요구되지 않는다면 이들이 비활성화돼 있는지 검증한다(호스트 운영체제 감사에서도 이들 서비스를 많이 다룬다). 이와 같은 서비스들은 종종 자격증명 을 평문으로 전송하며 대부분의 애플리케이션 운영에는 필요하지 않다. netstat 혹은 더 강력한 포트 매핑 유틸리티를 이용해 실행 중인 네트워크 서비스를 식별 할 수 있다. 많은 웹 서버는 강력한 관리 인터페이스 기능을 갖추고 있다. 그에 따 라 감사인은 추가적인 설치 모듈과 플러그인을 검토할 수 있다.

로그와 구성 파일을 검토해 필요한 모듈만 활성화됐는지 실증한다. 가동에 다른 것들이 필요한지 질문한다.

4. 웹 서버 접근은 적절한 프로토콜 및 포트에게만 허용되는지를 검증한다.

웹 서버에 접근할 수 있는 프로토콜과 포트 수를 최소화하면 서버 손상에 이용될 수 있는 공격 경로 수를 줄일 수 있다.

방법

관리자와 논의하고 관리자의 도움을 받아 필요한 프로토콜만 서버에 접근할 수 있는지 검증한다. 예를 들어 서버상의 TCP/IP 스택을 강화해 적절한 프로토콜만 허용한다. IIS 서버상에서 NetBIOS와 SMBServer Message Block를 비활성화해야 한다. 웹 서버에 접근할 수 있는 프로토콜과 포트를 제한하고자 방화벽 규칙이나 네트 워크 접근통제 목록ACL과 같은 추가 통제를 설정할 수 있다. 일반적으로 웹 서버 접근은 포트 80(http)과 443(https)상의 TCP에게만 허용해야 한다. 또한 경우에 따라 TLS^{Transport Layer Security} 트랜잭션에서 허용하는 합의로 정해진 암호에 대한 검토가 필요할 수도 있다. 취약점 스캐닝 도구는 암호 관련 문제를 식별할 수 있다. 관리자와 이러한 결정 사항들을 검토한다.

또한 웹 서버 공격을 방어하고자 마련된 광대역 네트워크 보호 기능을 검사해야 한다. 몇 가지 일반적인 방어 수단에 다음이 포함된다.

- **웹 응용 방화벽**^{WAF}: WAF는 악성 콘텐츠에 대한 웹 요청을 검사하는 애플리케이션 인식 방화벽이다. 독립형 장치로 다른 방화벽의 어떤 특색을 갖춰 웹 서버용 애드온 모듈이나 타사의 네트워크 기반 서비스로 WAF를 설치할 수 있다. 조직이 WAF를 사용하는 경우 WAF의 유지보수 방법과 WAF의 경고가 조직에서 처리되는 방식을 조사해야 한다.

- **리버스 프록시**^{reverse proxy}: 리버스 프록시는 외부로부터의 요청을 처리하고 적절하게 길 안내를 하는 특수한 유형의 중개 웹 서버다. 리버스 프록시를 방화벽으로 사용할 수 있다. 이는 대상 웹 시스템에 대한 매우 제한된 트래픽 패턴을 가능하게 한다. 리버스 프록시가 사용되는 경우 관리자와 함께 논의해 프록시 구성 방법과 추가 보호 기능을 이해한다. 단순히 통과 지점 형태인 경우 해당 시스템은 보호 기능을 효과적으로 제공하지 못한다.

- **서비스 거부**^{DoS, Denial-of-service} **방지**: DoS 공격으로 시스템에 대한 요청이 과부하되면 충돌이나 기타 예측할 수 없는 동작이 발생한다. DoS 공격은 서버 자체에서 방어하기 어려울 수 있지만 속도 제한^{rate limiting}, 부하 분산^{load balancing}, 기타 방어를 비롯한 네트워크 아키텍처를 구축해 DoS 조건의 발생 가능성이나 영향을 줄일 수 있다. 이를 네트워크 관리자와 알아본다. 전반적으로가 아니라 중요한 애플리케이션에 전략적으로 DoS 방호를 적용할 수 있을 것이다.

- **봇 방어**^{bot defenses}: 2017년, 보안 회사(Imperva)에서 발행한 보고서에 의하면 웹 트래픽의 50% 이상이 사람이 아닌 '봇^{bots}'에 의해 생성된 것으로 나타났

다. 인기 있는 검색 엔진에서 사용하는 것과 같은 일부 봇은 인터넷 콘텐츠를 인덱싱하는 데 도움이 될 수 있다. 더없이 악의적인 일부 봇은 악용할 취약점을 찾으려고 사이트를 이리저리 기어 다닌다. 애플리케이션과 콘텐츠의 특성에 따라 봇들의 회사 사이트 크롤^{crawl}을 원치 않을 것이다. 웹 서버 관리자나 웹 애플리케이션 팀과 이 문제에 대해 토론해 봇 방어가 필요한지 판단한다. 방어망이 설정돼 있는 경우 이러한 방어의 유지 방법과 방어 플랫폼에서 생성된 경보나 기타 측정치에 대응해 어떤 조치를 취하는지 확인한다.

5. 웹 서버 접속이 허용되는 계정들의 관리 적합성과 패스워드 사용의 엄격성을 검증한다.

이는 계정의 사용, 관리에 대한 통제를 커버하므로 넓은 범위의 큰 단계다. 부적절하게 관리되거나 사용된 계정은 악의적인 공격을 방지하는 다른 추가 보안통제를 우회해 웹 서버에 쉽게 접속할 수 있게 해준다.

방법

미사용 시스템 계정은 서버에서 제거됐거나 완전히 비활성화됐는지 여부를 시스템 관리자와 논의해 검증한다. 윈도우 서버상의 디폴트 관리자 계정 이름을 바꿔야 한다. 관리용으로 사용되는 계정을 제외한 모든 계정에 대한 원격 로그인은 제한해야 한다. 유닉스 기반 호스트(리눅스, 솔라리스 등)상의 루트 계정은 엄격하게 제어돼야 하며 직접 원격관리에 사용하면 안 된다.

일반적으로 관리자 간에 계정을 공유해서는 안 되며, 관리자는 자신의 계정을 사용자와 공유하면 안 된다. 서버와 웹 서버 애플리케이션은 항상 강력한 계정과 패스워드 정책을 시행해야 한다. 공용 클라우드 인프라와 같은 인터넷에서 계정에 접속할 수 있는 상황이나 특별 허가된 계정의 경우 다단계 인증을 고려해야 한다.

웹 서버의 가동은 항상 명료한 사용자와 그룹의 지배하에 이뤄져야 하며, 관리자 프로파일(일람표, 인물 소개)의 지배하에 웹 서버가 가동되면 안 된다. 이의 의미는 다음과 같다.

유닉스에서 웹 서버를 루트로 가동시키면 안 된다. 윈도우에서 웹 서버의 가동이 관리 권한을 가진 계정의 지배하에 행해지면 안 된다. 아파치[5]가 설치된 경우 `apachectl -S` 명령을 이용해 아파치 사용자와 그룹의 목록을 볼 수 있다.

MIIS 웹 서버에 대한 추가 고려 사항에는 `IUSR_MACHINE` 계정이 애플리케이션에서 사용되지 않는 경우 비활성화돼 있는지 확인하는 것이 포함된다. 애플리케이션에 익명 접근이 필요한 경우 권한이 낮은 별도의 익명 계정도 만들어야 한다. 여러 웹 애플리케이션을 호스팅하는 경우 각 애플리케이션에 대해 별도의 익명 사용자 계정을 구성한다.

6. 파일, 디렉터리, 가상 디렉터리에 대한 적절한 통제가 있는지 확인한다.

웹 서버와 시스템 일반에서 사용하는 파일과 디렉터리에 대한 통제가 부적절하면 공격자는 접근 허용 수준보다 더 많은 정보와 도구에 접근할 수 있다. 예를 들어 원격관리 유틸리티는 웹 서버 손상 가능성을 높인다.

방법

파일과 디렉터리에 적절한 사용 권한이 설정돼 있는지, 특히 다음을 포함하는지 검증한다.

- 웹 사이트 콘텐츠
- 웹 사이트 스크립트
- 시스템 파일(예를 들어 %windir%\system32나 웹 서버 디렉터리)

---

5. 아파치(Apache)는 WWW 서버용 소프트웨어로, 오픈소스로 업데이트된 패치파일을 무료로 제공한다. - 옮긴이

- 도구, 유틸리티, 소프트웨어 개발 키트

샘플 애플리케이션과 가상 디렉터리는 제거해야 한다. 가능한 경우 로그와 웹 사이트 콘텐츠가 비시스템 볼륨에 저장돼 있는지 관리자와 논의, 검증한다.

또한 절대적으로 필요한 경우를 제외하고 익명이나 모든 그룹(월드 허용 권한)의 접근을 제한하고 있는지 검증한다. 필요한 경우가 아니면 시스템에서 파일이나 디렉터리를 공유하지 않아야 한다.

7. 버전 및 디렉터리 목록과 같은 불필요한 정보가 웹 인터페이스를 통해 노출되지 않는지 확인한다.

정보를 불필요하게 노출시키는 웹 서버는 민감한 데이터를 유출하거나 취약점을 좀 더 쉽게 찾을 수 있는 여지를 공격자에게 제공한다. 서버 구성의 간단한 설정을 점검해보면 정보가 노출되지 않았는지 검증할 수 있다.

방법

아파치 서버의 경우 서버의 conf 디렉터리에서 httpd.conf 파일을 검사해보자. 다음 항목을 찾아서 값이 일치하는지 확인해보자.

```
ServerTokens Prod
ServerSigature off
```

이 설정에서 아파치는 응답 헤더response headers에 최소한의 정보를 제공하도록 설정된다.

httpd.conf를 검토하면서 해당 디렉터리 속성도 찾아보고 Options가 None이나 -Indexes로 설정돼 있는지 확인해야 한다.

```
<Directory /opt/apache /htdocs>
options-Indexes
</Directory>
```

이 설정에서 아파치는 디렉터리 목록을 반환하지 않는다. 참조 URL이 index.html 이나 다른 배열의 디폴트 페이지 파일을 포함하지 않는 폴더인 경우에 그렇다.

8. 웹 서버에 적절하게 활성화된 로깅 기능이 있고 모니터링 프로세스가 설정돼 있는지 확인한다.

감사대상이 될 사건들의 로깅[logging]은 관리자의 문제해결을 돕는다. 로깅을 통해 사고대응 팀은 포렌식 데이터도 수집할 수 있다.

방법

웹 서버에 적용할 수 있는 조직의 로깅 정책을 검토하고 웹 서버 팀과 정책준수에 대해 알아본다. 사용자 정보, IP 주소, 기타 데이터가 포함된 로그인 및 접속 이벤트와 관련된 로그가 웹 서버에 들어있을 수 있다. 회사 정책에 따라 로그를 유지하는지 확인한다. 민감한 규제 데이터가 있는 서버를 비롯해 중요한 웹 서버는 로그를 중앙 로그 저장소와 분석 시설로 전송해야 한다. 거기서 추가 트랜잭션 데이터를 기록할 수도 있다.

또한 SOC[Security Operations Center]나 서버 로그 모니터링을 담당하는 다른 그룹과 모니터링 실무도 논의해야 한다. SOC가 중요 웹 서버에 대한 경보를 식별하고 이에 따라 대응할 수 있는지 판별한다. SOC 프로세스와 사고대응 활동은 4장에서 자세히 다뤘다.

9. 스크립트 확장자가 적절하게 매핑됐는지 확인한다.

스크립트를 통해 침입자는 자신이 선택한 코드를 실행해 웹 서버를 손상시킬 수 있다.

방법

웹 서버에서 사용하지 않는 스크립트 확장자가 404 웹 페이지 핸들러에 매핑되거나 단순히 함께 거부됐는지 웹 관리자의 도움을 받아 검증한다. 사용하거나 사용하지 않을 수 있는 확장자의 예로는 .idq, .htw, .ida, .shtml, .shtm, .stm, .idc, .htr, .printer가 있다.

10. 사용 중인 서버 인증서의 유효성을 검증한다.

서버 측 인증서는 클라이언트에게 웹 서버 ID에 대한 신뢰를 부여할 수 있다. 오래되거나 해지된 인증서는 최종 사용자의 회사 사이트 방문을 막거나 경고 또는 오류를 생성할 수 있다.

방법

모든 인증서가 유효하고 의도된 목적으로 사용되고 있으며 해지되지 않았음을 관리자의 도움을 받아 검증한다. 인증서 날짜 범위, 공개키, 메타데이터가 모두 유효해야 한다. 인증서 만료와 갱신 절차를 알아본다. 브라우저는 사용자에게 경고하거나 인증서 오류에 대한 접근을 허용하지 않는 경향이 있지만, 애플리케이션에 접근하는 데 사용되는 모든 브라우저에는 해당되지 않을 수 있다. 사용 중인 인증서가 유효한지 확인한다.

인증서는 자체 서명되거나 인증기관^{CA}에서 발급할 수 있다. 조직이 자체 서명된 인증서를 수용할 내부 브라우저를 구성할 수 있는 경우 자체 서명된 인증서는 내부 웹 사이트용이거나 관리 인터페이스용으로 종종 사용된다. CA 발급 인증의 경우 일반적으로 비용이 든다. CA 발급 인증서는 사이트의 유효성에 대한 트러스트 기관의 확인이며 거의 모든 인터넷 관련 웹 사이트에서 사용된다. 최종 사용자 관점에서 CA 인증서를 배치하는 것도 쉽다. 브라우저에는 많은 인증기관에 대한 트러스트 정보가 미리 배열돼 있고 또한 브라우저는 자체 서명된 인증서를 자동으로 신뢰하지 않기 때문이다. 웹 관리자와 협력해 사용 중인 인증서 유형을 판정한다.

3부: 웹 애플리케이션 감사를 위한 테스트 단계

이 절은 애플리케이션 감사 접근법을 다룬다. OWASP^{Open Web Application Security Project}는 Top10 웹 애플리케이션 보안 위험을 제시하고 있다.

이 웹 사이트에 따르면 OWASP는 "조직에서 신뢰할 수 있는 애플리케이션을 개발, 구매, 유지할 수 있게 돕는 데 헌신하고 있다." OWASP는 웹 애플리케이션용 감사 프로그램을 개발하는 데 도움이 되는 엄청난 양의 정보를 유지하고 있다. 정기적으로 업데이트되는 OWASP Top10은 웹 애플리케이션 보안을 위한 최소 표준 세트로 생각된다. 그와 같은 견지에서 웹 애플리케이션 감사의 시작점으로 이 장의 제반 단계를 고려해야 한다.

웹 애플리케이션 설계에서는 부분 코드나 전체 코드 검토, 제3자 침투테스트, 상용 코드 스캐너 사용, 오픈소스 검토 도구를 비롯한 추가 테스트가 필요할 수 있다. 이들 각각은 조직의 애플리케이션이 올바르게 설계되고 구성됐다는 추가적인 확신을 제공할 수 있다. 웹 애플리케이션의 업무상 가치를 고려해보자. 또한 적절한 리소스에 대한 투자를 통해 애플리케이션의 안전을 보장해보자. 웹 애플리케이션에서 취약점을 효과적으로 찾는 방법에 대한 추가 지침은 www.owasp.org의 OWASP 테스팅 가이드^{Testing Guide}와 OWASP 코드 검토 가이드^{Code Review Guide}에서 입수할 수 있다.

참고 이 책의 독자는 전문 기술적인 능력이 매우 다양함을 염두에 두고 대부분의 독자에게 이 절의 내용을 최대한 단순화하려고 했다. www.owasp.org를 방문해 자신의 환경에 가장 적합한 범위와 도구 세트를 결정하면 추가 지침을 찾을 수 있다.

1. 웹 애플리케이션이 주입 공격으로부터 보호되는지 확인한다.

주입 공격injection attacks은 공격자가 예상 매개변수에 예상치 못한 명령이나 질의를 추가하는 경우에 발생한다. 해당 애플리케이션을 속여 다른 작업을 수행시키려는 것이다. 일반적인 유형의 주입 공격을 SQL 주입이라고 하며, 여기서 SQLStructured Query Language 명령이 웹 양식이나 기타 필드에 삽입된다. 공격자는 SQL 삽입 방식을 이용해 애플리케이션으로 하여금 데이터를 삭제하거나 새 데이터를 추가하거나 데이터베이스에 대해 다른 명령을 실행하게 할 수 있다. 많은 웹 사이트가 주입 공격을 악용해온 해커들에게 신용카드와 사회보장번호SSN 정보를 노출시켜왔다.

주입 공격의 힘을 인식하지 못하고 악용 가능성에 대비해 시스템을 검토하지 않으면 중요하고 민감한 정보가 손상될 수 있다.

방법

주입 공격에 대해 적절한 관리자 및 웹 애플리케이션 개발팀과 논의해 그러한 공격의 작용 방식을 이해하는지 확인하고 주입 공격에 대한 보호 방법을 질의한다. 가능한 모든 주입 공격을 방지하는 것은 어렵지만 이러한 공격으로부터 시스템을 방어하고자 적절한 조치를 여전히 취할 수 있다. 다음에 제시되는 일부 방법은 다른 공격으로부터 보호하는 데도 도움이 된다. 조직은 다음 방법 중 일부나 전부를 사용할 수 있다.

- 모든 입력의 유효성을 검사해 값, 길이, 문자 집합과 같이 예상 입력과 일치하지 않는 데이터를 거부한다.
- 가능하면 외부 리소스에 대한 모든 호출에 대해 코드 검토를 수행해 방법이 손상될 수 있는지 판별한다.
- 주입 취약점을 찾는 데 도움이 되는 오픈소스와 상용 스캐닝 도구를 이용할 수 있다. OWASP는 www.owasp.org/index.php/Category:Vulnerability_

Scanning_Tools에서 이러한 스캐너 목록을 유지보수한다.

- 애플리케이션이 특히 민감한 경우 리소스가 부족하거나, 규정 준수와 같은 항목을 검증해야 하는 경우 외부 제3자의 도움을 고려한다.

 참고 이들 단계는 기존 애플리케이션에 적용되는 만큼이나 애플리케이션 개발 수명 주기에도 적용된다. 개발팀은 보안 관심사를 인지하고 있어야 하며, 또한 설계, 개발 중에 애플리케이션을 보호하기 위한 계획을 세워야 한다.

2. 애플리케이션을 검토해 인증과 세션 관리 취약점을 확인한다.

계정의 자격증명서와 세션 토큰을 보호해야 한다. 패스워드, 키, 세션 쿠키, 기타 토큰^{tokens}을 손상시킬 수 있는 공격자는 인증 제한을 무력화할 수 있다. 다른 사용자의 신원과 허가된 접근 수준을 가장할 수도 있다.

방법

웹 애플리게이션에 사용자를 인증시키는 데 이용되는 인증 메커니즘에 대해 애플리케이션 팀과 알아본다. 웹 애플리케이션에는 사용자 계정, 사용자 세션의 수명 주기를 처리할 수 있는 내장 기능^{built-in facilites}이 있어야 한다. 분실 패스워드의 안전 처리 여부 등 헬프 데스크 기능을 검증한다. 헬프 데스크는 도움을 요청하는 사람의 신원을 확인하기 위한 합리적인 절차를 갖춰야 한다. 애플리케이션 관리자와 함께 인증 구현 과정을 추적 조사한 다음, 관리자에게 그 기능성에 대한 예시를 요청한다.

웹 사이트에서 이용되는 인증 메커니즘을 체크할 때 다음과 같은 지침 원칙의 목록이 도움 될 수 있다. 웹 디자인과 제품에서의 많은 개선으로 사용자, 세션 관리의 안전성이 기대됨에도 불구하고 이 원칙들은 목적 적합성을 계속 유지한다.

- 사용자가 로그인 페이지에 유효하지 않은 ID나 패스워드를 입력하면 해당

애플리케이션은 어떤 요소가 유효하지 않은지를 식별할 필요는 없다. "로그인 정보가 부정확합니다."와 같은 일반 명칭의 오류가 바람직하다.

- 가능하면 다단계 인증을 구현한다.
- GET 요청을 통해 로그인 정보를 제출하면 안 된다. 항상 POST를 사용한다. 이로 인해 공격자가 로그인 요청을 조작하기가 더욱 어려워진다.
- 로그인 페이지 전달과 자격증명 전송을 보호하려고 TLS(https)를 사용한다.
- 강력한 패스워드를 사용하고 디폴트 또는 공급업체 제공 계정을 변경하거나 비활성화한다.
- 로그인 시도 실패 횟수를 제한하거나 여러 번 로그인에 실패한 경우 시간 지연을 적용한다.
- 순차적 또는 예측 가능한 세션 ID가 가로채기 공격에 이용될 수 있으므로 세션 ID가 무작위로 생성되는지 확인한다. URL에 세션 ID가 표시되지 않는지 확인한다.
- 로그아웃 프로세스가 세션 ID와 기타 세션 정보를 무효화하는지 확인한다.

참고 OWASP는 인증에 관한 탁월한 참고 자료를 www.owasp.org/index.php/Authentication_Cheat_Sheet에 두고 있다.

3. 민감한 데이터가 적절히 식별, 보호되는지 검증한다. 중요 데이터보호 관련 암호화 기술의 올바른 사용을 확인한다.

웹 애플리케이션은 건강 기록, 재무 데이터, 회사 비밀 등과 같은 매우 민감한 정보를 취급할 수 있을 것이다. 민감한 데이터는 적절하게 식별, 취급해야 한다.

방법

웹 애플리케이션 팀과의 논의를 시작하면서 애플리케이션에서 다루는 데이터에 대한 민감도 검토를 해보자. 산업상의 또는 규제적 동인들이 유휴 데이터의 암호화를 요구하는지 판별한다. 취약한 암호를 사용하고 있지 않은지 확인한다. 키 관리 절차를 검토해 키가 올바르게 보호되고, 승인된 프로세스나 개인에 국한해 이용가능한지 확인한다.

웹 서비스 접근 정책과 웹 애플리케이션의 사적 영역에 대한 다양한 접근법을 관리자에게 문의해보자. 각 접근법 및 웹 애플리케이션과의 지속적인 통신이 보안 프로토콜을 사용해 수행되는지 확인한다. 인증 동안 안정된 액세스 방법은 사용자 정보(예를 들어 사용자 ID)와 인증 토큰(예를 들어 패스워드)의 암호화를 확인해준다. 안정된 통신은 도청자에 의한 데이터 엿듣기를 방지한다. 관리자에게 세션 쿠키를 문의해 브라우저가 평문으로 쿠키^{cookies}를 보내지 못하도록 보안 플래그^{secure flag}가 설정돼 있는지 검증한다.

평문 형태의 통신이 필요한지 질문한다. 평문 통신이 존재하고 레거시 애플리케이션으로 인해 제거하기 어려운 경우나 트래픽이 중요하지 않은 경우가 있다. 그러나 가능하면 암호화된 프로토콜을 사용해야 한다. 고위 경영진이 승인하고 공식적인 평문 형태 통신의 위험을 공식적으로 수용하려는 관련 업무에 국한돼야 하며, 예외 인정을 극소화해야 한다. 일부 조건에서는 예외 없이 암호화된 통신이 절대적으로 필요하다. 거의 모든 시나리오에서 통신을 암호화시키는 패키지들이 있다.

 참고 보안 프로토콜의 사용은 고위험 환경하에서 호스팅되는 외부 대면의 웹 애플리케이션 등의 경우 특히 중요하다. 감사인은 격리된 보안 내부 네트워크상에서 웹 애플리케이션의 중요성이 낮다고 판단할 수 있다. 그러나 내부 네트워크에서도 보안 프로토콜을 사용해 조직 내에서의 공격을 최소화하는 것이 좋다. 대부분의 경우 규제 법규와 표준(예, HIPAA와 PCI)은 평문 형태의 통신을 금지한다.

OWASP는 TLS와 평문 트래픽을 결합한 페이지를 피할 것을 제안한다. 많은 사이트가 여전히 혼합 페이지를 제공하며, 팝업 메시지는 사용자에게 혼란을 주는 경향이 있다. 더 나쁜 것은 보안 사이트를 탐색하는 동안 사용자가 메시지를 팝업하게 사용자를 둔감화시키기 시작하는 점이다. 또한 웹 애플리케이션이 사용하는 웹 서버와 도메인의 적절성에 관한 서버 인증서는 합법적으로 최신 상태로 올바르게 구성돼야 한다.

4. 웹 서버를 검토해 XML 외부 엔티티(XXE) 공격에 노출되는지 확인한다.

XML^eXtensible Markup Language 데이터를 받거나 처리하는 애플리케이션은 XXE^XML eXternal entities에 취약할 수 있다. 악의적 망나니는 시스템에서 민감한 데이터의 추출이나 다른 명령의 수행을 추구하려는 명령으로 XML 파일을 구축할 수 있다. 최근 OWASP 목록에 추가된 XXE 공격은 주입처럼 다른 공격으로 널리 알려져 있지는 않다.

방법

개발자 교육훈련 자료를 검토해 애플리케이션 개발자가 XXE와 애플리케이션 방어 방법을 알고 있는지 확인한다. 애플리케이션 개발자와의 인터뷰를 통해 XML을 처리하는 애플리케이션이 입력 유효성 검사, 화이트리스팅, 또는 다른 XML 입력 데이터 필터링을 사용하는지 확인한다. 일부 WAF는 XXE를 방어할 수 있으며, 시장에는 전용 XML 보안 게이트웨이도 출시돼 있다.

5. 적절한 접근통제가 시행되는지 검증한다.

사용자가 웹 서버에 접근할 수 있는 자격 검증을 통과한 경우 웹 서버는 사용자의 접근권한 유형과 웹 사이트에 접근할 수 있는 영역을 판정한다. 각 객체에 대한 접근통제(권한부여)를 시행하지 못하면 공격자가 승인된 경계를 벗어나 다른 사용자의 데이터나 허가받지 않은 영역에 접근할 수 있다. 특히 권한이 있는 사용자의 세션 중에 사용된 매개변수의 변경을 공격자에게 허용해 다른 사용자의 데이터에 접근하게 하면 안 된다. 공격자는 클라이언트 프록시와 기타 도구를 통해 세션 동안 데이터를 살펴보고 변경할 수 있다.

방법

양호한 초기 단계는 관리자나 보안팀과 접근통제 관련 정책의 요구사항을 논의하는 것이다. 접근 문제와 관련된 정책이나 문서편람의 부재는 접근통제가 올바르게 시행되지 않을 가능성에 대한 경고 신호다. 원하는 결과를 주의 깊게 문서화해 두지 않으면 접근통제는 다루기가 까다롭기 때문에 바로 잡기가 어렵다.

각 웹 페이지 유형이나 웹 양식을 인증된 사용자와 인증되지 않은 (익명) 사용자 둘 다 테스트해 인증된 사용자만 액세스하고 볼 수 있는지 검증해야 한다. 허용된 페이지에 대한 접근 상황을 세밀히 나타내 확인해본 다음, 각 페이지에 접근하고자 인증이 필요한지 검증한다. 웹 사이트의 목적에 따라 인증된 사용자에게 사이트의 모든 영역에 대한 접근권한이 부여될 수 있다. 권한부여 개념이 해당 사이트에 대해 설정돼 있는 경우 예상되는 제한 사항이 일단 인증된 사용자에게도 여전히 적용되는지 확인한다.

 참고 이 주제에 관해 Mitre.org는 일반적인 취약점 목록(CWE, Common Weakness Enumeration) 항목 CWE-285:부적절한 접근통제(권한부여)를 http://cwe.mitre. org/data/definitions/285.html에서 유지보수하고 있다.

자동화된 도구가 도움이 될 수 있지만 이러한 문제를 식별하는 데는 코드 검토가 좀 더 효과적인 방법이다. 현실적으로 감사팀은 대개 모든 객체 참조를 식별, 검증하거나 승인된 접근을 검토하고자 코드를 철저히 조사하는 데 필요한 시간이나 기량을 거의 갖추고 있지 않다. 도움이 될 수 있는 도구로는 www.parosproxy.org 의 Paros Proxy와 버프 스위트^{Burp Suite}가 있다. 둘 다 사용 방법을 해설한 풍부한

문서편람이 구비돼 있다.

6. 안전한 구성 유지에 관련된 통제를 검토한다.

이는 웹 서버의 안전한 구성을 유지하는 데 무엇보다 중요한 개념인 구성 관리 configuration management를 포괄적으로 다룬 어구다. 안전한 구성을 유지하지 않으면 웹 서버와 웹 애플리케이션의 보안에 영향을 미치는 기술이나 프로세스의 잘못이 웹 서버에 영향을 줄 수 있다. 이 장의 다른 영역에서 이들 유형 중 일부를 다룬다. 현행 OWASP Top10과 연결되도록 여기에 포함시켰다.

방법

웹 플랫폼과 서버 감사를 수행하고 감사에서 드러난 문제를 관리자와 함께 알아본다. 지적된 문제 중 부적절한 구성 관리가 원인인지 확인한다. 적절한 구성 관리 통제의 설치 여부에 대한 확인을 위해 관리자와 다음 사항을 알아본다.

- 웹 서버, 플랫폼, 애플리케이션의 보안 메일 목록을 모니터링한다.
- 서면 및 합의된 정책과 절차에 따라 최신 보안 패치를 정기적인 패치 주기로 적용한다.
- 디폴트 계정관리, 설치된 구성 요소, 보안 설정을 다루는 환경에서 웹 서버, 개발 프레임워크, 애플리케이션에 대한 보안 구성 지침이 있으며, 이를 엄격하게 준수한다. 예외사항들을 신중하게 문서화하고 유지한다.
- 서버의 보안 구성에 대한 정기적인 내부 검토를 수행해 기존 인프라와 구성 안내서를 대조한다.
- 새로운 위험을 신속하게 발견하고 계획된 환경 변경을 테스트하고자 내부 관점과 외부 관점에서 정기적으로 취약점을 스캐닝한다.
- 경영진은 웹 서버와 관련된 현저한 보안 위험을 알고 있다.

안전한 웹 애플리케이션에는 강력한 서버 구성 표준이 중요하다. 사용 가능한 보안 설정과 환경에 맞게 구성하는 방법을 이해한다.

 참고 안전한 웹 애플리케이션은 안전한 개발 프로세스에서 시작된다. www.owasp.
org/index.php/OWASP_SAMM_Project에서 온라인으로 OWASP의 SAMM(Open
Software Assurance Maturity Model) 프로젝트를 확인해보자.

7. 웹 사이트를 검토해 크로스사이트 스크립팅(XSS) 취약점을 검증한다.

XSS[Cross-Site Scripting][6]를 통해 웹 애플리케이션은 한 사용자에서 다른 최종 사용자의 브
라우저로 공격을 전송할 수 있다. 성공적인 공격은 두 번째 최종 사용자의 세션 토
큰을 공개하거나, 해당 지역 머신을 공격하거나, 콘텐츠를 스푸핑해 사용자를 속일
수 있다. 해로운 공격에는 최종 사용자 파일 공개, 트로이목마 프로그램 설치, 사용
자를 다른 페이지나 사이트로 다시 이동시키기, 콘텐츠 표시 수정 등이 포함된다.

방법

웹 코드 스캐닝 도구는 애플리케이션에서 많은 XSS 취약점을 탐지할 수 있지만,
가능한 모든 XSS 조합을 탐지하기는 어려울 것이다. 철저한 코드 검토가 도움이
될 수 있다. 여기에 설명한 다른 많은 문제와 마찬가지로, 개발자 보안교육이 매우
중요하다. 개발자가 XSS 공격이 무엇인지 모른다면 해당 코드는 이런 유형의 공격
에 취약할 가능성이 크다.

코드를 검토하려는 경우 http 입력을 통해 사용자 브라우저로 진행할 출력으로 들
어갈 수 있는 모든 가능한 경로를 검색할 것이다. XSS 공격으로부터 웹 애플리케
이션을 보호하는 데 사용되는 주요 방법은 모든 헤더, 쿠키, 쿼리 문자열[query string],

---

6. 크로스 사이트 스크립팅(XSS)은 게시판, 웹 메일 등에 삽입된 악의적인 스크립트에 의해 페이지가 깨지거나 다른 사용
자의 사용을 방해하거나 쿠키와 기타 개인정보를 특정 사이트로 전송시키는 공격이다. 사용자 브라우저에 홈페이지
내용을 표현하고자 사용하는 스크립트를 악용할 수 있는 취약점이나 해킹 기법을 의미한다. 홈페이지 게시판, 이메일
등에 악의적인 목적의 스크립트를 숨겨놓고, 사용자가 해당 게시물이나 메일을 클릭했을 때 악성 스크립트가 실행돼
로그인 정보나 개인정보, 내부 자료 등을 탈취한다(출처: TTA 정보통신용어사전). - 옮긴이

양식 필드, 숨겨진 필드의 유효성을 검사하는 것이다. 다시 강조하지만 확실한 유효성 검증법을 채용한다.

CIRT.net은 웹 서버에서 XSS 취약점을 찾는 작업을 부분적으로 자동화하는 데 도움이 되는 오픈소스 스캐너, Nikto의 홈페이지다. 이러한 도구는 완전한 코드 검토를 수행하는 것만큼 철저하지는 않지만, 최소한 기술을 익히지 않았거나 완전한 검토를 수행할 리소스가 없는 사람들에게 좀 더 많은 정보를 제공할 수 있다. Nikto는 www.cirt.net/Nikto2에서 이용할 수 있다.

 참고 이러한 도구는 잘 알려진 공격들을 찾아낼 수 있겠지만 코드 검토를 알차게 수행하는 것만큼 좋지는 않다.

코드 검토를 수행할 수 있는 내부 리소스(특히 자체 개발 애플리케이션)를 사용할 수 없고 웹 사이트의 데이터에 대해 심층적 검토가 필요하다고 판단되는 경우 타사의 도움을 받는 것이 좋다.

8. 역직렬화 시퀀스의 악용에 대한 보호를 검토한다.

업계 설문 조사 데이터를 기반으로 2017년 OWASP Top10에 역직렬화^{deserialization} 문제가 추가됐다. 악용하기는 다소 어렵지만 공격이 성공적인 경우 시스템이 완전히 손상될 수도 있다. 애플리케이션이 명령이나 요청의 일부로 건네받은 데이터의 시퀀스^{sequence}를 처리할 때 이 유형의 문제가 발생할 수 있다. 공격자가 요청을 조작하고 예기치 않은 데이터를 쿼리^{query}의 일부로 넘겨줄 수 있으면 애플리케이션이 예상대로 실행되지 않을 수 있다.

방법

애플리케이션 개발팀과 이 취약점을 협의한다. OWASP 문헌에서 논의된 바와 같이 이러한 유형의 악용을 피하는 가장 좋은 방법은 신뢰할 수 있는 직렬화된 데이터 입력만 처리하거나 직렬화에 사용되는 데이터 유형을 알려진 예상 데이터 값으로 제한하는 것이다. 권한 수준이 낮은 사용자와 적절한 로깅으로 애플리케이션을 실행하는 등 이 장에서 설명하는 다른 보호 수단으로 통제환경을 개선할 수 있다.

9. 라이브러리, 프레임워크, 기타 구성 요소에 취약점이 없는지 프로세스를 검토한다.

숨어있어 찾아내기 어려운 취약점이 애플리케이션에 들어있을 수 있지만, 이미 알려진 취약점이 없는지 확인함으로써 방어적 자세를 크게 향상시킬 수 있다. 불행히도 현대 웹 사이트의 복잡성으로 인해 어려운 일이 될 수 있다. 공유 프레임워크, 라이브러리, 데이터베이스, 기타 종속성으로 인해 사이트에 취약점의 존재 가능성이 크게 확대되고 있기 때문이다.

방법

이 단계에는 웹 애플리케이션 개발팀과 웹 관리자와의 논의가 포함된다. 여기 있는 많은 통제는 단계6의 통제와 비슷하다. 패치 관리와 취약점 스캐닝 프로그램 범위에 웹 서버 환경의 모든 구성 요소, 프레임워크, 기타 종속성이 포함돼 있는지 확인한다. 구성 요소의 취득 방법과 구성 요소에 대한 명확한 지원 계약이나 지원 커뮤니티의 존재 여부를 검토한다. 사용하지 않는 기능이나 파일을 환경에서 제거해 잠재적인 공격 노출 영역을 줄이는지 확인한다.

애플리케이션이 시간의 경과로 구식이 될수록 이 활동은 좀 더 큰 도전과제가 될 수 있다. 다양한 구성 요소에 대한 공식적인 지원이 종료되고 패치를 더 이상 사용할 수 없기 때문이다, 클라이언트와 서버 시스템 모두에서 애플리케이션을 실행하고 지원하는 데 필요한 구성 요소의 정확한 재고 목록을 유지함으로써 이러한 상황에 좀 더 효과적으로 대비할 수 있다. 최신 재고 목록을 통해 팀은 더 이상 지원되지 않는 구성 요소를 식별할 수 있다.

10. 적절한 로깅이 있는지 확인하고 로그 데이터를 검사하기 위한 프로세스를 검토한다.

애플리케이션에 대한 공격 유형 중에는 시끄럽게 소리 내면서 눈에도 띄는 것이 있는가 하면 공격자가 해당 환경에서 존속할 수 있게 하려고 주위의 시선을 끌지 않게 설계된 공격 유형도 있다. 애플리케이션이 사건을 적절히 기록하지 않고 주요 활동이나 임곗값을 모니터링하지 않는 경우 공격자는 제재 받지 않고 접속할 수 있는 시스템을 탐색해 민감한 데이터와 악용할 다른 시스템을 찾아 낼 수 있다. 웹 시스템이 올바르게 로깅하고 있으며, 조직은 악의적인 활동을 식별하고 이에 대응할 수 있는지 확인해야 한다.

방법

웹 애플리케이션에 적용할 수 있는 조직의 로깅 정책을 검토하고 웹 개발팀과의 정책준수를 알아본다. 웹 애플리케이션에는 사용자 정보, IP 주소, 기타 데이터가 포함된 로그인 및 접속 이벤트와 관련된 로그가 있을 수 있다. 회사 정책에 따라 로그를 유지해야 한다. 민감하거나 규제된 데이터가 들어있는 중요한 웹 서버는 로그를 중앙 로그 저장소와 분석 시설로 전송해야 한다. 이들은 추가 트랜잭션 데이터도 기록할 수 있다.

또한 웹 애플리케이션 로그를 모니터링하는 SOC나 다른 그룹과 모니터링 실무를 논의해야 한다. SOC가 중요한 웹 애플리케이션에 대한 경보를 식별하고 이에 따라 대응할 수 있는지 판별한다. SOC 프로세스와 사고대응 활동의 내역은 4장에서 다뤘다.

웹 애플리케이션에 대한 추가적 감사단계

다음 단계 중 몇 가지는 초기 OWASP Top10 간행물에 수록된 것이며, 이 책의 이전 버전에서도 다룬 것들이다. 기타는 어느 시스템이든 필요한 건전한 통제들이다.

그러한 통제들은 회사의 웹 애플리케이션과 여전히 관련성이 있고 적절한 고려 대상이다.

11. 애플리케이션 개발팀에 제공된 보안교육을 검토하고 개발팀이 안전한 코딩 실무를 이해하는지 확인한다.

이 단계는 OWASP Top10에 포함되지 않지만, 보안교육은 앞서 제기된 많은 문제를 피하기 위한 모범 관행으로 주목받는다. 적절한 보안교육을 받은 개발팀은 웹사이트에서 발견되는 많은 애플리케이션 취약점을 피할 수 있다.

방법

보안문제에 대한 교육 방법을 애플리케이션 개발팀과 알아본다. 모든 애플리케이션 개발자에게는 안전한 코딩 원칙에 대한 기본 지식이 있어야 한다. 이상적으로 개발자는 특정 유형의 애플리케이션 보안교육을 정기적으로 받아야 한다.

12. 웹 서버에서 사용하기 전에 모든 입력의 유효성이 검증됐는지 확인한다.

웹 애플리케이션에서 사용하기 전에 정보의 유효성을 검사해야 한다. 웹 요청의 유효성을 검사하지 않으면 입력 데이터를 조작해 악의적인 결과를 생성하려는 공격자의 시도로 인해 웹 서버는 더 큰 위험에 직면하게 된다.

방법

감사인이 테스트 중인 애플리케이션에 대해서는 웹 애플리케이션 개발자나 웹 관리자와 입력 유효성 검사에 사용된 방법론을 알아본다.

몇 가지 도구가 효과적으로 프록시proxy 역할을 하며 클라이언트에서 원격 웹 서버로 게시된 많은 내용을 볼 수 있다. 그러한 도구 중 하나는 www.parosproxy.org에 있는 Paros Proxy다. 또한 대부분의 최신 브라우저에는 콘텐츠를 검사하는 데 사용할 수 있는 개발 도구나 검사 도구가 포함돼 있다.

전문 웹 테스터가 사용하는 또 다른 방법은 코드 검토 중 데이터의 이동을 이해하는 것이다. 이는 달성하려는 범위를 벗어날 수 있으므로 가볍게 다뤄야 할 분야다. 감사실시의 엄격성 정도와 검토 중인 데이터나 시스템의 가치 사이에는 감사인이 판단해야 할 교환 관계가 있다.

일반적으로 유효성 검사법을 바라보는 방식에는 소극적 방법과 적극적 방법의 두 가지가 있다. 소극적 방법은 '알려진 불량'을 기준으로 제거 대상의 잘못된 입력을 파악하는 데 중점을 둔다. 소극적 필터링의 문제점은 내일의 취약점과 입력 방법으로 인해 어떤 결과가 발생하는지 알 수 없다는 것이다. 적극적 필터링은 훨씬 더 효과적이며 예상되는 패턴과 내용을 기반으로 데이터의 유효성을 검증하는 데 중점을 둔다. 이는 방화벽과 비슷하지만 받아들여야 할 사항을 제외한 모든 것을 거부하는 방화벽과 비슷하다.

적극적 필터링의 공통 항목에는 데이터베이스나 데이터를 받아들이는 다른 시스템에서 찾을 수 있는 판단 기준이 포함된다. 여기에는 다음과 같은 판단 기준이 포함된다.

- 데이터 유형(예를 들어 문자열, 정수, 실수)
- 허용되는 문자 세트
- 최소 및 최대 길이
- 널^{null}의 허용 여부
- 매개변수가 필요한지 여부
- 복제 허용 여부
- 숫자 범위
- 특정 법적 가치(예를 들어 열거)
- 특정 패턴(예를 들어 정규적 표현)

13. 적절한 오류 처리 사용법을 평가한다.

잘못 관리된 오류 조건은 공격자에게 자세한 시스템 정보의 획득, 서비스 거부의 기회를 허용한다. 이로 인해 보안 메커니즘이 망가지거나 서버가 파손될 수 있다.

방법

적절한 오류 처리법은 일반적으로 모든 잠재적 입력과 출력에 대한 신중한 계획을 수반한다. 웹 애플리케이션에서 오류 처리를 설계한 방법과 애플리케이션이 다른 구획화된 기능과 인터페이스할 때 오류를 내부적으로 처리하는 방법을 관리자에게 문의한다.

예를 들어 웹 애플리케이션은 데이터베이스에서 생성된 오류를 어떻게 처리하는가? 데이터베이스가 애플리케이션에 의해 내부적으로 호스팅되는지, 다른 서버에서 외부로 데이터베이스를 호스팅하는지에 차이가 있는가? 애플리케이션은 입력 유효성 검사 오류를 어떻게 처리하는가? 사용자 이름과 패스워드 오류에 대해서는 어떻게 처리하는가? 같은 질문을 관리자에게 한다.

오류 처리는 신중해야 하며 코드 검토 중에 구조를 보여줘야 한다. 오류 처리가 아무렇게나 되는 것으로 보이거나 나중에 덧붙여 생각하는 것처럼 보이면 애플리케이션이 오류를 올바르게 처리하는지 훨씬 더 자세히 살펴보길 원할 것이다.

14. 웹 애플리케이션의 리다이렉트(redirects), 포워드(forwards)를 검토해 유효한 URL만 접속할 수 있는지 검증한다.

유효하지 않는 리다이렉트를 사용하는 경우 공격자는 회사의 도메인에서 온 것처럼 보이는 URL을 사용해 사용자를 공격자의 웹 사이트로 리다이렉트(방향 변경)할 수 있다. 이는 공격받은 회사의 주소를 조작된 URL의 첫 번째 부분에 사용해 요청을 유효하게 보이도록 하는 피싱 사기 수법이다. 이는 때때로 대상 웹 사이트의 URL 단축 서비스와 함께 사용돼 URL의 악의적인 의도를 난독화한다.

http://www.mydomain.com/redirect.asp?url=badsite.com

경우에 따라 추가 권한 통제기능이 잘못 구현된 경우 체크 안 된 어떤 포워드^{forward}가 사용자를 어떤 권한이 부여된 페이지로(그렇지 않으면 접근 불가능하겠지만) 보낼 수 있다.

http://www.mydomain.com/somepage.asp?fwd=adminsite.jsp

방법

웹 애플리케이션 내에서 리다이렉트와 포워드의 사용을 관리자와 함께 검토해 사용을 피하거나 사용에 대한 안전한 통제를 구현할 수 있는 방법이 있는지 판별한다. 자동화된 스캐너를 사용해 웹 사이트가 리다이렉트와 포워드를 올바르게 처리하는지 스캔, 검증할 수 있을 것이다.

리다이렉트와 포워드는 마이크로소프트 .NET 프레임워크에서의 전송^{transfer}과 같다. OWASP는 리다이렉트와 포워드를 피할 수 없는 경우 제공된 값이 유효하고 사용자에게 권한이 부여돼 있는지 확인하도록 권장한다. 맹목적인 리다이렉트와 포워드는 위험하므로 통제는 양쪽 목적지를 제한시켜야 한다. 리다이렉트와 포워드를 안전하게 구현하는 방법에는 여러 가지가 있지만 맹목적으로 구현해서는 안 된다.

 참고 Mitre.org은 이 주제와 관련된 CWE를 CWE-601: URL Redirection to Untrusted Site('Oen Redirect')를, cwe.mitre.org/data/definitions/601.html에서 유지보수하고 있다.

15. 사이트 간 요청 위조(CSRF나 XSRF)를 방지하기 위한 통제가 있는지 검증한다.

사이트 간 요청 위조 공격은 트러스트를 인증된 사용자의 웹 사이트로 악용한다.

공격자는 편입된 이미지, 스크립트, 아이프레임iframe 요소나 기타 방법을 전송해 웹 서버상에서 실행되는 어떤 명령을 호출하려고 이 트러스트를 악용한다. 자격 증명으로 로그인 상태에 있는 동안 그렇게 한다. 이러한 유형의 공격은 사용자의 IP 주소에서 발생하며, 로그인한 사용자가 입력한 것처럼 로그인된 데이터가 나타난다는 점에서 사용자에게 더욱 우려스러운 일이다.

웹 서버는 웹 요청의 출처를 확인해 공격자의 시도로 인한 위험을 최소화해야 한다. 웹 애플리케이션이 통제할 수 없는 소스에서 유래한 인증된 악성 웹 요청을 만들려고 하는 것이다. 이 유형의 공격이 이미지 요청으로 보이게 하는 방법의 예는 다음과 같다.

```
<img src = "http://mybank.com/transfer?acct=mine&amt=100&to=attacker">
```

방법

웹 애플리케이션 개발자나 웹 관리자와 각 링크별 토큰 및 상태 변경 기능 양식을 고유하게 작성하는 데 사용된 방법론을 알아본다. IP 주소나 세션 쿠키와 같은 클라이언트 브라우저에서 생성된 정보는 위조된 요청일 수 있으므로 유효한 토큰 요소가 아니다. 토큰을 예측할 수 있으면 웹 애플리케이션이 이러한 유형의 공격을 받을 가능성이 높다.

몇 가지 도구가 대용물 역할을 하며 클라이언트에서 원격 웹 서버로 게시된 콘텐츠를 볼 수 있다. 그러한 도구 중 하나는 Paros Proxy다. 동일한 결과를 얻고자 여러 번 동일한 URL을 반복해서 재생할 수 있다면 애플리케이션은 취약할 수 있다.

전문 웹 테스터가 사용하는 또 다른 방법은 코드 검토 중 요청 처리를 검토하는 것이다. 고유 토큰을 처리하고자 선호되는 방법은 숨겨진 필드의 경우와 같은 URL 외부에 있다. OWASP에서는 개발자에게 고유한 토큰을 안전하게 생성, 관리하는 애플리케이션을 만들 수 있도록 도구를 제공하고 있다.

도구와 기술

자동화된 제품이 웹 서버의 모든 가능한 구성 요소를 철저히 감사하지 못하는 데는 몇 가지 이유가 있지만 이러한 제품을 무시해야 하는 것은 아니다. 코드 검토에 항상 시간이 걸리는 것은 아니지만 많은 변수에 따라 다르다.

예를 들면 검토자는 얼마나 경험이 있는가? 검토자가 웹 애플리케이션을 얼마나 잘 이해하고 있는가? 검토자가 애플리케이션에 사용된 프로그래밍 언어의 구성을 얼마나 잘 이해하고 있는가? 애플리케이션이 얼마나 복잡한가? 어떤 외부 인터페이스가 존재하며 검토자가 이러한 외부 인터페이스를 얼마나 잘 이해하고 있는가? 등을 검토해야 한다.

이전에 애플리케이션 개발 경험이 있다면 코드 검토가 쉬울 수 있다. 그렇지 않은 경우, 특히 타사 도움말을 사용할 수 없는 경우 자동화 도구를 사용해 검색 기능을 보강하는 것이 좋다.

 주의 자동화 도구는 프로덕션 환경에 매우 해로울 수 있다. 주의를 기울여 프로덕션 시스템(가동되는 시스템)에 영향을 미치지 않는 방식으로 테스트를 설계한다.

자동화 도구는 매우 유용할 수 있으며 추가 검토가 필요한 웹 플랫폼이나 웹 애플리케이션의 일부로 안내할 수 있다. 다음 목록에는 거기에 무엇이 있는지에 대한 샘플만 들어 있다. 많은 일반형 취약점 스캐너들은 흔하게 악용되는 취약점들도 테스트한다.

도구	URL
Kali Linux	www.kali.org
Burp Suite	https://portswigger.net/burp/
Samurai Web Testing Framework	www.samurai-wtf.org

도구	URL
Paros Proxy	www.parosproxy.org
Nikto	www.cirt.net/Nikto2
XSS plug-in for Nessus	www.tenable.com/plugins/nessus/39466
Apache JMeter	jmeter.apache.org

지식 베이스

다음에는 웹 애플리케이션 환경과 관련 통제에 대한 정보를 얻을 수 있는 추가 리소스가 있다. 많은 공급업체가 일반 소비용으로 웹 사이트에 엄청난 양의 정보를 유지보수한다. 또한 도움이 될 애호가 커뮤니티와 소셜 포럼이 계속 성장하고 있다.

사이트	URL
Apache	www.apache.org
Microsoft IIS	www.iis.net
Center for Internet Security(CIS) Hardening Guides	www.cisecurity.org/cis-benchmarks
UrlScan tool for IIS	www.iis.net/downloads/microsoft/urlscan
CGI Security	www.cgisecurity.com
Common Weakness Enumeration (CWE)	cwe.mitre.org
Google Web Fundamentals – Web Security	https://developers.google.com/web/fundamentals/security/

종합 체크리스트

웹 서버와 웹 애플리케이션 감사단계가 다음 표에 요약돼 있다.

웹 서버 감사

웹 서버 감사용 체크리스트
☐ 1. 웹 서버가 전용 논리 시스템(중요한 다른 애플리케이션들과 공유되지 않음)에서 가동되고 있는지 검증한다.
☐ 2. 웹 서버가 완전히 패치되고 최신 승인 코드로 업데이트됐는지 확인한다.
☐ 3. 불필요한 서비스, 모듈, 객체, API가 제거됐거나 비활성화돼 있는지 검증한다. 서비스와 모듈의 가동 업무는 최소 권한 계정으로 운용해야 한다.
☐ 4. 웹 서버 접근은 적절한 프로토콜 및 포트에게만 허용되는지를 검증한다.
☐ 5. 웹 서버 접속이 허용되는 계정들의 관리 적합성과 패스워드 사용의 엄격성을 검증한다.
☐ 6. 파일, 디렉터리, 가상 디렉터리에 대한 적절한 통제가 있는지 확인한다.
☐ 7. 버전 및 디렉터리 목록과 같은 불필요한 정보가 웹 인터페이스를 통해 노출되지 않는지 확인한다.
☐ 8. 웹 서버에 적절하게 활성화된 로깅 기능이 있고 모니터링 프로세스가 설정돼 있는지 확인한다.
☐ 9. 스크립트 확장자가 적절하게 매핑됐는지 확인한다.
☐ 10. 사용 중인 서버 인증서의 유효성을 검증한다.

웹 애플리케이션 감사

웹 애플리케이션 감사용 체크리스트
☐ 1. 웹 애플리케이션이 주입 공격으로부터 보호되는지 확인한다.
☐ 2. 애플리케이션을 검토해 인증과 세션 관리 취약점을 확인한다.
☐ 3. 민감한 데이터가 적절히 식별, 보호되는지 검증한다. 중요 데이터보호 관련 암호화 기술의 올바른 사용을 확인한다.

웹 애플리케이션 감사용 체크리스트

☐	4. 웹 서버를 검토해 XML 외부 엔티티(XXE) 공격에 노출되는지 확인한다.
☐	5. 적절한 접근통제가 시행되는지 검증한다.
☐	6. 안전한 구성 유지에 관련된 통제를 검토한다.
☐	7. 웹 사이트를 검토해 크로스사이트 스크립팅(XSS) 취약점을 검증한다.
☐	8. 역직렬화 시퀀스의 악용에 대한 보호를 검토한다.
☐	9. 라이브러리, 프레임워크, 기타 구성 요소에 취약점이 없는지 프로세스를 검토한다.
☐	10. 적절한 로깅이 있는지 확인하고 로그 데이터를 검사하기 위한 프로세스를 검토한다.
☐	11. 애플리케이션 개발팀에 제공된 보안교육을 검토하고 개발팀이 안전한 코딩 실무를 이해하는지 확인한다.
☐	12. 웹 서버에서 사용하기 전에 모든 입력의 유효성이 검증됐는지 확인한다.
☐	13. 적절한 오류 처리 사용법을 평가한다.
☐	14. 웹 애플리케이션의 리다이렉트(redirects), 포워드(forwards)를 검토해 유효한 URL만 접속할 수 있는지 검증한다.
☐	15. 사이트 간 요청 위조(CSRF나 XSRF)를 방지하기 위한 통제가 있는지 검증한다.

CHAPTER 10

데이터베이스

10장의 주제는 회사 정보 금고^{lockboxes of company information}에 대한 감사다. 데이터 저장소 운영의 보안에 영향을 주는 다음과 같은 구성 요소에 대한 감사실시 방법을 알아본다.

- 데이터베이스 허용권한
- 운영체제의 보안
- 패스워드의 강도와 관리상의 특성
- 활동의 모니터링
- 데이터베이스 암호화
- 데이터베이스의 취약점, 무결성, 패치 절차

배경지식

데이터베이스라는 용어는 일반적으로 관계형 데이터베이스관리시스템^{RDBMS1}을 지칭한다. 데이터베이스관리시스템^{DBMS}은 테이블^{table} 형태로 데이터 레코드^{data records}와 관계성^{relationships}이나 색인^{index}을 유지한다. 관계성은 데이터와 테이블 사

---

1. RDBMS에서 데이터는 마치 테이블(tables) 형태로 편성돼 있는 것처럼 간주된다. 각 테이블에는 행과 열이 있으며, 각 행과 열에는 고유 이름이 있다. 각 테이블에는 어떤 형태로든 관계를 갖고 있는 데이터 세트(field or element)가 들어 있다. 이를 관계(relation)라고 부른다. RDBMS를 일종의 파일과 같은 것으로 보는 것이 이해하기 쉽다. 테이블의 각 행은 파일 레코드 내의 모든 데이터를 담고 있으며, 테이블의 각 열은 모든 레코드에 대해 동일 레코드 필드를 보여 준다. 그렇지만 RDBMS에서 이들 레코드가 실제로 존재하는 건 아니다. 즉, 이는 인간이 데이터를 바라보는 방식일 뿐이다. 데이터가 2차 기억장치에 실제로 저장되는 방식을 결정해주는 것은 DBMS 소프트웨어다. – 옮긴이

이에 생성, 유지될 수 있다.

좀 더 총칭적인 용어로서의 데이터베이스[2]는 구조화된 형태의 모든 데이터 세트 (collection)이라고 할 수 있다. 예를 들어 고객 레코드들이 수록된 한 평면 파일flat file[3]은 어떤 애플리케이션의 데이터베이스 역할을 할 수 있다. 그렇기는 하지만 10장에서는 주로 RDBMS 감사에 중점을 둔다. 그러나 NoSQL이라는 최신 유형의 비관계형 DBMS에 대해서도 약간은 다룬다. NoSQL의 탄생은 구조화 스키마structured schemas에서 사용하기엔 적합하지 않은 전혀 다른 유형의 데이터를 저장, 질의해야 할 필요성에서 나왔다. 이는 소위 '빅데이터'의 구현에 적합하다.

전형적인 감사에서는 주변 경계선, 운영체제, 정책 등 다양한 영역에 걸쳐 꽤 심층적인 검토를 수행한다. 시간이 허락된다면 가장 중요한 데이터베이스 중 하나 또는 두 개를 포함해 감사를 실시할 수 있을 것이다. 데이터베이스란 복잡한 기계 같은 것이다. 이를 적절하게 보호, 감사를 하려면 인내심과 전문적인 노하우가 요구된다. 어떤 식으로든지 데이터베이스 감사를 경시하는 것은 매우 잘못된 일이다. 데이터베이스는 정보화 시대의 가상 금고virtual lockbox다. 조직은 가장 귀중한 자산을 어디에 저장하는가? 이메일 시스템은 아니고, 주변 장치도 아니며, 평면 파일도 아니다. 데이터베이스에 저장한다. 보안침해 사건과 중요 데이터의 도난 피해

---

2. 데이터베이스 – 데이터 편성 계층[비트(bit)→바이트(bite)→필드(field)→레코드(record)→파일(file)→데이터베이스(data base)]이란 의미 있는 정보를 나타내기 위해 2진 코드(binary code)를 결합시키는 방식을 말한다. 여기서 필드는 한 개의 단위로, 컴퓨터로 처리되는 가장 작은 데이터 원소다. 데이터를 편성(조직)하는 방식에는 크게 두 가지가 있다. 데이터를 저장하고자 파일을 기본 구조로 이용하는 전통적인 파일 기반 방식(file–oriented approach)과 기본적인 데이터 저장 구조로, 데이터베이스를 이용하는 데이터베이스 방식(data base approach)이 그것이다. 파일 기반 방식에서 데이터베이스는 컴퓨터 파일의 단순한 집합체에 불과하다. 전통적 파일 기반 방식에 있어 각 프로그램은 자체 소유의 고정된 데이터파일을 갖고 있다. 데이터베이스 접근방식에서 데이터는 그것을 사용하는 애플리케이션이나 그것이 저장돼 있는 2차 기억장치와는 독립적이다. 데이터베이스 방식은 시스템 소프트웨어에 의해 데이터를 관리한다. 이 소프트웨어, 즉 DBMS는 데이터를 관리, 제어하며, 애플리케이션과 데이터베이스라고 하는 통합 조정된 물리적 파일 사이를 연결해주는 특수 컴퓨터 프로그램이다. 이는 이용자들을 데이터베이스와 연결시켜 주는 소프트웨어다. – 옮긴이

3. 평면 파일(flat file) – 전통적인 평면 파일이란 데이터가 입력되면 흔히 엄격한 순차적 순서에 따라 데이터가 저장되는 파일을 말한다. 이런 파일은 데이터베이스에 대해 단일한 인터페이스를 제공한다. 사용자는 그러한 데이터에 대한 공통적 접근 수단을 알고 있으면 데이터를 이용할 수 있다. – 옮긴이

소식을 접한 경우 공격받을 당시 해당 데이터는 어디에 '있었는가?'를 자문해보자. 바로 데이터베이스에 저장돼 있었을 것이다.

데이터베이스는 몇 가지 뚜렷한 장단점을 갖고 있다. 데이터베이스는 거의 항상 방화벽 뒤에 깊게 묻혀있기 때문에 웹 서버, 방화벽, 기타 시스템이 직면하는 공격 유형에는 거의 노출되지 않는다. 가장 귀중한 데이터를 공용 네트워크에 두면 안전하지 않다는 사실을 대다수 조직은 잘 인지하고 있다. '과거'에는 이 방책이 외부 공격에 효과적이었다. 그렇지만 오늘날 공격자들은 외부 방어망을 우회할 수 있는 방식을 적용하고 있다. 당연한 말이지만 SQL 주입과 같은 일부 공격은 방화벽을 통과한 다음 데이터베이스를 쉽게 공격할 수 있다.

이와 같은 이유로 데이터베이스의 단점이 발생하기도 한다. 데이터베이스는 지금까지 방화벽 뒤에 놓여 있었기 때문에 데이터베이스의 안전과 감사는 흔히 부차적인 고려 대상으로 간주돼 왔다. 여분의 시간이 있는 경우 단지 1 ~ 2개의 중요 데이터베이스에서만 안전, 감사를 고려를 한다는 식이었다. 이로 인해 데이터베이스 보안이 대체로 부실하게 취급돼 왔다. 데이터베이스는 방화벽보다 훨씬 더 뒤편에 있기 때문에 전형적인 데이터베이스 관리자는 기본적인 보안 조치조차도 필요하지 않다고 생각한다.

완벽한 세상이라면 보안 경계선은 데이터베이스를 (공격이나 위해로부터) 충분히 지킬 수 있을 것이다. 유감스럽게도 우리가 사는 세상은 완벽하지가 않다. 방화벽은 더 이상 유효한 '마지막 방어선'이 될 수 없다. 데이터가 놓여 있는 데이터베이스에서 데이터를 제대로 지킨다는 방향으로 초점이 지금 이동 중이다. 감사인은 데이터베이스가 보안 체인에서 취약한 링크임을 알게 될 것이다. 다행히도 비교적 간단한 몇 가지 권장 사항을 따르면 데이터베이스 보안이 크게 향상될 수 있다.

데이터베이스 감사의 기본 사항

데이터베이스를 효과적으로 감사하려면 데이터베이스 작동 방식에 관련된 광범위한 구성 요소를 이해해야 한다. 여기에 약간의 역사적 교훈이 있다.

1990년대 초, 애플리케이션들은 클라이언트-서버 모델을 이용해 개발됐으며, 네트워크를 통해 데이터베이스 백엔드^{back end}[4]에 직접 연결되는 일종의 데스크톱 프로그램을 형성했다. 이를 2계층 애플리케이션이라고 한다. 1990년대 후반에는 3계층 애플리케이션이 표준이 됐다. 이 새로운 모델은 중간 계층 웹 애플리케이션에 연결되는 웹 브라우저로 구성됐으며, 중간 계층은 데이터베이스의 백엔드와 연결됐다. 3계층 애플리케이션은 큰 발전이었다. 이는 모든 클라이언트 워크스테이션에 맞춤^{custom} 소프트웨어를 설치할 필요가 없으며, 중앙 서버에서 소프트웨어 업데이트가 가능함을 의미했다. 클라이언트들은 기본 브라우저의 지원을 위해 어떠한 운영체제든 구동시킬 수 있었다. 또한 3계층 모델에서는 데이터베이스를 훨씬 간단하게 보호할 수 있게 됐다.

물론 2계층 애플리케이션의 지원을 위해 데이터베이스에 필요한 인프라는 3계층 애플리케이션의 데이터베이스 백엔드에도 여전히 존재한다. 공격자가 웹 애플리케이션을 우회해 백엔드 데이터베이스를 공격할 위험은 현존한다.

일반적인 데이터베이스 공급업체

전형으로 감사업무는 마이크로소프트, 오라클, IBM과 같은 일부 데이터베이스 공급업체 중 하나에 중점을 두게 될 것이다. 그러나 중간 규모나 대형 조직에서는 일반적으로 다양한 데이터베이스 플랫폼들을 선택적으로 사용할 것이다. 다음

---

4. 백엔드(backend, 후단부) – ① 사용자와 직접적으로 상호작용하지 않고 프로그래머나 관리자만 접근할 수 있는 소프트웨어 시스템의 후면 부분이다. 시스템의 시작점이나 입력 부문을 의미하는 프론트엔드(frontend, 전단부)와 대비되는 용어로, 컴퓨터 시스템에서는 주로 데이터베이스와 같이 시스템의 후면에서 시스템을 지원하는 부문을 지칭한다. ② 프로젝트나 프로세스의 마지막 단계. ③ 일반 대중은 접근할 수 없거나 폐쇄된 조직의 내부 운영이다(출처: TTA 정보통신용어사전). – 옮긴이

요약은 가장 흔히 볼 수 있는 데이터베이스와 공급업체의 명단과 각각에 대한 간략한 개요다.

오라클

오라클^{Oracle Corporation}은 가장 큰 데이터베이스 공급업체다. 오라클 데이터베이스^{Oracle Database}, 오라클 NoSQL, MySQL 제품군을 비롯한 여러 데이터베이스 시리즈를 공급하고 있다. 또한 표준적인 데이터베이스 소프트웨어를 넘어서는 성장을 해오면서 클라우드 서비스, 웹 서버, 개발 도구, ID 관리 소프트웨어, 협업 스위트, 다중 ERP^{Enterprise Resource Planning}[5] 솔루션을 비롯한 다양한 제품군들을 제공해 왔다.

데이터베이스 시장에서 오라클 데이터베이스는 가장 큰 설치 기반 중 하나며 인상적인 특성 세트를 갖추고 있다. 스탠더드 에디션^{Standard Edition} One, 스탠더드 에디션, 엔터프라이즈 에디션^{Enterprise Edition}, 익스페레스 에디션^{Express Edition}, 퍼스널 에디션^{Personal Edition}을 비롯해 여러 가지 형태로 출시되고 있다. 감사하는 대부분의 오라클 데이터베이스는 스탠더드 에디션이나 엔터프라이즈 에디션이다. 기본 특성은 상당히 비슷하다. 그러나 엔터프라이즈 에디션의 고급 기능은 지속적으로 변경되므로 오라클 웹 사이트에 액세스해 감사 중인 버전에 포함된 정확한 성능 세트를 확인해야 한다.

IBM

IBM은 가장 큰 데이터베이스 공급업체 중 하나다. IBM의 데이터베이스 소프트웨어는 회사 비즈니스의 작은 일부지만 Db2, 인포믹스^{Informix}, 정보관리 시스템^{Information Management System} 제품 라인을 비롯한 여러 시리즈의 데이터베이스를 공급하고 있다. IBM의 주요 데이터베이스는 다음 두 가지 주요 제품으로 구성된 Db2

---

5. 전사적 자원 관리(ERP, Enterprise Resource Planning)는 컴퓨터 시스템을 사용해 생산, 판매, 인사, 재무 등 기업의 기본적 업무를 밀접하게 관련시켜 실행하는 것이다. 즉, 인력/생산/물류/회계 등 기업의 모든 자원을 전체적으로 관리해 최적화된 기업 활동을 가능하게 하는 전산 시스템을 말한다(출처: TTA 정보통신용어사전). – 옮긴이

제품군이다.

- AIX, 리눅스, HP-UX, Sun, 윈도우용 데이터베이스 소프트웨어를 제공하는 Db2 유니버셜 데이터베이스^{Universal Database}
- 메인프레임용 소프트웨어를 제공하는 z/OS용 Db2 유니버셜 데이터베이스

이 두 제품의 명명법을 둘러싼 혼란이 다소 있다. 일반적으로 사람들은 UDB^{Universal DB}를 리눅스, 유닉스, 윈도우 버전, 메인 프레임 버전으로서의 Db2라 부른다. UDB는 실제로 모든 IBM 최신 Db2 소프트웨어에 사용되는 용어이기 때문에 이는 잘못된 명칭이다. 사람들이 이 용어를 사용할 때의 의미를 이해하지만 혼란을 피하고자 올바른 용어를 사용하자. 2017년에 IBM은 DB2 제품군을 'Db2'로 브랜드를 변경했다. 이 글을 쓰는 시점에서 IBM이 지원하고 있는 것은 리눅스, 유닉스, 윈도우, z/OS, i(이전의 OS/400), VSE와 VM, IBM 클라우드^{Cloud}용 Db2다.

Db2의 최신 구현은 RDBMS 모델뿐만 아니라 객체 관계형, 비관계형 구조를 지원하고 있음을 주목해보자.

MySQL

MySQL은 중소규모 웹 애플리케이션에서 광범위하게 사용되는 오픈소스 데이터베이스다. MySQL은 스웨덴의 비공개 기업인 MySQL AB에 의해 GNU 공용 라이선스에 따라 개발됐다. MySQL은 성장 중인 큰 풀뿌리 추종자를 두고 있으며 LAMP^{Linux, Apache, MySQL, PHP} 오픈소스 웹 플랫폼에서 M이다. 2008년 2월, Sun이 MySQL AB를 인수했다. 그 후 2010년, 오라클은 Sun을 인수해 MySQL을 오라클 제품으로 만들었다. MySQL은 페이스북, 트위터, 유튜브, 플리커^{Flickr} 등 인기 있는 웹 사이트와 웹 기반 애플리케이션을 지원하는 데 널리 이용되고 있다.

MySQL은 전통적으로 최소 요점 기능만 장착된 데이터베이스로 다른 데이터베이스 공급업체가 제공하는 기능 중 일부를 제공해 왔다. 보안 측면에서 보면 이것이

좋다. MySQL은 잘 수행할 수 있는 작업을 정확하게 수행할 뿐 다른 작업은 거의 수행하지 않기 때문이다. 관리 비용은 비교적 저렴하며 MySQL은 가장 까다로운 웹 애플리케이션을 제외한 모든 애플리케이션에 적합한 성능을 제공한다.

MySQL AB는 값비싼 제품을 독점적으로 공급하는 경쟁업체들과 직접 경쟁하려고 했다. 그래서 MySQL AB는 초기에 MySQL 데이터베이스에 많은 투자를 했다. MySQL 5.0은 저장 프로시저, 뷰, 트리거 등 중요한 기능을 추가했다. 이 책을 집필하는 시점에 MySQL 서버 8은 2018년 4월에 출시됐으며, 비관계형 DBMS 기능도 포함했다. 노출 표면이 비교적 작기 때문에 해킹으로부터 보호되는 가장 간단한 데이터베이스 중 하나다. 또한 누구나 볼 수 있는 MySQL 소스코드가 제공되므로 비교적 안전하고 취약점이 없는 코드 기반이 만들어졌다. MySQL 소스코드에서 취약점들이 발견돼 왔지만 각 릴리스의 수명주기 초기에 보안 허점들을 발견해 빠르게 패치하고 있다.

MySQL AB는 SAP 시스템을 위한 신뢰성이 높은 백엔드로 특별히 설계된 MaxDB라고 불리는 두 번째 오픈소스 데이터베이스도 개발했다. SAP는 2007년에 MaxDB를 인수했으며, 2019년 1월 기준으로 현재 버전은 7.9다.

마이크로소프트

저렴한 가격과 관리 모델의 단순성으로 인해 마이크로소프트의 SQL 서버는 가장 인기 높은 데이터베이스 중 하나다. 마이크로소프트는 여러 가지 주류 및 특수 버전의 마이크로소프트 SQL 서버를 계속 개발, 유지해 왔다. 버전들 각각은 상이한 기능 세트를 갖고 있으며, 다른 사용 사례들을 대상으로 한다. 이 글을 쓰는 시점에서 SQL 서버 2017은 가장 최신 버전이며, 리눅스 플랫폼을 지원하는 최초의 SQL 서버 버전이다.

마이크로소프트 SQL 서버의 주류 버전들은 전통적인 데이터베이스 설치물이며, 엔터프라이즈, 스탠더드, 웹 및 익스프레스와 같은 배포판을 포함한다. 마이크로

소프트 SQL 서버의 특수 버전들은 매우 구체적인 사용 사례, 플랫폼, 환경에 적합하다. 특별판에는 애저^Azure SQL 데이터베이스, 마이크로소프트 SQL 서버의 클라우드 버전과 개발자를 대상으로 하는 SQL 서버 익스프레스의 최소 인스턴스인 SQL 서버 익스프레스 LocalDB가 포함된다. 감사하는 대부분의 마이크로소프트 SQL 서버 데이터베이스는 스탠더드 에디션이나 엔터프라이즈 에디션이다. 오라클과 마찬가지로 기본 기능은 SQL 서버 버전들 전반에 걸쳐 상당히 유사하다. 그러나 엔터프라이즈 에디션의 고급 기능은 계속 진화하므로 감사하는 버전에 포함된 정확한 기능 세트를 확인하려면 마이크로소프트 웹 사이트에 접속해야 한다.

마이크로소프트 SQL 서버를 종종 SQL, SQL 서버, MSSQL, 심지어 MS SQL 서버라고 부르기도 한다. 혼동을 피하고자 적절한 명명법을 고수하는 것이 가장 좋다. 틀렸더라도 공통적인 전문 용어를 이해하는 것이 중요하다.

마이크로소프트 SQL 서버는 설치와 관리가 매우 쉽기 때문에 적절한 보안에 대한 지식이 거의 없는 사람들이 종종 사용한다. 이는 마이크로소프트 SQL 서버가 안전하지 않기 때문이 아니라 많은 사람이 그것을 보호하기 위한 가장 기본적인 단계조차 취하지 않았기 때문에 문제를 일으킬 수 있는 것이다.

데이터베이스 구성 요소

각 데이터베이스 공급업체는 다양한 데이터베이스 구성 요소를 약간씩 다르게 구현한다. 그러나 이론과 원칙은 모든 상이한 플랫폼에 상당히 보편적으로 적용된다. 조감도를 제공하고자 이러한 기본 사항을 충분히 다룰 것이다. 거기서부터 감사인은 충분한 배경지식을 갖추고 특정 데이터베이스 플랫폼에 대한 기술적 지침을 따른다. 다음은 감사인이 알고 있어야 할 주요 데이터베이스 부분들이다.

프로그램 파일

데이터베이스는 소프트웨어 애플리케이션으로 구현된다. 그 자체로서의 데이터베이스는 애플리케이션과 운영체제 종속 파일의 핵심 세트로 이뤄져 있다. 이들 파일에는 DBMS를 가동시킬 실행 파일과 OS에 편입된 라이브러리 파일이 포함된다. 또한 도움말 파일, 소스 파일, 인클루드 파일, 샘플 파일, 설치 파일과 같은 실행 불가능한 다른 프로그램 파일들도 포함될 수 있다.

데이터베이스는 파일의 무결성에 의존하기 때문에 이러한 파일을 보호해야 한다. 모든 형태의 수정, 특히 실행 파일로부터 보호해야 한다. 이러한 파일을 보유한 디렉터리에 대한 접근은 가능한 한 제한적이 되도록 통제해야 한다. 이상적으로는 데이터베이스 관리자(및 좀 더 드문 경우 시스템 관리자)만이 디렉터리에 접근할 수 있어야 한다.

구성 값

해당 시스템의 운영 방법을 결정함에 있어 데이터베이스는 구성 설정에 크게 의존한다. 이러한 설정을 보호하는 것이 중요하다. 구성을 조작할 수 있다면 보안을 파괴할 수도 있기 때문이다.

구성 값은 다음을 포함해 다양한 위치에 있다.

- 운영체제 텍스트 파일
- 데이터 파일
- 윈도우상에서 레지스트리에 저장됨
- 환경 변수

구성 값은 다음과 같은 광범위한 설정에 사용된다.

- 인증 유형이나 트러스트 모델의 설정
- 데이터베이스 관리자인 그룹의 설정
- 패스워드 관리 특성의 확인
- 데이터베이스에서 사용하는 암호화 메커니즘 확인

구성 값의 무결성을 검증하는 일은 모든 감사의 중요한 구성 요소다.

데이터 파일

데이터베이스는 물리적 운영체제 파일에 있는 데이터를 저장할 필요가 있다. 대개 일련의 파일들로 이뤄져 있다. 파일 형식은 일반적으로 독점적이며, 데이터 파일에는 다음과 같은 정보가 들어있다.

- 저장 중인 데이터
- 한 필드^{field}에서 다음 필드로, 또는 한 행에서 다음 행으로의 포인터^{fointers}
- 인덱스에서 물리적 데이터로의 포인터를 포함한 인덱스 데이터$^{index\ data}$

 참고 인덱스는 자신이 가리키는 데이터의 하위 집합을 포함한다. 즉, 침입자가 인덱스에 접근할 수 있으면 물리적 데이터 자체에 접근할 필요가 없다. 모든 인덱스에 대한 접근이 데이터 자체와 동일한 수준으로 보호되는지 확인해야 한다.

일반적으로 데이터베이스 사전은 이런 데이터 파일에 저장되므로 이런 파일에 대한 접근을 이용해 데이터베이스에 내장된 통제기능을 우회하는 수가 있다.

클라이언트/네트워크 라이브러리

모든 데이터베이스 시스템의 중요 구성 요소는 클라이언트다. 일반적으로 클라이언트는 데이터베이스에서 멀리 떨어진 시스템에 위치해 있다. 클라이언트가 해당 지역 시스템에서부터 연결할 수도 있는데, 이는 종종 일괄^{batch} 처리 방식의 경우다.

클라이언트가 데이터베이스에 연결하려면 클라이언트 라이브러리나 드라이버가 클라이언트 머신에 필요하다. 대개 이들의 구성은 클라이언트가 해당 데이터베이스에 연결하는 데 사용할 수 있는 API뿐만 아니라 DLL 및 공유 객체와 같은 실행 가능한 것들의 세트로 돼 있다. 클라이언트 드라이버를 조작할 수 있다면 자격증명서를 매우 쉽게 훔쳐갈 수 있다. 클라이언트 라이브러리는 일반적으로 접근통제를 유지하기가 훨씬 어려운 원격 시스템에 있기 때문에 보호가 어렵다. 그렇지만 관리자나 일반사용자가 연결할 위치에서 클라이언트 드라이버의 무결성을 유지하는 것이 매우 중요하다.

네트워크를 통한 통신에는 데이터베이스상의 네트워크 드라이버도 필요하다. 이러한 드라이버는 감사인에게 또 다른 주안점이다. 드라이버는 공격자가 데이터베이스에 접근하는 데 이용할 수 있는 길이기 때문이다. 대부분의 최신 데이터베이스 구현은 TCP/IP와 같은 운영체제 네트워크 스택과 직접 인터페이스할 수 있다. 그래서 과거에 비하면 그다지 문제가 되지 않는다.

백업/복원 시스템

백업은 모든 데이터베이스 플랫폼에서 매우 중요한 부분이다. 데이터베이스의 일부 구성 요소에서 오류가 발생하는 경우 if가 아니라 when의 문제다. 문제가 하드웨어나 소프트웨어 오류인지 여부에 관계없이 백업은 시스템 복원에 중요하다. 백업에는 전체 데이터베이스의 부본이 포함된다. 백업은 별도의 파일, 테이프, 다른 스토리지 설비storage facility에 둘 수 있다.

데이터의 도난, 손실, 유출은 일반적으로 백업 설비를 통해 발생한다. 백업을 보호하는 흔한 방식은 데이터를 파일에 기록하는 시점에 데이터를 암호화하거나 데이터의 기록 후 전체 파일을 암호화시키는 것이다. 그래서 암호화 키를 안전하게 저장하는 것이 백업의 적절한 보호 면에서 중요하다. 마찬가지로 백업을 제대로 복원할 수 있도록 데이터와 함께 암호화 키를 적절하게 백업해야 한다. 파일을 복원할 수 없으면 백업은 무용지물이 된다. 복원할 수 없다면 유틸리티는 무가치하게 된다. 데이터베이스는 여러 가지 방법으로 백업할 수 있음을 유의하자. 데이터베이스 지원 파일을 비롯한 모든 데이터 파일의 전체 백업과 거의 실시간으로 가장 최근 레코드 세트를 백업하기만 하는 트랜잭션 백업을 포함할 수 있다. 트랜잭션 백업은 가장 최근 트랜잭션을 빠르게 백업할 때 효과적이며, 전체 데이터베이스 백업보다 소요 시간이 적다. 백업 중인 데이터와 백업 사이의 시간을 이해하고, 백업들이 복원 가능한지를 확인하는 것이 중요하다.

SQL 구문

구조적 질의 언어^{SQL, Structured Query Language}는 RDBMS의 데이터에 액세스하는 데 사용되는 언어다. 기술적으로 SQL은 세 가지 문자를 따로따로 'S-Q-L'로 발음해야 하지만 '시퀄^{sequel}' 발음이 너무나 일반화돼 있으므로 이것도 바른 것으로 인정된다. SQL은 세트 기반 언어이므로 한 번에 데이터 세트에서 작동한다. 비절차적^{non-procedural} 언어이므로, while loops, if 구문, for loops 등과 같은 절차적 구성 요소가 없다. 대부분의 데이터베이스 플랫폼에는 절차적 구성 요소를 제공하고자 SQL에 대한 확장 부문^{extensions}이 있다. 예를 들어 오라클에는 PL/SQL이 있고, 사이베이스^{Sybase}와 마이크로소프트의 SQL 서버에는 Transact-SQL이 있다.

SQL 구문을 사용해 데이터베이스에서 데이터를 끌어올 수 있다. SQL의 핵심 구문은 다음 네 가지다.

- SELECT: 테이블에서 데이터의 하위 집합을 보여^{view}준다.
- INSERT: 테이블에 새 데이터를 추가^{add}한다.
- UPDATE: 테이블에서 기존 데이터를 수정^{modify}한다.
- DELETE: 테이블에서 데이터의 하위 집합을 제거^{remove}한다.

가장 잘 이해해야 할 구문은 SELECT다. SELECT 명령의 기본 구문은 다음과 같다.

```
SELECT <COLUMN LIST> FROM <TABLE NAME> WHERE <CONDITION>
```

이 구문에서 <COLUMN LIST>는 표시될 열 이름의 쉼표로 구분된 목록이다. 바로 가기로 별표를 사용해 출력의 모든 열을 표시할 수 있다. <TABLE NAME>은 표시될 테이블 이름으로 바뀐다. <CONDICTION>과 WHERE라는 단어는 선택 사항이다. WHERE 절을 표시하지 않으면 테이블의 모든 행이 반환된다. WHERE 절을 이용하는 경우 포함시키기를 원하는 행만 SELECT할 수 있다.

$20,000 수입을 초과하는 모든 직원의 성과 이름을 선택하는 예는 다음과 같다.

```
SELECT FIRST_NAME, LAST_NAME FROM EMPLOYEES WHERE > 20000
```

SELECT 구문은 이것보다 훨씬 복잡해질 수 있다. 그렇지만 일반적으로 감사는 이보다 더 깊이 들어갈 필요는 없다.

DBMS에서 제공된 인터페이스로부터 SQL[6] 구문을 직접 입력하거나 RDBMS에 포함된 유틸리티의 일부(일반적으로 그래픽)로 입력할 수 있다. 코어 RDBMS 시스템에 연결이 허용될 수 있는 제3자 클라이언트를 통해 SQL문을 입력할 수도 있다. 일부 데이터베이스 클라이언트는 직관적인 드래그인드롭drag-and-drop 방식으로 SQL문을 생성할 수 있으므로 사용자가 명령문을 압축할 수 있게 됐고, 또한 SQL을 잘 알아야 할 필요성을 상당히 줄였다.

데이터베이스 객체

데이터베이스는 각각 고유한 작업이나 목적을 가진 다양한 객체로 구성된다. 각 객체를 이해할 필요성은 없지만 일반적인 객체 유형은 파악하고 있어야 한다.

다음은 가장 일반적인 유형의 데이터베이스 객체다. 각 데이터베이스 플랫폼에는 table space, schema, rules, sequence, synonyms 등 많은 독점적인 객체 유형이 있다. 자세한 내용은 데이터베이스 플랫폼에 대한 특정 설명서를 검토해야 한다.

---

6. SQL은 사용자가 일일이 처리 로직(logic)을 기술할 필요가 없는 비절차적 언어다. 즉, 사용자가 원하는 작업을 SQL로 기술하면 SQL 언어 컴파일러는 프로시저를 자동으로 생성해준다(출처: 이재규, 권순범, 『경영정보시스템원론』, p.249). – 옮긴이

- **테이블**^{Table}: 하나 이상의 열에 데이터 행을 저장한 것
- **뷰**^{View}: 가상 테이블을 생성시킬 어떤 테이블이나 다른 뷰 상단의 SELECT 구문이다. 뷰^{views}는 열의 번호나 순서를 변경하고 함수를 호출하며 다양한 방법으로 데이터를 조작할 수 있다.
- **저장 프로시저/함수**^{Stored procedure/function}: 데이터베이스 내에서 복잡한 기능성을 실행하기 위해 호출할 수 있는 절차적 코드다. 함수는 값을 리턴한다. 프로시저는 값을 반환하지 않는다. 오히려 일련의 저장된 명령을 실행한다. 저장 프로시저는 데이터 접근에 매우 효율적이다.
- **트리거**^{Trigger}: 테이블을 수정할 때 호출되는 절차 코드다. 데이터를 변경할 때 다른 테이블들의 수정을 포함한 모든 조치의 수행에 사용할 수 있다.
- **인덱스**^{Index}: 빠른 데이터 검색을 제공하는 메커니즘이다. 인덱스는 복잡한 객체이므로 데이터베이스 성능을 위해서는 적절한 튜닝이 중요하다.

데이터 사전

데이터베이스는 데이터 사전이나 시스템 테이블이라고 하는 자체 메타데이터를 저장하고 있다. 메타데이터는 데이터베이스에 자체 구성, 설정, 객체(또는 스키마)를 알려준다. 메타데이터는 데이터베이스 내의 정보 내용에 대해서는 아무것도 언급하지 않으며, 데이터베이스의 형식^{format}만 말한다. 데이터 사전의 형식은 정적이다. 데이터 사전에는 자체 구조에 대한 메타데이터가 포함돼 있지만 형식은 쉽게 수정될 수 있는 것이 아니다.

데이터 사전의 메타데이터는 조정되도록 설계돼 있다. 데이터 사전이 직접 조정되는 경우는 거의 없다. 대신 저장된 특수 프로시저가 복잡한 유효성 검사 논리를 적용해 시스템 테이블을 조정한다. 작은 실수로 인한 데이터 사전의 손상만으로도 심각한 데이터베이스 문제가 발생할 수 있으므로 시스템 테이블에 직접 접근하는 것은 위험하다.

데이터 사전에는 데이터베이스 구조에 대한 정의가 있다. 실제(물리적) 파일이 디스크에 저장되는 위치, 테이블의 이름, 열 유형과 길이, 저장 프로시저, 트리거, 뷰의 명시도 들어 있다.

NoSQL 데이터베이스 시스템

근년에 와서 조직들은 이종의 데이터를 대규모로 수집, 처리하고 있다. 이로 인해 데이터베이스 시스템은 크게 변모하고 있다. 데이터베이스 시스템을 클라우드 기반 컴퓨팅cloud-based computing과 결합해보자. 여러 개별 원천에서 들어오는 데이터의 처리, 집계, 질의를 위한 일종의 구조물로 '빅데이터'라는 용어가 나타났다. RDBMS는 이러한 유형의 용도로 쉽게 조절될 수는 없다. 그렇지만 RDBMS 시스템이 교체될 위험 상태에 놓인 것은 아니다.

개인이나 조직은 여러 유형, 원천의 데이터가 들어있는 중앙 데이터베이스 같은 것에 접근할 수 있을 것이다. 여기에는 그림, 음성 파일, 문서 유형 등과 같이 구조화된 필드에 쉽게 포함되지 않는 데이터도 있다. 이런 데이터는 수십 가지가 아니라 수백 가지의 다른 원천에서 나올 수 있다. 또한 모두 다양한 유형의 DBMS을 사용해 전 세계에 걸쳐 여러 다른 유형의 시스템에 저장돼 있다. 결과적으로 대규모 데이터의 수집, 처리, 사용이라는 새로운 패러다임을 수용하게 고안된 것이 NoSQL이라는 DBMS다.

NoSQL은 데이터에 대한 집계, 질의를 허용하지만 반드시 테이블, 행, 열과 같은 엄격한 구조에 데이터를 저장할 필요는 없다. 또한 쉽게 정의되지 않거나 구조가 유동적인 데이터 유형까지 다양한 데이터 유형을 허용한다. 이로 인해 NoSQL 데이터베이스 시스템의 설계, 구축, 보안이 어려울 수 있다. 다수의 기본 데이터가 수많은 상이한 원천과 시스템에서 나오는 경우에 특히 그렇다.

모든 차이점에도 불구하고 관계형 DBMS과 NoSQL 시스템은 모두 동일한 보안 원칙을 적용한다. 철저한 식별, 강력한 인증 방법, 엄격한 권한부여, 암호화, 데이터베이스 객체 권한, 제한적인 보기 등의 보안 원칙을 예로 들 수 있다. 이런 유형의 DBMS는 구식의 관계형 데이터베이스 패러다임에서 벗어나 있다. 따라서 NoSQL DBMS를 조사하는 경우 감사인은 감사대상 특정 시스템의 특정 규칙, 구조뿐만 아니라 NoSQL의 구성, 이론도 숙지해야 한다.

데이터베이스 감사를 위한 테스트 단계

감사를 수행하기에 앞서 몇 가지 기본 도구가 필요하다. 확인해야 할 항목에 대한 체크리스트가 있어야 한다. 자체 체크리스트를 작성하거나 인터넷에서 체크리스트를 찾거나 여기에서 제공하는 종합 체크리스트를 이용할 수도 있다. 많은 RDBMS에 감사해야 할 고유한 요소와 구성이 있으므로 감사인은 감사 중인 특정 유형의 데이터베이스 시스템과 감사목표에 맞게 체크리스트를 자체 작성해본다.

데이터베이스 관리자DBA를 만나 감사에 대한 논의를 시작해보자. 분명 DBA는 감사받는다는 생각에 흥분하지 않을 것이다. 따라서 가능한 한 친숙한 방법으로 DBA에 다가가려고 최선을 다해보자. 감사인은 DBA의 업무를 방해하지 않고 자신에게 도움을 줄 수 있다는 것을 DBA가 이해하는지 확인한다.

데이터베이스는 연중무휴 시스템인 경우가 빈번하므로 이는 가동 중지 시간이 허용되지 않는다는 의미다. 원격으로도 데이터베이스 가용성이나 성능에 영향을 줄 수 있는 작업을 하길 원하는 경우에 감사인은 푸시백(후퇴, 뒷걸음질)에 직면할 수도 있다. 감사인으로서 처음으로 데이터베이스를 다운시킨다면 업무는 훨씬 더 어려워진다.

시스템에 접속할 최적 시간을 준비해보자. 시스템에서 부여받은 계정이 필요한 허용 권한으로만 실행되는지 확인한다. 작업이 완료된 직후 DBA에게 계정을 잠그게 한다. 계정을 삭제하지 말고 공식적으로 감사가 완료될 때까지 계정을 단순히 잠그게 한다. 그런 다음 추가 정보를 수집해야 하는 경우 DBA는 계정을 다시 생성하지 않고 단순히 잠금을 해제할 수 있다.

가능한 한 많은 오프라인 작업을 수행한다. 시스템 테이블, 패스워드 해시, 파일 권한, 기타 모든 정보를 로컬 소스에 다운로드하는 것이 이상적이다. 그런 다음, 데이터베이스와의 연결을 끊고 데이터베이스에 영향을 줄 위험 없이 오프라인으로 감사단계를 수행할 수 있다. 예를 들어 데이터베이스에서 패스워드 강도 테스트를 수행하지 않는다. 패스워드 해시를 다운로드하고 패스워드 강도 테스트를 오프라인에서 수행할 수 있다.

데이터베이스에 대해 이런 수준의 주의를 DBA에게 보여줌으로써 그들이 업무를 원활히 수행할 수 있도록 전문적인 예의를 갖추게 된다. DBA와 충돌하면 조직에 무가치한 감사로 귀결될 수 있다.

이제 데이터베이스에 대한 배경지식을 갖췄으므로 감사를 수행할 계획수립이 필요하다. 여기에서 다루는 많은 단계는 운영체제나 네트워크 감사에서 수행하는 단계와 거의 동일하지만 데이터베이스의 맥락에서 단계를 설정해야 한다. 일부 단계는 데이터베이스에 고유한 것도 있다.

초기 단계

1. 데이터베이스 버전을 입수해 회사 정책 요구사항과 비교해본다. 데이터베이스가 공급업체에서 계속 지원하는 버전을 실행 중인지 확인한다.

조직에서는 환경을 좀 더 안전하고 쉽게 관리, 감사할 수 있도록 정책들을 수립해 승인을 받는다. 기본 구성 정보를 재확인해 데이터베이스가 조직의 정책을 준수하는지 검증한다. 관리자가 이종의 데이터베이스 버전들에 대한 통제를 유지하려고 하는 경우 구식 데이터베이스들은 환경관리의 어려움과 관리자 책임의 범위를 증대시킨다. 표준적인 빌드와 패치 수준을 유지하면 데이터베이스 관리 프로세스가 크게 간소화된다. 게다가 많은 레거시 데이터베이스들이 더 이상 데이터베이스 공급업체에서 지원하지 않는 데이터베이스 소프트웨어 버전들을 실행하고 있다. 어떤 보안 취약점이 공개돼 알려졌지만 공급업체에서는 구식 버전의 패치를 제공하지 않기 때문에 데이터베이스 패치가 어려울 수 있다. 이것이 문제다.

정책은 시스템과 데이터베이스 관리자가 추가로 구현한 조직에 필요한 보안 모델을 이해하는 데도 도움이 된다. 예를 들어 조직은 디폴트 거부 모델을 구현해 데이터베이스에 대한 모든 접근을 디폴트로 거부한다. 단, 명시적으로 부여된 권한의 경우는 예외로 한다. 이것의 반대쪽 끝은 디폴트 허용 모델이며, 명시적으로 금지된 경우를 제외하고 데이터베이스 데이터와 기능에 대한 모든 접근을 기본적으로 허용한다. 대부분의 조직 보안 모델은 이 두 극단 사이에 있다.

방법

DBA와의 면담과 회사의 IT 표준, 정책을 검토해 회사에서 권장하고 지원하는 데이터베이스 버전과 플랫폼을 판별한다. 데이터베이스 공급업체에 문의해 어떤 버전, 플랫폼을 지원하며 새로운 보안 이슈들에 대한 패치는 제공하는지 확인한다. 실행되는 데이터베이스 버전을 목록화하고 지원되지 않는 버전에 해당하는 데이터베이스를 체크한다. 지원되는 버전으로 데이터베이스를 업그레이드하는 것이 이상적이다.

운영체제 보안

이 책의 다른 부분에서 운영체제 보안을 전용으로 다루고 있으므로 여기서는 간단히 설명한다. 보호되지 않은 데이터베이스를 이용하면 운영체제에 침입할 수 있다는 전제로 시작한다. 반대로 보호되지 않은 운영체제를 이용하면 데이터베이스에 침입할 수 있다. 하나를 잠그지만 다른 하나는 잠그지 않으면 둘 다 적절한 보안이 확보되지 않는다.

참고 데이터베이스가 상주하는 운영체제의 보안 감사에 대한 자세한 단계는 7장과 8장을 참고한다.

2. 운영체제에 대한 접근이 적절히 제한되고 있는지 확인한다.

최선의 상황은 운영체제를 데이터베이스에 전용이 되게 하는 것이다. 시스템 관리자 이외의 사용자는 SSH^{Secure Shell}, SFTP^{Secure File Transfer Protocol}이나 애플리케이션 외부에서 다른 방법으로 운영체제에 연결할 수 있는 접근권한이 없어야 한다. DBA는 운영체제에 대한 어느 정도의 접근 수준이 필요하거나 일부 조직에서 시스템 관리자 역할을 수행할 수도 있다. 대부분의 애플리케이션에서 사용자는 데이터베이스에 직접(즉, 애플리케이션의 외부) 연결할 수 없어야 한다. 데이터에 대한 모든 업데이트는 일반적으로 애플리케이션을 통해 수행해야 한다. 애플리케이션 외부에서 데이터를 직접 업데이트하면 데이터베이스가 손상될 수 있다. 일반적으로 사용자는 애플리케이션 외부에서 데이터를 업데이트해야 할 충분한 이유가 있어야 한다.

방법

핵심 운영체제에 대해 모든 접근권한은 허가된 시스템 관리자로 국한되는지를 관리자와 함께 검증한다. 조직의 필요에 따라 DBA를 포함할 수도 있을 것이다. 원격 데스크톱이나 시스템 셸 액세스^{shell access}가 보안 프로토콜, 바람직하게는 SSH를 통해 발생하는지 검증한다. 운영체제상의 계정을 체크해 제거 필요성을 확인한다.

3. 데이터베이스가 설치된 디렉터리에 대한 권한과 데이터베이스 파일 자체가 적절하게 통제돼 있는지 확인한다.

데이터베이스의 기본 데이터베이스 파일에 대한 부적절한 접근과 업데이트로 인해 데이터베이스가 크게 파손될 수 있다. 예를 들어 실제 데이터베이스 데이터가 포함된 데이터 파일의 운영체제를 통해 직접 변경하면 데이터베이스 손상을 초래한다. 또한 오라클에서 리도 로그 파일^{redo log files}을 사용하면 데이터베이스 파손 시 관여되지 않은 데이터의 복구가 가능하다. 또 데이터베이스에서 제어 파일은 마지막 리도 로그와 데이터 파일의 위치 찾기와 같은 작업을 수행하는 데 이용된다. 운영체제를 통해 이러한 파일을 직접 업데이트하면 데이터베이스 기능이 손상되거나 데이터베이스가 표시되지 않을 수 있다. 각 DBMS에는 자체의 고유한 시동, 로깅, 구성 파일들이 있다. 이러한 파일들의 보호를 통해 데이터베이스의 가용성과 무결성을 지속적으로 유지하는 일은 아주 중요하다.

방법

데이터베이스가 설치된 디렉터리에 대한 권한은 가능한 한 제한적이며, 적절한 DBA 계정이 소유하고 있는지 확인한다. 아쉽게도 일부 데이터베이스 기능성의 경우 보안을 염두에 두고 만들지는 않았다. 파일 권한을 지나치게 제한시키면 데이터베이스 기능성을 손상시킬 수 있다.

윈도우에서도 유사한 조치를 취해야 한다. 데이터베이스가 설치된 디렉터리에 대한 파일 권한은 데이터베이스가 실행되는 계정의 권한에 국한돼야 한다. '모두' 또는 '익명' 사용자에게는 데이터베이스 파일 권한이 없는지 확인한다. 또한 데이터베이스 파일을 저장하는 데 사용되는 모든 드라이브가 NTFS를 사용하는지 확인한다.

이상적인 상황에서는 DBA조차도 기본 운영체제 파일에 대한 권한이 필요하지 않을 것이다. 그러나 DBA가 데이터베이스 파일과 백업 작업을 수행하고 데이터베이스를 패치하며 다른 작업을 수행해야 하는 경우 DBA는 운영체제 파일에 대한 일부 접근이 필요할 수 있다. 운영체제에 접근할 필요가 없는 시스템 관리자를 포함한 모든 사용자에게는 이에 대한 권한이 부여되지 않게 해야 한다.

모든 데이터베이스 파일과 파일이 있는 디렉터리에 대한 파일 권한 목록을 검색한다. 이 정보는 운영체제에 연결해 직접 가져오거나 관리자로부터 이 정보를 입수할 것이다. 목록을 검토해 과도한 특권의 존재 여부를 확인한다. 예를 들어 유닉스 시스템에서 770 초과 권한은 허용되지 않게 설정돼 있는지 체크하고, 명시적 파일 소유자와 그룹 권한이 적용되는지 확인한다. 가능하면 보안을 엄격하게 설정하는 것이 목표지만, 이 정책에 대한 예외도 설정해야 할 수도 있다. 예외가 필요한 경우 이유를 문서화한다. 가장 좋은 관행은 접근권한이 필요한 시스템 관리자와 DBA에게만 적절한 권한을 부여하는 것이다.

4. 데이터베이스에서 사용되는 레지스트리 키의 경우 권한이 적절하게 제한돼 있는지 확인한다.

데이터베이스 플랫폼이 윈도우상에서 움직이는 경우 회사는 데이터베이스에서 사용되는 레지스트리 키^{registry keys}를 적절하게 보호해야 한다. 레지스트리 키는 구성 값을 저장하는 데 이용되며, 데이터베이스 보안에 중요한 작용을 한다. 데이터베이스가 실행되는 계정에만 이러한 레지스트리 키를 편집, 생성, 삭제, 또는 볼 수 있는 권한이 있는지 확인한다.

방법

보안 권한에 대한 검토는 레지스트리 편집기^{Registry Editor}를 통해 시스템 관리자의 승인을 받은 수용 가능한 유틸리티를 통해, 또는 시스템 관리자로부터 입수한 정보에 의거 수행한다. 전체 권한 목록을 검색한 후 이를 검토해 과도한 권한이 없는지 확인한다.

계정관리

계정관리는 계정과 액세스 요청, 승인, 할당, 제거와 관련된 팀과 개인의 수가 많기 때문에 어려운 활동이다. 이 절의 감사에서 올바른 사용자와 계정이 중요한 시스템과 데이터에 접속하는지 확인하는 것이 특히 중요하다.

5. 사용자 계정의 생성 절차를 검토, 평가해 합당한 비즈니스 요구가 있을 때만 적절한 승인을 거쳐 계정을 생성하는지 확인한다. 또한 퇴사나 직무 교체 시 사용자 계정을 적시에 제거하거나 비활성화시키는 절차를 검토, 평가한다.

데이터베이스 리소스에 대한 불필요한 접근을 제한하려면 데이터베이스에 대한 접근권한을 부여, 제거하기 위한 효과적인 통제가 마련돼 있어야 한다. 일부 RDBMS는 운영체제나 네트워크 계정과는 별개의 특이한 계정을 생성해야 할 수도 있다. 마이크로소프트의 SQL 서버와 같은 다른 데이터베이스 시스템은 컴퓨터 로컬 계정이나 액티브 디렉터리 계정에 의존하며, 이들 계정은 적절한 그룹이나 데이터베이스 객체에 대한 소정의 권한이 부가돼 있다.

방법

데이터베이스 관리자를 만나 계정 생성 절차를 검토한다. 이 절차에는 사용자가 정당한 접근 요건을 갖추고 있는지 검증하는 어떤 형식이 포함돼야 한다. DBA 수준 계정과 특권에 대한 접근이 최소화됐는지 확인한다.

계정 샘플을 검토해 계정의 생성에 앞서 계정에 대한 승인이 제대로 이뤄졌다는 증거를 확인한다. 또는 계정 샘플을 입수한 다음, 계정 소유자의 직능에 대한 조사와 이해를 통해 정당성을 검증한다. 시스템의 각 사용자가 자신의 사용자 계정을 갖고 있는지 확인한다. 게스트나 공유 계정이 없어야 한다. 많은 수의 데이터베이스 계정이 존재하는 경우 필요성을 질문한다. 애플리케이션 최종 사용자는 일반적으로 데이터베이스에 직접 접근이 아닌 애플리케이션을 통해 데이터베이스에 접근해야 한다.

또한 더 이상 접근이 필요하지 않을 경우의 계정 제거 절차를 검토한다. 이 절차에는 퇴사와 직무 교체 시 사용자 계정을 제거하는 메커니즘이 포함될 수 있다. 이 절차에는 시스템 관리자나 기타 식견 있는 관리자가 정기적으로 활성 계정을 검토하고 유효성을 확인하는 과정이 포함될 수 있다. 계정 샘플을 입수해 활동 중인 직원이 소유하고 있으며, 접근이 여전히 직무에 적합한지 검증한다.

패스워드 강도와 관리적 특성

많은 데이터베이스 플랫폼은 자체 인증 설정을 유지한다. 패스워드와 인증 메커니즘이 체인의 취약한 링크가 된 것은 아닌지 확인한다.

운영체제나 다른 보안 하위 시스템과의 통합 형태로 인증을 제공하는 데이터베이스 플랫폼들이 있다. 예를 들어 Db2 UDB는 인증을 위해 운영체제나 RACF^Resource Access Control Facility를 사용하며, 대신 고유한 사용자 이름과 패스워드를 유지하지 않는다. 윈도우 모드의 마이크로소프트 SQL 서버는 윈도우 인증을 사용한다. 그렇다고 데이터베이스에 이용자가 유지되지 않음을 의미하지는 않는다. 허용 권한과 다른 데이터베이스 설정에 사용자의 매핑이 필요하기 때문에 사용자 이름이나 사용자가 포함된 그룹은 데이터베이스에서 계속 유지된다. 그러나 인증은 데이터베이스가 아닌 운영체제 수준에서 수행된다.

모든 데이터베이스 플랫폼에 통합 운영 보안을 사용하면 많은 장단점이 있다. 다음과 같은 장점이 있다.

- 운영체제 인증은 일반적으로 데이터베이스 인증보다 강력하다.
- 운영체제 인증에는 운영체제 수준에서 이미 구현돼 있을 가능성이 높은 패스워드 관리 특성이 전형적으로 포함된다.

단점은 다음과 같다.

- 인증은 DBA의 손에서 벗어나 있다.
- 운영체제 계정을 가진 사용자는 데이터베이스가 올바르게 구성되지 않은

경우 데이터베이스의 운영체제에 접근할 수 있다.

6. 디폴트 사용자 이름과 패스워드를 체크한다.

감사대상 필수 항목은 디폴트 사용자 이름과 패스워드다. 이는 데이터베이스^{DB}에서 계속적인 이슈가 되고 있다. DB에 대한 많은 성공적인 공격은 디폴트 사용자이름과 패스워드를 사용해 실행된다. 이러한 디폴트 사용자 이름과 패스워드를몇 가지 범주로 분류한 것이 표 10-1이다. 다양한 보안 웹 사이트에서 말 그대로수천 가지의 디폴트 패스워드를 찾아볼 수 있다.

범주	설명
디폴트 데이터베이스 패스워드	표준 데이터 인스톨에서 생성되지만, 설치된 데이터 구성 요소에 따라 달라질 수 있다. 대다수 최신 DB 버전들은 디폴트 DB 패스워드를 제거하고 있다. 그러나 구 버전의 DB 소프트웨어에서는 디폴트 패스워드가 계속적으로 심각한 우려사항이 되고 있다.
샘플이나 예시 패스워드	테스트용이나 샘플용 계정의 생성을 포함하는 SQL 스크립트에서 신구 기능의 많은 샘플, 예시, 실연을 볼 수 있다.
디폴트 애플리케이션 패스워드	DB 위에 타사 제품을 설치하는 경우 흔히 그런 제품들은 DB에 접근하는 데 디폴트 사용자 이름과 패스워드를 이용해 실행되도록 설정돼 있다. 이런 사실은 해커에게 알려져 있으며 일반적인 접근 경로 역할을 한다.
사용자 정의 디폴트 패스워드	새 계정의 생성 시 흔히 어떤 초깃값을 설정한 다음, 최초 사용 시 이를 리셋한다. 계정을 생성한 다음 전혀 액세스하지 않은 경우에 문제가 발생한다. 새 계정에 설정된 패스워드가 무작위적이며, 강력한 패스워드인지 확인한다.

표 10-1 디폴트 패스워드

방법

모든 디폴트 사용자 이름과 패스워드가 제거됐거나 잠겨 있는지 또는 패스워드가 변경됐는지 검증한다. 무료 및 상용 유틸리티와 도구를 사용해 이를 검증할 수 있다.

7. 쉽게 추측할 수 있는 패스워드를 체크한다.

사용자는 영리한 해커나 자동화된 프로그램을 통해 쉽게 추측할 수 있는 패스워드를 종종 선택한다. 가장 흔한 패스워드는 password와 secret이었다. 사람들에게 더 안전한 패스워드를 선택하도록 요구하는 최소 패스워드 복잡성 표준이 시행될 수 있지만 사전에서 찾을 수 없거나 쉽게 추측할 수 없도록 패스워드를 작성하는 것이 여전히 중요하다.

방법

패스워드 해시hashes를 대상으로 패스워드 강도 테스트를 실행해 패스워드를 쉽게 추측할 수 있는지 판별한다. 이 작업은 복잡한 작업일 수 있으며, 이 작업에 충분한 기술을 갖춘 보안팀이나 파트너가 실시해야 한다. 사전에서 찾거나 추측할 수 있는 패스워드를 발견하면 사용자 인식 사례와 패스워드 강도 체크 실무 구현에 대해 DBA와 알아본다. 패스워드 강화에 도움이 되는 시스템 구성 설정에 대해서는 단계8을 참고한다.

8. 패스워드 관리 기능이 활성화돼 있는지 체크한다.

많은 데이터베이스 플랫폼이 패스워드 관리 기능을 풍부하게 지원한다. 오라클은 다음 특성들에 대한 기능을 포함해 이 영역을 선도하고 있다.

- 패스워드 강도 검증 기능
- 패스워드 만료
- 패스워드 재사용 제한
- 패스워드 만료 유예 시간
- 패스워드 잠금
- 패스워드 잠금 재설정

이러한 설정을 구성하지 않으면 추가적인 보안이 제공되지 않는다. 디폴트 상태에서 이러한 성능은 활성화되지 않는다.

방법

데이터베이스에서 구성 값을 검토한다. 각 패스워드 관리 기능이 회사 정책에 따라 환경에 적합한 값으로 구성되고 활성화돼 있는지 확인한다. 사용 가능한 정확한 패스워드 관리 기능과 이를 보는 데 필요한 명령을 판별하려면 데이터베이스 플랫폼에 대한 문서편람을 검토해야 한다.

사용 권한관리

데이터베이스 특권은 운영체제 권한과 약간 다르다. 특권은 GRANT와 REVOKE문을 사용해 관리된다. 예를 들어 다음 SQL문은 USER1에게 SALARY 테이블에서 SELECT 권한을 부여한다.

```
GRANT SELECT ON SALARY TO USER1
```

REVOKE문은 부여된 권한을 제거하는 데 사용된다.

```
REVOKE SELECT ON SALARY TO USER1
```

GRANT문을 사용해 SELECT, UPDATE, DELETE, EXECUTE 등 권한부여를 선택적으로 할 수 있다. 이를 통해 테이블의 데이터를 읽을 수 있는 권한을 부여할 수 있지만 테이블을 수정하는 기능은 제한된다. GRANT와 REVOKE는 열별로 더 선택적으로 사용할 수도 있다.

9. 필요한 인가 수준에 따라 데이터베이스 권한이 적절하게 부여되거나 취소되는지 검증한다.

데이터베이스 권한을 제대로 제한하지 않을 경우 민감한 데이터에 대한 부적절한 접근이 발생할 수 있다. 또한 데이터베이스 권한은 보안을 우회하는 데 사용될 수 있는 데이터베이스의 하위 시스템을 사용하지 못하게 제한하는 데도 사용해야 한다. 보안 모범 실무에 따르면 필요한 경우에만 권한을 부여해야 한다. 특별히 권한이 계정에서 필요하지 않은 경우 부여하지 않는다.

방법

데이터베이스 관리자에게 문의해 어느 사용자 계정이 무슨 데이터에 접근을 필요로 하는지 알아본다. 관리자 중 일부는 접근 필요성을 갖고 있다. 일부 계정은 웹 애플리케이션에서 데이터 접근에 이용할 수 있으며, 일부 계정은 일괄 작업에 이용할 수 있다. 권한이나 접근을 필요로 하지 않은 계정은 잠그거나 비활성화하거나 제거해야 한다.

10. 그룹이나 직위 대신 개인에게 부여된 데이터베이스 사용 권한을 검토한다.

데이터베이스 모범 실무에 따르면 직위나 그룹에 권한을 부여하려는 시도를 해야 하며, 그런 다음에는 해당 권한을 해당 직위나 그룹 내의 개인에게 부여해야 한다. 직위나 그룹을 사용해 권한을 할당하면 일관된 수준의 접근권한이 부여된다. 새 권한을 부여해야 하는 경우 여러 계정이 아닌 단일 그룹에 부여할 수 있다. 또한 사용자가 업무를 변경한 경우 직위나 그룹을 곧장 취소하고 해당 직위나 그룹 내에서 새로운 개인에게 접근권한을 부여하는 것이 간단하다.

방법

데이터베이스 사전에서 권한 목록을 검토한다. 계정이나 사용자에게 부여된 권한을 검토한다. 직위나 그룹에 특권이 부여됐는지 체크해본다. 필요시에 직위나 그룹에 권한을 할당하는 과정을 통해 개별 사용자들에게 권한을 부여할 수 있다.

어떤 권한의 부여가 허용되는지 알아보려면 직위/그룹과 사용자/계정의 목록을 다운로드해야 한다. 사용자와 그룹의 목록은 데이터 사전에 저장돼 있다.

11. 데이터베이스 사용 권한이 내재적으로 잘못 부여되지 않았는지 확인한다.

데이터베이스 사용 권한은 여러 소스에서 나올 수 있다. 예를 들어 객체의 소유권은 데이터베이스의 해당 객체에 대해 완전한 통제 권한을 암묵적으로 부여한다. SELECT ANY TABLE과 같은 특권은 모든 데이터에 대한 접근을 허용하며, 데이터에 대한 무접근을 유발할 수 있다. 데이터베이스 사용 권한이 암묵적으로 부여되는 방법을 완전히 이해하지 못하면 의도하지 않은 방식으로 사용 권한이 부여될 수 있다.

방법

데이터베이스 플랫폼에 대한 권한 모델의 세부사항을 검토하고 권한이 적절하게 물려받은 것인지 검증한다. 또한 SELECT ANY TABLE과 같은 데이터에 접근할 수 있는 시스템 특권을 검토하거나 어떤 사용자에게 특별 지위를 부여해보자. 묵시적 및 명시적으로 부여되는 권한을 문서화해둠으로써 적절하지 않은 경우에는 권한이 허용되지 않게 한다.

12. 저장 프로시저에서 실행된 동적 SQL을 검토한다.

객체로의 접근권한은 저장 프로시저stored procedures나 함수의 가동을 통해서도 얻을 수 있다. 마이크로소프트 SQL 서버에서는 코드 객체를 실행할 때 저장된 프로시저 소유주가 소유한 다른 객체에 대한 접근이 허용된다. 오라클에서 저장 프로시저를 가동하면 저장 프로시저 소유주로서 객체에 접근할 수 있다. 저장 프로시저를 제대로 구축하지 않고 조작할 수 있는 경우 위험스러운 일이다.

방법

DBA의 도움으로 저장 프로시저를 검토하며, 특히 동적 SQL의 사용을 찾아보고 입력 자료의 삭제 방법을 평가한다. 상승된 권한으로 가동되는 프로시저에서 동적 SQL 사용을 제한하게 한다. 또한 상승된 권한으로 실행되는 저장 프로시저에 대한 모든 접근권한이 기록되고 있는지 확인한다.

대형 데이터 웨어하우스 환경에서 감사인은 DBA와 애플리케이션 소유자와 협력해 중요한 경로의 샘플을 식별한 후 저장 프로시저에서 동적 SQL을 찾아봐야 한다.

13. 테이블 데이터에 대한 행 수준 접근이 올바르게 구현됐는지 확인한다.

관계형 데이터베이스는 테이블이나 열에 대한 허용 권한을 부여하게 설계됐다. 아쉽게도 테이블의 행 하위 집합에 대한 접근을 제한하도록 잘 설계되지는 않았다. 테이블에 대해 사용자에게 **SELECT** 권한을 부여하면 사용자는 테이블의 모든 행을 읽을 수 있을 것이다.

이 문제를 다루는 데 여러 가지 기술을 활용할 수 있다. 예를 들어 오라클은 특정 행에 대한 접근을 제한하는 데 사용할 수 있는 가상 사설 데이터베이스^{VPD}를 제공한다. 프로그래밍 방식으로 뷰를 이용해 사용자의 맥락에 따라 반환되는 행을 제한할 수도 있다. 일반적이고 실용적인 방법은 저장 프로시저를 사용해 테이블에 접근하는 것이다. 이 전략을 사용하면 DBA는 테이블에 대한 허용 권한을 부여할 필요가 없으므로 사용자가 저장 프로시저를 우회하지 못한다.

방법

특히 대규모 환경에서 이는 DBA와 애플리케이션 소유자 간의 공동 노력이 될 것이다. 적절한 관리자와 데이터베이스의 행 수준 접근통제 방법을 알아본다. 접근을 제공하는 애플리케이션이나 저장 프로시저를 사용자가 우회하는 경우에 적절한 권한을 부여받지 않은 사용자는 테이블의 데이터에 액세스할 수 없는지 확인한다. 사용자의 '유효한' 능력이 의도된 대로인지를 검증해보고자 사용자의 계정을 통해 데이터베이스에 액세스해보자.

14. 필요하지 않은 경우 PUBLIC 권한을 취소한다.

각 데이터베이스는 PUBLIC 직위의 구현 방식이 약간 다르다. 일반적으로 데이터베이스 내의 모든 사람을 나타낸다. PUBLIC 직위를 삭제할 수 없고 이 역할에 사용자를 추가할 수 없지만, 권한permissions을 할당할 수 있다. 권한이 PUBLIC 직위에 적용되면 부여된 권한은 모든 사람에게 적용될 것이다.

PUBLIC 직위는 모든 사용자가 물려받을 것이므로 권한을 부여하는 데 이용해서는 안 된다. PUBLIC 직위에 추가 권한이 부여되지 않았는지 검증해야 한다.

PUBLIC 직위에 부여된 사용권한 취소가 필요한 경우 권한을 필요로 하는 적절한 그룹이나 명시적인 로그인에 권한이 부여되지 않는 한 필요한 기능을 중단시켜 끝내려 할지 모른다. 모든 PUBLIC 권한의 맹목적인 철회는 재난에 먹잇감을 주는 결과가 될 수 있다.

방법

PUBLIC에 부여된 권한을 강조 표시한 모든 권한 목록을 수집해 시작한다. 필요한 권한이 있는 DBA와 알아본다. 그런 다음 명확하게 필요하지 않은 객체의 권한을 취소하면 얼마나 많은 위험이 발생할지 결정한다. 모든 사람이 권한을 취소하는 데 동의한다면 권한을 취소하는 것이 좋다. 나중에 해당 권한이 필요하거나 예기치 않은 문제가 있다고 판단되면 변경사항을 롤백rollback하는 데 사용할 수 있는 실행 취소 스크립트를 항상 백업하고 실행하게 한다.

데이터 암호화

데이터 암호화는 세 가지 영역이나 상태에 적용된다. 이동 중인 데이터Data-in-motion는 네트워크를 통해 전송되는 데이터를 말하며, 종종 TLSTransport Layer Security와 같은 프로토콜을 사용해 암호화된다.

휴면 상태의 데이터^{Data-at-rest}는 데이터베이스 내부와 같은 저장소^{storage}에 상주하는 데이터를 말하며 AES^{Advanced Encryption Standard}와 같은 여러 알고리즘으로 암호화할 수 있다. 사용 중인 데이터^{Data-in-use}는 애플리케이션에서의 데이터 처리 활동을 묘사하는 말이다. 사용 중인 데이터의 암호화는 매우 까다로울 수 있으며 데이터 처리의 동적 특성으로 인해 종종 변경되지 않는 경우가 있다. 현재 사용 중인 데이터는 접근과 변경에 도움이 되는 방식으로 쉽게 암호화하고 암호 해독되지 않는다. 그러나 사용 중인 데이터를 암호화하지 않을 경우에 발생할 수 있는 위험은 다른 운영체제와 RDBMS 보안 기능을 강화하면 줄일 수 있다.

15. 네트워크 암호화가 구현됐는지 검증한다.

네트워크 암호화는 두 가지 주요 목적을 제공한다. 네트워크를 통해 이동하는 인증 자격증명을 보호하고, 네트워크를 통해 이동하는 데이터베이스 내의 실제 데이터를 보호하는 것이다. 네트워크는 안전한 환경이 아니다(IP 주소를 스푸핑하고 네트워크 트래픽을 리다이렉션하고 스니핑할 수 있다). 외부 네트워크뿐만 아니라 인트라넷에서도 네트워크 트래픽을 암호화해야 한다.

방법

네트워크 및 클라이언트 드라이버가 TLS와 같은 프로토콜을 사용해 네트워크 트래픽 암호화를 지원하도록 구성돼 있는지 확인한다. 클라이언트와 데이터베이스 모두에서 설정을 검증한다. 경우에 따라 암호화를 시연하고자 트래픽 샘플을 조사해야 할 수도 있다.

16. 적절한 경우 휴면 데이터의 암호화가 구현되는지 검증한다.

휴면 데이터의 암호화에는 데이터베이스에 저장된 데이터의 암호화가 포함된다. 디스크나 데이터베이스 내의 데이터 수명이 네트워크상의 데이터 수명보다 훨씬

길기 때문에 휴면 데이터의 암호화가 다른 형태의 암호화보다 중요하다. 데이터
베이스를 복제, 복사, 백업하는 경우 적절한 키 없이는 데이터에 접근할 수 없다는
점에서 휴면 데이터의 암호화는 추가 보호 계층을 제공한다. 적절한 키 관리(암호
화 키의 접근통제, 보호, 관리)는 휴면 데이터의 암호화를 검토하는 데 중요한 요소다.

방법

암호화해야 하는 데이터가 올바르게 암호화됐는지 확인한다. 암호화의 강도는
암호화 키의 보호 강도에 의존하기 때문에 암호화 키가 저장된 위치와 키에 접근
하거나 사용할 수 있는 사용자의 위치도 검토한다. 암호화 키가 암호화된 데이터
와 함께 저장돼 있는 경우 공격자는 단지 암호화 키의 추출만으로도 보안을 파괴
시킬 수 있다.

재해복구계획을 체크해 암호화 키 관리가 구성 요소로 포함돼 있는지 확인한다.
DBA가 암호화 기능을 구현하지만 백업 절차에 키 관리를 포함시키지 않는다면
이는 실책이다. 암호화 키를 제대로 백업하지 못하면 데이터베이스 백업을 복구
할 수 없게 된다.

보안 로그 모니터링과 관리

규정에 따라 중요한 데이터에 대한 접근을 제대로 모니터링해야 한다. PCI, HIPAA,
사베인스-옥슬리법과 같은 규정은 민감한 데이터를 저장하는 회사에 중대하고
도 긍정적인 영향을 미쳤다.

17. 데이터베이스 감사와 활동 모니터링의 적절한 이용을 검증한다.

궁극적으로 어떤 외부 조직이 데이터베이스 모니터링을 의무화했는지 여부에 관계
없이 저장된 데이터의 비즈니스 가치가 중요한 경우 아무래도 데이터베이스는 적절
한 모니터링 장치를 갖춰 악의적인 공격과 부적절한 데이터 사용을 식별해야 한다.

여러 가지 방법으로 활동을 모니터링할 수 있다.

- 데이터베이스의 네이티브 감사로깅$^{native\ audit\ logging}$ 활성화
- 감사 데이터베이스 활동의 네트워크 트래픽 모니터링
- 데이터베이스로부터 감사증적의 구축을 위한 트랜잭션 로그의 검토
- 운영체제에서 객체 접근에 대한 감사의 활성화

각 방법에는 특정한 장단점이 있다. 예를 들어 기본 감사로깅은 일반적으로 데이터베이스에 포함되므로 비교적 저렴하다. 비용이 좀 더 많이 들지만 공격을 식별할 수 있는 콘텍스트 정찰과 같은 추가 기능을 제공하는 솔루션들이 있다. 본래의 감사기능에서는 이를 제공하지 않는다.

방법

감사로깅은 여러 가지 형태를 취할 수 있다.

- **접근과 인증 감사:** 누가 언제, 어디서, 어떻게 어떤 시스템에 접근[7]했는지 설명하는 로그의 기록이다.
- **사용자와 관리자 활동 감사:** 사용자와 관리자가 데이터베이스에서 수행한 활동을 설명하는 로그의 기록이다.
- **의심스러운 활동 감사:** 민감한 데이터나 중요한 시스템에 대한 의심스럽거나 비정상적이거나 비정상적인 접근을 식별, 표시한다.

---

7. 접근 로그(access log)는 운영체제의 보안 모듈 중 일부로 데이터베이스에 접근하려는 모든 시도를 기록한 일종의 일지다. 이 일지는 접근하려는 사람의 신분 코드, 접근을 시도한 날짜와 시간은 물론 질의 응답의 종류와 접근 형태도 기록한다. 실제 접근한 경우에는 접근한 데이터를 기록한다. 따라서 감사인이나 보안 담당자가 시스템의 보안을 위협하는 요소를 검토하고자 할 때 이용할 수 있는 감사증적이 남게 된다. 거의 모든 컴퓨터의 운영체제에서는 접근 일지를 자동으로 기록하는 보안 장치가 내재돼 있다. 단독으로 사용하는 PC의 경우에도 이러한 보안 소프트웨어를 구입해 설치할 수 있다. 감사증적(audit trail)은 거래(transaction)의 발생 원천(원시 서류)에서부터 중요 처리 단계를 거쳐 계정의 요약 수치에 도달한 데까지 거래의 모습을 기록한 것이다. 이것을 거래증적(transaction trail)이나 관리증적(management trail)이라고도 한다. 효율적인 감사증적이 확보돼 있으면 시스템의 통제와 감사업무가 훨씬 용이하게 된다. 또한 감사증적이 있으면 전 과정(입력, 처리, 출력)을 역진적으로 혹은 전진적으로 추적할 수 있게 된다. – 옮긴이

- **취약점과 위협 감사:** 데이터베이스의 취약점을 탐지한 후 이를 악용하려는 사용자가 있는지 모니터링한다.
- **변경 감사:** 데이터베이스 구성, 스키마, 사용자, 권한과 구조에 대한 기준 정책을 수립한 다음, 해당 베이스라인과의 편차를 찾아 추적한다.

구현된 이벤트 로깅과 모니터링 방법을 DBA와 함께 검토하고 데이터의 민감도를 알아본다. 로그 모니터링은 데이터베이스에 저장된 정보의 비즈니스 가치와 조직의 정책 및 요구사항에 맞춰야 한다.

데이터베이스에서 민감한 데이터 목록을 검토하고 민감한 데이터에 대해 적절한 감사가 올바르게 활성화돼 있는지 검증한다. 모니터링 시스템이 이러한 이벤트를 감사할 수 있는 능력의 시연을 위해 특정 기간 동안의 민감한 트랜잭션 목록에 대한 검토를 고려한다.

18. 패치가 제공되는 시기를 식별하고 패치를 적용할 정책과 절차가 있는지 확인한다. 승인 된 모든 패치가 데이터베이스 관리 정책에 따라 설치돼 있는지 확인한다.

대부분의 데이터베이스 공급업체는 패치patch 버전의 정기적인 배포 일정을 갖고 있다. 패치 테스트와 설치를 적절히 계획할 수 있도록 배포 일정이 정해진 릴리스에 대비가 있어야 한다. 모든 데이터베이스 패치가 설치돼 있지 않은 경우 공개적으로 알려진 보안 취약점이 데이터베이스에 존재할 수 있다.

방법

DBA와 인터뷰해 공급업체의 조언을 검토하는 사람, 패치를 준비하고자 수행되는 단계와 프로덕션 데이터베이스에 적용하기 전에 패치를 테스트하는 기간을 판별한다. 이전 패치 주기에서 나온 메모의 검토를 요청한다.

최신 패치에 대해 가능한 한 많은 정보를 입수하고, 패치로 처리되는 취약점의 범위를 결정한다. 사용 가능한 패치를 데이터베이스에 적용된 패치와 비교한다. 패치가 적시에 적용되지 않을 경우 잠재적 위험을 완화하고자 취한 조치들에 대해 DBA와 알아본다. 조치들이 불필요한 경우 많은 DBA는 시스템에서 취약한 구성 요소의 제거를 통해 패치 필요성을 줄이려 시도할 것이다.

대부분의 조직에서 데이터베이스는 패치와 관련해 흥미로운 딜레마를 노출시킨다. 많은 데이터베이스가 연중무휴 스케줄에 따라 실행되므로 가동 중지 시간이 허용되지 않는다. 이는 패치를 적용하고자 데이터베이스를 중단할 시간이 없음을 의미한다.

데이터베이스 패치 활동의 또 다른 주요 문제는 새로운 패치를 테스트하는 것이 일반적으로 긴 과정이라는 점이다. 일반적으로 철저한 테스트 없이 패치를 설치할 수 없을 정도로 데이터베이스는 매우 중요하다. 분기별 패치 주기가 주어지면 새로운 패치를 테스트하고 적용하는 일은 쉽사리 DBA의 풀타임 작업이 될 것이며, 오늘날의 팀들이 때때로 윈도우와 유닉스 패치에 전념하는 것처럼 이는 DBA에게는 풀타임 작업이 될 것이다.

중단 시간^{downtime} 문제에 대한 한 가지 해결책은 클러스터링^{clustering}의 사용이다. 클러스터 환경에서 클러스터의 단일 노드를 오프라인으로 가져와 패치하고, 온라인으로 되돌릴 수 있다. 이는 효과가 있지만 프로세스가 복잡해진다. 솔루션에 관계없이 통제 취약점과 관련된 패치를 이해해야 하며, 데이터베이스를 보호하고자 통제 취약점을 적절히 처리해야 한다.

19. 표준 빌드(standard build)가 새 DB 시스템에 적용 가능한지 여부와 해당 베이스라인이 적절한 보안 설정을 갖추고 있는지 판별한다.

환경 전체에 보안을 전파하는 가장 좋은 방법 중 하나는 테스트나 프로덕션^{production} 단계로 이동하기에 앞서 새로운 시스템을 일관된 방식으로 구축하고 구성하는 것이다.

방법

시스템 관리자 및 DBA와의 논의를 통해 새 시스템을 구축, 구성, 배치하는 데 사용되는 방법을 판별한다. 표준 빌드를 사용하는 경우 이 장의 단계들을 이용해 새로 생성된 시스템에 대한 감사를 고려해보자.

 참고 조직의 변경관리 프로세스에 표준 빌드의 구현, 업데이트를 포함하고 감사인의 제반 변경사항의 검토와 새 이미지에 대한 전반 감사 수행 시의 요구사항을 포함하기 위한 승인 프로세스 논의를 고려해보자. 이는 감사팀이 데이터베이스 관리팀과 협력 관계를 구축할 수 있는 좋은 방안이다.

20. 데이터베이스 환경에서 기존 및 예상되는 업무 요구사항을 지원하고자 용량 관리를 어떻게 하는지 평가한다.

인프라, 비즈니스 관계, 고객 요구, 규제 요건의 변화에 따라 데이터베이스의 기술적인 요건과 비즈니스 요건이 빠르게 그리고 자주 변경될 수 있다. 데이터베이스 인프라가 부적절하면 비즈니스가 중요한 데이터의 손실 위험에 처할 수 있으며, 중요한 비즈니스 기능에 장애가 발생할 수 있다.

방법

용량 요구사항이 문서화되고 고객의 동의가 있었는지 확인한다. 정의된 임곗값을 초과할 때 용량 사용에 대한 모니터링 프로세스를 검토한다. 스토리지 환경을 담당하는 동일한 팀이 요구사항을 평가하거나 캡처할 수 있다. 용량 사용량이 설정된 임곗값을 초과할 때 대응하고 조치를 취하는 프로세스를 평가한다. 현재 데이터베이스 요구사항과 예상되는 성장 수준을 결정하는 데 사용되는 방법을 알아본다. 관리자가 성장 계획을 검토해 하드웨어가 성능 요구사항, 용량 요구사항, 특성 요구사항을 충족해 인프라와 비즈니스 성장을 지원할 수 있는지 확인한다.

21. 데이터베이스 환경에서 기존 및 예상되는 업무 요구사항을 지원하고자 성능을 어떻게 관리하고 모니터하는지 평가한다.

부적절한 데이터베이스 인프라는 중요 데이터 상실의 위험 상황에 비즈니스를 방치하는 것이며, 더 많은 스토리지나 더 나은 성능을 필요로 하는 중요 비즈니스 업무의 장애가 될 수 있다. 물리적 스토리지 매체, 통신 프로토콜, 네트워크, 데이터 크기, CPU, 메모리, 스토리지 아키텍처, 암호화 전략, 질의 구조, 기타 요인을 비롯한 몇 가지 요인에 의해 데이터베이스 성능이 결정된다. 최신의 클라우드 데이터베이스는 자동화된 리소스 튜닝을 활성화하고 실시간 질의 최적화 제안을 제공해 성능 튜닝 노력을 단순화할 수 있다. 이런 점을 주목해보자.

방법

데이터베이스 아키텍처에서 프로세서, 메모리, IO/네트워크 대역폭 로드에 대한 정기적인 성능 검토를 수행해 아키텍처상에서 늘어나는 스트레스를 식별하는지 확인한다. 성능 요구사항이 문서화되고 고객의 동의가 있었는지 확인한다. 성능을 모니터링하고 성능이 정의된 임곗값 아래로 떨어질 때 주목할 수 있는 프로세스를 검토한다. 성능이 정해진 임곗값 아래로 떨어질 때 대응하고 조치를 취할 수 있는 프로세스를 평가한다. 현재의 성능 요구사항과 예상되는 변경사항을 확인하는 데 사용되는 방법을 알아본다.

 참고 용량 관리와 성능 계획에 대한 검토는 이 감사에서 중요한 단계다. 관리자에게 용량 관리 계획이 있는지 확인하고 성능 요건들이 조직에 적합한지 확인한다.

도구와 기술

수작업 방식으로 대부분의 감사를 수행할 수 있지만, 일련의 도구를 사용해 반복적이거나 기술적인 잡일을 수행하는 것이 유용한 경우도 많다. 도구를 사용하면 기술적인 세부사항과 씨름하지 않고 결과물에 더 많은 시간을 할애할 수 있다. 감사 및 모니터링 도구는 분석과 해석에 필요한 원자재를 감사인에게 공급할 수 있다. 이는 인간으로 감사인이 도구 사용을 통해 가져오는 부가가치다.

감사 도구

구성 문제, 패치의 누락, 계정 권한, 기타 데이터베이스 환경설정을 평가하는 데 도구들이 유용하다. 이러한 도구는 감사용 데이터의 수집 속도를 향상시킬 수 있다. 그러나 감사인은 도구의 작동 방식과 감사결과를 이해하는 방법을 잘 알고 있어야 한다. 도구가 오래됐거나 특정 감사목적으로 설계되지 않은 경우 도구를 사용하면 장점보다 더 많은 문제점이 발생할 수 있다.

또한 네트워크와 운영체제 감사 도구가 데이터베이스 감사를 돕는 데는 크게 실패한다는 것을 이해하는 것이 중요하다. 왜 이럴까? 데이터베이스는 복잡한 기계 같은 것이다. 자체 접근통제시스템, 자체 사용자 계정과 패스워드, 자체 감사 서브시스템과 자체 네트워크 프로토콜이 있다. 일반 스캐너들은 데이터베이스에 대한 피상적인 조사를 넘어서는 전문성을 갖추고 있지 않다.

다음과 같은 여러 도구는 전문화된 것들이다. 데이터베이스 감사를 실행하는 감사인들에게 도움이 된다.

데이터베이스 감사 도구	웹 사이트
Trustwave의 AppDetectivePRO	www.trustwave.com
NCC Group의 NCC Auditor와 NCC Squirrel	www.nccgroup.trust

데이터베이스 감사 도구	웹 사이트
Microsoft SQL Vulnerability Assessment Tool	https://docs.microsoft.com/en-us/sql/relational-databases/ security/sql-vulnerability-assessment?view=sql-server-2017
Oracle DBSAT	https://www.oracle.com/database/technologies/security/ dbsat.html
CIS-CAT	https://learn.cisecurity.org/cis-cat-lite

모니터링 도구

많은 도구가 데이터베이스 활동의 모니터링을 지원하게 설계됐다. 감사인은 이들 도구의 사용에 영향을 미친다. 이들 도구는 민감한 데이터에 대한 무단접근이나 악의적인 접근을 기록, 탐지하는 데 쓰인다. 감사인은 데이터베이스에 적용되는 규정을 확인한 다음, 이를 기본적 감사나 좀 더 심층적인 활동 모니터링으로 구현할 수 있는 특정 항목으로 변환해야 한다.

데이터베이스 모니터링 솔루션에는 수동적으로 네트워크를 지켜보거나 호스트에 설치된 클라이언트를 이용해 데이터베이스를 모니터링하는 방법이 포함된다. 일부 모니터링 솔루션은 이 두 가지 방법을 결합한 하이브리드 방식을 사용한다. 예를 들어 IBM의 하이브리드 솔루션은 인상적인 성능과 보고서를 유지하지만 모범 실무 설정에서는 에이전트에게 Audit Vault 서버와 함께 작업하도록 요구한다. IBM은 데이터베이스 성능에 큰 영향을 미치지 않는다고 말하지만 많은 DBA는 클라이언트를 이용한 데이터베이스 감사에 신중한 입장이다. 그래서 네트워크를 통해 트래픽을 감시하는 장치[appliance]를 오히려 사용한다. 이를 인식해 IBM은 2009년 후반에 가디엄[Guardium]을 인수했다. 이 제품은 네트워크 장치를 사용해 데이터베이스 트래픽을 투명하게 감시하고, 트랜잭션, 보안 이벤트, 허가된 접근을 모니터링한다. 데이터베이스 호스트상에 클라이언트를 두지 않은 상태에서 그렇게 한다.

다음과 같은 여러 도구가 데이터베이스에서 활동을 모니터링하기 위한 기술을 제공한다.

모니터링 도구	웹 사이트
DbProtectfromTrustwave	www.trustwave.com
IBMGuardium	www.ibm.com
Imperva의 Data Activity Monitoring	www.imperva.com/products/data-protection

암호화 도구

또한 감사인은 데이터베이스 암호화 요건의 충족에 이용할 수 있는 도구를 이해해야 한다. 대부분의 최신 데이터베이스에는 TDE(투명한 데이터 암호화)를 사용하는 전체 데이터베이스 수준 암호화 기능이 있다. 또한 일부 공급업체가 이 영역에서 좀 더 강력한 솔루션을 제공한다. 편성, 관리 모델로 인해 가장 혁신적이고 인상적인 솔루션은 탈레스Thales의 솔루션일 것이다. 탈레스 보메트릭Thales Vormetric 데이터 보안 플랫폼Data Security Platform은 애플리케이션 코딩이나 지식 없이 데이터베이스를 편성하고 동시에 관리할 수 있다. 파일 암호화 권한은 다음과 같이 LDAP[8]와 통합돼 있다.

데이터 암호화 도구	웹 사이트
Vormetric	www.thalesesecurity.com
Database ProtectorfromProtegrity	www.protegrity.com
Encryptionizer from NetLib	www.netlib.com
SafeNet product suite from Gemalto	https://www.ibm.com/in-en/marketplace/

---

8. 경량 디렉터리 액세스 프로토콜(LDAP, Lightweight Directory Access Protocol)은 TCP/IP 위에서 디렉터리 서비스를 조회하고 수정하는 응용 프로토콜이다(출처: 위키백과). - 옮긴이

데이터 암호화도구	웹 사이트
IBMGuardium	https://www.ibm.com/in-en/marketplace/ guardium-file-and-database-encryption

지식 베이스

데이터베이스 보안 정보는 네트워크나 운영체제 보안에 대한 정보만큼 방대하지는 않다. 그러나 작업을 효과적으로 수행하기에 충분한 세부사항을 찾을 수는 있다.

다음은 데이터베이스 보안을 이해하는 데 도움이 되는 책 목록이다. 감사를 수행해야 하는 경우 특정 데이터베이스 플랫폼에 적용되는 서적 중 하나를 검토할 수 있다.

- Marlene L. Theriault and Aaron C. Newman의 『Oracle Security Handbook』
- Pete Finnigan의 『Oracle Security Step-by-Step』
- David Litchfield, Chris Anley, Bill Grindlay, JohnHeasman의 『The Database Hacker's Handbook』
- Ron Ben Natan의 『Implementing Database Security and Auditing』
- Chip Andrews, David Litchfield, Chris Anley, Bill GrindlayLDAP의 『SQL Server Security』
- Morris Lewis의 『SQL Server Security Distilled』
- K. Brian Kelley의 『SQL Server Security: What DBAs Need to Know』
- Arup Nanda and Donald Burleson의 『Oracle Privacy Security Auditing』
- David Knox의 『Effective Oracle Database 10g Security by Design』
- Erik Birkholz의 『Special Ops: Host and Network Security for Microsoft, UNIX, and Oracle』
- John Stephens and Chad Russell의 『MySQL Security Handbook』

- Kevin Keenan의 『Cryptography in the Database: The Last Line of Defense』
- Maria Grazia Fugini, Silvana Castano, Giancarlo Martella의 『Database Security』
- Sam Afyouni의 『Database Security and Auditing: Protecting Data Integrity and Accessibility』

많은 온라인 기술 안내서도 이용할 수 있다. 이런 안내서는 종종 무료이면서도 최신 정보며 어디에서나 접속할 수 있다. 물론 방금 열거한 책들만큼 내용이 완전하지는 않으며 포괄적이지도 않다.

리소스	웹 사이트
Oracle Database Security Guide, by Oracle Corporation	https://docs.oracle.com/cd/B19306_01/network.102/b14266/toc.htm
NIST Security Checklists	https://web.nvd.nist.gov/view/ncp/repository
DISA Checklists	https://public.cyber.mil/stigs/
ISACA Auditing Guidelines	www.isaca.org
Links to papers and presentations covering Oracle security	www.petefinnigan.com/orasec.htm
Oracle security website	www.oracle.com/technetwork/topics/security/whatsnew/index.html
Microsoft SQL Server security	https://docs.microsoft.com/en-us/sql/relational-databases/security/securing-sql-server?view=sql-server-2017
Center for Internet Security configuration benchmarks	https://www.cisecurity.org/cis-benchmarks/

항상 그렇듯이 최신 데이터베이스 보안 소스 구글(Google)을 잊지 말기 바란다. 'Oracle Exploits'이나 'Auditing MySQL'과 같은 관심 있는 용어를 간단히 검색해보

자. 구글은 여러분의 업무수행에 도움이 되는 훌륭한 리소스 목록을 제공해준다. 정보의 출처를 검증해 신뢰성과 정확성을 확인하자. 악의적인 개체들이 디자인한 사이트를 피하도록 노력하자. 잘못된 정보를 제공하고 데이터베이스 보안 기능을 덜 안전한 상태로 변경하도록 유도하기 때문이다 .

종합 체크리스트

다음 표는 데이터베이스 감사를 위해 여기에 나열된 단계를 요약한 것이다.

데이터베이스 감사

데이터베이스 감사용 체크리스트
1. 데이터베이스 버전을 입수해 회사 정책 요구사항과 비교해본다. 데이터베이스가 공급업체에서 계속 지원하는 버전을 실행 중인지 확인한다.
2. 운영체제에 대한 접근이 적절히 제한되고 있는지 확인한다.
3. 데이터베이스가 설치된 디렉터리에 대한 권한과 데이터베이스 파일 자체가 적절하게 통제돼 있는지 확인한다.
4. 데이터베이스에서 사용되는 레지스트리 키의 경우 권한이 적절하게 제한돼 있는지 확인한다.
5. 사용자 계정의 생성 절차를 검토, 평가해 합당한 비즈니스 요구가 있을 때만 적절한 승인을 거쳐 계정을 생성하는지 확인한다. 또한 퇴사나 직무 교체 시 사용자 계정을 적시에 제거하거나 비활성화시키는 절차를 검토, 평가한다.
6. 디폴트 사용자 이름과 패스워드를 체크한다.
7. 쉽게 추측할 수 있는 패스워드를 체크한다.
8. 패스워드 관리 기능이 활성화돼 있는지 체크한다.
9. 필요한 인가 수준에 따라 데이터베이스 권한이 적절하게 부여되거나 취소되는지 검증한다.
10. 그룹이나 직위 대신 개인에게 부여된 데이터베이스 사용 권한을 검토한다.

데이터베이스 감사용 체크리스트

☐ 11. 데이터베이스 사용 권한이 내재적으로 잘못 부여되지 않았는지 확인한다.

☐ 12. 저장 프로시저에서 실행된 동적 SQL을 검토한다.

☐ 13. 테이블 데이터에 대한 행 수준 접근이 올바르게 구현됐는지 확인한다.

☐ 14. 필요하지 않은 경우 PUBLIC 권한을 취소한다.

☐ 15. 네트워크 암호화가 구현됐는지 검증한다.

☐ 16. 적절한 경우 휴면 데이터의 암호화가 구현되는지 검증한다.

☐ 17. 데이터베이스 감사와 활동 모니터링의 적절한 이용을 검증한다.

☐ 18. 패치가 제공되는 시기를 식별하고 패치를 적용할 정책과 절차가 있는지 확인한다. 승인 된 모든 패치가 데이터베이스 관리 정책에 따라 설치돼 있는지 확인한다.

☐ 19. 표준 빌드(standard build)가 새 DB 시스템에 적용 가능한지 여부와 해당 베이스라인이 적절한 보안 설정을 갖추고 있는지 판별한다.

☐ 20. 데이터베이스 환경에서 기존 및 예상되는 업무 요구사항을 지원하고자 용량 관리를 어떻게 하는지 평가한다.

☐ 21. 데이터베이스 환경에서 기존 및 예상되는 업무 요구사항을 지원하고자 성능을 어떻게 관리하고 모니터하는지 평가한다.

빅데이터와 데이터 리포지터리

시스템과 프로세스에 의해 생성, 수집되는 데이터양의 급속한 증가는 지난 10년 동안 비즈니스 세계에서 중요 이슈로 부상했다. 기술 혁신으로 인해 매우 큰 데이터 세트를 저장, 분석할 수 있는 역량을 갖추려는 흐름이 형성됐다. 기업은 이러한 능력을 고객 구매 패턴 분석에서 장비의 유지보수 요구 예측, 수익 예측에 이르기까지 다양한 목적으로 사용한다. 점점 더 많은 데이터가 수집, 저장됨에 따라 데이터 처리 시스템에 대한 감사 필요성도 더욱 커지고 있다. 사용되는 기술들은 다양하지만 많은 기본 원칙이 서로 다른 시스템들에 공통적으로 적용된다. 11장에서 다루는 내용은 다음과 같다.

- 데이터 리포지터리^{repository} 감사방법
- 빅데이터 환경에 대한 구체적 감사 고려 사항

배경지식

모든 조직은 데이터와 경쟁해야 한다. 대다수 기업에서 생성하고 저장되는 데이터의 양은 시간이 지남에 따라 크게 증가해 왔다. 데이터는 다양한 형태로 제공되지만 일반적으로 두 가지 주요 유형 중 하나로 분류된다.

데이터베이스의 경우 구조화된 데이터란 특정한 구조로 깔끔하게 편성된 데이터를 지칭함이 일반적이다. 구조화되지 않은 데이터는 일반적으로 거의 모든 종류의 파일을 나타낸다. 데이터가 많을수록 데이터 관리, 분석, 접속의 단순화를 위해

해당 데이터 편성을 공식 리포지터리와 연계할 필요성이 커진다. 데이터 리포지터리data repositories는 여러 형태를 취할 수 있다. 종종 특정 콘텐츠 유형이나 특정 용도로 생성되고 있다. 주요 데이터 리포지터리 유형 중 몇 가지는 다음과 같다.

- 데이터베이스는 10장에서 자세히 설명했다.
- 파일 서버, 사람이나 시스템의 파일에 대한 접근을 제공하는 데 사용된다.
- Wikis, 웹 기반 콘텐츠 편집, 공유 플랫폼
- SharePoint, 마이크로소프트 웹 협업 플랫폼
- Bitbucket, 웹 기반 버전 제어 시스템
- 하둡Hadoop이나 Splunk, 빅데이터 저장소

'빅데이터big data'란 기존 데이터 처리와 분석 솔루션으로는 처리하기 어렵거나 불가능할 정도로 매우 크고, 또한 흔히 이종의 데이터 세트를 말한다. 빅데이터의 경우 '매우 큰'은 엑사바이트 규모(1 엑사바이트 = 1,000 페타바이트 = 1,000,000 테라바이트)까지의 데이터 세트를 의미할 수 있지만, 동일한 기술을 훨씬 더 작은 데이터 세트에 효과적으로 적용할 수 있다. 빅데이터는 데이터 원천들의 조합을 포함하며, 전형적으로 대규모 데이터 세트의 소비용으로 설계된 저장소에 함께 들어와 있다.

핵심적인 세 가지 특성이나 '벡터'를 사용해 빅데이터를 폭넓게 묘사할 수 있다. 2001년, 가트너Gartner(미국IT산업 리서치업체)가 빅데이터의 '3Vs'라는 별칭으로 처음 소개했으며, 빅데이터는 전통적 데이터와는 기본 방향이 달랐다. 3Vs는 다음과 같다.

- **볼륨**Volume: 사용 가능한 데이터나 수집한 데이터가 대량이다.
- **속도**Velocity: 데이터의 생성, 수집 속도가 빠르다.
- **다양성**Variety: 수집한 데이터 유형이 다양하다.

'빅데이터'라는 용어는 1990년대부터 사용돼 왔지만 범위에서 압도적으로 보이는 데이터 세트 처리 방법은 수백 년 동안 이어진 문제였으며, 종종 혁신적인 솔루션

에 영감을 주기도 했다. 1880년 한해 수집된 데이터를 미국의 인구조사국은 그 후 거의 10년 동안에도 분석 작업[1]을 마무리하지 못했다. 1890년의 인구조사를 앞두 고 홀레리스^{Herman Hollerith}는 수작업 노력을 대폭 줄인 펀치 카드표 작성기^{punch-card tabulation system}를 개발해 이런 문제를 해결했다. 20세기 중반에 들어서자 '정보 폭발' 에 대한 학자들의 관심은 점점 더 높아졌으며, 인간이 만들고 수집한 정보가 기하 급수적으로 증가하고 있음을 우려했다. 1970년, 관계형 데이터베이스가 개발돼 이런 일부 데이터의 관리, 분석을 단순화하는 데 도움을 줬다. 다양한 데이터 원천 에서 나온 통찰력을 단일 보고서에 반영시킨 1992년의 크리스털 보고서^{Crystal Reports}를 비롯해 다른 기술들의 개발이 이어졌다.

> **참고** 홀레리스에 대해 많이 알지 못할 수도 있지만, 오늘날 그 회사의 유산은 여전히 강력하다. 홀레리스 회사는 1911년에 합병돼 Computing-Tabulating-Recording Company를 세운 어느 그룹 기업의 일부가 됐다. 1924년에 회사명이 IBM(International Business Machines)으로 변경됐다.

1990년대에 인터넷[2]이 확산되고 컴퓨팅과 스토리지 비용이 감소함에 따라 연구 와 분석에 사용할 수 있는 데이터의 증가 추세는 끊임없이 계속되고 있다. 이 모든 데이터를 소화하는 새로운 패러다임은 21세기 초반에 부분적으로 구글^{Google}의 웹 색인 시스템에 의해 주도됐다. 2004년, 구글은 맵리듀스^{MapReduce}라고 하는 대용량 데이터 세트의 병렬 처리 기술을 다룬 논문을 발표했다. 이 논문은 오늘날 사용되 는 주요 빅데이터 기술 중 하나인 오픈소스 아파치 하둡^{Apache Hadoop} 프레임워크의 개발로 이어졌다.

---

1. 1880년 시행한 미국 인구조사에 관한 보고서가 수작업 처리로 인해 1987년까지도 미완성 상태에 있었다. 미국 인구조 사국은 당면한 자료 처리 문제를 해결하고자 통계학자인 홀레리스를 채용했다. 1887년, 그는 기계가 판독 가능한(읽을 수 있는) 카드 개념을 도입해 표 작성기라는 장치를 고안했다. 이 기계의 사용으로 과거에 소요됐던 시간의 1/8 정도로 처리 시간이 단축됐다. 이 기계는 1890년 인구조사에서도 채택됐다(소영일 외2인, 『대학 컴퓨터』, 1장 참고). – 옮긴이
2. 인터넷(internet)은 전 세계 여러 나라의 수많은 컴퓨터와 최종 사용자를 상호 연결시켜주는 네트워크들의 네트워크 다. 어느 한 국가나 단일 조직 혹은 어떤 개인도 인터넷을 소유하거나 이용을 통제할 수 없다. 또한 인터넷상의 데이터 를 중앙집중식으로 저장할 수도 없다. 인터넷은 전 세계에 흩어져 있는 웹 서버(web servers)라 불리는 컴퓨터들로 구성돼 있다.– 옮긴이

빅데이터와 데이터 리포지터리 감사의 기본 사항

데이터베이스, 파일 서버, 빅데이터 시스템 및 수많은 웹 기반 기술과 더불어 데이터 공간에서는 고려해야 할 사항이 많다. 중간 규모 환경에서도 데이터 스토리지와 데이터 관리의 전체 환경을 감사하는 것은 벅찬 일이다. 구체적인 목표와 대상 환경을 염두에 두고 신중하게 감사범위를 정해야 한다. 범위가 작더라도 데이터 플랫폼의 크기는 겁먹게 할 정도일 수가 있다. 항상 감사를 좀 더 작고 관리하기 쉬운 단계로 나눌 수 있음을 유념하자.

감사인은 해당 경영 환경에서 사용 중인 다양한 데이터 리포지터리를 식별, 이해하길 바랄 것이다. 그렇다면 다른 IT팀, 특히 운영 관련 그룹과의 관계를 활용해보자. 유병률prevalence과 중요도에 따라 주요 데이터 시스템의 식별 업무를 도와줄 수 있을 것이다. 일단 감사인이 가동 중인 주요 리포지터리를 식별했다면 리스트의 우선순위를 매긴 다음 집중 감사할 곳을 정할 수 있다.

파일 공유가 포함된 데이터 리포지터리를 감사하는 경우 파일을 서브serve하는 시스템 유형을 이해해야 한다. 이는 윈도우나 리눅스 기반 서버이거나 파일 공유를 서브하게 구성된 스토리지 시스템storage system일 수 있다. 이는 사용 중인 운영체제 유형을 판정하는 데 도움이 될 것이다. 리포지터리가 일종의 스토리지 시스템인 경우 해당 시스템이 리눅스 운영체제의 일부 변형을 사용하는 것은 안전할 것이다.

11장 뒷부분의 '지식 베이스' 절에는 여러 주요 리포지터리에 대한 참고 정보 링크가 포함돼 있다. 이 분야의 변화 속도는 상당하며 아주 생소한 시스템, 애플리케이션이나 용어를 의심의 여지없이 마주할 것이다. 특이한 이름의 알파벳 수프에 놀라지 않길 바란다. 이들은 여전히 일부 유형의 운영체제에서 구동하는 애플리케이션이다. 리포지터리의 구체적 기술 내역보다는 오히려 데이터에 대한 접근관리, 제어 방법의 결정이 많은 데이터 리포지터리 감사에 포함돼 있다.

빅데이터와 데이터 리포지터리 감사를 위한 테스트 단계

기술 체계와 무관하게 여기의 기본 단계들은 대부분의 데이터 리포지터리 환경에 적용된다. 많은 감사단계는 시스템 관리 애플리케이션 관리 담당자와의 인터뷰를 포함한다. 제안된 마지막 두 감사단계는 빅데이터 환경에 한정된 것이며, 유연한 형태의 해당 플랫폼들을 다루고 있다.

1. 환경에 포함된 기반 운영체제와 관련된 OS 수준 통제를 감사한다.

대부분의 데이터 리포지터리는 데이터를 관리, 서브하거나 분석하도록 설계된 일종의 애플리케이션이라고 생각할 수 있다. 인프라 베이스라인^{baseline}을 제대로 관리하려면 기반 운영체제$^{base\ OS}$에 대한 통제를 갖춰야 한다.

방법

사용 중인 운영체제 유형에 따라 7장과 8장의 단계를 이용해 시스템을 감사한다. 일부 환경, 특히 빅데이터 시스템은 운영체제가 다른 여러 서버로 구성될 수 있음을 유념한다.

파일 공유가 감사의 일부분인 경우 감사의 진행에 앞서 파일 시스템에 대한 추가 정보가 필요하다. 파일 공유는 윈도우나 유닉스/리눅스 서버에서 호스팅되거나 스토리지 플랫폼에서 공유 형태로 구성될 수 있다. 감사 중인 데이터 리포지터리에 스토리지 시스템에서 서브되는 파일 공유가 포함된 경우 12장의 단계를 이용할 수 있다. 대부분의 스토리지 플랫폼은 일부 리눅스 변형판을 핵심 운영체제로 사용하므로 8장의 많은 단계가 스토리지 시스템에도 적용될 수 있다.

2. 애플리케이션에 적절한 패스워드 통제와 기타 인증 통제가 있는지 검증한다. 또한 디폴트 애플리케이션 계정의 패스워드가 변경됐는지 확인한다.

패스워드 개념은 잘 정립돼 있다. 예를 들어 패스워드는 추측하기 어려워야 하며 다른 시스템에 재사용해서는 안 된다. 또한 애플리케이션에는 무차별 대입 공격을 방지하는 보호 장치가 있어야 한다. 좀 더 민감한 데이터가 위험에 처한 경우에는 다단계 인증과 같은 강력한 통제를 고려해야 한다.

많은 애플리케이션, 특히 구매한 애플리케이션에는 잘 알려진 패스워드의 디폴트 계정이 있다. 그러한 많은 디폴트 계정이 시스템 관리에 사용되고 있으므로 상승된 권한을 갖는 셈이다. 이러한 디폴트 패스워드를 변경하지 않으면 권한이 없는 사용자가 애플리케이션에 접근할 수 있는 위험이 높아진다.

방법

개발자나 애플리케이션 관리자의 조력과 회사 정책에 대한 검토를 통해 패스워드 통제의 적절성을 검증한다. 예를 들어 신용카드 데이터를 저장하는 애플리케이션에는 3자리 PIN 번호가 적합하지 않을 수 있으며, 20자 패스워드는 음성 메일에 접속하려는 사람에게 지나치게 편집증적일 수 있다. 보안 메커니즘에 따라 사용자가 주기적으로(예를 들어 30~90일) 패스워드를 변경하는지 확인한다. 적절하다면 보안정책은 길이 및 필수 문자와 같은 패스워드 구성 표준을 시행해야 한다. 또한 보안정책은 일정한 수의 연속 로그인 시도 실패 후 사용자 계정을 일시 중단시켜야 한다. 애플리케이션, 필요한 다른 형식의 인증, 데이터의 민감도에 따라 이것은 일반적으로 3 정도로 낮지만 25 수준 정도로 높을 수도 있다. 시스템이 인증을 위해 싱글 사인온sign-on이나 연동federation 플랫폼과 통합된 경우 계정이 연동 메커니즘 외부의 시스템에 접근할 수 있는지 확인한다. 예를 들어 관리 계정이나 시스템 설정 계정은 여전히 이용할 수 있을 것이므로 적절한 패스워드 관행을 준수해야 한다.

조직에서 다단계 인증 시스템을 적용하는 경우 해당 데이터 저장소에 이것을 사용 중인지 확인한다. 다단계 인증은 시스템 구성이나 기타 관리 접근과 같은 권한이 부여된 계정 활동에 대한 추가 방어 계층을 제공할 수 있다.

개발자나 애플리케이션 관리자의 도움을 받아 시스템 설명서의 검토와 인터넷 검색을 통해 디폴트 계정과 패스워드가 있는지 확인한다. 존재하는 경우 변경됐는지 여부를 확인하는 가장 쉬운 방법 중 하나는 디폴트 계정과 패스워드를 사용해 로그온을 시도하거나 애플리케이션 관리자에게 그렇게 해보도록 요청하는 것이다.

 참고 대규모의 데이터 세트로 작업하는 조직은 다른 소프트웨어나 커맨드라인 스크립트를 사용해 데이터로 작업할 수 있다. 경우에 따라 특정 개인이나 시스템은 전통적인 계정 이름과 패스워드를 사용하지 않고도 인증 키를 통해 권한을 부여받을 수 있다. 조직에서 인증 키를 사용하는 경우 시스템 관리자 및 보안팀과 협력해 키 관리와 키 순환 관련 정책을 파악해보자.

3. 환경 관련 데이터 분류를 이해하는지 확인하고 환경에 대한 데이터 소유권 프로세스를 검토한다.

데이터 리포지터리 플랫폼에서 저장하거나 사용되는 모든 데이터의 경우 업무상 소유자가 지정돼야 하며 이 소유자가 데이터를 분류해야 한다(예를 들어 공용, 내부 전용 또는 기밀). 이는 민감도에 따라 데이터가 보호되고 있다는 확신을 제공한다.

방법

시스템 내에 들어있는 데이터에 대한 업무상 소유자를 판별하고, 데이터가 회사의 데이터 분류체계에 따라 분류됐다는 증거를 요청한다. 이 분류는 시스템 데이터를 표시하는 모든 보고서나 트랜잭션에 나타나야 한다. 또한 애플리케이션의 접근통제 메커니즘이 분류 체계에 의거해 적합한지를 판별한다.

데이터 리포지터리에는 서로 다른 원천에서 온 다양한 종류의 데이터가 들어있을 수 있다. 파일 서버나 SharePoint 같은 일부 시스템은 접근통제와 파티셔닝^{partitioning}을 제공할 수 있다. 그러한 방식에서는 별도의 논리적 접근 목록이 있는 경우를 제외하면 서로 다른 분류 형태의 데이터가 동일한 시스템에 저장될 수도 있을 것이다. 환경에 대한 전반적인 통제는 시스템 내에 저장되거나 시스템에 의해 관리되는 데이터의 최고(민감성이 가장 높은) 분류 기준과 일치해야 한다. 특정 데이터 영역(예를 들어 개별 SharePoint 사이트나 단일 파일 공유)에 대한 분류 정보는 해당 시스템의 최종 사용자에게 알려 더 민감한 분류 수준의 데이터가 실수로 낮은 분류 수준의 데이터와 혼합되지 않게 해야 한다.

빅데이터 환경은 여러 데이터 세트를 결합하도록 설계됐기 때문에 이런 문제의 복잡성을 증가시킨다. 목적에 따라 집계된 데이터나 해당 데이터에서 파생된 보고서/보기report/views는 소스 데이터보다 민감할 수 있다. 이 문제는 단계10에서 자세히 설명한다.

4. 직위 기반 접근통제의 존재, 사용을 위한 시스템과 접근권한부여 프로세스를 검토한다.

시스템의 보안 메커니즘을 통해 각 시스템 사용자에게 시스템 데이터와 트랜잭션에 대한 특정 수준의 접근권한을 부여할 수 있어야 한다. 관리자 기능을 엄격하게 통제해 일반사용자는 사용할 수 없게 해야 한다. 사용자의 필요성 정도에 따라 세분화된 접근권한을 제공할 수 없으면 사용자에게 불필요한 접근 수준이 부여될 수 있다.

방법

직원에게 부여되는 시스템 접근의 범위는 자신의 업무수행에 필요한 정도에 국한돼야 한다. 개발자나 관리자와 함께 환경을 검토하고 애플리케이션에서 이 기능을 확인한다. 즉, 사용자가 접속할 수 있는 데이터 세트나 파일은 지정돼 있어야 한다. 일반적으로 해당 자원에 대해 사용자에 부여될 접근권한의 수준(예를 들어 표시, 업데이트, 삭제)을 명시할 수도 있다.

관리자와 함께 관리자 기능의 사용을 평가한다. 이 기능의 사용자는 애플리케이션 시스템과 해당 자원에 대한 사용자 접근을 추가, 삭제, 수정할 수 있어야 한다. 보안 메커니즘은 관리자 기능에 접근할 수 있는 사람을 제어할 수 있는 능력도 제공해야 한다. 관리자 접근 수준을 부여받은 모든 직원의 목록을 입수해 각각의 적합성을 검토한다. 또한 시스템의 보안 메커니즘은 시스템에 누가 접근하는지, 어떤 수준의 접근권한을 갖고 있는지를 시스템의 보안관리자가 볼 수 있는 능력을 제공하는지 확인한다.

5. 데이터를 보거나 검색하도록 사용자에게 접근권한을 부여, 제거하는 프로세스를 검토한다. 정당한 업무상 요구가 있는 경우에만 접근권한이 부여되는지 확인한다.

범위를 벗어난 영역에 대한 사용자의 무단접근을 방지하려면 환경관리자가 사용자에게 접근권한을 부여하고 관리해야 한다. 사용자가 자신의 역할에 필요한 것보다 더 많은 접근권한을 갖지 못하도록 시스템의 제어와 프로세스가 작동돼야 한다. 이 단계는 최소 특권의 접근^{least-privilege access} 원칙 개념을 시행하는 것이다.

또한 시스템에는 더 이상 필요하지 않은 경우 접근권한을 제거하는 절차도 있어야 한다. 권한 해제^{deprovisioning} 절차가 잘못되면 접근권한이 제거된 후에도 애플리케이션에 부적절하게 접속할 수 있는 여지를 사용자에게 남겨둘 가능성이 있다.

방법

데이터와 자원에 대한 접근을 요청, 승인하는 과정을 검토한다. 이러한 절차가 문서화돼 있고 사용자에게 접근권한을 부여하기 전에 내용을 잘 아는 관리자의 승인을 요건으로 하는지 확인한다. 사용자 샘플을 추출해 사용자 접근이 적절하게 승인됐는지 확인한다. 권한부여 메커니즘이 설계된 대로 작동하는지 검증한다.

관리자에게 적절한 부여 권한 해제 절차가 있는지 확인한다. 정기적으로 사용자 접근 목록을 검토하고 접근이 여전히 적합한지 확인하기 위한 관리 절차를 검토한다. 수동 개입이 필요한 절차보다는 해지나 작업 변경 시 자동 계정 정지가 바람직하다.

일정 기간 동안 정기적으로 사용된 시스템의 경우 시스템 사용자 샘플을 추출해 해당 접근이 여전히 적절한지 유효성을 검증한다. 또는 가능하면 직무를 변경했거나 회사를 떠난 시스템 사용자 샘플을 선택해 접근권한이 제거됐는지 확인한다.

관리자에게도 이 모든 사항을 고려하는지 확인한다. 종료하거나 작업 변경 시 관리자 접근권한을 즉시 제거해야 한다.

6. 리포지터리 영역 밖의 시스템이 리포지터리나 보고서를 색인화해둔 경우 회사 검색 시스템이 데이터 사용 권한 규칙을 준수하는지 확인한다.

많은 조직에서는 직원들이 내부 검색 기능을 이용해 유용하거나 필요한 정보를 찾을 수 있게 한다. 이 단계는 데이터 리포지터리 내의 민감한 데이터가 검색 시스템으로 인해 불필요하게 노출되는지 여부의 확인을 돕는다.

방법

리포지터리를 색인화^{indexing}해둔 회사 검색 시스템이 있다면 이를 담당하는 관리 팀을 파악해보자. 색인화 데이터에 대한 무단접근을 제한하는 통제를 설정, 유지하고 있는가? 이에 대해 리포지터리 관리자 및 검색 관리자와 논의해보자. 검색 시스템은 해당 데이터에 대한 권한부여^{authorization} 모델을 우회해 사용자가 색인화 데이터에 접근하지 못하게 해야 이상적이다.

데이터 리포지터리의 일부 데이터가 민감한 것으로 간주되는 경우 내부 검색 인덱싱에서 제외시킬 수 있다. 많은 검색 엔진은 검색을 위해 특정 데이터 소스를 크롤링^{crawl}하면 안 된다는 것을 검색 엔진에 표시하는 구성 옵션을 제공한다. 해당 리포지터리에 인덱싱 권한이 부여돼 있는지 확인한다. 일부 조직은 '전체 인덱스' 방식을 사용하는 반면 특정 데이터 소스만 색인하기로 결정하는 조직도 있다.

7. 데이터 보유, 백업, 복구절차를 평가한다.

비즈니스, 세금, 법적 요구사항에 따라 데이터를 보유하고 보존해야 한다. 그렇지 않으면 필요한 데이터를 입수하지 못해 벌칙 부과와 운영상의 문제가 발생할 수 있다.

필요한 데이터를 백업해 두지 않으면 재해발생 시 비즈니스 운영이 심각하게 중단될 수 있다. 복구가 불가능한 재난으로 애플리케이션과 데이터가 완전히 파괴되는 결과가 초래될 수 있다. 관계자가 복구절차를 이해하고 복구 프로세스가 의도한 대로 작동되는지 확인하려면 복구절차와 테스트가 필요하다.

방법

중요한 데이터와 소프트웨어가 정기적으로 백업되고(일반적으로 데이터에 대한 일일 증분 백업이 포함된 주별 전체 백업) 오프사이트offsite의 안전한 위치에 저장되는지 여부를 판별한다. 비용 효율적이고 적절한 경우 마지막으로 처리된 트랜잭션 시점까지 데이터 파일을 복구할 수 있도록 중복 트랜잭션 레코드를 생성, 저장해야 한다. 백업 스케줄이 해당 데이터의 RPO(복구 지점 목표) 및 RTO(복구시간 목표)와 일치하는지 확인한다.

또한 데이터를 분석하는 데 사용되는 알고리즘과 모든 애플리케이션 코드를 백업해 안전한 별도의 장소에 컴파일과 코드 사용에 필요한 도구와 함께 저장하고 있는지 확인한다.

시스템 관리자 및 해당 담당자와의 논의를 통해 수행할 작업, 해당 작업을 수행할 사람, 수행 순서를 정의한 자세한 복구절차가 문서화돼 있는지 확인한다. 문서화된 복구절차를 사용해 백업 소스에서 복구 테스트를 정기적으로 수행해야 한다. 복구절차가 해당 환경에서 설정해둔 RTO와 일치하는지 확인한다.

참고 중복성의 최소화를 위해 11장에서는 재해복구 감사의 기본 사항만 언급했다. 애플리케이션의 재해복구 역량 감사에 대한 추가 세부사항과 아이디어는 4장을 참고한다.

관리자 팀과 함께 데이터 보존 요구사항을 검토한다. 이러한 요구사항은 데이터 유형에 따라 다르며 회사 내의 해당 부서에서 입수해야 한다.

빅데이터 환경은 보존, 백업, 복구절차를 복잡하게 만들 수 있다. 소스 데이터에 대한 규정 준수로 구동되는 모든 보존 규칙도 집계된 데이터에 적용해야 한다. 회사에 따라서는 빅데이터 시스템에 대한 완전한 백업 생성 능력이 없을 수 있다. 복구 프로세스를 실행하는 데 상당한 시간이 걸릴 수 있다. 조직에서 빅데이터 환경을 백업하지 않기로 결정한 경우 이러한 결정은 이 데이터를 사용해야 하는 모든 비즈니스 그룹과 동일한 입장을 취해야 한다.

8. 구성 관리 관련 통제를 검토한다.

이 단계는 리포지터리의 적절한 구성을 유지하는 가장 중요한 개념인 구성 관리를 다루고 있다. 베이스라인의 구성을 유지하지 못하면 리포지터리가 보안이나 운영상의 위험 상태에 노출돼 결과적으로 예기치 않은 일이 발생할 수 있다.

방법

많은 데이터 리포지터리는 사용자 지정에 따라 맞춤형으로 설계가 가능하며, 설치 중에 조직의 요구를 충족하도록 조정될 수 있다. 접근 설정, 보안통제, 서버 이름, IP 주소, 기타 정보를 포함할 수 있는 최종 구성은 무단변경으로부터 보호돼야 한다. 시스템 관리자와 함께 구성 변경통제를 검토해 회사 정책에 따라 변경사항이 문서화, 실행되는지 확인한다. 시스템에서 생성된 로그에 시스템 구성 변경사항에 대한 문서화가 포함돼 있는지 확인한다.

또한 안전한 환경을 위한 이상적이거나 예상되는 구성 지침을 정의해둔 공급업체나 타사 지침이 있을 수 있다. 이것들이 해당 리포지터리에 있는지 확인한다. 있다면 환경관리자와 상의해 알려진 지침에 따라 리포지터리 구성의 유효성이 검증됐는지 살펴본다.

좀 더 위험 회피적인 조직의 경우 구성 옵션의 사본을 별도의 위치에 유지 보관하기 및 정기적으로 프로덕션 구성이 변경되지 않았는지의 검증을 포함한 좀 더 강력한 통제를 설정할 수 있을 것이다.

9. 시스템의 보안 모니터링 및 유지보수 절차를 검토, 평가한다.

시스템 관리자가 예상치 못한 변경에 대비해 시스템을 모니터링하지 않으면 자신도 모르게 보안사고가 발생할 수 있다. 모니터링이란 로그 데이터와 시스템 정보를 적극적으로 검토하는 것을 의미한다. 결과 데이터를 검토하지 않고 로그 수집을 활성화하는 것만으로는 로그 데이터가 전혀 없는 것과 거의 다를 바가 없다.

시스템보안도 유지해야 한다. 보안 취약점의 세계는 끊임없이 변화하고 있으며, 정태적 감사 프로그램이 지속적인 시스템보안을 보장할 수 있다고 믿는 것은 비현실적이다. 자주 업데이트되는 취약점 스캐닝 도구는 시스템의 현재 보안 상태를 이해하는 데 효과적인 메커니즘을 제공할 수 있다. 또한 시스템 관리자에게 보안 패치 프로세스가 있는 경우 이 스캔은 해당 프로세스의 효과성을 확인해줄 것이다.

방법

환경관리자와 면담하고 관련 문서를 검토해 보안 모니터링 실무를 파악한다. 일부 모니터링 수준이 중요하지만 필요한 모니터링 수준은 시스템의 중요도 및 환경의 고유위험과 일치해야 한다(예를 들어 직원 개인 데이터 리포지터리에는 위키[Wiki]의 토론장 지시 사항보다 강력한 보안 모니터링이 있어야 한다). 시스템 관리자는 운영 매개변수

뿐만 아니라 보안문제에 대비해 호스트 모니터링도 담당한다. 그러나 규모가 큰 조직의 경우 보안 모니터링 활동을 전용 보안팀에 위임할 수 있다.

보안 모니터링이 수행되는 경우 모니터링 빈도와 수행 품질을 평가한다. 보안 모니터링 도구가 적극적으로 사용되고 있다는 증거를 찾아본다. 최근의 경보를 검토해 조사와 해결 여부를 판단한다.

10. 빅데이터 환경에 데이터 소스를 추가할 경우 이에 관한 지배구조 프로세스를 검토한다.

서로 다른 팀들이 빅데이터 도구의 힘을 탐색함에 따라 그들은 해당 환경에서 좀 더 많은 데이터의 이용가능성을 원할 것이다. 통제되지 않은 데이터 증가는 위험을 초래할 수 있다. 분리되기 이전 상태에서 덜 민감했던 데이터 요소들이 결합되면 더 높은 민감도를 가진 새로운 데이터 세트가 생성될 수 있다.

방법

빅데이터 환경에 새 데이터 소스나 요소를 추가하라는 요청이 들어온 경우 이에 대한 회사의 조치를 검토한다. 또한 추가[additions]하려면 대표자의 승인이 필요하다. 대표자란 데이터 소스의 결합에 관련된 위험을 이해하거나 잠재적 위험에 대해 상담할 적절한 개인을 식별할 수 있는 책임자를 말한다.

시스템 용량, 성능, 보안, 데이터 분류 측면에서 데이터 추가의 영향을 이해한다. 용량과 성능은 일반적으로 운영팀에서 다루지만 보안 변경과 데이터 분류 측면은 종종 빠트린다.

사용 중인 접근 모델에 따라 민감한 데이터를 추가하면 권한이 없는 직원에게 데이터가 노출되는 상황이 야기될 수 있다. 이들의 접근이 단지 확인되지 않거나 처음부터 지나치게 광범위한 접근권한을 갖고 있기 때문이다. 일부 환경에 대한 접근관리를 단순화하고자 조직은 빅데이터 시스템에서 모든 데이터에 접근할 수 있는 권한을 가진 특정 개인을 지정할 수 있다. 이를 염두에 두면서 모든 데이터의 추가 건에 대해서는 신중한 고찰과 공식적인 승인 절차를 거친 경우 이는 수용할 만한 합의 장치다. 데이터 접근 모델이 검증될 때까지 데이터를 환경으로 가져오면 안 된다.

일부 데이터를 환경에 추가하면 조직에서 이전에 고려하지 않은 새로운 데이터 세트가 발생할 수도 있다. 데이터 세트의 결과물이 입력 세트 중 하나보다 더 민감한 경우 데이터 분류 문제가 발생할 수 있다. 환경에 데이터를 추가하는 데 대한 승인 프로세스에서 집계 데이터 세트 결과물의 분류가 변경돼야 하는지 여부를 고려해야 한다.

11. 원격 데이터 소스를 적재하는 데 사용된 자격 인증이나 기타 방법이 적절하게 보호됐는지 확인한다.

빅데이터 시스템은 일반적으로 스크립트와 같은 자동화를 통해 여러 소스에서 데이터를 가져온다. 이러한 스크립트에서 사용되는 자격 인증을 제대로 보호하지 않으면 무단접근에 악용될 수 있다.

방법

관리자나 설계자와 함께 빅데이터 시스템에 유입되거나 유출되는 데이터 흐름을 알아본다. 스크립트나 기타 자동화 프로세스를 사용해 데이터를 환경으로 가져오는 위치를 평가한다. 관리자에게 관련 스크립트를 보여 달라고 요청한 후 대상 데이터 소스에 대한 자격 인증 정보의 처리법을 판정한다. 패스워드가 스크립트에서 평문으로 저장되는 경우 스크립트가 패스워드 제어 영역에 저장되고 권한을 부여받은 자에게만 접근 가능한지 확인한다. 스크립트 사본들이 버전 제어 시스템에 저장된 경우 해당 사본의 검토를 요청해 패스워드들이 버전 제어 시스템이나 다른 스크립트 리포지터리에도 들어있지 않은지 확인한다. 변수 안에서 패스워드를 참조함이 바람직하다. 자동화 시스템에서의 경우에 한해 패스워드는 스크립트 자체 내에 존재해 있을 것이 아니라 오히려 엄격하게 제어된 구성 파일에 저장하는 것이 좋다.

지식 베이스

리소스	웹 사이트
마이크로소프트 SharePoint(commercial)	https://docs.microsoft.com/en-us/sharepoint/sharepoint-server
MediaWiki(opensource)	www.mediawiki.org/wiki/MediaWiki
Atlassian Bitbucket(commercial)	https://bitbucket.org/product
Big Data	https://en.wikipedia.org/wiki/Big_data
Apache Hadoop & Big Data 101(videobyCloudera)	www.youtube.com/watch?v=AZovvBgRLIY
Apache Hadoop(opensource)	hadoop.apache.org
Splunk(commercial)	www.splunk.com
Elasticsearch(open source and commercial)	www.elastic.co

종합 체크리스트

빅데이터와 데이터 리포지터리 감사용 체크리스트
1. 환경에 포함된 기반 운영체제와 관련된 OS 수준 통제를 감사한다.
2. 애플리케이션에 적절한 패스워드 통제와 기타 인증 통제가 있는지 검증한다. 또한 디폴트 애플리케이션 계정의 패스워드가 변경됐는지 확인한다.
3. 환경 관련 데이터 분류를 이해하는지 확인하고 환경에 대한 데이터 소유권 프로세스를 검토한다.

빅데이터와 데이터 리포지터리 감사용 체크리스트
☐ 4. 직위 기반 접근통제의 존재, 사용을 위한 시스템과 접근권한부여 프로세스를 검토한다.
☐ 5. 데이터를 보거나 검색하도록 사용자에게 접근권한을 부여, 제거하는 프로세스를 검토한다. 정당한 업무상 요구가 있는 경우에만 접근권한이 부여되는지 확인한다.
☐ 6. 리포지터리 영역 밖의 시스템이 리포지터리나 보고서를 색인화해둔 경우 회사 검색 시스템이 데이터 사용 권한 규칙을 준수하는지 확인한다.
☐ 7. 데이터 보유, 백업, 복구절차를 평가한다.
☐ 8. 구성 관리 관련 통제를 검토한다.
☐ 9. 시스템의 보안 모니터링 및 유지보수 절차를 검토, 평가한다.
☐ 10. 빅데이터 환경에 데이터 소스를 추가할 경우 이에 관한 지배구조 프로세스를 검토한다.
☐ 11. 원격 데이터 소스를 적재하는 데 사용된 자격 인증이나 기타 방법이 적절하게 보호됐는지 확인한다.

CHAPTER 12

스토리지

12장은 스토리지 감사storage audit를 다루며 일반적인 스토리지 기술의 개요에서부터 시작한다. 스토리지 감사는 플랫폼과 데이터의 제반 사항concerns을 결합시켜 다룬다. 플랫폼에는 서버의 경우와 비슷한 통제 요건들이 있다. 서로 다른 클래스의 데이터별로 각각 적절한 통제를 유지해야 하기 때문에 데이터에는 고유한 통제 요건들이 있다. 12장에서 다루는 내용은 다음과 같다.

- 스토리지의 기술적 측면에 대한 간략한 개요
- 스토리지 환경을 감사하는 방법
- 스토리지 감사 향상을 위한 도구와 리소스

배경지식

스토리지는 컴퓨팅 환경의 경계를 확장해 사용자와 애플리케이션 간에 데이터의 공유를 가능하게 해준다. 스토리지 플랫폼은 네트워크 기반 스토리지 플랫폼을 서버가 사용할 수 있게 매우 효율적으로 성장했다. 이는 기본 스토리지 요건 충족을 위해 서버에 고유한 스토리지와 기타 직접 연결된 형태의 스토리지를 두는 경우와 다르다.

데이터센터에서 데이터 관리를 더 적은 지점으로 통합하고, 공유 스토리지를 사용해 관리 전반을 단순화시킨 예시는 그림 12-1에서 보여준다.

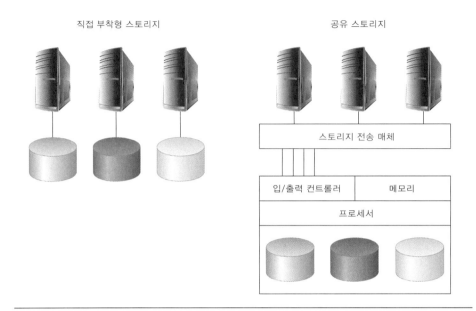

직접 부착형 스토리지   공유 스토리지

스토리지 전송 매체

입/출력 컨트롤러   메모리

프로세서

그림 12-1 통합 스토리지 아키텍처

스토리지 환경은 계속 진화하고 있다. 기존의 이종 기술들과 스토리지 플랫폼들을 단일 유닛 내에 결합시켜 동일한 유닛 내에서 파일 데이터와 애플리케이션 데이터를 모두 관리할 수 있게 됐다. 맹렬한 속도로 데이터를 이동시킬 수 있는 프로토콜 스마트 스위치는 환경 통합에 대한 장애를 제거했다. 이에 따라 데이터센터의 다운사이징이 가능하게 됐다. 데이터 중복 제거, 스토리지 가상화, SSD^Solid-State Drive와 같은 멋진 기술들을 이 스토리지에 추가해보자. 그러면 우수한 스토리지 관리자에 대한 수요가 높은 이유를 쉽게 알 수 있다.

스토리지 감사 기본 사항

12장의 내용을 이해하려면 스토리지 환경을 만드는 기본 구성 요소를 이해해야 한다. 기존 스토리지 모델에 도전하는 주요 기술 동향을 이해한다면 감사와 조언자로서의 역할이 크게 향상될 것이다.

주요 스토리지 구성 요소

스토리지 인프라에는 호스트, 네트워크, 스토리지 관련 구성 요소들이 포함돼 있다. 이들은 함께 작용해 사용자와 애플리케이션에 스토리지 설비 기능을 제공한다.

RAID

RAID[Redundant Array of Independent Disks] 스토리지 기법을 이용하면 여러 디스크 구동 장치 drives를 결합할 수 있다. 그 결과 더 많은 용량, 중복성, 성능을 비롯해 단일 디스크에서 제공하는 것보다 더 많은 스토리지 옵션을 제공한다. 스토리지 컨트롤러는 RAID 레벨로 분류된 몇 개 구성 중 하나에서 여러 드라이브를 관리한다.

RAID-0: 스트라이핑[Striping][1]: RAID-0은 모든 RAID 구성 중에서 최고의 성능을 제공하는 기법이다. 스트라이프 어레이[array]에서는 데이터가 어레이 내의 모든 구동 장치에 번갈아 삽입돼[interleaved] 있다. 파일이 RAID-0 어레이 형태로 저장된 경우 이 어레이는 다중 물리적 디스크로 구성된 논리 드라이브에 파일을 분배한다. 그림 12-2에서는 파일이 디스크 6개 모두에 걸쳐있다. 한 번에 6개의 디스크 모두에 쓸

---

1. 디스크 스트라이핑(disk striping)은 복수(2~32개)의 개별 디스크에 하나의 가상적 스트라이프(virtual stripe)를 작성해 이들 디스크를 컴퓨터의 운영체제가 단일의 디스크 구동 장치로 인식하게 해 디스크상에 존재하는 똑같은 크기의 디스크 분할(disk partition)의 집합을 단일 디스크 볼륨(disk volume)으로 종합하는 방법이다. 같은 볼륨 내에서의 다중 입출력 동작이 동시에 진행될 수 있게 돼 성능이 크게 향상된다. 디스크 스트라이핑은 윈도우 NT에서 지원되고 있으며, 성능은 향상되지만 내결함성(fault tolerance)은 없다. 패리티 추가 디스크 스트라이핑(disk striping with parity)은 가상적 스트라이프에 패리티 정보를 추가하는 디스크 스트라이핑으로, 복수의 디스크를 컴퓨터의 운영체제가 단일의 디스크 장치로 인식할 수 있게 하는 가상적 디스크 스트라이프에 패리티 정보를 추가함으로써 어떤 한 디스크 분할이 손상되거나 결함이 생겼을 때 디스크 스트라이프 내의 나머지 다른 디스크 분할에 저장돼 있는 정보를 사용해 그 디스크의 데이터를 재작성할 수 있게 한다. 패리티 추가 디스크 스트라이핑은 디스크 스트라이핑의 내결함성을 향상시킨다. 복수 어레이 독립 디스크, RAID는 컴퓨터의 저장 장치로, 하나의 대형 저장 장치 대신 다수의 일반 하드디스크를 어레이로 구성하고, 데이터를 분할해 분산 저장하거나 다중화해 디스크의 고장에 대비해 데이터의 안정성을 높인 컴퓨터 저장 장치다. 데이터를 하드디스크 간에 중복 기록, 또는 동시에 쓰고, 동시에 읽기, 오류 검사 등 구현된 기술에 따라 RAID 0(스트라이핑), RAID 1(미러링), RAID 2, RAID 3, RAID 4, RAID 5 등 여러 동작 모드가 있다. 복수 어레이 독립 디스크(RAID)는 1987년 캘리포니아 대학 패터슨, 깁슨, 카츠의 논문 "A Case for Redundant Arrays of Inexpensive Disks"에서 처음 소개됐다. 저장 장치 기술이 발전하면서 Inexpensive Disks 대신 Independent Disks 로 사용한다(출처: TTA 정보통신용어사전). - 옮긴이

수 있기 때문에 성능 측면에서 RAID-0은 가장 효율적이다. RAID-0의 단점은 안
정성의 부족이다. 어느 한 디스크에 오류가 발생하면 어레이 내에 저장된 모든 데
이터가 파손된다.

그림 12-2 RAID-0: 6개 디스크 스트라이핑

RAID-1: Mirroring: RAID-1은 두 개의 디스크가 동일한 사본으로 유지되는 디스크
어레이다. 드라이브 장애에서 보호하고자 디스크들은 서로 미러링^{mirror}한다. 미러
링을 사용하면 한 드라이브에 쓴 모든 내용이 다른 드라이브에 동시에 기입된다.
따라서 그림 12-3과 같이 항상 다른 드라이브에 데이터의 정확한 복제본이 있다.
RAID-1은 모든 데이터가 써진 후에 미러링되기 때문에 가장 안정적인 RAID 디스
크 어레이다. 그러나 디스크에서 전체 스토리지 공간의 절반만 사용할 수 있어 비
효율적으로 보일 수 있지만, 요즘에는 스토리지 매체가 풍부하고 저렴하기 때문
에 가능한 한 가장 높은 신뢰성을 필요로 하는 데이터의 경우 RAID-1을 선호한다.

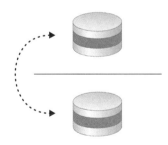

그림 12-3 RAID-1: 미러링

RAID-5: 패리티를 가진 안정성^{Reliability with Parity}: RAID-5는 어레이 전반에 걸쳐 데이
터가 분산돼 있다는 점에서 RAID-0과 유사한 스트라이프 디스크 어레이다. 그러
나 RAID-5에는 패리티^{parity}라는 드라이브 내용에 대한 데이터도 포함돼 있다. 패리

티를 갖춘 메커니즘은 어레이 내에 저장된 데이터의 무결성을 유지해주므로 어레이 내의 한 디스크에 장애가 발생하면 나머지 디스크에서 데이터를 재구성할 수 있다. 패리티는 실패한 드라이브상의 데이터를 재구성하는 데 사용된다. RAID-5는 그림 12-4에 표시돼 있다.

RAID-5의
드라이브 간
패리티 분할

그림 12-4 RAID-5: 패리티 추가 형태의 신뢰성

RAID-5는 신뢰할 만한 스토리지 솔루션이다. RAID 컨트롤러는 어레이에 기록된 모든 이진수 정보에 패리티 바이트를 추가한다. 이 패리티 바이트는 짝수나 홀수다. 컨트롤러는 정보가 어떤 식으로든 손상됐는지 여부를 확인할 수 있다. 손상된 경우 데이터를 자동으로 대체시킬 수 있다.

RAID-10: 고성능 스트라이핑 미러링된 세그먼트^{High Performance Striping Mirrored Segments}:

RAID-10은 RAID-0(스트라이프 어레이)으로 구현되며, 세그먼트는 RAID-1(미러링된) 어레이이다. 결과적으로 RAID-1 세그먼트를 스트라이핑해 고성능을 달성하고 RAID-1과 동일한 내결함성을 제공한다. 다른 솔루션에 비해 RAID-10은 드라이브 개수로 인해 좀 더 비싸다. 요즘 스토리지 매체의 가격이 상대적으로 낮으므로 이는 실행 가능한 옵션이다. 또한 RAID-10은 높은 간접비를 수반한다. RAID-10은 내결함성, 고성능이 필요한 데이터베이스 서버를 지원하는 데 사용할 수 있다. RAID-10은 그림 12-5에 나와 있다.

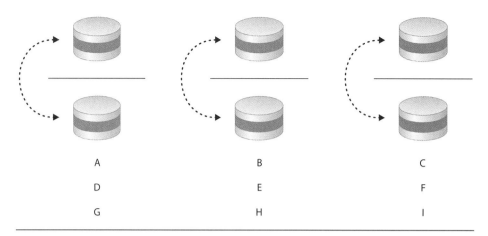

A   B   C

D   E   F

G   H   I

그림 12-5 미러링된 세그먼트가 있는 고성능 스트라이핑

다른 RAID 레벨도 있지만 이런 것들이 가장 많이 사용된다.

표 12-1은 일반적인 RAID 레벨을 요약한 것이다.

레벨	기법	설명	장단점
RAID-0	디스크 스트라이핑	어레이 내의 각 디스크로 보낸 데이터는 스트라이프에 분배됨	최고의 성능; 내결함성 없음
RAID-1	디스크 미러링	한 개 드라이브상의 데이터가 다른 드라이브상에 미러됨	데이터의 100% 중복성 좀 더 느린 성능과 50% 저장 공간의 손실
RAID-5	분산된 패리키를 가진 블록 수준 스트라이핑	데이터와 패리티가 모든 디스크에 걸쳐 블록으로 스트라이프됨	높은 읽기 데이터 트랜잭션 비율 컨트롤러 디자인의 복잡성
RAID-10	디스크 스트라이핑과 미러링	스트라이프된 어레이 세그먼트는 RAID-1 에레이임	높은 성능과 더불어 중복성을 나타냄 높은 I/O 데이터 베이스의 경우 일반적임

표 12-1 일반적인 RAID 레벨

DAS, NAS, SAN, CAS

DAS^{Direct Attached Storage}는 병렬 SCSI^{Small Computer System Interface} 케이블과 같은 연결 매체를 통해 서버에 직접 부착된 스토리지다. 해당 매체는 내부 드라이브이거나 전용 RAID 또는 JBOD^{Just a Bunch Of Disks}인 경우도 있다. 이런 유형의 스토리지는 가장 제한적이며 다른 유형의 스토리지가 제공하는 효율성을 허용하지 않는다. DAS는 네트워크에 연결돼 있지 않기 때문이다. 호스트는 스토리지를 공유할 수 있다. 그러나 파일 액세스 성능은 호스트 시스템의 자원에 따라 달라지며, 공유는 호스트 시스템의 전체 성능에 영향을 줄 수 있다.

NAS^{Network Attached Storage} 네트워크 부착 스토리지 장치는 파일을 처리하고 파일을 네트워크에 액세스할 수 있도록 특별히 설계된 운영체제를 구동시킨다. NAS는 파일 스토리지로 알려져 있기도 하다. 사용자와 애플리케이션이 매핑된 드라이브로 액세스하는 경우가 많다. NAS에 사용되는 일반적인 프로토콜로는 유닉스 운영체제용 NFS^{Network File System}와 마이크로소프트 운영체제용 CIFS^{Common Internet File System}가 있다. 일반적인 NAS 공급업체로는 Dell EMC 및 NetApp가 있다.

SAN^{Storage Area Network} 스토리지 영역 네트워크는 확장 가능성과 유연성을 갖춘 스토리지 서브시스템이다. 동시에 한 개 이상의 호스트에서 일반적으로 이용할 수 있다. SAN은 고유한 블록 수준 통신 프로토콜을 통해 작동하며, 작용에 특수 하드웨어가 필요하다. SAN은 호스트 서버의 HBA^{Host Bus Adapters}, 스토리지 트래픽 라우팅을 돕는 스위치와 SAN 스토리지에 필요한 특수 프로토콜을 관리하는 방법을 아는 디스크 스토리지 서브시스템과 같은 특수 장치로 구성된다. SAN에 사용되는 일반적인 프로토콜에는 SCSI와 FC^{Fibre Channel}가 있다.

표 12-2는 SAN과 NAS의 비교표다. 일반적인 SAN 공급업체로는 Dell EMC, Hitachi, IBM이 있다.

비교	스토리지 영역 네트워크	네트워크 부착 스토리지
스토리지 유형	블록 기반	파일 기반
프로토콜	SCSI, ICSI, HypeSCSI, Fibre Channel, ATA over Ethernet(AoE)	NFS(Unix), CIFS(MS), HTP
파일 공유	데이터 분량이 많다.	파일 공유가 보다 용이하다.
통상적인 비용	$$$$	$$
성능	고성능	저 효율(처리량 혹은 처리능력)
액세스	애플리케이션과 사용자의 용도로, 대개 파일 시스템이나 DBMS이 추출한다.	SAN의 처리율[2]을 필요로 하지 않는 애플리케이션이나 '파일 공유'로, 최종 사용자가 직접 이용할 수 있다.

표 12-2 SAN과 NAS의 비교

스토리지 공급업체의 추세는 가능한 한 많은 복잡성을 가능한 한 적은 수의 구성 요소들로 축약해 상이한 제품군의 사이에서 전통적으로 쪼개진 기능을 처리할 수 있게 하는 것이다. 예를 들어 Dell EMC는 NAS와 SAN 기술을 동일한 스토리지 어레이에 내장하고자 많은 노력을 기울였으며, 동일한 섀시가 NAS와 SAN의 사이에서 전통적으로 분리된 기능을 수행할 수 있게 했다. 출시된 이 제품은 장기적인 관점에서 총 소유 비용[TCO]이 낮고 설치 공간이 작으며, 운영비용이 적은 솔루션이다. '주요 스토리지 개념' 절에서 다룬 이러한 추세와 기타 추세에 유의한다.

CAS[Content Addressed Storage]는 저장 후에 변경할 필요성이 없는 고유 항목의 아카이브[archival] 스토리지를 위해 특별히 설계된 객체지향[object-orient] 스토리지다. CAS는 의료

---

2. 처리율(throughput)은 ① 컴퓨터 시스템의 처리 능력을 나타내는 개념으로, 단위 시간당 처리할 수 있는 업무 단위량. ② 어떤 장치, 링크, 망, 시스템이 입력으로 받아들인 데이터를 출력으로 처리하는 단위 시간당 처리 능력. 초당 처리되는 트랜잭션의 건수 등이 있다. ③ 종합 정보통신망(ISDN)에서 단위 시간당 한 구간을 통해 한 방향으로 성공적으로 전달되는 하나의 블록(예를 들어 LAPD 프레임의 주소 필드와 CRC 필드 사이) 내에 포함돼 있는 데이터 비트의 수다 (출처: TTA 정보통신용어사전). – 옮긴이

영상과 아카이브 데이터의 보존 목적으로 흔히 사용된다. EMC는 지금은 없어진 Centera 아카이브 제품과 함께 하는 CAS라는 신조어를 만들었다. 이는 스토리지에 데이터를 쓸 수 있지만 삭제는 절대로 삭제하지 못하도록 설정해 아카이브된 데이터가 악의적이거나 우연하게 삭제되지 않게 할 수 있다.

스토리지 핵심 개념

다음은 추진력을 얻고 있는 중요한 스토리지 개념들이다. 스토리지는 더 스마트하고, 더 빠르고, 더 작고, 더 효율적이 되려고 끊임없이 변신 중이다.

목표복구시점과 목표복구시간

RPO(목표복구시점)는 사고 발생 시 예상 손실 데이터의 양을 측정한다. RTO(목표복구시간)는 사고 발생 시 데이터 복구에 소요될 시간을 측정한다.

계층화된 스토리지

저장 매체의 비용은 매체의 성능에 비례한다. 플래시^{flash} 스토리지는 가장 빠른 매체며 극한의 성능 환경에 적합하다. 그러나 비용(및 시간에 따른 용량 감소와 관련된 몇 가지 기발한 부작용) 요인 때문에 플래시는 장기간 데이터 보관용으로는 적합하지 않다. 동일한 대규모 스토리지 환경에서 다른 유형의 스토리지 매체를 구매하고, 성능 요건에 따라 스토리지를 분류할 수 있다. 그런 다음 스토리지 어레이는 필요한 성능에 적합한 매체상으로 데이터를 끌어당길 수 있다. 여러 가지 데이터 계층화$^{data-tiering}$ 모델을 사용할 수 있다.

데이터 중복성 제거

동일한 파일이나 동일한 구성 요소, 블록, 스트림, 순차적 비트에 관계없이 데이터 중복 제거^{deduplication} 기술은 특정 수준에서 중복성을 찾아낸다. 그런 다음 포인터

^{pointer}로 중복본을 단일 데이터본으로 대체한다. 예를 들어 파일이 첨부된 이메일을 10명에게 발송할지 고려해보자. 첨부 파일을 10번 저장하거나 9개의 포인터로 원본에 첨부 파일을 한 번 저장할 수도 있다.

몇 가지 방법, 기술, 공급업체를 이용해 저장된 데이터의 중복을 제거하고 크기를 줄일 수 있다. 간접비, 복잡성, 배치, 효율성 측면에서 이들은 아주 다양하다. Dell EMC의 Avamar와 같은 몇 가지는 소스에서 중복 데이터를 식별해 LAN/WAN을 통한 전송 전에 백업 데이터를 최소화한다. 중복 데이터의 식별, 관리를 위해 스토리지 대상 옆에 설치된 솔루션도 있다. 솔루션에 관계없이 데이터 중복 제거는 용량의 효과적인 활용을 위한 중요 전략적인 구성 요소다. 결과적으로 용량 요구사항의 감소, 설치 공간의 축소, 운영비용의 절약을 가져온다.

그린 스토리지

친환경 스토리지의 목표는 표면적으로 자원과 환경을 보존하는 것이지만 적은 비용으로 스토리지 인프라를 최대한 활용할 수 있게 하는 데 있다. 스마트 기술과 아키텍처를 활용해 기업은 스토리지 관리에 필요한 공간, 장비, 에너지, 관리 간접비를 줄인다.

비즈니스 요건과 규정 준수 요구사항으로 인해 중복성이 필요하다. 많은 회사가 실제 사용하는 것보다 수십 배 더 많은 데이터를 저장한다. RAID-10, 백업, 개발, 스냅 샷, 오버 프로비저닝, 컴플라이언스 아카이브, 재해복구 사이트는 사용되는 스토리지 양을 지속적으로 증가시킨다. 희소식은 기술과 아키텍처 의사결정이 이런 수를 크게 줄일 수 있고, 필요한 스토리지 양의 절반을 줄일 수 있다는 것이다.

스토리지 가상화, 압축, 씬 프로비저닝[3], 비미러링 RAID, 중복 제거, 볼륨 조정 가

---

3. 씬 프로비저닝(Thin Provisioning)은 스토리지에 남아도는 용량 없이 꼭 필요한 만큼 필요한 때 사용할 수 있도록 스토리지를 날씬하게 만드는 것으로, 스토리지 용량의 활용도를 최대로 높이는 기술이다. 정보기술(IT) 관리자로 하여금 물리적인 스토리지 할당을 제한하면서도 스토리지 디스크의 가상화를 통해 호스트 시스템이 필요한 용량을 모두 지원한다. 인식, 가상화를 통한 스토리지 자원 관리의 한 방안으로 비용, 성능, 관리 측면을 모두 만족시키는 다양한 혜택을 제공한다. 그린 IT 구현에도 기여할 수 있는 차세대 기술이다(출처: TTA 정보통신용어사전). - 옮긴이

능 기술의 이용은 데이터센터의 스토리지 공간을 줄이는 데 도움이 될 수 있다. 결과적으로 에너지 요구량이 줄어든다. 친환경으로 전환하면 스토리지의 관리와 유지에 관한 회사 운영, 관리 비용도 절약할 수 있다. 이러한 논의는 관리자와의 용량계획수립 관련 인터뷰에 포함돼야 한다.

클라우드 기반 스토리지

스토리지 솔루션은 조직의 물리적 네트워크 인프라에 국한되는 것은 아니다. 애플리케이션 및 심지어 인프라와 같은 많은 서비스를 '클라우드'로 이전하려는 노력으로 인해 클라우드 기반 스토리지도 일반적인 관행이 됐다. 클라우드 기반 스토리지는 아마존 웹 서비스$^{Amazon\ Web\ Services}$와 마이크로소프트 애저^{Azure} 같은 업계의 일부 대형 플레이어를 포함해 클라우드 공급자와의 서비스 약정을 통해 전형적으로 구현된다. 조직은 어느 정도까지 성능, 스토리지 용량, 심지어 보안까지도 서비스 제공업체의 인프라에 의존한다.

이런 스토리지 모델의 장점은 조직이 전용의 장비, 인력, 스토리지 플랫폼에 대한 인프라를 갖출 필요가 없다는 것이다. 조직은 단순히 이 서비스 제공자와 약정하고 수수료를 지급한다. 공급자는 수용 가능한 성능, 액세스, 용량을 제공할 의무를 진다. 그리고 조직과 사용자는 일반 관리상의 많은 두통꺼리에서 벗어날 수 있게 된다.

이 모델의 단점은 조직이 스토리지 솔루션의 성능, 가용성, 보안 수준에 대한 통제력을 떨어뜨릴 수 있다. 또한 서비스 약정서의 기재 내용에 따라 조직이 제공자와 그의 정책에 좌우된다는 점이다. 특히 조직이 클라우드에 보호된 데이터(의료, 재무, 개인 데이터)를 저장하는 경우 데이터 소유권과 개인정보보호 문제가 발생할 수 있다. 이들의 범위는 이 데이터에 대한 액세스를 권한이 있는 사람으로만 제한하는 것부터 데이터 침해가 발생한 경우의 책임에 이르기까지 다양하다.

스토리지 가상화

기존 스토리지에는 과도한 관리자 오버헤드와 물리적 경로, 장치 정보, 데이터 위치에 대한 자세한 지식이 필요하다. 스토리지 가상화는 호스트의 요구와 스토리지 간에 계층을 분리시키는 내역의 추상화다. 위치와 구현은 호스트에 투명하며 대부분의 경우 단순하고 통합된 파일 공유나 매핑 드라이브로 사용자에게 나타난다. 가상화된 스토리지는 조직의 사이트나 클라우드에서 물리적 스토리지(예를 들어 SAN, NAS, 연결된 스토리지)의 조합을 통해 구현할 수 있다. 구현의 결과는 스토리지 인프라의 품질(가동 시간) 및 전송의 개선과 동시에 활용도의 증가, 자본 비용, 관리 간접비의 절약으로 나타난다. 스토리지 가상화는 많은 공급업체와 구현의 가용성으로 인해 광범위하고 다소 복잡한 주제지만 감사인은 해당 아키텍처를 알고 있어야 한다. 스토리지 가상화는 대용량의 데이터 스토리지 공간을 필요로 하는 더 큰 네트워크의 대들보가 됐다.

스토리지 감사를 위한 테스트 단계

스토리지 감사의 설계 목적은 스토리지의 기밀성, 무결성, 가용성을 보호하는 중요 통제를 검토하는 데 있다. 이는 스토리지에 의존하는 사용자와 지원 시스템을 위한 것이다. Dell EMC, Hitachi, NetApp에 이르는 수십 개의 스토리지 공급업체가 시장의 모든 부문을 포괄하고 있다. 다음의 각 테스트 단계들은 어느 정도까지는 적용하지만 각 단계별 수행의 깊이를 정할 때 판단을 활용토록 한다. 예를 들어 업무상 중요한 웹 애플리케이션을 지원하는 고성능 스토리지를 검토한다고 해보자. 감사인은 스토리지에 최대 로드를 처리하는 데 필요한 용량과 성능이 있는지 확인하는 공급자별 분석 결과를 질문하고 검토하는 데 더 많은 시간을 소비 할 수 있다. 클라우드 기반 스토리지 제공업체에 대해서도 이러한 감사단계를 거쳐야 한다. 그러나 정책, 절차, 프로세스에 대한 평가는 서비스 계약에 따라 달라질 수 있으며 공급자와 협상할 수 없다. 이 경우 클라우드 공급자에 적용되는 이러한 각

단계에 대해 사용할 수 있는 모든 정보를 수집하고 성능, 용량, 가용성, 보안 요구
사항을 충족하는지 확인해야 한다.

초기 단계

1. 하드웨어와 지원 네트워크 인프라를 포함한 전체 스토리지 관리 아키텍처를 문서화한다.

스토리지 관리팀은 스토리지 아키텍처를 설명하고 스토리지가 나머지 환경과 어떻게 상호작용하는지 설명하는 문서편람을 유지해야 한다. 이 정보에는 클라우드 스토리지 제공업체의 문서편람은 물론이고, 지원되는 시스템과 연결 네트워크 인프라를 다룬 데이터가 포함돼야 한다. 이 정보는 감사인에게 후속감사단계의 결과를 해석하는 데 도움이 될 것이다.

방법

관리자와 논의하고 기존 문서편람을 검토한다.

2. 소프트웨어 버전을 입수해 정책 요구사항과 비교한다.

소프트웨어 버전을 검토해 호스트가 정책을 준수하는지 검토한다. 오래된 소프트웨어는 안정성, 성능, 보안 측면에 문제가 있을 수 있으므로 스토리지 플랫폼 관리에 어려움을 증가시킬 수 있다. 또한 관리자가 해당 스토리지 플랫폼에서 가동 중인 다른 버전에 대한 통제력을 유지하려고 할 경우 이종의 소프트웨어 버전은 관리자 책임 범위를 증가시킬 수 있을 것이다.

방법

관리자와 함께 시스템에서 이 정보를 입수하고 공급업체 문서편람을 검토한다.

소프트웨어가 공급업체가 계속 지원하는 버전인지 확인하고, 기존 통제를 우회할 수 있는 널리 알려진 패치 가능한 취약점을 포함하고 있지 않는지 확인한다. 또한 현재 실행 중인 버전에 환경에 영향을 줄 수 있는 성능이나 안정성 문제가 없는지 검증한다. 수정되지 않았지만 환경에 적용할 수 없는 문제와 같이 관리자와 완화 요소를 검토한다.

3. 시스템에서 활성화시킬 수 있는 서비스, 특성을 결정하고 시스템 관리자와 함께 필요성을 검증한다.

불필요한 서비스와 특성은 구성 오류, 취약점, 성능 문제에 노출될 위험을 높이고 문제해결 노력을 복잡하게 한다.

방법

오늘날의 스토리지 시스템은 매우 간단한 것부터 극히 복잡한 것까지 다양하다. 스토리지 관리자와 긴밀히 협력해 사용 가능한 서비스와 해당 환경에 대한 적용 가능성을 알아본다. 필요한 서비스에 관련된 취약점의 측정 절차와 패치의 유지 절차를 검토, 평가한다.

계정관리

4. 관리 계정의 생성 절차와 합당한 업무 요구가 있을 때만 계정이 생성되게 하는 절차를 검토, 평가한다. 또한 해지나 직무 변경 시 계정을 적시에 제거하거나 비활성화하는 프로세스를 검토, 평가한다.

효과적인 통제가 계정 생성과 삭제 업무를 지배해야 한다. 통제가 부적절하거나 미비하면 시스템 리소스에 불필요한 액세스가 발생할 수 있게 돼 민감한 데이터의 무결성과 가용성이 위험에 처할 수 있다.

방법

시스템 관리자와 인터뷰하고 계정 생성 절차를 검토한다. 이 프로세스에는 사용자가 가진 정당한 접근 필요성에 대한 검증 양식이 있어야 한다. 계정 샘플을 입수해 계정의 생성 전에 적절하게 승인받았다는 증거를 검토한다. 또는 계정 샘플을 입수한 다음 계정 소유자의 직무에 대한 이해, 조사를 통해 정당성을 검증해본다.

더 이상 액세스가 필요하지 않은 경우 계정 제거 프로세스를 검토한다. 이 프로세스에는 회사의 인적자원^{HR} 부서에서 운영하는 반자동 프로세스(예를 들어 종료와 작업 변경에 대한 정보를 제공)가 포함될 수가 있다. 혹은 그 프로세스에는 시스템 관리자나 기타 적격한 관리자가 정기적으로 활성 계정을 검토하고 검증하는 과정이 포함될 수 있다. 계정 샘플을 확보해 활동 중인 직원이 해당 계정을 소유하고 있으며, 각 직원이 관리상의 접근을 위해 합당한 업무 요구사항을 제시하는지 검증한다.

5. 스토리지 접근권한의 부여, 취소에 사용된 프로세스와 정책을 평가한다.

서면화된 정책을 통해 새 스토리지 할당의 생성에 사용되는 프로세스를 관리해야 한다. 새 작업 영역과 새 스토리지 할당에 액세스해야 하는 사용자를 설정하기 위한 절차와 승인 프로세스도 정책에 포함된다. 프로젝트의 완료 시 더 이상 필요하지 않은 권한을 '정리^{cleaning up}'하거나 제거하기 위한 정책이나 절차도 있어야 한다. 스토리지 할당을 관리하지 않으면 스토리지 용량에 대한 불필요한 사용이 발생할 수 있다. 권한관리를 제어하지 않으면 더 이상 스토리지에 접근할 수 없는 사용자에게 부적절한 접근 수준의 유지를 허용할 수 있다.

방법

작업 공간에 대한 접근권한의 부여와 취소에 관한 정책과 절차를 스토리지 관리자와 논의한다.

스토리지 관리

6. 해당 스토리지 환경에서 현재와 장래의 업무상 요구를 지원하고자 용량 관리를 어떻게 하는지 평가한다.

인프라, 비즈니스 관계, 고객 욕구, 규제 요건의 변화에 따라 스토리지에 대한 기술적, 비즈니스 측면의 요구사항은 수시로 신속하게 변경될 수 있다. 스토리지 인프라가 부적절하면 업무상의 중요한 데이터가 손실 위험에 처하게 될 수 있으며, 더 많은 스토리지를 필요로 하는 중요한 업무 기능의 작동이 저해될 수 있다.

방법

용량 요구사항이 문서화됐고 고객이 이에 동의했는지 검증한다. 용량 사용을 모니터링하고 정의된 임곗값을 초과하면 기록하기 위한 프로세스를 검토한다. 용량 사용량이 설정된 임곗값을 초과할 때 응답하고 조치를 취할 수 있는 프로세스를 평가한다. 현재 스토리지 요구사항과 예상되는 성장을 정하는 데 사용되는 방법을 알아본다. 관리자와 함께 성장 계획을 검토해 하드웨어가 성능, 용량, 로깅, 특성 요구사항을 충족해 인프라와 비즈니스 성장을 지원할 수 있는지 검증한다.

사업상의 동인business drivers은 스토리지 인프라 설계와 아키텍처에 영향을 줄 수 있다.

- 새로운 준거 동인compliance drivers으로 인해 보존 요건이 변경될 수 있다.
- 비즈니스 연속성과 재해복구계획은 좀 더 빠른 응답 시간과 좀 더 적은 데이터 손실을 요구할 수 있다.
- 가상화 프로젝트에는 더 많은 스토리지가 필요할 수 있다.
- 고성능 비즈니스 요구사항을 지원하고자 더 빠른 스토리지 매체나 네트워크 연결을 추가함에 따라 고성능의 신 데이터베이스들은 계층형 스토리지 기술을 필요로 할 수 있다.
- 네트워크의 스트레스로 인한 백업 요구가 증가함에 따라 네트워크에 대한

영향을 최소화하고자 데이터 중복 제거 솔루션이 필요할 수 있다.

7. 해당 스토리지 환경에서 현재와 장래의 업무상 요구를 지원하고자 성능을 어떻게 관리하고 모니터하는지 평가한다.

물리적 스토리지 매체, 통신 프로토콜, 네트워크, 데이터 크기, CPU, 메모리, RAID 아키텍처, 데이터 계층화 전략, 기타 요인을 비롯한 몇 가지 요인이 스토리지 성능을 결정한다. 부적절한 스토리지 인프라는 중요 비즈니스 데이터를 손실 위험 상태에 두거나, 더 많은 스토리지 또는 더 나은 성능이 요구되는 중요 비즈니스 업무를 저해할 수 있다.

방법

스토리지 아키텍처상의 대역폭 로드, 메모리, 프로세서에 대한 주기적 성능 검토를 정기적으로 수행해 아키텍처상의 스트레스 증가를 식별해야 한다. 성능 요구사항이 문서화됐고 고객이 이에 동의했는지 검증한다. 성능을 모니터해 성능이 정의된 임곗값 아래로 떨어지질 때 이를 알아차려 필요한 조치를 취하는 등 성능 관련 프로세스를 검토한다. 현재의 성능 요구사항과 장래의 변경사항을 확인하는 데 사용되는 방법을 알아본다.

참고 용량 관리와 성능 계획에 대한 검토는 이 감사에서 가장 중요한 단계 중 하나다. 관리자에게 용량 관리 계획이 있는지 확인하고 성능 요구가 조직에 적합한지 검증한다.

8. 데이터 백업의 빈도, 처리, 원격 스토리지에 대한 정책, 프로세스, 통제를 평가한다.

프로세스와 통제는 정책 요구사항을 충족하고 비즈니스 연속성/재해복구$^{BC/DR}$를 지원하며 민감한 정보를 보호해야 한다. 데이터 백업은 조직, 특히 데이터베이스 및 스토리지 플랫폼과 같은 조직의 중앙 데이터 저장소와 관련해 조직에게 엄청난 과제를 제시한다. 공급업체는 데이터와 시스템 백업의 빈도, 처리와 원격 스토리지를 관리하기 위한 여러 가지 솔루션을 제공한다. 구현된 솔루션 믹스는 BC/DR 계획의 명시된 목표달성에 적합해야 한다.

방법

RTO와 RTO를 충족시키기 위한 정책 요구사항을 검토해본다. RTO는 재난으로 인한 추정 손실 데이터양에 영향을 미치며, RTO는 재난 발생 후 데이터를 복원하는 데 걸리는 시간에 영향을 미친다. RPO와 RTO는 BC/DR 프로그램과 조율이 필요하다.

암호화와 권한관리

9. 필요시 휴면 데이터의 암호화가 구현되는지 검증한다.

휴면 데이터[data-at-rest]의 암호화에는 데이터의 저장 시에 암호화하는 것이 포함된다. 이 단계는 모든 환경에 적합하지는 않으며, 다른 통제나 다른 애플리케이션에서 이 단계를 다룰 수 있을 것이다. 휴면 데이터의 암호화는 저장 장치와 백업 매체의 도난으로 인한 손실을 방지한다. 특정 구성하에서 데이터에 접근하려는 애플리케이션이나 사용자는 암호화 키에 대한 접근권한을 갖고 있어야 하기 때문에 이는 추가적인 접근통제 계층 역할을 할 수 있다.

방법

암호화해야 할 데이터를 올바르게 암호화했는지 검증한다. 부가해서 암호화 키가 저장된 위치도 검토한다. 암호화의 강도는 암호화 키의 보호 강도에 의존하기 때문이다. 암호화 키를 암호화된 데이터와 함께 저장하는 경우 공격자는 단지 암호화 키를 추출해내기만 하면 쉽게 보안을 파괴할 수 있게 된다.

재해복구계획을 확인해 암호화 키 관리가 구성 요소에 포함돼 있는지 체크한다. 관리자가 암호화 특성을 구현하면서 백업 절차에 키 관리를 포함시키지 않는다면 이는 실수다. 암호화 키를 제대로 백업하지 못하면 백업을 복구하지 못할 수 있다.

10. 필요시 모션 데이터의 네트워크 암호화가 구현됐는지 검증한다.

다른 위치에 스토리지를 백업하는 경우나 민감한 정보가 포함된 애플리케이션의 경우 정책 요구사항에 따라 암호화된 트래픽이 필요할 수 있다. 네트워크 암호화를 하는 주요 이유는 두 가지다. 즉, 네트워크를 통해 이동할 때 인증 자격증명을 보호하고, 네트워크를 통해 이동할 때 실제 데이터를 보호하는 것이다. 네트워크는 안전한 환경이 아니다. IP 주소를 스푸핑^{spoof}하고 네트워크 트래픽을 리다이렉션^{redirect}하고 스니핑^{sniff}할 수 있다.

방법

관리자와 함께 정책 요구사항을 검토해 전송 중에 암호화해야 할 데이터가 있는지 결정한다. 예를 들어 민감한 데이터를 백업하거나 복제하는 데 사용되는 네트워크 트래픽이 암호화돼 있는지 검증한다.

11. 그 밖의 스토리지 환경으로부터 매우 민감한 데이터를 분리시키거나 방화벽화하고자 설정된 저수준의 특정한 통제를 평가한다.

호스트에 대한 관리 권한을 비롯해 카드 소지자 데이터^{CHD}, 개인식별정보^{PII}, 소스 코드와 기타 유형의 독점 데이터 같은 민감한 정보에 대한 접근을 제한하는 통제 기능이 있어야 한다. 환경에 액세스할 때 VPN나 배스천 호스트^{bastion host}[4]의 사용과 같은 안전한 관계가 추가적으로 요구되는 격리된 네트워크상에 민감한 정보를

---

4. 베스천 호스트 (bastion host)는 외부 해커의 공격에 대비해 침입하기가 매우 어렵게 만들어 놓은 호스트로, 외부로부터 공격 위험 가능성이 높은 시스템에 설치한다(출처: TTA 정보통신용어사전). – 옮긴이

배치할 수 있다. 파일 공유, 데이터베이스 테이블, 기타 저장소를 보호하는 접근통제 목록을 검토해야 한다. 인증된 호스트만 스토리지에 부착될 수 있도록 SAN상의 스토리지 볼륨을 구성해야 한다. 방화벽 규칙이 시스템에 누가 액세스할 수 있으며 사용자가 어디서 시스템에 액세스할 수 있는지를 결정함에 있어 논리 네트워크 격리가 이용될 수 있다. 암호화를 하는 경우 여기서 설명하고 권한, 키, 인증서의 부여와 취소를 비롯해 키의 취급을 평가한다. 식별과 인증 방법(예를 들어 패스워드, 다단계 인증 등)을 비롯한 다른 통제도 조사해야 하며, 심지어 DLP(데이터 손실방지) 기술을 이용해 환경 내에서 민감한 데이터 이동을 통제할 수도 있다.

방법

민감한 데이터를 분리하고자 설정된 통제기능을 스토리지 관리자와 함께 검토한다. 스토리지 환경에 대한 관리적 접근을 감사와 로그 관리 절차들을 검토한다. 애플리케이션과 관련된 환경에서 데이터 암호화와 같은 보완통제를 고려한다. 일련의 데이터를 강제로 분리시키는 기술적 통제와 관리적 통제를 식별한다. 강력한 통제기능은 이종 데이터 유형들의 혼합을 방지하고, 이러한 통제가 무시되는 경우 이용가능한 부인될 수 없는 로그를 생성시킬 것이다.

보안 모니터링과 기타의 일반통제

12. 시스템 관리자의 보안 모니터링 절차를 검토, 평가한다.

스토리지 관리자는 정기적으로 환경의 변화를 모니터링하고 환경에 보안 취약점이 있는지 검토해야 한다. 모니터링 프로그램이 잘못되면 관리자 모르게 보안사고가 발생할 수 있다. 모니터링에 의해서란 적극적으로 문제점을 관찰하고(탐지) 적극적으로 이들을 검색(취약점의 탐지와 완화)함을 의미한다.

방법

시스템 관리자와 인터뷰하고 관련 문서를 검토해 보안 모니터링 실무를 이해한다. 보안 모니터링을 몇 가지 방법으로 수행할 수 있다. 모니터링 수준은 시스템의 중요도와 환경의 고유위험과 일치해야 한다. 예를 들어 중요한 재무 데이터를 지원하는 스토리지 환경에는 강력한 보안 모니터링 기능이 있어야 한다. 시스템 관리자는 환경을 모니터링해 중대한 문제의 징조를 나타내는 활동과 추세를 식별해야 한다.

보안 모니터링이 수행되는 경우 모니터링 빈도와 수행 품질을 평가한다. 보안 모니터링 도구가 실제로 적절하게 사용됐다는 증거를 찾아본다. 최근 이벤트를 검토하고 이벤트가 조사됐는지 여부를 판별할 수 있다. 이 평가를 수행할 때 나머지 감사결과를 활용한다. 예를 들어 관리자가 모니터링한 영역에서 중요한 문제가 발견되면 해당 모니터링의 효과성에 의문이 제기될 수 있다.

13. 패치의 이용가능 시기를 식별하고 적용 가능한 패치를 적용, 평가하기 위한 정책과 절차가 있는지 검증한다. 모든 승인된 패치는 회사 정책에 따라 설치돼 있는지 확인한다.

대부분의 스토리지 공급업체는 정기적으로 패치 배포를 예정하고 있다. 패치의 테스트와 설치를 적절히 계획할 수 있도록 예정된 배포판에 대비해야 한다. 모든 패치가 설치되지 않은 경우 널리 알려진 보안 취약점이나 중대한 성능 문제가 존재할 수 있다.

방법

관리자와 인터뷰해 공급업체의 조언을 검토하는 사람, 패치 준비를 위해 취할 조치와 프로덕션 스토리지 시스템에 적용하기 전에 패치를 테스트하는 기간을 판별한다. 이전 패치 주기에서 나온 메모를 검토하도록 요청한다.

관리자와의 대화와 공급업체 문서편람 검토를 통해 최신 패치에 대한 정보를 최대한 확보하고 패치로 해결되는 취약점의 범위를 결정한다. 사용 가능한 패치와 스토리지 플랫폼에 적용된 패치를 비교해본다. 패치를 적시에 적용하지 않은 경우 잠재적 위험을 완화하고자 취한 조치에 대해 관리자와 알아본다.

14. 감사 중인 시스템과 관련된 5장의 단계들을 수행한다.

시스템의 논리적 보안 감사 외에도 시스템의 보호와 가용성 확보를 위해 적절한 물리적 통제와 운영 활동이 설정돼 있는지 확인해야 한다.

방법

5장의 단계를 참조해 감사 중인 시스템과 관련된 단계들을 수행한다. 예를 들어 다음 주제들이 관련 있다.

- 자산의 재고
- 물리적 보안
- 환경관리
- 용량계획
- 변경관리
- 시스템 모니터링
- 백업 프로세스
- 재해복구계획

지식 베이스

다음은 스토리지와 관련 통제에 대한 정보를 얻을 수 있는 추가 리소스다. 공급업체는 웹 사이트에 일반 용도로 엄청난 양의 정보를 제공하고 있다.

리소스	웹 사이트
Storage Networking Primer	www.snia.org/education/storage_networking_primer
RAID Primer	www.acnc.com/raid
RAID Recovery Guide	www.raidrecoveryguide.com
Dell EMC	www.dellemc.com
NetApp	www.netapp.com
HP	www.hp.com
Storage Glossary	www.webopedia.com/Hardware/Data_Storage

종합 체크리스트

다음 체크리스트는 스토리지 감사단계의 요약본이다.

스토리지 감사용 체크리스트
☐ 1. 하드웨어와 지원 네트워크 인프라를 포함한 전체 스토리지 관리 아키텍처를 문서화한다.
☐ 2. 소프트웨어 버전을 입수해 정책 요구사항과 비교한다.
☐ 3. 시스템에서 활성화시킬 수 있는 서비스, 특성을 결정하고 시스템 관리자와 함께 필요성을 검증한다.
☐ 4. 관리 계정의 생성 절차와 합당한 업무 요구가 있을 때만 계정이 생성되게 하는 절차를 검토, 평가한다. 또한 해지나 직무 변경 시 계정을 적시에 제거하거나 비활성화하는 프로세스를 검토, 평가한다.
☐ 5. 스토리지 접근권한의 부여, 취소에 사용된 프로세스와 정책을 평가한다.
☐ 6. 해당 스토리지 환경에서 현재와 장래의 업무상 요구를 지원하고자 용량 관리를 어떻게 하는지 평가한다.
☐ 7. 해당 스토리지 환경에서 현재와 장래의 업무상 요구를 지원하고자 성능을 어떻게 관리하고 모니터하는지 평가한다.

스토리지 감사용 체크리스트
☐ 8. 데이터 백업의 빈도, 처리, 원격 스토리지에 대한 정책, 프로세스, 통제를 평가한다.
☐ 9. 필요시 휴면 데이터의 암호화가 구현되는지 검증한다.
☐ 10. 필요시 모션 데이터의 네트워크 암호화가 구현됐는지 검증한다.
☐ 11. 그 밖의 스토리지 환경으로부터 매우 민감한 데이터를 분리시키거나 방화벽화하고자 설정된 저수준의 특정한 통제를 평가한다.
☐ 12. 시스템 관리자의 보안 모니터링 절차를 검토, 평가한다.
☐ 13. 패치의 이용가능 시기를 식별하고 적용 가능한 패치를 적용, 평가하기 위한 정책과 절차가 있는지 검증한다. 모든 승인된 패치는 회사 정책에 따라 설치돼 있는지 확인한다.
☐ 14. 감사 중인 시스템과 관련된 5장의 단계들을 수행한다.

가상화 환경

가상화 부문에서의 혁신^{Innovation in virtualization}은 데이터센터의 설치 공간, 아키텍처와 운영을 영구적으로 변화시켰으며, 지난 5년 동안 이러한 혁신은 애플리케이션 공간으로 확장됐다. 13장의 논의 주제는 가상화 환경 감사다. 13장은 일반적인 가상화 기술과 주요 통제의 개요를 설명하면서 시작한다. 가상화 감사는 하이퍼바이저와 게스트^{guest} 운영체제의 문제를 결합한다. 13장에서는 하이퍼바이저와 서버 가상화에 중점을 두지만 동일한 단계와 개념을 데스크톱이나 애플리케이션 가상화에 적용할 수 있다. 시스템 구성 요소가 여러분의 통제하에 있다고 가정한다. 아웃소싱된 가상화 환경을 올바르게 관리, 보호하는 방법에 대한 지침으로, 16장을 참고한다.

13장에서 다루는 내용은 다음과 같다.

- 가상화에 대한 간략한 기술적 개요
- 가상화 환경을 감사하는 방법
- 가상화 감사 능력의 향상을 위한 도구, 자원

배경지식

IT공간에서 가상화란 해당 환경의 다른 요소들이 액세스할 컴퓨팅 자원을 모방하거나 표현^{emulation or represent}하려고 구현시킨 일종의 추상화 계층^{abstraction layer}을 말한다. 가상화는 하드웨어나 다양한 운영체제^{OS}나 애플리케이션 구성 요소에 적용할 수 있다. 13장의 목적상 주로 하드웨어 가상화[1]에 중점을 둘 것이다. 이 상황에서 시스템의 물리적 하드웨어는 하이퍼바이저^{hypervisor}나 호스트^{host} OS라고 하는 계층에 의해 격리, 관리된다. 하이퍼바이저는 하나 이상의 게스트 OS 인스턴스^{instances}의 설치를 허용하며, 각 게스트에 가상의 하드웨어 자원을 제공한다. 또한 각 게스트로 들어오고 나가는 통신을 용이하게 한다. 이 구성은 컴퓨팅 요구에 대해 상당한 유연성을 제공한다. 애플리케이션 팀을 위해 개별 서버를 구매하는 대신 인프라 그룹은 몇 개의 더 큰 서버를 구매해 더 적은 수의 물리적 시스템상에서 많은 워크로드^{workloads}[2]할 수 있으므로 수백 게스트의 스토리지 요구사항을 단일 스토리지 어레이^{single storage array}로 관리할 수 있다. 이로서 백업/복원과 비즈니스 연속성 요구사항을 단순화시킬 수 있다. 그림 13-1은 물리적^{physical} 하드웨어와 가상머신^{virtual machine}[3]의 분리를 보여준다. 이러한 추상화를 통해 게스트 OS나 애플리케이션을 방해하지 않으면서 다양한 하드웨어 구성에 걸쳐 가상머신을 구현할 수 있다. 클러스터링을 통해 가상화 플랫폼들을 결합시키면 가상머신은 플랫폼

---

1. 가상화(virtualization)란 컴퓨터에서 컴퓨터 자원의 추상화를 일컫는 광범위한 용어로, 물리적인 하드웨어 자원을 논리적인 단위로 나누고 통합해 자원을 활용할 수 있게 해주는 기술이다. 일반적인 용어의 가상화는 실제로 존재하는 것을 상상의 것으로 표현하는 것을 의미한다. 정보통신기술에서 가상화는 운영체제(OS)나 중앙처리장치(CPU), 스토리지 등 주로 하드웨어의 의존성을 배제하거나 통합을 위한 주요 수단이다. 과거의 OS는 특정 시스템 구조나 하드웨어에 특화돼 있어 OS의 교체나 여러 OS의 동시 운영은 불가능했다. 그러나 최근에는 가상화 기술의 발전으로 하나의 시스템에 여러 OS를 얹거나 낡은 서버를 OS만 교체해 재활용하는 추세다. 현재 IBM 등의 메인프레임이나 유닉스 서버에서 VM ware나 마이크로소프트의 가상 서버를 설치하면 가상화 기능을 이용할 수 있으며, 인텔, AMD 등은 가상화 기술을 지원하는 칩 개발을 서두르고 있다. 컴퓨터에서 가상화 기술을 사용하는 방법은 가상머신 이외에도 OS 위에 가상머신 지원 프로그램을 사용하는 방법과 가상머신 위에 OS를 올리는 방법 등이 있다(출처: TTA 정보통신용어사전). - 옮긴이
2. 워크로드(workloads)란 주어진 기간에 시스템이 실행해야 할 작업의 할당량으로, 개인이 수행해야 할 작업량(amount of work)이다. 실제의 작업량과 개인의 지각에 의한 분량 사이에는 차이가 있다. 워크로드를 작업 수행의 난이도(정성적)와 수행해야 할 분량(정량적)의 두 가지로 분류할 수 있다(출처: TTA 정보통신용어사전). - 옮긴이
3. 가상머신(virtual machine)이란 실존하는 컴퓨터가 아닌 가상(virtual)으로 존재하는 머신(machine)이다. 즉, 윈도우 컴퓨터(호스트 OS) 안에 가상의 컴퓨터를 만들어 또 다른 운영체제(게스트 OS)를 설치해 운영할 수 있게 제작된 프로그램을 말한다. 하드디스크의 파티션을 나누지 않고 동시에 여러 개의 운영체제를 구동할 수 있는 환경을 제공해주는 프로그램이다. 실제로 존재하는 윈도우 컴퓨터(호스트 OS) 안에 또 다른 운영체제(게스트 OS)인 리눅스 3개(서버A, 서버B, 클라이언트C)를 추가해 사용할 수 있게 해주는 것이 바로 '가상머신 프로그램'이다(출처: 신윤환, 『쾌도난마, Linux & Unix 정복하기』, p.45). - 옮긴이

사이를 쉽게 이동할 수 있다.

가상화 하이퍼바이저는 종종 기본 운영체제로, 베어 메탈bare metal[4] 서버에 설치된다. 윈도우나 리눅스 서버 시스템에 적용할 수 있는 많은 기본적 보호 기능을 하이퍼바이저 계층에도 적용할 수 있다. 많은 공급업체에서는 다른 운영체제 위에 일종의 애플리케이션으로 하이퍼바이저를 설치하는 것을 허용하지만, 이것이 서버 가상화에서 일반적인 것은 아니다. 하이퍼바이저는 특수 프로세서 명령을 사용해 여러 운영체제를 지원하도록 설계됐다. 인텔과 AMD 같은 프로세서 제조업체는 몇 년 전에 이를 주도했으며, 서버 제조업체는 신속하게 기능을 채택하고 가상화를 지원하고자 컴퓨팅 성능, 메모리, 스토리지가 포함된 고도로 맞춤화된 하드웨어 플랫폼을 개발하기 시작했다. 융합형 인프라라고 하는 단일 서버나 랙에 다양한 컴퓨팅, 네트워킹과 스토리지 기능을 통합함으로써 기업은 작은 물리적 공간에 대규모 컴퓨팅 용량을 신속하게 배치할 수 있다. 2016 카트너Gartner 보고서에 따르면 많은 조직에서 데이터센터 인프라의 75% 이상을 가상화했다.

하드웨어 가상화는 데스크톱 환경으로 확장될 수도 있다. 일반적으로 데스크톱 가상화라고 하는 이 구현은 최종 사용자의 물리적 하드웨어를 운영체제와 실행 중인 애플리케이션과 분리시킨다. 직원이 사무실에 앉아있는 동안 가상 데스크톱은 일반 워크스테이션으로 작동하는 것처럼 보일 수 있을 것이다. 그렇지만 가상화 계층의 유연성 증대로 직원은 전화, 가정용 PC, 기타 장치로부터 동일한 워크스테이션, 파일, 애플리케이션에도 액세스할 수 있게 됐다. 이 장에 언급된 원칙들은 데스크톱 가상화 환경에 일반적으로 적용된다. 종종 운영 관리와 관련된 고려 사항으로 인해 회사는 데스크톱이나 최종 사용자 환경을 서버 워크로드와 분리한다.

---

4. 베어 메탈(bare metal/bare machine)이란 소프트웨어가 설치돼 있지 않은 컴퓨터 하드웨어다. 베어 메탈의 일반적 의미는 금속 재질이 그대로 드러나는 상태를 뜻하지만 IT 업계에서는 운영체제(OS)를 포함해 어떤 소프트웨어도 설치돼 있지 않은 하드웨어를 의미한다(출처: TTA 정보기술용어사전). - 옮긴이

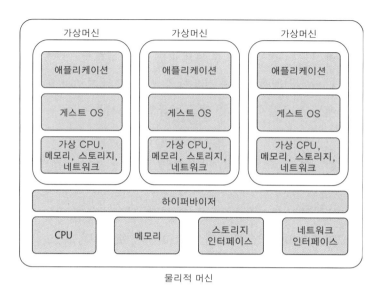

그림 13-1 가상화 모델

또한 가상화는 애플리케이션 공간으로 확장됐다. 2013년에 도커^{Docker} 플랫폼이 출시돼 컨테이너 내부에 애플리케이션을 패키징할 수 있으며, 로드 밸런싱^{load} ^{balancing5}, 페일오버^{failover6} 등의 필요시 다른 물리적 시스템으로 쉽게 이동할 수 있다. 도커 플랫폼은 구글, 아마존, IBM, 마이크로소프트, 시스코^{Cisco} 등을 비롯한 일부 주요 업계 플레이어의 지원을 확보하고 있다. 애플리케이션 개발팀은 유연성을 제공하고자 최근 컨테이너 개념을 채택했다. 13장에서는 컨테이너나 애플리케이션 가상화를 직접 다루지는 않지만 개념상 동일한 원칙들이 많이 적용된다.

---

5. 로드 밸런싱(load balancing)은 여러 대의 처리기가 병렬로 작업을 처리하는 다중 처리기 시스템에서 각 처리기에 걸리는 부하의 정도를 균형 잡아 주는 것이다. 한 처리기에 너무 많은 부하가 걸리거나 너무 적게 걸려 낭비되지 않도록 작업을 적절히 분배하고, 필요한 경우에는 작업을 한 처리기에서 다른 처리기로 이동시키는 일이다(출처: TTA, 정보기술용어사전). – 옮긴이

6. 페일오버(failover)는 1선 시스템이 장애나 운용 시간 종료로 가동이 중단되면 2선 시스템이 기능을 넘겨받아 운용되는 백업 모드다. 무정지형 시스템을 만들고자 사용되며, PC 시스템(프로세서 장애 시)과 네트워크(경로 접속, 저장 장치, 웹 서버 장애 시)에서 적용된다. 단일 서버의 장애로 데이터 접근이 불가능한 경우 SAN(Storage Area Network)과 같이 다중 경로를 사용해 어떤 경로에 장애가 일어나도 접속이 유지되게 한다(출처: TTA, 정보기술용어사전). – 옮긴이

상용과 오픈소스 프로젝트

VMware, 마이크로소프트, 시트릭스^{Citrix}, 오라클을 포함한 하드웨어 가상화 시장에서 몇 개의 상용 업체들이 경쟁한다. 이러한 회사 중 일부는 시트릭스의 Xen과 오라클의 VirtualBox를 비롯한 오픈소스 프로젝트를 유지보수한다. KVM은 리눅스용으로 널리 사용되는 오픈소스 가상화 프로젝트다. 이러한 각 프로젝트에 대한 링크는 이 장의 끝에 있는 '지식 베이스' 절에 있다.

가상화 감사 기본 사항

이 장의 내용을 이해하려면 가상화 환경을 형성하는 구성 요소의 기본 지식이 필요하다. 가상화 모델에 도전하는 주요 기술 트렌드를 이해하면 감사인과 조언자로서의 역할이 크게 향상된다.

가상 환경에서 그 어느 때보다 보안 모델, 비즈니스 조정, 용량계획, 성능 관리가 중요하다. 소규모 환경에는 하나의 강력한 물리적 서버에서 실행되는 몇 개의 가상 서버가 있을 수 있지만, 대규모 환경에는 대규모 SAN^{Storage Area Network}에 연결된 클러스터 서버의 복잡한 인프라에서 실행되는 수백 또는 수천 개의 가상 서버와 데스크톱이 포함될 수 있다. 규모에 따라 감사의 범위나 접근방식이 변경될 수 있지만 동일한 비즈니스 요구사항과 통제가 존재한다. 각 구성 요소의 리소스 관리와 모니터링은 개별적으로, 그리고 집합적으로 가상 환경이 작동하게 한다.

그림 13-2는 집합적인 환경의 예시와 몇 가지 감사 고려 사항을 보여준다. 이러한 고려 사항은 일반 서버나 스토리지 감사에도 적용된다. 차이점은 무엇인가? 관리자에게 경각심을 일깨우는 보안문제는 무엇인가? 감사인이 탐구해야 사항은 무엇인가? 하이퍼바이저는 서버에 있는 것과 유사한 통제 요구사항을 갖고 있지만 호스팅된 환경이 게스트 OS에 추가적 통제 취약점을 나타내지 않게 하는 고유의 요구사항도 갖고 있다. 서버 간에 적절한 분리 통제를 유지해야 하기 때문에 게스트

OS는 고유한 통제 요구사항을 갖고 있다. 이 집합적인 환경을 약간 복잡하게 만드는 것은 가상 환경의 생성을 위한 개념적 접근법들의 차이에 있다.

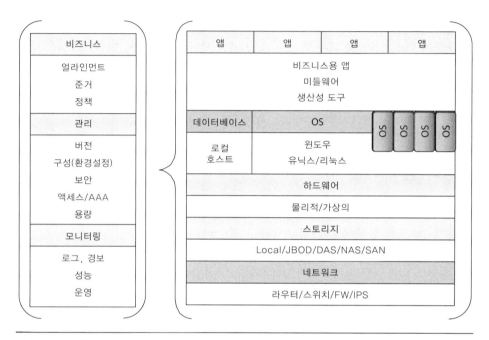

그림 13-2 가상화 감사 모델 예시

가상화 감사를 위한 테스트 단계

여기서 다룰 가상화 감사의 설계 목적은 다음과 같다. 즉, 해당 환경의 기밀성, 무결성, 가용성을 보장해줄 핵심적 통제[key controls]를 검토하는 것이다. 이러한 통제는 해당 환경에 의존하는 사용자와 제반 지원 운영체제를 위한 것이다. 감사에서 어느 정도까지는 다음의 각 단계들이 적용된다. 그러나 어느 한 단계를 수행할 경우의 깊이를 정함에 있어 판단을 활용한다. 예를 들어 업무에 중요한 애플리케이션을 지원하는 고성능 환경을 검토 중이라고 가정해보자. 감사인은 가상화 환경이 최대 작업부하량[peak load] 처리에 필요한 용량과 성능을 갖추고 있는지 검증하려고 공급업체별 분석표를 검토, 질문하는 데 더 많은 시간을 소비할 수 있을 것이다.

대기업은 다양한 목적으로 몇 가지 상이한 가상화 플랫폼들을 지원할 수 있음을 유의한다. 감사인은 해당 조직의 가상화 범위에 대한 개요를 서술하면서 감사범위를 다시 논의해야 할 수도 있다. 재논의는 감사인이 초점 수준을 제대로 유지하고 운영과 관리팀이 감사 노력에 대한 지원을 위해 자신들의 리소스를 조정하는 데 도움이 될 것이다.

 참고 하이퍼바이저(hypervisor) 설치의 위치와 무관하게 하이퍼바이저와 가상 환경의 관리에 중점을 둔다. 하이퍼바이저가 다른 운영체제에 애플리케이션으로 설치된 경우 7장이나 8장의 적절한 테스트 단계를 적용해 기본 운영체제를 개별적으로 감사해보자.

훌륭한 강화 지침과 구성 검사 유틸리티가 몇 가지 있으며, 이러한 도구를 이용해 환경 전체에 일관성을 유지하는 것이 좋다. 공급업체들의 제품 배송에 대한 접근 방식은 서로 상이하다. 일부 공급업체의 경우 불필요한 서비스와 제품 기능들이 활성화돼 있다. 제품을 강화된 상태로 배송하는 경우도 있으므로 관리자는 서비스들을 추가로 활성화해야 한다. 통제기능이 업무 프로세스와 목적을 지원하게 하는 대신 하이퍼바이저의 손상에 중점을 둔 좁은 범위의 강화 지침들이 많다. COBIT(정보와 관련 기술의 통제목적)에서 제시한 가치는 이것이다.

초기 단계

1. 하드웨어와 지원 네트워크 인프라를 포함한 가상화 관리 전반 아키텍처를 문서화한다.

가상화 관리팀은 나머지 환경과 인터페이스하는 방법과 가상화 아키텍처를 예시적으로 보여주는 문서편람을 유지해야 한다. 지원되는 시스템, 관리 시스템, 연결 네트워크 인프라가 문서편람에 포함돼야 한다. 이런 정보는 후속감사단계의 결과를 해석하는 감사인에게 도움이 된다.

방법

관리자와 논의하고 현존 문서편람을 검토한다. 경우에 따라 문서편람의 구조와 관리가 회사표준과 일치하는지 검증한다. 관리, 스토리지, 네트워크 구성 요소를 포함한 전체 환경이 적절하게 문서화됐는지 검증한다.

2. 하이퍼바이저의 소프트웨어 버전을 입수해 정책 요건들과 비교해본다.

소프트웨어 버전을 검토해 하이퍼바이저가 정책을 준수하는지 검토한다. 오래된 소프트웨어는 안정성, 성능, 보안상의 취약점을 지니고 있다. 이 때문에 가상화 플랫폼 관리가 어려울 수 있다. 또한 이종의 소프트웨어 버전은 관리자의 책임 범위를 넓힐 수 있다. 책임범위의 확대 현상은 관리자가 상이한 하이퍼바이저와 그 특성, 통제, 관리상의 차이에 대한 제어를 유지하려고 할 때 나타난다.

방법

관리자와 함께 해당 시스템에서 이 정보를 입수하고 공급업체 문서편람을 검토한다. 소프트웨어는 공급업체가 계속 지원하는 버전이고, 기존 통제를 우회할 수 있는 널리 알려진 패치 가능한 취약점을 갖고 있지 않는지 확인한다. 또한 현재 가동 중인 버전이 환경에 영향을 줄 수 있는 성능이나 안정성 문제를 안고 있지 않는지 검증한다. 다른 통제기능을 통해 보호되거나 수정되지 않았고 환경에도 적용할 수 없는 문제들에 대해 관리자와 완화 요인들을 검토한다.

3. 시스템에서 어떤 서비스, 특성이 활성화되는지를 확인하고 시스템 관리자와 함께 필요성을 검증한다.

불필요한 서비스와 특성은 구성 오류, 취약점, 성능 문제에 노출될 위험을 높이고 문제해결 노력을 복잡하게 한다.

방법

오늘날의 가상화 시스템은 매우 간단한 것부터 매우 복잡한 것까지 다양하다. 가상화 관리자와 긴밀히 협력해 사용 가능한 서비스와 해당 환경에 대한 적용 가능성을 알아본다. 필요한 서비스, 특징에 관련된 취약점을 판단하는 절차와 취약점의 패치와 환경설정이 적절히 유지되게 하는 절차를 검토, 평가한다.

계정관리와 자원의 설치/제거

가상 환경하에서 관리 계정은 적절히 제어해야 한다. 가상머신의 설치^{provisioning}와 제거^{deprovisioning}도 마찬가지다,

4. 계정의 생성 절차를 검토, 평가하고 업무상 합당한 필요성이 식별된 경우에만 계정을 생성하는지 확인한다. 또한 해지하거나 작업 변경 시 계정을 적시에 제거하거나 비활성화할 수 있는 프로세스를 검토, 평가한다.

통제기능이 효과적으로 운용돼야만 계정의 생성, 삭제 작업을 제어할 수 있다. 통제가 취약하거나 부적절한 경우 시스템 자원에 대한 불필요한 액세스로 인해 중요 데이터의 무결성과 가용성이 위험 상태에 놓일 수 있다.

방법

시스템 관리자와 인터뷰하고 계정 생성 절차를 검토한다. 이 프로세스에는 사용자의 타당한 액세스 필요성을 검증하기 위한 양식이 있어야 한다. 계정 샘플을 입수해 계정 생성에 앞서 적절한 승인을 받았다는 증거를 검토한다. 또는 계정 샘플을 입수해 계정 소유자 직무를 이해, 조사해서 타당성을 검증한다.

더 이상 액세스가 필요하지 않은 경우 계정의 제거 프로세스를 검토한다. 이 프로세스에 회사 인사부서에서 운영하는 부분이 포함돼 있는 경우 퇴사와 직무 변경

에 대한 정보를 제공할 수 있다. 또는 시스템 관리자나 기타 사정에 정통한 관리자가 정기적으로 활성 계정을 검토, 확인하는 일이 해당 프로세스에 포함될 수 있다. 계정 샘플을 확보해 활동 중인 직원이 해당 계정을 소유하고 있으며, 각 직원의 업무 요구사항이 관리적 액세스에 대한 타당성을 갖추고 있는지 검증한다.

개별적으로 할당된 계정만 높은 수준의 액세스 권한을 갖게 허용하는 것이 관리 계정의 통제에 관한 모범 실무 사례다. 해당 기술이 이를 지원하지 않는 경우 환경에서 공유 계정이 널리 사용되지 않도록 설계된 다른 통제를 검토한다. 특히 공유 관리 계정의 패스워드를 배포하는 방법과 패스워드의 변경 시기를 알아본다. 공유 계정에 대한 종료 통제를 간과하는 경우가 있으므로 해당 절차도 검토할 수 있게 준비한다.

5. 운영체제, 애플리케이션 라이선스의 적합성을 포함해 새 가상머신의 설치, 해지 관리의 적절성을 검증한다.

서면 정책이 새 가상머신의 생성, 사용자 관리, 소프트웨어 라이선스 할당에 사용되는 프로세스를 제어해야 한다. 테스트와 개발을 위해 새 서버를 쉽게 스핀업할 수 있게 됐다. 이로 인해 하드웨어와 라이선스 자원 관리에 새로운 과제가 대두했다.

프로젝트 완료 시 더 이상 필요하지 않은 가상머신, 권한, 라이선스를 '정리'하거나 제거하기 위한 정책이나 절차도 있어야 한다. 가상 호스트 할당을 관리하지 않을 경우 가상화 용량과 소프트웨어 라이선스를 쓸데없이 소비하게 될 수 있다.

가상머신은 특정 그룹이나 사용자에게 임무가 정해 있어야 한다. 권한관리를 통제하지 않을 경우 더 이상 호스트에 액세스할 수 없는 사용자에게 부적절한 수준의 액세스 권한을 계속적으로 허용하게 될 수 있다.

방법

라이선스 할당, 사용자 관리, 호스트 소유권을 비롯해 새 게스트 VM과 계정을 설치, 해지하는 정책, 절차에 대해 가상화 관리자와 논의해보자. 서버(및 가상 시스템)의 무분별한 확산sprawl이 문제가 되는 경우 개발 환경에 대한 논의를 반드시 포함시킨다.

가상 환경의 관리

가상 환경을 적절하게 관리해야만 현재와 장래의 비즈니스 목표를 지원할 수 있다. 용량과 성능에 관련된 자원을 모니터링하고 평가해야 한다. 또한 자원은 조직의 비즈니스 연속성/재해복구 목표도 지원해야 한다.

6. 가상화 환경에서 현재와 장래의 업무상 요구를 지원하고자 하드웨어 용량을 어떻게 관리하는지 평가한다.

인프라, 비즈니스 관계, 고객 요구, 규제 요구사항의 변화에 따라 가상화에 대한 비즈니스와 기술 요구사항이 빠르고 자주 변경될 수 있다. 현재의 비즈니스 니즈와 임박한 예상 성장을 모두 지원하도록 가상화 하드웨어와 인프라를 관리해야 한다. 인프라가 부적절하면 비즈니스가 위험에 처하게 된다. 더 많은 하드웨어 용량을 필요로 하는 중요 비즈니스 기능도 저해될 수 있다.

방법

가상머신의 용량은 하이퍼바이저에서 관리해 각 호스트에 특정 양의 스토리지, 프로세서, 메모리를 할당한다. 용량 요건이 문서화돼 있고 고객이 이 요건에 따르기로 동의했는지 검증한다. 용량 할당은 성능에 직접 영향을 줄 수 있다. 정의된 임곗값을 초과하는 시점에 주목하면서 스토리지, 메모리, 처리에 대한 용량 사용 모니터링 절차를 검토한다. 용량 사용이 고객의 동의하에 설정된 임곗값을 초과할 경우의 대응, 조치 프로세스를 평가한다. 게스트 VM의 용량은 종종 관리자가 실시간으로 조정할 수 있다. 현재의 가상화 요구사항과 예상되는 성장을 판별하는 데 사용되는 방법을 토론한다. 관리자와 함께 성장 계획을 검토해 하드웨어가 성능 요구사항, 용량 요구사항, 특성 요구사항을 충족하고 인프라와 비즈니스 성장을 지원할 수 있는지 검증한다.

일부 조직에는 서지^{surge} 용량에 대비하고자 외부 클라우드 공급자를 활용하는 프로세스가 있다. 클라우드 버스팅$^{cloud\ bursting}$이라고도 하는 이 개념은 아마존 웹 서비스나 마이크로소프트 애저와 같은 클라우드 공급자에게 오프로드될 수요 급증을 유발할 수 있다. 조직에서 클라우드 버스팅을 활용하는 경우 이러한 임시 로드의 관리 방법과 클라우드 환경이 전체 용량 관리의 틀에 맞춰 동화하는지 알아본다.

7. 해당 가상 환경에서 성능을 관리, 모니터링하는 방법을 평가해 현재와 장래의 업무 요구를 지원하는지 확인한다.

전체로서의 인프라와 각 가상머신별 가상화 성능은 몇 가지 요인에 의해 결정된다. 이에는 물리적 가상화 매체, 통신 프로토콜, 네트워크, 데이터 크기, CPU, 메모리, 스토리지 아키텍처, 기타 요인들이 포함된다. 부적절한 가상화 인프라로 인해 비즈니스는 중요 비즈니스 애플리케이션에 대한 액세스를 할 수 없게 될 위험에 처할 수 있다. 적절한 용량을 가질 수 있지만 구성 요소에 잘못이 있을 수 있다. 또한 성능 미달의 가상머신으로 인해 SLA(서비스 수준 약정)에 따른 공급이 불가능할 수도 있다.

방법

가상화 아키텍처상의 프로세서, 메모리, 대역폭 로드에 대한 주기적인 성능 검토를 규칙적으로 수행하는지 검증한다. 아키텍처에 대한 스트레스 증가를 식별하기 위한 검증이다. 가상 환경에 대한 일반적인 성능 측정은 IOPS(초당 입출력 작업)를 기반으로 한다. 성능 요구사항이 문서화됐고 고객이 이에 따르기로 동의했는지 검증한다. 성능을 모니터링하고 성능이 정의된 임곗값 아래로 떨어질 때 주목할 프로세스를 검토한다. 성능이 고객이 동의한 임곗값 아래로 떨어질 경우의 대응과 조치 프로세스를 평가한다. 현재의 성능 요구사항과 장래의 변경사항을 확인하는 데 사용되는 방법을 알아본다.

 참고 용량 관리와 성능 계획에 대한 검토는 이 감사에서 필수적이다. 관리자는 용량 관리 계획을 수립해 해당 조직에 성능 요건의 적합성 여부를 검증해야 한다. 감사인은 이를 신중하게 확인해야 한다.

8. 데이터 백업의 빈도, 처리, 옥외 지역 관리를 위한 제반 정책, 프로세스, 통제를 평가한다.

프로세스와 통제는 정책 요구사항을 충족하고 비즈니스 연속성/재해복구$^{BC/DR}$ 목표를 지원하며 민감한 정보를 보호해야 한다. 특히 가상화 플랫폼과 기타 대형의 중앙시스템에 이르면 데이터 백업은 조직에 복잡한 과제를 던진다. 공급업체들은 데이터와 시스템 백업의 빈도, 처리와 오프사이트$^{off-site}$로의 배송을 관리하기 위한 몇 가지 솔루션을 제공하고 있다.

방법

시스템 백업에 관련된 정책 요구사항을 검토한다. 가상화 플랫폼의 경우 해당 환경의 모든 필수 구성 요소가 백업되고 있는지 확인해야 한다. 여기에는 가상머신 자체를 비롯해 원격관리 시스템, 하이퍼바이저 플랫폼, 스토리지 어레이, 구성 정보가 포함될 수 있다. 가상화 관리자와 백업 전략을 알아본다. 백업의 빈도, 암호화 상태, 실제 백업 위치를 파악한다.

일상적인 운영 요구를 지원할 뿐만 아니라, 백업은 DRP(재해복구계획)의 핵심 요소다. 가상화 플랫폼의 백업 전략이 DRP 요구를 충족시키기에 충분한지 확인해야 한다. 백업 빈도는 목표복구시점^{RPO} 역량에 직접 영향을 미치는 반면 백업 방법,

매체, 위치는 목표복구시간^{RTO}에 영향을 줄 수 있다. DRP, RPO, RTO에 대한 좀 더 자세한 내용은 5장을 참고한다.

9. 원격 하이퍼바이저 관리의 보안을 검토, 평가한다.

안전한 원격 하이퍼바이저 관리는 하이퍼바이저나 호스팅된 가상머신을 방해할 수 있는 원격 공격으로부터 하이퍼바이저를 보호해준다. 각 하이퍼바이저 제품에는 하이퍼바이저와 가상머신을 원격으로 관리할 수 있게 설계된 자체 관리 도구가 있다. 많은 상용 도구가 다른 상용 하이퍼바이저들도 관리할 수 있으므로 여러 다른 종류의 가상 환경관리가 용이하다. 원격관리 특성들은 제품마다 다르지만 검토해야 할 영역에는 많은 공통점이 있다.

사용되지 않는 서비스, API(응용 프로그래밍 인터페이스), 설치된 애플리케이션으로 인해 보안 결함이 발견된 경우 하이퍼바이저는 추가 공격을 당할 수 있다. 또한 원격 사용자들은 계정을 사용해 하이퍼바이저 시스템에 액세스하게 돼 있어야 한다. 이 계정은 로깅과 추적을 위해 특정 사용자와 연계시킬 수 있다. 이 단계9와 단계3의 차이점은 원격관리의 관점에서 하이퍼바이저의 네트워크 액세스 구성 요소를 신중하게 분석하는 것이다. 특별히 요구되고 적절하게 제어되지 않는 한 네트워크 액세스 특성을 활성화해서는 안 된다. 원격관리에 필요하고 적절하게 환경설정된 구성 요소만 활성화하게 한다.

방법

각 공급업체는 원격관리의 활성화를 위한 특정 보안 지침을 제공한다. 이들 보안 지침들은 일반적으로 읽기 쉽다. 감사 시작 전에 자세히 검토해야 한다. 이 단계의 실행은 정책 검토, 계정 권한 검토, 구성 검토로 이뤄져 있다.

관리자와 원격 액세스 정책 및 액세스 방법을 검토한다. 환경과 별도로 모든 원격 액세스는 시스템에 기록되는지 확인한다. 원격 액세스에 사용되는 평문 형태 통신의 필요성에 의문을 제기한다. 원격 액세스 권한을 가진 관리 계정의 적합성을 식별하고 검증한다. 광범위한 네트워크 원천에서 원격 액세스와 원격관리가 허용되는지, 액세스 원천이 단일 또는 소수의 오리진 시스템으로 제한되는지 판단한다.

참고 DMZ(완충 영역)와 기타 위험이 높은 환경에서는 보안 프로토콜을 사용하는 것이 특히 중요하다. 안전하지 않은 프로토콜, 특히 일반 텍스트 통신을 허용하는 프로토콜을 사용하는 경우 공격자는 네트워크 트래픽을 스누핑해 간단하게 가치 있는 정보를 추출해낼 수 있다.

안전한 원격 하이퍼바이저 액세스를 위한 공급업체의 적절한 환경설정 안내서를 입수한다. 감사인은 이 안내서를 이용해 해당 환경이 원격 액세스에 대비해 안전하게 설정돼 있는지 식별, 확인한다. 많은 공급업체는 원격관리 액세스를 포함하는 보안과 구성 안내서를 제공한다. 또한 인터넷 보안 센터^{Center for Internet Security}는 VMware용 강화 안내서를 제공한다.

업무의 배치가 성숙함에 따라 조직은 많은 관리 업무를 자동화하고 있다. 이러한 업무에 사용되는 소프트웨어와 스크립트를 포함해 가상화 관리 자동화 기법의 사용을 검토해야 한다. 원격관리를 특정한 원천 시스템으로 국한시키는 경우 원격 자동화도 비슷하게 제한해야 한다.

보안 모니터링과 추가적인 보안통제

10. 시스템의 보안 상태를 모니터링, 유지하기 위한 시스템 관리자의 절차를 검토, 평가한다.

가상화 관리자가 예기치 못한 변경에 대비해 시스템을 모니터링하지 않으면 모르는 사이에 보안사고가 발생할 수 있다. 모니터링이란 로그 데이터와 시스템 정보를 능동적으로 검토하는 것을 의미한다. 결과 데이터를 검토하지 않고 로그 수집을 활성화하는 것만으로는 로그 데이터가 전혀 없는 것보다 더 나을 것이 거의 없다.

시스템보안도 유지해야 한다. 보안 취약점의 세계는 끊임없이 변하고 있으며, 정태적 감사 프로그램을 통해 시스템이 매일 안전하다는 확신을 얻을 수 있다고 믿는 것은 비현실적이다. 수시로 업데이트되는 취약점 스캐닝 도구는 시스템의 현재 보안 상태를 파악하는 데 효과적일 수 있다. 또한 관리자가 보안 패치 프로세스를 마련해 두고 있는 경우 이 스캔은 해당 프로세스의 효과성을 실증하는 수단이 될 것이다.

방법

시스템 관리자와 인터뷰하고 관련 문서를 검토해 보안 모니터링 실무를 이해한다. 모니터링 수준은 시스템의 중요도와 환경의 고유위험과 일치해야 한다(예를 들어 중요한 재무 데이터를 지원하는 가상화 환경은 강력한 보안 모니터링을 수행해야 함). 시스템 관리자는 중요 이슈를 예방할 수 있는 활동과 추이를 식별하고자 환경을 모니터링해야 한다. 가상 환경을 모니터링하기 위한 몇 가지 탁월한 도구들이 있다.

보안 이벤트 모니터링이 설정돼 있는 경우 모니터링 빈도와 모니터링 품질을 평가한다. 보안 모니터링 도구가 적극적으로 사용되고 있다는 증거를 찾아본다. 최근의 이벤트를 검토해 조사와 해결 여부를 확인한다. 이러한 평가를 수행할 때 나머지 감사결과를 활용한다. 예를 들어 관리자가 모니터링한 영역에서 중요 이슈를 발견한 경우 해당 모니터링의 효과성에 대한 의문이 제기될 수 있다.

일부 조직은 전용 팀이나 외부 서비스 제공업체가 검토하도록 중앙 로깅 환경으로 이벤트 로그를 보내게 구성할 수 있다. 이 경우 모니터링 팀과 모니터링 실무를 논의한다.

11. 패치의 제공 시기를 파악하고 이용가능한 패치를 적용, 평가하기 위한 정책, 절차가 마련돼 있는지 검증한다. 정책 요건에 따라 승인된 모든 패치가 설치돼 있는지 확인한다.

대다수의 가상화 공급업체는 정기적인 패치 발표 일정을 두고 있다. 기업은 발표 일정을 알고 패치 테스트와 설치 계획을 수립하고 있어야 한다. 패치를 모두 설치하지 않으면 널리 알려진 보안 취약점이나 중요한 성능 문제가 발생할 수 있다. 하이퍼바이저의 취약점으로 인해 해당 환경의 모든 게스트 시스템이 위험에 노출될 수 있으므로 이는 가상화 환경에서 특히 중요하다.

방법

관리자와 인터뷰해 공급업체의 보안, 패치 권고 사항을 누가 검토하는지 결정한다. 패치 준비를 위해 수행하는 단계와 프로덕션 시스템에 적용하기 이전의 패치 테스트 방법을 검토한다. 이전 패치 주기에서 나온 메모를 검토하도록 요청한다.

관리자와의 대화와 공급업체 문서 검토를 통해 최신 패치에 대해 가능한 한 많은 정보를 입수하고, 패치로 해결될 취약점의 범위를 결정한다. 사용 가능한 패치와 하이퍼바이저에 적용된 패치를 비교한다. 제반 패치를 적시에 적용하지 않는 경우 관리자와 논의해 잠재적 위험을 완화하고자 어떤 조치를 하고 있는지 알아본다.

12. 가상머신 데이터의 스토리지에 대한 보안을 검토, 평가한다.

가상머신은 파일로 저장, 조정돼 있어 전송, 카피, 뷰^{view}가 용이하다. 가상머신의 경우 공유 스토리지에는 해당 환경의 나머지로부터 민감한 가상머신, 콘텐츠의 분리를 위한 통제기능이 설정돼 있어야 한다.

휴면 데이터를 암호화해 둔 환경도 가끔 있다. 휴면 데이터의 암호화는 디스크에 데이터를 저장할 때 암호화하는 것을 포함한다. 가상머신의 경우 휴면 데이터 암호화는 중요하다. 해당 스토리지 시스템은 VM과 물리적으로는 분리돼 있을 것이다. 하지만 여러 VM, 심지어 다른 종류의 시스템들과도 스토리지 시스템을 공유하는 경우가 있다. 암호화를 통해 디스크상의 게스트 VM 데이터 이미지에 대한 액세스를 제한시키면 데이터 유출 위험이 감소된다. 데이터 도난 가능성을 생각해본다면 핵심적 위험은 스토리지 시스템에서 직접 데이터를 떼어내 가져가는 것이다.

모든 환경에 이 단계가 적합한 것은 아니며, 다른 통제나 애플리케이션에서도 다룰 수 있다.

방법

네트워크의 나머지 부분으로부터 민감한 가상머신들이 격리돼 있어 적절한 관리자만 액세스할 수 있게 가상머신이 저장돼 있는지 확인해야 한다. 민감한 가상머신이 포함된 스토리지 환경에 대한 관리적 액세스의 경우 이에 대한 관리, 감사도 감사인은 고려해야 한다.

암호화된 데이터는 적절하게 암호화된 것인지 검증한다. 또한 암호화 시스템의 강도는 암호화 키 보호에 종속적이므로 암호화 키의 저장 위치를 검토한다. 암호화 키가 암호화된 데이터와 함께 저장된 경우 공격자는 암호화 키에 액세스하기만 하면 보안을 파괴할 수 있다.

암호화를 사용하는 경우 재해복구계획에 암호화 키 관리가 포함돼 있는지 검증한다. 암호화 키를 제대로 백업해 두지 않으면 백업 복구가 불가능한 상태에 놓일 수 있다.

13. 필요한 경우 모션 데이터의 네트워크 암호화가 구현됐는지 검증한다.

정책 요건에 따라 민감한 정보가 포함된 애플리케이션을 위해서나 일부 가상화 호스트를 다른 위치로 백업을 하고자 트래픽을 암호화해야 할 수 있다. 네트워크 암호화의 목적은 네트워크를 통해 이동할 때 인증 자격증명서authenication credentials를 보호하고 네트워크를 통해 이동할 때 실제 데이터actual data를 보호하는 두 가지다. 네트워크는 안전한 환경이 아니다. IP 주소의 스푸핑, 네트워크 트래픽의 리다이렉션, 스니핑이 발생할 수 있다.

방법

암호화된 프로토콜을 사용해 가상 환경의 원격관리를 하는지 관리자와 함께 검증한다. 관리자와 함께 정책 요건을 검토한 다음, 가상화 데이터가 전송 중에 암호화돼야 하는지 결정한다. 가상 호스트가 민감한 데이터를 갖고 있는 경우 호스트를 백업하거나 복제하는 데 사용된 네트워크 트래픽이 암호화돼 있는지 검증한다.

스토리지, 백업, 관리, 페일오버failover 등을 위한 전용 네트워크에서 추가적인 잠재적 복잡성이 파생될 수 있음을 고려해 감사인은 가상 환경에서 이러한 구성 요소들 간의 데이터 흐름을 문서화하길 원할 것이다. 이는 단계1에서 수행됐을 수 있다.

14. 중요 가상머신상의 고도 민감성 데이터를 나머지 가상화 환경에서 분리시키거나 방화벽화하고자 설정된 저수준의 기술적 통제를 평가한다.

가상머신 사이에 액세스를 제한하는 통제기능이 있어야 한다. 호스트에 대한 관리적 권한을 비롯해 카드 소유자 데이터CD, 개인식별정보PII, 소스코드, 기타 유형의 사적 데이터와 같은 민감성 정보를 보호하는 데 목적이 있다. 각 하이퍼바이저에는 호스트 간 데이터 분리를 지원하고자 구현할 수 있는 특정한 설정과 통제기능이 있다. 호스트 운영체제와 호스팅된 가상머신 사이에서 복사, 붙여 넣기copy & paste 능력, 공유 폴더의 사용은 일반적으로 논의돼 온 구체적 위협의 예다. 암호화가 사용되는 경우 여기서 이를 설명하고 권한, 키, 인증의 부여, 취소를 포함해 키 취급을 평가한다.

방법

서로 상이한 분류 수준의 가상머신들을 격리하기 위한 통제를 가상화 관리자와 함께 검토한다. 데이터 세트 사이를 강제로 분리시키는 기술적, 관리적 통제를 식별한다. 강력한 통제는 이종 데이터 유형들의 혼합을 방지하며, 이러한 통제를 우회하는 이벤트의 발생 시 조치 가능한 거역 못할 로그를 생성시켜줄 것이다. 나머지 환경에서는 민감한 가상머신에 직접 액세스할 수 없어야 한다.

가상화 환경에 대한 관리적 액세스는 설정된 통제를 우회할 수 있다. 이러한 관리적 액세스에 대한 로그 관리 절차와 감사를 검토한다. 데이터 암호화와 같은 보완통제를 고찰한다.

다양한 하이퍼바이저 사이의 가상머신들을 서로 보호하기 위한 상이한 구성 옵션들과 해당 호스트가 있다. 감사인은 이에 대한 추가 정보의 수집과 공급업체 권장 모범 실무를 식별해야 한다. 업무상의 환경 위험과 보완통제의 맥락에서 관리자와 특정 옵션들을 알아본다.

가상화 플랫폼의 성능과 복잡성이 증가함에 따라 초기 플랫폼에 존재하는 가상 네트워크 인터페이스는 가상 스위치와 가상 방화벽으로 진화했다. 가상 네트워크의 전체 아키텍처는 가상화 플랫폼에 존재할 수 있다. 조직은 가상화 시스템의 이러한 구성 요소가 네트워크 팀이나 가상화 관리자에 의해 관리되는지 여부를 신중하게 판단해야 한다.

15. 감사범위에 따라 적절하게 기본 템플릿의 사용과 게스트 가상머신의 보안을 평가한다.

기본 템플릿을 사용하면 구성된 가상 시스템을 재빨리 공급할 수 있다. 환경 전체에 보안을 전파하는 가장 좋은 방법 중 하나는 테스트나 프로덕션 단계로의 이동에 앞서 신 시스템을 바르게 구축하는 일이다. 또한 감사범위에 게스트 가상머신 평가가 포함된 경우 7장과 8장을 참고한다.

방법

시스템 관리자와의 인터뷰를 통해 새 게스트 VM의 구축과 배치에 사용된 방법론을 알아본다. 표준 빌드를 사용하는 경우 7장과 8장의 단계를 적용해 새로 생성된 시스템의 감사를 고려한다. 일반적인 감사 루틴의 일부로 기본 구성을 포함시키는 것이 좋은 실무다.

16. 감사 중인 환경과 관련된 5장과 12장의 단계를 수행한다.

시스템의 논리적 통제에 대한 감사 외에도 감사인은 시스템의 안전과 가용성을 위해 적절한 환경관리가 설정돼 있는지 확인해야 한다. 또한 데이터를 보호하고 용량과 성능을 관리할 수 있도록 스토리지 환경을 심도 있게 검토한다.

방법

5장의 단계를 참조해 감사 중인 시스템과 관련된 단계들을 수행한다. 다음은 관련 주제들의 예다.

- 자산 목록
- 물리적 보안
- 환경관리
- 용량계획
- 변경관리
- 시스템 모니터링
- 백업 프로세스
- 재해복구계획

12장의 단계를 참고해 감사 중인 시스템과 관련된 단계들을 수행한다. 다음은 관련 주제들의 예다.

- 용량 관리
- 성능 관리
- 데이터보호

지식 베이스

다음은 가상 환경과 관련 통제에 대한 정보를 입수할 수 있는 추가 리소스다. 공급 업체는 일반 용도로 웹 사이트에 엄청난 양의 정보를 게시한다. 또한 도움을 줄 애호가, 오픈소스 프로젝트, 포럼의 커뮤니티가 매일같이 증가하고 있다.

하이퍼바이저

플랫폼	웹 사이트
VMware	www.vmware.com
Microsoft Hyper-V	www.microsoft.com/en-us/cloud-platform/server-virtualization
Oracle VM	www.oracle.com/virtualization
Citrix Hypervisor	www.citrix.com/products/citrix-hypervisor
KVM (Open Source)	www.linux-kvm.org
VirtualBox(Open Source/Oracle)	www.virtualbox.org

도구

도구	웹 사이트
VMware Open Source Tools	www.vmware.com/opensource.html
VMware Security Resources	www.vmware.com/security.html
Microsoft Hyper-V Security	https://docs.microsoft.com/en-us/windows-server/virtualization/hyper-v/plan/plan-hyper-v-security-in-windows-server
CIS Benchmarks(VMware와 도커)	www.cisecurity.org/cis-benchmarks/

종합 체크리스트

다음 체크리스트는 가상화 감사단계를 요약한 것이다.

가상화 감사용 체크리스트
□ 1. 하드웨어와 지원 네트워크 인프라를 포함한 가상화 관리 전반 아키텍처를 문서화한다.
□ 2. 하이퍼바이저의 소프트웨어 버전을 입수해 정책 요건들과 비교해본다.
□ 3. 시스템에서 어떤 서비스, 특성이 활성화되는지를 확인하고 시스템 관리자와 함께 필요성을 검증한다.
□ 4. 계정의 생성 절차를 검토, 평가하고 업무상 합당한 필요성이 식별된 경우에만 계정을 생성하는지 확인한다. 또한 해지하거나 작업 변경 시 계정을 적시에 제거하거나 비활성화할 수 있는 프로세스를 검토, 평가한다.
□ 5. 운영체제, 애플리케이션 라이선스의 적합성을 포함해 새 가상머신의 설치, 해지 관리의 적절성을 검증한다.
□ 6. 가상화 환경에서 현재와 장래의 업무상 요구를 지원하고자 하드웨어 용량을 어떻게 관리하는지 평가한다.
□ 7. 해당 가상 환경에서 성능을 관리, 모니터링하는 방법을 평가해 현재와 장래의 업무 요구를 지원하는지 확인한다.
□ 8. 데이터 백업의 빈도, 처리, 옥외 지역 관리를 위한 제반 정책, 프로세스, 통제를 평가한다.
□ 9. 원격 하이퍼바이저 관리의 보안을 검토, 평가한다.
□ 10. 시스템의 보안 상태를 모니터링, 유지하기 위한 시스템 관리자의 절차를 검토, 평가한다.
□ 11. 패치의 제공 시기를 파악하고 이용가능한 패치를 적용, 평가하기 위한 정책, 절차가 마련돼 있는지 검증한다. 정책 요건에 따라 승인된 모든 패치가 설치돼 있는지 확인한다.
□ 12. 가상머신 데이터의 스토리지에 대한 보안을 검토, 평가한다.
□ 13. 필요한 경우 모션 데이터의 네트워크 암호화가 구현됐는지 검증한다.
□ 14. 중요 가상머신상의 고도 민감성 데이터를 나머지 가상화 환경에서 분리시키거나 방화벽화하고자 설정된 저수준의 기술적 통제를 평가한다.

가상화 감사용 체크리스트
☐   15. 감사범위에 따라 적절하게 기본 템플릿의 사용과 게스트 가상머신의 보안을 평가한다.
☐   16. 감사 중인 환경과 관련된 5장과 12장의 단계를 수행한다.

CHAPTER 14

최종 사용자 컴퓨팅 기기

14장에서는 두 가지 별개의 감사를 다룬다. 즉, 윈도우와 맥 클라이언트 시스템에서 시작한 다음, 모바일 장치(안드로이드, iOS 폰, 태블릿 등)를 다룬다. 시스템 관리 프로세스, 관리적 통제, 정책, 이러한 시스템에 있어야 할 기본통제들이 이들 감사에 포함된다. 14장에서 다루는 내용은 다음과 같다.

- 클라이언트와 모바일 컴퓨팅 기술의 배경
- 이들 기술에 대한 주요 감사단계
- 추가 정보를 구할 수 있는 주요 전문 리소스

배경지식

오늘날의 소형 데스크톱과 노트북은 20년 전 방을 가득 채운 슈퍼컴퓨터보다 훨씬 강력해졌다. 이 시점에 이르기까지 일상 사용자에게 이용가능한 컴퓨팅 성능은 한 세대에 걸쳐 기하급수적으로 증가했다. 이들 장치의 성능에 내포된 의미는 다음과 같다.

"최종 사용자들은 노트북이나 전화기로 역사상 그 어느 때보다 더 많은 것을 할 수 있다. 또한 강력하지만 관리되지 않는 시스템이 비즈니스 운영에 심각한 위험을 초래할 수 있으므로 비즈니스 환경에서 이러한 기기^{device}를 면밀히 관리해야 한다."

참고 노트북과 유사 형태의 요인들은 휴대용이라는 의미에서 '모바일'이긴 하다. 그렇지만 이 책의 목적상 '모바일 기기(mobile device)'라는 용어는 스마트폰 운영체제처럼 구동하는 스마트폰과 태블릿을 지칭한다. '클라이언트'와 '클라이언트 기기'라는 용어는 윈도우나 맥OS 운영체제를 구동하는 노트북, 데스크톱을 지칭한다.

1970년대 초까지 대체로 컴퓨팅 작업은 대형의 중앙집중식 컴퓨터에서 수행됐다. 직원들은 특수 종이 펀치카드에 구멍을 뚫어 명령을 입력시킨 다음 해당 카드를 공급장치에 정확한 순서로 삽입시켰다. 1960년대 후반과 1970년대 초반에 단말기^terminal 인터페이스가 개발됐고, 사람들은 키보드를 통해 중앙 컴퓨터에 원격으로 액세스할 수 있었다.

1981년에 출시된 IBM PC를 비롯한 개인용 컴퓨터의 출현으로 컴퓨팅 성능이 사용자에게 더 가까이 다가오기 시작했다. 가격은 낮아지는 한편 구성 요소의 소형화, 성능 개선, 새로운 기술의 출현 등과 함께 지난 40년 동안 이들 시스템은 진화를 계속해 왔다. 컴퓨터는 휴대하기에 충분히 가벼워졌고 배터리 기술의 발전으로 노트북이 곧 등장했다. 컴퓨터 성능이 향상됨에 따라 직원들의 생산성이 높아졌고, 비즈니스는 이런 성능을 활용할 수 있는 새로운 방식을 지속적으로 추구해 왔다.

또한 컴퓨터가 소형화되고 더욱 강력해지면서 회사는 포켓 크기의 컴퓨팅 전력으로 한때 계산기가 지배했던 영역을 실험하기 시작했다. 최초의 PDA^Personal Digital Assistant 중 하나인 Psion Organizer가 1984년에 출시됐다. 1990년대 중반, IBM과 노키아^Nokia 같은 회사는 PDA에 전화 기능을 추가하기 시작했다. 그 후 스마트폰 smartphone[1]이 탄생했다.

---

1. 스마트폰(smartphone) – 2007년 1월, 미국 샌프란시스코에서 열린 '맥월드(Mac World)'에서 당시 애플의 CEO 스티브잡스는 주머니에서 작은 물건 하나를 꺼내 보이며 "오늘 휴대폰을 새로 발명했다"고 말했다. 스마트폰이 탄생을 알리는 순간이었다. 이 손바닥만한 기계는 빠른 속도로 인류를 장악했다. 스마트폰으로 많은 것을 한다. 스마트폰 알람에 맞춰 눈을 뜨고, 뉴스를 읽고, 메일을 확인한다. 음악과 TV, 영화도 스마트폰으로 즐긴다. 옷이나 생필품은 쇼핑 앱에서 산다. 이 모든 행동이 일어나는 곳은 스마트폰 안에서도 특히 애플리케이션(앱)이다(출처: 조선일보, 2020.8.28.). – 옮긴이

21세기로의 전환 시점까지 노키아와 함께 블랙베리^{BlackBerry}의 제조사인 Palm and Research in Motion과 같은 회사는 모바일 공간의 리더로 간주됐다. PDA 분야에서 뉴턴 장치^{Newton device2} 제품으로 초기 주자가 됐던 애플은 2007년 첫 번째 아이폰^{iPhone}을 출시하면서 모빌리티 분야의 주요 세력이 됐다.

2008년에 최초의 안드로이드 기반 장치를 출시한 구글은 이에 그다지 뒤지지 않았다. 이제 구글의 안드로이드 운영체제는 모바일 환경을 지배해 모든 스마트폰과 태블릿의 85% 이상을 지원한다. 애플의 iOS는 한 발 뒤에 있었지만 나머지 시장 점유율을 거의 모두 차지하고 있다. 삼성, 블랙베리, 마이크로소프트 등의 다른 OS 제공처들은 이제 거의 몇 %에 불과하다.

그중 많은 부분은 단지 흥미로운 상식이며 몇 가지 트렌드를 제외하면 최종 사용자 장치 관리와 특별한 관련성은 없다.

첫째, 시간이 지남에 따라 노트북과 휴대폰의 성능 향상과 가격의 하락으로 점점 더 많은 사람이 개인 용도로 구입했다.

둘째, 노트북과 휴대폰 가격이 저렴해졌지만 비즈니스 측면에서는 여전히 비용이 들었다. 회사에서는 전체 직원용으로 꼭 구매하길 바라는 것은 아니었으며, 교체에 앞서 몇 년 동안은 기존 장치들이 사용될 것으로 예상했다. 이는 2000년대 초의 상황으로 이어진다. 처음으로 직원들이 직장에서보다 집에서 좀 더 현대적인 컴퓨팅 기술을 갖추기 시작했다. 직원들은 직장에서 개인적 투자를 지렛대로 활용하면 생산성과 경쟁력을 높일 수 있다는 생각으로 회사에서 제공하는 시스템 대신 휴대폰과 노트북을 일터로 가져와 사용할 수 있기를 기대하기 시작했다.

'소비화^{consumerization}'라고 하는 이 개념은 2000년대의 엔터프라이즈 환경에서 유행어였다. 많은 회사에서는 이러한 종류의 유연성 허용에 따른 장점을 고려해 이를 수용했다.

---

2. 뉴턴 장치(Newton device)는 애플에서 제작한 세계 최초의 개인정보 단말기이자 태블릿 플랫폼이다. 1993년부터 1999년까지 생산됐다(출처: 위키백과). – 옮긴이

회사는 직원들이 자신의 노트북이나 스마트폰을 개인적으로 구매해 업무를 수행할 수 있게 BYOD[Bring Your Own]3 프로그램을 도입하기 시작했다. 이를 통해 직원들은 생산성과 능력이 향상됨을 느끼고 회사는 장치비용과 지원비용을 절약했다. 2010년대까지 보안, 감사 법률 팀은 이런 관행의 지혜에 의문을 갖기 시작했다. 개인 소유의 장치에 저장된 회사 소유 데이터는 직원의 퇴사 후엔 어려운 법적 문제를 일으킬 수 있다. 이를 해소하기 위한 기술적 통제는 부분적으로만 유효했다.

그 결과 일부 회사는 BYOD 프로그램을 중단했고, 정책 언어를 추가하거나 회사 자원의 보호를 위해 다른 변경 조치를 취한 회사도 있었다. 감사인은 최종 사용자 시스템의 감사에서 장치의 소유권 관련 문제를 핵심적 고려 사항의 하나로 다뤄야 한다.

1부: 윈도우와 맥 클라이언트 시스템 감사

마이크로소프트 윈도우와 애플 맥OS는 대부분의 가정과 기업에서 데스크톱, 노트북을 구동시키는 주요 운영체제다. 이 절에서는 클라이언트 시스템 감사의 전형적인 감사단계와 개념들을 다룬다.

윈도우와 맥 감사 기본 사항

가정에 설치된 컴퓨터는 대다수가 독립형 장치다. 컴퓨터, 프린터, 스마트 TV, 온도 조절장치 등을 처리하는 LAN[Local Area Network]이 있을 수 있지만, 컴퓨터 자체는 일반적으로 '비관리 상태'며, 사용 가능한 옵션을 제어하기 위한 정책 제한이나 관리 시스템이 없다. 대부분의 비즈니스 환경에서는 그렇지 않다. 기업은 직원용 컴

---

3. BYOD(Bring Your Own Device)는 개인 소유의 노트북, 태블릿 PC, 스마트폰 같은 단말기를 업무에 활용하는 것이다. 기업 입장에서는 시간과 공간에 구애받지 않고 업무를 할 수 있어 업무 효율화와 비용절감을 꾀할 수 있다는 장점이 있다. 하지만 동시에 보안이 유지되지 않을 경우 기업의 주요 불안 요소가 될 수 있다는 단점도 있다(출처: 한경 경제용어사전). - 옮긴이

퓨팅 장치에 많은 돈을 지출하므로 장치가 사용 가능하고 생산적이면서 안전하며 도움을 주는지 확인하길 원한다. 이를 위해 기업은 구성 규칙이나 정책과 함께 관리 시스템을 마련해 직원에게 제공할 수 있는 특성, 성능, 소프트웨어를 관리한다. 감사인은 최종 사용자의 데스크톱이나 노트북 시스템의 상태뿐만 아니라 가동 중인 관리 시스템도 고려해야 한다.

기업 컴퓨터의 운영 활동에는 회사 소프트웨어의 설치, 시스템 장치의 구성, 사용자와 패스워드 관리, 데이터 백업, 문제에 대한 대응책 관련 프로세스도 포함된다. 이런 프로세스는 백업 시스템, 헬프 데스크, 티켓팅 시스템$^{ticketing\ system}$, 라이선스 관리 등과 같은 클라이언트 생태 시스템 내의 다른 시스템들로 이어진다. 여기에 서술할 제반 단계는 전형적인 업무용 윈도우나 맥 클라이언트 환경에 중점을 둔다. 비즈니스 환경이 다소 복잡할 수 있다. 진행에 앞서 회사 내의 고객 팀과 협력해 고객 관리 범위의 전반을 이해한다.

 참고 '클라이언트'란 용어는 클라이언트–서버 컴퓨팅 관계를 지칭한다. 여기서 자원을 제공하는 시스템을 서버라 하고, 자원을 소비하는 시스템을 클라이언트라 한다. 어느 정도까지 노트북과 데스크톱을 클라이언트라고 하는 것은 레거시 용어다. 현대적인 환경에서 노트북이 서버 역할로 작동할 수 있고, 서버가 클라이언트 등이 될 수 있다. 일부 조직에서는 노트북과 데스크톱 같은 프로비저닝 시스템에 대한 서비스는 장치 관리(Device Management) 같은 다른 이름을 따르기도 하지만 여기서는 '클라이언트'라는 용어를 사용한다.

윈도우와 맥OS는 최종 사용자 데스크톱이나 노트북 스타일 장치에 장착된 보편적인 운영체제다. 기술적 단계들을 설명할 때 가능하다면 두 운영체제에 대한 팁을 제시할 것이다. 이들 단계는 비즈니스 시스템에 대한 높은 수준의 관리 원칙을 다루지만, 윈도우와 맥OS에서 사용할 수 있는 수백 가지의 통제^{controls}를 서술하려는 시도는 아니다. 자세한 구성 옵션을 다룬 리소스들은 이 장의 뒷부분에 나와 있다. 회사의 클라이언트 시스템 팀과 협력해 좀 더 자세한 내용을 파악해보자.

많은 도구와 기법이 윈도우 클라이언트 공간에 적용될 수 있으므로 윈도우 감사인은 윈도우 서버 플랫폼에 관한 7장도 검토해야 한다.

윈도우와 맥 클라이언트 시스템 감사를 위한 테스트 단계

1. 클라이언트 장치에 관련된 회사 정책을 검토해 장치의 소유권, 사용자 책임을 다루고 있는지 확인한다.

앞서 언급했듯이 비즈니스 환경에 개인 소유 장치가 있으면 장치 관리, 데이터보호를 둘러싼 문제가 발생한다. 이 단계에서 감사인이 확인하는 것은 해당 조직이 이러한 문제를 고려하고 최종 사용자에게 적절한 정보를 제공했는지 여부다.

방법

개인 소유나 회사 소유가 아닌 장치의 사용과 관련된 회사 정책의 부본을 입수한다. 회사의 소유가 아닌 자산을 사용할 수 있는 상황과 취급 방법은 회사 정책에 명시돼야 한다. 위험 회피형 조직들은 어떤 상황에서도 개인 소유 컴퓨터를 허용하지 않거나 회사 자원에 대한 가상화 접근권한만 허용하는 수도 있을 것이다.

회사에서 사용하는 보충적인 노동 계약을 고려해야 한다. 직원에게 적용되는 모든 정책은 최소한 제3자에게도 엄격하게 적용해야 한다.

개인 소유 컴퓨터를 허용하는 경우 정책에 회사 데이터를 다룬 문구가 표시돼 있는지 확인한다. 직원의 개인 장치에 회사 데이터를 보관하는 행위가 허용된다면 해당 직원이 퇴근한 후 또는 퇴사한 경우에 조직은 해당 데이터에 대한 통제력을 되찾기가 어렵거나 불가능할 것이다.

개인 소유 컴퓨터의 사용이 금지돼 있는 경우 회사 네트워크에 이러한 장치의 연결을 방지하는 기술적 통제기능이 있는지 확인한다. 대개 이러한 통제는 네트워크 액세스 통제^{Network Access Control}나 네트워크 허용 통제^{NAC, Network Admission Control} 기술 형태로 존재한다. 시스템에 질문한 다음 액세스의 허용이나 거부에 대해 적절한 조치를 내릴 수 있다.

 참고 NAC 기술은 이 책에서 다루지 않는다. 사용자 환경에 있는 경우 매우 간단한 검증 방식은 개인 소유 노트북을 사무실로 가져와 유선이나 무선 리소스에 연결해보는 것이다. 액세스할 수 없으면 NAC 시스템이 예상대로 작동하는 것이다. 네트워크 관리자와 논의해 좀 더 자세한 정보를 알아보자.

클라이언트 보안정책의 부본을 입수한다. 정책은 클라이언트 시스템의 기본 보안 요구사항을 다뤄야 한다. 전형적인 클라이언트 보안정책에는 디스크 암호화, 바이러스 방지 소프트웨어, 기본 운영체제 구성을 비롯한 이 감사 후반부에 나열된 많은 항목이 포함돼야 한다.

또한 사용자에 대한 기대와 관련된 회사 정책을 검토해야 한다. 흔히 AUP^{Acceptable Use Policy}라는 명칭으로 알려진 이것은 사용자가 회사 소유 장비나 회사 근무 시간에 할 수 있는 것과 하지 않아야 할 것을 다루고 있다. AUP는 허용되는 것과 허용되지 않는 것을 명확하게 정의하고 정책을 위반한 결과를 설명해야 한다.

일부 조직은 개인용 컴퓨터로 회사 내부 리소스에는 액세스할 수 없지만 특수 외부 네트워크에 연결은 허용해주는 경우도 있다. 커피숍 네트워크와 개념상 유사한 외부 네트워크는 직원과 방문객 모두에게 편의를 제공할 수 있다. AUP 목적의 관점에서 이러한 네트워크는 정책에서 별도로 언급하지 않는 한 회사 네트워크로 간주해야 한다.

2. 조직에 정책 목표와 회사 전략에 맞는 장치 관리 인프라가 있는지 확인한다.

클라이언트 장치 관리 시스템을 통해 조직은 장치 재고 목록을 추적하고 소프트웨어를 관리하며, 패치를 설치하고 보안정책을 적용할 수 있다. 이 단계에서는 장치 관리 시스템의 존재와 범위를 평가한다. 장치 관리를 제대로 하지 않으면 회사 소유 자산과 데이터를 안전하게 보호하기 어렵다.

방법

클라이언트 관리자와 클라이언트 장치 관리 시스템을 논의한다. 시중에는 수많은 상용이나 오픈소스 제품이 있지만 솔루션은 최소한 다음과 같은 주요 기능을 쉽게 이용할 수 있어야 한다.

- 회사의 장치 품목에 가시성을 제공한다.
- 모든 시스템의 운영체제 버전과 패치 상태에 대한 정보를 제공한다.
- 특정한 앱 집단 목록^{fleet application inventory}을 관리하며 설치된 앱에 액세스할 수 있게 해준다.
- 관리 대상 시스템에 보안과 시스템 구성 정책을 적용한다.

규모가 좀 더 큰 조직은 윈도우 시스템을 흔히 AD^{Active Directory} 도메인의 일부로 관리한다. 컴퓨터를 도메인 설비에 합류^{joint}시키면 GPO(그룹 정책 객체)를 윈도우 클라이언트 시스템에 쉽게 배치할 수 있다. 계정 득성, 인터넷 제한, 소프트웨어 특징을 비롯해 다양한 설정을 GPO로 실행할 수 있다. 맥 시스템들은 GPO를 지원하지 않지만 때때로 윈도우 AD 도메인에 합류한다. 그런가 하면 맥 머신들을 윈도우 집합과 별도로 관리하는 경우도 있다.

GPO를 사용하는 조직의 경우 GPO 변경을 통제하기 위한 적절한 변경관리 절차가 있는지 확인하는 것은 일종의 추가적 감사다. 이것들은 많은 최종 사용자 시스템의 성능과 운영에 영향을 줄 수 있으므로 조직은 구성 시스템 전반에 걸쳐 건전한 변경 절차를 갖추는 것이 중요하다.

시간이 지남에 따라 클라이언트 장치 관리 시스템은 기업 모바일 관리^{EMM, Enterprise Mobility Management} 시스템과 병합됐다. 조직에서 단일 플랫폼을 사용해 최종 사용자 클라이언트 장치와 모바일 장치를 관리할 수 있다.

3. 게스트 계정이 비활성화되고 디폴트 관리 계정이 비활성화되거나 이름이 바뀌었는지 확인한다.

외부의 위협 행위자가 클라이언트 시스템의 디폴트 계정을 악용해 해당 환경에서 추가 액세스나 특권을 얻을 수 있다. 대부분의 비즈니스 환경에서 이러한 계정은 존재하지 않게 하거나 이름을 변경해야 한다.

방법

윈도우에서 감사인은 파워셸^{PowerShell} 명령을 사용해 로컬 사용자의 목록을 볼 수 있다. 또한 관리자 계정과 게스트 계정이 활성화돼 있지 않은지 검증할 수 있다.

검색 창에 powershell을 입력하고 팝업 메뉴에서 윈도우 파워셸 앱을 선택한다. 셸이 나타나면 아래에 보이는 것처럼 get-localuser를 실행한다. 예제 출력에서 디폴트 관리자 계정과 게스트 계정이 비활성화돼 있음을 알 수 있다.

```
Windows PowerShell
Copyright © Microsoft Corporation. All rights reserved. PS C:\Users\Mike>
get-localuser
Name      Enabled    Description
----      -------    -----------
Administrator     False  Built-in account for administering the computer/domain
DefaultAccount     False  A user account managed by thesystem.
Guest      False        Built-inaccountforguestaccesstothecomputer/domain
HostAdmin      True
Mike      True
PSC:\Users\Mike
```

맥OS의 경우 System Preferences[4]의 Users & Groups 아이콘을 이용해 게스트 계정의 상태를 체크할 수 있다. 해당 시스템의 다른 계정과 함께 게스트 계정을 열거해

---

4. System Preferences는 맥OS에 들어있는 애플리케이션이다. 이를 통해 사용자는 여러 가지 시스템 설정을 바꿀 수 있다. – 옮긴이

야 한다. 계정이 꺼짐으로 표시된 경우 게스트 계정이 비활성화된 것이다. 이 창을 검토하는 중 감사인은 표준Standard 사용자나 관리Admin 사용자일 수도 있는 현재 사용자의 권한 수준을 판별할 수도 있다.

좀 더 깊이 들어가 맥 시스템을 완전히 작동시키는 '루트' 계정의 상태를 체크해볼 수 있다. 애플은 https://support.apple.com/en-us/HT204012/에서 루트 사용자를 활성화하거나 비활성화하는 단계들을 제공하고 있다. 이들 단계를 이용해 루트 계정의 현재 상태를 검증할 수 있다. 디폴트에 의해 애플은 맥OS에서 루트 계정을 비활성화한다. 특히 최종 사용자에게 시스템에 대한 관리자 권한이 허용되는 경우 클라이언트 팀과 맥OS 루트 계정관리에 대해 논의해봐야 한다. 요구에 따라 이러한 권한이 루트 사용자를 활성화하는 데 이용될 수 있다.

4. 중앙집중식 프로세스를 통해 사용자 계정을 제공하는지 확인하고 로컬 계정의 존재와 사용에 대한 정책을 검토한다.

중앙집중식 계정의 제공과 관리는 최종 사용자 계정의 생성, 유지, 삭제에 관련된 많은 프로세스를 간소화해준다. 또한 중앙집중식 계정관리로 인해 애플리케이션과 웹 로그인의 단순화도 가능하게 됐다. 단일 사인온single sign-on 시스템을 통해 사용자 ID는 환경의 여러 부분에 액세스할 수 있기 때문이다.

로컬 계정은 관리하기 어렵고 엔터프라이즈 환경에서 문제를 일으킬 수 있다. 로컬 계정은 특정 시스템에만 존재하지만 환경의 위험을 증가시키는 권한을 가질 수 있다. 로컬 계정은 중앙 ID 시스템에 연결돼 있지 않기 때문에 포렌식 팀은 해당 계정을 사용해 수행한 작업을 각각의 개인에게 귀속시키기 어려울 수 있다. 이러한 유형의 속성은 법적 상황이나 보안사고를 처리할 때 중요할 수 있다.

방법

고객 관리팀과 함께 최종 사용자 계정 프로세스를 검토한다. 계정을 만들어 클라이언트 시스템에 할당하는 방법을 알아본다. 많은 회사에서 윈도우와 맥 시스템의 최종 사용자 계정은 액티브 디렉터리를 통해 관리되며, 엔터프라이즈 ID 관리 시스템에 연결돼 있다. 이를 통해 계정 레코드를 중앙 위치에서 유지하고 직원의 채용 시 계정을 만들고 직원의 퇴사 시 계정을 비활성화하거나 삭제할 수 있다.

최종 사용자 시스템에서 로컬 계정과 관련된 정책을 검토하고 고객 관리팀과 논의한다. 로컬 계정을 허용하는 경우 각 계정이 필요한 이유를 기록한 목록을 유지하고 있는지 체크한다.

5. 클라이언트 시스템의 관리, 원격 지원에 관련된 프로세스를 검토하고, 관리자가 명명된 계정을 사용하는지 확인한다.

고객 지원팀은 직원들의 생산성을 높일 수 있도록 시스템을 유지함으로써 클라이언트 환경의 운영에 핵심 역할을 수행한다. 이러한 과업의 수행을 위해 지원 담당자는 일반적으로 높은 권한을 갖는다. 감사인은 이 단계를 통해 고객 지원팀이 이러한 권한 사용과 관련해 합리적인 프로세스를 갖추고 있는지 확인한다.

방법

고객 관리팀과 헬프 데스크 구성원이나 감독자와 인터뷰한다. 지원팀이 클라이언트 시스템에 연결할 필요가 있는 경우 사용되는 프로세스를 검토한다. 원격 지원 기술자가 실행 중인 세션에 연결할 경우 최종 사용자가 이에 동의하거나 영상 형태의 통지를 받는지 확인한다. 헬프 데스크 팀원에게 시스템 연결 프로세스를 시연해보도록 요청하고 그 결과로 나타나는 단계들을 관찰해봄으로써 쉽게 검증할 수 있다.

지원팀이 수리를 위해 시스템을 물리적으로 조치해야 하는 경우 직원 계정과 패스워드 처리 프로세스를 평가한다. 다음과 같은 보호 조치가 모범 실무에 포함될 수 있다.

- 해당 직원은 기술자 팀에 패스워드를 제공하지 않는다.
- 지원팀이 시스템을 접수하기에 앞서 해당 직원의 활성 세션은 잠그거나 로그아웃했고 시스템은 완전히 종료했다.
- 기술자는 고유하고 식별 가능한 계정을 사용해 모든 유지보수 작업을 수행한다.

지원 기술자들은 일반적으로 클라이언트 시스템에 대해 높은 수준의 권한을 가지며 이 권한을 이용해 민감한 데이터에 액세스할 수 있다. 고유한 계정의 사용은 문제 발생 시 포렌식 팀에게 추가적인 보호와 추적 가능성을 제공한다.

6. 장치 백업 프로세스를 검토해 복원 프로세스를 적절히 테스트하는지 검토한다.

여러 가지 이유로 시스템 백업의 데이터가 필요할 수 있다. 이 단계를 통해 조직이 클라이언트 데이터에 대해 적절하고 입증된 백업과 복원 프로세스를 갖추고 있는지 확인한다.

방법

클라이언트 백업 관리자와 인터뷰한다. 백업 빈도, 백업 누락, 모든 영역의 클라이언트들이 정기적으로 백업되는지 확인하는 방법에 관련된 실무를 알아본다. 대부분의 비즈니스 환경에서 주단위^{weekly}의 백업이 표준 관행이지만, 최신 데이터 백업 솔루션들은 거의 실시간으로 파일 변경을 기록할 수 있다.

백업 데이터의 유효성을 검사하고 복원 프로세스가 작동하는지 검증하기 위한 프로세스를 알아본다. 규모가 큰 조직에서는 시스템의 업그레이드나 수리 시에 파일 복구 작업은 아주 규칙적으로 실시되겠지만 소규모 그룹에서는 조금 드문 편이다.

7. 소프트웨어 라이선스 관련 프로세스를 검토하고 라이선스가 없는 소프트웨어에 액세스할 수 없는지 확인한다.

조직은 라이선스 약정을 초과하거나 라이선스가 없는 소프트웨어를 사용할 경우 큰 액수의 벌금을 부과 받을 위험이 있다. 이 단계를 통해 감사인은 해당 기업이 라이선스 관련 위험을 줄이기 위한 적절한 보호 조치를 갖추고 있는지 확인한다.

방법

고객 관리팀과 인터뷰해 클라이언트 시스템에 대한 소프트웨어 라이선스 관리 방법을 확인한다. 일부 소프트웨어의 경우 라이선스는 모든 직원(기업의 라이선스나 사이트 라이선스)을 대상으로 광범위하게 부여하는 반면 어떤 소프트웨어의 경우는 정해진 수의 사용자나 특정 이름의 특정 사용자로 제한할 수 있다. 많은 기업이 클라이언트 시스템을 위한 내부 '앱 스토어'를 현재 공급하고 있으며, 사용자에게 필요한 대부분의 소프트웨어를 원 스톱으로 제공한다.

라이선스 범위 밖에 있는 것으로 보이는 소프트웨어를 식별, 교정하기 위한 프로세스를 평가한다. 예를 들어 팀은 설치된 소프트웨어 목록을 라이선스가 있거나 허용된 소프트웨어 목록과 비교한 다음 예기치 않은 소프트웨어를 원격으로 제거할 수 있다. 조직에 오픈소스 소프트웨어와 프리웨어, 셰어웨어, 평가판을 처리하는 프로세스가 있는지 확인한다. 비즈니스 용도에 따라 라이선스 조건이 다를 수 있다.

일부 회사는 클라이언트 시스템에 설치된 특수 소프트웨어를 사용해 소프트웨어 인벤토리를 지원하거나 소프트웨어 사용에 대한 추가 통제를 제공한다. 구성을 통해 이러한 패키지는 회사 정책에 따라 소프트웨어 설치를 방지하거나 허용할 수 있다. 이런 성능은 시스템마다 다르지만 바이러스 방지 프로그램, 시스템 관리 클라이언트, 권한관리 앱, 보안 제품군 등에서 찾아볼 수 있다.

8. 사용자 문제에 대응할 올바른 프로세스가 조직에 있는지 확인한다.

최종 사용자 문제에 대한 소유권과 추적 절차가 없으면 생산성 손실, 보안문제의 미해결과 기타 위험이 발생할 수 있다.

방법

이슈 티켓팅 시스템trouble ticketing system을 통해 최종 사용자 문제를 추적해야 한다. 이러한 문제의 소유자를 지정해야 하며 어떤 그룹이 클라이언트 문제로 인해 발행된 티켓의 처리 상황을 추적할 책임을 맡아야 한다. 관리자나 헬프 데스크 감독관과 이 프로세스를 알아본다.

9. 클라이언트 시스템에서 패스워드의 사용 기간, 길이, 복잡성, 내력, 잠금 정책과 같은 패스워드의 강도와 패스워드 통제기능의 사용을 검토, 평가한다.

모든 계정에는 패스워드가 있어야 한다. 이러한 통제를 테스트하는 데 사용되는 방법은 패스워드 부여 프로세스와 클라이언트 시스템에서 활성화된 통제기능에 따라 다르다. 액티브 디렉터리와 같이 이러한 통제기능 중 일부를 중앙에서 구성할 수 있다.

최소한 패스워드 통제를 제공하는 시스템 설정을 검토해야 한다. 패스워드 통제는 패스워드의 복잡성, 길이, 보존 기간, 권한이 없는 사용자의 시스템 접근을 막는 기타 요소들을 적용하는 데 필수적이다. 많은 조직에서는 관리자 권한을 가진 계정과 같이 특권이 부여된 계정에 패스워드 설정을 더 엄격하게 한다.

방법

윈도우에서는 검색 창의 secpol 명령을 이용해 시스템에 영향을 주는 계정 정책을 찾을 수 있다. 이렇게 하면 Local Security Policy 패널이 열린다. 여기에서부터 계정 정책 트리를 선택해 패스워드 정책과 계정 잠금 정책 목록을 조사한다. net accounts를 이용한 커맨드라인에서도 동일한 정보를 많이 볼 수 있다. AD 도메인에 연결된 윈도우 클라이언트의 경우 이러한 정책은 일반적으로 GPO를 통해 원격으로 설정되며 모든 클라이언트 시스템에서 동일해야 한다. 도메인에 연결되지 않은 시스템에는 패스워드나 잠금 정책이 없을 수 있다.

AD에 연결된 맥OS 시스템의 경우 패스워드 설정을 원격으로 관리할 수 있다. Jamf Pro와 같은 관리 시스템을 통해 제어되는 시스템들은 해당 시스템을 통해 적용된 설정을 갖추고 있을 수 있다. 클라이언트 관리팀과 제반 설정에 대해 논의해보자. 관리되지 않는 시스템에는 패스워드나 잠금 정책이 없을 수 있다.

두 운영체제 각각에 대해 표 14-1에 열거된 제반 정책은 회사의 로컬 정책에 따라 설정되고 있는지 검증한다. 몇 가지 일반적인 설정을 열거하고 있다.

정책	설정
최소 패스워드 기간	1일
최장 패스워드 기간	30~90일
최소 패스워드 길이	8~14개 문자
패스워드 복잡성	활성화
패스워드 내력	10~20 패스워드를 기억한다.
가역 암호화를 이용한 패스워드 저장	가능하다면 비활성화한다. 그러나 이런 결정을 내리기에 앞서 이를 이해하고 테스트한다.
계정 잠금의 지속 시간	10~30분
계정 잠금의 문턱	10~20회 시도
계정 잠금 후의 리셋	10~30분

표 14-1 계정 정책

10. 회사 정책에 따라 최종 사용자 관리 권한을 설정, 유지하는지 확인한다.

최종 사용자 권한을 제한함으로써 회사는 악성 소프트웨어 설치, 멀웨어 발생, 무단 시스템 구성 변경과 관련된 위험과 비용을 줄일 수 있다.

방법

클라이언트 관리팀을 인터뷰해 최종 사용자들이 해당 시스템에 대한 로컬 관리자 권한을 부여받는지 문의한다. 관리팀은 공식 입장을 설명할 수 있어야 한다. 있다면 최종 사용자가 관리자 권한을 갖게 허용된 통계나 기타 보고서를 작성할 수 있어야 한다. 많은 대형 조직, 특히 규제 산업의 경우 로컬 관리자 액세스가 직원에게 허용되지 않는다. 일부 회사는 상용 소프트웨어를 이용해 어떤 관리적 특성을 표준 사용자 계정에서 활성화한다.

최종 사용자에게 관리자 권한이 허용되지 않는 경우 감사인은 대표적인 워크스테이션을 사용해 계정 상태를 검증할 수 있다. 임의로 또는 작업 그룹에서 관리 액세스 권한이 없어야 하는 사용자를 선택한다(많은 상황에서 감사인은 자신의 워크스테이션에서 이를 테스트할 수 있음).

윈도우의 경우 검색 창에 **제어판**^{Control Panel}을 입력하고 팝업^{pop-up}에서 제어판 데스크톱 앱을 선택해 제어판을 열어보자. 사용자 계정을 선택한다. 로그인된 사용자의 계정 이름이 결과 창 오른쪽에 나타나야 한다. 사용자가 관리자인 경우 '관리자^{Administrator}'라는 단어가 계정 이름 아래에 나타날 것이다.

맥OS의 경우 시스템 환경설정 앱^{System Preference app}을 열어보자. 이는 종종 도크가 있거나, Spotlight 검색 바를 이용할 수 있다. System Preference를 연 후 **사용자와 그룹**^{Users & Groups} 아이콘을 선택하자. 결과 창은 시스템의 사용자 목록을 표시할 것이다. 사용자 이름 아래에 계정 유형(관리자^{Admin})이나 표준^{Standard}이 나타날 것이다.

11. 시스템에 연결 시 법적인 경고 배너가 표시되는지 확인한다.

법적인 로그온 고지$^{\text{legal logon notice}}$는 일종의 경고 표시다. 누군가 시스템에 연결하려고 할 때마다 나타난다. 이 경고는 실제 로그인 전에 표시돼야 하며, 다음과 유사한 내용이어야 한다. "허가받지 않은 사람은 이 시스템을 사용할 수 없습니다." 법정에서 침입자를 기소하려면 이러한 종류의 문구가 필요할 수 있다.

방법

시스템에 로그인한 다음 경고 배너가 표시되는지 확인해보자. 조직에서 원격 데스크톱이나 VNC와 같은 기술을 이용해 클라이언트 시스템에 원격으로 액세스할 수 있는 경우 이들을 이용해 다른 시스템에서 로그인한 다음 경고 배너를 찾아보자. 시스템 관리자와 인터뷰해 회사의 법무담당관실과 함께 이 경고 배너 문구를 개발했는지 확인한다.

12. 시스템이 회사 데이터를 보호하고자 디스크 전체 암호화(FDE) 유틸리티를 사용하는지 검증한다.

노트북의 분실이나 도난 사건은 매일같이 발생한다. FDE이 사용되지 않은 경우, 노트북이나 데스크톱 소지자는 누구나 드라이브에서 데이터를 쉽게 빼낼 수 있다.

방법

맥OS에서는 FileVault(애플의 내장 디스크 암호화 유틸리티)의 상태를 체크할 수 있다. System Preference 앱을 사용하고 **보안 및 개인정보**$^{\text{Security & Privacy}}$ 아이콘을 선택해 체크한다. FileVault 탭은 디스크의 상태를 보여준다. 조직에서 FileVault 이외의 맥용 디스크 암호화 유틸리티를 사용하는 경우 클라이언트 관리자와 함께 암호화가 활성화돼 있는지 검증해본다.

윈도우에서는 제어판control panel을 이용해 비트로커BitLocker 암호화 상태를 검토할 수 있다. 검색 창에 제어판을 입력하고 팝업에서 제어판 데스크톱 앱을 선택한다. 조직에서 비트로커 암호화가 사용되는 경우 목록에 비트로커 드라이브 암호화 옵션이 표시돼야 한다. 이를 선택하면 해당 시스템 드라이브의 상태가 나타날 것이다. 조직에서 대체 디스크 암호화 제품을 사용하는 경우 시스템 관리자와 함께 알아본다. 대부분의 대체 도구는 시스템 트레이나 상주 앱resident app에 상태 아이콘 status icon을 두고 있으며 암호화 상태에 대한 정보를 제공한다.

관리자는 해당 영역 내 플리트in-scope fleet 전반의 암호화 준수를 보여주는 증거로 메트릭이나 보고서를 제시할 수 있어야 한다. 이러한 메트릭이나 보고서가 없다면 어느 시스템이 비암호화 상태인지 해당 조직에서는 알 수 없을 것이다.

관리팀과 디스크 암호화를 논의하는 동안 유지보수용으로나 포렌식 요구에 대비해 암호화 키를 저장하는 프로세스를 검토해야 한다. 조사 작업 중 보안팀은 종종 디스크 암호화 키에 액세스할 필요가 있다.

13. 클라이언트가 한 업체에서 공급한 바이러스 방지 프로그램을 구동 중인지 확인한다.

클라이언트 시스템은 외부 해커의 주요 대상이다. 기본적 바이러스 방지 기능을 갖추지 않은 클라이언트를 손쉬운 공격 대상으로 삼아 시스템에 유해한 코드를 작동시킬 수 있다. 바이러스 방지 도구는 악의적인 행위자가 가동시키는 해킹 도구의 존재나 동작을 식별할 수 있다. 윈도우 10에서는 윈도우 디펜더Defender가 기본적으로 설치되고 활성화되지만 일부 조직에서는 대체 바이러스 방지 프로그램을 사용한다.

방법

윈도우 10에서는 검색 창에 **보안**security을 입력하고 팝업 메뉴에서 Security &

Maintenance 앱을 선택해 바이러스 방지^{virus protection}를 포함한 보안 모듈의 상태에 액세스할 수 있다. 보안 특성들의 상태를 보려면 Security 드롭다운을 선택한다. 그림 14-1의 예에서 보는 바와 같이 윈도우 디펜더는 바이러스 방지 항목 아래에 표시돼 있다.

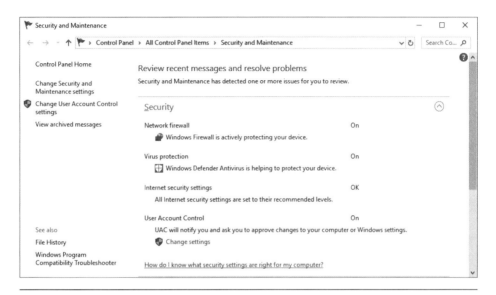

그림 14-1 윈도우 보안과 유지 패널

윈도우는 유사한 뷰^{view}를 제공하는 윈도우 보안 센터^{Windows Defender Security Center}도 제공한다. 양쪽 각각이 바이러스 방지와 기타 도구의 상태를 제공할 것이다. 이후 버전의 윈도우에서는 시스템 관리 구성을 통해 최종 사용자에게 일부 상태 정보를 숨길 수 있다. 이 경우 고객 관리팀과 상의한다.

맥 클라이언트도 바이러스 방지 소프트웨어를 사용해야 하지만 맥OS는 바이러스 방지 도구의 상태를 확인할 수 있는 간단한 도구를 제공하지 않는다. 클라이언트 관리팀과 협의해 조직에서 사용 중인 맥OS 바이러스 방지 소프트웨어 정보를 얻는다.

감사 성격에 따라 감사인은 바이러스 방지 프로그램 구성을 클라이언트상에서 체크해보길 원할 수도 있다. 많은 조직은 바이러스 방지 프로그램을 중앙에서 관리한다. 기업은 종종 윈도우와 맥 플랫폼 모두에 동일한 솔루션을 사용한다. 이상적으로는 해당 구성은 정기적인 스캐닝에서 파일이나 폴더를 배제시키지 않아야 한다. 모든 파일 작업에 대해 시스템을 실시간으로 보호하도록 구성을 설정해야 한다. 서명 업데이트를 자동으로 다운로드해 설치하도록 바이러스 방지 도구도 구성해야 한다. 이탈 사항들로 인해 시스템이 더 큰 위험에 놓일 수 있다.

14. 클라이언트 방화벽이 활성화돼 있는지 검증하고 방화벽 관리 실무를 검토한다.

클라이언트 방화벽은 예기치 않은 네트워크 연결로부터 시스템을 보호해준다. 방화벽의 미사용은 시스템에 액세스하려는 악의적인 위협의 발생 위험을 증가시킬 수 있다.

방법

윈도우의 경우 이전의 테스트 단계를 이용해 Security & Maintenance 패널이나 윈도우 보안 센터^{Windows Defender Security Center} 앱에 액세스한다. 이 패널은 윈도우 방화벽의 상태를 나타낸다. 많은 안티바이러스 프로그램과 함께 제공되는 타사 방화벽을 조직이 사용하는 경우 해당 상태가 동일한 윈도우 패널에 나타나야 할 것이다.

맥 시스템의 경우 시스템 환경설정^{System Preference} 앱을 선택한 다음, 보안 및 개인정보^{Security&Privacy} 아이콘을 선택한다. 방화벽 패널로 전환하면 방화벽의 상태를 보여줄 것이다.

클라이언트 관리팀이나 보안팀과 방화벽 구성에 대해 논의해보자. 대부분의 인바운드 트래픽이 차단되도록 방화벽을 구성해야 한다.

15. 클라이언트 로깅의 필요 요건과 설정을 검토한다.

적절한 클라이언트 로깅은 클라이언트 시스템의 문제를 탐지하는 보안팀과 운영 활동에 도움을 줄 수 있다.

방법

4장에서는 정책의 필요 요건을 포함한 사이버보안 프로그램을 다뤘다. 로깅 관련 정책을 검토해 클라이언트 로깅의 필요 요건이 있는지 확인한다. 클라이언트 개수, 캡처할 로그 데이터 크기, 로그 전송으로 네트워크에 주게 될 잠재적 영향 때문에 중앙집중식 클라이언트 로그 수집 사용을 제한하는 회사도 많다. 클라이언트 시스템에 대한 요구사항이 회사의 로깅 정책에 들어있는 경우 클라이언트 관리팀과 알아본다. 사용 중인 시스템 관리 도구에서 로그 구성을 볼 수 있게 요청한다. 중앙시스템으로 로그를 보내는 경우라면 클라이언트 로그 샘플을 모니터링 팀에 요청한다.

16. 운영체제와 주요 애플리케이션의 패치 프로세스를 검토한다.

적용이 가능한 운영체제와 소프트웨어 패치가 설치돼 있지 않은 경우 널리 알려진 보안 취약점이 클라이언트에 존재할 수 있고 외부의 위협 세력들이 악용할 수 있다.

방법

관리팀 및 보안팀과 클라이언트 패치 프로세스를 알아본다. 많은 서드파티 소프트웨어 공급자와 마찬가지로 마이크로소프트와 애플은 OS와 주요 애플리케이션용의 패치를 정기적으로 공개한다. 조직은 패치의 적용 가능성과 그에 따른 중요도를 평가하는 프로세스를 갖춰야 한다. 해당 팀은 최소한 마이크로소프트와 애플의 최신 패치판에 대한 분석 지원 증거를 제공할 수 있어야 한다.

패치물의 설치 시기와 관련된 모든 클라이언트가 예상 패치를 받게 하는 프로세스를 알아본다. 회사에는 클라이언트 집합의 패치 상태를 설명한 보고서나 기타 메트릭이 있어야 한다.

메트릭을 검증하고자 무작위로 클라이언트 시스템을 선택한다. 원하는 경우 이 단계에 감사인 자신의 시스템을 사용할 수도 있다. 윈도우의 경우 검색 창에 windows update를 입력한다. 시스템 상태를 표시하고 최근 설치 내력을 볼 수 있는 링크를 제공하는 Windows Update 앱을 연다. 내력에는 특히 Quality uptates 제목하에 최근 설치 활동이 표시돼야 한다. 맥OS의 경우 화면 왼쪽 상단의 애플 메뉴를 통해 접속 가능한 About this Mac 앱를 사용한다. System report를 선택한 다음, 왼쪽 패널에서 아래로 스크롤해 Software 아래 Installations를 찾아본다. 설치 날짜^{Install Date} 열을 선택해 그림 14-2와 같이 설치 정보를 정렬할 수 있다 .

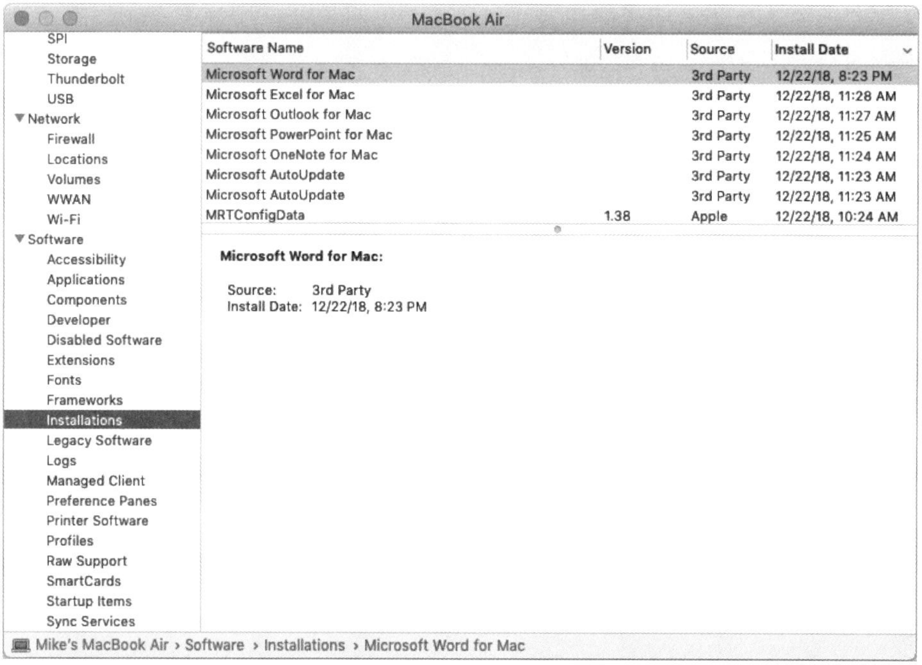

그림 14-2 맥OS에 설치된 업데이트 보기

일부 조직은 시스템에서 윈도우와 맥을 자동으로 업데이트를 할 수 있지만 회사 소프트웨어와의 호환성을 위해 업데이트를 신중하게 관리하는 조직도 있다. 패치가 중앙시스템에 설치돼 있는지 또는 클라이언트가 자동 업데이트 방식으로 스스로 업데이트하는지를 확인한다. 이를 위해 감사인은 클라이언트 관리자와 알아본다.

환경에서 사용 중인 윈도우 10 버전에 특히 주의해야 한다. 윈도우 10에서 마이크로소프트는 윈도우 버전 발표 스케줄을 반년 단위로 바꿨다. 새 버전을 발표한 후 이전 버전에 대한 지원은 즉시 중단한다. 회사의 라이선스 계약에 따라 마이크로소프트가 더 이상 지원하거나 패치하지 않기로 하기에 앞서 회사는 각 새 버전의 윈도우에 대해 18개월 정도만 지원받을 수 있을 것이다. '지식 베이스' 절을 참고해 윈도우 수명주기에 대한 추가 정보를 구할 수 있다. 애플은 맥OS에 대한 수명 종료 정보를 게시하지 않지만 일반적으로 이전 두 릴리스의 보안 패치를 지원한다.

17. 하나의 설정 구간 후에는 화면이 일시 자동 중단되고 재개하려면 패스워드를 입력해야 하는지 검증한다.

컴퓨터에 다가가는 누구나 무인 작업 세션을 이용할 수 있다. 화면의 일시 중단은 이런 위험을 줄인다.

방법

윈도우 10의 경우 화면 보호기 설정 애플리케이션에서 화면 일시 중단 설정^{setting for screen timeout}을 찾을 수 있다. 검색 창에 **화면 보호기**^{screen saver}를 입력하고 팝업 메뉴에서 **변경 화면 보호기 옵션**^{Change screen saver option}을 선택한다. 패널은 지속 시간을 표시한다. '재개 시 로그온 표시' 화면을 나타내는 상자를 체크해야 한다.

맥OS의 경우 이 항목을 확인하려면 몇 단계가 필요하다. 먼저 System Preference 앱을 연다. 그런 다음 데스크톱 및 화면 보호기 아이콘을 선택한다. 화면 보호기 탭 아래에 하단의 필드 뒤 시작^{Start}이 표시될 것이다. 보안정책과 일치하는 시간으로 설정해야 하지만 5분이나 10분과 같은 짧은 시간이 바람직하다. 그런 다음 같은 패널에서 뒤로 화살표를 클릭해 시스템 환경설정으로 돌아간다. 보안 및 개인정보 아이콘을 선택한다. 일반^{General} 하에서 '수면 상태 후 또는 화면 보호기 시작 후 패스워드 필요' 옵션을 체크해야 한다. 이상적으로 드롭다운 상자는 즉시 또는 매우 짧은 기간 동안 설정해야 한다. 전원 옵션도 이 설정에 영향을 줄 수 있지만 대부분의 맥 배치의 경우 화면 보호기 타이머는 관리팀에서 관할하며 최대 시간제한 길이를 나타낸다.

클라이언트 관리팀과 논의해 이러한 옵션이 클라이언트 관리 시스템을 통해 시행되는지 확인한다.

18. 이동식 장치에 대한 자동 플레이와 자동 실행이 비활성화돼 있는지 확인한다.

윈도우에서 USB 드라이브, CD/DVD, 기타 매체를 삽입하면 자동 플레이와 자동 실행 기능에 의해 특정 유형의 파일이 자동으로 실행될 것이다. 이러한 특성들이 활성화되면 특정 작업을 수행하는 사용자 없이도 악성 파일이 작동할 수 있다. 맥 시스템은 USB 드라이브상의 파일을 자동으로 실행하지 않지만, 광학 드라이브를 갖춘 시스템은 CD나 DVD를 자동으로 재생할 수도 있다.

방법

클라이언트 관리팀과 논의해 자동 플레이와 자동 실행이 비활성화돼 있는지 확인한다. 둘 다 윈도우에서 GPO를 통해 조정할 수 있다. 맥 시스템의 경우 맥 관리자와 알아본다. 대다수 최신 맥의 경우 광학 드라이브는 더 이상 없으므로 일부 환경에서는 문제가 되지 않는다.

도구와 기술

이 장에 제시된 제반 단계는 대부분 작업 시스템에서 기본 GUI나 커맨드라인 입력으로 실행한다. 다른 많은 도구, 특히 윈도우용 도구는 클라이언트 상태에 대한 추가적 식견을 제공해줄 것이다. 그중 일부를 여기에 열거한다.

리소스	웹 사이트
Microsoft Script Center	https://gallery.technet.microsoft.com/scriptcenter
Microsoft Command-Line Reference	https://docs.microsoft.com/en-us/windows-server/administration/windows-commands/windows-commands
Microsoft Sysinternals Tools	https://docs.microsoft.com/en-us/sysinternals/
Microsoft Security Compliance Toolkit	www.microsoft.com/en-us/download/details.aspx?id=55319

지식 베이스

윈도우와 맥 클라이언트 환경 및 통제에 대한 정보를 얻을 수 있는 추가 리소스가 다음 표에 나와 있다. 마이크로소프트와 애플은 모두 자신의 플랫폼에 관한 광범위한 온라인 정보를 제공하며, 인터넷 커뮤니티는 추가 콘텐츠로 이를 보완하고 있다. 또한 CIS^{Center for Internet Security}는 수백 가지 구성 옵션이 포함된 윈도우와 맥 클라이언트 시스템 모두에 대한 강화 지침을 개발했다. 윈도우 10 전용 CIS 안내 서는 1,000페이지가 넘는다.

리소스	웹 사이트
Windows 10 Reference	https://docs.microsoft.com/en-us/windows/windows-10/
Microsoft TechNet	https://technet.microsoft.com/en-us/
Microsoft System Center	www.microsoft.com/systemcenter
Windows Intune	www.microsoft.com/en-us/cloud-platform/microsoft-intune
Windows Lifecycle Fact Sheet	https://support.microsoft.com/en-us/help/13853/windows-lifecycle-fact-sheet

리소스	웹 사이트
Windows Security Baselines	https://docs.microsoft.com/en-us/windows/security/threat-protection/windows-security-baselines
macOS Security Overview	www.apple.com/business/resources/docs/macOS_Security_Overview.pdf
macOS Security Checklist	www.jamf.com/resources/white-papers/macos-security-checklist/
The Center for Internet Security	www.cisecurity.org
Computer Security Resource Center	http://csrc.nist.gov

2부: 모바일 장치 감사

마이크로소프트의 Surface line 같은 노트북과 기타 휴대용 요소들은 이동하기 쉽다는 의미에서 모바일이다. 대부분의 조직은 '모바일 장치'를 스마트폰, 태블릿, 안드로이드, iOS, 다른 모바일 중심 운영체제를 구동하는 기타 장치를 포함하는 것으로 생각한다. 이 절에서는 조직의 모바일 장치 환경을 감사할 때 고려해야 할 개념과 단계를 다룬다.

모바일 장치 감사 기본 사항

개념적으로 스마트폰과 태블릿이 포함된 모바일 장치 환경을 감사하는 것은 데스크톱과 노트북을 감사하는 것과 상당히 유사하다. 정책, 장치 관리 시스템, 최소 보안 표준 등이 있다. 모바일 관리 기술이 클라이언트 관리 시스템에 수렴됨에 따라 이 두 공간의 겹치는 부분이 늘어날 수 있다. 그러나 개인 장치의 소유권이 복잡하다는 사실은 모바일 공간에서 더 큰 요인의 하나다. 이는 약간의 기술 차이와 함께 별도의 감사가 필요하다는 점을 시사한다.

모바일 장치 프로그램을 평가할 때 감사인이 고려해야 할 몇 가지 기본적인 질문 사항이 있다. 그중 일부는 다음과 같다.

- 모바일 장치로 회사의 어느 자원에 액세스할 수 있는가?
- 회사 데이터는 모바일 장치에서 어떻게 보호되는가?
- 회사는 개인 소유의 장치와 앱을 어떻게 취급하는가?
- 회사는 웨어러블과 같은 새로운 모바일 장치의 위험을 고려하고 있는가?

회사는 다양한 방식으로 모바일 장치를 다룰 수 있다. 일부 회사는 직원용 장치의 구입과 이동통신사 요금을 부담한다. 이동통신사 요금을 지불해주지만 장치 자체는 구매하지 않는 회사도 있다. 직원들 스스로 장치와 요금제를 자유롭게 선택할 수 있게 직원들에게 어떤 금액을 제안하는 회사도 있다.

모바일 장치의 소유권과 해당 장치가 회사 자원에 액세스할 수 있는 권한에 대한 회사의 입장, 정책을 이해하는 것은 모바일 장치 감사의 핵심 요소 중 하나다. 가장 간단한 경우 회사는 모든 장치를 소유하며 직원이 개인적으로 사용하도록 허용하지 않는다. 일부 회사에서는 이와 같은 일부 장치를 관리할 수 있지만(예를 들어 운송회사에 배달 직원을 위한 특수 용도의 장치가 있을 수 있다) 모든 모바일 장치가 이 범주에 해당하는 경우는 거의 없다.

클라이언트 감사에서와 같이 몇 가지 정책을 미리 검토해야 한다. 회사 소유가 아닌 장치, 허용되는 용도에 관한 정책 외에도 회사 정책은 모바일 장치를 다뤄야 한다. 경우에 따라 클라이언트 보안정책이나 기타 문서와 병합될 수 있지만 많은 회사에서 이는 별도의 정책이다. 회사에서 개인 모바일 장치가 모바일 접근 게이트웨이를 통해 회사 데이터에 접속하게 허용하는 경우 직원의 프라이버시와 개인 데이터에 영향을 줄 수 있다. 이 때문에 모바일 장치에 대한 별도의 정책이나 심지어 동의 약정이 대개 필요하다.

몇 개의 일반적인 용어를 간단히 만든 후 일부 업계 용어를 정의해보자. 모바일 장치를 구성하고 보호하는 데 사용되는 제반 기술이 '모바일 장치 관리' 또는 MDM 이라는 용어로 등장했다. 모바일 애플리케이션이 성장함에 따라 기술 제공업체 는 많은 앱 관련 특성을 추가하고 모바일 애플리케이션 관리^{MAM} 필드를 개발했다. 몇 가지 약어를 추가한 후 업계의 다수는 좀 더 일반적인 '기업 이동성 관리^{EMM,} ᵉᵉⁿᵗᵉʳᵖʳⁱˢᵉ ᴹᵒᵇⁱˡⁱᵗʸ ᴹᵃⁿᵃᵍᵉᵐᵉⁿᵗ'를 중심으로 정착했다. EMM 기술이 기존 클라이언트 관리 시스템과 통합되기 시작하면서 또 다른 용어인 '통합 엔드포인트 관리^{UEM}'가 부상 하고 있다. 이 장의 목적상 대부분 EMM이란 용어를 사용할 것이다.

모바일 장치 감사를 위한 테스트 단계

1. 모바일 장치에 대한 회사 정책을 검토해 장치 소유권, 사용자 책임을 다루고 있는지 확인한다.

논의한 바와 같이 장치 소유권에 관한 정책을 수립하는 것은 클라이언트 시스템 을 처리하는 회사에서 핵심 단계의 하나다. 이는 모바일 장치에도 중요하다. 해당 조직이 이 문제를 고려했으며 최종 사용자에게 적절한 정보를 제공했는지 여부는 이 단계를 통해 확인된다.

방법

회사 소유의 모바일 장치 정책(있는 경우)의 부본과 개인 소유나 회사 소유가 아닌 장치의 사용과 관련된 정책의 부본을 입수한다. 정책은 모바일 장치 사용법과 개인 모바일 장치 취급법을 명확하게 정의해야 한다. 모바일 장치가 접근할 수 있는 자원, 장치에 대한 최소 표준이나 설정, 장치의 분실이나 도난 시에 직원과 회사가 어떻게 대응하는지, 직원에 대한 기대치 등이 모바일 장치 정책에서 설명돼야 한다. 회사에서 개인 소유 장치를 허용하는 경우 모바일 정책은 장치의 위치, 개인 앱, 사적 경비와 관련된 프라이버시 관련 문제도 다뤄야 한다.

프라이버시와 관련된 직원의 동의나 정책 문구가 회사의 법무팀이나 개인정보보호팀과의 연계하에서 개발됐는지 검증해야 한다. 이 감사는 개인 데이터보호를 둘러싼 다양한 규정과 관련된 프라이버시 평가를 다루진 않는다. 그렇지만 감사인으로서는 종종 이러한 종류의 검토 범위에 모바일 장치가 있음을 인식해야 한다.

또한 사용자 기대에 대한 회사의 정책을 검토해야 한다. 모바일 장치에 대한 기대에 대해서는 모바일 장치 정책이나 직원 동의에서 다뤄질 수 있지만, 특히 모바일 장치가 회사 소유인 경우 AUP도 관련성이 있다.

일부 조직의 경우 개인 모바일 장치가 회사 내부 자원에 접근할 수 없는 특수 외부 네트워크에 연결하는 것을 허용한다. 커피숍 네트워크와 개념상 유사한 이 외부 네트워크는 직원과 방문객 모두에게 편의성을 제공할 수 있다. AUP 목적의 관점에서 이러한 네트워크는 정책에서 별도로 언급하지 않는 한 회사 네트워크로 간주해야 한다.

2. 조직에 정책 목표와 회사 전략에 맞는 EMM 인프라가 있는지 확인한다.

기업 이동성 관리 시스템을 통해 조직은 장치 인벤토리를 추적하고 소프트웨어를 관리하며 보안정책 등을 적용할 수 있다. 이 단계는 EMM 시스템의 존재와 범위를 평가한다. 장치 관리가 제대로 이뤄지지 않으면 회사는 회사 자산과 데이터를 제대로 보호, 방어하지 못할 수 있다.

방법

모바일 장치 관리자와 EMM 시스템을 알아본다. 이 분야의 일반적인 상용 제품에는 AirWatch, MobileIron, Intune이 있다. 구글과 애플은 둘 다 안드로이드와 iOS를 구동시키는 장치와 EMM 시스템의 상호작용 방법을 면밀히 제어한다. 대부분의 EMM 솔루션의 기본 성능들은 매우 유사하다. 모든 솔루션은 최소한 다음과 같은 주요 기능을 용이하게 할 수 있어야 한다.

- 회사의 모바일 장치 목록에 대한 가시성을 제공한다.
- 장치 유형과 운영체제 버전에 대한 정보를 제공한다.
- 특정 애플리케이션을 차단하는 기능을 포함해 응용통제를 지원한다.
- 보안과 시스템 구성 정책을 장치 관리에 적용한다.
- 분실, 도난 또는 더 이상 필요하지 않은 경우 장치를 원격으로 무력화한다.

많은 EMM 시스템은 네트워크 구성이나 게이트웨이 장치를 통해 회사 자원에 대한 접근을 용이하게 해준다. 전형적인 구성의 경우 흔히 마이크로소프트 익스체인지 Exchange 프로토콜을 통해 EMM 관리하의 모바일 장치가 회사 이메일, 연락처, 일정 정보에 접근하는 것은 허용된다. 이러한 종류의 접근을 허용하는 같은 시스템들은 다른 온프레미스on-premises[5]나 클라우드 기반 애플리케이션, 서비스에 대한 접근도 허용할 것이다. 감사인은 회사의 모빌리티 팀과 함께 이들 시스템의 아키텍처, 구성을 검토해야 한다. 의도한 대로 장치 접근device access 관련 통제가 회사 데이터보호를 위해 작용 중인지 확인해야 한다. 이 장의 뒷부분에서 데이터보호 통제를 자세히 다룬다.

다른 회사 인프라와 마찬가지로 EMM 시스템 자체에 대한 접근 정책도 검토해 지정된 개인만 접근할 수 있게 해야 한다. 또한 이 기회를 통해 EMM 환경의 변경관리와 비즈니스 연속성 측면도 검토해야 한다. 끝으로 EMM 시스템, 게이트웨이, 모빌리티 환경의 기타 구성 요소는 최신의 지원 소프트웨어, 패치로 유지되고 있는지 확인한다. 모바일 장치 관리팀은 이러한 항목을 지원할 수 있어야 한다.

---

5. 온프레미스(On-premise)는 소프트웨어 등 솔루션을 서버 팜(sever farm)이나 클라우드와 같은 원격 환경(시설)이 아니라 개인이나 조직의 구내에 있는 컴퓨터(자체적으로 보유한 전산실 등) 서버에 직접 설치해 운영하는 방식이다(출처: 위키백과). - 옮긴이

3. 모바일 장치가 해당 장치에 액세스하려면 PIN이나 패스워드가 필요하게 구성돼 있는지 확인하고, 기타 PIN/패스워드 관련 설정을 검토한다.

모바일 장치에 대한 액세스가 보호되지 않으면 회사 데이터가 노출될 수 있다. 이는 권한 없는 자의 손에 장치가 들어간 경우다.

방법

14장의 3단계와 다음 단계 모두를 모바일 장치 관리자와 논의해 각 단계별 예상 행동 정보를 얻을 수 있다. 최소 패스워드 길이, 패스워드 변경 조건 등의 패스워드 요구사항, 얼굴 인식과 자동 지우기 기능 등의 대체 잠금 해제 방법 지원책을 알아본다. 그 내용은 회사의 위험 허용 범위에 따라 다를 수 있다. 매년 6개 문자로 구성된 패스워드 변경, 입력 시도 10회 실패 후에는 전화 자동 꺼짐, 얼굴 인증이나 지문 인증의 허용 등이 표준적인 실무에 포함된다.

감사인은 관리하에 있는 모바일 장치는 어느 것이든 사용해 정책 요구사항의 구현 여부를 검증할 수 있다. 먼저 관리 중인 장치를 실제로 해제하는 데 패스워드를 필요로 하는지 검증할 수 있다. 패스워드의 제거가 불가능한지 검증하고자 추가 설정들을 체크할 수 있다. iOS 장치의 경우 장치 모델에 따라 설정에 액세스한 다음, Face ID, 패스워드, Touch ID, 패스워드, 스크롤 다운^{Scroll down}, 패스워드 잠그기 ^{Turn off}를 한다. 회색으로 바뀌며 관리 장치의 경우 선택 불가능하게 된다. 대부분의 안드로이드 장치의 경우 설정 앱을 연 다음 장치, 화면 잠금, 화면 보안을 차례로 선택한다. 관리되는 장치의 경우 패턴이나 PIN 기반 잠금 해제를 포함한 다른 패스워드 방법을 제거하기 위한 옵션은 회색으로 표시돼야 한다.

안드로이드 기반 장치 모델마다 메뉴 옵션이 약간 다를 수 있다. 설정을 찾을 수 없다면 모빌리티 팀과 상의한다.

4. 장치의 암호화를 시행하는지 확인한다.

클라이언트 장치와 마찬가지로 암호화되지 않은 모바일 장치는 그 장치를 실제 소지한 사람에게 민감한 정보를 들어내 보일 수 있다.

방법

대부분의 EMM 솔루션은 장치 암호화 상태를 검증할 수 있다. 결과에 따라 장치에 대한 액세스를 허용하거나 거부한다. 모빌리티 관리자와 이에 대해 알아본다.

iOS 8의 출시 이후 애플은 아이폰[iPhone]과 아이패드[iPad]에 대한 장치 암호화를 디폴트로 포함시켰다. 유일한 전제 조건은 장치에 패스워드를 설정하는 것이다. Touch ID & Passcode 패널에서 장치의 상태를 검증할 수도 있다. 화면에 "데이터 보호가 활성화돼 있습니다." 표시가 나올 것인데, 이 경우 맨 아래로 스크롤한다.

안드로이드의 경우 Nougat 릴리스부터 암호화가 기본 설정이다. 그러나 일부 안드로이드 버전에서는 비활성화될 수 있다. 설정 앱을 열고 보안[Security]을 선택한다. 암호화 옵션은 장치의 암호화 여부를 나타낸다. 이진 버전의 안드로이드와 일부 성능이 낮은 모델은 데이터 암호화를 지원하지 않았다. 이러한 버전과 장치에 회사 데이터를 저장하면 안 된다.

5. 설정된 기간이 지난 후에는 장치가 자동으로 잠기는지 확인한다.

패스워드나 다른 인증이 없어도 누구나 무인 장치에 액세스할 수 있다. 화면 잠금 타이머는 데이터 도난이나 기타 악의적인 활동의 위험을 줄일 수 있다.

방법

관리되는 모바일 장치의 경우 모빌리티 팀과 논의해 EMM 정책 내에서 이 설정이 구성돼 있는지 확인한다.

iOS에서 이 설정을 검증하려면 Settings ▶ Display & Brightness panel 패널에서 **자동 잠금 설정**^{Auto-Locking setting}을 검토한다. EMM 관리자는 최대 허용 시간을 설정할 수 있으며 원하는 경우 더 짧은 시간을 선택할 수 있다. 네버 **옵션**^{Never option}을 적용할 수는 없다.

안드로이드에서 화면의 일시적 중단^{timeout}은 설정 하단에서 관리, 표시된다. 절전^{Sleep} 설정은 화면이 얼마나 오래 동안 켜진 상태로 유지되는지 나타낸다.

6. 모바일 장치를 최신 상태로 유지하기 위한 프로세스를 검토한다.

오래되거나 패치되지 않은 운영체제는 보안 취약점을 노출시킬 수 있다. 보안 취약점을 이용해 개인이나 회사의 민감한 데이터나 회사 이메일 계정에 대한 액세스가 가능하다. 이 단계에서는 모바일 장치의 보안 방침을 유지하기 위한 계획이 조직에 있는지 검증한다.

방법

iOS와 안드로이드에서는 정기적으로 취약점 정보를 발표하므로 애플과 구글은 종종 보안 업데이트판을 출시한다. 또한 두 회사는 일반적으로 매년 새로운 버전의 OS를 공개한다. 그러나 장치의 업그레이드 패치들은 상이하다.

애플 환경의 폐쇄성(애플은 모든 아이폰, 아이패드, 아이팟, iOS 운영체제를 만든다)은 어떤 버전의 하드웨어가 어떤 버전의 소프트웨어와 호환되는지 애플에서 결정함을 의미한다. 또한 새로운 iOS의 출시에 맞춰 호환 장치들은 재빨리 업데이트시킬 수 있다. 그러나 안드로이드의 경우 역사적으로 장치 제조업체와 통신 사업자의 요구에 따라 맞춤형 OS를 허용하므로 업그레이드와 패치를 배치하는 데 훨씬 오래 소요된다. 많은 경우 최신 전화나 태블릿 모델에서도 패치와 업그레이드를 실시하지 않는다. 보안팀과 다양한 운영체제의 위험에 대해 알아본다. 모빌리티 팀이 어느 특정 버전에만 회사 자원에 대한 연결을 허용하게 한 제한을 구현했는지 확인해야 한다.

애플은 이전에 출시된 iOS 버전용 패치는 만들지는 않았지만 몇 년 전의 장치에 대해 좀 더 최신 iOS 버전을 줄곧 지원해 왔다. 이를 통해 광범위한 애플 장치의 집합체가 동일한 최신 소프트웨어판을 실행할 수 있다. 따라서 애플 시스템을 갖춘 기업들은 대부분의 사용자에게 부정적인 영향을 미치지 않으면서 좀 더 많은 유연성을 갖고 허용 버전을 제한할 수 있다. 위험 회피형 조직의 경우 모범 실무는 현재 발매된 iOS 버전만 연결에 허용하면서 최신판으로 업그레이드할 수 있는 합리적 유예 기간을 직원에게 부여하는 것이다. 위험 허용 조직은 이전 iOS 버전에 연결을 허용해줄 수 있겠지만 이전 iOS판에 존재하는 특정 취약점과 위험을 검토할 프로세스를 갖추고 있어야 한다. 모빌리티 팀은 iOS 버전별로 관리되는 애플 장치 목록을 제공할 수 있어야 한다.

안드로이드 장치의 경우 실무는 회사별로 크게 다르다. 일부 조직에서는 최신 안드로이드 버전만 회사 리소스에 액세스하게 허용한다. 회사나 최종 사용자가 장치를 자주 업그레이드해야 할 수도 있다. 일부 안드로이드 장치 제조업체는 다른 장치보다 업데이트 출시에 대한 실적이 우수하기 때문에 일부 기업은 허용되는 장치 모델을 제한하는 접근방식을 취했다. 예를 들어 구글의 Pixel 모델들은 신속하게 업데이트할 수 있는 'clean' 버전의 안드로이드를 실행한다. 일부 조직에서는 이러한 모델들만 허용하게 선택할 수 있다. 모빌리티 팀은 OS 버전별로 관리되는 안드로이드 장치의 목록도 제공할 수 있어야 한다.

7. 장치를 분실, 도난, 교체한 경우나 직원이 퇴사한 경우에 장치를 지우거나 회수하는 프로세스를 검토한다.

장치가 분실, 도난, 교체돼도 여전히 민감한 데이터가 그 장치에 들어있을 수 있다. 회사는 장치의 안전한 폐기와 회사 데이터 제거를 위한 프로세스를 갖춰야 한다. 이러한 정보의 보호를 위한 다른 안전 장치가 마련돼 있더라도 그렇다.

방법

모바일 장치의 분실이나 도난에 관련된 단계를 알아본다. 장치를 분실한 사람은 당황하거나 장치 분실로 인한 징계 조치나 금전상의 처벌을 두려워할 수 있지만, 직원이 분실이나 도난 당한 장치를 해당 부서에 편한 마음으로 신고할 수 있어야 한다. 그러한 신고 내용이 물리적 보안팀, 정보보안팀, 모빌리티 팀으로 올라갈 수 있지만 조직에는 모빌리티 팀에 장치 유실을 통지하는 프로세스가 있어야 한다.

EMM 솔루션은 분실이나 도난 당한 장치에 대한 원격 지우기 기능을 지원한다. 전체 장치를 지우거나 단지 회사 데이터와 구성만을 제거할 수 있다. 대부분의 경우 장치를 분실하거나 도난 당한 경우 장치를 완전히 지우는 것이 좋다. 원격 지우기가 항상 성공적인 것은 아니지만 필수적인 단계다. 장치의 전원이 켜져 있고 반송파 신호 범위 내에 있거나 인터넷 가능 무선 네트워크에 연결된 경우 지우기^{wipe} 신호를 수신할 것이다.

회사는 직원의 고용 계약 종료를 처리하는 프로세스도 갖춰야 한다. 회사 소유 장치의 경우 직원의 종료 체크리스트에 장치 검색이 포함돼 있는지 확인한다. 직원 소유 장치의 경우 직원의 종료 프로세스에는 부분이나 전체 장치 지우기가 포함돼야 한다. 개인 데이터는 그대로 유지하면서 회사 데이터와 애플리케이션만 제거하는 것이 부분 삭제다. 이러한 프로세스는 자동화돼 다른 종료 단계와 연결되는 것이 이상적이다.

최근에 사직, 퇴직, 계약 종료된 직원 명단에 액세스할 수 있으면 이 명단에서 샘플링해 EMM 시스템에서 활성화된 장치 목록과 비교해볼 수 있다. HR 담당자 및 EMM 팀과 상의한다.

8. 장치상의 회사 데이터를 보호하기 위한 추가 옵션을 검토한다.

이 단계는 모바일 장치에 대한 추가 데이터보호 고려 사항을 전형적인 비즈니스 배치에서 다룬다.

방법

모바일 장치의 획기적 성능 개선과 비즈니스 환경에서 보급률 증가로 인해 구성 영역의 추가가 필요할 수 있다. 영역의 추가는 회사 정보를 보호하기 위한 적절한 통제의 설정에 관련된 것이다.

수년간 모바일 장치 액세스에 의한 이용 사례 중 가장 일반적인 것은 회사의 이메일, 일정, 연락처에 대한 액세스다. 과거에는 장치에서 마이크로소프트 익스체인지와 같은 사내^{on-premise} 이메일 시스템으로의 특별한 네트워크 액세스가 대개 필요했다. 그러나 클라우드 기반 이메일 시스템이 확장됨에 따라 많은 회사에서 더 이상 사내 이메일 시스템이 없다. 특히 회사에서 오피스^{Office} 365나 구글의 G-Suite와 같은 클라우드 시스템을 이용하는 경우 모바일 사용자를 위한 이메일 액세스 구성을 검토해야 한다. 직원의 고용 계약 해지 조항에는 클라우드 기반 이메일 시스템에 대한 모바일 액세스 해지도 포함돼야 한다.

많은 조직에서 업무용으로 하나 이상의 모바일 앱을 배포해 왔다. 경우에 따라 이들은 비용 관리기, HR 애플리케이션 등과 같은 시판 중인 상용 앱이거나 특정 비즈니스 기능이나 프로세스의 지원을 위해 사내에서 개발한 맞춤형 애플리케이션이다. 모바일 애플리케이션 중 어느 것이든지 업무용으로 사용되는 경우 감사인은 회사 데이터를 보호하는 방법을 논의해야 한다. 회사업무에 사용되는 모바일 애플리케이션은 EMM 시스템을 통해 관리하고 배포하는 것이 가장 좋은 실무다. 이를 통해 회사는 필요한 경우 애플리케이션과 해당 데이터에 대한 액세스를 취소하고 장치상에서 데이터로 수행할 수 있는 작업에 대한 통제를 설정할 수 있다.

모바일 장치는 민감한 회사 데이터에 액세스하거나 저장할 수 있다. 회사와 개인 데이터 간에 좀 더 효과적인 격리를 허용하고 더 많은 통제 옵션을 삽입하면서 애플과 구글은 점점 더 비즈니스 친화적인 능력을 운영체제에 추가해 왔다. 2018년 말 구글은 업무 관련 앱과 콘텐츠를 위한 별도의 애플리케이션 환경을 생성시키는 안드로이드용 업무 프로파일 특별판을 출시했다. 애플은 회사에서 지정한 웹 사이트에 VPN(가상 사설망) 연결을 추가하고 콘텐츠를 보호하기 위한 설정뿐 아니라 관리되지 않은 애플리케이션에서 회사 이메일 내용을 열지 못하게 하는 제한사항도 제공한다. 많은 옵션을 사용할 수 있다. 보안팀 및 모빌리티 팀과 논의해 모바일 장치상의 회사 데이터보호에 적절한 주의를 기울여 왔는지 확인한다.

추가 고려 사항

라이선스

모바일 애플리케이션은 기존 데스크톱 애플리케이션과 다른 라이선스 조건을 가질 수 있다. 많은 애플리케이션이 앱 스토어에서 무료로 제공되지만 라이선스 조건을 검토해보면 해당 애플리케이션이 비즈니스용으로 사용될 수 없음을 알 수 있다. 이는 소프트웨어 관리팀에게 도전꺼리다. 모바일 장치는 개인 소유일 가능성이 높기 때문에 혼합 사용 장치에는 비즈니스용이나 개인용 애플리케이션이 들어있을 수 있다. 회사업무에 개인용 애플리케이션을 사용하는 직원은 자신도 모르게 애플리케이션의 사용 조건을 위반할 수 있다. 이렇게 되면 회사는 벌과금 제재를 받을 위험에 놓인다.

직원 소유 장치상의 모바일 애플리케이션을 면밀히 관리하는 경우 프라이버시와 법적 측면에서 많은 문제가 발생할 여지가 있다. 회사 소유 장치상의 애플리케이션을 관리하는 것이 더 간단하다. 회사업무에 승인되지 않은 애플리케이션을 사용하는 위험에 대해 최종 사용자 교육훈련을 실시하는 것이 가장 좋은 실무다.

높은 수준의 보안 환경

이 장의 테스트와 지침은 일반적인 비즈니스 설정에 적용되며, 여기에 설명된 모든 통제수단이 모든 환경에 적용되는 것은 아니다. 그러나 위험 회피 조직, 규제 부담이 높은 조직, 보안 요구가 매우 높은 조직은 추가 통제수단의 배치를 고려해야 한다. CIS^Center for Internet Security는 안드로이드와 iOS 기반 장치 모두에 대한 강화 지침을 개발했다. 조직의 통제가 회사 위험을 완화하기에 충분하지 않다는 것을 발견한 경우 모바일 장치에 대한 CIS 지침의 검토를 고려한다. '지식 베이스' 절을 참고해 좀 더 자세한 정보를 입수할 수 있다.

웨어러블과 사물인터넷

이 장에서는 기존의 최종 사용자 기술에 중점을 뒀지만 컴퓨팅 성능에 대한 새로운 용도들이 지난 5년 동안 등장했다. 스마트 시계를 포함한 웨어러블^wearable 기술에는 데이터를 오프로드하거나 대화식 기능을 제공하고자 전화와 종종 결합된 시스템 유형이 포함된다. 이러한 장치 중 일부는 무선 네트워크에 연결할 수도 있다. 특히 시계는 인증에 사용될 수 있기 때문에 기업들로서는 흥미롭다. 예를 들어 애플의 Watch를 사용해 맥을 잠금 해제할 수 있다. 회사에서는 직원들이 작업장으로 가져오는 이러한 장치의 제반 성능을 알고 있어야 한다.

또한 사물인터넷^IoT6 공간에서 매달 수백 개의 새로운 장치가 출시되고 있다. 여기에는 온도 조절기, 스위치, 자동화 시스템 등과 같은 다양한 종류의 센서와 제어 시스템이 포함된다. 산업이나 시설 관련 상황에서 종종 사용되는 아마존의 Echo 시리즈와 같은 장치와 네트워크에 나타날 수 있는 다른 알랙사^Alexa 호환 장치도 있다. 많은 회사가 현재의 정책에서 이들 장치를 다루지 않고 있다. 그러나 이러한 관리되지 않는 시스템이 회사 네트워크에 있을 경우 발생할 수 있는 위험을 인식해야만 한다.

---

6. 사물인터넷(IoT, Internet of Things)은 정보통신기술을 기반으로 실세계(physical world)와 가상 세계(virtual world)의 다양한 사물들을 연결해 진보된 서비스를 제공하기 위한 서비스 기반 시설이다. 유비쿼터스 공간을 구현하기 위한 인프라 컴퓨팅 장치들이 환경과 사물에 심겨 환경이나 사물 자체가 지능화되는 것부터 사람과 사물, 사물과 사물 간에 지능 통신을 할 수 있는 사물 통신(M2M, Machine to Machine)의 개념을 인터넷으로 확장해 사물은 물론 현실과 가상 세계의 모든 정보와 상호작용하는 개념으로 진화했다. 사물인터넷(IoT)의 주요 기술로는 센싱 기술, 유무선 통신과 네트워크 인프라 기술, 사물인터넷 인터페이스 기술, 사물인터넷을 통한 서비스 기술 등이 있다(출처: TTA 정보통신 용어사전). - 옮긴이

도구와 기술

도구	웹 사이트
VMware AirWatch	www.air-watch.com
MobileIron	www.mobileiron.com
Microsoft Intune	www.microsoft.com/en-us/cloud-platform/microsoft-intune

지식 베이스

리소스	웹 사이트
Apple iOS Security Overview	www.apple.com/business/resources/docs/iOS_Security_Overview.pdf
Apple iOS Security Guide	www.apple.com/business/site/docs/iOS_Security_Guide.pdf
Android Security	https://source.android.com/security
Center for Internet Security	www.cisecurity.org
Department of Homeland Security study	www.dhs.gov (search for study on mobile device security)

종합 체크리스트

다음 표는 윈도우와 맥 클라이언트 및 안드로이드와 iOS 모바일 장치의 감사에 적용할 단계의 요약표다.

윈도우와 맥 클라이언트시스템 감사

	윈도우와 맥 클라이언트 시스템 감사용 체크리스트
	1. 클라이언트 장치에 관련된 회사 정책을 검토해 장치의 소유권, 사용자 책임을 다루고 있는지 확인한다.
	2. 조직에 정책 목표와 회사 전략에 맞는 장치 관리 인프라가 있는지 확인한다.
	3. 게스트 계정이 비활성화되고 디폴트 관리 계정이 비활성화되거나 이름이 바뀌었는지 확인한다.
	4. 중앙집중식 프로세스를 통해 사용자 계정을 제공하는지 확인하고 로컬 계정의 존재와 사용에 대한 정책을 검토한다.
	5. 클라이언트 시스템의 관리, 원격 지원에 관련된 프로세스를 검토하고, 관리자가 명명된 계정을 사용하는지 확인한다.
	6. 장치 백업 프로세스를 검토해 복원 프로세스를 적절히 테스트하는지 검토한다.
	7. 소프트웨어 라이선스 관련 프로세스를 검토하고 라이선스가 없는 소프트웨어에 액세스할 수 없는지 확인한다.
	8. 사용자 문제에 대응할 올바른 프로세스가 조직에 있는지 확인한다.
	9. 클라이언트 시스템에서 패스워드의 시용 기간, 길이, 복잡성, 내력, 잠금 정책과 같은 패스워드의 강도와 패스워드 통제기능의 사용을 검토, 평가한다.
	10. 회사 정책에 따라 최종 사용자 관리 권한을 설정, 유지하는지 확인한다.
	11. 시스템에 연결 시 법적인 경고 배너가 표시되는지 확인한다.
	12. 시스템이 회사 데이터를 보호하고자 디스크 전체 암호화(FDE) 유틸리티를 사용하는지 검증한다.
	13. 클라이언트가 한 업체에서 공급한 바이러스 방지 프로그램을 구동 중인지 확인한다.
	14. 클라이언트 방화벽이 활성화돼 있는지 검증하고 방화벽 관리 실무를 검토한다.
	15. 클라이언트 로깅의 필요 요건과 설정을 검토한다.
	16. 운영체제와 주요 애플리케이션의 패치 프로세스를 검토한다.
	17. 하나의 설정 구간 후에는 화면이 일시 자동 중단되고 재개하려면 패스워드를 입력해야 하는지 검증한다.
	18. 이동식 장치에 대한 자동 플레이와 자동 실행이 비활성화돼 있는지 확인한다.

모바일 장치 감사

모바일 장치 감사용 체크리스트
☐ 1. 모바일 장치에 대한 회사 정책을 검토해 장치 소유권, 사용자 책임을 다루고 있는지 확인한다.
☐ 2. 조직에 정책 목표와 회사 전략에 맞는 EMM 인프라가 있는지 확인한다.
☐ 3. 모바일 장치가 해당 장치에 액세스하려면 PIN이나 패스워드가 필요하게 구성돼 있는지 확인하고, 기타 PIN/패스워드 관련 설정을 검토한다.
☐ 4. 장치의 암호화를 시행하는지 확인한다.
☐ 5. 설정된 기간이 지난 후에는 장치가 자동으로 잠기는지 확인한다.
☐ 6. 모바일 장치를 최신 상태로 유지하기 위한 프로세스를 검토한다.
☐ 7. 장치를 분실, 도난, 교체한 경우나 직원이 퇴사한 경우에 장치를 지우거나 회수하는 프로세스를 검토한다.
☐ 8. 장치상의 회사 데이터를 보호하기 위한 추가 옵션을 검토한다.

애플리케이션

모든 애플리케이션^{application}은 재무 기능을 지원하든 운영 기능을 지원하든 간에 개별적인 특성 때문에 각기 고유한 통제 요건을 지니고 있다. 모든 애플리케이션에 적용할 수 있는 세부적 통제 요건을 문서화하기는 어렵다. 15장에서는 기능, 프로그래밍 언어, 기술 플랫폼에 관계없이 모든 애플리케이션에 적용할 수 있는 일반 통제 지침을 설명할 것이다.

15장에서 다루는 내용은 다음과 같다.

- 애플리케이션 감사의 기본 구성 요소
- 발생 가능성이 있는 문제를 프레임워크와 핵심 개념을 이용해 탐색하는 방법
- 다음은 애플리케이션 감사의 구체적 단계에 포함되는 것들이다.
    - 입력통제
    - 인터페이스 통제
    - 감사증적과 보안 모니터링
    - 계정관리
    - 권한관리
    - 소프트웨어 변경관리
    - 백업과 복구
    - 데이터 보존, 분류, 사용자 참여

배경지식

비즈니스 애플리케이션 시스템 또는 줄여서 애플리케이션이란 특정 업무 프로세스를 수행, 지원하는 데 활용되는 컴퓨터 시스템을 말한다. 회사에는 수십 개의 애플리케이션이 있을 수 있다. 애플리케이션을 이용해 매출채권, 구매, 제조, 고객, 연락처 관리 등과 같은 특정 업무 기능을 수행한다. 이러한 애플리케이션의 대부분은 인터페이스 기능을 제공한다. 인터페이스 기능을 통해 최종 사용자가 시스템과 상호작용하고 데이터를 시스템에 입력할 수 있다. 순전히 오프라인(일괄 처리) 처리로 이뤄진 애플리케이션도 간혹 있을 수는 있다.

이러한 '애플리케이션'들은 외부 공급업체에서 구입한 시스템(예를 들어 SAP ECC ERP Central Component 같은 ERP Enterprise Resource Planning 시스템을 이용해 핵심 재무 기능을 수행한다) 일 수 있다. 혹은 자체 개발한 시스템(즉, 회사 내에서 사용하고자 회사에서 특별히 개발한 애플리케이션)일 수도 있다. 애플리케이션의 크기는 모든 직원이 액세스하는 엔터프라이즈 시스템에서부터 직원 한 명이 액세스하는 소규모 클라이언트 애플리케이션에 이르기까지 다양하다. 분명 감사는 중요 업무처리를 지원하는 좀 더 큰 애플리케이션에 집중하는 경향이 있지만, 위험 순위를 매기고 감사대상을 결정할 때는 각 애플리케이션을 개별적으로 고려해야 한다.

지원하는 업무 프로세스, 애플리케이션을 개발하는 데 사용된 프로그래밍 언어와 애플리케이션이 체류해 있는 기술 플랫폼(예를 들어 데이터베이스관리시스템, 미들웨어와 운영)에 따라 각 애플리케이션의 통제는 각기 고유하고 미묘한 차이를 보인다. 가능한 모든 애플리케이션 변경에 대해 세부테스트 단계와 체크리스트를 제시하는 것은 비현실적이다. 15장에서는 거의 모든 애플리케이션에 공통적으로 관련되는 통제 개념의 지침을 다룬다. 이 지침은 감사대상 애플리케이션에 대한 세부적 테스트 단계^{test step}의 착상이나 아이디어 생성에 이용할 수 있다.

회사의 환경에 연결된 모든 신기술의 상단에 계속 머물러 있기는 어렵다. 감사인의 임무는 새롭거나 기존 애플리케이션을 빨리 탐색^{drill down}해 잠재적인 통제 취약점을 찾아내는 일이다. 그래서 큰 그림과 추상적인 프레임워크를 이용해 애플리케이션 검사법을 개념적으로 설명할 것이다. 또한 일반적인 통제 취약점을 대부분 해결하는 데 도움이 되는 종합 체크리스트도 제시한다.

 참고 9장은 웹 기반 애플리케이션 감사에 특유한 테스트 단계를 다뤘다. 이 장의 표준 애플리케이션 감사 테스트 단계와 함께 활용할 수 있다.

애플리케이션 감사의 기본 사항

시나리오가 완벽한 경우라면 완벽한 애플리케이션에 재빨리 적용할 수 있는 완벽한 감사 프로그램을 만들 수 있을 것이다. 한편 이 장의 테스트 단계들이 훌륭한 출발점이 될 수 있지만 신기술로 업무상의 문제를 해결하려면 새로운 아이디어, 접근방식이 필요한 경우가 실제로 많다. 이들 모두가 한 뭉치로 합쳐져 어떤 독특한 애플리케이션을 생성한다. 이에 대응하는 맞춤형 감사 프로그램이 필요하다.

질문해야 할 사항을 애써 찾다보면 도움이 될 몇 가지 일반적인 프레임워크와 모범 실무를 발견할 수 있다. 18장에 예시들이 수록돼 있다. 여기서 반복하기보다는 해당 장의 정보를 참조하는 것이 좋다.

애플리케이션 감사를 위한 테스트 단계

일반적으로 다음 단계들은 해당 애플리케이션의 특정한 통제에 관련된 것이다. 예를 들어 네트워크, 운영체제, 데이터베이스관리시스템 수준에서의 통제를 다루지는 않는다. 이 주제에 대한 테스트 단계를 알아보려면 이 책의 다른 장을 참고하면 된다. 회사 애플리케이션 감사 프로그램의 개발 시에 이 장의 앞부분에서 언급한 프레임워크와 개념도 고려한다.

참고 이 장의 감사단계들은 이미 개발하고 구현된 애플리케이션 감사의 관점에서 작성됐다. 개발 중인 애플리케이션을 감사하는 경우 17장을 참고해 추가 단계를 수행한다.

입력통제

1. 시스템에 내장된 데이터 입력통제를 검토, 평가한다.

데이터를 시스템 파일과 데이터베이스에 입력하기에 앞서 데이터의 무결성을 확인해야 한다. 가능한 한 온라인 거래[online transaction]는 미리 유효성 검증, 편집검증[1]을 거치게 해야 한다. 시스템에 유효하지 않은 데이터 오류가 있으면 값비싼 대가를 치를 수 있다. 데이터 입력과 이 데이터의 애플리케이션을 통한 처리에 앞서 데이터 입력 오류를 포착하는 것이 바람직하고 비용 측면에서도 훨씬 더 효과적이다. 그렇지 않으면 오류를 전혀 포착하지 못하거나 시스템이 중단된 후에만 포착할 것이다. 또는 시간이 소요되는 수동 조정 절차 후에 겨우 포착하는 수도 있다.

방법

입력 시 유효하지 않은 데이터는 거부되거나 편집 수정을 거치는지 검증한다. 다양한 데이터 요소의 목적, 사용 방식과 해당 시스템에서 지원하는 업무 기능을 이해해야 한다. 이를 위해서는 개발자뿐만 아니라 최종 사용자와도 논의해야 한다. 일단 시스템과 시스템 데이터의 목적을 이해하고 나면 애플리케이션과 관련된 다양한 데이터 무결성 위험을 신중히 생각할 수 있다. 경우에 따라 개발자의 도움을

---

1. 편집 루틴(editing routines) – 입력 데이터는 정확성, 합리성을 확보하고자 편집 과정을 거친다. 편집 루틴에는 다음과 같은 것이 있다. 1) 문자 타당성(character validity): 데이터 필드가 문자나 수치 데이터를 바르게 담고 있는지를 확인한다. 2) 한도 검사(limit tests): 미리 정해진 수량을 초과하는 데이터는 예외사항으로 표시해 값의 합리성 여부를 확인한다. 3) 순서 검사(sequence tests): 데이터가 어떤 일정한 순서로 배열돼 있는지를 확인한다. – 옮긴이

받을 수 있고 감사인이 지식이 풍부한 코더^{coder}인 경우 코드 검토가 적절할 수도 있다. 부실하게 작성돼 코멘트되거나 포맷된 코드는 종종 심층 검토를 요하는 경고 신호 표시다. 가능하면 프로덕션 환경을 반영하는 시스템의 시험판^{test version}에 액세스한 다음, 유효하지 않은 데이터를 입력해 시스템의 '중단'을 시도해본다. 해당 애플리케이션에서 이를 수용하는지 여부를 여기서 확인할 수 있다

다음의 몇 가지는 양호한 데이터 입력통제의 기본 예시다.

- 숫자만 포함하는 필드에는 영문 글자의 입력을 허용하지 않는다.
- 날짜 및 시간과 같은 것을 보고하는 데 사용되는 필드는 올바른 포맷(예, MMDDYY 또는 HHMM)으로 입력하거나 입력을 올바른 포맷으로 변환하도록 설정해야 한다.
- 해당되는 경우 입력 거래에 대해 '합리성' 검사와 '논리' 검사를 수행해야 한다. 예를 들어 하루 24시간 이상 또는 한 시간에 60분 이상의 작업 시간을 신고하지 못하게 제한할 수 있다. 또 다른 예는 해고됐거나 휴가 중인 직원의 시간, 비용 등은 입력하지 못하게 하는 것이다. 또는 항공권 대행사가 항공편에서 판매한 좌석 수와 노쇼^{no-shows} 횟수를 기록하는 거래를 생각해보자. 거래에서 대행사가 판매된 좌석보다 더 많은 노쇼를 나타내는 숫자 입력이 허용되면 안 된다.
- 필드에 한정된 수의 유효 항목이 있는 경우 유효하지 않은 항목의 입력을 허용하면 안 된다. 다시 말해 입력 화면은 원가 센터, 계정 번호, 제품 코드, 직원 번호 등과 같은 것들을 적절한 데이터베이스나 파일과 대조해 유효성을 검증해야 한다.
- 고유 데이터에 중복 항목을 허용하면 안 된다. 예를 들어 코드가 이미 데이터베이스에 존재한다면 해당 거래는 제품 데이터베이스에 어떤 제품 코드의 추가를 허용하면 안 된다.
- 각 입력 화면에는 일반적으로 거래를 정확하게 처리하는 데 필요한 특정 필드가 있다. 각 필드에 유효한 데이터가 입력될 때까지 거래의 실행을 허

용하면 안 된다.

- 해당되는 경우 입력 거래에 대한 '계산' 점검을 해야 한다. 예를 들어 시스템은 거래의 처리에 앞서 분개 기입 대변과 차변의 합계가 일치해야 한다. 일주일 동안의 청구 시간 합계가 최소 40이 돼야 하는 노무 입력 시스템의 예도 있다.
- 프로그래밍된 차단 통제^{cutoff controls}를 설정해 사용자가 틀린 기간에 거래 기록을 하지 못하게 해야 한다. 예를 들어 화면은 사용자에게 이전 회계 기간에 속한 거래를 기록할 수 있도록 허용하면 안 된다.
- 자신의 개인 데이터 업데이트를 사용자에게 허용하지 않는 시스템도 있다. 예를 들어 접근 수준에 관계없이 사용자에게 자신의 급여나 휴가 발생률을 변경하도록 허용하면 된다.
- (*, =, or, select와 같은) 데이터베이스 문구를 유효한 입력으로 허용하면 안 된다. 데이터베이스에서 정보를 검색하거나 불통시키는 데 이런 문구를 이용할 수 있기 때문이다.

2. 데이터 무결성과 관련된 오류/예외 보고의 필요성을 확인하고 이 필요성의 충족 여부를 평가한다.

시스템에 입력된 데이터에 대해 선행 유효성 검사를 입력통제로 수행할 수 없거나 실용적이지 않은 때가 있다. 이 경우 잠재적인 데이터 무결성 문제의 검토, 수정은 오류보고서나 예외 보고서를 통해 가능하다. 예를 들어 직원이 노무 시스템에 일주일 동안 80시간의 초과 근무 데이터를 입력하는 것이 본질적인 잘못은 아닐 수 있다. 보고서는 이러한 종류의 비정상적인 사례를 포착해 해당 관리자들이 검토할 수 있게 해야 한다.

방법

개발자나 관리자와 애플리케이션의 오류 및 예외사항의 처리를 알아본다. 1단계의 분석 결과를 기반으로 추가적인 데이터 무결성 검사('하드' 선행 입력 요구사항으로는 수행하지 않았을 수 있는)에 대한 기회를 찾아본다. 여기서도 최종 사용자와의 토론이 매우 유용할 수 있다. 이례적인 것과 오류를 파악하는 데 어떤 종류의 보고가 도움이 되는지 물어본다. 존재하는 모든 오류와 예외사항 보고서에 대해서는 정기적으로 적절하게 검토, 처리한다는 증거를 찾아본다.

인터페이스 통제

3. 인터페이스 시스템에 관련된 데이터 피드 통제를 검토, 평가한다.

애플리케이션이 다른 애플리케이션과 데이터를 주고받을 때 데이터의 완벽하고 정확한 전송을 보장하는 통제가 필요하다. 그렇지 않으면 오류가 발생하고 시스템이 중단될 수 있다.

방법

시스템으로 들어오고 나가는 데이터를 포함해 감사 중인 시스템에 어떤 인터페이스가 있는지 확인한다. 이러한 인터페이스는 묶음별 처리를 통한 데이터 파일의 주기적 전송이나 실시간 데이터 전송 형태일 수 있다. 시스템 흐름의 다이어그램을 검토하고 시스템 코드를 검토하고 애플리케이션 개발자나 관리자와 인터뷰해 이 정보를 입수한다. 일단 존재하는 인터페이스에 대해 어떤 느낌을 갖고 있다면 코드 검토와 애플리케이션 개발자나 관리자와의 인터뷰를 통해 해당 인터페이스와 관련된 통제를 확인한다. 다음 단락에서 설명한 것과 같은 기본통제들을 볼 수 있을 것이다.

해당 시스템은 인터페이스 전송으로부터 통제합계수치^{controls totals}를 생성, 사용해야 한다. 이는 전송이 정확하게 완료됐는지 확인하기 위한 것이다. 문제가 발견되면 적절한 사람들에게 문제를 알리는 보고서를 발행해야 한다. 적용할 수 있는 통제합계의 예로, 해시합계$^{hash\ totals}$(전송되는 파일의 모든 계정 번호나 직원 번호를 합산하는 것과 같이 고유한 의미가 없는 총계)나 레코드 개수$^{record\ counts}$와 총액$^{total\ amounts}$(내재적 의미를 갖는 총계, 전송된 파일에 입력된 총 판매액이나 급여의 합산하는 등)을 들 수 있다.

예를 들어 전송에 앞서 전송 시스템은 전송 중인 모든 레코드의 개수를 생성할 수 있다. 전송 후 수신 시스템은 수신된 모든 레코드의 수를 생성할 수 있다. 그러면 이 두 숫자의 비교가 가능하게 된다. 일치하지 않으면 일부 레코드가 정확하게 수신되지 않았음을 나타내는 오류보고서를 생성한다. 레코드를 순차적으로 전송하는 경우 다른 유형의 통제합계수치가 누락된 레코드 개수를 표시할 수 있을 것이다. 이러한 모든 방법은 전송 시스템을 통해 데이터가 올바르게 수신되지 않은 경우를 탐지하기 위한 것이다. 이러한 통제가 존재하는 경우 해당 오류보고서를 정기적으로 검토, 조치를 취하는지 증거를 검토한다.

시스템은 성공적으로 전송되지 못한 항목들을 보고서나 프로세스에 의해 처리해야 한다. 즉, 이러한 항목을 서스펜스 파일에 넣은 후 서스펜스 파일에 포함된 모든 항목의 보고서를 생성하는 등 보고서나 프로세스에 의해 신속하고 적절하게 항목을 해결해야 한다. 이러한 서스펜스 파일과 오류보고서를 검토, 조치 중인지 검증한다.

인터페이스 소스나 대상 정보를 담은 데이터 파일이 무단 수정되지 않도록 보호해야 한다. 필요한 경우 이는 적절한 인증 통제, 권한부여 통제나 암호화를 의미할 수 있다. 적용할 수 있는 파일의 파일 보안을 검토한다.

통제합계를 이용해 데이터 전송의 정확성을 검증하는 것이 불가능한 경우 조정 보고서를 생성해야 한다. 이를 이용해 사용자는 한 시스템에 있던 것과 다른 시스템에 수신된 것을 비교할 수 있다. 해당되는 경우 조정 보고서를 정기적으로 검토해 필요한 조치를 하는지 증거를 검토한다.

해당되는 경우 이 체크리스트의 '입력통제' 절의 설명대로 데이터 유효성과 편집 검증은 외부 시스템에서 수신한 데이터를 대상으로 수행해야 한다. 오류/예외 보고서를 생성해 정기적으로 검토해야만 데이터 무결성 문제를 바로잡을 수 있다.

4. 동일한 데이터가 여러 데이터베이스나 시스템에서 유지되는 경우 주기적 동기화 프로세스를 실행해 데이터의 불일치를 탐지하는지 확인한다.

동일한 데이터를 여러 곳에 저장하면 동기화되지 않은 상태가 돼 시스템 오류가 발생할 수 있다. 또한 부정확한 데이터를 사용해 잘못된 결론에 도달할 수 있으므로 경영의사결정에 부정적인 영향을 줄 수 있다.

방법

애플리케이션 개발자나 애플리케이션 관리자의 도움을 받아 이러한 종류의 통제가 적용 가능한 위치를 확인하고 존재와 효과성을 검토한다. 이상적으로는 하나의 데이터베이스나 데이터 파일을 각 데이터 요소의 '마스터'로 지정해야 한다. 그러면 다른 시스템은 별도의 데이터 부본을 유지하는 대신 마스터 위치를 참조할 것이다. 데이터의 여러 부본이 유지되더라도 마스터 부본을 표시하는 위치를 지정해 동기화되지 않은 상황에서 시스템이 '누가 1위인지'를 쉽게 판별할 수 있고, 또한 자동으로 교정할 수 있게 해야 한다.

감사증적과 보안 모니터링

5. 시스템 내에 존재하는 감사증적과 해당 감사증적에 대한 통제를 검토, 평가한다.

감사증적(또는 감사 로그)[2]은 애플리케이션의 침해 가능성을 추적하고 문제를 해결하는 데 유용하다.

---

2. 감사증적(audit trail) - 거래(transaction)의 발생 원천(원시 서류)에서부터 중요 처리 단계를 거쳐 계정의 요약 수치에 도달한 데까지 거래의 모습을 기록한 것이다. 이를 거래증적(transaction trail) 혹은 관리증적(management trail)이라고도 한다. 효율적인 감사증적이 확보돼 있으면 시스템의 통제와 감사업무가 훨씬 용이하게 된다. 또한 감사증적이 있으면 전 과정(입력, 처리, 출력)을 역진적으로 혹은 전진적으로 추적할 수 있게 된다. – 옮긴이

방법

개발자나 관리자와 함께 애플리케이션을 검토해 핵심 데이터 요소의 변경 시점과 핵심 활동의 수행 시점에 정보를 캡처하는지 확인한다. 대개 이 정보는 수행된 활동, 데이터의 원래 값과 변경된 값(데이터 변경 시), 활동을 수행한 사람과 수행 시기를 포함해야 한다. 이 정보는 보안 로그^{secured log} 상태로 유지해야만 무단 업데이트를 방지할 수 있다. 오류나 부적절한 활동에 대한 조사지원을 하려면 3개월이나 6개월 같은 합리적인 기간 동안 로그를 보관해야 한다.

6. 시스템에 의해 활성화되는 제반 프로세스의 처음부터 끝까지 해당 시스템이 트랜잭션이나 데이터 조각의 추적 수단을 제공하는지 확인한다.

트랜잭션이 완전히 처리됐는지 검증하고 해당 데이터 처리 시 오류나 불규칙성의 위치를 정확히 찾아내려면 추적 수단이 중요하다.

방법

개발자나 관리자와 함께 해당 애플리케이션을 검토해 이러한 능력을 갖추고 있는지 여부를 평가한다. 최근의 트랜잭션 샘플을 식별한 다음 시스템의 다양한 처리 단계를 통해 추적을 시도한다.

7. 시스템의 보안 상태를 모니터링, 유지하기 위한 프로세스를 검토, 평가한다.

보안의 모니터링과 유지를 위한 프로세스가 존재하지 않으면 보안 허점이 존재할 수 있으며, 또한 아무도 모르는 사이에 보안사고가 발생할 수 있다.

방법

애플리케이션 관리자와 인터뷰하고 관련 문서를 검토해 애플리케이션의 보안 실무를 이해한다. 예를 들어 이에는 일상적인 스캔과 알려진 취약점이나 경고 신호 (5단계에서 다룬 것처럼 시스템 내에 보관 중인 감사 로그에서 전송된 경고 신호)에 대한 수정 조치가 포함되며, 애플리케이션 내에서 주요 활동이 수행된 시점에 대한 조사도 포함될 수 있다. 어떤 수준의 모니터링이 중요하지만 필요한 모니터링 수준은 시스템의 중요도 및 환경의 고유위험과 부합해야 한다.

보안 모니터링이 수행되는 경우 모니터링 빈도와 수행 품질을 평가한다. 최근 결과를 검토하고, 예외사항들을 조사, 해결했는지 확인한다.

감사 중인 애플리케이션에 해당되는 경우 보안 패치의 제공 시기에 대한 식별과 이용가능한 패치의 적용, 평가를 위한 정책, 절차가 마련돼 있는지 검증한다. 정책에 따라 승인된 모든 패치가 설치돼 있는지 확인한다.

계정관리

8. 애플리케이션이 최소한 각 사용자의 고유 ID와 패스워드를 기반으로 사용자를 인증하는 메커니즘을 제공하는지 확인한다.

사용자 인증을 하지 못하거나 빈약한 인증 체계는 시스템에 접근할 수 있는 열린 기회를 호기심 어린 사용자와 악의적인 공격자에게 제공한다.

방법

개발자나 관리자와 함께 애플리케이션을 검토하고 애플리케이션상의 데이터 유형에 맞는 적절한 인증 수단이 있는지 검증한다. 예를 들어 민감한 애플리케이션이나 인터넷에서 애플리케이션에 접근하는 최종 사용자에 대해 사용자를 인증하려면 경우에 따라 이중 인증이 필요할 수 있다.

9. 애플리케이션의 권한부여 메커니즘을 검토, 평가해서 시스템의 보안 메커니즘에 의해 사전에 권한을 부여받지 못한 사용자는 민감한 거래나 데이터에 접근할 수 없는지 확인한다.

시스템의 보안 메커니즘은 애플리케이션 데이터, 거래에 대한 특정 수준의 접근권한을 각 시스템 사용자에게 부여할 수 있어야 한다. 사용자 요구에 따라 세분화된 접근권한을 제공할 수 없으면 사용자에게 불필요한 접근 수준이 부여될 수 있다.

방법

업무수행에 필요한 시스템 접근권한만 직원에게 부여해야 한다. 개발자나 관리자와 함께 애플리케이션을 검토해 애플리케이션에서 이 기능을 검증한다. 즉, 어떤 트랜잭션, 데이터 세트나 파일에 시스템 사용자가 접근할 수 있는지를 명시할 수 있어야 한다. 일반적으로 애플리케이션 자원에 대해 어떤 접근 수준(예를 들어 디스플레이, 업데이트, 삭제)을 사용자가 받을 것인지 명시하는 것도 가능해야 한다.

10. 시스템의 보안/권한부여 메커니즘에 적절한 통제와 기능성을 갖춘 관리자 기능이 있는지 확인한다.

사용자, 데이터, 프로세스를 관리하는 데 도움이 되는 관리자 사용자^{administer user} 기능이 있어야 한다. 이 계정이나 기능성은 다른 사용자에 대한 서비스의 손상과 중단을 방지하고자 애플리케이션에서 엄격하게 제어돼야 한다.

방법

개발자나 애플리케이션 관리자와 함께 관리자 기능의 사용을 평가한다. 이 기능의 사용자는 애플리케이션 시스템과 해당 자원에 대한 사용자 접근을 추가, 삭제하거나 수정할 수 있어야 한다. 보안 메커니즘은 이 관리자 기능에 접근할 수 있는 사람을 제어할 수 있는 능력도 제공해야 한다. 관리자 접근 수준이 부여된 모든 직원의 목록을 확보하고 각 직원의 적합성을 검토한다. 또한 시스템의 보안 메커니즘이 시스템의 보안관리자에게 누가 시스템에 대한 접근권한이 있는지와 그가 어떤 접근 수준을 갖고 있는지 볼 수 있는 능력을 제공하는지 확인한다.

11. 보안 메커니즘이 적용 가능한 승인 프로세스를 활성화하는지 여부를 확인한다.

애플리케이션의 보안 메커니즘은 누가 어떤 승인 프로세스를 수행할 수 있는지에 대한 세분화된 통제를 지원해야 하고, 공식적으로 승인된 데이터가 하위 기관에 의해 수정되지 않게 잠금 장치를 해야 한다. 그렇지 않으면 하위 권한의 사용자나 악의적인 사용자가 시스템의 데이터를 수정하거나 손상시킬 수 있다.

방법

개발자나 애플리케이션 관리자와 함께 적절한 통제기능이 있는지 검증한다. 예를 들어 분개 기입 사항을 총계정 원장으로 전기하기 전에 어떤 자가 분개를 승인해야 한다면 시스템의 보안 메커니즘은 이 승인권자를 정의하는 수단을 갖추고 있어야 한다. 추가 수정을 방지하려면 승인 프로세스를 거친 모든 데이터를 잠금 상태로 둬야 한다.

시스템 사용자와의 인터뷰는 이러한 종류의 능력이 필요한지 판단할 때 도움이 되는 좋은 방법이다. 감사인은 검토 중인 애플리케이션의 기술적 측면뿐만 아니라 해당 업무의 목적을 이해하는 것이 중요하다.

12. 사용자에게 접근권한을 부여하는 프로세스를 검토, 평가한다. 업무상 정당한 필요가 있는 경우에만 접근권한이 부여되는지 확인한다.

의도된 범위를 벗어난 영역에 대한 사용자의 무단접근을 방지하려면 애플리케이션 관리자가 사용자에게 접근권한을 부여하고 관리해야 한다. 애플리케이션에는 적절한 통제기능이 설정돼 있어야 한다. 관리자는 소정의 프로세스를 설정해 사용자로 하여금 자신의 역할에 필요한 것보다 더 많은 접근권한을 갖지 못하게 해야 한다. 이 단계는 최소권한접근least-privileged access 개념을 표현한 좋은 예다.

방법

해당 애플리케이션에 대한 접근을 요청하고 승인하는 프로세스를 검토한다. 이러한 프로세스가 문서화돼 있고 애플리케이션 접근권한을 사용자에게 부여하기 전에 그 분야에 밝은 관리자의 승인을 필요로 하는지 확인한다. 사용자 샘플을 추출해 사용자 접근 승인의 적절성을 확인한다. 권한부여authorization 메커니즘이 제대로 작동하는지 검증한다.

13. 사용자 접근이 더 이상 필요하지 않은 경우 이의 제거 프로세스를 검토한다. 직원의 퇴사나 회사 내 직무 변경 시 사용자 접근을 일시 중지시키는 메커니즘이나 프로세스가 있는지 확인한다.

권한부여 해제 프로세스가 잘못되면 접근이나 권한을 해제해야 할 시간 경과 후에도 한참 동안 사용자는 회사 애플리케이션에 부적절한 접속 상태로 머물러 있을 수 있다.

방법

개발자나 애플리케이션 관리자와 함께 적절한 권한부여 해제 프로세스가 있는지 검증한다. 사용자 접근 목록을 주기적으로 검토하고 접근이 여전히 적합한가를 실증하기 위한 관리자의 프로세스가 있는가? 감사인은 이에 대해 검토한다. 또한 애플리케이션과 애플리케이션 주위의 제반 절차를 모두 고찰해 기재된 대로 준수하고 있으며, 준수할 수 있는지 확인한다. 수동 개입을 필요로 하는 프로세스보다 퇴사나 직무 변경 시 계정의 자동 정지가 바람직하다.

일정 기간 동안 사용됐던 애플리케이션에 대해서는 시스템 사용자 샘플을 선택해 해당 접근이 여전히 적합한지 검증한다. 또는 가능하면 직무를 변경했거나 퇴사한 시스템 사용자 샘플을 추출해 접근권한이 제거됐는지 확인한다.

14. 애플리케이션이 적절한 패스워드 통제기능을 갖추고 있는지 검증한다. 또한 디폴트 애플리케이션 계정 패스워드가 변경됐는지 확인한다.

패스워드 통제의 적합성은 애플리케이션 내에서 사용되는 데이터의 민감도에 따라 다르다. 패스워드가 너무 취약하면 애플리케이션을 손상시키기 쉽고 패스워드가 너무 강하면 시스템 사용 시 불필요한 부대비용을 발생시킬 수 있다.

많은 애플리케이션, 특히 구매한 애플리케이션에는 디폴트 계정이 잘 알려진 디폴트 패스워드와 함께 있다. 이러한 많은 디폴트 계정이 시스템 관리에 사용되므로 높은 권한을 갖는다. 이러한 디폴트 패스워드를 바꾸지 않을 경우 권한이 없는 사용자가 애플리케이션에 쉽게 접근할 수 있다.

방법

회사 정책을 검토하고 개발자나 애플리케이션 관리자의 도움을 받아 패스워드 통제를 검증한다. 예를 들어 신용카드 데이터를 저장하는 애플리케이션에는 3자리 PIN이 적합하지 않을 수 있으며, 20자 패스워드는 음성 메일에 접근하려는 사람에게 아마도 지나치게 편집증적일 수 있다. 회사 정책에 따라 주기적으로 패스워드를 변경해야 하는 경우(예를 들어 90일 간격으로) 보안 메커니즘에 의거해 사용자는 해당 정책에 따라 패스워드를 변경해야 하는지 확인한다. 적절하다면 보안 메커니즘은 길이 및 필수 문자와 같은 패스워드 구성 표준도 시행해야 한다. 또한 보안 메커니즘은 일정한 횟수의 연속 로그인 시도에 실패한 사용자 계정을 일시 중단시켜야 한다. 애플리케이션이나 필요한 다른 형식의 인증과 데이터의 민감도에 따라 일반적으로 횟수는 3회에서 25회 정도까지 가능하다.

개발자나 애플리케이션 관리자의 도움과 시스템 문서의 검토, 인터넷 조사를 통해 디폴트 계정과 패스워드가 있는지 확인한다. 있다면 변경사항이 있는지 확인하는 가장 쉬운 방법 중 하나는 디폴트 계정과 패스워드를 이용해 로그온을 시도해보는 것이다. 하지만 애플리케이션 관리자에게 그렇게 해보도록 요청하는 것이 더욱 좋다. 다른 사람의 계정을 이용한 로그인 시도는 회사 정책에 위배될 수도 있기 때문이다.

15. 일정 시간 동안 비활동 상태인 사용자는 애플리케이션에서 자동으로 로그오프 되는지 확인한다.

정당한 사용자가 로그오프하지 않은 상태에서 해당 워크스테이션을 떠난 경우 애플리케이션은 여전히 활성화돼 있을 것이다. 타임아웃 통제가 없으면 권한이 없는 사용자가 로그인된 상태의 어떤 워크스테이션에 접속해 애플리케이션에 접근할 수 있다.

방법

개발자나 관리자와 함께 애플리케이션을 검토해 이러한 기능의 존재 여부를 평가한다.

사용 권한관리

16. 애플리케이션 데이터보호를 위한 암호화 기법의 사용을 평가한다.

대개 암호화의 필요성은 정책, 규정, 네트워크 민감도, 애플리케이션 데이터의 민감도에 의해 결정된다. 가능한 한 네트워크를 통해 패스워드와 기타 기밀 데이터를 전송하는 경우 암호화 기법을 사용해야 한다. 암호화를 하면 네트워크상의 다른 사람들이 이 정보를 '스니핑', 캡처할 수 없게 된다. 패스워드와 같은 민감 데이터의 경우 데이터가 휴면(저장소에 있는) 상태에 있을 때도 암호화를 고려해야 한다.

회사 울타리 밖에 저장하는 데이터의 경우 암호화는 특히 중요하다.

방법

필요시 암호화가 돼 있는지 평가하고자 개발자나 관리자와 함께 해당 애플리케이션을 검토한다.

17. 프로덕션 데이터를 변경시키는 애플리케이션 개발자의 접근을 평가한다.

일반적으로 시스템 개발자에게 프로덕션 데이터를 변경시킬 접근권한이 부여되면 안 된다. 적절한 업무분장을 위해 이렇게 한다. 데이터 입력과 변경은 일반적으로 업무상의 사용자가 수행해야 한다.

방법

이를 개발자나 관리자와 논의하고 개발자와 업무상 사용자 간의 업무분장을 평가한다.

소프트웨어 변경통제

숙련된 소프트웨어 개발팀에서는 소프트웨어 변경관리SCM, Software Change Management를 이용한다. 일반적으로 SCM은 작성된 코드의 품질을 개선하고 문제를 줄이며 유지보수를 좀 더 쉽게 해준다.

18. 구현 후의 애플리케이션 소프트웨어가 표준 체크아웃/스테이징/테스트/승인 프로세스를 거치지 않고 변경될 수 없는지 확인한다.

개발자는 프로덕션 코드를 직접 업데이트할 수 없어야 한다. 프로덕션 코드는 회사의 애플리케이션이며 엄격하게 제어해야 한다. 코드의 모든 변경사항을 철저히 검토하고 테스트할 수 있게 업무분장이 이뤄져야 한다. 이러한 견제와 균형이 없으면 테스트되지 않았거나 의도하지 않은 프로덕션(가동 중인) 애플리케이션의 변경으로 시스템의 무결성과 가용성이 심각하게 손상될 수 있다. 소프트웨어 변경통제의 부재 상태에서 애플리케이션에 오류가 발생하면 문제의 원인을 추적하기가 어렵거나 불가능할 수 있다.

방법

개발자나 애플리케이션 관리자와 함께 이 능력을 평가한다. 해당 코드의 업데이트를 위해 접근하는 사람과 프로덕션 코드의 위치를 확인한다. 코드 접근^{access to the code} 관리 방식에 대한 세립형 통제^{granular control}를 제공하는 일종의 사서^{librarian} 메커니즘이 해당 코드를 제어하는 것이 바람직하다.

적절한 소프트웨어 변경통제를 위해서는 어떤 개발 환경에 들어갈 해당 코드를 먼저 체크아웃^{check out}한 다음, 테스트나 스테이징 환경으로 체크인하고, 그런 다음에만 프로덕션 환경으로 다시 체크인한다. 변경통제가 여기에 해당되는지 확인한다.

또한 코드를 프로덕션 단계로 이행시키기에 앞서 소프트웨어 변경 메커니즘은 서명^{sign-off}을 필요로 하는지 확인한다. 해당 시스템의 요구에 따라 코드를 개발하거나 수정한 사람 이외의 사람이 서명을 해야 한다. 또한 소프트웨어 변경 메커니즘은 권한이 부여된 특정 사람이 해당 시스템 프로그램상에서 서명하게 허용해야 한다. 권한을 부여받은 사람을 검토해 그 권한이 최소 수준에서 유지되는지 확인한다.

그러나 프로덕션 단계로 이행하기 전에 코드에 대한 서명을 거친 후 코드의 수정을 방지하기 위한 통제기능이 설정돼 있는지 평가한다. 그러한 통제기능이 없으면 개발자는 승인 프로세스를 우회할 수 있다.

이러한 통제가 정책이나 절차에 문서화돼 있으며 개발자에게 전달되는지 확인한

다. 최근의 소프트웨어 변경 샘플을 추출해 모든 통제가 설계대로 구현되고 작동
하는지 실증한다.

19. 코드의 체크아웃 및 버전 관리와 관련된 통제를 평가한다.

코드 체크아웃과 버전 관리versioning에 관련된 강력한 소프트웨어 통제는 설명책임
을 규정하고 코드의 무결성을 보호해준다. 또한 유지보수와 신뢰성을 향상시키
는 것으로 나타났다.

방법

소프트웨어 변경 메커니즘에 의거해 개발자는 수정하려는 코드를 체크아웃해야
하는지를 개발자와 함께 검증한다. 코드가 여전히 체크아웃된 상태지만 다른 개
발자가 동일한 코드를 수정하려는 경우 그렇게 하지 못하게 저지해야 한다. 또는
두 번째 개발자에게 충돌에 대한 경고를 표시하지만 체크아웃의 수행은 허용할
수 있다. 이 경우 중복 체크아웃 알림이 원래의 개발자에게 자동으로 전송되게 해
야 한다.

필요한 경우 과거 버전의 코드를 검색할 수 있게 소프트웨어 변경 메커니즘이 소
프트웨어에 '버전 정보'를 부여하는지 확인한다. 이를 통해 문제가 발생했을 때 변
경을 쉽게 철회할 수 있다.

20. 애플리케이션 코드를 프로덕션 환경에 배치하기 전에 해당 코드의 테스트에 관
련된 통제를 평가한다.

실제 데이터가 처리되는 프로덕션 환경에서 제대로 테스트되지 않은 코드는 심각
한 성능이나 취약점 문제를 야기할 수 있다.

방법

소프트웨어 변경 프로세스는 테스트(보안 테스트 포함), 코드 추적 조사, 소프트웨어 개발 지침(보안 코딩 지침 포함) 준수에 관한 증거를 요구하는지 여부를 확인한다. 이런 사항들은 승인자가 코드에 서명하기 전에 일어나야 한다. 소프트웨어 개발이나 수정에 대한 테스트는 테스트 데이터를 사용해 프로덕션 환경을 반영mirror하는 테스트 환경에서 수행해야 한다. 이러한 요구사항이 충족되고 문서화돼 있는지 확인한다. 최근 소프트웨어 변경 샘플을 가져와 이러한 프로세스가 수행됐다는 증거를 찾아본다.

21. 일괄 처리 일정에 관한 통제를 평가한다.

많은 애플리케이션이 일괄 처리(오프라인) 모드에서 프로그램(종종 '작업')을 실행한다. 예를 들어 매출채권 계정 애플리케이션에는 매일 밤 가동 예약 작업이 있을 수 있으며, 이 애플리케이션은 송장 자료를 받아 자동으로 대금지급을 청구할 것이다. 이러한 기능은 종종 순차적으로 가동 예약된 일련의 작업을 통해 수행된다. 이러한 작업일정과 모니터링을 적절히 통제하지 않으면 처리가 부정확하거나 처리를 하지 못할 수 있다.

방법

애플리케이션 개발자나 관리자와 협력해 어떤 종류의 일괄 처리가 발생하는지 파악한다. 또한 적용 가능한 통제를 검토한다. 다음은 일반적인 통제의 예다.

- 일괄 처리 일정batch scheduling 도구가 선행 작업/후속 작업 관계를 수립할 수 있고, 이 능력이 필요한 곳에 사용되는지 확인한다. 선행 작업/후속 작업 관계를 통해 일련의 작업을 설정할 수 있다. 여기서 미리 정해진 다른 작업이 성공적으로 완료될 때까지 작업 한 개를 시작할 수 없다. 이는 작업의 처리 순서를 적절하게 할당해준다.

- 이 도구가 성공적인 완료를 위해 작업을 모니터링할 수 있는지 여부와 완료하지 못한 경우 경고 메커니즘이 있는지 확인한다. 이 경고 메커니즘을 통해 어떤 유형의 중앙 모니터링 그룹에 경고를 보내야 한다. 이 그룹에는 연락처와 에스컬레이션 목록이 있어야 한다.
- 이 도구는 작업 정의(예를 들어 작업 위치, 작업 이름, 작업을 실행하는 사용자 ID, 작업일정 수립의 빈도 등)와 작업일정 변경에 서명, 구현할 수 있는 사람을 통제할 능력을 제공해야 한다. 작업일정과 작업 정의의 변경에 대한 서명과 구현할 수 있는 사람을 검토, 평가한다. 이러한 능력은 제한돼야 한다.
- 작업일정과 작업 정의에 변경이 일어난 경우 이 도구는 변경한 사람, 변경에 서명한 사람, 변경 시기, 변경된 내용, 변경 이유를 추적할 수 있어야 한다. 이 도구를 사용하면 변경사항에 문제가 있는 경우 이전 버전의 일정과 작업 정의도 검색할 수 있다. 이러한 경우에 해당되는지 확인한다.
- 이 도구를 사용해 예외 날짜 처리를 수행할 수 있는지 확인한다. 즉, 휴일, 윤년 등으로 인한 일정 변경사항을 수용할 수 있어야 한다.
- 비정상적으로 종료된 작업을 다시 시작하고 재처리할 수 있는 복구절차가 개발됐는지 확인한다.

백업과 복구

22. 해당 애플리케이션에 대한 사업 영향 분석(BIA)을 실시해 백업과 복구 요구를 설정하는지 확인한다.

해당 애플리케이션에 대한 업무상의 사용자로부터 정보를 입수할 목적으로 사업 영향 분석^{BIA, Business Impact Analysis}을 실시한다. 이 정보는 애플리케이션이 오랫동안 중단된 경우(예를 들어 재해발생 시) 업무에 미치는 영향과 관련된 것이다. 이를 통해 해당 애플리케이션의 재해복구 메커니즘을 잘 조정할 수 있다.

방법

애플리케이션 지원 인력과 최종 사용자와의 인터뷰를 통해 수행된 BIA 종류를 확인하고 관련 문서를 검토한다. 최소한 애플리케이션의 RTO(재난 발생 후 시스템을 얼마나 빨리 백업해야 하는지를 지령한 복구시간 목표)와 RPO(재난 발생 시 비즈니스가 손실을 감내할 수 있는 데이터의 양을 지령한 복구 지점 목표)에 관한 문서화된 요구사항을 찾아본다.

23. 적절한 백업 통제가 설정돼 있는지 확인한다.

중요한 애플리케이션 데이터를 백업하지 않으면 재해(또는 좀 더 일반적인 시스템 중단) 발생 시 업무 중단이라는 심각한 피해를 입는다. 복구도 할 수 없는 상태에서 애플리케이션과 데이터는 완전 상실로 귀결될 수 있다.

방법

중요한 데이터와 소프트웨어를 정기적으로 백업하는지(예를 들어 데이터에 대한 일일 증분 백업과 더불어 매주 전체 백업을 한다), 그리고 별도의 안전한(오프사이트 데이터에 적절한 암호화 보호 기능을 적용) 위치에 저장하는지 확인한다. 비용 효율적이고 적절한 경우 마지막으로 처리된 트랜잭션 시점까지 데이터 파일을 복구할 수 있게 중복 트랜잭션 레코드를 생성하고 저장해야 한다. 백업 일정이 애플리케이션 사용자가 설정한 RPO 및 RTO와 일치하는지 확인한다.

또한 코드를 컴파일하고 사용하는 데 필요한 도구와 함께 애플리케이션 코드를 안전한 장소에서 백업해 별도 장소offsite에 저장하는지 확인한다.

24. 적절한 복구 통제가 설정돼 있는지 확인한다.

복구절차와 테스트는 복구 프로세스를 이해하고 의도한 대로 작동하는지 확인하는 데 필요하다.

방법

애플리케이션 관리자나 해당 담당자와 이 문제를 논의해 수행할 작업, 해당 작업을 수행할 사람과 수행 순서를 정의한 자세한 복구절차가 문서화돼 있는지 확인한다. 문서화된 복구절차를 이용해 백업으로부터의 복구에 대한 테스트를 정기적으로 수행해야 한다. 애플리케이션 사용자가 설정한 RTO와 복구 프로세스 사이에 조율이 돼 있는지 확인한다.

 참고 중복성을 최소화하고자 재해복구 감사의 기본 사항만 이 장에서 다뤘다. 애플리케이션의 재해복구 능력을 감사하기 위한 추가 세부사항과 아이디어는 5장을 참고한다.

데이터 보존, 분류, 사용자 참여

25. 애플리케이션 데이터의 보존에 관한 통제를 평가한다.

업무, 세금, 법적 요건에 따라 데이터를 보존, 보관해야 한다. 그렇지 않으면 필요한 데이터를 입수할 수 없을 것이다. 또한 운영상의 문제가 발생하거나 페널티가 부과될 수도 있다.

방법

이러한 요건은 데이터 유형에 따라 다르며 회사 내의 해당 부서에서 입수해야 한다. 적절한 담당자(애플리케이션 데이터의 업무상 소유 주체, 법무팀, 세무 팀 등과 같은)로부터 정보를 입수한 다음 보존 요건이 정해졌는지 확인한다. 개발자 및 애플리케이션 관리자와 함께 보존 통제retention control의 적합성을 평가한다. 업무상의 소유 주체, 법무팀이나 세무 팀과의 인터뷰를 통해 보존 요건의 유효성을 검증한다.

26. 애플리케이션 내의 데이터 분류에 관한 통제를 평가한다.

모든 애플리케이션 데이터에는 업무상의 소유 주체를 할당해 둬야 하며 이 소유 주체가 데이터를 분류해야 한다(예를 들어 공용, 내부 전용, 기밀). 이러한 할당은 민감도에 따라 데이터를 보호하고 있다는 확신을 제공한다.

방법

업무용 애플리케이션의 소유 주체(또는 애플리케이션 내에 포함된 데이터의 업무상 소유 주체)를 식별하고 회사의 데이터 분류 시스템에 따라 데이터를 분류해 왔다는 증거를 요청한다. 이러한 분류는 시스템 데이터를 표시하는 모든 보고서나 트랜잭션에 나타나야 한다. 또한 해당 애플리케이션의 접근통제 메커니즘이 분류 시스템에 따라 적절한지 확인한다.

27. 애플리케이션에 대한 전반적인 사용자 참여와 지원을 평가한다.

적절한 사용자의 개입과 지원이 없으면 해당 애플리케이션이 사용자 요구에 적절하게 대처하지 못하거나 적절한 업무 지원을 하지 못할 수 있다.

방법

애플리케이션의 사용자 및 지원 인력과 인터뷰해 어떤 사용자 참여와 지원 메커니즘을 설정했는지 확인한다. 다음은 예시다.

- 공식 운영팀이 해당 시스템에 있는지 검토, 평가한다. 일반적으로 시스템 개발, 수정을 승인하고 우선순위를 정하고자 운영팀이나 다른 형태의 사용자 위원회가 있어야 한다.
- 사용자 테스트와 승인 없이 시스템 기능성을 변경하지 않았는지 확인한다.

- 시스템 사용자와 개발자가 시스템 문제를 신고, 추적하고 시스템 변경을 요청할 수 있는 메커니즘이 있어야 한다.
- 중요한 애플리케이션의 경우 사용자 질의와 문제에 대한 실시간 도움말을 제공하고자 헬프 데스크 기능이 어떤 형태로든 있어야 한다.
- 시스템 사용자에게 적절한 정보를 제공하는 시스템 문서와 교육훈련이 있는지 확인한다. 사용자는 업무수행 시 해당 애플리케이션을 효과적으로 이용할 수 있는 정보를 필요로 한다.

운영체제, 데이터베이스, 기타 인프라 통제

운영체제, 데이터베이스, 기타 관련 인프라 구성 요소를 제어하기 위한 자세한 지침은 이 장에서 다루지 않는다. 그러나 애플리케이션이 상주해 있는 인프라의 보안은 애플리케이션 보안의 중요한 부분이다. 이 장에서 제공하는 애플리케이션별 단계 외에 이 책의 다른 장에서 적용할 수 있는 감사 프로그램을 실행해야 한다.

종합 체크리스트

다음 표는 애플리케이션 감사용으로 이 장에서 다룬 제반 단계를 요약한 것이다.

애플리케이션 감사

애플리케이션 감사용 체크리스트
☐ 1. 시스템에 내장된 데이터 입력통제를 검토, 평가한다.
☐ 2. 데이터 무결성과 관련된 오류/예외 보고의 필요성을 확인하고 이 필요성의 충족여부를 평가한다.
☐ 3. 인터페이스 시스템에 관련된 데이터 피드 통제를 검토, 평가한다.

애플리케이션 감사용 체크리스트

☐ 4. 동일한 데이터가 여러 데이터베이스나 시스템에서 유지되는 경우 주기적 동기화 프로세스를 실행해 데이터의 불일치를 탐지하는지 확인한다.

☐ 5. 시스템 내에 존재하는 감사증적과 해당 감사증적에 대한 통제를 검토, 평가한다.

☐ 6. 시스템에 의해 활성화되는 제반 프로세스의 처음부터 끝까지 해당 시스템이 트랜잭션이나 데이터 조각의 추적 수단을 제공하는지 확인한다.

☐ 7. 시스템의 보안 상태를 모니터링, 유지하기 위한 프로세스를 검토, 평가한다.

☐ 8. 애플리케이션이 최소한 각 사용자의 고유 ID와 패스워드를 기반으로 사용자를 인증하는 메커니즘을 제공하는지 확인한다.

☐ 9. 애플리케이션의 권한부여 메커니즘을 검토, 평가해서 시스템의 보안 메커니즘에 의해 사전에 권한을 부여받지 못한 사용자는 민감한 거래나 데이터에 접근할 수 없는지 확인한다.

☐ 10. 시스템의 보안/권한부여 메커니즘에 적절한 통제와 기능성을 갖춘 관리자 기능이 있는지 확인한다.

☐ 11. 보안 메커니즘이 적용 가능한 승인 프로세스를 활성화하는지 여부를 확인한다.

☐ 12. 사용자에게 접근권한을 부여하는 프로세스를 검토, 평가한다. 업무상 정당한 필요가 있는 경우에만 접근권한이 부여되는지 확인한다.

☐ 13. 사용자 접근이 더 이상 필요하지 않은 경우 이의 제거 프로세스를 검토한다. 직원의 퇴사나 회사 내 직무 변경 시 사용자 접근을 일시 중지시키는 메커니즘이나 프로세스가 있는지 확인한다.

☐ 14. 애플리케이션이 적절한 패스워드 통제기능을 갖추고 있는지 검증한다. 또한 디폴트 애플리케이션 계정 패스워드가 변경됐는지 확인한다.

☐ 15. 일정 시간 동안 비활동 상태인 사용자는 애플리케이션에서 자동으로 로그오프되는지 확인한다.

☐ 16. 애플리케이션 데이터보호를 위한 암호화 기법의 사용을 평가한다.

☐ 17. 프로덕션 데이터를 변경시키는 애플리케이션 개발자의 접근을 평가한다.

☐ 18. 구현 후의 애플리케이션 소프트웨어가 표준 체크아웃/스테이징/테스트/승인 프로세스를 거치지 않고 변경될 수 없는지 확인한다.

☐ 19. 코드의 체크아웃 및 버전 관리와 관련된 통제를 평가한다.

애플리케이션 감사용 체크리스트
☐ 20. 애플리케이션 코드를 프로덕션 환경에 배치하기 전에 해당 코드의 테스트에 관련된 통제를 평가한다.
☐ 21. 일괄 처리 일정에 관한 통제를 평가한다.
☐ 22. 해당 애플리케이션에 대한 사업 영향 분석(BIA)을 실시해 백업과 복구 요구를 설정하는지 확인한다.
☐ 23. 적절한 백업 통제가 설정돼 있는지 확인한다.
☐ 24. 적절한 복구 통제가 설정돼 있는지 확인한다.
☐ 25. 애플리케이션 데이터의 보존에 관한 통제를 평가한다.
☐ 26. 애플리케이션 내의 데이터 분류에 관한 통제를 평가한다.
☐ 27. 애플리케이션에 대한 전반적인 사용자 참여와 지원을 평가한다.

CHAPTER 16

클라우드 컴퓨팅과 아웃소싱 운영

외부 회사에 아웃소싱된 IT운영 감사 시 감사인이 살펴볼 핵심 통제를 여기서 알아본다. 16장에서 다루는 내용은 다음과 같다.

- 클라우드 컴퓨팅과 기타 형태의 IT 아웃소싱 정의
- ISO 27001과 같은 제3자 인증과 증명
- 공급업체 선정에 대한 통제
- 공급업체와의 계약에 포함할 품목
- 데이터보안 요구사항
- 운영상의 문제
- 법적 고려 사항과 법규 준수

배경지식

IT운영을 외부 서비스 제공업체에 아웃소싱^{outsourcing}한다는 개념은 새로운 것이 아니다. 기업들은 애플리케이션 서비스 제공업체^{ASP}를 통해 애플리케이션을 호스팅^{hosting}하는 것부터 컴퓨터 장비를 시설 공용^{co-location} 데이터센터(colo라고도 한다)에 저장하고 IT업무를 운영하고자 외부업체를 고용하는 것에 이르기까지 수년간 이 개념을 구현해 왔다. 업무를 아웃소싱하려는 결정은 일반적으로 비용을 절감하고 회사가 핵심 역량에 집중할 수 있는 욕구를 기반으로 한다. 예를 들어 하키 스틱 제조 회사의 소유주고 핵심 역량이 해당 하키 스틱의 설계, 구축에 있다면 IT업무의 지원을 위해 데이터센터 가동에 필요한 시간과 돈을 투자하고 싶지 않을 수 있다. 대신 데이터센터를 가동하는 외부 사람에게 그 일을 맡기고 대가를 지불하면 될 일이다. 이런 외부업체는 아마도 더 저렴하게 할 수 있을 것이므로 본인은 하키 스틱에 집중할 수 있게 된다.

지난 수십 년 동안 클라우드 컴퓨팅^{cloud computing} 개념은 공유 인프라를 이용해 인터넷을 통해 IT 서비스를 제공함으로써 아웃소싱된 IT를 주류의 반열에 올려놨다. 클라우드 컴퓨팅은 초기 단계에서부터 산업계 통용 용어로, 이제 합법적이고 강력한 사업과 운영 모델로 성장했다. 거의 모든 유형의 IT 아웃소싱을 표현하는 데 이 용어가 흔히 잘못 사용되고 있다. 나중에 정의와 속성을 명확하게 설명하겠다.

운영을 아웃소싱하면^{outsourced operation} 비용, 자원의 효율성 측면에서 회사에 편익을 제공할 수 있지만, 회사가 데이터와 IT환경에 대한 직접 통제를 포기함으로써 추가적인 위험을 불러들이기도 한다.[1]

클라우드 컴퓨팅, 아웃소싱 운영 감사의 기본 사항

IT운영 아웃소싱에 이용되는 방법은 여러 가지 형태로 정의, 분리, 범주화할 수 있다. 이러한 방법 중 어느 것도 완벽하거나 포괄적인 것은 아니지만 이 장의 목적상 여기서는 크게 두 가지로 구분한다.

- IT 시스템, 소프트웨어, 인프라 아웃소싱
- IT 서비스 아웃소싱

---

1. 클라우드 서비스 – 40조 원이 넘는 것으로 추정되는 세계 클라우드 서비스 시장은 미국 기업들이 석권하고 있다. 미국의 정보기술(IT) 분야 시장 조사 업체인 캐널리스에 따르면 2020년 2분기 기준으로 클라우드 시장의 선두 주자는 아마존이다. 아마존 웹 서비스(AWS)의 시장 점유율은 31%에 달한다. 2위는 마이크로소프트로 20%를 차지했고, 구글 클라우드가 6%로 3위에 올랐다. 중국 정부의 전폭적인 지원을 받고 있는 중국 최대 전자상거래 업체 알리바바가 5%의 시장 점유율로 4위에 랭크된 것을 제외하면 나머지 기업들도 IBM 클라우드 세일즈포스 오라클 등 모두 미국 기업이다 (출처: 한국경제신문, 2020.09.11.). – 옮긴이

IT 시스템, 소프트웨어, 인프라 아웃소싱

IT 시스템, 소프트웨어, 인프라의 아웃소싱은 다른 업체에 위탁해 데이터센터, 서버, 운영체제, 업무용 애플리케이션 등과 같은 회사에서 필요로 하는 IT환경의 일부나 전부를 제공받게 하는 실무 관행이다. 이 서비스는 클라우드 컴퓨팅이나 전용 호스팅을 이용해 제공받을 수 있다.

클라우드 컴퓨팅

다음은 클라우드 컴퓨팅에 대한 NIST^{National Institute of Standards and Technology} SP 800-145의 정의다. "구성 가능한 컴퓨팅 자원의 공유 풀(예를 들어 네트워크, 서버, 스토리지, 애플리케이션, 서비스)에 편리한 온디맨드^{on-demand} 방식으로 네트워크 접속을 가능하게 해주는 모델이다. 최소한의 관리 노력이나 서비스 제공업체와의 상호작용으로 그러한 컴퓨팅 자원을 신속하게 개봉하고 공급받을 수 있다."

기본적으로 클라우드 컴퓨팅은 인터넷을 통해 IT 서비스를 제공한다. 이때 최종 사용자는 데이터 저장 위치, 인프라 위치 등을 걱정할 필요가 없다. 사용자는 제공 방법에 대한 세부사항을 걱정하지 않고 서비스를 받는다.

전형적으로 클라우드 컴퓨팅 고객의 한 사람으로서 서비스 제공업체의 다른 고객들을 포함해 다른 임차인들^{tenants}에게도 서비스를 제공하는 백엔드^{back-end} 인프라를 공유한다. 그 인프라는 회사의 전용이 아니다. 이는 집에서 사용하는 유틸리티와 유사하다. 전기를 얻는 방법(발전 방법)에 대해서는 모르거나 신경 쓸 필요가 없지만 전기의 사용법에는 주의해야 한다. 전력 제공에 필요한 것에 대해 전기 회사가 알아서 하게 가만히 있으면 된다. 전기 회사에 전용 인프라를 두지 않고 있다. 모든 이웃과 그것을 공유한다. 또한 집에서 사용하는 전기와 마찬가지로 클라우드 컴퓨팅에 사용한 만큼만 비용을 지불한다.

미국에서 가장 큰 기술 기업 중 일부는 개인 고객, 신생 기업^{startups}, 소규모 기업, 대기업에서 사용할 수 있는 클라우드 컴퓨팅 서비스를 개발했다. 이 글을 쓰는 시점에서 미국 시장 점유율 기준으로 가장 큰 서비스는 아마존 웹 서비스, 마이크로소프트 애저, 구글 클라우드다. 이러한 각 플랫폼은 다음을 포함해 다양한 서비스를 제공한다.

- 제공업체의 클라우드 환경에서 윈도우, 리눅스, 또는 기타 운영체제를 실행할 수 있게 해주는 가상 클라이언트와 서버 시스템
- 범용 데이터 스토리지를 지원하는 아마존 S3와 같은 스토리지 플랫폼
- 서버 없는 컴퓨팅 코드가 공급업체의 인프라에서 실행될 수 있게 해서 기본 운영체제의 지원을 위한 간접비 부담에서 벗어나게 한다.
- 데이터베이스, 머신러닝 알고리즘 등

기업은 클라우드 서비스를 점점 더 많이 이용해 시장 출시 속도를 높이는 동시에 시작 비용을 절감하고 있다. 컴퓨팅 장비, IT 지원 인력, 데이터센터 공간의 취득 비용, 기타 비용의 부담 없이 신규 사업을 '클라우드에서' 완벽하게 시작할 수 있다. 기업들은 실험에서부터 주요 업무용 애플리케이션의 구동, 거의 모든 IT 처리까지 전 분야에 클라우드 컴퓨팅을 이용할 수 있다.

개인 차원으로 집에서 클라우드 컴퓨팅을 경험했을 것이다. Yahoo!나 Gmail 같은 서비스를 통해 이메일 주소를 갖고 있다면 클라우드에서 이메일을 받고 있는 것이다. 본인의 데이터가 어디에 저장되고 어떤 종류의 인프라를 이용해 본인에게 서비스를 제공하는지 알지 못하며 신경 쓸 필요도 없다. 유념할 일은 이메일을 보내고 받고 연락처를 관리할 수 있는 것이 전부다. 또한 백엔드에 전용 이메일 서버가 본인에겐 없다. 다른 많은 이메일 계정이 여러분과 동일한 서버상에 있다. 얼마나 많은 사람이 있고, 누구인지에 대해 알지 못하고, 거기에 신경 쓰지 않는다. 여러분이 알고 염려하는 것은 본인의 이메일이 유효하고 안전한지 여부에 대한 것이다(나중에 논의하겠지만 조직은 특정 종류의 데이터를 처리할 때 실제로 일부 일에 대해 신경을 쓰며, 여러분은 이러한 사실에 대해 이미 알고 있다).

전문 용어로서 클라우드 컴퓨팅은 종종 과도하게 사용됐으며, 때로는 부적절하게

사용되기도 한다. 이 책의 목적을 위해 NIST SP 800-145 정의를 사용할 것이다.

클라우드 컴퓨팅의 특징

NIST에 따르면 클라우드 컴퓨팅으로서의 자격을 갖추려면 5가지 특성이 있어야 한다.

온디맨드on-demand **셀프 서비스[2]:** 이는 각 서비스 제공업체와의 인적인 상호작용 없이도 필요에 따라 자동으로 스토리지 등의 컴퓨팅 성능을 스스로 공급받을 수 있음을 의미한다. 또한 구현 세부사항이 고객에게 숨겨져 있고 고객과 무관함을 의미한다. 예를 들어 고객은 어떤 스토리지 기술이 사용되는지 걱정할 필요가 없지만, 업무상의 요구사항을 간단하게 정의할 필요는 있다. 그리고 해당 요구사항을 충족시키는 방법은 서비스 제공업체에서 알아서 하게 맡기면 된다.

광역 네트워크 액세스: 인터넷 연결이 가능한 한 어디서나 모든 장치(예, 노트북과 모바일 장치)에서 성능에 액세스할 수 있어야 함을 의미한다.

공용 자원: 이는 다중 임차인multitenant 모델을 사용해 여러 고객에게 서비스를 제공하도록 제공업체의 컴퓨팅 자원이 연합pooling돼 있음을 의미한다. 고객의 요구에 따라 서로 다른 물리적 자원과 가상 자원을 동적으로 할당, 재할당하며, 물리적 수단보다는 오히려 논리적 수단을 통해 데이터와 사용자를 분리시킨다. 고객은 일반적으로 제공된 자원의 정확한 위치를 제어하거나 알 수 없다는 면에서 위치 독립성 인식을 심어준다. 이러한 맥락에서 자원의 예로 스토리지, 처리, 메모리, 네트워크 대역폭, 가상머신을 들 수 있다.

빠른 탄력성: 공급 규모의 신속하고 탄력적인 확장(흔히 자동적으로)이 가능하고, 또한 즉시 일정 규모로 신속한 발매가 가능함을 의미한다. 고객에게 서비스를 제공할 수 있는 능력은 흔히 무제한적인 것으로 보인다. 고객은 언제든지 수량에 관계

---

2. 주문형(온디맨드) 시스템(on-demand system)은 사용자의 요구에 즉시 정보나 서비스를 제공하는 시스템이다. – 옮긴이

없이 구매할 수 있다.

사용된 서비스의 측정: 즉, 클라우드 시스템은 서비스 유형(예를 들어 스토리지, 처리, 대역폭, 활성 사용자 계정)에 적합한 측정 기능을 활용해 자원의 사용을 자동으로 제어하고 최적화한다. 자원 사용량을 모니터링, 제어, 보고할 수 있으므로 서비스 제공업체와 고객 모두에게 투명성이 확보된다. 이는 또한 비용의 투명성을 의미하므로 고객은 자신이 사용하는 것에 대해서만 비용을 부담하고 있음을 알 수 있다.

회사에서 조달 중인 서비스가 이 5가지 기준을 충족하지 않으면 실제로는 클라우드 컴퓨팅이 아니라 특정 형태의 전용 호스팅^{dedicated hosting}을 이용하는 셈이다(이 장의 뒷부분에서 설명한다).

앞서 언급했듯이 클라우드 컴퓨팅은 기업에 매력적이다. 기업들은 물리적 인프라(해당 인프라의 관리 운영)에 대한 투자를 피하고 대신 다른 회사의 인프라(하드웨어 및 소프트웨어)를 효과적으로 '임차'해서 사용한 자원에 대해서만 대가를 지급하면 되기 때문이다.

클라우드 컴퓨팅 모델

다음으로 이해해야 할 중요한 개념은 클라우드 컴퓨팅의 세 가지 기본 모델이다. 이 세 가지 모델의 분류는 비교적 광범위하게 수용돼 왔지만, 다시 한 번 NIST SP 800-145 정의에 의존할 것이다.

서비스로서의 소프트웨어^{SaaS, Software as a Service}: 이 모델에서는 클라우드 인프라에서 실행 중인 클라우드 제공업체의 애플리케이션에 액세스할 것이다. 애플리케이션에 대한 접속은 웹 브라우저(예를 들어 웹 기반 이메일)나 모바일 애플리케이션과 같은 클라이언트 인터페이스, 또는 프로그램 인터페이스를 통해 클라이언트 장치에서 가능하다. 고객은 데이터센터, 네트워크, 서버, 운영체제, 미들웨어, 데이터베이스관리시스템^{DBMS}, 또는 개별 애플리케이션 기능을 관리하거나 제어하지 않는다(제한된 사용자별 애플리케이션 구성의 설정은 제외). 하지만 데이터에 대한 일부통제를 할 수 있다. 이러한 형태의 클라우드 컴퓨팅의 일반적인 예로는 salesforce.com, Gmail, 구글의 G-Suite, 마이크로소프트의 오피스 365 제품군이 있다.[3]

이 모델에서 해당 고객은 클라우드 제공업체에 의존해 운영과 보안의 대부분을 관리한다. 이 유형의 서비스에 대한 감사는 사용자의 접근 프로세스, 소프트웨어 구성 변경관리와 같은 소프트웨어 일반통제뿐만 아니라 공급업체의 프로세스와 제반 보안정책에 대한 회사의 검토 프로세스에도 중점을 둬야 한다.

그림 16-1은 회사 전용 인프라스트럭처 계층과 SaaS 모델에서 다른 고객과 공유하는 계층을 나타낸다.

전용	회사 1	회사 2	회사 3	회사 4
	데이터	데이터	데이터	데이터
공유	애플리케이션 DBMS 미들웨어 OS 네트워크 물리적			

그림 16-1 SaaS 모델

서비스로서의 플랫폼 PaaS, Platform as a Service: 이 모델에서 회사는 클라우드 제공업체에서 지원하는 프로그래밍 언어와 도구를 사용해 작성하거나 취득한 애플리케이션을 제공업체의 클라우드 인프라에 배치할 것이다. 고객으로서의 회사는 데이터센터, 네트워크, 서버, 운영체제, 미들웨어, DBMS를 관리하거나 제어하지 않지만, 데이터, 배치된 애플리케이션, 일부 구성 옵션을 제어할 수 있다.

---

3. 주문형(온디맨드) 소프트웨어(on-demand software) - 컴퓨터에 직접 설치하지 않고 필요할 때마다 인터넷을 통해 공급자에 접속해 사용하는 주문형 소프트웨어 서비스다. 사용료가 저렴하고 소프트웨어 관리가 필요 없으며, 사용 후에도 뒷처리를 할 필요가 없다는 장점이 있어 잠시만 사용할 경우, 또는 소프트웨어 유지보수가 어려운 소규모 기업체에서 최신 버전을 원할 경우에 유리하다. 프로그램의 크기가 크거나 다운로드할 데이터양이 많은 경우에는 다운로드와 동시에 사용할 수 있는 주문형 소프트웨어 스트리밍(SSoD) 방식을 사용한다(출처: TTA 정보통신용어사전). - 옮긴이

PaaS 모델에서 고객은 운영체제 관리, 네트워크와 시스템보안, 성능 고려 사항에 대해 공급업체에 의존한다. 고객은 애플리케이션 코드 체의 기능성과 보안을 책임진다.

아마존의 Serverless Platform과 같은 패러다임을 포함하는 이 모델에는 각 주요 클라우드 공급자가 홍보하는 '공유 책임'이라는 개념이 도입돼 있다. 공유 책임 개념은 클라우드 제공자의 노력이 끝나는 위치와 비즈니스 책임이 시작되는 위치를 비즈니스 주체들이 이해하는 데 도움이 된다. PaaS 시스템을 이용하는 경우에 해당 조직이 공유 책임의 측면을 이해하는지 감사인은 확인해야 한다.

그림 16-2는 회사의 전용 인프라스트럭처 계층과 PaaS 모델에서 다른 고객과 공유하는 계층을 나타낸다.

	회사 1	회사 2	회사 3	회사 4
전용	데이터	데이터	데이터	데이터
	애플리케이션	애플리케이션	애플리케이션	애플리케이션
공유	DBMS 미들웨어 OS 네트워크 물리적			

그림 16-2 PaaS 모델

서비스로서의 인프라 IaaS, Infrastructure as a Service: 이 모델에서 클라우드 제공업체는 처리, 스토리지, 네트워크, 기타 기본적인 컴퓨팅 자원을 대여한다. 이를 통해 회사는 운영체제와 애플리케이션을 포함할 수 있는 임의의 소프트웨어를 배치해 실행할 수 있다. 고객으로서의 회사는 데이터센터나 네트워크를 관리하거나 제어하지는 않지만, 데이터와 운영체제, 미들웨어, DBMS, 배치된 애플리케이션에 대한 통제력을 가진다.

IaaS 모델에서 공유 책임 모델에서의 구분선은 고객 조직에 더 가깝게 이동해 있다. 운영체제 관리, 패치, 네트워크 공급자는 네트워크 연결, 물리적 하드웨어, 비즈니스가 환경에 액세스할 수 있게 하는 데 필요한 논리적 접근통제만 지원한다. 이러한 유형의 관여에 대한 감사는 데이터센터나 시스템 감사와 매우 유사할 수 있으며, 주요 차이점은 데이터센터가 원격 위치에 있다는 것이다.

그림 16-3은 회사 전용 인프라스트럭처 계층과 IaaS 모델에서 다른 고객과 공유하는 계층을 나타낸다.

	회사 1	회사 2	회사 3	회사 4
전용	데이터	데이터	데이터	데이터
	애플리케이션	애플리케이션	애플리케이션	애플리케이션
	DBMS	DBMS	DBMS	DBMS
	미들웨어	미들웨어	미들웨어	미들웨어
	OS	OS	OS	OS
공유	네트워크 물리적			

그림 16-3 IaaS 모델

전용 호스팅

회사의 인프라를 공급(그리고 아마도 관리)하고자 회사는 다른 사람을 고용하고 있다는 점에서 전용 호스팅^{dedicated hosting}은 개념적으로 클라우드 컴퓨팅과 유사하다. 주요 차이점은 전용 호스팅을 사용하는 경우 공급업체의 다른 고객과는 단지 물리적 공간만 잠재적으로 공유하면서 회사는 전용 인프라를 갖게 될 것이다. 예를 들어 시설의 공동 사용을 위한^{colo} 데이터센터가 있다고 해보자. 여기서 회사의 인프라(예를 들어 서버)를 다른 회사의 데이터센터에 배치하면 자체 데이터센터 구축, 운영에 따르는 비용을 절감할 수 있다. 다른 예로는 공급업체의 다른 고객과 공유하지 않는 전용 서버에 있다는 사실만으로 SaaS와 차별화되는 업무용 애플리케이션을 호스팅하는 ASP가 있다. 반대로 클라우드 컴퓨팅에서는 데이터가 논리적으로 분리되지만 나머지 인프라(네트워크, 서버, 미들웨어 등)는 공급업체의 다른 고객과 공유할 수 있다. 그림 16-4는 회사 전용 인프라의 계층과 전용 호스팅 모델에서 다른 고객과 공유하는 계층을 나타낸다.

	회사 1	회사 2	회사 3	회사 4
전용	데이터	데이터	데이터	데이터
	애플리케이션	애플리케이션	애플리케이션	애플리케이션
	DBMS	DBMS	DBMS	DBMS
	미들웨어	미들웨어	미들웨어	미들웨어
	OS	OS	OS	OS
	네트워크	네트워크	네트워크	네트워크
공유	물리적			

그림 16-4 전용 호스팅 모델

보호해야 할 대상의 개념은 전용 호스팅과 클라우드 컴퓨팅 간에 동일할 수 있지만 구현 방식은 크게 다르다. 전용 호스팅의 경우 감사인은 네트워크가 다른 고객과 어떻게 분리되는지(방화벽 등) 고찰할 것이다. 클라우드 컴퓨팅의 경우 인프라를 공유하고 있기 때문에 감사인은 데이터가 어떻게 분리되는지 살펴볼 것이다. 전용 호스팅의 경우 격리된 네트워크 영역 내의 암호화가 중요하지 않을 수 있다. 클라우드 컴퓨팅의 경우 데이터가 다른 고객의 데이터와 동일한 인프라에 통합돼 있기 때문에 감사인은 데이터가 단대단[end-to-end]으로 암호화돼 있는지 확인하길 원할 것이다.[4]

회사는 전용 인프라상에서 운영되고 있기 때문에 전용 호스팅은 다음과 같은 클라우드 컴퓨팅의 특성을 갖추지 못할 수도 있다. 온디맨드 셀프 서비스(추가 용량이나 다른 용량을 공급할 수 있는 능력은 자동이 아닐 수도 있다), 광범위한 네트워크 액세스(일반 인터넷 연결을 통해서는 액세스할 수 없을 것이다), 공동 이용 자원(자신의 전용 인프라상에 있다), 빠른 탄력성(조달과 설정 시간을 포함해야 할 것이므로, 추가 용량이나 기타 용량을 제공

---

4. 단대단 보안(end-to-end security)은 전송 과정에서 중간 노드가 복호화나 프로토콜 변경 없이 적용되는 종단 간 보안이다. 암호화된 데이터는 망을 통과하면서 변경되지 않고 수신지 터미널이나 호스트 컴퓨터로 들어간다. 이 방법은 망 링크나 교환기에서 받을 수 있는 공격에 대해 안전하지만 패킷 헤더가 암호화되지 않은 채로 전송되기 때문에 트래픽 패턴이 노출될 수 있는 문제점이 있다(출처: TTA 정보통신용어사전). - 옮긴이

하는 능력이 신속하지 않을 수 있다), 또는 **서비스의 측정이다**(자원 사용이 자동으로 제어되고 최적화되지 않을 수도 있다).

클라우드 컴퓨팅을 사용하든 전용 호스팅을 사용하든 간에 종종 미세한 선이 존재한다. 클라우드인지 호스팅인지 확실하지 않은 경우 제공업체를 통해 시나리오를 실행시켜보자. 예를 들어 방금 타 회사를 인수했다고 말한 다음 또 다른 30,000명의 직원을 다루고자 해당 애플리케이션을 확장하는 데 무엇이 필요한지 물어보자. 기본적으로 즉시 처리할 수 있다고 말한다면 아마도 클라우드 컴퓨팅 모델일 것이다. 그러나 추가 요구를 수용하고자 환경을 확장하는 데 시간이 필요하다고 하면 아마도 전용 호스팅일 것이다. 서비스 제공업체와 당시에 '벤치에 두고 있는' 자원의 양에 따라 다르므로 이것이 완벽한 테스트는 아니지만 좋은 지표가 된다.

그림 16-5는 전용 호스팅과 세 가지 클라우드 컴퓨팅 모델을 비교한 것이다.

	호스팅	IaaS	PaaS	SaaS
데이터	전용	전용	전용	전용
애플리케이션	전용	전용	전용	공유
DBMS	전용	전용	공유	공유
미들웨어	전용	전용	공유	공유
OS	전용	전용	공유	공유
네트워크/서버	전용	공유	공유	공유
물리적-데이터센터	공유	공유	공유	공유

그림 16-5 IT 시스템과 인프라스트럭처 아웃소싱 모델 비교

참고 다양한 유형의 클라우드 컴퓨팅과 호스팅 간의 정의와 차이점이 항상 명확하지는 않다. 이러한 모델과 사용자 지정(특정 데이터보호 요구사항, 비용 제약 등)에 따라 오버랩이 발생해 하이브리드 모델이 될 수 있다. 또한 사람들이 항상 그 용어를 일관되게 또는 정확하게 사용하지는 않는다. 예를 들어 실제로 애플리케이션의 전용 호스팅이 있거나 반대일 때 SaaS를 사용 중이라고 말하는 사람들이 종종 있다. 감사인은

제반 개념과 표준 모델에 익숙해야 하지만 실제 시나리오가 여기에 반영된 것만큼 항상 깔끔하고 단정하지는 않다는 점을 인식해야 한다. 모든 사람이 동일한 용어와 정의에 동의하는 것은 아니므로 의미론에 너무 매몰되지 않기 바란다.

IT 서비스 아웃소싱

IT 서비스 아웃소싱outsourcing은 다른 업체에 위탁해 IT업무의 일부나 전체를 수행하게 하는 것(즉, 그 업체에 위탁해 해당 기능을 수행하는 데 필요한 인력과 프로세스를 제공하게 하는 것)이다. 일반적으로 아웃소싱 운영에는 헬프 데스크 업무와 PC 지원이 포함된다. 이는 IT 시스템 및 인프라의 아웃소싱과 함께 진행할 수 있다. 예를 들어 IT 장비를 다른 회사의 데이터센터에 배치한 경우 해당 회사에 데이터센터 운영 활동(테이프 업무, 하드웨어 지원 등)도 위탁할 것 같다. 마찬가지로 회사가 클라우드 컴퓨팅을 배치한다면 클라우드 공급자는 클라우드 인프라를 통해 운영 활동을 수행할 것이다. 이건 기정 사실이다.

온사이트onsite(현장, 현지)와 오프사이트offsite(외지, 별도 장소)라는 두 가지 유형의 IT 서비스 아웃소싱이 가능하지만 기능의 일부는 온사이트에시 수행되고 일부는 오프사이트에서 수행되는 등 이러한 모델에는 분명히 하이브리드가 있다.

온사이트

이 모델이 사용되는 경우는 회사가 운영을 아웃소싱하지만 회사 자산에서 해당 기능을 수행할 필요가 있을 때다. 외부 업체는 인력을 제공 및 교육하고 기능 수행에 필요한 운영 프로세스를 설정 및 모니터링하고, 운영의 모든 일상적인 측면을 관리할 책임을 진다. 그러나 이 기능을 수행하는 직원은 해당 회사의 네트워크와 IT환경을 이용하면서 회사 구내에 실제로 앉아 있다.

오프사이트

이 모델은 현장 활동 없이 회사가 운영을 아웃소싱할 때 사용된다. 외부업체는 기능 수행에 필요한 인력과 프로세스를 제공할 책임이 있을 뿐만 아니라, 기능 수행에 필요한 시설과 인프라를 제공해야 할 책임도 있다(종종 위탁회사와 배후로 연결돼 있다).

IT 서비스 아웃소싱의 기타 고려 사항

IT 서비스 아웃소싱과 관련된 추가 주제는 보충 인력과 원격 운영이다.

보충 인력

많은 회사가 일상적인 운영을 지원하고자 보충(비정규) 인력을 채용한다. 구하기 쉽고 교체가 용이한 기량을 갖춘 근로자에게 필요한 작업을 수행하게 하거나 단기적인 요구를 지원하게 하고자 종종 이러한 채용을 한다. 이런 종류의 활동을 아웃소싱된 운영과 혼동해서는 안 된다. 보충 인력 근로자는 회사 직원의 일상적인 지침과 지시에 따라 활동을 수행하므로 직원이 수행하는 기능에 대해 이미 설정된 통제와 보안이 적용된다. 이는 일상적인 운영이 실제로 아웃소싱된 경우의 어떤 기능과는 크게 다르다.

원격 운영

많은 기업이 IT기능을 전 세계 여러 곳으로 확장하거나 이전해 왔다. 경우에 따라 이 전략은 24시간 지원 기회를 제공한다. 다른 한편으로 낮은 인건비는 재정적 이익을 제공한다. 원격 위치에서의 운영은 상당한 이점을 제공할 수 있지만, 특히 조정과 커뮤니케니션 영역에서 특이한 내부통제 문제와 추가적인 복잡성을 해당 환경에 제기하기도 한다.

IT 서비스 아웃소싱 모델

요약하면 IT 서비스 인력 채용 시 사용할 수 있는 기본 모델은 다음과 같다.

- 내부직원만
- 내부직원과 추가 인력
- 아웃소싱: 현지
- 아웃소싱: 외지
- 아웃소싱: 현지/외지 혼합

이러한 각 공급 모델별로 배치할 수 있는 옵션은 다음과 같다.

- 로컬(해당 업무와 매우 가까운 위치)
- 원격(다른 지역이나 국가)
- 로컬/원격 혼합

제3자 보고서와 증명

클라우드 제공업체를 감사할 때는 독립적인 제3자 평가 기관이 제공하는 다양한 증명, 입증, 보고서를 이해해야 한다. 그중 일부는 다음을 포함한다.

- 인증업무기준서 No. 18이나 SSAE 18
- ISO/IEC 27001, ISO/IEC 27002, ISO/IEC 27018을 비롯한 국제표준화기구/국제전기기술위원회(ISO/IEC) 27000 시리즈
- Health Information Trust Alliance(HITRUST)
- Cloud Security Alliance Security Trust Assurance and Risk(STAR)
- Federal Risk and Authorization Management Program(FedRAMP)

그중 일부는 공급업체가 획득할 수 있는 증명들이다. 다른 것은 인증의 형태를 취하는데, 이는 사실상 감사인이 표명하는 감사의견이다. 업종에 따라 다양한 형태

의 보고서를 접할 수 있으며 조직별 특정 요구사항을 반영할 수 있다. 미국에서는 SSAE 18이 일반적으로 사용되지만 ISO/IEC 27001은 좀 더 널리 알려진 국제 표준이다. SSAE 18과 ISO/IEC 27001은 광범위한 산업에 널리 적용되고 있으므로 이를 좀 더 자세히 설명하겠다.

SSAE 18

SSAE 18은 미국 공인회계사회[AICPA, American Institute of Certified Public Accountants]가 개발한 서비스조직[5]에 대한 감사기준서다. 이는 기본적으로 일종의 기준이다. 서비스조직(예를 들어 IT 서비스를 제공하는 조직)은 어떤 기준에 의거 내부통제의 효과성을 스스로 입증할 수 있다.[6] 고객이 각기 서비스조직에 와서 직접 감사를 수행할 수는 없다. 이런 기준이 없다면 서비스조직은 고객 각각의 감사 요청에 응해 터무니없는 자원을 소비할 것이다. 이 기준을 통해 서비스조직은 공인된 독립 서비스감사인(예를 들어 언스트영[Ernst & Young] 회계법인)[7]에 의뢰해 SSAE 감사를 받고 다양한 보고서 발행을 요청할 수 있다. 이러한 보고서는 서비스조직 내부통제의 효과성을 나타내는 증거로서 고객에게 제시할 수 있다.

 참고 SSAE 18은 이전의 SSAE 16보다 우선하며, 이는 이전의 감사기준서(SAS) 70 보고서보다 더욱 우선한다. SSAE 18의 보고 모델은 2017년 5월에 발효됐다.

SSAE 18의 감사보고서 유형은 세 가지다. 그중 2개는 추가 하위 유형으로 세분화된다. 이러한 서비스조직 통제[SOC] 보고서는 다음을 포함한다.

---

5. 서비스조직은 이용자 기업의 재무보고 관련 정보시스템의 일부를 구성하는서비스를 이용자 기업에게 제공하는 제3자 조직(또는 제3자 조직의 사업 부문)이다. – 옮긴이

6. 서비스조직의 시스템은 서비스감사인의 보고 대상인 서비스를 이용자 기업에게 제공하고자 서비스조직이 설계, 실행, 유지하는 정책과 절차다(출처: ISA 402). – 옮긴이

7. 서비스감사인은 서비스조직의 요청에 따라 해당 조직의 통제에 관한 인증 보고서를 제공하는 감사인이다. – 옮긴이

- **SOC 1**: 제공업체의 통제가 고객 재무보고에 미치는 영향을 평가하기 위한 것이다.
- **SOC 2**: 제공업체 시스템과 고객 데이터의 보안, 가용성, 개인정보보호에 대한 확신을 제공하기 위한 것이다.
- **SOC 3**: SOC 2의 변형이며, 상세함의 정도가 낮다.

SOC 1 보고서와 SOC 2 보고서는 유형 1과 유형 2의 두 가지로 나온다. 두 유형 모두 서비스조직의 내부통제 설계에 대한 설명과 독립적인 의견을 포함한다. 그러나 유형 1 보고서는 특정 범위의 시스템과 서비스를 한 시점에서 고찰한 것이다. 유형 2 보고서에는 테스트 결과를 기반으로 검토 기간 동안의 통제 운영에 대한 서비스감사인의 효과성 평가가 포함되며, 해당 테스트는 통제 목적[8] 달성 여부에 대한 (합리적) 확신을 서비스감사인에게 제공한다. 유형 1 보고서에는 통제가 효과적으로 운영되고 있다는 증거가 표시되지 않으므로, 감사인은 서비스 제공업체에서 유형 2 보고서를 제공해주기를 바랄 것이다.

사베인스-옥슬리법 404조가 2002년에 발효된 이후 SSAE 18 보고서들이 특히 중요해졌다. 기업에서는 아웃소싱된 재무 자료의 처리, 보고 측면에 대한 내부통제 효과성의 증거로 사용할 수 있기 때문이다. 이것이 없다면 재무 서비스를 제공하는 회사는 각 고객에게 동일한 SSAE 18 보고서를 넘겨줄 수 없고 모든 고객으로부터 날아온 SOX 감사 폭탄 세례를 받게 될 것이다.

 참고 SAE 18은 일종의 입증 보고서다. 이것이 표준은 아니다. SSAE 180이나 SOC 보고서로 조직이 '증명'되는 것은 결코 아니며 거기에 '준거'하지도 않는다. 그렇다고 홍보하는 조직은 SSAE 18의 본질을 이해하지 못한 것일 수 있다.

서비스 제공업체는 종종 매년 SSAE 18의 검토를 받는다. 그러나 SOX 요구사항이 적용되는 고객에게는 적합하지 않을 수 있다. SSAE 보고서와 같은 인위적 생성물

---

8. 통제 목적(Control objective)은 통제가 완화하고자 하는 위험에 대처하는 것이다. – 옮긴이

artifact의 시기와 보고 요건에 대한 정보는 조직의 SOX 준수 팀에 문의한다.

ISO/IEC 27001

널리 알려진 ISO/IEC 27001과 잘 알려지지 않은 ISO/IEC 27018을 포함하는 ISO/IEC 27000 시리즈는 정보보안 관행과 관련된 여러 표준을 포함하고 있다. 이들 표준은 ISO와 IEC에서 공동으로 발표한다. 그 결과 대개는 ISO/IEC 27001과 같은 표준 이름의 일부로 둘 다 표시한다. 더 짧은 'ISO 27001'도 일반적으로 사용되지만 동일한 표준을 지칭한다.

ISO/IEC 27001은 정보보안관리를 다루고 있다. 정보보안 업무를 제대로 관리하는 데 적합한 프로그램을 설명해준다. 해당 서류에서 충분한 통제controls를 갖추고 100개가 넘는 통제에 준거해 운영하는 조직은 ISO/IEC 27001을 준수하는 것으로 공인받을 수 있다. 이는 조직에 보안사고가 결코 발생하지 않을 것이라는 말은 아니지만 조직은 위험을 관리하기에 충분한 정보보안관리 프로그램을 구현해 왔음을 의미한다. 많은 클라우드 서비스 제공업체는 자신들이 실행 가능한 보안 프로그램을 갖추고 있음을 잠재적인 고객에게 증명하려고 ISO/IEC 27001 인증을 받는다.

정보보안 실무에 대해 좀 더 자세히 들어간 것이 ISO/IEC 27002다. ISO/IEC 27001에서는 다양한 통제기능을 높은 수준에서 설명하고 있으며, 27002 표준은 각 통제기능의 구현에 대한 추가 지침을 제공한다. 실제로 어떤 조직은 27001을 준수하기 위해 많은 ISO/IEC 27002를 구현할 것이다.

ISO/IEC 27018은 2014년에 채택됐으며 개인 데이터와 개인정보보호를 다루고 있다. 회사가 개인식별정보PII나 기타 민감한 개인 데이터를 클라우드 제공업체에 위탁하는 경우 내부감사 고려 사항 목록에 ISO/IEC 27018 준수 여부를 추가해야 한다.

아웃소싱 운영, 클라우드 컴퓨팅 감사를 위한 테스트 단계

다음은 이 장의 테스트 단계에 대한 몇 가지 유의 사항이다.

첫째, 무엇보다도 아웃소싱된 기능을 감사할 때 회사에서 수행하고 있었던 서비스(즉, 그것을 아웃소싱하지 않았다면)를 고려해야 한다. 감사인이 어떤 감사단계를 수행하길 바라든 간에 그렇다. 동일한 위험들이 존재하므로 완화해야 할 것이다. 예를 들어 업무용 애플리케이션이 SaaS를 통해 클라우드에서 호스팅되는 경우 감사인은 15장에서 다룬 종류의 응용통제를 검토해야 한다. 해당 애플리케이션만 아웃소싱됐기 때문에 그러한 위험이 사라진 것이 아니다. 따라서 해당 위험은 여전히 감사 프로그램과 관련성이 있다. 그러나 기능이 아웃소싱된 경우 감사 방식은 크게 달라질 수 있다.

둘째, 공급업체를 감사하고 그 통제를 평가할 것인지 또는 내부감사인이 자신의 회사를 감사하고 공급업체가 필요한 통제를 갖추고 있는지 확인하는 방법에 대한 문의를 할 것인지 결정할 필요가 있다. 두 가지 방식 모두 유효하며, 그것은 공급업체에 대한 내부감사인의 영향력과 감사 유형에 따라 달라질 수 있다. 그러나 일반적으로 중개인을 개입시키는 대신 공급업체에 직접 문의하는 것이 좋다. 철저하고 정확한 답변을 얻을 가능성이 높다. 공급업체와 내부IT팀 모두에 대해 동일한 질문을 한 후 답변을 비교하는 것도 흥미롭다. 내부감사인으로서 이를 통해 회사가 아웃소싱 운영에 대한 통제를 얼마나 잘 이해하고 검토하는지 알 수 있다.

끝으로 이 절의 각 단계마다 해당 단계에 가장 적합한 아웃소싱 유형(예를 들어 클라우드 컴퓨팅, 전용 호스팅, 서비스 아웃소싱)을 언급할 것이다. 그렇지만 각 아웃소싱 계약의 범위가 각각 다르기 때문에 이는 절대적이 아닌 지침의 의미를 지닌다.

초기 단계

1. 이 책의 이 부분에서 다른 장의 제반 감사단계를 검토한다. 아웃소싱된 운영의 감사에 적용 가능한 감사단계와 위험을 결정한다. 해당 감사단계를 수행한다.

인소싱된[insourced] 기능에 존재하는 제반 위험은 아웃소싱된[outsourced] 기능에도 존재한다. 회사가 아웃소싱한 구성 요소와 기능은 많은 경우 회사 내부에 있었을 때와 유사하다. 이것들은 단순히 다른 업체에 의해 처리되고 있는 것이다. 누가 회사의 데이터와 애플리케이션을 담당하든 관계없이 여전히 통제를 설정해야 한다. 기능이 아웃소싱될 때 추가 위험이 존재하지만 내부감사인은 인소싱된[9] 기능에 대해 예상할 수 있는 기본통제를 여전히 검토해야 한다. 예를 들어 업무용 애플리케이션이 아웃소싱된 경우에도 감사인은 해당 애플리케이션에 대한 접근통제, 데이터 입력통제, 소프트웨어 변경통제를 여전히 주목할 것이다. 이러한 통제는 해당 애플리케이션의 기밀성, 무결성, 가용성에 여전히 긴요하다. 회사가 데이터센터를 아웃소싱하는 경우라도 데이터센터 운영자들이 물리적 보안과 운영 연속성을 보장하는 방법은 여전히 관심 사항이 될 것이다.

이 단계는 모든 형태의 아웃소싱에 적용할 수 있다. AWS, 마이크로소프트 애저, 구글 클라우드나 이와 유사한 대형 클라우드 서비스 제공업체의 경우 회사에서 이용할 수 있는 서비스 범위를 파악할 필요가 있다. 내부감사인이 수행해야 할 단계를 식별하는 데 도움이 된다.

방법

인소싱된 기능의 경우와 마찬가지로 아웃소싱된 기능에 대해서도 동일한 단계 모

---

9. 인소싱(insourcing: 내부운영) – 인소싱은 기업 내부에서 조달하는 형태로, 업무의 일부 혹은 전부를 기업 내의 조직이나 타부서로부터 조달하는 형태다. 이 형태는 기존의 전산시스템 부서와 동일한 개념으로 래거시(legacy) 시스템의 구축이나 외부에 노출돼서는 안 되는 전략적 시스템의 구축과 유지의 경우에 활용될 수 있다. 그러나 인소싱을 유지하려면 적합한 IT인프라나 전문 인력이 필요하다(이재규, 권순범, 『경영정보시스템원론』, p.597). – 옮긴이

두를 실시해야 한다는 감사인의 주장이 있을 수 있다(제반 위험은 여전히 존재하기 때문에). 현실적으로 감사인은 아웃소싱 프로세스에서는 내부 프로세스의 경우와 동일한 수준의 액세스 권한을 갖지 못할 것이므로 투쟁 대상을 택할 필요가 있다. 예를 들어 운영체제 보안을 검토하길 바란다고 해도 공급업체가 운영체제의 계정에 대한 액세스 권한을 부여해 시스템 구성을 검토하도록 허용하지는 않을 것이다. 그리고 확실히 요청할 가치가 있지만 계약상의 권리 때문에 종종 제한을 받을 것이다. 그 대신 시스템을 패치된 상태로 유지하고 시스템 자체의 보안을 정기적으로 모니터링하기 위한 프로세스에 집중할 수 있을 것이다(즉, 특정 서버의 구성을 검토하는 대신 시스템보안의 보장에 관한 프로세스를 검토한다). 가능하면 공급업체에게 일련의 읽기 전용 스크립트의 구동을 요청해 환경에서 핵심 시스템 구성 정보를 당겨와 출력을 보낸다. 감사 중에 수행하고자 하는 단계 목록을 개발한 후 이어서 어느 것이 가장 중요한지를 정한다. 그러면 공급업체의 저항에 맞서 싸워야 할 경우 어느 것을 대상으로 투쟁해야 할지를 알 수 있게 된다.

이러한 단계를 수행하는 방법과 관련해 중대한 변동성이 규범이 될 것이다. 이 모든 것은 공급업체와 회사 사이의 권리, 영향력, 관계에 따라 다르다. 일부 업체는 마치 자신들의 내부감사인인 것처럼 자기 내의 프로세스와 인프라를 감사할 수 있도록 감사인에게 허용한다. SSAE 18 보고서를 감사인에게 넘겨주고 자신의 의무를 다했다고 말하면서 감사인과의 일을 끝내는 업체도 있을 것이다. 건별로 개별적으로 협상해야 할 것이며, 조달, 법률, 운영 그룹의 도움을 받아 공급업체로부터 확보할 수 있는 투명성의 폭을 확인해야 한다. 영향력을 아직 행사할 수 있는 동안에 이러한 상황을 기재한 계약서에 강력한 '감사 권한' 조항을 삽입하는 것이 이 때문에 중요하다.

 참고 이것은 중요한 단계다. 효율성을 위해 여기에서는 다른 장의 감사단계를 반복하지 않는다. 그러나 예를 들어 코로케이션 시설로 아웃소싱된 데이터센터 운영을 감사하는 경우 이 장의 단계뿐만 아니라 5장의 단계도 수행하는 것이 중요하다. 마찬가지로 SaaS 모델을 사용하는 업무용 애플리케이션을 감사하는 경우 이 장의 단계뿐만

아니라 15장의 단계(최소한)도 수행해야 한다. 실제로 내부 애플리케이션을 감사할 때와 마찬가지로 관련 운영체제, 데이터베이스 등을 감사하는 7장에서 10장까지의 단계를 수행할 수도 있다.

2. 회사의 서비스 제공업체가 내부통제효과성과 적용 가능한 법규 준수에 대해 권위 있는 제3자로부터 독립적인 인증을 받은 경우 감사인은 그 업체에 인증서 출력을 요청한다. 알게된 이슈에 대해서는 해당 문서를 검토한다. 또한 이러한 증명들이 회사의 통제 목적과 얼마나 밀접하게 일치하는지 확인하고 차이를 식별한다.

회사의 서비스 제공업체 통제를 감사하려고 할지라도 숙련된 서비스 제공업체는 제3자와의 계약 체결을 통해 이미 정기적인 평가를 받고 있을 것이다. 이 제3자의 평가를 이용하면 서비스 제공업체의 기능에 대한 감사 필요성을 줄일 수 있다. 결과적으로 수행해야 할 감사범위가 축소된다. 실제로 많은 서비스 제공업체, 특히 대형 서비스 제공업체는 고객이 스스로 감사를 수행하는 대신 이러한 평가의 이용을 주장한다.

이 단계는 클라우드 컴퓨팅, 전용 호스팅, 오프사이트 서비스 아웃소싱에 가장 적합하다.

방법

공급업체에 이 정보를 요청한다. 요청하는 독립적인 인증 유형은 업종에 따라 다르지만 가장 일반적인 평가는 SSAE 18 보고서나 ISO/IEC 27001 증명이다. SSAE 18 보고서를 제공할 수 있다고 표시한 조직과 함께 일할 때는 SOC 2, 유형 2 SSAE 18 평가를 요청한다. 업종, 아웃소싱 유형, 수행 중인 감사 유형에 따라 예상되는 평가를 알아내야 한다. 예를 들어 아웃소싱한 웹 사이트를 감사하는 경우 어떤 형태의 웹 보안 증명을 볼 것으로 예상해야 한다. 이런 과정의 일환으로 공급업체가 제3자에게 관련 기능을 하도급하는지 여부를 알아내야 한다(예를 들어 회사가 SaaS 공급업체를 이용하고 있으며 그 업체가 다른 공급업체의 데이터센터 시설을 이용해 시스템을 호스팅하는 경우). 그렇다면 공급업체가 해당 하도급 공급업체로부터 독립적인 기관에서 발급된 평가서를 입수해 감사인에게 제공하도록 요청해보자.

이용가능한 평가서가 어떤 것이든 간에 일단 받으면 여러 영역에서 평가서를 검토해야 한다. 먼저 평가 결과를 검토해 언급된 문제점들과 공급업체의 교정계획을 이해해야 한다. 이러한 항목을 추적해 만족스럽게 수정됐는지 확인해야 한다(다시 제3자 평가를 통해 알아내야 할 수도 있다). 또한 자격을 갖춘 독립된 제3자가 평가를 수행하고 평가가 적용되는 기간을 결정해 그것이 여전히 관련성이 있는지 확인하는 것도 중요하다.

또한 수행된 평가의 범위를 검토하고 여러 통제 목적이 평가서에서 어떻게 검토됐는지 확인해야 한다. 회사의 통제 목적과 독립적인 기관의 평가에서 검토된 통제 목적 사이에 약간의 차이가 있을 수 있다. 이러한 차이를 확인한 후에는 제3자 평가에서 다루지 않은 항목에 대한 자체 평가를 수행할 수 있다. 각 사례를 개별적으로 협의하고 조달, 법률, 운영 그룹의 도움을 받아 자체 감사를 수행할 수 있는 범위를 파악해야 한다. 이는 계약서에 '감사권' 삽입 조항의 중요성을 다시 한 번 강조하고 있다.

공급업체에 적절한 제3자 평가가 없는 경우 모든 관련 감사단계를 직접 수행해야 한다(감사 권한에 의해 제한될 수 있음). 이 경우 감사인은 공급업체를 독려해 SSAE 18 SOC 2, 유형 2 평가나 기타 적절한 독립 평가를 받게 해야 한다. 이는 계약 갱신 시의 협상 포인트가 될 수 있다. 모든 유형의 IT 시스템과 인프라 아웃소싱(예를 들어 클라우드 컴퓨팅)에 대해 이러한 유형의 평가를 볼 것으로 예상해야 한다. 일상적인 활동에 대한 중요한 지침을 제공하는 경우의 IT 서비스 아웃소싱 모델(예를 들어 기능을 아웃소싱하지만 자체 시스템을 사용해 현장에서 관리하는 경우)에서 이를 예상하는 것은 적합하지 않을 수 있다.

공급업체의 선정과 계약

3. 해당 계약 사항을 검토해 회사의 계약에 관련된 책임, 요구사항, 공급 가능한 모든 것을 적절하게 식별하고 있는지 확인한다.

회사와 공급업체 사이에 문제가 있는 경우 계약은 유일한 대체 메커니즘이다. 계약서에 기재되지 않은 사항의 경우 불가능하지는 않더라도 문제가 있으면 요구사항을 시행하거나 배상을 구하는 것이 매우 어렵다.

이 단계는 모든 형태의 아웃소싱에 적용할 수 있다.

방법

이 단계를 수행하기에 가장 좋은 시기는 계약을 체결하고 서명하기 전이다. 그때가 계약의 변경과 계약 내용에 대한 영향력 행사가 상대적으로 쉽기 때문이다. 그러나 계약서에 대한 서명이 있은 후 감사를 수행하는 경우에도 두 가지 이유로 계약서 정보는 여전히 목적에 적합하다.

먼저 업무수행 중인 대상과 감사 중에 어떤 종류의 레버리지를 본인이 갖고 있는지에 대한 아이디어를 얻는다. 둘째, 재협의할 때 계약에서 변경해야 할 사항에 대한 정보를 얻을 수 있다.

서명된 계약을 검토하거나 사전에 의견을 제시하는지 여부에 관계없이 계약에서 다음 영역을 다루는지 확인해야 한다.

- 가용성(예를 들어 예상 가동 시간), 성능(예를 들어 엔터키를 누른 후의 트랜잭션 응답 속도), 응답 시간(공급업체는 연중무휴 24시간 문제에 대응하는가 또는 정상 업무 시간에만 응답하는가 등), 문제해결 시간(문제가 얼마나 빨리 해결될 것으로 예상하는가 등)에 대한 요구사항을 명시한 SLA(서비스 수준 약정)를 비롯해 성능 측정 방법을 명시한다.
- 보안에 대한 SLA(즉, 데이터의 기밀성, 무결성, 가용성을 보호하기 위한 통제 요구사항)는 특정 통제 프레임워크(예를 들어 COBIT)의 준수와 제3자 평가 요구사항을 포함할 수 있다. 그것은 또한 접근권한이 있는 사람, 비즈니스 연속성, 재난복구 방법, 조사지원 방법, 시스템과 데이터에 접근하는 직원에게 필요한 보안교육과 배경 체크, 데이터 보존과 파괴 방법 등을 비롯한 데이터 저장방법(알고리즘과 키 길이에 대한 요구사항을 비롯한 암호화)에 대한 요건도

포함해야 한다. 전반적으로 공급업체가 보안에 대한 계약상의 책임을 지고 있는지 확인하기를 원한다.

- 회사가 서비스 품질을 측정하는 데 사용할 수 있는 기타 주요 측정기준과 성능지표가 포함돼야 한다. 예를 들어 헬프 데스크 기능을 아웃소싱한 경우 분석자별로 마감된 티켓과 고객 만족도에 대한 기대치를 설정할 수 있다.

- 준거를 증명해줄 독립적인 기관의 평가 요건을 비롯해 적용 가능한 법규(PCI, HIPAA 등) 준거 요건의 개요를 설명한다.

- SLA의 성능이 저하되거나 성능 지연에 대한 처벌 조항과 성능 목표가 충족되지 않은 경우 계약 종료 조건을 규정한다.

- 감사대상과 시기를 지정해 감사권 조항^{right-to-audit-clause}을 추가한다. 분명히 감사 시기(불시 감사 수행 기능 포함)와 대상을 자유롭게 정할 수 있도록 감사권에 광범위한 권한이 부여되길 바랄 것이다. 감사인은 거기서 협상할 수 있다. 이 조항을 더 넓게 만들수록 더 많은 자유를 얻는다.

- 공급업체가 다른 공급업체에 하도급 계약한 기능(예를 들어 SaaS 공급업체가 다른 제3자의 시스템을 호스팅하는 경우)에 대한 독립적인 평가(예를 들어 SSAE 18)를 감사하고 검토할 수 있는 권한 조항을 포함한다. 가능하면 계약에서 공급업체가 하도급할 수 있는 기능이나 하도급 관계에 대해 공급업체가 승인받을 수 있는 기능(있는 경우)을 명시한다.

- 데이터가 필요할 때, 특히 약정이 종료된 경우 원하는 형식으로 데이터를 검색할 수 있다는 보증을 받는다.

- 공급업체가 자체 목적(즉, 귀사가 지정하지 않은 목적)으로 회사 데이터를 사용하지 못하게 하는 문구를 추가한다.

- 공급업체가 회사 정보를 공개하지 못하게 비공개 조항을 포함시킨다.

- 구매, 법률 부서, 해당 운영 그룹이 계약을 검토했다는 증거를 포함시킨다.

- 기본적으로 서비스 제공업체로부터 예상하는 모든 것을 계약서에 구체적으로 포함시켜야 한다. 또한 이 장의 다른 단계도 고려해 아이디어를 구한다.

4. 아웃소싱 공급업체 선정에 사용된 프로세스를 검토, 평가한다.

공급업체 선정 프로세스가 부적절하면 공급받은 서비스가 업무 요구사항을 충족시키지 못하고 부실한 재무 결정을 초래할 수 있다.

이 단계는 모든 형태의 아웃소싱에 적용된다.

방법

분명한 목표는 공급업체의 선정에 앞서 이 단계를 수행해야 한다는 것이다. 그 시점에 결정에 영향을 줄 수 있다. 그러나 선정된 이후에 감사를 수행하는 경우에도 공급업체 선정 프로세스를 이해하는 것은 여전히 가치가 있다. 그것은 해결해야 할 갭을 식별할 수 있으며, 또한 계약을 갱신하거나 다른 계약을 체결할 때 사용할 수 있는 정보를 얻을 수 있다.

다음과 같은 요소를 대상으로 공급업체 선정 프로세스를 검토한다.

- 여러 공급업체가 입찰 프로세스에 참여하고 평가를 받는지 확인한다. 이는 경쟁 입찰과 저가 낙찰을 위해 마련된 프로세스다.
- 평가 프로세스의 일부로 각 공급업체의 재무 안정성을 조사했는지 여부를 확인한다. 그렇게 하지 않으면 회사가 사업을 중단한 공급업체와 계약 체결에 이르는 수가 있다. 이 경우 외주한 것을 다시 사내로 가져오거나 다른 공급업체로 옮기려는 상황에서 회사의 운영 활동은 중대한 장애에 직면한다.
- 유사 규모의 회사나 유사 업종에 지원한 각 공급업체의 경력을 평가했는지 확인한다. 여기에는 현재 공급업체 서비스를 이용하는 회사에서 제공하는 정보 및 회사와의 인터뷰가 포함될 수 있다. 일반적으로 원하는 규모의 서비스를 비슷한 규모로 수행할 수 있음이 이미 입증된 공급업체가 선택되길 바랄 것이다.
- 공급업체의 기술 지원 능력을 고려하고 평가했는지 확인한다.

- 각 공급업체를 사전에 정의된 기준과 비교해 객관적인 평가를 확보하는지 확인한다.
- 계약 협상에 도움이 되는 조달담당 직원, 요구사항을 충족시킬 수 있는 공급업체 능력에 대해 전문적 평가를 제시하는 운영담당 직원, 아웃소싱 약정의 잠재적 규제와 기타 법적 영향에 대한 지침을 제시하는 법무담당 직원의 적절한 참여 여부를 확인한다.
- 철저한 비용 분석을 수행하는지 확인한다. 사내 작업 수행에 필요한 총비용과 각 공급업체의 이용에 대한 총비용을 산정해야 한다. 이 분석에는 일회성 스타트업 활동비, 하드웨어와 관련 전력 및 냉각기, 소프트웨어와 유지보수, 하드웨어 유지보수, 스토리지, 지원(노무) 등을 포함한 모든 관련 비용을 포함해야 한다. 회사는 종종 모든 관련 비용을 고려하지 않고 결정을 내린다. 예를 들어 클라우드 컴퓨팅으로 인한 일부 비용의 절감과 요건의 충족을 위한 모니터링 강화 비용은 상쇄시킬 수 있다. 회사가 정보에 입각한 결정을 내리고 있는지 확인하기 위한 분석에 이러한 비용을 포함시켜야 한다.

계정관리와 데이터보안

이 절의 모든 단계(8단계 제외)에서 첫 번째 옵션은 SSAE 18과 같은 제3자를 통한 해당 영역의 평가가 가용성이 있는지 확인해야 한다는 것이다. 그렇지 않은 경우 운영, 조달, 법무 부서와 함께 협력해 이 영역의 공급업체에 대한 회사의 감사권을 확인해야 한다. 계약서에 감사권을 명시하는 것이 바람직하다. 그렇지 않은 경우 회사는 다음 계약 갱신을 레버리지 협상으로 이용해 해당 권한의 확보를 시도해야 한다.

SSAE 18과 같은 평가가 해당 분야에 적용되지 않은 경우, 공급업체에 대한 감사권을 갖고 있는 경우, 공급업체를 인터뷰하고 기술적 통제 프로세스 관련 문서를 검토해야 하며, 가능한 한 해당 통제를 테스트해야 한다.

또한 이러한 통제에 대한 회사의 요구사항이 계약서에 나와 있고 해당 특정 요구사항이 충족되고 있다는 증거를 찾아내고 싶을 것이다.

5. 회사 데이터가 다른 고객의 데이터와 분리되는 방식을 확인한다.

회사가 선택한 아웃소싱이 회사 데이터를 공급업체 시스템의 사이트(예를 들어 클라우드 컴퓨팅과 전용 호스팅)에 저장하는 형태면 회사는 더 이상 자사 데이터에 대해 완전한 통제권을 행사할 수 없다. 회사 데이터가 다른 고객의 데이터와 혼합될 수 있다(클라우드 컴퓨팅에서 있음직한 시나리오). 이로 인해 여러 가지 위험이 발생한다. 예를 들어 데이터가 재대로 분리되지 않으면 동일한 공유 인프라상에 있는 다른 고객(경쟁업체 중 하나 포함)이 회사의 데이터에 접근할 수 있다. 마찬가지로 한 고객의 시스템이 공격받으면 동일한 환경에서 다른 고객의 기밀성, 무결성, 가용성이 위험에 처할 수 있다. 예를 들어 바이러스가 한 고객에서 다른 고객으로 전송되거나 공격자가 해당 환경 내의 모든 고객으로부터 데이터를 다운로드할 수 있을 것이다.

이 단계는 클라우드 컴퓨팅과 전용 호스팅에 가장 적합하다.

방법

시스템과 데이터의 분리, 보호를 보장하기 위한 기술적 통제와 프로세스를 검토한다. 이를 수행하기 위한 단일 방식은 없다. 공급업체에서 사용하는 테크놀러지에 따라 구현 방식이 달라지지만 공급업체는 시스템, 스토리지, 네트워크 등을 분리하고 구획화한 방법을 보여줘야 한다. 예를 들어 전용 호스팅 환경에서 다른 고객을 호스팅하는 네트워크로부터 회사 시스템을 호스팅하는 네트워크를 분리시키기 위한 네트워크 장치(방화벽과 같은)를 찾아본다. SaaS 환경에서는 고객 데이터가 포함된 데이터베이스의 분리를 찾아본다. 이상적으로는 통제가 설계된 대로 작동하는지 검증하고자 자체 테스트를 수행하길 좋아한다. 이 테스트의 특성은 테크놀러지와 그 구현에 따라 달라질 것이다.

6. 공급업체 사이트로 전송돼 거기에 저장 중인 회사 데이터는 암호화를 통해 보호되는지를 검토, 평가한다.

회사가 자신의 데이터를 더 이상 완전히 통제할 수 없다면(즉, 제3자 사이트에 저장돼 있고 다른 고객의 데이터와 혼합될 수 있는 경우) 데이터를 암호화해 가능한 손상을 방지하는 것이 중요하다. 암호화는 데이터의 기밀성이나 무결성에 영향을 미치는 침해의 위험을 감소시킨다. 회사가 공유 환경(예를 들어 클라우드 컴퓨팅)에 암호화되지 않은 데이터를 두고 있는 경우 해당 데이터는 더 이상 기밀이 아닌 것으로 추측할 수 있다.

이 단계는 클라우드 컴퓨팅, 전용 호스팅, 오프사이트 서비스 아웃소싱에 가장 적합하다.

방법

전송 중인(예를 들어 브라우저 구동 트랜잭션의 경우 TLS를 통해) 데이터와 휴면 상태(즉, 저장소에 있는) 데이터에 대한 암호화를 찾아본다. 회사 데이터가 제3자 사이트에 저장돼 있는 경우 둘 다 회사의 통제 범위 밖에 있기 때문이다. 암호화의 강도를 평가한다. 해당 시스템의 비교가 가능하도록 암호화 요구사항(알고리즘과 키 길이 등)을 계약에 명시함이 바람직하다.

키 관리 방법과 해당 환경에서 회사의 키와 다른 고객의 키를 구별하는 방법을 확인한다. 이상적으로는 이 기능을 표준 아웃소싱 업체와 분리된 별도의 업체가 수행하거나 회사에서 수행해야 한다. 즉, 직능을 분리한다. 한편 많은 클라우드 제공업체는 강력한 키 관리 서비스도 제안하고 있다. 장애 가능성의 감소, 조직의 키 관리 간접비, 복잡성의 경감이 가능하다는 것이다. 예를 들어 AWS는 호스팅된 키 관리 솔루션을 제안한다. 이 솔루션은 데이터 암호화 기능을 갖추고 있지만 아마존에 주요 관리 책임을 대부분 맡기고 있다.

7. 데이터를 통제, 제한하는 방법과 공급업체 직원이 회사 시스템에 접근하는 방법을 확인한다.

외부업체 직원이 회사 데이터를 처리하거나 저장하는 경우 데이터에 대한 접근권한을 가진 자에 대해 소유권을 유지하지 않으면 데이터의 기밀성, 무결성, 가용성이 위험에 처하게 된다.

이 단계는 모든 형태의 아웃소싱에 적용된다.

방법

회사 데이터와 시스템에 접근할 수 있는 사람을 확인하고 적절성을 검토한다. 적절한 업무분장을 어떻게 유지하는지 확인한다. '필요한 최소 접근' 개념을 따르는지 확인한다.

승인 프로세스를 검토해 회사 시스템과 데이터에 접근할 수 있는 사람을 확인한다. 이상적으로는 회사에서 데이터 소유자가 승인을 감시하기 위한 문지기가 될 것이다. 회사는 공급업체 직원의 데이터 접근을 거부할 수 있는 권리(계약서에 명기가 바람직함)를 유지해야 한다.

직원의 선별, 채용에 관한 공급업체의 프로세스를 검토해 적절한 배경을 점검하는지, 회사 환경의 보안, 관리에 관한 규칙을 해당 직원에게 전달하는지 확인한다. 또한 시스템 관리와 지원을 위해 공급업체가 제3자 인력을 활용하는지 검토한다. 많은 공급업체가 내부직원만 사용해 클라우드 환경을 지원하지만 일부 공급업체는 이러한 기능을 아웃소싱할 수도 있다. 이러한 요건들을 계약서에 명시해야 한다.

공급업체와 연관된 제3자 관계망 목록과 회사 시스템에 인터페이스한 추가 당사자 목록을 요청한다. 이들은 각기 회사 데이터의 추가적 노출 위험을 나타낸다.

8. 내부 네트워크와 내부시스템에 대한 직원이 아닌 자의 논리적 접근을 제어하기 위한 프로세스를 검토, 평가한다.

회사가 서비스 아웃소싱이나 보충(계약) 인력을 사용하는 경우 회사는 사내 네트워크와 시스템에 제3자 공급업체 직원의 논리적 접근을 어느 정도 허용할 것이다. 이러한 인력은 회사 직원이 아니기 때문에 회사의 성공이나 회사 정책, 문화에 대한 인식에 개인적으로 힘쓸 가능성이 적다. 회사 정보자산에 대한 접근을 관리하지 않고 해당 접근의 예상 용도를 전달하지 않으면 회사 정보자산이 쓸데없이 노출되거나 오용될 가능성이 높다.

이 단계는 온사이트와 오프사이트 서비스 아웃소싱과 보충 인력에 가장 적합하다.

방법

직원이 아닌 자가 회사 시스템에 논리적으로 접근하기 전에 회사 직원의 승인, 후원을 거치도록 규정한 정책이 있는지 확인한다. 가능하다면 직원이 아닌 계정의 샘플을 확보해 적절한 승인과 후원을 받았는지 검증한다.

직원이 아닌 자에게 시스템 접근권한을 부여하기 전에 회사 정책(IT보안정책 포함)을 직원이 아닌 자에게 알리는 프로세스를 검토, 평가한다. 이러한 커뮤니케이션이 일어났다는 증거를 찾아본다. 예를 들어 모든 직원이 아닌 자가 제반 정책을 읽고 동의했다는 서류에 서명해야 하는 경우 직원이 아닌 자의 계정 샘플을 가져와 서류 부본을 입수한다.

직원이 아닌 자가 회사와의 업무 관계를 중단했거나 더 이상 접근이 필요하지 않을 때 이들의 논리적 접근을 제거하기 위한 프로세스를 검토, 평가한다. 현재의 직원이 아닌 자의 계정 샘플을 입수해 해당 직원이 아닌 자가 여전히 회사와 업무 관계를 유지하고 있으며 현재의 접근 수준을 필요로 하는지 검증한다.

직원이 아닌 자가 비공개 약정NDA에 서명했는지 확인한다. 회사 데이터의 부적절한 사용으로부터 회사를 합법적으로 보호하는 데 필요한 것이다. 직원이 아닌 자의 계정 샘플을 추출하고 NDA 부본을 입수한다.

직원이 아닌 자가 접근하면 안 되는 데이터와 직원이 아닌 자가 수행하면 안 되는 활동이 있다. 이를 식별하기 위한 조치가 있는지 확인한다. 예를 들어 회사는 특정 수준의 재무 데이터에 대한 접근권한을 직원이 아닌 자에게 부여해서는 안 된다고 결정할 수 있다. 또는 직원이 아닌 자에게 시스템 관리 업무를 부여해서는 안 된다고 정할 수 있다. 답은 회사의 업종과 철학에 달려 있다. 아무튼 평가 프로세스는 있어야 하며, 해당 평가의 제반 결과는 회사 정책에 문서화되고 시행돼야 한다.

9. 공급업체에 저장돼 있는 회사의 데이터가 회사 내부정책에 따라 보호되고 있는지 확인한다.

데이터를 어디에 저장하든 데이터는 회사 내부정책에 여전히 달려있다. 스토리지를 제3자에게 아웃소싱한다고 해서 정책의 준수와 데이터의 적절한 보안을 보장하기 위한 회사 책임이 면제되는 것은 아니다.

이 단계는 클라우드 컴퓨팅과 전용 호스팅에 가장 적합하다.

방법

제3자 사이트에 저장된 데이터가 회사의 데이터 구분 정책에 따라 분류되고 해당 정책에 따라 보호되고 있는지 확인한다. 특정 수준의 분류에 따른 데이터는 회사 외부에 저장하기에 부적합할 수 있다(예를 들어 직원과 고객의 개인정보). 회사의 데이터보안정책을 검토하고 해당 정책에 따라 오프사이트 저장 데이터가 보호되고 있는지 검토한다. 저장된 데이터를 공급업체와 함께 암호화하면 이 영역에서 큰 이점을 얻을 수 있다.

10. 공격을 예방, 탐지하고 이에 대응하기 위한 통제를 검토, 평가한다.

침입의 탐지, 방지를 위한 적절한 기법이 없으면 시스템과 데이터의 손상 위험이 커진다. 아웃소싱 모델에서 이러한 위험이 증가한다. 시스템과 인프라를 아웃소싱할 때 특히 그렇다. 공유 인프라로 인해 한 고객에 대한 공격과 손상은 회사 시스템의 손상으로 귀결될 수 있다.

이 단계는 클라우드 컴퓨팅과 전용 호스팅에 가장 적합하다. 또한 서비스 제공업체가 자신의 시스템에 회사 데이터를 저장하거나 회사의 내부시스템과 연결망을 갖고 있을 수 있으므로 오프사이트 서비스 아웃소싱을 이용하는 경우 이런 위험의 적용 가능성 여부를 고려한다.

방법

별도의 하위 단계로 이 단계를 나눌 수 있다. 제3자 사이트에 있는 인프라와 시스템의 경우 배치된 기술의 효과성, 배치된 기술의 적용 범위, 다음 목록과 같은 기술을 모니터링하고 유지하기 위한 프로세스를 확인한다.

침입탐지: 회사 시스템에 대한 잠재적인 공격을 탐지하기 위한 침입탐지 시스템[IDS]의 사용, 모니터링과 시스템 베이스라인에 대한 무단변경 가능성을 탐지하는 무결성 검사 도구를 찾아본다.

침입방지: 시스템의 잠재적인 공격을 사전에 탐지, 차단할 수 있는 침입방지 시스템[IPS]을 사용하고 모니터링하는지 찾아본다.

사고대응: 명확하게 정의된 프로세스를 찾아본다. 이 프로세스는 통지와 에스컬레이션 절차를 포함해 경보와 잠재적 보안사고에 대응하고자 마련된 것을 말한다.

취약점 발견과 치료: 잠재적 취약점은 침입자에게 시스템 접근이나 시스템에 대한 방해를 허용할 수 있다. 이런 잠재적 취약점의 탐지, 완화를 위해 취약점 검색 도구를 사용하고 모니터링하는지 찾아본다.

로깅: 시스템에서 일어나는 중요 활동(성공과 실패)의 제반 로깅으로, 적절한 시간 동안 이러한 로그에 대한 모니터링과 안전한 위치에 이러한 로그의 저장을 살펴본다.

바이러스와 기타 멀웨어: 바이러스 방지 소프트웨어의 사용법과 배포된 새 서명 파일 애플리케이션을 찾아본다.

AWS나 애저와 같은 공급자의 경우 공유 책임 모델을 고려한다. 보안 인력과 함께 검토해서 이들이 공급업체 책임이 끝나고 회사 책임이 시작되는 위치를 이해하는지 여부와 고객 책임을 다루는 적절한 통제가 존재하는지 확인한다.

11. 클라우드 기반과 호스팅된 시스템의 ID 관리 방법을 확인한다.

적절한 ID 관리 실무는 회사 시스템, 데이터에 대한 접근통제를 위해 중요하다. 아웃소싱된 운영을 기존 ID 시스템이나 단일 사인온^{sign-on} 프로세스와 통합하지 않으면 패스워드와 계정의 관리 방식들이 공급업체들 사이에 일관성 없으므로 결국 직원들은 여러 계정을 갖게 될 것이다.

이 단계는 클라우드 컴퓨팅, 특히 SaaS와 전용 호스팅, 특히 구매한 애플리케이션에 가장 적합하다.

방법

아웃소싱된 각 시스템에 대해 ID 관리 통제를 검토할 수 있겠지만(적절한 패스워드 통제, 계정관리 통제 등을 각각 체크하는 일), 감사인은 연합 ID 관리 능력의 구비를 선호해야 한다. 이는 단일의 회사 ID와 패스워드를 가진 사용자에게 내부시스템에 대한 인증을 허용해줄 것이다. 이는 공급업체 시스템에 대한 회사의 인증 역할도 한다. 이는 중앙집중식 ID 관리의 이점을 제공하므로 회사는 공급업체에 사용자 자격증명을 저장할 필요가 없게 된다.

예를 들어 SAML^Security Assertion Markup Language과 같은 기술을 이용해 이런 형식의 연합 ID 관리를 구현하는 경우 내부 자격증명 데이터(예를 들어 패스워드)가 공급업체에 노출되거나 접근 가능하지 않게 해야 한다. 이러한 요건들은 계약서에 명시하는 것이 바람직하다. 연합 ID를 구현할 수 없는 경우 아웃소싱된 시스템에 대한 ID 관리 통제를 검토해 정책 요건을 충족하는지 확인할 필요가 있다. 한 가지 대안적인 솔루션은 회사와 공급업체 간에 ID 관리 서비스를 '중간자'로 이용하는 것이다. 그렇지만 해당 솔루션은 또 하나의 제3자를 끌어들이며, 감사인은 회사 환경에서 제3자를 감사해야 한다.

12. 오프사이트 저장 데이터에 대한 데이터 보존, 파기 실무가 내부정책을 준수하는지 확인한다.

데이터의 수명주기가 정의되지 않은 경우 데이터를 필요 이상으로 오래 유지하거나(결과적으로 추가 스토리지 비용과 법적 책임이 발생될 가능성) 조기에 파기하는 수가 있다(운영, 법적, 세금 문제로 이어질 가능성).

이 단계는 클라우드 컴퓨팅, 전용 호스팅, 오프사이트 서비스 아웃소싱(공급업체가 회사 데이터를 저장하는 경우)에 가장 적합하다.

방법

공급업체에 저장된 데이터에 대해 수명주기 요건을 정의해뒀는지 확인한다. 샘플 한 개에 대해 보존, 아카이브, 파기 요건을 비롯해 데이터의 수명주기 요건 문서를 검토한다. 이상적으로는 다음의 요건들을 식별할 것이다.

데이터를 활성화해야 하는 기간(온라인, 쉽게 접근 가능, 필요시 수정 가능하고 주기적으로 백업된다), 데이터를 보관해야 할 시기와 기간(오프라인, 접근이 쉽지는 않지만 더 이상 수정 가능하지 않고, 더 이상 주기적으로 백업되지 않는다), 폐기해야 할 시기 등을 식별할 것이다.

이러한 요건이 데이터의 특성을 적절하게 반영하는지 확인한다(예를 들어 웹 사이트의 외부 공개 콘텐츠는 고객 데이터와 다르게 취급돼야 한다). 계약에 따라 공급업체는 회사의 수명주기 요건별로 데이터를 관리해야 한다. 수명주기 요건을 구현했다는 증거를 검토해 특히 공급업체가 회사의 요건에 따라 데이터를 삭제했다는 증거에 집중한다. 클라우드에서 데이터 파괴를 입증하기가 매우 어려울 수 있으므로, 앞에서 설명한 것처럼 회사 데이터에 강력한 암호화를 사용하는 것이 중요하다.

AWS나 구글 클라우드^{Cloud}와 같은 공유 책임 모델을 이용하는 서비스의 경우 회사 책임에 해당하는 데이터를 확인하고 데이터 관리 통제가 마련돼 있는지 확인한다.

13. 공급업체의 물리적 보안을 검토, 평가한다.

물리적 보안은 논리적 보안에 영향을 준다. 물리적 접근은 일부 논리적 접근통제를 무시할 수 있기 때문이다. 회사는 뛰어난 논리적 보안을 갖출 수 있다. 그러나 누군가가 뒷길로 들어와 회사의 시스템과 데이터가 포함된 컴퓨터(또는 디스크 드라이브나 테이프 카트리지)를 갖고 달아날 수 있다면 최소한 서비스의 중단을 경험할 것이다. 데이터가 적절하게 암호화되지 않은 경우 보안의 갈라진 틈도 목도할 것이다.

이 단계는 클라우드 컴퓨팅, 전용 호스팅, 오프사이트 서비스 아웃소싱에 가장 적합하다.

방법

공급업체의 물리적 보안을 다음과 같은 통제에 대해 검토한다.

- 증표 판독기나 생체인식 스캐너
- 보안 카메라
- 경비원
- 울타리

- 조명
- 잠금장치와 센서
- 물리적 접근권한이 부여될 사람을 식별하기 위한 프로세스

물리적 보안통제 감사에 대한 추가 정보는 5장을 참고한다.

운영과 거버넌스

14. 아웃소싱된 운영의 품질을 모니터링하기 위한 회사 프로세스를 검토, 평가한다. SLA 준거와 기타 계약 요구사항을 모니터링하는 방법을 확인한다.

계약서에 기대치가 명시됐기를 바라겠지만 해당 기대치에 대한 준거 여부를 모니터링하지 않는 한 해당 요구사항이 충족되고 있는지 알 수는 없다. 이러한 기대치가 충족되지 않으면 운영의 가용성, 효율성, 효과성 그리고 시스템, 데이터의 보안이 영향을 받을 수 있다.

이 단계는 모든 형태의 아웃소싱에 적용된다.

방법

계약을 검토해 요구사항을 이해한다. 회사의 내부 경영진과 인터뷰해 각 요구사항이 충족되고 있는지 모니터링하는 프로세스를 확인한다. 측정기준, 운영 검토에 관한 슬라이드와 기타 자료를 입수, 검토하고, 결과를 계약에 명시된 요구사항과 비교한다. 괴리가 발생한 경우 시정 조치 계획을 검토하고 해당 계획이 구현됐으며 효과적이라는 증거를 검토한다.

계약서에 요구사항이 명시돼 있지 않은 경우 서비스 품질의 모니터링 방법과 공급업체가 책임을 지는 방법을 확인한다. SLA는 계약 갱신 시의 요구사항에 포함시켜야 한다.

이 단계를 수행할 때 다음 기본 주제를 다뤄야 한다.

- 가용성(예상 가동 시간)
- 성능(예를 들어 엔터키를 누른 후 트랜잭션 응답 속도)
- 응답 시간(예를 들어 공급업체가 24시간(24/7) 문제에 응답하는지 또는 정상 업무 시간에만 응답하는지)
- 문제해결 시간(문제를 얼마나 빨리 해결해야 하는지 등)
- 보안과 준거 요구사항
- 회사에서 서비스 품질을 측정하는 데 이용할 수 있는 기타 주요 측정기준과 성능지표

일부 조직은 기존 부서를 활용해 AWS나 애저와 같은 서비스에 대한 성능 모니터링을 수행할 수 있다. 다른 경우에는 전용 클라우드 운영팀이 이러한 활동을 처리한다. 회사에서 이러한 종류의 서비스를 활용하는 경우 클라우드 운영 모니터링을 어떻게 다루는지 확인한다. 설치된 애플리케이션이나 시스템의 요구에 따라 다양한 모니터링 영역이 적용되는지 확인한다.

15. 서비스 제공업체에서 재해가 발생할 경우 업무 연속성을 유지할 수 있도록 적절한 재해복구 프로세스를 마련하고 있는지 확인한다.

내부에서 호스팅된 시스템^{hosted system}과 마찬가지로 운영을 아웃소싱한 경우에도 재해로부터의 복구를 준비해야 한다. 그렇지 않으면 공급업체에 재난이 발생하는 경우 혼란과 비즈니스 중단 사태가 연장될 수 있다.

이 단계는 클라우드 컴퓨팅, 전용 호스팅과 오프사이트 서비스 아웃소싱에 가장 적합하다.

방법

감사인은 회사의 내부 운영을 감사할 때 찾아내려는 것과 같은 든든한 재해복구 원칙을 공급업체가 준거할 것으로 기대해야 한다. 여기에는 오프사이트 백업에 대한 검토, 최신의 문서화된 복구절차, 정기적 테스트, 하드웨어 이중화 등과 같은 이 책의 다른 부분에 요약된 단계들이 포함된다.

첫 번째 옵션은 제3자 평가(예를 들어 SSAE 18)를 통해 이 영역에 대한 평가를 이용할 수 있는지 확인하는 것이다. 그렇지 않은 경우 운영, 조달, 법무팀과 협력해 이 영역의 공급업체를 감사할 수 있는지 확인해야 한다. 감사권을 계약서에 명기해두는 것이 이상적이다. 그렇지 않은 경우 회사는 다음 계약 갱신을 레버리지 협상용으로 이용해 감사권의 확보를 시도해야 한다.

해당 영역이 제3자 평가의 대상은 아니지만 회사에 감사권이 있는 경우 공급업체를 인터뷰하고 해당 통제와 프로세스에 대한 문서를 검토해 가능한 한 해당 통제를 테스트해야 한다. 또한 감사인은 계약서에 기재된 복구시간 목표(재해 후 시스템을 얼마나 빨리 백업해야 하는지)와 복구시점 목표(며칠 분량의 데이터를 잃어버릴 것인지)를 비롯해 재해복구 통제에 대한 요구사항도 확인하길 원할 것이다. 공급업체가 계약상의 요구사항을 어떻게 준수하는지 확인한다.

공급업체의 재해복구절차를 이해하는 것이 중요하지만 회사는 공급업체의 재해발생 시 복구 방법에 관한 문서화된 절차를 수립해둬야 한다. 여기에는 알림과 에스컬레이션 절차, 복구 중 회사와 공급업체 간의 필요한 전달 사항hand-offs과 복구를 기다리는 동안 가능한 수동적인 해결 방법을 포함해야 한다. 또한 공급업체가 장기간(또는 그 어느 때까지) 복구할 수 없는 경우의 비상계획도 포함해야 한다. 아키텍처에서의 복제와 데이터의 위치에 관한 정보를 요청한다. 데이터와 인프라가 여러 사이트에 중복돼 있다면 회사의 취약점과 비상계획의 필요성은 감소한다. 회사 시스템이 단일 위치에 있는 경우 회사가 비상계획을 문서화하는 것이 더욱 중요하다. 여기에는 데이터의 입수 방법과 필요시 사내로 가져오는 방법이 포함돼야 한다.

AWS나 마이크로소프트 애저와 같은 공유 책임 모델을 이용하는 서비스의 경우 회사가 다른 서비스 지역에서 백업 서비스 능력을 구성해 공급업체의 서비스 중단 시 재해복구 능력을 활용할 수 있는지 확인한다.

16. 회사 직원이 신 클라우드 서비스 계약을 체결할 경우 이에 대한 적절한 거버넌스 프로세스가 있는지 확인한다.

클라우드 컴퓨팅을 통해 업무부서 직원은 회사 IT를 동원하지 않고도 자신의 요구를 쉽게 충족시킬 수 있다. 대부분의 클라우드 서비스는 인터넷에 연결된 브라우저를 통해 액세스할 수 있으므로 업무부서는 클라우드 공급업체와 계약해 다른 사람에게 알리지 않고도 업무 프로세스 중 하나와 관련된 시스템과 데이터를 아웃소싱할 수 있다. 이로 인해 데이터의 적절한 보안, 시스템의 상호운용성, 적절한 지원 능력 등을 보장하고자 설정한 거버넌스 프로세스가 우회될 가능성이 있다.

이 단계는 클라우드 컴퓨팅에 가장 적합하다.

방법

이 단계를 몇 개의 하위 단계로 나눌 수 있다. 이들 단계에 운영이나 보안요원, 재무, 기타의 도움이 필요할 수도 있을 것이다.

정책: 회사 정책을 검토해 클라우드 서비스 계약 문제를 다루고 있는지 확인한다. 이런 유형의 서비스 공급업체와 계약하는 경우 회사 직원에게 특정 절차를 따르게 요구하는 정책이 마련돼 있어야 한다. 이러한 정책이 존재하면 적절성을 검토한다. IT부서를 참여시키고 특정의 보안과 운영 요구사항을 해결해야 한다. 직원들이 해당 정책을 어떻게 인식하고 있는지 확인한다. 또한 정책의 시행방법도 확인한다. 예를 들어 계약에 서명하고 송장 금액 지급에 관여해야 할 중앙집중식 조달 조직이 회사에 있는 경우 감사인은 회사의 신규 계약에 적절한 절차가 준수되는지 확인하는 데 정책을 수문장으로 활용할 수 있다.

서비스 업체의 명단: 조직에서 공급업체와 승인된 외부 서비스의 명단을 유지하는지 여부를 확인한다. 명단의 유무를 평가하고자 조달이나 운영담당자와 알아본다.

클라우드 서비스에 대한 접근통제: 외부 서비스에 대한 접근을 관리하거나 제한하기 위한 통제가 있는지 여부에 대해 보안 인프라나 운영팀과 알아본다. 이는 종종 웹 보안 게이트웨이나 웹 프록시를 통해서나 CASB^{Cloud Access Security Broker}라고 하는 특수 솔루션을 통해 수행할 수 있다. 회사가 서비스에 대한 접근을 관리하거나 제한하지 않으면 라이선스 제한 조건을 위반하면서 사용하거나 적절한 약정도 없이 서비스를 대량 사용하는 직원들이 생길 것이다.

클라우드 구성 관리: 특히 PaaS나 IaaS 솔루션을 사용 중인 경우 클라우드 서비스의 사용 허가는 사용 지침에 따라야 한다. 이들 지침은 특정 서비스에 관련된 템플릿이나 정책 지침의 형태를 취할 수 있다. 이용가능한 특정 서비스에는 보안 구성, 로깅 등이 필요하다. 직원들이 이러한 서비스 이용에 제한을 받지 않으면 회사 데이터가 위험에 노출될 수 있다. 이 문제는 이러한 서비스를 구성하는 데 관여하는 운영팀과 논의한다.

비용 관리: 클라우드 서비스는 온프레미스 서비스보다 비용이 적게 들지만 항상 그런 것은 아니다. 조직에 클라우드 서비스와 관련된 비용, 특히 PaaS와 IaaS 제공업체에 관련된 비용을 모니터링하고 검토하는 프로세스가 있는지 확인한다. 적절한 통제가 여기에 없다면 직원들은 고가의 클라우드 솔루션에 쓸데없이 관여할 수 있다.

17. 아웃소싱 관계의 예정된 종료나 예기치 않은 종료의 경우 회사의 계획을 검토, 평가한다.

회사는 여러 가지 이유로 향후 아웃소싱 관계를 종료할 수 있다. 공급업체가 사업을 접거나 회사에서 사용 중인 서비스 공급을 중단하는 수가 있다. 공급업체의 가격이나 품질이 불만스럽다면 계약 종료 시 회사는 새로운 경쟁 입찰을 할 것이다.

이 경우 다른 공급업체의 승리가 예견될 수 있다.

회사가 해당 서비스를 사내로 가져오거나 다른 공급업체로 전환할 수 없다면 공급업체가 회사를 가두는 식이 된다. 이런 형국은 가격과 서비스 품질에 영향을 미칠 회사의 레버리지를 크게 손상시킬 수 있다. 그리고 공급업체가 사업을 중단하는 경우 회사업무는 심대한 타격을 받는다.

이 단계는 모든 형태의 아웃소싱에 적용된다.

방법

회사는 필요하다면 제반 기능을 사내로 가져오거나 다른 공급업체로 이전하는 방법을 명시한 문서화된 계획을 수립했는지 확인한다. 이 기능을 사내로 가져오는 것이 비현실적이라면 감사인은 대체 서비스 제공업체의 식별에 대한 증거를 확인해야 한다. 서비스 전환에 소요될 시간 분석을 수행했는지 확인하고, 적절한 비상계획을 통해 중간에 사업의 계속적 운영이 가능한지 판단한다.

회사기 요청할 때 공급업체가 회사 데이터와 자산을 반환해주기로 돼 있는 계약 요구사항을 찾아본다. 계약서에 명시돼 있지 않은 경우 공급업체는 회사 데이터를 인질로 잡아두거나 다른 고객의 데이터와 회사 데이터를 뒤섞어둬서 회사 데이터 추출이 거의 불가능할 수 있다. 회사는 공급업체가 합의된 형식(새 애플리케이션으로 쉽게 이식할 수 있는 형식)으로 데이터 부본을 주기적으로 제공하도록 요구해야 한다. 해당되는 경우 공급업체의 사업 중단에 대비해 피해를 막기 위한 에스크로 조항escrow code을 계약서에 추가했는지 확인한다.

IaaS와 PaaS의 경우 새로운 환경에 쉽게 이식할 수 있도록 회사 시스템을 개발해 배치해야 한다. 회사의 프로세스를 검토해 이식성portability이 클라우드 기반 서비스를 위한 개발에서 핵심 목표의 하나인지를 확인한다.

AWS와 같은 클라우드 플랫폼의 특정 요소는 공급업체마다 고유할 수 있다. 예를 들어 아마존의 S3^{Simple Storage Service}나 AWS 람다^{Lambda}와 같은 서버 없는 아키텍처[10]들은 다르게 작동하거나 경쟁업체와 호환되지 않을 수 있다. 회사가 이러한 서비스에 관여된 경우 출구계획이 더욱 복잡할 수 있다.

18. IT 서비스를 아웃소싱한 경우 직원의 자질 보장과 직원 이직의 영향을 최소화하기 위한 서비스 제공업체의 프로세스를 검토한다. 그러한 서비스가 원격지에서 수행되는 경우 본사와 효과적으로 통신하고 전달할 수 있는 추가 통제기능을 찾아본다.

서비스 제공업체 직원의 이직률이 높거나 자격 미달자가 작업을 수행한다면 낮은 품질의 IT 서비스가 나올 것이 자명하다. 아웃소싱 운영에서 이런 위험은 이직률이 좀 더 높은 경우에 일반적으로 증가한다.

원격으로 수행되는 아웃소싱 운영에는 더 큰 조정과 커뮤니케이션이 필요하다. 실패는 수신된 서비스 품질에 영향을 줄 수 있다.

이 단계는 IT 서비스 아웃소싱(온사이트와 오프사이트)에 가장 적합하다.

방법

계약서를 검토해 각 직위별 직무 설명과 최소 자격 요건(예를 들어 교육 수준, 기량, 경험)이 문서화됐는지 확인한다. 공급업체 직원의 샘플을 가져와 최소 요건을 충족하는지 검증한다. 서비스 제공업체의 직원 선발 절차를 검토해 채용 제안에 앞서 적절한 배경 점검와 자격 검토를 하는지 검증한다.

서비스 제공업체 직원의 이직 시 서비스의 연속성이 보장되는 방식을 확인한다. 직원의 배정을 검토하고 단일 실패 지점이 존재하는지 판단한다. 교차 훈련 과정을 검토한다.

---

10. 아키텍처는 시스템이 갖춰야 할 기능을 계층적으로 체계화한 것이다. – 옮긴이

공급업체의 프로세스를 검토해 기량, 지식의 업데이트를 위한 교육훈련의 제공을 알아본다. 교육훈련 방침을 준수하고 있다는 증거를 직원 샘플에 대해 요청한다.

다른 국가에서 이뤄지는 원격 아웃소싱의 경우 적절한 언어 기량을 갖춘 직원이 있고 현지 사무소와 적절한 조정을 하는지 확인한다. 사무실 간에 정기적인 핸드오프와 상황 회의가 있는지 찾아본다. 서비스의 중요도에 따라 원격 사이트(또는 적어도 해당 사이트에 쉽게 접속할 수 있는 같은 도시)에 있는 회사직원에게 연락 담당자로서의 역할 수행과 운영을 감독하게 하는 것이 좋다.

이들 항목에 대한 요구사항은 모두 계약서에 명시돼야 한다. 계약을 검토해 이를 검증한다.

법적 고려 사항과 법규 준수

19. 조사업무에 필요한 정보를 공급업체로부터 입수할 수 있는 회사의 권리, 능력을 검토, 평가한다.

회사는 소송 지원을 위해 전자 증거 개시electronic discovery를 진행해야 할 수도 있다. 회사 정보가 제3자 공급업체에 의해 저장되고 처리되더라도 회사 정보에 대한 법적 책임은 회사에 있다. 따라서 해당 데이터를 생성할 수 없으면 법적 파급 효과가 발생할 수 있다. 회사는 자체 이유(예를 들어 사기나 해킹 시도와 같은 부적절한 활동의 조사)로 조사를 수행해야 할 수도 있다. 적절한 로깅과 기타 데이터에 접근할 수 없으면 조사를 수행하지 못하게 될 것이다. 부적절한 활동이 발생할 경우 회사는 의지할 실질적인 수단을 갖지 못한 상태에 놓인다.

이 단계는 클라우드 컴퓨팅에 가장 적합하다.

방법

클라우드 제공업체는 종종 고객들의 데이터, 특히 로깅 데이터를 혼합하기 때문에 회사는 공급업체로부터 조사를 지원해준다는 약정을 받아두는 것이 중요하다. 계약 사항을 검토하고 요구사항으로 문서화돼 있는지 확인한다. 여기에는 회사에서 필요로 하는 조사지원 종류(예를 들어 특정 로그 정보와 데이터 형식 요구사항)의 내역과 요청에 대한 소요 응답 시간이 포함된다. 또한 계약이 전자 증거 개시에 관련된 클라우드 공급업체와 회사 모두의 책임을 정의하는 것이 중요하다(예를 들어 검색 수행, 데이터 동결, 전문가 증언 등을 담당하는 사람). 공급업체의 프로세스를 검토해 고객 조사에 협조하고 정보 소환장을 처리하기 위한 공식적인 프로세스가 마련돼 있는지 확인한다.

클라우드 제공업체가 적절한 조사를 지원할 수 없거나 원하지 않는 경우 회사는 사내 데이터 부본을 유지해야 할 것이다. 이런 경우 그로 인한 제반 비용은 클라우드 관계의 제반 편익에 영향을 미칠 것이다.

20. 보안침해 고지에 대한 요구사항을 검토한다. 보안침해 시 공급업체가 회사에 통지해야 하는 시기, 방법에 대한 요구사항이 명확하게 정의돼 있고, 회사가 그러한 통지를 받을 경우에 대응 절차를 명확하게 설정해두고 있는지 확인한다.

서비스 제공업체에서 일어난 보안침해사고는 회사의 데이터와 운영을 위험에 빠뜨릴 뿐만 아니라 법적 영향을 미칠 수 있다. 예를 들어 회사는 개인정보를 호스팅하고 있으며, 보안사고가 발생한 경우 영향을 받은 모든 사용자에게 법적으로 통지해야 할 수 있다. 따라서 서비스 제공업체는 발생한 사고를 회사에 적시에 통지해 회사에서 필요한 대응 조치를 취합할 수 있게 함이 중요하다.

이 단계는 클라우드 컴퓨팅과 전용 호스팅에 가장 적합하다.

방법

요구사항의 존재 여부에 대해 계약을 검토하고 요구사항의 적절성을 평가한다. 계약 위반을 구성하는 요소, 위반 사항을 회사에 얼마나 빨리 통보해야 하는지, 통보 방법에 관한 요구사항을 찾아본다. 위반으로 인해 발생하는 비용을 회사가 보상받을 수 있게 계약에 페널티 조항이 있는지 확인한다.

회사의 대응 절차 부본을 확보해 준수해야 할 프로세스, 통지 대상, 통지 시기, 보상 프로세스를 수행하는 방법에 대한 기본 정보가 대응 절차에 포함돼 있는지 확인한다.

계약 위반 사항을 통보 받은 경우 올바른 프로세스를 따랐다는 증거를 검토한다.

21. 적용 가능한 개인정보보호법과 기타 규정에 대한 준거 방법을 확인한다.

데이터가 어디에 저장돼 있고 누가 관리하든 관계없이 회사가 모든 해당 법률과 규정을 준거하고 있음을 확인하는 것은 여전히 감사인의 책임에 속한다. 회사가 관련 법률과 규정을 위반한 것으로 판명되면 엄격한 처벌과 벌금, 평판 손상, 소송, 사업 중단으로 이어질 수 있다. 클라우드 공급자가 데이터 관리를 하고 있다는 사실이 수용 가능한 방어 수단이 되지는 못한다.

이 단계는 클라우드 컴퓨팅과 전용 호스팅에 가장 적합하다.

방법

계약서를 검토해 공급업체에게 SAE 18의 평가와 해당 규정(예를 들어 PCI, GDPR, HIPAA) 준거에 대한 제3자 인증 획득을 요구하는 문구가 계약서에 있는지 찾아본다. 해당 문구를 찾으면 회사에서 공급업체에 이러한 서류를 요청해 결과를 검토한다는 증거를 확인한다. 주목을 받아온 이슈에 대해서는 최근 보고서를 검토해 이런 이슈에 대한 회사의 추적 방법을 알아본다.

계약은 데이터가 있는 위치를 공급업체가 공개하고 데이터와 관련된 로컬 개인정보 요구사항을 준수하고 있음을 보증해야 한다. 또한 계약에는 비준수 시 책임을 지도록 명시한 문구가 포함돼야 한다.

계약서에 이러한 인증 요건이 없거나 공급업체가 이러한 평가를 받으려 하지 않는 경우 회사가 해당 규정에 대한 준거 사실을 어떻게 증명하고 있는지 알아본다. 이 경우 회사는 철수 전략을 진지하게 고려해야 한다.

AWS나 마이크로소프트 애저 같은 공유 책임 모델을 이용하는 서비스의 경우 규정 준거 책임을 해당 고객에게 부과할 수 있다. 이러한 서비스에서 애플리케이션 개발자가 시스템 미러링이나 장애 시 대체 시스템의 작동(예를 들어 '가용 영역')을 활성화시키는 것은 매우 쉬울 수 있다. 이들 팀은 고가용성high-availability 운영에 관련된 모든 데이터 전송은 법규와 회사 정책에 준거되는지 확인해야 한다.

22. 오프사이트에서 호스팅되거나 직원이 아닌 자가 사용하는 소프트웨어의 경우 프로세스를 검토, 평가해 해당 소프트웨어 라이선스 규정에 대한 회사의 준수가 보장되는지 확인한다.

불법적으로 소프트웨어를 사용하면 처벌, 벌금, 소송이 발생할 수 있다. 회사에서 소프트웨어와 라이선스의 법적 사용을 추적하기 위한 프로세스를 개발하지 않으면 소프트웨어 공급업체의 조사 대상이 될 수 있으며, 회사가 공급업체 소프트웨어 사용을 제대로 설명하지 못할 수 있다. 구매한 소프트웨어는 제3자 인프라에서 호스팅되거나 아웃소싱된 서비스 제공업체 직원이 사용하거나, AWS와 같은 제공업체에서 구동하는 시스템에 설치될 수 있으므로 아웃소싱된 운영을 다룰 때 이 문제는 더욱 복잡해진다. 소프트웨어 부본을 계속 추적하고 계약 조건을 준수해서 사용하는지 확인해야 한다.

이 단계는 모든 형태의 아웃소싱에 적용된다.

방법

회사에서 엔터프라이즈 소프트웨어 라이선스 목록(예를 들어 마이크로소프트 오피스, ERP 애플리케이션 계정 등)을 유지하고 계약 조건의 준수, 해당 라이선스의 사용을 모니터링하는 프로세스를 개발했다는 증거를 찾아본다. 이 프로세스는 제3자에 의해 호스팅되는 소프트웨어의 부본과 직원이 아닌 자에 의해 사용되는 소프트웨어 부본을 통합하고 있는지 확인한다.

도구와 기술

클라우드 보안 연합Cloud Security Alliance 및 인터넷 보안센터Center for Internet Security 등과 같은 일부 조직은 다양한 클라우드 공급업체와 플랫폼의 평가를 도와주는 자료원을 제공한다. 또한 많은 주요 공급업체는 자동화 스크립트나 구성 평가 도구를 갖추고 있어 환경에 대한 개요 파악과 중요 이슈를 강조하는 데 이용할 수 있다. 이러한 도구의 사용은 무료가 아니거나 특정 서비스의 상황에서만 유용할 수 있다. 예를 들어 조직에서 구글 클라우드를 사용하는 경우 감사인은 AWS Config 도구를 사용하지 않으려 할 것이다. 이 영역에서 입수할 수 있는 몇 가지 자료원은 다음과 같다.

도구	URL
AWS Config	https://aws.amazon.com/config
Microsoft Secure Score	https://docs.microsoft.com/en-us/office365/securitycompliance/microsoft-secure-score
Cloud Security Alliance Security Trust Assurance and Risk(STAR) Program	https://cloudsecurityalliance.org/star
Center for Internet Security	https://www.cisecurity.org/cis-benchmarks/
Shared Assessments Standardized Information Gathering(SIG)	https://sharedassessments.org/sig/
BitSight	https://www.bitsight.com
Security Scorecard	https://securityscorecard.com/

지식 베이스

클라우드 컴퓨팅과 관련해 온라인에서 상당한 양의 정보를 찾을 수 있다. 주요 공급업체들은 광범위한 무료 라이브러리와 유료 교육 강좌를 개발해 고객이 클라우드 서비스를 채택하도록 장려하고 있다. 그러한 주제에 대한 입수 가능 정보 중 일부는 다음과 같다.

사이트	URL
Amazon Web Services	https://aws.amazon.com
Google Cloud	https://cloud.google.com
IBM Cloud	https://www.ibm.com/cloud
Microsoft Azure	https://azure.microsoft.com/en-us/
AWS Well-Architected Framework	https://aws.amazon.com/architecture/well-architected/
Cloud Security Alliance	https://cloudsecurityalliance.org
NIST Cloud Computing	https://csrc.nist.gov/projects/cloud-computing
What Is SaaS?	https://www.salesforce.com/saas
ISACA Cloud Computing Guidance	www.isaca.org/Knowledge-Center/Research/Pages/Cloud.aspx

일반적인 (클라우드 이외의) IT 아웃소싱 감사 자료와 관련해 가장 좋은 방법은 ISACA 웹 사이트(http://isaca.org/), 특히 COBIT프레임워크 내에서 관련 자료를 검색하는 것이다.

종합 체크리스트

다음 표는 클라우드 컴퓨팅과 아웃소싱 운영 감사용으로 이 장에 열거한 단계를 요약한 것이다.

클라우드 컴퓨팅과 아웃소싱 운영 감사

클라우드 컴퓨팅과 아웃소싱 운영 감사용 체크리스트

☐	1. 이 책의 이 부분에서 다른 장의 제반 감사단계를 검토한다. 아웃소싱된 운영의 감사에 적용 가능한 감사단계와 위험을 결정한다. 해당 감사단계를 수행한다.
☐	2. 회사의 서비스 제공업체가 내부통제효과성과 적용 가능한 법규 준수에 대해 권위 있는 제3자로부터 독립적인 인증을 받은 경우 감사인은 그 업체에 인증서 출력을 요청한다. 알게된 이슈에 대해서는 해당 문서를 검토한다. 또한 이러한 증명들이 회사의 통제 목적과 얼마나 밀접하게 일치하는지 확인하고 차이를 식별한다.
☐	3. 해당 계약 사항을 검토해 회사의 계약에 관련된 책임, 요구사항, 공급 가능한 모든 것을 적절하게 식별하고 있는지 확인한다.
☐	4. 아웃소싱 공급업체 선정에 사용된 프로세스를 검토, 평가한다.
☐	5. 회사 데이터가 다른 고객의 데이터와 분리되는 방식을 확인한다.
☐	6. 공급업체 사이트로 전송돼 거기에 저장 중인 회사 데이터는 암호화를 통해 보호되는지를 검토, 평가한다.
☐	7. 데이터를 통제, 제한하는 방법과 공급업체 직원이 회사 시스템에 접근하는 방법을 확인한다.
☐	8. 내부 네트워크와 내부시스템에 대한 직원이 아닌 자의 논리적 접근을 제어하기 위한 프로세스를 검토, 평가한다.
☐	9. 공급업체에 저장돼 있는 회사의 데이터가 회사 내부정책에 따라 보호되고 있는지 확인한다.
☐	10. 공격을 예방, 탐지하고 이에 대응하기 위한 통제를 검토, 평가한다.
☐	11. 클라우드 기반과 호스팅된 시스템의 ID 관리 방법을 확인한다.
☐	12. 오프사이트 저장 데이터에 대한 데이터 보존, 파기 실무가 내부정책을 준수하는지 확인한다.
☐	13. 공급업체의 물리적 보안을 검토, 평가한다.
☐	14. 아웃소싱된 운영의 품질을 모니터링하기 위한 회사 프로세스를 검토, 평가한다. SLA 준거와 기타 계약 요구사항을 모니터링하는 방법을 확인한다.
☐	15. 서비스 제공업체에서 재해가 발생할 경우 업무 연속성을 유지할 수 있도록 적절한 재해복구 프로세스를 마련하고 있는지 확인한다.

클라우드 컴퓨팅과 아웃소싱 운영 감사용 체크리스트	
☐	16. 회사 직원이 신 클라우드 서비스 계약을 체결할 경우 이에 대한 적절한 거버넌스 프로세스가 있는지 확인한다.
☐	17. 아웃소싱 관계의 예정된 종료나 예기치 않은 종료의 경우 회사의 계획을 검토, 평가한다.
☐	18. IT 서비스를 아웃소싱한 경우 직원의 자질 보장과 직원 이직의 영향을 최소화하기 위한 서비스 제공업체의 프로세스를 검토한다. 그러한 서비스가 원격지에서 수행되는 경우 본사와 효과적으로 통신하고 전달할 수 있는 추가 통제기능을 찾아본다.
☐	19. 조사업무에 필요한 정보를 공급업체로부터 입수할 수 있는 회사의 권리, 능력을 검토, 평가한다.
☐	20. 보안침해 고지에 대한 요구사항을 검토한다. 보안침해 시 공급업체가 회사에 통지해야 하는 시기, 방법에 대한 요구사항이 명확하게 정의돼 있고, 회사가 그러한 통지를 받을 경우에 대응 절차를 명확하게 정의해두고 있는지 확인한다.
☐	21. 적용 가능한 개인정보보호법과 기타 규정에 대한 준거 방법을 확인한다.
☐	22. 오프사이트에서 호스팅되거나 직원이 아닌 자가 사용하는 소프트웨어의 경우 프로세스를 검토, 평가해 해당 소프트웨어 라이선스 규정에 대한 회사의 준수가 보장되는지 확인한다.

CHAPTER 17

회사 프로젝트

17장은 회사의 프로젝트 관리 프로세스를 감사할 때 찾아볼 핵심 통제[key controls]를 다룬다. IT감사 프로젝트 관리에 관한 일이므로 다음 사항에 대한 이해를 포함한다.

- 성공적인 프로젝트 관리의 열쇠
- 요구사항의 수집과 초기 설계
- 시스템 설계와 개발
- 테스트
- 구현
- 훈련
- 프로젝트 마무리

2부의 다른 장들은 프로덕션 환경(예를 들어 운영체제, 데이터센터, 애플리케이션 등)에서 이미 설정돼 운영 중인 특정 기술과 프로세스의 감사방법을 다뤘다. 한편 시스템이나 프로세스를 구현할 수 있으려면 이에 앞서 해당 시스템이나 프로세스의 개발이나 조달을 위한 자금과 인력이 프로젝트에 지원돼야 한다. 프로젝트 전반에 걸쳐 적절한 규율을 따르지 않을 경우 요구사항을 충족시키지 못하거나 회사 자산이 비효율적으로 사용될 가능성이 크게 증가한다.

참고 초기 참여 개념은 회사에서 개발 중인 시스템과 프로세스에 내부통제를 구축할 때 사용한다. 이 장은 1장에서 다룬 초기 참여 개념을 다루지 않는다. 대신 이 장에서는 해당 프로젝트를 효율적이고 효과적으로 관리하는 데 사용되는 제반 프로세스(process)를 다룬다. 프로젝트 시작 시 통제를 구축한다는 개념은 프로젝트 관리 프로세스의 감사와 병합될 수 있지만, 두 가지는 상이한 주제다. 이 장에서는 프로젝트 감사의 일부로 사용될 수 있는 방법을 단지 상기시키는 차원에서 초기 참여 개념을 간단히 언급했다.

배경지식

적절한 프로젝트 관리 기법은 회사의 모든 노력을 성공으로 이끄는 데 필수적인 요소다. 이러한 기법은 관련 요구사항을 수합, 테스트하고, 프로젝트 자원을 효율적으로 이용하고, 시스템의 모든 요소를 제대로 테스트하는지 확인하는 데 도움이 된다. 그러한 기법이 없으면 개발 중인 시스템이 주요 이해관계자의 예상대로 구동하지 않거나 작업을 실행하지 못할 수 있다. 이로 인해 회사에 재작업과 추가 비용이 발생한다(때로는 사람들이 일자리를 잃을 수도 있다).

훌륭한 프로젝트 관리는 성공을 보장하지는 않지만 성공의 가능성을 높인다. 여기서 프로젝트 관리의 기본 사항이나 소프트웨어 개발 수명주기SDLC에 대한 교육 과정을 제공하려는 것은 아니다. 17장의 의도는 시스템 프로젝트를 감사할 때 검토해야 할 기본 위험 목록을 제시하는 데 있다. 이러한 목록은 가장 중요한 프로젝트 관리 원칙이 준수되고 있는지 확인하는 데 이용할 수 있다.

참고 다음의 테스트 단계(test steps)에서는 소프트웨어, 시스템과 프로세스를 서로 대체할 수 있는 용어로 사용하고 있다. 다른 것과 결합 사용하기도 한다. 이들 용어는 '프로젝트 팀에 의해 개발되고 있는 것'을 표현하려고 한다. 주어진 테스트 단계에서 특정한 의미를 전달하고자 다른 단어를 대신해 한 개 단어를 사용하려는 것은 아니다.

프로젝트 감사의 기본 사항

이 절에서는 프로젝트 감사의 목표, 감사 프로젝트의 기본 요소와 접근방식을 정의한다.

높은 수준의 프로젝트 감사목표

프로젝트 감사를 수행하는 것은 회사 프로젝트 성공에 대한 위험 요인을 식별하기 위함이다. 이 장에서는 특별히 IT 프로젝트(예를 들어 소프트웨어 개발, 인프라 배치, 업무용 애플리케이션 구현)를 다루지만 제반 개념은 모든 종류의 프로젝트에 적용될 수 있다.

다음은 높은 수준의 프로젝트 감사목표 중 일부다.

- 모든 관련 이해당사자가 시스템의 요건 개발과 테스트에 참여하고 모든 이해당사자와 빈번하고 효과적인 의사소통을 하는지 확인한다. 고객 요구사항을 수집하지 않고 지속적인 고객 참여와 찬성을 확보하지 못하는 경우 업무상의 요구에 맞지 않는 소프트웨어, 시스템과 프로세스의 개발이나 조달로 이어진다.
- 프로젝트 이슈, 예산, 이정표 등을 기록하고, 기준선을 설정해 추적하는지 확인한다. 이러한 메커니즘이 없으면 이슈가 미해결 상태에서 프로젝트가 예산과 일정을 초과할 가능성이 좀 더 높다.
- 모든 시스템 요건을 포괄적이고 효과적으로 테스트하는지 확인한다. 부실한 테스트는 저품질의 불안정한 시스템의 생성으로 이어진다. 이런 시스템은 고객 요구사항을 충족시키지 못한다,
- 적절한 문서를 개발, 유지하는지 확인한다. 기술 문서와 사용자 설명서가 불완전하거나 구식인 경우 소프트웨어 유지비용과 사이클 시간이 증가하고, 지원과 교육비용이 늘어나고, 고객에 대한 시스템 유용성이 약화된다.

- 구현 시 최종 사용자에게 적절한 교육을 제공하는지 확인한다. 부적절한 교육은 시스템, 프로세스, 소프트웨어를 사용하지 않거나 부적절한 사용으로 이어진다.

프로젝트 감사의 기본 접근법

프로젝트 감사는 두 가지 기본 접근방식을 취할 수 있다. 첫 번째 방식은 빠르고 단기적인 방식이다. 두 번째 방식은 프로젝트에 대한 장기적인 관점을 취하며 좀 더 일관된 접근방식이다.

단기 접근방식은 어려울 수 있다. 감사인은 해당 프로젝트에서 감사의 수행 시점을 선택한 다음 해당 시점에서 프로젝트를 검토하고, 발생한 상황과 계획된 내용을 토대로 판단한다. 이 접근법은 두 가지 주요 함정으로 인해 어렵다.

첫째, 감사인은 이미 완료된 국면에 영향을 미치기가 어렵다. 예를 들어 사용자 승인 테스트 국면은 프로젝트 정의 단계에서 제대로 제어되지 않은 프로세스가 사용됐음을 알기에는 좋지 않은 시기다. 프로젝트팀은 이전 작업을 개선하고자 다시 방문해 재작업하거나 전진해야 한다. 문제가 있음을 알고 있지만 최선을 기대하면서 말이다. 어느 쪽이든 감사인의 의견은 적시성이 없다. 심지어 감사인과 고객 사이에 형성된 비생산적이고 해로운 관계로 비춰질 수도 있다.

둘째, 아직 시작되지 않은 단계를 완전히 평가하기는 어렵다. 예를 들어 감사인은 프로젝트 시작 시 사용자 승인 테스트 계획을 검토할 수 있지만 계획이 완전히 개발돼 실행될 때까지 감사인은 실제 그 유효성을 평가하기가 어려울 것이다.

좀 더 장기적이거나 일관된 참여 방식을 통해 감사인은 프로젝트의 각 주요 국면에서 일부 평가 활동을 수행할 수 있다. 개별 감사별로 현 국면 내의 제반 프로세스를 평가하는 동시에 향후 국면의 계획에 대한 의견을 제시하고 평가한다. 이는 프로젝트 감사의 효과적인 수단이며, 감사 고객과의 좀 더 협력적인 접근방식으로 이어진다. 부정적인 측면에서 이 접근방식은 감사를 오랜 기간 연장하는 것이며 일정에 따르기 어려울 수 있다. 그러나 장점은 단점보다 훨씬 크다.

프로젝트가 예외적으로 오랜 기간 지속되는 경우 감사인은 다음 두 가지 방법 중 하나를 고려할 수 있다.

- 주요 프로젝트 국면별로 중간 감사보고서를 발행해 보고서상의 정보가 케케묵은 것이 되지 않게 한다.
- 프로젝트 관리자와 만나 정기적으로(예를 들어 2주마다) 문제를 알아본다. 이 미팅에서 감사인은 마지막 미팅 이후 발견된 프로젝트에 새로운 위험을 전달하고 이전 문제의 상태를 추적해 치료가 완료됐는지 확인할 수 있다. 감사인의 의견, 프로젝트 위험이 만족스럽지 않은 수준으로 증가하고 있거나 문제가 완화되지 않으면 감사인은 재량에 따라 더 높은 수준의 경영진으로 이관할 수 있다. 감사인은 언제든지 완전한 감사보고서를 발행할 권리를 갖고 있어야 한다. 하지만 먼저 프로젝트 관리자와의 협업 시도를 통해 중간 감사보고서의 발행 없이, 그리고 상부로의 이관 없이도 문제 해결 가능성을 한층 높일 수 있다.

워터폴과 애자일 소프트웨어 개발 방법론

소프트웨어 개발 프로젝트를 감사하려는 경우 프로젝트팀이 어떤 소프트웨어 개발 방법론을 적용하는지 이해하는 것이 중요하다. 프로젝트 개발 방법론은 감사인에게 프로젝트 감사의 수행방법에 관한 정보를 알려주기 때문이다. 회사에서 하이브리드나 맞춤형 버전을 사용하고 있음을 볼 수 있겠지만 소프트웨어 개발 방법론에는 두 가지 기본 모델이 있다.

워터폴 방법론

두 가지 방법론 중 좀 더 '전통적인' 방법이며, 소프트웨어 개발 수명주기^{SDLC}의 각 단계(예를 들어 요구사항의 수집, 설계, 구축, 테스트, 구현)를 순차적으로 진행한다. 예를 들어 프로젝트가 순수한 워터폴^{waterfall}[1] 방법론을 따르는 경우 설계 국면으로 이동하기에 앞서 모든 요구사항을 수집한다. 일단 설계 국면을 시작하면 요구사항 수집 단계는 종료되고 다시 열리지 않을 것이다.

이 방법론은 처음부터 최종 결과물에 대한 추정 가능하고 명확한 그림이 있는 경우에 효과적이다. 예를 들어 이 방법론은 대기업 금융 시스템의 구현에 적합한 경향이 있다. 그러나 속도가 성공의 열쇠일 경우 일반적으로 선택할 방법론이 아니다.

애자일 방법론

애자일^{agile} 방법론의 생성은 본질적으로 워터폴 방법론의 단점에 대한 인식 때문이다. 워터폴 방법론은 일부 시나리오에서 잘 작동하지만 느리고 융통성이 없는 경향이 있다. 반면 애자일 방법론의 구축은 빠르고 유연하다. 일련의 '스프린트^{splints}'에서 수명주기의 각 국면을 여러 번 실행한다. 즉, 반복 프로세스를 따른다. 소규모 성능들을 신속하게 구현시킬 것이며, 이어서 프로젝트팀은 다음 소규모 변경 작업을 시작할 것이다.

이 방법론은 속도가 성공의 열쇠인 경우에 효과적이다. 예를 들어 실제로 '종료'가 없는 것으로 보이는 소비자 웹 사이트에 성능과 특성을 추가하는 경우 해당 방법론으로 선택되는 경향이 있다. 최신 트렌드와 개발 상황을 신속하게 파악하는 것이 오히려 중요하다.

감사 프로젝트에 미치는 영향

워터폴을 이용한 프로젝트 감사와 애자일을 이용한 프로젝트 감사를 위한 단계들이 이 장에 별도로 포함돼 있지 않음을 알게 될 것이다. 프로젝트팀이 SDLC를 관리하는 방법에 관계없이 보고자 하는 주요 통제기능은 동일하기 때문이다. 그렇

---

1. 워터폴(처음부터 제대로 맞게 만드는 것)과 애자일(문제가 불거질 때마다 신속하게 고침)은 소프트웨어 개발업계에서 평행선을 그리는 두 가지 방법론이다. — 옮긴이

지만 감사인이 애자일 방법론을 이용한 프로젝트 감사를 수행할 경우 이는 감사인에 더욱 힘든 일이 될 것이다. 애자일 프로젝트는 구조화 정도가 낮으며[less structured] 프로세스를 최소화하려고 종종 '속도의 필요성'이라는 이유를 대는 경향이 있기 때문에 그렇다. 그로 인해 주요 견제와 균형[key check and balances] 활동이 사라지게 된다. 감사인으로서 임무는 때때로 그런 사고방식에 도전하는 것이다. 프로젝트의 장기적인 성공을 보장하는 데 중요한 내부 프로젝트 통제기능[controls]들을 제거하는 데 있어 빠르게 움직이기는 구실이 되지 않는다. 그러한 통제기능들의 구현은 애자일 프로젝트에서 다르게 보일 수 있지만, 여전히 존재해야 한다. 또한 애자일 프로젝트의 반복적이고 점진적인 특성으로 인해 통제기능들이 일관되게 구현되고 있는지 확인하고자 감사의 특정 부분을 여러 번(예를 들어 일련의 스프린트) 수행해야 할 수도 있을 것이다.

프로젝트 감사의 7가지 주요 부분

프로젝트를 7가지 주요 부분으로 분리시킬 수 있다(그림 17-1). 각 부분에는 프로젝트 감사 중에 평가하게 될 규칙과 통제들이 필요하다.

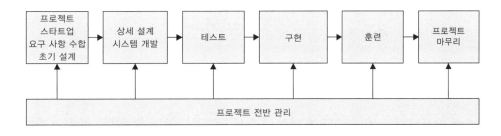

그림 17-1 프로젝트의 주요 구성 요소

1. **프로젝트 전반 관리:** 이슈의 추적, 프로젝트 문서화, 변경관리와 같이 프로젝트 전체에 걸쳐 두루 사용해야 하는 메커니즘이다.
2. **프로젝트 시작, 요구사항의 수집과 초기 설계:** 프로젝트의 필요성 확립, 요구사항의 수집, 초기 설계와 타당성 조사의 수행이라는 점에서 프로젝트의 탄

생을 다룬다.

3. **세부 설계와 시스템 개발:** 코드 작성, 제품 조달이나 구현, 프로세스 개발 등의 관점에서 프로젝트의 '알맹이'를 다룬다.

4. **테스트:** 요구사항의 충족 여부 확인을 위해 해당 시스템, 소프트웨어, 프로세스를 테스트한다.

5. **구현:** 시스템, 소프트웨어나 프로세스를 프로덕션 환경에 구현하거나 설치한다.

6. **교육훈련:** 개발과 구현된 시스템, 소프트웨어나 프로세스 이용에 대한 최종 사용자 교육훈련 활동을 다룬다.

7. **프로젝트 마무리:** 구현 후 활동을 다룬다.

 참고 이러한 프로젝트 요소가 반드시 이처럼 정확한 순서대로 수행되지는 않으며 반드시 순차적으로 수행되지도 않는다. 각 국면의 여러 반복이 존재할 수 있으며 일부는 서로 병렬로 수행될 수 있다(예를 들어 사용자 교육은 종종 테스트 및 구현과 병렬로 수행된다). 그렇지만 모든 프로젝트에는 이러한 각 요소 중 일부가 있어야 한다.

이 장의 나머지 부분은 이 7가지 범주에 대해 수행할 핵심적 감사단계와 테스트에 중점을 둘 것이다.

회사 프로젝트 감사를 위한 테스트 단계

이 절은 프로젝트 국면에 따라 제반 테스트 단계를 제시하고 있다. 전후 관계와 구조를 갖추기 위함이다. 그러나 제반 단계들이 설계된 것만큼 항상 깔끔하게 성취되는 것은 아니다. 각 프로세스에는 고려해야 할 고유한 상황과 요구사항들이 있다. 예를 들어 요구사항의 수집 국면에서 테스트 섹션의 한 단계를 다룰 시기가 발생할 수 있다.

프로젝트 실행 방식에 따라 가장 적합한 프로젝트 시점에서 각 단계를 수행해야 한다. 감사인이 프로젝트의 방법론을 이해하고 그에 따라 접근방식을 조정하는 것이 중요하다. 예를 들어 각 프로젝트 국면이 여러 번 실행되는 애자일 개발 방법론을 적용하는 프로젝트의 경우 각 단계를 동시에, 또는 가능하면 여러 번 감사해야 할 수도 있다. 프로젝트에 필요한 통제는 일반적으로 프로젝트 방법론에 관계없이 동일하지만 감사국면을 프로젝트와 일치시키고 타이밍을 조정하는 것은 다른 유형보다 일부 유형의 프로젝트에서 더 어려울 것이다. 계획 프로세스 부문에서 감사인은 사용된 프로젝트 방법론에 대한 이해를 얻고 이 프로그램의 단계를 수행하기 위한 적절한 시기와 방법을 결정해야 한다.

감사를 계획할 때 프로젝트팀에서 사용하는 프로젝트 관리 도구를 확인하고 도구와 해당 용어에 익숙해져야 한다. 이를 통해 감사받는 사람들과 '동일한 언어'로 말하고 신뢰관계를 증진시킬 수 있을 것이다.

또한 이 단계 중 일부는 소규모 프로젝트의 경우 너무 과도할 수 있다. 이러한 위험 중 어떤 것이 각 특정 프로젝트를 처리하기에 충분히 중요한지를 결정할 때는 판단을 해야 한다.

끝으로 이들 단계는 소프트웨어 취득이나 개발, 신기술의 확보, 프로세스 개발 등 모든 종류의 IT 프로젝트에 사용할 수 있게 구성돼 있다. 감사대상의 프로젝트 종류에 따라 어떤 단계가 가장 적합한지를 결정함에 있어 판단을 활용해야 한다.

프로젝트 전반 관리

일반적으로 프로젝트 시작 시점에서 이 절의 단계를 철저하게 수행한 다음, 원칙이 계속 준수되는지 확인하고자 프로젝트의 각 국면 동안에 다시 가볍게 수행해야 한다. 프로젝트 관리는 강력하게 시작할 수 있지만, 점차 약화되는 경우가 종종 있다. 사람들이 바빠지고 마감일을 맞추는 데 급급하기 때문이다.

1. 프로젝트 문서편람과 소프트웨어 개발 프로세스 문서편람(적용 가능한 경우)의 생성이 충분한지 확인한다. 회사의 프로젝트 방법론 표준이 준수되고 있는지 확인한다.

이런 종류의 문서편람은 프로젝트가 회사의 표준과 방법론에 준거하고 질서 있게 구현될 가능성을 높인다. 결과적으로 프로젝트가 성공적으로 실행될 가능성을 크게 높이고 원하는 비즈니스 가치를 창출할 수 있다. 이러한 문서편람은 향후 프로젝트에 도움이 되므로 회사는 과거의 노력을 활용할 수 있게 된다. 끝으로 회사는 내부 요건이나 규제 요건에 따라 프로젝트 실행에 적용할 특정 표준을 수립할 수 있다.

방법

현존 프로젝트 문서편람의 부본을 검토해 회사의 표준, 요건과 비교해보자. 필요한 문서편람은 회사마다 다르지만 이정표, WBS^{Work Breakdown Structure}, 프로젝트 접근 방식, 작업 명세서^{SOW}, 요건, 테스트 계획, 설계 문서와 같은 영역을 다루는 문서편람을 찾아본다. 회사의 프로젝트 방법론 표준의 부본을 입수해 검토 대상 프로젝트에서 실행 중인 방법론과 비교해보자. 이런 문서편람의 검토 시 프로젝트와 자원에 대해 적절한 계획을 수립한다는 증거를 찾아보자. 이 단계를 수행하는 것이 정밀과학은 아니다. 프로젝트와 관련해 만들어진 전체 수준의 문서편람과 프로세스에 대해 감사인은 어떤 느낌을 펼쳐보려는 것이다. 이 문서편람 중 일부는 이후 단계에서 더 자세히 살펴본다. 이 단계에서 감사인은 기본 프로젝트 계획을 구성하는 문서편람을 입수한 다음, 고객의 요구, 결과물, 목표, 범위가 명확하게 정의돼 있는지 확인해야 한다.

2. 절차를 검토해 프로젝트 문서편람이 최신 상태로 유지되는지 확인한다.

이전 단계에서 언급한 이유로 이 문서편람은 현재와 장래의 프로젝트 품질을 향상시킨다. 그러나 구식이 되면 빨리 쓸모없게 된다.

방법

프로젝트팀과의 인터뷰를 통해 필요할 때 이러한 문서편람을 업데이트하기 위한 제반 프로세스를 이해한다. 업데이트됐다는 증거를 찾아보자.

3. 중요 프로젝트 문서편람의 보안, 변경관리 프로세스를 평가한다.

적절한 보안과 변경통제를 설정하지 않으면 프로젝트 문서편람이 허가 없이 부정확하거나 쓸데없이 변경될 수 있다.

방법

프로젝트 문서편람이 저장된 파일을 잠금장치 상태로 보관하는지, 프로젝트 인력의 적절한 부분 집합만이 파일을 수정할 수 있는지 확인한다(7장과 8장에서 설명한 기법을 이용해). 프로젝트 담당자와 인터뷰해 중요 프로젝트 문서편람의 변경 프로세스를 파악한다. 중요 프로젝트 문서편람의 변경에 앞서 적절한 승인 프로세스가 필요하고, 또한 승인 프로세스를 우회할 수 없는지 확인한다. 모든 주요 이해관계자의 동의 없이는 변경할 수 없게 한다. 이를 위해 프로젝트의 초기에 기본 프로젝트 계획을 구성하는 제반 문서편람(예를 들어 고객의 요구사항, 결과물, 목표, 범위, 예산, 위험, 커뮤니케이션 전략)을 기준선으로 설정해야 한다.

4. 중요한 프로젝트 소프트웨어와 문서편람의 백업 절차를 평가한다. 오프사이트에 백업을 저장하고 문서화된 복구절차가 존재하는지 확인한다.

이러한 프로세스를 제대로 설정하지 않으면 시스템의 붕괴나 데이터센터 재해로 인해 프로젝트 소프트웨어와 문서편람이 영구적으로 소실될 수 있다.

방법

프로젝트 데이터를 백업해 오프사이트에 저장하고 있음을 보여주는 프로세스나 스크립트를 검토한다. 서면 복구절차를 검토해 복구를 위해 수행할 단계, 해당 단계의 순서, 각 단계를 수행할 사람이 명시돼 있는지 확인한다. 특정의 한 프로젝트에 대한 서면 복구절차는 없는 경우가 있다. 대신 손실 파일에 대한 IT팀의 표준 복구절차가 그 일부가 될 수 있다. 중요 프로젝트 재료에 대한 시험용 복구 요청을 고려한다.

5. 프로젝트 이슈를 포착해 적절하게 상부에 이관하고, 이를 추적, 해결하기 위한 효과적인 프로세스가 있는지 확인한다.

프로젝트가 진행되는 동안 프로젝트 자체나 시스템, 프로세스, 또는 개발 중인 소프트웨어에 관련된 이슈들이 발생할 수 있다. 이러한 이슈를 포착하고 해결하는 강력한 방법이 없으면 부주의로 의식하지 못한 상태에서 일부 이슈는 '균열된 틈을 통해 살짝 빠져나가' 해결되지 않을 것이다. 그 결과는 제품 고장이나 프로젝트의 실행 실패로 이어질 수 있다.

방법

제반 이슈의 데이터베이스, 스프레드시트, 또는 이슈를 기록, 추적하고자 설정된 기타 방법을 검토한다. 이슈 추적 도구는 이슈에 대한 설명, 우선순위, 마감일, 최근의 상태, 해결 정보를 비롯해 각 이슈에 대한 정보를 적절하게 기록하는지 확인한다. 정보 손실을 방지하기 위한 백업, 권한이 없는 업데이트를 방지하기 위한 보안, 변경관리 통제와 같은 이슈 추적에 이용되는 도구에 대한 통제가 있는지 확인한다. 예를 들어 적절한 이해관계자로부터의 협력 없이 이슈에 '추적 종료closed' 표시가 되지 않게 방지하는 일이다. 이슈를 이관하기 위한 프로세스와 이슈가 추적, 해결되는지 확인하기 위한 프로세스를 검토한다. 이슈 목록을 검토해 이슈가 종결되고 있는 중이라는 증거를 구한다. 고객과 인터뷰해 해당 프로세스가 작동하는지 확인한다.

6. 프로젝트 변경 요청을 파악해 요청의 우선순위를 정하고, 그 요청을 처리하기 위한 효과적인 프로세스가 있는지 확인한다.

프로젝트의 개시와 요구사항의 설정, 승인 후 추가 기능에 대한 요청이 대부분의 프로젝트 진행 동안에 발생한다. 이러한 요청에 대한 승인, 우선순위의 설정, 처리 방법이 없는 경우 이러한 요청이 유실되거나 프로젝트 범위가 지속적으로 이동해 프로젝트를 효과적으로 실행할 수 없게 된다. 변경 요청 프로세스는 범위 변경 scope creep을 방지하고, 변경 요청이 프로젝트 예산과 일정에 어떤 영향을 미치는지 에 대해 해당 프로젝트의 고객과 지속적으로 논의할 수 있게 돕는다.

방법

변경관리 프로세스를 검토한다. 이 프로세스는 변경 요청의 입력, 순위 지정, 승인 에 있어 허용 한도를 규정하는지 확인한다. 또한 범위, 일정, 예산, 요구사항, 설계 등(즉, 프로젝트의 모든 주요 요소)에 대한 변경사항을 포함하는지 검증한다. 요청에 대한 설명, 우선순위, 최근의 상태, 승인, 해결 정보를 비롯해 각 변경 요청에 대한 적절한 정보를 기록하는지도 확인한다. 최종 해결 전에 적절한 승인을 받았는지 확인해보려면 변경 요청 샘플을 선정한 다음 프로세스를 추적해본다.

7. 프로젝트 일정계획이 수립돼 있고 프로젝트 규모에 따라 충분한 내역을 포함하 는지 검증한다. 진행 상황의 모니터링과 중대 지체의 보고를 위한 프로세스가 있는 지 확인한다.

프로젝트 일정표를 이용해 감사인은 해당 프로젝트가 궤도에 올라와 있는지, 자 원이 효과적으로 이용되고 있는지, 모든 과업에 대한 설명과 일정계획이 수립돼 있는지 확인한다.

방법

프로젝트 일정을 검토하고 작업 내역, 중요 시점 날짜, 과업의 종속성, 중요 경로와 같은 항목을 찾아본다. 일정을 준수하고 최신 상태로 유지하고 있다는 증거를 찾아본다. 중대 증분 사항^{deltas}에 대한 설명을 구해본다. 중요 일정이나 자원의 한도 초과^{overruns}에 대한 에스컬레이션 절차가 있는지 확인한다. 그러한 프로세스를 적용했다는 증거를 검토한다. 프로젝트의 일정 준거$^{schedule\ compliance}$를 보장하기 위한 한 가지 방식이 있다. 즉, 해당 프로젝트가 '톨게이트 과정'을 거치게 전략적 지점들을 수명주기에 생성시킨다. 이들 지점에서 프로젝트팀은 검토 패널에 보고해 일정과 예산 대비 진행 상황, 성공과 이슈, 프로젝트 상태를 전달한다. 이렇게 하면 다툼과 실패의 발생을 신속하게 식별하는 데 도움이 된다.

8. 프로젝트 비용의 추적과 한도 초과에 대한 보고 방법이 있는지 확인한다. 인건비를 포함한 모든 프로젝트 비용을 고려하고 추적하는지 확인한다.

이러한 메커니즘이 없으면 프로젝트 예산을 초과할 수 있으며, 해당 관리 계층에서 이러한 문제를 종종 인식하지 못한다. 경영진은 아마도 특정 프로젝트에 쓰일 자금에 상한선을 설정했을 것이다. 모든 관련 비용을 추적하지 않으면 해당 한도를 초과해도 경영진은 알지 못한다. 그 결과로 진행 방향에 대한 결정을 제대로 내릴 수 없다.

방법

예산의 부본을 입수해 현재까지의 비용과 비교한다. 중요 증분 항목에 대한 설명을 찾아본다. 예산에는 인건비, 소프트웨어, 하드웨어를 비롯한 프로젝트 관련 모든 비용이 포함돼 있는지 확인한다. 상당한 비용 초과 시 에스컬레이션 절차가 존재하는지 확인하고, 그러한 프로세스가 적용됐다는 증거를 검토한다. 단계7의 톨게이트 설명을 잠재적인 검토 방법론으로 참조한다.

9. 프로젝트 리더십 구조를 평가해 해당 업무와 IT 둘 다 적절하게 표현하는지 확인한다. 프로젝트 후원자가 명확하게 설정돼 있고 자신의 역할을 수용, 이해하는지 확인한다.

일부 순수한 인프라 프로젝트를 제외하고 대부분의 프로젝트는 업무상의 요청에 따라 업무상 요구의 충족을 위해 추진한다. 업무상의 주요 이해관계자가 프로젝트에 대한 전체적인 리더십과 승인 구조의 일부가 아니라면 프로젝트가 업무상의 요구에서 벗어나게 될 가능성이 높다. 모든 결정에 필요한 관점을 갖추지 못한 IT 인력이 프로젝트에 대한 정보와 결정을 다루기 때문이다. IT는 업무 지원을 위해 존재한다. IT조직은 IT에 대한 업무상의 요구를 진공 상태에서 결정하면 안 된다.

반대로 IT 인력은 일반적으로 IT 관련 프로젝트의 성공 요소에 대해 중요한 식견과 관점을 제공하므로 해당 구조의 일부가 돼야 한다. 또한 시스템을 장기적으로 지원할 수 있는 비용 효율적인 방식으로 설계되도록 돕는다. IT 개입 없이 개발된 시스템은 확장성, 상호운용성, 지원 가능성에 문제가 발생할 가능성이 훨씬 높다. 또한 배치 문제가 발생할 가능성이 높아 프로젝트 일정에 부정적인 영향을 미친다.

대형 프로젝트에는 여러 사업 부문과 IT의 책임자가 참여할 수 있다. 요구사항, 우선순위, 또는 자금에 대한 변경 요청이 들어오는 경우 최종 결정을 내릴 권한을 가진 제한된 수의 스폰서가 있어야 한다. 그렇지 않으면 결정에 도달하지 못할 수 있다.

방법

프로젝트에서 리더십 구조의 부본을 입수해 사업 부문과 IT의 책임자, 이해관계자 모두가 포함돼 있는지 증거를 찾아본다. 또한 프로젝트 스폰서가 확인됐고 프로젝트 스폰서의 수가 제한적이고 적절하며, 스폰서로서 자신의 역할을 수락했으며 그 역할이 수반하는 것을 이해하고 있다는 증거를 찾아본다.

프로젝트 시작, 요구사항의 수집과 초기 설계

10. 프로젝트 시작에 앞서 적절한 프로젝트 승인 과정을 거쳤는지 확인한다.

프로젝트의 시작은 새 프로젝트에 자원, 자금을 배분할 권한이 있는 경영진의 승인하에 행해야 한다.

방법

프로젝트가 회사의 표준 승인 프로세스를 통과했다는 증거를 검토한다. 그러한 프로세스가 없는 경우 적절한 관리자(들)가 시작에 앞서 프로젝트를 승인했다는 증거를 검토한다. 대안 분석과 비용 편익 분석을 했다는 증거를 찾아본다. 비용 편익 분석은 프로젝트 시작 비용뿐만 아니라 지속적인 비용(예를 들어 소프트웨어 유지보수, 하드웨어 유지보수, 지원(노동) 비용, 시스템 하드웨어의 전력과 냉각 요건, 기타 요인)을 고려했는지 확인한다. 종종 이 요소의 누락은 오도된 결정을 초래한다. 시작 비용은 새로운 시스템 구현에 소요되는 총진행 비용의 일부에 불과하다. 초기 프로젝트 분석의 일환으로 다년간에 설친(5년이 종종 좋은 목표임) 총비용 모델을 개발해야 한다.

11. 해당되는 경우 회사 법무팀의 타당성 분석과 함께 기술 타당성 분석이 수행됐는지 확인한다.

IT 프로젝트를 시작하기 전에 자격을 갖춘 기술 설계자, 네트워크 담당자, 데이터베이스 관리자, 기타 해당 IT전문가가 제안된 개념을 회사 환경 내에서 작동시키는 데 동의해야 한다. 이러한 전문가를 조기에 영입한다면 기술 전문가가 해당 개념을 작동시킬 수 있는 방법을 찾을 수 있을 것이다. 그러나 시스템의 핵심 요소가 개발이나 조달된 후에 이들이 회사에 들어온 경우 솔루션이 기술적으로 실현 가능하지 않은 것으로 판명돼 비용이 많이 드는 재작업이나 프로젝트 중단으로 이어질 수 있다. 마찬가지로 법무팀을 참여시켜 프로젝트에서 규제 요건이 고려되는지 여부를 확인하는 것이 중요하다.

방법

적절한 기술과 법무 인력이 초기 프로젝트 제안에 참여했으며, 이들이 프로젝트의 실행 가능성에 동의했다는 증거를 검토한다.

12. 제반 요구사항 문서를 검토, 평가한다. 개발 전에 프로젝트에 대한 고객 요구사항을 입수해 문서화하는지 여부와 방법을 알아본다. 고객이 요구사항에 서명하고 요구사항에 표준 IT 요소가 포함되는지 확인한다.

시스템, 소프트웨어, 프로세스는 최종 사용자의 요구에 따라 구축해야 한다. 최종 사용자 요구를 파악해 고객의 승인을 받지 않으면 제품이 고객의 요구를 충족시키지 못할 것이며, 재작업과 변경이 필요할 수 있다. 또한 특정 표준 IT 요소가 시스템의 요구사항 정의에 포함돼야 한다. 고객은 이러한 요소를 알지 못할 수 있으므로 IT팀에서 나온 지침을 필요로 할 것이다. 명확하게 정의된 요구사항이 확립돼 있으면 향후 버그 수정이란 어떤 것이며(즉, 시스템이 설계된 대로 작동하지 않을 때) 개선 요청이란 어떤 것인지(즉, 시스템이 설계된 대로 작동하지만 고객이 변경을 원함)에 대한 토의에 도움이 될 것이다. IT조직의 지원과 자금 조달 모델에 따라 현저한 차이가 있을 수 있다.

방법

프로젝트 문서를 검토해 고객의 요구사항이 수집됐다는 증거를 찾아본다. 프로젝트 스폰서를 포함한 모든 주요 이해관계자가 이 프로세스에 참여했는지 확인한다. 주요 이해관계자가 최종 요구사항 목록에 동의했다는 증거를 찾아본다.

업무상의 요건은 문서화하고 있으며, 솔루션의 요건을 구두로 일러주지 않는지 확인하고자 고객 요구사항을 검토한다. 종종 업무부서의 책임자들은 공급업체에 부탁하거나 기사를 읽고 특정 제품이나 기술을 구현할 목적으로 프로젝트를 만들기로 결정한다. 그러나 특정 제품이 특정 회사의 상황에 가장 적합하지 않을 수 있다. 예를 들어 업무상의 요구를 완전히 충족하지 못하거나 현재 환경에서 사용되는 다른 제품과 중복되거나 현재의 회사 기술과 제대로 상호작용하지 않을 수 있다. 해당 고객은 업무상 요구를 결정하고 문서화하는 데 집중하고, 이러한 요구에 가장 적합한 도구를 정할 수 있는 유연성을 IT조직에 허용하는 것이 매우 중요하다.

제반 요구사항이 다음과 같은 표준 IT 요소를 포함하는지 확인한다.

분산형 및 집중형 처리 요구사항(예, 다중 계층 아키텍처에서 스토리지와 처리의 위치)	서비스 수준의 약정(예, 시스템의 가용성, 문제에 대한 응답 속도)
응답 시간(온라인 거래의 경우)	인터페이스 요구사항
보안	백업/복구/재시동 요구사항
실행 빈도	하드웨어 요구사항
데이터 보존 요구사항	용량, 향후 예상되는 성장에 따른 필요 포함
출력물 배포 요구사항	결함 허용과 중복성
스크린 해상도	

이 프로젝트가 현행 시스템을 대체하려는 경우 제대로 작동 중인 것과 그렇지 않은 것을 판별하고자 현행 시스템에 대한 분석을 했다는 증거를 찾아본다. 또한 현행 시스템을 신중하게 분석했으며, 현행 시스템이 충족시키는 기존의 모든 사용 사례(기능)가 새 시스템에서 충족되거나 새 시스템에서 그러한 성능을 앞서려는 의식적인 결정이 있는지 증거를 찾아본다. 이러한 분석 결과는 요구사항 문서에 반영돼야 한다(제반 요구사항은 새 시스템이 구 시스템에서 잘 작동하는 기능을 수행하고 그렇지 않은 것을 개선하도록 요청하는 것이어야 한다). 구 시스템에서 나온 오류 로그와 백로

그^{backlog2} 요청은 잘 작동하지 않는 부문을 판별하는 데 도움이 될 수 있다.

13. 시스템, 소프트웨어나 프로세스의 지원에 도움을 줄 관련된 모든 그룹이 프로 젝트에 참여하는지 확인한다. 또한 이들 그룹은 프로젝트에 대한 지원 준비가 됐음 을 나타내는 서명 프로세스에 관여했는지 확인한다.

IT환경 내의 여러 조직은 일반적으로 네트워크 지원, 운영체제 지원, 데이터베이 스 지원, 데이터센터 직원, IT 보안과 헬프 데스크를 포함한 모든 새 시스템의 지원 에 관여한다. 이러한 조직이 프로젝트 초기에(그리고 지속적으로) 참여하지 않는 경 우 채비가 돼 있는 시스템을 지원할 준비가 되지 않았거나 시스템이 해당 표준과 정책에 준거하지 않을 수 있다. 또한 필요한 프로젝트 작업을 수행할 시간이 없을 수도 있으므로 프로젝트 일정을 위태롭게 한다.

방법

영향을 받는 다른 IT조직들이 프로젝트에 대해 통보를 받았으며, 지속적으로 프로 젝트에 관여하고 있고, 이를 지원할 준비가 돼 있는 승인 프로세스의 관계자라는 증거를 검토한다.

14. 요구사항 우선순위 설정 프로세스를 검토한다.

종종 프로젝트(또는 적어도 프로젝트의 초기 단계)에 포함시킬 수 있는 것보다 더 많은 시스템 요구사항이 존재한다. 가장 중요한 요구사항을 식별하고 우선순위를 지 정하고 구현해야 한다.

---

2. 백로그(backlog)는 개발을 기다리는 프로그램으로, 사용자 기업의 정보시스템 부문이 안고 있으며 개발하지 않으면 안 되는 소프트웨어 안건의 남은 과제. 그 해결은 컴퓨터 부문의 과제 중 하나다. 백로그가 발생한 최대 원인은 회사 내 사용자 부분의 시스템화 요구 증가다(출처: 국립국어원). – 옮긴이

방법

요구사항의 우선순위가 결정됐고 주요 이해관계자가 우선순위를 승인했다는 증거를 찾아본다.

15. 시스템, 프로세스나 소프트웨어의 설계 시 시스템 요구사항, 예비 설계를 통해 적절한 내부통제와 보안 요소가 반영되는지 확인한다.

회사 시스템을 보호하고 무결성을 보장하려면 내부통제가 필요하다. 구현 후 추가 설정을 시도하는 것보다 새 시스템에 통제를 미리 구축하는 것이 훨씬 쉽다.

방법

이 단계는 1장에서 다룬 초기 참여 개념의 실행을 언급하고 있다. 감사인은 구현 후 시스템에 대해 감사할 통제의 종류와 해당 통제가 시스템에 설계돼 있는지 확인해야 한다. 적절한 응용통제와 인프라 통제를 고려해야 한다. 이 책 2부의 다른 장들은 이 단계를 수행하는 데 필요한 대부분의 세부 내역을 제시하고 있다. 해당 장들이 시스템, 프로세스, 소프트웨어 구현 후 감사 기법을 다루고 있지만, 설계 중에 어떤 통제를 내장해야 하는지에 대한 참고용으로 동일한 정보를 활용할 수 있다. 또한 해당 프로젝트에 재무/운영 감사인을 지정해 시스템 논리와 업무 흐름 workflows에 적절한 업무 통제가 구축돼 있는지 확인하는 것이 좋다.

16. 프로젝트에 소프트웨어, 기술, 기타 외부 서비스의 구입이 포함된 경우 공급업체 선정 프로세스와 관련 계약을 검토하고 평가한다.

외부 공급업체에서 제품을 구입하는 것은 대개 상당한 투자며, 해당 공급업체 제품에 대한 일종의 약속을 표시한다. 공급업체의 선정 프로세스가 부적절하거나 해당 계약이 회사에 적절한 보호책을 제공하지 않으면 프로젝트 요구사항을 충족시키지 못하고 법적 상환 청구권도 결여된 제품의 구매로 이어질 수 있다.

방법

다음과 같은 요소를 대상으로 공급업체 선정 프로세스를 검토한다.

- 모든 프로젝트 요구사항을 충족시키는 능력과 회사 IT환경과의 호환성 관점에서 여러 공급업체의 제품을 평가했는지 확인한다. 이를 통해 요구사항에 가장 적합한 제품을 선택할 수 있을 뿐만 아니라 경쟁 입찰과 저렴한 가격을 확보할 수 있다.

- 평가 중인 제품에 대한 비용 분석을 했는지 확인한다. 이 분석에는 제품 원가, 일회성 시작 비용, 하드웨어 비용, 라이선스 비용, 유지보수 비용을 비롯한 모든 관련 비용이 포함돼야 한다.

- 평가 프로세스의 일부로 공급업체의 재무 안정성을 조사했는지 알아본다. 그렇게 하지 않으면 회사가 영업을 중단한 공급업체와 서비스 공급 약정에 서명할지 모른다. 이 경우 회사는 다른 공급업체로의 이동을 시도할 것이므로 회사의 비즈니스 운영은 심대한 타격을 받을 수 있다.

- 평가 프로세스의 일환으로 공급업체의 보안 실무를 평가했는지 알아본다. 그렇게 하지 않은 경우 공급업체가 사이버보안사고로부터 스스로를 보호하지 못할 가능성이 크다. 결과적으로 회사 데이터가 위험에 노출될 수 있으며, 공급업체가 회사에 제공하는 소프트웨어의 무결성이나 회사에 대한 공급업체의 지원 가용성도 위험 상태에 놓이게 된다.

- 동종 업계 내의 유사한 회사에 제품을 지원해본 공급업체들의 경험을 평가했는지 알아본다. 여기에는 현재 제품을 사용하는 회사에 문의하고 인터뷰하는 것이 포함될 수 있다. 일반적으로 회사에서는 자사에서 필요로 하는 크기와 유사한 크기의 서비스를 수행할 수 있음을 이미 입증한 공급업체를 선호한다.

- 공급업체의 기술 지원 능력을 고려해 평가했는지 확인한다.

- 객관적인 평가를 위해 각 공급업체를 사전 정의된 기준과 비교하는지 확인한다.

- 계약 협상을 돕는 조달 직원, 공급업체의 요구사항 충족 능력에 대한 전문적 평가 의견을 제시하는 운영 인력, 잠재적 규제, 기타 법적 영향에 대한 지침을 제공하는 법무팀 직원의 적절한 참여가 있었는지 여부를 알아본다.
- 공급업체가 선정된 후에 계약서는 산출물, 요구사항, 책임을 명확하게 식별하는지 확인한다. 계약서는 성과 측정 방법과 비성능이나 지연된 성능에 대한 벌칙을 명시해야 한다. 또한 계약 종료 조건도 규정해야 한다. 기본적으로 공급업체로부터 회사가 기대하는 것은 계약서에 구체적으로 반영돼야 한다.
- 고객 회사 정보에 대해 공급업체가 지켜야 할 비공개 조항이 계약서에 포함돼 있는지 확인한다.
- 회사에 중대한 영향을 주는 공급업체 활동을 조사할 수 있는 '감사권' 조항을 계약서에 포함시켰는지 확인한다.
- 가능하다면 공급업체의 영업이 중단될 경우 서비스 사용 불가에 대응해 에스크로 조항을 계약서에 포함시켰는지 확인한다. 어떤 이유이든 간에 회사와 공급업체 간의 관계가 중단되는 경우에 대비해 적절한 출구 전략을 마련하고 있는지도 확인한다.

상세 설계와 시스템 개발

17. 모든 요구사항을 설계 요소에 매핑시킬 수 있는지 확인한다.

정의된 프로세스는 요구사항을 해당 시스템 설계로 추적하고자 인터페이스, 응답 시간, 용량과 같은 표준 IT 요소를 포함해 모든 요구사항을 다룬다는 확신을 제공할 것이다.

방법

요구사항 추적 맵이 존재하는 경우 이를 검토한다. 모든 요구사항을 설계 요소에 반영해 매핑하는지 검증한다. 추적 맵이 존재하지 않으면 모든 요구사항이 포함되는지 확인하기 위한 프로세스를 검토한다.

18. 주요 이해관계자가 상세 설계 문서나 '이용 사례' 카탈로그에 서명했는지 검증한다.

상세 설계 문서는 시스템, 소프트웨어, 프로세스 설계에 사용한다. 프로젝트 고객을 위해 '고객 사례' 카탈로그를 만들 수 있다. 이는 좀 더 기능적인 관점에서 시스템 설계를 상술한 덜 기술적인 문서다(즉, 필요한 각 시스템 기능이 어떻게 구현되는지를 정확하게 상술한 것). 이 문서는 해당 애플리케이션 내의 각 시나리오에 대한 성공과 실패 기준을 명시할 것이다. 예를 들어 전자상거래 애플리케이션에 대한 고객 체크아웃은 여러 단계(예를 들어 사용자가 로그인했는지 검증, 배송지 주소 검증 등)로 이어지는 이용 사례의 하나로, 모든 내역은 문서화될 것이다.

핵심 이해관계자가 이런 적절한 문서에 서명하지 않은 경우 프로젝트 출력이 이들의 요구사항을 충족시키지 못할 가능성이 상대적으로 커진다.

방법

상세 설계 문서에 상응하는 것와 고객 승인의 증거를 찾아본다. 비기술 부서의 직원은 작성 방법에 따라 상세 설계 문서를 이해할 수 있는 위치에 있지 않을 수 있다. 이 경우 이해관계자가 계획된 설계 요소를 이해할 수 있도록 보상 설계 검토나 '이용 사례' 카탈로그가 개발돼 있는지 확인한다.

19. 프로젝트 작업의 우선순위 지정과 더불어 고객의 지속적인 참여를 보장하기 위한 프로세스를 검토한다.

대부분의 프로젝트는 유동성을 경험한다. 초기 요구사항이 최종 요구사항으로 끝나는 경우가 거의 없기 때문이다. 주요 이해관계자가 프로젝트 전반에 관여하지 않으면 프로젝트가 고객 요구사항에서 벗어날 위험이 있으며, 고객의 요구에 맞지 않는 결정이 내려질 수 있다.

방법

방향 설정 그룹이 결성돼 있고 주요 고객이 거기에 포함돼 있는지, 정기적으로 프로젝트 결정에 그들이 참여하는지 여부를 알아본다. 고객 참여에 대한 의견을 구하고자 고객의 작은 샘플과 인터뷰하는 것을 고려한다. 정기적인 프로젝트 검토 회의 및 주요 이해관계자와의 정기적인 커뮤니케이션에 대한 증거를 찾아본다.

20. 설계와 개발에서 상호 감리의 증거를 찾아본다.

이 품질관리 원칙은 개발자의 동료가 코드와 구성을 검토하는 것이다. 시스템 설계가 건전한 논리와 최소한의 오류로 진행될 확률을 높이는 데 도움이 된다.

방법

프로세스에서 동료에 의한 상호 감리peer review[3]가 필요한지 여부를 확인하고, 실제로 실시하고 있다는 증거를 찾아본다.

21. 시스템 설계에 적절한 내부통제와 보안을 반영했는지 검증한다.

자세한 내용은 단계15를 참고한다.

방법

15단계에서 감사인이 제시한 의견이 시스템 설계에 포함됐는지 검증(인터뷰나 설계 검토를 통해)한다.

---

3. 상호 감리(peer review) – 미국 공인회계사회(AICPA)의 품질관리 기준위원회에서 제정한 품질관리 기준서에는 회계 법인 상호 간에 교체 감리하는 peer review제도가 있다. – 옮긴이

테스트

22. 프로덕션 환경이 아닌 개발/테스트 환경에서 설계와 테스트를 하고 있는지 검증한다.

전용 환경에서 설계와 테스트 작업을 수행하지 않으면 정상적인 비즈니스 활동이 중단될 수 있다.

방법

개발과 테스트 중에 사용되는 환경이 프로덕션 환경과 분리돼 있다는 증거를 살펴본다. 아키텍처의 레이아웃을 보고 환경의 분리를 검증한다. 다양한 환경에 대한 프로젝트 멤버의 로그인을 보면서 설계, 테스트, 프로덕션에 사용되는 서버가 아키텍처 레이아웃과 일치하는지 확인한다. 또한 테스트 환경이 프로덕션 환경을 밀접하게 반영하는지 확인한다. 그렇지 않으면 테스트 환경에서 코드를 성공적으로 테스트했다고 해서 코드가 프로덕션 환경에서 작동하거나 프로덕션 로드로 확장할 수 있다는 지표가 되지 않을 수 있다.

23. 테스트 과정을 검토, 평가한다. 프로젝트에 적절한 테스트 계획이 마련돼 있으며 이러한 테스트 계획을 따르는지 확인한다.

시스템, 소프트웨어, 프로세스를 테스트해보면 프로젝트가 의도대로 작동하는지 확인할 수 있다.

방법

몇 개 요소에 대한 테스트 계획을 검토한다. 먼저 테스트 계획에 다음 사항이 들어 있는지 확인한다.

- **단위 테스트**^{Unit testing4}: 개별 시스템의 모듈, 단위, 관련 단위의 그룹을 테스트한다.
- **통합 테스트**^{Integration testing}: 여러 모듈이나 단위가 통합적으로 제기능을 발휘하는지 확인하기 위한 테스트다.
- **시스템 테스트**^{System testing}: 개발팀이 수행하는 전체 시스템에 대한 테스트다.
- **합격 판정 테스트**^{Acceptance testing}: 시스템이 요구사항을 충족하고 수용 가능한지 검증하고자 최종 사용자가 행하는 테스트다.
- **회귀 테스트**^{Regression testing}: 시스템의 한 부분을 변경해도 시스템의 다른 부분에 문제가 발생하지 않는지 확인하고자 선택 영역을 다시 테스트한다.

다음은 아래 계획을 검토한다.

- 회귀 테스트와 향후 배포판에 이용할 수 있게 테스트 계획, 관련 절차, 테스트 사례가 반복 가능성이 있는지 확인한다.
- 테스트 계획과 사례가 상호 감리를 통해 품질을 보장하는지 확인한다.
- 테스트 계획에 불량/오류 데이터 테스트, 시스템 오류 처리, 시스템 복구를 포함하는지 알아본다.
- 테스트 계획에 보안과 내부통제 테스트를 포함하는지 알아본다.
- 테스트 결과를 완전히 문서화하는지 확인한다.
- 테스트 중에 식별된 결함들을 문서화, 추적, 해결, 재검사하는지 확인한다.
- 결함/버그 추적 프로세스는 사전에 승인을 받는지 확인한다. 기준치와 변경 시스템에 대한 통제가 이 프로세스에 신속하게 설정돼 있어야 한다. 그렇지 않으면 프로덕션에서 코드가 멋대로 들쭉날쭉하는 등 혼돈 상태가 발생할 수 있다.

---

4. 단위 테스트는 시스템을 구성하는 개별 프로그램을 각각 독립적으로 테스트하는 것이며, 시스템 테스트는 일단의 완전한 애플리케이션을 테스트하는 것이다. 테스트 과정에 최종 사용자의 의견과 평가는 매우 중요하다. 시스템을 일선에서 사용하는 최종 사용자는 시스템 내부에서 일어나는 데이터와 프로세스의 모든 영역을 누구보다도 잘 인지하고 있기 때문이다. - 옮긴이

- 프로젝트팀이 테스트 중에 캡처하고 보고할 측정기준^{metrics}에 동의하고 이러한 측정기준이 프로젝트 지도층의 적절한 구성원에게 적시에 알려지는지 확인한다.
- 테스트 계획에 성능 요구사항과 임곗값 테스트를 포함하는지 확인한다.
- 각 테스트 사례는 테스트 중인 제품, 구성 요소, 모듈을 식별하는지 확인한다.
- 모든 주요 기능성이 테스트되고 모든 주요 논리 경로가 식별, 테스트되는지 확인하기 위한 프로세스를 평가한다. 이용 사례 카탈로그를 사용하는 경우 모든 이용 사례의 모든 요소가 테스트되는지 확인하기 위한 프로세스를 평가한다.
- 테스트 데이터를 생성했으며 고객이 테스트 데이터의 유효성에 동의하는지 확인한다. 테스트 환경에 제공되는 액세스가 종종 프로덕션 환경에 제공되는 액세스보다 광범위하므로 기밀 정보가 테스트 데이터에서 제거됐는지 알아본다, 그렇게 하는 것이 실용적이지 않으면 민감한 테스트 데이터에 대해 적절한 접근통제가 구현됐는지 확인한다.
- 테스트 단계가 예상 결과와 고객의 수용 기준을 정의하는지 여부를 알아본다.
- 모든 테스트 작업이 식별되고 소유자가 지정돼 있고 관련된 모든 당사자에게 테스트의 '대상, 목적, 장소, 시기'가 명확하게 식별되는지 확인한다.
- 해당 계획은 적절한 승인을 받았는지 확인한다.
- 테스트 계획에 테스트 단계를 수행해야 하는 순서가 나열돼 있는지 알아본다.
- 테스트 계획에 테스트에 필요한 하드웨어와 소프트웨어의 식별 및 입수 계획을 포함하고 있는지 확인한다.
- 테스트 계획에 테스트가 진행될 장소(예를 들어 회의실)의 식별과 해당 장소가 적절한 기간 동안 예약돼 있는지 확인한다.

- 공급업체 소프트웨어와 내부적으로 개발된 코드를 함께 사용하는 경우 양 당사자의 코드가 잘 조정된 방식으로 병합되도록 프로세스를 정의했는지 알아본다.

 참고 이 목록을 기계적 체크리스트로 사용하면 안 된다. 이러한 항목 중 하나가 없다고 해서 자동으로 감사 이슈가 발생하지는 않을 것이다. 대신 테스트 프로세스를 전체적으로 살펴보고 적절하게 통제된 테스트를 수행하고 있다는 합리적 확신을 제공하기에 충분한 핵심 요소들이 있는지 알아본다.

24. 모든 요구사항을 테스트 사례에 매핑할 수 있는지 확인한다.

요구사항을 테스트 계획으로 추적함에 있어 정의된 프로세스는 모든 요구사항을 처리, 테스트하고 있다는 확신을 제공해줄 것이다.

방법

요구사항 추적 맵이 존재하면 이를 검토한다. 모든 요구사항이 테스트 사례에 표시, 매핑되는지 검증한다. 추적 맵이 없으면 모든 요구사항이 테스트되는지를 확인하고자 해당 프로세스를 검토해본다.

25. 사용자가 테스트에 참여하고 시스템의 요구사항 충족에 대한 동의를 하는지 확인한다. 사용자에는 시스템을 지원할 IT 인력과 프로젝트에 대한 초기 기술 타당성 조사를 수행한 IT 인력이 포함돼야 한다.

시스템, 소프트웨어, 프로세스의 개발 업무는 특정한 업무 요구를 충족시키고자 진행한다. 주요 이해관계자가 만족하지 않으면 해당 프로젝트는 성공할 수 없다. 그러므로 이들이 테스트에 참여해야 하고 구현 전에 시스템에서 서명해야 한다. 또한 단계13에서 언급한 것처럼 IT환경하의 여러 조직은 일반적으로 네트워크 지원, 운영체제 지원, 데이터베이스 지원, 데이터센터 직원, IT 보안, 헬프 데스크를 포함한 새 시스템을 지원하는 데 관여한다. 이러한 조직이 시스템 테스트와 서명에 관여하지 않으면 이를 지원할 준비가 되지 않았거나 시스템이 해당 표준과 정책에 준거하지 않은 상태에 놓일 수 있다.

방법

사용자 승인 테스트의 증거를 찾아본다. 프로젝트 요청, 승인, 시스템 요구사항 정의(영향을 받는 IT조직 포함)에 관여한 주요 이해관계자도 프로젝트 테스트와 서명작업에 참여해야 한다.

26. 승인 테스트 단계에 대한 사용자 참여를 고찰하고, 시스템보안과 내부통제가 의도대로 작동하는지 확인한다.

이는 단계15에서 설명한 것과 같은 이유로 필요하다. 테스트 과정에 참여함으로써 감사인은 이러한 통제를 독립적으로 실증할 수 있다.

방법

이전 단계에서는 프로젝트팀과 협력해 시스템, 소프트웨어, 프로세스에 내장돼야 할 내부통제를 식별한다. 테스트 계획을 검토해 내부통제 테스트를 포함하고 있는지 확인한다. 해당 테스트 사례에 대한 승인 검사자로 참여한다.

구현 활동

27. 구현 후 발생하는 문제를 기록, 추적, 이관, 해결하기 위한 효과적인 프로세스가 있는지 확인한다.

거의 모든 새 시스템에서는 구현 후 예상치 못한 문제가 발생한다. 그러한 문제를 포착하고 해결하기 위한 강력한 방안이 없으면 부주의로 문제를 포착하지 못하는 수가 생긴다. 그런 경우 적시에 문제를 해결할 수 없게 된다. 또한 문제 추적 시스템은 문제의 중요도에 따라 우선순위를 정해 해결하기 위해서도 필요하다.

방법

제반 문제점의 데이터베이스, 문제점 스프레드시트, 또는 구현 후 문제를 기록, 추적하고자 설정된 다른 방법이 있다면 이를 검토한다. 문제점 설명, 우선순위, 마감일, 최근의 상황, 해결 정보를 비롯해 문제 추적 도구가 각 문제에 대한 적절한 정보를 기록하는지 확인한다. 무단 업데이트를 방지하고자 백업 및 보안과 같은 문제 추적에 사용되는 도구에 대한 통제기능이 있는지 확인한다. 문제의 이관과 문제의 추적 해결을 위한 프로세스를 검토한다. 문제 목록을 검토해 문제의 종결에 대한 증거를 찾아본다. 고객과 인터뷰해 해당 프로세스가 작동하는지 확인한다.

28. 프로젝트의 전환 계획을 검토, 평가한다. 프로젝트에 적절한 전환 계획이 있고 계획을 따르는지 확인한다.

검토 중인 프로젝트가 현 시스템의 교체를 포함하는 경우 사용자는 어떤 시점에 새 시스템으로 전환할 것이다. 원활한 이동을 위해서는 현존 데이터를 새 시스템으로 성공적으로 변환시키는 것이 중요하다.

방법

전환 계획conversion plan을 검토하고 다음과 같은 요소를 찾아본다.

- 전환 시 모든 중요 데이터를 식별, 고려하는지 확인한다.
- 모든 데이터가 완벽하고 정확하게 변환되도록 보장하기 위한 통제를 검토한다. 그러한 통제 메커니즘의 예로는 키 필드의 통제합계control totals on key fields, 레코드 개수record counts, 사용자 조정 절차user reconciliation procedure가 있을 수 있다.

- 모든 전환 프로그램이 사용자의 참여로 완벽하게 테스트되고 테스트 결과가 문서화되는지 확인한다.
- 과거 발생 데이터가 변환돼 있지 않은 경우 필요시 데이터에 접속할 수 있는 방법이 개발돼 있는지 확인한다. 예를 들어 재무 데이터가 관련된 경우 향후 과거의 재무 데이터가 세금 신고에 필요할 수 있다.
- 새 시스템으로의 이동 시 문제가 발생하는 경우 병렬 처리나 기타 대체 방법에 대한 계획을 검토, 평가한다.
- 변환 프로세스에 레거시 시스템에서 사용되지 않은 데이터 설정이 포함되는지 확인한다. 예를 들어 새 시스템의 레코드에는 레거시 시스템상의 유사한 레코드에 들어있지 않은 필드가 들어있을 수 있다. 이들 새 필드를 어디에 거주시킬지 고려해야 한다.
- '전환 주말' 계획을 검토, 평가한다. 세부 계획에는 'go/no-go' 결정을 위한 판단 기준과 체크 포인트가 있어야 한다.

 참고 이 리스트를 기계적 체크리스트로 사용하면 안 된다. 이들 항목 중 하나가 없다고 해서 자동으로 감사 이슈가 발생하는 것은 아닐 것이다. 대신 전환 과정을 전체적으로 살펴본다. 그리고 적절하게 제어된 전환이 이뤄지고 있다는 합리적 확신을 제공하기에 충분한 핵심 요소가 있는지 알아본다.

29. 새 시스템이나 소프트웨어의 지원을 프로젝트 팀에서 운영 지원 팀으로 전환하기 위한 계획을 검토한다.

프로젝트가 완료되면 프로젝트 인력이 다른 프로젝트에 재배치될 가능성이 있다. 따라서 사용자가 문제를 식별하거나 개선을 요청할 때 운영/유지 지원 인력이 이를 지원할 수 있도록 시스템 기능성에 대해 적절한 교육을 받아 준비하는 것이 중요하다. 이는 프로젝트에서 가장 간과되는 요소 중 하나다.

방법

인터뷰나 문서 검토를 통해 지원 인력을 식별한 다음, 이들이 프로젝트에 적절하게 참여했으며 시스템과 해당 기능성에 대해 적절한 훈련을 받았다는 증거를 찾아본다.

30. 개발 중인 시스템이나 프로세스의 이용과 시스템이나 소프트웨어의 유지를 위해 충분한 문서편람을 갖추고 있는지 확인한다. 문서편람을 최신 상태로 유지하기 위한 프로세스를 평가한다. 해당 문서편람에 대한 변경통제와 보안을 평가한다.

불완전하거나 오래된 기술 문서편람과 사용자 설명서는 소프트웨어의 유지비용, 사이클 시간을 늘릴 수 있다. 지원과 교육훈련 비용을 증가시킨다. 고객에 대한 시스템, 프로세스, 소프트웨어의 유용성을 반감시킨다.

방법

현존 문서편람의 부본을 확보하고 해당 문서편람의 적합성을 평가한다. 시스템이 변경된 경우 문서편람의 업데이트가 있었는지 증거를 찾아보고 문서편람의 지속적인 유지 보완을 위한 프로세스를 검토한다. 문서편람이 들어있는 파일이 잠겨 있고 적절한 담당자만 수정할 수 있는지 확인한다(7장과 8장에 나오는 기법들을 이용한다). 중요 문서편람에 대한 변경 프로세스를 이해하고자 적절한 담당자와 면담한다. 중요 문서편람의 변경에 앞서 승인 프로세스가 필요하고, 승인 프로세스를 우회할 수 없는지도 확인한다.

교육훈련

31. 계획서를 검토해 관련된 모든 사용자가 새 시스템, 소프트웨어, 프로세스 사용에 대한 교육훈련을 받는지 확인한다.

교육훈련은 최종 사용자가 새로 개발된 시스템의 기능성과 미묘한 차이점에 대한 준비에 필수적인 요소다. 교육훈련을 제공하지 않거나 부적절하면 새 시스템, 소프트웨어, 프로세스를 잘못 사용, 비효율적인 사용, 또는 회피할 수 있다.

방법

교육훈련 계획을 검토하고 사용자와 인터뷰해 적합성에 대한 의견을 개진한다. 계획된 교육훈련 수혜자 목록을 최종 사용자 모집단과 비교해 큰 차이가 없는지 확인한다.

32. 교육훈련 자료를 최신 상태로 유지하기 위한 프로세스가 마련돼 있는지 확인한다. 교육훈련 자료에 대한 변경통제와 보안을 평가한다.

신규 직원과 신규 사용자는 시스템을 사용해야 하므로 이들은 교육훈련 자료를 활용하고 싶을 것이다. 이러한 교육훈련 자료가 구식이 되면(예를 들어 시스템 변경으로 인해) 교육훈련 자료의 효과성이 반감된다.

방법

시스템이 변경된 경우 변경에 대응해 교육훈련을 업데이트했음을 나타내는 증거를 찾고 문서의 지속적인 유지 보완을 위한 프로세스를 검토한다. 문서가 포함된 파일이 잠겨 있고 적절한 담당자만 수정할 수 있는지 확인한다(7장과 8장에 서술된 기법을 이용한다). 중요 문서를 변경하는 프로세스를 이해하고자 적절한 담당자와 면담한다. 중요 문서를 변경하려면 사전에 승인 프로세스를 거치게 돼 있으며, 또한 승인 프로세스를 우회할 수 없는지 확인한다.

프로젝트 마무리

33. 학습된 교훈의 기록과 프로젝트 종료를 위한 프로세스가 있는지, 해당 프로세스를 준거하는지 확인한다.

미래 회사 프로젝트의 효과성, 효율성을 지원하는 데 최종 프로젝트 문서와 학습된 교훈을 활용할 수 있다. 성공적인 구현 후 프로젝트팀이 다른 작업으로 빠르게 넘어가기 때문에 이 단계를 종종 누락한다.

방법

프로젝트 문서편람을 검토해 모든 관련 문서화 작업을 마무리했고 기준선을 설정했는지 확인한다. 프로젝트에서 배운 최종 교훈 목록을 문서화했다는 증거를 찾아본다.

지식 베이스

PMI^Project Management Institute는 잘 알려진 PMP^Project Management Professional(프로젝트 관리 전문) 인증기관이다. PMI나 PMP에 대한 자세한 내용을 보려면 www.pmi.org를 방문하면 된다.

SEI^Software Engineering Institute와 CMMI^Capability Maturity Model Integration 연구소는 소프트웨어 개발 방법론에 대한 모범 사례를 수집하는 데 유용한 도구를 제공한다. SEI는 소프트웨어 엔지니어링, 시스템 엔지니어링, 사이버보안, 기타 여러 컴퓨팅 분야에서 연구를 수행한다. 이들의 웹 사이트(www.sei.cmu.edu)에서 소프트웨어 엔지니어링과 정보 인증, 시스템 검증, 유효성 확인, 강력한 소프트웨어 개발 수명주기와 관련된 기타 주제의 연구와 출판물을 볼 수 있다. CMMI는 조직의 성능, 용량, 업무 프로세스를 향상시키게 하는 데 도움이 되는 일련의 모범 실무다. CMMI에 대한 자세한 내용을 보려면 https://cmmiinstitute.com을 방문하면 된다.

끝으로 프로젝트에 관련된 질문을 개발하고 가능한 위험을 평가함에 있어 18장의 프레임워크는 유용한 도구가 될 수 있다.

종합 체크리스트

다음 표는 회사 프로젝트 감사용으로 이 장에 열거된 단계를 요약한 것이다.

프로젝트 전반 관리 감사

	프로젝트 전반 관리 감사용 체크리스트
☐	1. 프로젝트 문서편람과 소프트웨어 개발 프로세스 문서편람(적용 가능한 경우)의 생성이 충분한지 확인한다. 회사의 프로젝트 방법론 표준이 준수되고 있는지 확인한다.
☐	2. 절차를 검토해 프로젝트 문서편람이 최신 상태로 유지되는지 확인한다.
☐	3. 중요 프로젝트 문서편람의 보안, 변경관리 프로세스를 평가한다.
☐	4. 중요한 프로젝트 소프트웨어와 문서편람의 백업 절차를 평가한다. 오프사이트에 백업을 저장하고 문서화된 복구절차가 존재하는지 확인한다.
☐	5. 프로젝트 이슈를 포착해 적절하게 상부에 이관하고, 이를 추적, 해결하기 위한 효과적인 프로세스가 있는지 확인한다.
☐	6. 프로젝트 변경 요청을 파악해 요청의 우선순위를 정하고, 그 요청을 처리하기 위한 효과적인 프로세스가 있는지 확인한다.
☐	7. 프로젝트 일정계획이 수립돼 있고 프로젝트 규모에 따라 충분한 내역을 포함하는지 검증한다. 진행 상황의 모니터링과 중대 지체의 보고를 위한 프로세스가 있는지 확인한다.
☐	8. 프로젝트 비용의 추적과 한도 초과에 대한 보고 방법이 있는지 확인한다. 인건비를 포함한 모든 프로젝트 비용을 고려하고 추적하는지 확인한다.
☐	9. 프로젝트 리더십 구조를 평가해 해당 업무와 IT 둘 다 적절하게 표현하는지 확인한다. 프로젝트 후원자가 명확하게 설정돼 있고 자신의 역할을 수용, 이해하는지 확인한다.

프로젝트 시작 감사

	프로젝트 시작 감사용 체크리스트
☐	10. 프로젝트 시작에 앞서 적절한 프로젝트 승인 과정을 거쳤는지 확인한다.
☐	11. 해당되는 경우 회사 법무팀의 타당성 분석과 함께 기술 타당성 분석이 수행됐는지 확인한다.
☐	12. 제반 요구사항 문서를 검토, 평가한다. 개발 전에 프로젝트에 대한 고객 요구사항을 입수해 문서화하는지 여부와 방법을 알아본다. 고객이 요구사항에 서명하고 요구사항에 표준 IT 요소가 포함되는지 확인한다.
☐	13. 시스템, 소프트웨어나 프로세스의 지원에 도움을 줄 관련된 모든 그룹이 프로젝트에 참여하는지 확인한다. 또한 이들 그룹은 프로젝트에 대한 지원 준비가 됐음을 나타내는 서명 프로세스에 관여했는지 확인한다.
☐	14. 요구사항 우선순위 설정 프로세스를 검토한다.
☐	15. 시스템, 프로세스나 소프트웨어의 설계 시 시스템 요구사항, 예비 설계를 통해 적절한 내부통제와 보안 요소가 반영되는지 확인한다.
☐	16. 프로젝트에 소프트웨어, 기술, 기타 외부 서비스의 구입이 포함된 경우 공급업체 선정 프로세스와 관련 계약을 검토하고 평가한다.

상세 설계와 시스템 개발 감사

	상세 설계와 시스템 개발 감사용 체크리스트
☐	17. 모든 요구사항을 설계 요소에 매핑시킬 수 있는지 확인한다.
☐	18. 주요 이해관계자가 상세 설계 문서나 '이용 사례' 카탈로그에 서명했는지 검증한다.
☐	19. 프로젝트 작업의 우선순위 지정과 더불어 고객의 지속적인 참여를 보장하기 위한 프로세스를 검토한다.
☐	20. 설계와 개발에서 상호 감리의 증거를 찾아본다.
☐	21. 시스템 설계에 적절한 내부통제와 보안을 반영했는지 검증한다.

테스트 감사

	테스트 감사용 체크리스트
☐	22. 프로덕션 환경이 아닌 개발/테스트 환경에서 설계와 테스트를 하고 있는지 검증한다.
☐	23. 테스트 과정을 검토, 평가한다. 프로젝트에 적절한 테스트 계획이 마련돼 있으며 이러한 테스트 계획을 따르는지 확인한다.
☐	24. 모든 요구사항을 테스트 사례에 매핑할 수 있는지 확인한다.
☐	25. 사용자가 테스트에 참여하고 시스템의 요구사항 충족에 대한 동의를 하는지 확인한다. 사용자에는 시스템을 지원할 IT 인력과 프로젝트에 대한 초기 기술 타당성 조사를 수행한 IT 인력이 포함돼야 한다.
☐	26. 승인 테스트 단계에 대한 사용자 참여를 고찰하고, 시스템보안과 내부통제가 의도대로 작동하는지 확인한다.

구현 감사

	구현 감사용 체크리스트
☐	27. 구현 후 발생하는 문제를 기록, 추적, 이관, 해결하기 위한 효과적인 프로세스가 있는지 확인한다.
☐	28. 프로젝트의 전환 계획을 검토, 평가한다. 프로젝트에 적절한 전환 계획이 있고 계획을 따르는지 확인한다.
☐	29. 새 시스템이나 소프트웨어의 지원을 프로젝트 팀에서 운영 지원 팀으로 전환하기 위한 계획을 검토한다.
☐	30. 개발 중인 시스템이나 프로세스의 이용과 시스템이나 소프트웨어의 유지를 위해 충분한 문서편람을 갖추고 있는지 확인한다. 문서편람을 최신 상태로 유지하기 위한 프로세스를 평가한다. 해당 문서편람에 대한 변경통제와 보안을 평가한다.

교육훈련 감사

교육훈련 감사용 체크리스트
☐ 31. 계획서를 검토해 관련된 모든 사용자가 새 시스템, 소프트웨어, 프로세스 사용에 대한 교육훈련을 받는지 확인한다.
☐ 32. 교육훈련 자료를 최신 상태로 유지하기 위한 프로세스가 마련돼 있는지 확인한다. 교육훈련 자료에 대한 변경통제와 보안을 평가한다.

프로젝트 마무리 감사

프로젝트 마무리 감사용 체크리스트
☐ 33. 학습된 교훈의 기록과 프로젝트 종료를 위한 프로세스가 있는지, 해당 프로세스를 준거하는지 확인한다.

신기술과 기타 기술

이 책의 다른 곳에서 별도로 다루지 않은 기술을 감사하는 경우 감사인에게 도움이 될 기본 단계들을 여기서 알아본다. 제반 단계는 다음 영역으로 나눠 살펴볼 것이다.

- 초기 단계
- 계정관리
- 권한관리
- 네트워크 보안과 통제
- 보안 모니터링과 기타 일반통제

배경지식

감사 중에 접할 수 있는 모든 기술이 이 책에 망라돼 있기를 바랄 수 있겠지만, 그럴 경우 독서에 너무 많은 시간이 소요되고, 휴대하기엔 너무 무겁고, 구매하기엔 너무 비싼 책이 될 것이다. 따라서 더 일반적인 기술 중 일부를 자세히 다루려고 시도했다. 한편 수많은 기술이 나와 있는(지속적으로 소개되고 있는 신기술들과 더불어) 현실을 생각해본다면 이 책에서 구체적으로 다루지 않은 기술을 감사해야 할 경우가 분명히 있을 것이다.

다행히도 기술을 자세히 분해해 살펴보면 감사대상에 관계없이 기술에 적용되는 기본 개념은 같다. 계정을 생성, 관리해야 한다. 해당 계정을 인증할 수 있는 방법이 필요하며, 해당 계정이 수행할 수 있는 권한을 관리해야 한다. 시스템을 안전하게 구성하고 모니터링해야 한다. 해당 기술에 연결시키기 위한 방법들을 보호, 관리해야 한다. 감사인은 해당 그림을 파악한다. 이러한 통제수단의 기술적인 구현은 감사대상의 특정 기술에 따라 다르겠지만 일반적으로 적용되는 기본 개념은 동일하다. 18장의 의도는 검토 중인 해당 특정 기술의 세부적인 뉘앙스에 연결시킬 수 있는 프레임워크를 감사인에게 제시하는 것이다.

신기술과 기타 기술 감사의 기본 사항

신기술에 대한 탐색을 시작함에 있어 몇 가지 프레임워크와 모범 실무들이 착상의 체계화에 도움을 줄 수 있다.

범용 프레임워크

애플리케이션, 기술, 프로젝트 관련 문제점과 잠재적 위험들이 의제로 상정된 회의에서 범용 프레임워크들이 감사인에게 유용하다. 감사인은 회의 시작 직전에 빈 종이를 꺼내 'PPTM', 'STRIDE', 'PDIO'(다음 절의 설명대로)를 기재한 후 회의실로 걸어 들어가는 자신을 상상할 수 있을지 모른다. 그런 다음 검토 중인 시스템이나 프로젝트에 대해 토론하면서 각 프레임워크의 각 요소가 어떻게 처리되는지 질문하고 메모할 수 있을 것이다. 회의의 종료 시점에 프레임워크 요소 중 하나에서 '공백' 란을 발견한 경우 통제의 결함gap in the controls일 가능성이 있다. 물론 이런 간이식당 같은 사고 과정으로 상세하고 철저한 테스트를 대체하면 안 된다. 하지만 초기 토론에 참여하고 통제 관련 컨설팅을 할 때는 유용할 수 있다. 검토 중인 신기술이나 시스템에 대한 세부감사단계를 개발할 때 이와 같은 프레임워크들이 유용할 수 있다.

PPTM

사람, 프로세스, 도구, 측정^{PPTM}은 매크로 수준에서 시스템 검사용의 훌륭한 브레인스토밍 프레임워크다. 특정 기술적인 세부검토 단계들은 해당 책의 이 절에서 제반 장들을 관장한다. 세부검토 단계들은 저마다의 특유한 상황에 적용되는 것이므로 PPTM은 감사인의 단계별 진행을 효율적으로 신속하게 도와준다.

사람: PPTM에서 사람은 인간을 대하는 시스템의 모든 측면을 나타낸다. 예를 들어 시스템 개발 중에 의견을 제공할 기회가 있는 경우 적합한 사람들이 프로젝트의 계획, 설계, 구현, 운영에 참여하고, 올바른 이해당사자가 참여하는지도 확인한다. 시스템에 최종 사용자가 포함된 경우 접근권한의 허용, 해제에 대한 통제기능이 설정돼 있는지, 최종 사용자가 궁극적으로 인터페이스할 구성 요소에 참여했는지 확인한다. 상층부 경영진이 시스템을 승인하지 않거나 사용하기에는 인터페이스가 너무 복잡하다는 최종 사용자의 인식이 있는 경우 그러한 시스템을 펼치는 데 시간과 돈을 소비하는 것보다 더 당황스러운 일은 별로 없다.

프로세스: PPTM에서 프로세스는 정책, 절차, 방법, 행위 과정과 관련된 시스템의 모든 측면을 나타낸다. 해당 시스템과 인터페이스 시스템들 간의 상호작용을 검토하고 보안 모델의 준거 여부도 확인한다(예를 들어 외부 시스템들, 사용자, 비즈니스 파트너 등으로부터 해당 시스템을 보호해주는 방화벽이 설치돼 있는지 확인한다). 문서화된 절차와 정책을 통해 의도대로 쓰일 수 있게 시스템의 사용 방법을 지원해야 한다. 시스템 유지 업무를 처리해야 기술자도 적절한 문서의 지원을 받아야 한다.

도구: PPTM에서 도구는 구체적인 기술이나 제품을 다루는 시스템의 모든 측면을 나타낸다. 시스템을 지원하기 위한 적절한 하드웨어와 환경이 존재하는지 확인한다. 또한 해당 시스템이 회사에서 의도한 정책, 절차에 적합한 권장 기술과 인터페이스하는지 확인한다. 시스템과 인프라를 적절하게 테스트, 감사하는지 검증한다.

측정: PPTM에서 측정은 비즈니스 목적이나 애플리케이션 성능과 같이 개념적으로 정량화할 수 있는 시스템의 모든 측면을 나타낸다. 예를 들어 해당 시스템이

양호한 문서화와 엄밀한 승인 기준을 잘 충족하는지 검증할 수 있다. 시스템의 목적이 정량화할 수 있는 비즈니스 문제의 해결에 있는 경우 실제로 해당 문제를 해결하는지 검증한다. 로그가 의미 있고 시스템 성능을 측정할 수 있는지 검증한다.

STRIDE

STRIDE는 신분 위장[Spoofing dentity], 데이터 변조[Tampering with data], 부인[Repudiation], 정보 노출[Information disclosure], 서비스 거부[Denial of service], 권한 상승[Elevation of privilege]의 첫 글자로 만든 약어다. STRIDE는 알려진 위협을 식별하는 데 사용할 수 있는 일종의 방법론이다. 이는 위협 위험 모델의 간략화 예시며, 기억하기 쉽고 적용하기 쉽다. 시스템을 평가할 때 이 약어를 사용해 다음의 각 위험에 대한 완화 방법을 다루는 단계를 개발할 수 있다.

신분 위장: 많은 사용자를 두고 있지만 단일의 실행 배경을 제공하는 시스템에서, 신분 위장[dentity spoofing][1]은 주요 위험의 하나다. 특히 사용자들은 다른 사용자가 되거나 다른 사용자의 특성을 가장할 수 없어야 한다.

데이터 변조: 적절한 접근통제와 더불어 데이터는 안전한 장소에 저장돼야 한다. 시스템은 사용자로부터 받은 데이터를 주의 깊게 점검하고, 데이터를 저장하거나 사용하기 전에 데이터가 온전하며 적용 가능한지 실증해야 한다. 웹과 기타 애플리케이션에 한 클라이언트 구성 요소가 있는 경우 유효성 검사가 변조될 수도 있

---

1. 스푸핑(spoofing)이란 승인받은 사용자인 것처럼 시스템에 접근하거나 네트워크상에서 허가된 주소로 가장해 접근 제어를 우회하는 공격 행위다. 스푸핑은 의도적인 행위를 위해 타인의 신분으로 위장하는 것으로, 매체 접근 제어(MAC) 주소, 인터넷 프로토콜(IP) 주소, 포트(port), 이메일 주소 등을 이용한다. 예를 들어 임의로 웹 사이트를 구성해 일반사용자들의 방문을 유도하고, 인터넷 프로토콜인 TCP/IP의 구조적 결함을 이용해 사용자의 시스템 권한을 획득한 후 정보를 빼가거나 허가받은 IP를 도용해 로그인한다. 또한 소비자들이 믿을 수 있는 이메일로 착각해 가짜 웹 사이트로 유도해 사용자가 패스워드와 기타 정보를 입력하도록 속이기도 한다(출처: TTA 정보통신용어사전). 컴퓨터들이 통신하는 과정에 필요한 주소를 임의의 다른 값으로 변조하는 행위다. 정상적인 이용자에게 전달될 메시지가 위조된 주소(해커)로 전달되므로 해커는 허가되지 않은 정보를 훔쳐보거나 인증을 거친 이용자의 세션 정보를 중간에서 가로채 정상적인 서비스를 이용할 수 있게 된다(출처: 단체 표준 TTAK.KO-12.0002/R3 정보보호 기술 용어). - 옮긴이

는 클라이언트가 아닌 서버상에서 유효성 검사를 수행해야 한다. 사용자가 웹으로 전달받은 데이터를 변조한 후, 반환해 클라이언트 측 유효성 검사를 조작할 수 있는 웹 애플리케이션의 경우 특히 중요하다. 해당 애플리케이션은 이자율이나 기간과 같은 데이터를 사용자에게 보내서는 안 된다. 해당 애플리케이션 자체 내에서만 얻을 수 있는 것인데, 이를 보낸다면 사용자에 의한 데이터 조작을 잠재적으로 허용하는 셈이 된다.

부인: 사용자 활동에 대한 기록 유지나 감사가 불충분한 경우 사용자들은 거래에 이의를 제기할 수 있다. 예를 들어 어떤 사용자가 "하지만 이 외부 계정으로 어떤 돈도 이체하지 않았습니다."라고 말한다면 감사인은 애플리케이션을 통해 해당 사용자의 거래 활동을 추적할 수 없다. 문제의 거래는 손실로 상각돼야 할 가능성이 아주 높다. 따라서 해당 시스템이 각 계층에서 접근 로그[2] 및 감사증적과 같은 부인 방지 통제를 필요로 하는지 고려해야 한다. 차라리 시스템은 해당 사용자의 권한으로 실행돼야 하며, 더 이상 아무것도 하지 않아야 한다.

정보 노출: 시스템에 개인정보의 내역을 제출하는 것에 사용자들이 경계하고 조심하는 것은 당연하다. 공격자는 익명으로나 허용된 사용자로서이든 간에 데이터, 특히 사용자 데이터를 외부에 공개적으로 노출^{disclosure}시킬 가능성이 있다. 그렇게 되면 즉각적인 신뢰 상실과 상당한 기간 동안 평판 손실이 발생할 것이다. 따라서 사용자 ID 변조와 남용을 방지하고 데이터베이스와 데이터 파일에 저장된 시스템 데이터를 보호하게 한다. 이를 위해 시스템은 강력한 통제 장치를 갖춰야 한다.

서비스 거부: 시스템 설계자는 시스템이 서비스 거부^{DoS, Denial of Service} 공격을 받을 수 있음을 알고 있어야 한다. 따라서 대용량 파일, 복잡한 계산, 대용량 검색, 긴

---

2. 접근 로그(access log)는 운영체제의 보안 모듈 중 일부로, 데이터베이스에 접근하려는 모든 시도를 기록한 일종의 일지다. 이 일지는 접근하려는 사람의 신분코드, 접근을 시도한 날짜와 시간은 물론 질의 응답의 종류와 접근 형태도 기록한다. 실제 접근한 경우에는 접근한 데이터를 기록한다. 따라서 감사인이나 보안 담당자가 시스템의 보안을 위협하는 요소를 검토하고자 할 때 이용할 수 있는 감사증적이 남게 된다. 거의 모든 컴퓨터의 운영체제에서는 접근 일지를 자동으로 기록하는 보안 장치가 내재돼 있다. 단독으로 사용하는 PC의 경우에도 이러한 보안 소프트웨어를 구입해 설치할 수 있다. - 옮긴이

질의와 같은 값비싼 자원의 이용은 인증 받은 사용자와 허가된 사용자들에 국한해야 한다. 익명 사용자는 이용할 수 없어야 한다.

이러한 호사스러움이 없는 시스템의 경우 간단한 서비스 거부 공격을 차단하고자 시스템의 모든 국면은 가능한 한 작업을 적게 수행하도록 조정해야 한다. 또한 데이터베이스에서 적은 수의 질의어를 신속하게 사용하며, 각 사용자별로 큰 파일이나 고유 링크의 노출을 피할 수 있도록 시스템을 설계해야 한다.

권한 상승: 시스템이 특이한 사용자와 관리적 임무들을 정해둔 경우 그 사용자가 자신의 역할을 부여된 권한보다 높은 역할로 상승시킬 수 없는지 확인한다. 특히 허용된 역할 링크를 표시하지 않는 것만으로는 충분하지 않다. 대신 모든 작업은 권한 매트릭스를 통해 게이트에서 컨트롤돼야 한다. 즉, 허용된 임무들만 특화된 기능에 액세스할 수 있는지를 확인할 수 있게 하기 위해서다.

PDIO

PDIO는 시스코 시스템^{Cisco Systems}에서 유래됐으며, Planning, Design, Implementation, Operations의 첫 글자를 나타낸다. 때로는 프로젝트의 각 단계별로 잠재적 문제들을 고려해야 한다. 새 시스템을 살펴보고 다가오는 도전 과제를 미리 생각하는 경우 이 프레임워크가 유용할 수 있다. 예를 들어 시스템 관리자들이 네트워크 솔루션을 위한 계획이나 설계 세션에서 아이디어를 논의하고 있지만 선임 네트워킹 엔지니어가 방에 없는 경우 문제가 발생할 수 있다. 감사인으로서 새로운 솔루션의 구현을 살펴보라는 요청을 받은 경우 진행 중인 솔루션의 운영에 대해 즉시 질문해야 한다. 좀 더 자세한 것은 17장을 참고한다.

모범 실무

이러한 모범 실무를 통해 일반적인 취약점과 부실한 통제 장치를 신속하게 탐지할 수 있다.

심층방어를 적용하라.

계층화된 접근방식은 한 개의 복잡한 보안 아키텍처 집단보다 장기적으로 더 많은 안전을 제공한다. 예를 들어 네트워킹과 방화벽 장비에서 ACL(액세스 제어 목록)을 사용해 필요한 트래픽만 시스템에 도달할 수 있게 허용하는 것이다. 이 접근방식은 시스템에 대한 전반적인 손상 위험을 크게 줄인다. 그렇지 않으면 손상될 수도 있을 서비스, 포트, 프로토콜에 대한 액세스를 신속하게 제거할 수 있기 때문이다.

능동적 보안 모델을 사용하라.

능동적(화이트리스트) 보안 모델은 기본적으로 다른 모든 것을 제외하고 목록에 있는 것만 허용한다. 그러나 네거티브(블랙리스트) 보안 모델은 기본적으로 모든 것을 허용하므로 잘못된 항목만 제거한다. 바이러스 방지 프로그램의 경우 이는 해결해야 할 과제며, 시스템에 영향을 줄 수 있는 새로운 가능한 공격(바이러스)의 수에 따라 지속적으로 업데이트해야 한다. 이 모델의 문제점은 부득이 사용해야 하는 경우 모델을 반드시 최신 상태로 유지해야 한다는 것이다. 그러나 모델이 업데이트된 경우에도 알지 못하는 취약점이 존재할 수 있으며, 능동적 보안 모델을 사용하는 것보다 공격 표면이 훨씬 크다. 거부를 기본으로 하고 의식적으로 허용하는 것만 용인하는 것이 실무상 바람직하다.

비작동 상태를 안전하게 유지하라.

시스템이 작동하지 않는 경우 처리 방식은 허용, 차단, 오류 세 가지다. 일반적으로 시스템 오류의 경우 시스템이 작동하면 안 된다. 최종 사용자의 관점에서 보면 운영의 비허용(차단)과 같다. 이런 점은 중요하다. 시스템을 손상시키는 데 도움이 되는 추가 정보가 최종 사용자에는 없음을 의미하기 때문이다. 회사는 원하는 것을 로그에 기록하고 그 밖의 다른 경우에는 원하는 메시지를 보관한다. 그러나 회사 시스템을 손상시키는 데 이용할 수 있는 추가 정보는 사용자에게 주지 말자.

최소 권한으로 실행하라.

권한 최소화의 원칙에 의거해서 활동을 수행하는 데 필요한 최소 권한만 계정에 부여한다. 여기에는 CPU 한도, 메모리 용량, 네트워크 대역폭, 파일 시스템 권한과 같은 사용자 권리와 자원에 대한 권한이 포함된다.

모호한 보안을 회피하라.

암호화하는 대신 데이터를 난독 처리하거나 숨기는 것은 매우 취약한 보안 메커니즘이다. 어떤 사람이 데이터를 숨기는 방법을 알아낼 수 있다면 데이터 복구 방법을 다른 사람이 알지 못하게 하는 방법은 무엇이 있겠는가?

예를 들어 어떤 사람들이 현관 매트 아래에 집 열쇠를 숨기는 방법을 생각해보자. 범죄자는 집으로 들어가는 가장 쉬운 방법을 원한다. 그래서 도어 매트, 도어와 가장 가까운 바위, 도어 프레임 위와 같은 일반적인 위치를 점검할 것이다. 암호화할 수 있는 중요한 데이터를 난독화하지 말자(더욱이 첫 번째 장소에 저장하지 마라). 중요한 데이터를 공격자가 찾아내기 어렵게 한다는 점에서 이는 데이터의 가치를 훼손하지 않는다. 예를 들어 암호를 저장하는 시스템이 있는 경우 침입자가 해당 시스템을 목표로 해야 한다는 것을 쉽게 알 수 있으므로 시스템을 수용한 서버의 이름을 'passwordserver'로 지정하지 않는 것이 가장 좋다. 서버 이름을 불분명하고 흥미롭지 않은 것으로 정하는 것이 좋다. 그러나 이를 유일한 방어 메커니즘으로 사용해서는 안 되며, 공격자가 궁극적으로 서버를 찾을 것이라는 가정하에 서버와 서버의 데이터를 보호해야 한다.

보안을 간단하게 유지하라.

간단한 보안 메커니즘은 검증하기 쉽고 바르게 구현하기도 쉽다. 암호 전문가인

Cryptographer 브루스 슈나이어Bruce Schneier[3]는 암호화 알고리즘을 깨는 가장 빠른 방법은 주변을 둘러보는 것이라는 제안으로 유명하다. 가능하면 지나치게 복잡한 보안 메커니즘은 피한다. 간단한 접근방식이 더 빠르고 쉬운 경우 개발자는 이중 음수와 복잡한 아키텍처를 사용하지 않아야 한다. 복잡성을 층layers과 혼동하지 말자. 층으로 만드는 것은 좋다. 복잡하지 않다.

침입을 탐지하고 로그를 유지하라.

로그의 보호와 판독 용이성을 위해 시스템은 내장형 로깅 기능을 갖춰야 한다. 로그는 문제해결에 도움을 준다. 마찬가지로 애플리케이션이 언제 어떻게 손상됐는지 추적하는 데도 유용하다.

외부 인프라와 서비스를 절대 신뢰하지 말자.

많은 조직에서 제3자 파트너들의 처리 기능을 이용한다. 이들은 회사와는 다른 보안정책과 입장을 견지할 가능성이 좀 더 높다. 회사가 외부 제3자(가정집의 사용자들이나 주요 공급업체 또는 파트너일 수 있음)를 완전히 통제할 수 있을 가능성은 거의 없다. 따라서 외부에서 구동되는 시스템을 암묵적으로 신뢰하는 것은 위험하다.

안전한 기본값을 설정하라.

비즈니스가 계속 작동할 수 있게 가장 안전한 기본값으로 설정된 시스템이 회사에 도착하거나 사용자에게 제시돼야 한다. 시스템 운영을 위해 최종 사용자나 통신에 대한 교육훈련이 필요할 수 있다. 어쨌든 최종 결과는 공격 영역의 현저한 감소며, 특히 큰 모집단에서 한 시스템이 밀려날 때 그렇다.

---

3. 브루스 슈나이어, 김상현, 『모두를 죽이려면 여기를 클릭하세요』, 1장 참고 – 옮긴이

개방형 표준을 사용하라.

가능한 경우 보안의 설정은 이식성과 상호운용성을 높이고자 개방형 표준에 기반을 두도록 한다. 개방형 표준은 공개적으로 이용할 수 있는 표준으로, 공동의 공개 프로세스를 통해 개발, 유지되는 것이 일반적이다. 회사의 인프라는 다른 기종 플랫폼들의 혼합일 가능성이 높으므로 회사의 계속적인 성장에 따른 시스템 간의 호환성을 확보함에 있어 개방형 표준의 사용이 도움이 된다. 또한 보안업계의 동료들은 개방형 표준들을 대개 잘 알고 있을 뿐 아니라 개방형 표준들의 계속적인 안전성을 확인하고자 종종 면밀한 조사도 진행한다.

신기술과 기타 기술 감사를 위한 테스트 단계

초기 단계

1. 검토 중인 기술을 연구해 작동 방식과 주요 통제점에 대한 세부사항을 습득한다. 이 장에 제시된 감사계획에 적절한 감사단계들을 추가한다.

모든 기술에는 고유위험과 보안상의 특성이 있다. 이 장에 요약된 제반 단계는 감사 시작을 위한 기초와 구조를 제공하지만 감사대상 기술에 대한 세부 정보를 그 단계에 보충해야 한다.

방법

이는 새 시스템, 기술의 습득 감사 활동에서 얻는 즐거움의 일부다. 최선의 방법은 기술 문서편람을 읽고 시스템 관리자와 인터뷰를 진행하는 것이다. 인터넷에서 잠재적인 자원을 검색해보고 시스템 관리자^{SM}에게 권장 자원을 요청하면서 시작한다(실제로 SM은 빌려줄 시스템 매뉴얼을 갖고 있을 수 있음). 다음의 두 가지에 중점을 두고 얼마간의 시간을 투자해 그러한 자원을 읽고 정보를 알아낸다. (1) 기술이 작동하는 방법의 기본 사항과 기술의 도움으로 그 달성을 지향하는 비즈니스 목표, (2) 기술 내에서의 주요 통제점과 해당 기술의 리스크다. 핵심 통제점에는 계정의 생성 방법, 자원에 대한 권한부여 방법, 암호 설정, 네트워크 서비스 보안과 같은 사항을 지시하는 구성 매개변수가 포함될 수 있다. 일단 아이디어와 질문을 공식화하기 시작하면 시스템 관리자 옆에 앉아 이해한 내용을 검증하고 나머지 의문 사항들에 대한 답변을 구한다.

이 장 앞부분의 '범용 프레임워크' 절과 '모범 실무' 절을 기억에 떠올리면서 검토 중인 기술 관련 테스트 단계에 대한 추가 아이디어를 얻는다.

일단 이전의 활동을 종료한 후 이 장에 이미 포함된 목록에 추가할 테스트 단계를 정한다.

2. 검토 대상 기술에 대한 기초적 시스템 정보(예를 들어 버전 번호, 설치된 최신 서비스 팩, 전체 아키텍처)를 입수한다.

이 정보는 후속감사단계의 결과를 해석하는 감사인에게 도움을 준다.

방법

시스템 관리자와 협의해 이 정보를 입수한다.

계정관리

3. 계정의 생성 절차를 검토, 평가하고 업무상 정당한 필요가 있을 때만 계정이 생성되는지 확인한다. 각 계정이 특정 직원과 연결돼 있고 특정 직원으로 쉽게 추적할 수 있는지 확인한다. 또한 해지하거나 작업 변경 시 계정을 적시에 제거하거나 비활성화할 수 있는 프로세스를 검토, 평가한다.

효과적인 통제가 계정의 생성과 삭제 활동을 관장해야 한다. 부적절한 통제나 통제의 결여로 인해 시스템 자원에 불필요한 접근 시도가 일어날 수 있으며, 결과적으로 중요한 데이터와 프로세스의 무결성과 가용성이 위험에 처할 수 있다.

계정 소유 주체가 분명하지 않으면 해당 계정에서 수행한 부적절한 행위에 대해 포렌식 조사를 하기가 어렵게 될 것이다. 여러 사람이 한 계정을 사용하는 경우 그 계정에서 수행되는 행위에 대한 설명책임의 소재가 불분명하다.

방법

시스템 관리자와 인터뷰하고 계정의 생성 절차를 검토한다. 사용자가 정당한 접근 요건을 구비하고 있는지 검증하는 어떤 방식이 이 프로세스에 포함돼야 한다. 계정 샘플을 갖고 생성에 앞서 제대로 승인을 받았다는 증거를 검토한다. 또는 계정 샘플을 가져와 계정 소유 주체의 직무를 이해하고 조사해 정당성을 검증한다.

더 이상 접근이 필요하지 않은 경우의 계정 제거 프로세스를 검토한다. 이 프로세스에는 종료와 직무 변경에 대한 정보를 제공하는 회사 인사부서에서 운영하는 자동 프로세스가 포함될 수 있다. 또는 시스템 관리자나 기타 식견을 갖춘 관리자가 정기적으로 활성 계정을 검토하고 유효성을 확인하는 과정이 프로세스에 포함될 수 있다. 계정 샘플을 입수해 활동 중인 직원이 소유하고 있으며, 각 직원이 접근에 대해 업무상의 정당한 필요성을 갖고 있는지 검증한다.

계정 목록을 검토하고 각 계정을 단일 직원으로 쉽게 표시할 수 있는지 확인한다. 게스트나 애플리케이션 계정과 같이 공유된 것으로 보이는 계정에 질문한다. 이와 같은 계정이 필요한 경우 그 사용을 관리하고 설명책임을 유지하는 방법을 알아본다.

4. 적절한 패스워드와 인증 통제를 설정하고 있는지 검증한다. 또한 디폴트 계정 패스워드를 변경했는지 확인한다.

패스워드와 기타 인증 통제의 적절성은 검토 대상 시스템 내에서 관리되는 프로세스와 데이터 민감도에 따라 다르다. 지나치게 약한 통제로 인해 시스템이 손상될 수 있다. 지나치게 강력한 패스워드로 인해 시스템 사용 시 불필요한 부대비용이 발생할 수 있다.

많은 시스템, 특히 구매한 시스템에는 잘 알려진 디폴트 패스워드가 부여된 디폴트 계정이 있다. 시스템 관리에 많은 디폴트 계정이 사용되기 때문에 이런 계정이 높은 권한을 갖는다. 그러한 디폴트 패스워드를 변경하지 않으면 권한이 없는 사용자가 해당 애플리케이션에 접근하기가 쉽다.

방법

검토 중인 기술 내에서 패스워드 설정이 제어되는 위치를 확인한다. 시스템 관리자의 도움으로 해당 설정을 검토하고 회사 정책과 비교한다. 패스워드 사용 기간, 길이, 복잡성, 내력, 타임아웃, 잠금 정책과 같은 통제기능을 고려한다.

검토 중인 기술의 핵심 사용자 및 시스템 관리자와의 대화를 통해 좀 더 강력한 형태의 인증(예를 들어 2단계 인증)이 필요한지 살펴본다.

관리자의 도움과 시스템 설명서의 검토와 인터넷 검색을 통해 디폴트 계정과 패스워드가 있는지 확인한다. 있는 경우 변경했는지 여부를 확인하는 가장 쉬운 방법 중 하나는 디폴트 계정과 패스워드를 사용해 로그온 시도를 해보는 것이다(애플리케이션 관리자에게 그렇게 해보도록 요청하는 것이 더 나을 수도 있지만).

5. 시스템에 대한 관리자의 접근이 적절하게 제어되는지 확인한다.

검토 중인 시스템 내에서 사용자, 데이터, 프로세스를 관리할 수 있게 관리자 이용자 계정이나 기능이 있어야 한다. 다른 사용자에 대한 서비스의 손상과 중단을 방지하고자 이 계정이나 기능은 엄격하게 제어돼야 한다.

방법

문서편람을 검토하고 시스템 관리자와의 인터뷰를 통해 해당 기술에 대한 시스템 관리 기능이 어떻게 작용하는지 확인한다. 관리자 접근 수준이 부여된 모든 직원의 목록을 입수해 각 직원의 적합성을 검토한다.

사용 권한관리

6. 시스템에 대한 사용 권한부여 메커니즘을 검토한 다음, 중요 자원(예를 들어 트랜잭션과 데이터)에 대한 사용자 접근을 어떤 방법으로 허용하는지 이해한다. 해당 자원에 대한 접근 허용 프로세스를 비롯해 중요 자원에 대한 사용 권한을 검토한다.

직원들은 업무수행을 위해 필요한 시스템에 필요한 범위만 접근을 허용 받아야 한다. 중요 자원을 제대로 보호하지 않으면(즉, 쓸데없이 과도한 접근을 허용하는 경우) 민감한 데이터가 외부로 유출되거나 변경 또는 시스템이 중단될 수도 있다.

방법

기술 문서편람에 대한 검토와 시스템 관리자, 기술의 핵심 사용자와의 인터뷰를 통해, 시스템에서 가장 중요한 자원(예를 들어 파일, 공유, 트랜잭션)을 식별한다. 이러한 자원은 적절히 보호받고 있는지(접근이 필요한 사용자에게만 제한적으로 접근을 허용함) 여부와 해당 자원에의 접근 허용, 취소 관련 적절한 프로세스가 있는지 확인한다.

7. 암호화 사용을 평가한다.

암호화의 필요성을 가장 자주 확인시켜주는 것은 정책, 규정, 네트워크의 민감도나 데이터의 민감성이다. 가능한 경우 네트워크를 통해 전송되는 패스워드와 기타 기밀 데이터에는 암호화 기법을 사용해야 한다. 암호화하면 네트워크상의 다른 사람들이 이 정보를 '스니핑', 캡처할 수 없게 된다. 패스워드와 같은 민감한 데이터의 경우 휴면 상태(저장소에 있는)의 데이터도 암호화를 고려해야 한다. 이러한 암호화는 회사 구내 바깥에 저장할 데이터 경우에 특히 중요하다.

방법

적절한 경우 관리자와 함께 시스템을 검토해 암호화 존재 여부를 평가한다.

네트워크 보안과 통제

8. 시스템상에서 어떤 네트워크 서비스들이 활성화돼 있는지 확인한 다음, 시스템 관리자와 함께 필요성을 검증한다. 필요한 서비스에 대해서는 해당 서비스와 관련된 취약점 평가와 패치 유지보수 절차를 검토, 평가한다.

원격접근을 허용할 때마다(즉, 네트워크 서비스가 활성화될 때마다) 새로운 잠재적 공격 경로를 생성시키게 되므로 시스템에 대한 무단 침입 위험을 높인다. 따라서 업무상 정당한 요구가 있는 경우에만 네트워크 서비스를 활성화해야 한다.

대부분의 전문 플랫폼에서는 새로 발견된 보안 허점들을 수시로 공개하고 있다. 시스템 관리자가 이러한 경고를 인식하지 못하고, 또한 보안 패치도 설치하지 않으면 잘 알려진 보안 허점들이 시스템에 잠재할 수 있다. 그런 허점들은 시스템 손상의 궤도를 제공해줄 것이다.

방법

기술 문서편람의 검토 및 시스템 관리자와의 인터뷰를 통해 어떤 서비스가 활성화돼 있는지 확인한다. 일단 활성화된 서비스 목록을 입수한 후에는 목록을 갖고 시스템 관리자와 대화해 각 서비스의 필요성을 이해한다. 불필요한 서비스의 경우 관리자에게 비활성화하도록 권장한다.

활성화된 서비스에 새로운 취약점이 발생할 수 있다. 그러한 취약점 수준에 상응하는 제거용 패치를 공급받아 적용하는 프로세스를 이해하고 평가한다. 이 프로세스 관련 정보는 인터뷰와 문서편람 검토를 통해 수집할 수 있다.

조사와 인터뷰에 근거해 감사인은 특정 서비스를 안전하게 활성화시키려면 특정 방식으로 구성해야 한다고 결정할 것이다. 이에 해당되는 경우 활성화된 서비스들의 구성을 검토해보자.

9. 가능하다면 해당 환경에 유포돼 있는 취약점을 조사하고자 네트워크 취약점 스캐닝 도구를 작동시켜본다.

이를 통해 시스템의 현행 보안 수준에 대한 스냅샷^{snapshot}을 네트워크 서비스 관점에서 얻을 수 있을 것이다. 네트워크 취약점의 세계는 끊임없이 변화하고 있다. 정태적 감사 프로그램을 통해 조사 대상의 최신 취약점 그림을 파악하는 것은 비현실적이다. 따라서 자주 업데이트되는 스캐닝 도구는 시스템의 현 보안 상태를 이해하는 데 가장 현실적인 메커니즘이다. 또한 시스템 관리자에게 보안 패치 프로세스가 있는 경우 이 스캔은 해당 프로세스(또는 실제로 실행 중인지 여부)의 효과성 여부에 대한 검증 기능을 제공할 것이다.

방법

기술에 대한 조사 및 시스템 관리자와의 인터뷰를 통해 검토 중인 기술에 적합한 네트워크 취약점 스캐닝 도구가 있는지 확인한다. 그렇다면 해당 도구의 실행을 관리자와 조정한 다음 제반 결과를 검토한다.

 참고 이러한 도구 중 다수가 비파괴적(nondisruptive)[4]으로 설계됐으며 해당 시스템에 대한 접근을 필요로 하지 않지만, 감사인은 항상 시스템 관리자, 네트워크 팀, 정보보안팀과 같은 적절한 IT 담당자에게 도구 사용 계획을 알려야 한다. 이들의 승인을

---

4. 비파괴적(nondisruptive)이란 용어는 시스템의 운영을 방해하거나 중단시키는 등의 지장을 주지 않는다는 의미로 사용된다. - 옮긴이

득한 다음, 도구 실행 일정을 이들과 함께 잡는다. 스캐닝 도구는 시스템과 예기치 않은 방식으로 상호작용해 시스템의 중단을 야기할 수 있으므로 다른 사람이 감사인의 활동을 인식하는 것이 중요하다. 일반적으로 이러한 도구는 발견된 취약점에 대한 악용 시도가 없도록 '안전'(비파괴적) 모드에서 구동시켜야 한다. 드문 경우지만 좀 더 정확한 결과를 얻고자 실제로 악용하길 바랄 수 있다. 이렇게 하려면 시스템 소유자와 관리자의 찬성, 조율을 통해야 한다.

보안 모니터링, 기타 일반통제

10. 조직의 정책에 따라 캡처되는 감사 로그가 시스템에 있는지 확인한다.

감사 로그는 사건의 여파로 발생된 증거를 제공하고 운영과 보안문제의 해결을 돕는다.

방법

기술 문서의 검토 및 관리자와의 인터뷰를 통해 시스템의 로깅 능력을 파악하고 해당 로그의 활성화를 검토한다. 또한 감사 로그의 보안과 보존을 평가한다.

11. 시스템의 보안 상태를 모니터링, 유지보수하기 위한 시스템 관리자 절차를 검토, 평가한다.

시스템 관리자에게 보안 모니터링을 수행하기 위한 프로세스가 없는 경우 보안 허점이 존재할 수 있으며 자신도 모르게 보안사고가 발생할 수 있다.

방법

보안 모니터링 실무를 이해하고자 시스템 관리자를 면담하고 관련 문서편람을 검토한다. 여기에는 해당 시스템 내에서 핵심 활동을 수행하는 경우 예컨대 알려진 취약점에 대한 일상적인 스캔 활동과 치료나 경고를 보내고 조사하는 일이 포함될 것이다. 모니터링의 어떤 수준이 중요하겠지만 필요한 모니터링 수준은 시스템의 중요도와 환경의 고유위험과 부합해야 한다.

보안 모니터링이 수행되는 경우 모니터링 빈도와 수행 품질을 평가한다. 보안 모니터링 도구가 실제로 사용됐다는 증거를 찾아낸다. 최근 결과를 검토하고 예외사항에 대한 조사와 해결 여부를 확인한다. 이 평가를 수행할 때 나머지 감사결과를 활용한다. 예를 들어 모니터링 중인 것으로 보이는 영역에서 감사인이 중대한 문제점을 발견한 경우 이 사실은 해당 모니터링의 효과성에 대한 의문으로 이어질 수 있다.

12. 패치의 사용 가능 시기를 식별하고 해당되는 패치를 평가, 적용하기 위한 정책, 절차가 있는지 검증한다. 승인된 모든 패치가 회사 정책에 따라 설치돼 있는지 확인한다.

대부분의 공급업체는 정기적인 일정에 따라 제품에 대한 패치를 발매하고 있다. 패치가 설치되지 않은 경우 널리 알려진 보안 취약점이나 중대한 성능 문제가 존재할 수 있다. 앞에서 설명한 '네트워크 보안과 통제' 절에서 다룬 네트워크 서비스 패치를 주목하길 바란다. 이 단계는 핵심 제품 자체로 발매되는 패치들을 지칭한다.

방법

관리자와 인터뷰해 누가 공급업체의 조언을 검토하며, 패치를 준비하고자 어떤 조치를 취하는지, 프로덕션 시스템에 적용하기 전에 패치를 얼마나 오랫동안 테스트하는지 확인한다. 이전 패치 주기에서 나온 메모를 검토하도록 요청한다. 사용 가능한 패치를 시스템에 적용된 패치와 비교한다. 패치를 적시에 적용하지 않은 경우 잠재적 위험을 완화하고자 취한 조치에 대해 관리자와 알아본다.

13. 감사 중인 시스템과 관련된 5장의 단계들을 수행한다.

시스템에 대한 논리적 보안 감사 외에도 시스템의 보호와 가용성에 대비해 적절한 운영 활동과 물리적 통제를 설정하고 있는지 확인해야 한다.

방법

5장의 단계들을 참고해 감사대상 시스템에 관련된 단계들을 수행한다. 예를 들어 다음 주제들이 관련될 수 있다.

- 물리적 보안
- 환경관리
- 용량계획
- 변경관리
- 시스템 모니터링
- 백업 프로세스
- 재해복구계획

종합 체크리스트

다음 표는 신기술/기타 기술 감사용으로 앞에서 나열한 단계들을 요약한 것이다.

초기 단계 감사

초기 단계 감사용 체크리스트
☐   1. 검토 중인 기술을 연구해 작동 방식과 주요 통제점에 대한 세부사항을 습득한다. 이 장에 제시된 감사계획에 적절한 감사단계들을 추가한다.
☐   2. 검토 대상 기술에 대한 기초적 시스템 정보(예를 들어 버전 번호, 설치된 최신 서비스 팩, 전체 아키텍처)를 입수한다.

계정관리 감사

계정관리 감사용 체크리스트
3. 계정의 생성 절차를 검토, 평가하고 업무상 정당한 필요가 있을 때만 계정이 생성되는지 확인한다. 각 계정이 특정 직원과 연결돼 있고 특정 직원으로 쉽게 추적할 수 있는지 확인한다. 또한 해지하거나 작업 변경 시 계정을 적시에 제거하거나 비활성화할 수 있는 프로세스를 검토, 평가한다.
4. 적절한 패스워드와 인증 통제를 설정하고 있는지 검증한다. 또한 디폴트 계정 패스워드를 변경했는지 확인한다.
5. 시스템에 대한 관리자의 접근이 적절하게 제어되는지 확인한다.

사용 권한관리 감사

사용 권한관리 감사용 체크리스트
6. 시스템에 대한 사용 권한부여 메커니즘을 검토한 다음, 중요 자원(예를 들어 트랜잭션과 데이터)에 대한 사용자 접근을 어떤 방법으로 허용하는지 이해한다. 해당 자원에 대한 접근 허용 프로세스를 비롯해 중요 자원에 대한 사용 권한을 검토한다.
7. 암호화 사용을 평가한다.

네트워크 보안, 통제

네트워크 보안, 통제 감사용 체크리스트
8. 시스템상에서 어떤 네드워크 서비스들이 활성화돼 있는지 확인한 다음, 시스템 관리자와 함께 필요성을 검증한다. 필요한 서비스에 대해서는 해당 서비스와 관련된 취약점 평가와 패치 유지보수 절차를 검토, 평가한다.
9. 가능하다면 해당 환경에 유포돼 있는 취약점을 조사하고자 네트워크 취약점 스캐닝 도구를 작동시켜본다.

보안 모니터링과 기타 일반통제

	보안 모니터링과 기타 일반통제 감사용 체크리스트
☐	10. 조직의 정책에 따라 캡처되는 감사 로그가 시스템에 있는지 확인한다.
☐	11. 시스템의 보안 상태를 모니터링, 유지보수하기 위한 시스템 관리자 절차를 검토, 평가한다.
☐	12. 패치의 사용 가능 시기를 식별하고 해당되는 패치를 평가, 적용하기 위한 정책, 절차가 있는지 검증한다. 승인된 모든 패치가 회사 정책에 따라 설치돼 있는지 확인한다.
☐	13. 감사 중인 시스템과 관련된 5장의 단계들을 수행한다.

3부

프레임워크, 표준, 규제 법규, 위험관리

- 19장 프레임워크와 표준
- 20장 규제 법규
- 21장 위험관리

프레임워크와 표준

20세기 후반 정보기술 수준이 성숙됨에 따라 일반적으로 각 조직 내의 IT부서는 운영 관리법을 스스로 개발했다. 오랜 시간이 지나 결국 프레임워크와 표준들이 등장했다. IT 프로세스의 관리, 평가를 위한 지침이 마련된 것이다. 18장에서는 오늘날 가장 두드러진 프레임워크^{Framework}와 표준(또는 기준) 몇 가지를 기술 사용의 관점에서 알아본다. 19장에서 다루는 내용은 다음과 같다.

- 내부IT통제, 프레임워크, 표준의 소개
- 지원 조직 기구^{COSO}
- IT지배구조
- 정보기술에 대한 통제 목적^{COBIT}
- ITIL(IT 인프라 라이브러리)
- ISO 27001
- 국립 표준기술 사이버보안 체계^{NIST CSF}
- 국립 보안기구^{NSA, National Security Agency} INFOSEC 평가 방법론
- 프레임워크와 표준의 동향

내부IT통제, 프레임워크, 표준의 소개

1970년대에 상장회사의 회계 책임과 투명성에 대한 요구가 커진 이유는 기업 파산과 금융 산업 붕괴 확산에 대한 우려 때문이었다. 1977년의 해외부패방지법^{FCPA}은 외국과의 거래에서 뇌물 수수를 금지했다. 이 법은 기업에 내부통제 프로그램

의 시행 의무를 부과했다. 공시 목적을 위해 거래 기록을 포괄적으로 유지해야 한다고 규정한 최초의 법규이기도 하다.

1980년대 중반, 저축대부조합$^{S\&L}$ 업계가 붕괴되자 회계기준과 감사전문직에 대한 감독은 정부에서 해야 한다는 요구가 일어났다. 정부 개입을 막기 위한 노력의 일환으로 1985년 어떤 독립적인 민간 부문(이후 지원 조직 기구$^{COSO, Community\ of\ Sponsoring}$ ^{Organizations}라고 불리어짐)이 선제적으로 행동을 취했다. 즉, 재무보고 품질의 최적 개선 방안에 대한 평가를 시작했다. COSO는 1992년에 내부통제의 통합 프레임워크$^{IC-IF,\ Internal\ Control-Integrated\ Framework}$라는 기념비적 출판물을 발행했다. 여기서 내부통제와 프레임워크라는 개념을 공식화했다.

그 이후로 다른 전문직 협회들도 프레임워크와 표준을 추가로 개발해 해당 구성원들과 IT커뮤니티에 지침과 모범 사례를 계속 제공해 왔다. 다음 절은 COSO[1]와 우수한 IT프레임워크 및 현재 사용 중인 표준들을 조명하고 있다.

COSO

1980년대 중반, 허위 재무보고 대책 전국협의회가 설립됐다. 이 조직은 회계, 감사 관행에 대한 정부 간섭을 우려하는 (여론의) 소리와 점증하는 금융 위기에 대응하고자 출범했다. 이 독립적 민간 부문 컨소시엄은 트레드웨이 위원회라는 명칭으로 더 잘 알려졌다. 전 미국 증권거래위원회^{SEC} 회장을 역임했고, 페인 외버사^{Paine} $^{Webber,\ Inc.}$의 전무이사 겸 법률 고문인 세임스 트레드웨이$^{James\ C.\ Treadway}$가 이 조직을

---

1. 1980년대 재무제표(F/S) 감사결과, 감사의견은 적정의견을 받았지만 내부통제는 부실한 사례가 미국 기업에서 많이 발생했다. 이에 대응해 1985년 발족한 허위 재무보고 대책 전국협의회(NCFFR, The National Commission on Fraudulent Financial Reporting)은 허위 재무보고 관련 사항을 다루기 시작했다. 마침내 모두가 공유할 수 있는 내부통제 개념 체계 정립의 필요성을 인식하게 됐고, 이를 후원하기 위한 트래드웨이 위원회 지원 기구(COSO, Committee of Sponsoring Orgaizations of the Treadway Commission)가 출범했다. 이 기구는 AICPA, IIA, IMA, FEI의 5개 민간 조직 멤버로 구성됐다. COSO는 1992년 내부통제 관련 여러 개념과 정의를 포괄한 내부통제의 통합 프레임워크 (Internal control – Integrated Framework)라는 보고서(일명 COSO 보고서)를 발표했다. 이 COSO 보고서는 각계각층의 광범한 지지를 받았다. – 옮긴이

이끌었기 때문이다. 1987년, 트레드웨이 위원회는 위원회의 후원 조직들에게 내부통제의 포괄적인 지침을 개발하고자 서로 협력할 것을 권고한 최초 보고서를 발행했다. 이에 따라 미국의 5개 주요 전문직 협회로 구성된 COSO가 출범했다.

- 미국 공인회계사회[AICPA]
- 미국 회계학회[AAA]
- 재무담당 경영자협회[FEI]
- 내부감사인협회[IIA]
- 관리회계사협회[IMA]

트레드웨이 위원회는 각 지원 조직들과는 완전히 독립적이었다. 산업계, 공인회계사, 투자회사, 뉴욕증권거래소의 대표들이 위원회에 포함됐다.

1992년, COSO는 내부통제의 통합 프레임워크[Internal Control-Integrated Framework]를 내부통제에 대한 첫 번째 공식 지침으로 발표했다. 이 간행물은 조직의 통제시스템을 평가, 개선할 수 있는 프레임워크와 내부통제에 대한 보편적 정의를 확립했다. 1994년, 미국의회의 회계감사원[GAO, General Accounting Office][2] 원장은 COSO 성과물에 대해 공식적인 지지를 표명했다. 이 자발적 산업 지침의 의도는 상장기업들이 자율규제를 하게 해 회계와 감사업계에 대한 정부 규제를 피할 수 있게 하는 데 있었다.

2001년, COSO는 중요성이 점차 커지는 위험관리를 다루고자 이전 내부통제 연구 성과물을 확대하는 방향으로 두 번째 주요 과제를 시작했다. 이와 비슷한 시기에 미국은 대규모 분식회계 사건으로 큰 물의를 일으킨 엔론[Enron], 타이코[Tyco], 글로벌 크로싱[Global Crossing], 케이마트[Kmart], 아델피아[Adelphia], 워드컴[WorldCom], 헬스사우스[HealthSouth] 등의 파산으로 큰 혼란에 빠졌다. 미국 정부는 재빨리 2002년 사베인스-옥슬리법[Sarbanes-Oxley Act]을 제정해 재무제표 감사에서 내부통제 감사도 함께 실시하게 했다(20장에서 자세히 설명한다). 정부의 이러한 조치에 뒤이어 2004년, COSO는

---

2. 우리나라 감사원에 해당한다. 그러나 우리나라의 감사원은 대통령 직속 기관이고, 미국의 GAO는 의회 소속 기관이다. — 옮긴이

기업 위험관리 통합 프레임워크[ERM-IF, Enterprise Risk Management-Integrated Framework]를 발표했다. 이 두 번째 성과물은 위험의 식별, 평가, 관리를 위한 좀 더 포괄적인 프레임워크를 제시했다.

COSO 성과물들은 오늘날 미국에서 현대적인 내부통제와 기업 위험관리 실무의 초석으로 광범위한 지지를 받고 있다. COSO는 내부통제, 기업 위험관리, 기타 기본 개념에 대해 보편적 정의를 확립함으로써 회계와 감사전문직을 혁신적으로 변화시켰다.

COSO의 내부통제 정의

내부통제는 다음의 목적 달성에 관한 합리적 확신을 제공할 목적으로 설계된 프로세스며, 기업의 이사회, 경영진, 조직 내 구성원의 영향을 받는다.

- 운영[operations]의 효과성과 효율성
- 재무보고[financial reporting]의 신뢰성
- 관련 법률과 규정의 준수[compliance]

내부통제의 주요 개념

다음은 COSO 기반 내부통제의 주요 개념이다.

- 내부통제는 프로세스다. 그 자체가 목적이 아니라 목적을 위한 수단이다.
- 내부통제는 단순한 정책 매뉴얼과 양식이 아니다. 조직 내의 모든 계층 사람의 영향을 받는다.
- 내부통제는 절대적 확신이 아닌 합리적 확신을 기업의 경영진과 이사회에 제공할 것으로 기대된다.
- 내부통제는 하나 이상의 개별적이지만 중복적인 범주에서의 목적 달성을 지향한다.

내부통제 통합 프레임워크

내부통제 통합 프레임워크라는 간행물은 지금은 널리 알려진 COSO 6면체를 도입했다.

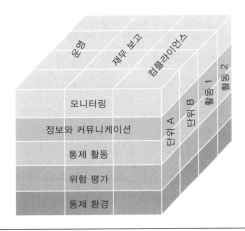

그림 19-1 COSO 6면체

COSO에서 설명한 것처럼 내부통제는 5가지의 상호 관련 요소로 구성돼 있다.

 참고 내부통제의 5가지 상호 관련 요소 - 옮긴이

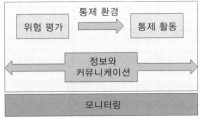

- 통제환경^{control environment}
- 위험평가^{risk assessment}
- 통제활동^{control activities}
- 정보와 커뮤니케이션^{information and communication}

- 모니터링^{monitoring}

이들 요소는 경영진의 비즈니스 운영 방식에서 도출된 것으로, 회사의 업무 프로세스에 통합돼 있다. 구성 요소는 모든 실체에 적용되지만 중소기업은 대기업과 다르게 구현할 수 있다. 해당 통제는 공식적이지 않고 구조적이지 않을 수 있지만, 소규모 회사도 여전히 효과적인 내부통제를 갖출 수 있다.

통제환경

통제환경은 조직의 문화를 결정하며, 통제에 대한 조직 구성원들의 의식에 영향을 미친다. 통제환경은 내부통제의 다른 모든 구성 요소의 기초며, 훈련과 조직 구조의 기초가 된다. 통제환경 요인에는 성실과 윤리적 가치의 실천, 적격성[3] 구비, 경영진의 철학과 경영 방식, 권한과 책임의 할당, 인적자원에 대한 정책과 실무, 이사회의 관여와 지시가 포함된다.

위험평가

모든 기업은 외부와 내부 원천의 다양한 위험에 직면하고 있다. 감사인은 그러한 위험에 대한 평가를 해야 한다. 위험평가의 전제 조건은 목적을 설정하는 일인데, 목적들은 서로 다른 수준에서 연결되고 내부적으로 일관성이 있어야 한다. 위험 평가절차는 제반 목적의 달성과 관련해 위험을 식별, 분석하고 관리 대상 위험을 어떻게 결정하는지 근거를 제공한다. 경제, 산업, 규제, 운영 조건이 계속 변화하기 때문에 변화와 관련된 특수 위험을 식별, 처리하기 위한 메커니즘이 필요하다.

통제활동

통제활동은 경영진의 지시가 확실하게 이행되게 하는 정책과 절차다. 통제활동

---

3. 개인에게 맡겨진 과업을 완수하고자 필요한 지식과 기술을 의미한다. - 옮긴이

을 통해 위험에 대처할 수 있으며, 기업의 목적 달성에 필요한 조치가 확실하게 취해지게 한다. 통제활동은 조직 전체의 모든 직급과 직능 수준에서 이뤄진다. 통제활동의 예는 승인, 허가, 검증, 조정, 운영 성과의 검토, 자산의 보안, 업무분장 등 다양한 활동을 포함한다.

정보와 커뮤니케이션

COSO에 따르면 개개인이 자신의 책무를 수행할 수 있도록 관련 정보는 적시에 식별, 포착, 교환되게 해야 한다. 운영 활동, 재무 활동, 법규 준수 활동 관련 정보는 기업 활동을 관리, 통제할 때 필요하다. 그러한 정보가 포함된 보고서는 정보시스템에서 생성된다. 정보시스템은 내부에서 생성된 데이터뿐만 아니라 외부 사건, 활동과 조건에 대한 정보도 처리한다. 정보 기반의 경영의사결정과 외부보고에 필요한 것들이다.

효과적인 커뮤니케이션은 조직 전체에 걸쳐 상하좌우로 좀 더 넓은 의미로 이뤄져야 한다. 최고 경영진은 모든 직원에게 각자 통제 책임을 진지하게 수용해야 한다는 명확한 메시지를 전달해야 한다. 구성원들은 내부통제제도에서 자신의 역할과 개별 활동이 다른 사람의 업무와 어떻게 관련되는지 알아야 한다. 중요한 정보를 상부에 전달할 수 있는 수단이 있어야 한다. 또한 고객, 공급업체, 규제기관, 주주와 같은 외부 관계자와의 효과적인 커뮤니케이션도 필요하다.

모니터링

내부통제제도에 대한 모니터링 활동[4](지속적으로 시스템 수행의 품질을 평가하는 프로세스)이 필요하다. 이는 지속적인 모니터링 활동, 별도의 평가, 또는 이 둘의 조합을 통해 달성된다. 통제의 운영 과정에서 모니터링 활동은 지속적으로 수행된다. 여

---

4. 경영진의 중요 책임은 지속적으로 내부통제를 수립하고 유지하는 일이다. 경영진의 통제 모니터링에는 의도한 대로 통제가 되고 있는지 여부와 상황 변화에 따라 적합한 수정이 이뤄지는지 여부가 포함된다. – 옮긴이

기에는 정기적인 관리와 감독 활동, 직원의 직무 수행에 필요한 기타 조치들이 포함된다. 개별 평가의 범위와 빈도는 주로 위험평가와 지속적인 모니터링 절차의 효과성에 달려 있다. 내부통제제도의 결함은 상급자에게 보고해야 하며, 중대 사항은 최고 경영진과 이사회에 보고해야 한다.

구성 요소들의 관계

이러한 구성 요소들 사이에는 연계성과 시너지가 있어 변화하는 조건에 동적으로 반응하는 통합 시스템을 형성한다. 내부통제제도는 기업의 운영 활동과 서로 얽혀 있으며, 기본적으로 사업상의 이유로 존재한다. 통제기능들이 기업의 인프라에 내장돼 기업의 본질적 일부분이 된 경우 내부통제는 가장 효과적이다. '내장된 built-in' 통제기능들은 품질과 권한 배분 계획을 지원해준다. 불필요한 비용의 억제와 변동 상황에 대한 신속 대응도 활성화한다.

참고 내부통제(IC)는 다음의 목적 달성을 위한 수단(means)이며 일종의 프로세스(process)다. – 옮긴이

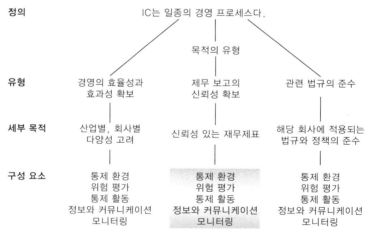

정의		IC는 일종의 경영 프로세스다.	
		목적의 유형	
유형	경영의 효율성과 효과성 확보	재무 보고의 신뢰성 확보	관련 법규의 준수
세부 목적	산업별, 회사별 다양성 고려	신뢰성 있는 재무제표	해당 회사에 적용되는 법규와 정책의 준수
구성 요소	통제 환경 위험 평가 통제 활동 정보와 커뮤니케이션 모니터링	통제 환경 위험 평가 통제 활동 정보와 커뮤니케이션 모니터링	통제 환경 위험 평가 통제 활동 정보와 커뮤니케이션 모니터링

기업이 달성하고자하는 세 가지 범주의 목적(COSO의 내부통제 정의에서 나옴)과 목적 달성에 필요한 구성 요소 간에 직접적인 관계성이 존재한다. 모든 구성 요소는 각 목적의 범주와 관련이 있다. 예를 들어 경영의 효율성 및 효과성과 같은 하나의 범주를 살펴본다면 다섯 가지 구성 요소가 모두 존재하고 효과적으로 작동해야만 기업 운영에 대한 내부통제가 효과적이라는 결론을 내릴 수 있다.

내부통제 정의는 목적의 분류, 구성 요소, 효과성 기준, 관련 설명과 함께 합리적 확신을 제공하고, 사람들에 의해 영향을 받는 일종의 프로세스라는 기초적 기본적 개념을 통해 이 내부통제 프레임워크를 형성하고 있다.

전사적 위험관리 통합 프레임워크

2004년, COSO는 기업의 위험관리 통합 프레임워크^{Enterprise Risk Management-Integrated Framework}를 발표했다. 이는 기업 조직 내의 위험관리를 위한 일종의 벤치마크가 됐다.

기업 위험관리에 관한 COSO 정의

기업 위험관리는 기업의 이사회, 경영진, 기타 구성원의 영향을 받는 일종의 프로세스다. 이 프로세스는 기업 전반에 걸쳐, 그리고 전략을 수립할 때 적용된다. 또한 기업에 영향을 줄 수 있는 사건을 식별하고 위험 성향에 따라 위험을 관리하고, 기업의 목적 달성에 관한 합리적 확신을 제공하도록 설계된다. 이 정의는 몇 가지 기본 개념을 반영하고 있다.

기업의 위험관리는 다음과 같다.

- 프로세스의 흐름이 기업 전반에 걸쳐 지속적이다.
- 조직 내 모든 수준의 구성원들의 영향을 받는다.
- 전략 수립에 적용한다.
- 기업의 모든 수준과 단위에 적용되며, 위험에 대한 전사 수준의 포트폴리

오 관점을 포함한다.

- 기업에 영향을 미칠 잠재적 사건의 발생 시 이를 식별하고 위험 성향에 따라 위험을 관리하도록 설계한다.
- 기업의 경영진과 이사회에 합리적 확신을 제공할 수 있다.
- 하나 이상의 개별적이지만 중복적인 범주에서 목적 달성을 지향한다.

기업 위험관리 통합 프레임워크의 개념

간행물에서 기업 위험관리 통합프레임워크는 그림 19-2처럼 원래의 COSO 6면체를 확장시킨 것이다.

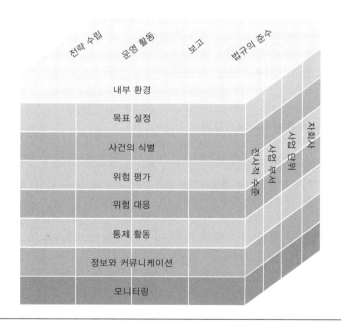

그림 19-2 확장된 COSO 6면체

기업 위험관리 프레임워크는 기업의 목적 달성을 지향한다. 설정된 목적은 다음의 네 가지 범주다.

- **전략 수립**: 높은 수준의 목표, 사명에 맞춰 지원
- **운영 활동**: 효과적이고 효율적인 자원의 사용
- **보고**: 보고의 신뢰성
- **법규의 준수**: 법률과 규정의 준수

기업 위험관리는 8개의 상호 관련 요소로 구성된다. 이들 요소는 경영진이 기업을 운영하는 방식에서 비롯된 것으로 관리 프로세스와 통합돼 있다.

- 내부환경
- 목표설정
- 사건의 식별
- 위험평가
- 위험대응
- 통제활동
- 정보와 커뮤니케이션
- 모니터링

내부환경: 내부환경은 조직의 분위기를 의미한다. 조직 구성원들의 위험에 대한 시각과 위험 처리 방법에 대한 근간을 형성한다. 내부환경에는 위험관리의 철학과 기업의 위험 선호도, 무결성, 윤리적 가치도 포함된다.

목표설정: 목표가 사전에 존재해야만 경영진이 성과에 영향을 미칠 수 있는 잠재적 사건을 식별할 수 있다. 기업 위험관리를 통해 경영진은 목표설정을 위한 프로세스를 확립하고 선택된 목표가 기업의 사명을 지원하고 조정하며 위험 선호도와 일치되게 한다.

사건의 식별: 위험과 기회를 구분하고, 기업의 목표달성에 영향을 미치는 내부와 외부 사건을 식별해야 한다. 기회 요소는 경영진의 전략과 목표설정 프로세스에서 활용되게 한다.

위험평가: 발생 가능성과 영향을 고려한 위험분석 결과는 위험 처리 방법을 결정하기 위한 근거가 된다. 위험평가는 고유위험과 잔여위험을 기초로 한다.

위험에 대한 대응: 경영자는 위험대응 방식(수용, 감축, 공유)을 선택하고, 기업의 위험에 대한 태도와 허용수준에 맞추기 위한 일련의 조치를 개발한다.

통제활동: 위험에 효과적으로 대응하는 데 도움이 될 정책과 절차를 설정, 구현한다.

정보와 커뮤니케이션: 관련 정보는 개개인이 자신의 책임을 수행할 수 있는 형태로 적시에 식별, 포착, 교환되게 한다. 좀 더 넓은 의미에서 조직 전반의 상하좌우계층에서도 효과적인 커뮤니케이션이 일어나게 한다.

모니터링: 기업 위험관리 전체를 모니터링하고 필요에 따라 수정한다. 모니터링 업무의 수행은 지속적인 관리 활동, 별도의 평가, 또는 양쪽 모두를 통해 이뤄진다.

내부통제와 기업 위험관리 간행물 사이의 관계

내부통제 통합 프레임워크[IC-IF]는 오랜 세월을 거쳐 현행 법률, 규정, 규칙의 근간으로 자리 잡았으므로 내부통제의 정의 및 프레임워크와 같은 내용은 시의 적절하다. 동시에 내부통제는 기업 위험관리의 핵심 부분 중 하나다. IC-IF 전체가 기업 위험관리 통합 프레임워크[ERM-IF] 간행물에 인용됐다. ERM-IF는 IC를 반영해 추가적인 개념화와 관리 도구를 형성하고 있다.

COSO의 영향

기념비적인 COSO 보고서들에 요약된 광범위한 원칙들은 미국 전역의 상장회사에서 점진적으로 구현되고 있다. 미국 증권거래위원회[SEC]는 COSO를 유일한 내부통제 프레임워크라고 했으며, 상장회사 회계감독기구[PACOB, Public Company Accounting Oversight Board]는 내부통제 프레임워크의 일종이라고 했다.

참고 SEC는 사베인스-옥슬리법 적용 회사에 대해 COSO를 그 지침으로 특별히 안내하고 있다.

PCAOB는 2002년 사베인스-옥슬리법에 의해 설립됐다. 상장회사의 회계 프로세스를 감독하고자 만든 SEC 내 기구다. 20장에서 더 자세히 설명한다. 미국 감사기준서 No. 2 '재무제표 감사와 통합 실시된 재무보고 내부통제 감사'에서 PCAOB는 특히 COSO에 대해 언급하고 있다.

감사기준서 No. 2는 사베인스-옥슬리법 관련 지침을 제공하면서 이렇게 기술하고 있다.

"재무보고 내부통제의 효과성에 대한 경영진의 평가는 적합하고 사용 가능한 프레임워크에 근거해야 한다. 내부통제 통합 프레임워크로 알려진 COSO 보고서는 경영진 평가목적에 적합하고 이용가능한 프레임워크를 제시하고 있다. 이러한 이유로 이 기준에서 감사실시와 보고의 방향은 COSO 프레임워크를 기반으로 한다."

더욱이 정부기관, 민간기업, 비영리단체, 기타 전 세계의 여러 조직에서도 COSO 원칙을 적용하고 있다. 이해관계자들은 상장회사에 적용되는 모범 규준이 종종 자신에게도 동일하게 모범 준칙이 된다는 인식을 갖고 있다.

IT통제에 대한 COSO의 영향

COSO는 통제 개념을 정보시스템에 도입했다. 내부통제 통합 프레임워크, COSO에 의하면 정보시스템에 대한 광범한 의존성 때문에 중요시스템에 대해서는 통제가 필요하다. COSO는 정보시스템 통제활동을 광의의 두 개 그룹으로 분류했다.

첫째는 컴퓨터 일반통제며 여기에는 IT관리(IT 인프라, 보안관리, 소프트웨어 취득, 개발,

유지)에 대한 통제가 포함된다. 이러한 통제는 메인프레임에서 클라이언트 서버, 데스크톱 컴퓨터 환경에 이르는 모든 시스템에 적용된다.

둘째는 응용통제다. 해당 기술 애플리케이션을 제어하기 위한 응용 소프트웨어 내의 컴퓨터화된 스텝[5]들을 포함한다. 필요시 다른 수동적 프로세스 통제들과 결합 형태로 운용되기도 한다. 이러한 통제들은 정보의 완전성, 정확성, 유효성을 보장해준다.

IT지배구조

정보시스템 감사 통제협회^{ISACA, Information Systems Audit and Control Association}는 IT지배구조, 통제, 보안, 인증 분야의 세계적인 리더로 인정받고 있다. 160개국 이상에서 86,000명 이상의 회원을 확보하고 있다. 1969년에 설립된 ISACA는 국제회의를 후원하고 정보시스템 통제 저널을 발행하며, 정보시스템 감사 통제 국제 표준을 개발하고 있다.

또한 ISACA는 전 세계적으로 인정받는 공인 정보시스템 감사인^{CISA, Certified Information Systems Auditor} 자격, 공인정보보안관리자^{CISM, Certified Information Security Manager}, CGEIT(기업 IT지배구조 인증), CRISC(위험 및 정보시스템 통제) 자격 업무를 관장한다.

ISACA는 IT지배구조 개념의 초창기 촉진자였다. IT목표가 비즈니스 목표와 일치하는지 확인하는 것은 기업 리더의 임무다. 일치 여부는 IT가 가치의 제공, 성과의 측정, 자원의 적절한 배분, 위험의 완화를 가져오는지를 확인하면 알 수 있다. ISACA는 IT지배구조 협회^{ITGI}를 창설해 이러한 책임을 수행하는 기업 리더를 지원했다.

비영리적이고 독립적인 ITGI는 ISACA의 연계 연구기관이다. ITGI는 기업 IT의 지

---

5. 스텝(step)이란 컴퓨터에서 하나의 명령이나 일련의 명령을 실행시키는 것이다. − 옮긴이

휘, 통제 분야에서 국제적 사고와 기준의 발전을 위해 1998년에 설립됐다. 또한 ITGI는 조직과 이사회가 IT자원을 관리할 수 있게 독창적인 연구와 사례 연구를 제공하고 있다.

ITGI는 IT지배구조에 대해 다음과 같이 정의하고 있다. "IT지배구조는 이사회와 경영진의 책임이다. 이는 기업지배구조의 필수적인 일부분이다. 그리고 조직의 IT가 조직의 전략, 목표를 유지, 확장할 수 있게 보장해주는 리더십, 조직 구조, 프로세스로 구성된다."

IT지배구조 도구와 기법에 대한 요구가 증가함에 따라 다음과 같은 상황이 발생했다.

- IT환경의 복잡성 증가
- IT 인프라의 단편 조각화나 성능 저하
- 임시 방편 솔루션으로 이어지는 사용자 불만
- 통제 불능으로 인식된 IT 비용
- 사전 예방적 방식보다는 사후적 방식으로 운영하는 IT관리자
- 비즈니스 관리자와 IT관리자 간의 커뮤니케이션 격차
- 비즈니스 전략에서 기술을 활용해야 하는 압력 증가
- 법률, 기준, 규정의 증가에 따른 준수 필요성
- 숙련 직원의 부족
- 애플리케이션 소유 주체의 부재
- 자원의 충돌/이동 우선순위
- 조직의 유연성과 변화에 대한 민첩성 손상
- 위험 노출에 대한 우려
- 경제, 정치, 조직에 관련되거나 변덕스러운 환경

IT지배구조 성숙도 모델

ITGI는 조직에 실용적, 체계적 접근방식을 제시해주는 IT 내부통제의 성숙도 모델을 개발했다. 이 모델은 일관성 있고 이해하기 쉬운 어떤 척도와 비교해 조직의 프로세스가 얼마나 잘 개발됐는지를 측정한다. 성숙도 모델은 소프트웨어 개발을 위해 SEI^{Software Engineering Institute}에서 시작된 모델을 기반으로 만들었다. SEI는 미국방부의 후원하에 카네기 멜론 대학교^{Carnegie Mellon University}가 운영하는 연방정부의 연구개발 센터다.

ITGI는 성숙도 모델의 기본 개념을 확장시켜 IT 프로세스 관리와 통제에 적용했다. 제반 원칙에 의거 일련의 수준을 정의했다. 조직은 일련의 수준을 이용해 IT통제 및 지배구조와 관련된 자신의 위치를 평가한다. 그림 19-3에서 볼 수 있듯이 이들 수준은 왼쪽의 부존재에서 오른쪽의 최적화로 표시된 이동식 척도상에 나타낸다. 척도를 이용해 조직은 현재의 위치를 판별하고 지향할 위치를 명확히 할 수 있다. 차이를 식별한 경우 분석을 수행해 발견 사항을 프로젝트로 변환시킬 수 있다. 준거점을 척도상에 추가할 수도 있다. 데이터를 입수할 수 있다면 다른 조직들이 하는 것과의 비교도 가능하다. 또한 신흥 국제표준과 업계 모범 사례들이 가리키는 보안관리, 통제의 효과적 방향을 알아낼 수도 있다. 그림 19-4는 ITGI 등급에 대한 설명이다.

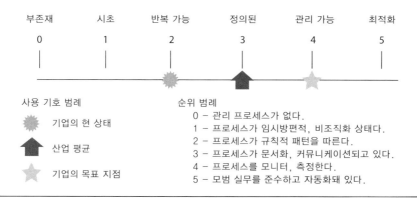

그림 19-3 ITGI 성숙도

성숙도 수준	내부 통제 환경 상태	내부 통제의 설정
0. 부존재	내부 통제 필요성에 대한 인식이 없다. 통제는 조직 문화, 사명의 일부가 아니며, 통제 결함으로 인한 사고 발생 위험이 높다.	내부 통제의 필요성을 평가해볼 의향이 없다. 사고가 발생하면 이를 처리하는 식이다.
1. 시초/ 임시방편적	내부 통제 필요성에 대한 인식이 약간 있다. 위험과 통제 요건에 대한 접근 방식은 임시적, 비체계적이며, 모니터링과 커뮤니케이션은 없다. 통제 미비점에 대한 식별 활동은 없으며, 직원들은 자신의 책임을 인식하지 못한다.	IT 분야의 통제 요건에 대한 평가가 필요하다는 인식이 없다. 중대 사건 발생 시 높은 수준으로 반응하지만 임시적이다. 평가는 실제 발생한 사건만을 대상으로 한다.
2. 반복적이지만 직관적	통제는 존재하지만 적절하게 문서화된 것은 없다. 통제 운영은 개인의 지식과 동기 부여에 의존한다. 많은 통제취약점이 노출돼 있으나, 적절한 대응책은 없다. 직원들이 이에 대한 책임 의식이 없다.	통제 요건에 대한 평가 요구는 선택된 IT 프로세스에서 필요한 경우에 한한다. 평가는 현재의 통제 성숙도 수준, 달성해야 할 목표 수준, 존재하는 갭을 결정하기 위한 것이다. 해당 프로세스에 관련된 팀과 IT 관리자가 포함된 비공식 워크숍 방식을 이용한다. 여기서 적합한 프로세스 통제 방법과 합의된 행동 계획의 촉진 방법을 정한다.
3. 정해진 프로세스	통제가 있으며 적절히 문서화돼 있다. 운영 효과성을 주기적으로 평가하며, 평균적인 건수의 문제들이 존재한다. 그렇지만 통제 프로세스는 문서화돼 있다. 경영진이 대부분의 통제 문제를 처리할 수 있을 것으로 예측되지만, 일부 통제 문제의 존속으로 인한 영향은 여전히 심각할 가능성이 있다. 직원들은 통제에 대한 책임 의식이 있다.	가치와 위험 동인을 기초로 중요 IT 프로세스를 식별한다. 상세 분석을 통해 갭의 근본 원인과 통제 요건의 식별, 개선 기회를 개발한다. 워크숍의 활성화 외에도 도구의 사용, 인터뷰의 진행을 통해 분석을 지원한다. 또한 IT 프로세스 관리자가 평가를 인정하고 개선프로세스를 추진하는지도 확인한다.
4. 관리와 측정 가능	위험 관리 환경과 효과적 내부 통제가 마련돼 있다. 공식적이고 문서화된 형태로 통제 평가를 자주 한다. 많은 통제가 자동화됐고 정기적인 검토가 있다. 경영자가 대부분의 통제 문제를 발견할 것이지만, 모든 문제를 일상적으로 식별하는 건 아니다. 식별된 통제 취약점 처리를 위해 추후 검증을 지속적으로 행한다. 기술을 제한적, 전술적으로 이용해 통제 자동화에 적용한다.	IT 프로세스의 중요도는 관련 업무 프로세스 관리자들의 전폭적 지원과 동의하에 정기적으로 명확히 한다. 통제 요건의 평가는 정책과 이들 프로세스의 실제 성숙도에 근거하며, 이해관리자를 포함한 철저한 분석과 측정이 수반된다. 이 평가에 대한 설명 책임은 명확하고 의무 사항이다. 개선 전략은 비즈니스 사례의 지원을 받는다. 목표에 대한 달성 실적을 지속적으로 모니터한다. 외부 통제 검토 업무를 가끔 계획한다.
5. 최적화	기업 전반 수준의 위험, 통제 프로그램은 통제와 위험 문제의 해법을 지속으로 제공한다. 내부 통제와 위험 관리는 기업 실무에 통합돼 자동화된 실시간 모니터링의 지원을 받는다. 또한 통제 모니터링, 위험 관리, 법규 준수에 대한 전적인 설명 책임도 함께한다. 통제 평가는 지속적인 과정이며, 자체 평가, 격차, 근본 원인 분석을 기반으로 한다. 직원들은 선제적으로 통제 환경에 관여한다.	비즈니스 변동으로 인해 IT 프로세스의 중요도 고찰과 처리 통제 성능의 재평가가 필요하다. IT 프로세스 관리자들은 정기적인 자체 평가를 통해 통제의 성숙도 수준이 비즈니스 요구를 충족하는 데 적합한지 확인한다. 또한 통제의 효과성, 효율성 증진을 위한 길의 모색 차원에서 성숙도 속성을 고찰한다. 조직은 외부의 모범 사례들을 벤치마킹하며 내부 통제 효과성에 대한 외부 자문을 구한다. 중요 프로세스의 경우 독립적인 검토를 통해 제반 통제들이 바람직한 성숙도 수준에 위치해 있으며, 계획대로 운용되고 있다는 확신을 얻는다.

그림 19-4 ITGI 내부통제 성숙도 모델

COBIT

1996년, ISACA는 정보기술에 대한 통제 목적^{COBIT, Control Objectives for Information and Related} Technologies을 발표했다. 처음에 재무제표 감사 공동체와 함께 COBIT를 IT지배구조와 통제를 위한 프레임워크로서 공들여 만들었다. 수년에 걸쳐 ISACA는 기술과 보안의 새로운 표준과 동향에 맞춰 COBIT를 몇 차례 개정해 대상을 확대했다. 2018년 말 ISACA는 최신 개정판 COBIT 2019를 발표했다. 이 버전은 ITIL, CMMI^{Capability Maturity Model Integration}, TOGAF^{The Open Group Architecture Framework}와 같은 다른 IT 및 관리 프레임워크와의 조정 능력을 강화했다. 이전 버전들보다 개선된 점이다. COBIT 2019는 다양한 비즈니스 요구를 맞춤형으로 지원할 수 있게 유연성을 갖추고 있다.

COBIT 2019 프레임워크의 핵심은 지배구조와 관리^{governance and management}라는 두 가지 전략적 우선순위다. 이 두 가지 우선순위는 COBIT 2019의 핵심을 이루는 40개의 서로 다른 목적이나 기능을 포함하는 5개의 고유한 업무 영역^{domains}으로 세분화된다. 이 40개의 목적은 효과적인 지배구조 프로그램을 위해 조직이 해결해야 하는 필수 영역을 설명하는 참조 아키텍처를 나타낸다. COBIT 2019는 제어문 목록^{list of control statements} 이상이다. 적절한 지배구조를 완전히 달성하기 위한 예상 활동과 함께 설명, 취지, 권장 사례, 메트릭, 측정이 각각의 목적 뒤에 기술돼 있다. 각각의 목적을 동일한 수준에서 엄격하게 구현할 필요는 없다. COBIT 2019에는 설계 요소와 함께 제공되는 샘플 워크플로가 들어있다. 또한 조직 요구에 맞는 특정 핵심 분야에 대한 각각의 목적과 관련해 지배구조 모델을 조정하는 방법에 대한 지침이 포함돼 있다.

COBIT 2019는 비즈니스와 IT 관련 활동의 동기화를 위한 맞춤형 질문을 제시하고 있다. '무엇'보다 '왜'에 대한 이해를 강조한다. 예를 들어 "주요 드라이버란 어떤 것들인가? 지금 어디에 있는가? 어디에 있길 원하는가? 헤야 할 일은 무엇인가? 해야 할 일을 하는 방법은? 목적을 달성했는가? 추진력의 유지 방안은 무엇인가?"와 같은 것이다.

이 구현 로드맵은 어떤 지속적인 접근방식을 형성하는 세 가지 처방적인 사이클로 구성된다. 이 사이클은 원하는 결과를 달성하고 실행 가능한 지배구조 모델을 유지하기 위한 것이다. 그러한 지배구조 모델은 간단히 정상적인 비즈니스 실무가 된다.

이전 버전의 프레임워크에 비해 COBIT 2019에서 눈에 띄게 개선된 특성 중 하나는 이전에는 없었던 성숙도 수준 채점 시스템의 기능 통합이다. 기업이 핵심 목적을 달성한 후에 이 기능은 레벨 0에서 5까지의 기능 레벨을 계산해 프로세스가 얼마나 잘 수행되고 있는지 결정하는 것이다.

반복적이고 체계적인 방법으로 COBIT 2019를 회사의 비즈니스에 맞춰주면 유연성뿐만 아니라 주어진 위험 프로파일과 위험 성향에 가장 적합한 통제 목적을 구현할 수 있다. 이로써 시간, 비용, 노력을 절약할 수 있다.

ISACA는 다음과 같은 구성 요소를 포함해 완전한 COBIT 2019 패키지를 제공한다.

- 소개와 방법론
- 지배구조와 관리 목적
- 설계 안내
- 구현 안내

이러한 구성 요소 외에도 워크숍, 교육훈련 코스, 도구 모음, 콘퍼런스, COBIT프레임워크 구현과 사용 경험이 있는 산업 전문가로부터 나온 기타 보충 자료 등이 있다. COBIT 2019 인증을 받으려는 전문인들은 종합 시험에 합격해야 한다. 이전 버전의 COBIT에 익숙하더라도 COBIT 2019의 변경사항 학습에 시간을 할애해야 한다. 많은 부분에서 기본 개념은 비슷하다. 한편 새로운 전문 용어와 프로세스 강화로 인해 COBIT 2019는 긍정적으로 개선됐지만, 아무런 지원 없이 그 자체를 구현하기에는 다소 복잡하다.

ITIL

IT 인프라 라이브러리는 1980년대 중반 영국 정부에서 개발했으며 IT 인프라 관리와 서비스 딜리버리 규정 분야의 모범 사례로서 사실상의 표준이 됐다. ITIL은 ITIL

모범 사례 프레임워크를 개발, 보유하는 영국 OGC^{Office of Government Commerce}의 등록 상표다.

ITIL은 IT에 대한 비즈니스의 의존도가 높아짐에 따라 서서히 발전했다. 모든 규모의 조직에서 전 세계적으로 이에 대한 인정, 채택이 늘어나고 있다. 이전에는 IT관리자들이 각자 개별적이고 주관적인 판단에 따라 IT 서비스의 모범 실무를 정의했다.

많은 표준 및 프레임워크와는 달리 ITIL의 채택이 크게 확산되자, 다양한 상용 및 비영리 제품 공급업체가 ITIL을 직접 지원하는 제품을 개발하게 됐다. 또한 ITIL 접근방식을 중심으로 주요 인프라 서비스 관리 제품의 개선과 조직화가 이뤄졌다. 이로 인해 좀 더 폭 넓은 수용이 가능해졌다.

또한 ITIL의 성장은 ITIL 전문 컨설팅과 관리자 인증의 확산으로 보완됐다. 결과적으로 제반 표준을 계획, 구성, 구현하는 데 필요한 전문지식에 즉시 접근할 수 있게 됐다.

ITIL 개념

ITIL은 거의 모든 조직에 적용할 수 있는 인프라와 서비스 관리를 위한 일련의 실용적 참조와 구체적 표준을 제공한다. 서비스 지원 기능은 문제점 관리, 사고 관리, 서비스 데스크, 변경관리, 버전 관리, 구성 관리와 같은 문제를 취급한다. 서비스 제공 기능은 용량 관리, 가용성 관리, 재무관리, 연속성 관리, 서비스 수준을 다룬다.

ITIL을 최신 상태로 유지하고 표준의 지속적인 성장을 촉진하고자 OGC는 BSI^{British Standards Institute} 및 ITS^{Information Technology Service Management Foundation}와 지속적으로 긴밀히 협력하고 있다. BSI와 OGC는 협업을 통해 2000년에 BSI 관리 개요(PD0005), 서비스 관리 사양(BS 15000-1), 서비스 관리 실무 규범(BS 15000-2), ITIL 지침을 하나의 통합 프레임워크에 맞추기로 했다. 관리 개요는 사용자에게 ITIL를 소개하면서 표준에 관한 보충적 정보와 점점 폭넓은 정보를 제공한다.

ISO 27001

1947년에 설립된 국제표준화기구ISO, International Organization for Standardization는 네트워크 보안관리, 소프트웨어 개발, 품질관리에 대한 여러 표준을 비롯해 다양한 비즈니스와 정부 기능을 위한 표준도 많이 만들었다.

ISO 27001은 정보보안 실무, 정보보안관리, 정보보안 위험관리 측면을 다루는 핵심 표준이다. ISO 27001의 선구자는 ISO 17799로, 영국 표준 7799(1995년에 처음 출시됨)를 기반으로 했다. 이처럼 오랫동안의 성공적인 개발, 채택 역사를 통해 ISO 27001은 정보보안 표준의 지위에 이르게 됐다.

ISO 27001은 2005년 10월에 발행됐다. 이 표준 버전의 일반적 명칭은 ISO 27001: 2005다. 이 ISO 표준은 효과적 정보관리 시스템을 위한 지침을 제공한다. 정보보안 표준을 이처럼 구체화한 기본 원칙 중 하나는 OECDOrganization for Economic Cooperation and Development 원칙을 이용해 정보와 네트워크 시스템의 보안을 관리하는 것이다. ISO 27001은 일련의 정보보안관리와 실무 표준 시리즈 중 첫 번째다. 이 일련의 표준(27000)은 널리 알려진 다른 국제 운영 표준, 즉 ISO 9001(품질관리), ISO 14001 (환경관리)과 '조화'되도록 만들어졌다. 이 표준을 채택하게 되면 분리돼 있고 무계획적인 여러 통제절차를 하나로 묶어 특정 지점에서 발생하는 위험을 해소할 수 있다. 이 표준은 포괄적인 통제절차를 제시함으로써 조직에 의해 식별된 가장 시급한 위험을 해결할 수 있고, 오랜 시간 동안 기업의 정보보안 요구를 지속적으로 충족시키도록 보장해준다.

ISO 27001:2005는 프레임워크를 좀 더 체계적으로 잘 맞추고 정보보안관리시스템 ISMS을 조직의 업무 전반 목적 및 목표(규제와 계약 요구사항 포함)와의 일관성을 강조하고자 2013년에 재작성되고 업데이트됐다. 위험관리의 강조와 명확성 강화가 도입됐으며, ISO 27001:2013은 프레임워크를 재구성해 더 많은 유연성을 제공했다. 예를 들어 2005 버전은 조직이 고전적인 PDCAPlan-Do-Check-Act 프로세스 모델을 따르도록 요구했지만, 2013 버전은 특정 프로세스 모델을 요구하지 않는다. 단지

한 가지를 따르면 되는 것이며, 여기에는 지속적인 개선 피드백 주기를 포함한다. 이를 통해 조직은 다양한 솔루션에서 조화와 통합 기능을 제공해주는 COBIT나 ITIL에 대한 투자를 활용할 수 있게 됐다. 또한 식별된 위험을 해결하기 위한 통제 방법을 선택할 때 조직은 더 많은 옵션을 갖게 됐다. 이미 표준을 채택한 기존 조직이 완전히 재작성을 해야 할 만큼 전체 변경사항이 현저히 많지는 않았지만, 새로운 조직들이 더 쉽게 이 표준을 채택할 수 있게 만들었다.

2017년, 이 표준은 또 다른 페이스리프트^{facelift}(약간의 수정)를 거쳤지만 변화는 미미하고 대부분 문구를 다듬어 순화시키는 정도였다. ISO 27001:2017에서는 정보의 명확화와 쉽게 따라갈 수 있게 섹션의 재정렬화가 있었다. 특정 요소가 강조됐지만 전반적인 범위와 요구사항은 변경되지 않았다.

ISO 27001 개념

ISO 27001:2017 표준은 10개의 섹션 또는 절로 구성된다.

- 표준의 범위
- 참조
- 용어와 정의
- 조직 상황과 이해관계자
- 리더십
- 계획수립
- 지원
- 운영
- 성과 평가
- 시정 조치와 개선

지원 부속 자료에는 통제 목록과 통제 목적이 들어있다. 부속 자료에는 14개의 업무 영역으로 구성된 35개의 통제 범주에 114개의 통제가 분포돼 있다.

14개의 업무 영역은 다음과 같다.

- 보안정책
- 정보보안 조직
- 인적자원 보안
- 자산관리
- 출입통제
- 암호화
- 물리적 및 환경적 보안
- 운영 보안
- 통신 보안
- 시스템 취득, 개발, 유지보수
- 공급업체 관계
- 정보보안사고 관리
- 비즈니스 연속성 관리의 정보보안 측면
- 규정 준수

조직은 부속 자료에 열거된 일부통제나 모든 특정 통제를 구현할 필요는 없다. 위험 성향에 따라 구현할 통제를 선택할 때 널리 사용되는 NIST 특별 출간 번호 800-53 개정 '4. 연방 정보시스템과 조직의 보안 및 개인정보보호 통제'와 같은 다른 참고 자료를 자유롭게 이용할 수 있다.

표준 명칭들이 뒤섞여 혼란스러우므로 표준의 채택과 규정 준수도 다소 어려울 수 있다. 일부 조직에서는 하나 이상의 표준 버전을 구현 프레임워크로 사용해 내부 정보보안 실무, 절차와 통제의 개발을 위한 지침으로 삼는다. 산업 분야와 규모에 상관없이 모든 조직의 ISMS에 ISO 27001 준수 인증이 부여되도록 추진할 수 있다. 이 프로세스를 진행하려면 승인된 공인 인증기관으로부터 광범위한 감사를 받아야 한다. 첫 단계는 ISMS의 모든 요소가 올바르게 문서화돼 있는지 확인하는 일이다. 그런 다음 감사인은 준수성 여부를 확인할 수 있는 여러 증거를 입수하고, 자체적으로 독립적인 평가를 수행해야 한다. 인증을 받은 조직은 인증 상태를 유지하고자 후속 검토를 통과해야 한다. 2017년, 경영시스템 표준 인증에 대한 ISO 조사에 따르면 39,501개의 조직이 ISO27001 인증을 받았다. 이는 2016년 33,290개에서 증가한 것이다. 2017년, 인증을 받은 기업 중 44%는 동아시아 지역과 태평양 지역이고, 약 37%는 유럽 지역이며, 북미 지역은 5%에 불과하다.

이러한 표준을 완전히 채택하는 것은 쉬운 일이 아니다. 상당한 양의 사전 계획과 분석이 뒤따라야 한다. 다양한 측면에서 이러한 표준을 지원하는 컨설팅, 교육훈련, 제품을 폭넓게 사용할 수 있다.

진화하는 명칭과 범위에도 불구하고, 이런 일련의 표준들은 가장 널리, 그리고 국제적으로도 인정받은 정보보안 실무, 프레임워크, 지침 중 하나가 됐다. 조직은 정보보안을 중요시하고 식별된 위험을 합리적으로 처리하고 있음을 규제 당국, 공급업체, 파트너, 고객에게 알려야 한다. 인증의 획득과 ISO 27001의 구현은 국제적, 세계적으로 인정되는 표준에 준거한 합리적 조치를 취해 왔다는 증거가 된다. 다른 표준들과 마찬가지로 ISO 27001 인증을 보안 증명으로 보면 안 된다. 역사적으로 볼 때 PCI^{Payment Card Industry} 규정을 준수한 많은 회사가 여전히 신용카드 정보의 유출과 분실로 어려움을 겪고 있다. 따라서 ISO 27001 인증은 조직의 보안 상태를 나타내는 긍정적 지표지만, 안전하다는 보장을 하지는 않는다. 이는 미묘하지만 중요한 특성이다.

NIST 사이버보안 프레임워크

2013년 2월, 오바마 대통령은 '중요 인프라 사이버보안의 개선'을 대통령의 행정명령 13636으로 발표했다. 이는 중요 인프라에 대한 사이버 위험을 줄이기 위한 새로운 프레임워크를 개발하는 것이 목표였다. 1년 동안 NIST는 전국의 전문가들의 의견을 수렴하고자 워크숍을 진행했다. NIST는 정부, 산업, 학계 간의 협업 방식을 통해 2014년 2월 사이버보안 프레임워크^{CSF}를 발간했다. 협업의 훌륭한 사례였다. 초판 이후 NIST는 프레임워크 개선을 위한 피드백과 권장 사항을 계속 수집해 2018년 4월에 업데이트된 CSF 버전을 발간했다. 버전 1.1과 초판 버전은 완전한 호환성이 있었다. 공급망 위험에 중점을 둔 하나의 새로운 범주의 도입과 10개 하위 범주의 추가가 있었지만, 대부분의 변경은 기존 정보를 개선하거나 명료화하는 것이었다.

NIST CSF는 기존 표준, 지침, 산업 관행을 통합시킨 자발적인 프레임워크다. 대통령의 행정 명령은 당초에는 중요 인프라에 중점을 뒀지만, 이 프레임워크는 산업에 구애받지 않으므로 중요하지 않은 인프라와 미국 이외의 조직에서도 적용할수 있다. 회사가 사이버보안 관련 위험의 감축, 관리를 위한 비용 효율적 접근방식을 개발하려는 경우 CSF는 기존 접근방식과 솔루션의 활용을 통해 충분한 유연성을 제공한다. 프레임워크의 주요 강점 중 하나는 단순히 통제 목록에 초점을 맞추기보다는 위험 기반 결과물에 기본 초점을 이동시킨다는 점이다.

NIST CSF 주요 구성 요소는 코어^{core}, 구현 계층^{implementation tiers}, 프로파일^{profiles}의 세가지다. 코어는 다수의 참조를 포함하는 포괄적 사이버보안 활동 목록과 함께 바람직한 결과 목록을 설명한 사이버보안 순환 사이클을 나타낸다. 구현 계층은 조직이 프레임워크와 관련해 전반적인 사이버 위험을 얼마나 잘 관리하고 있는지에 대한 통찰력을 제공한다. 프로파일은 현재 상태, 특정한 비즈니스 요구와 위험 상황을 기반으로 조직에 바람직한 결과를 포착한다.

코어는 NIST CSF의 대부분을 구성하며 기능, 범주, 하위 범주, 참조로 구성된다(제반 기능과 범주의 표현은 그림 19-5를 참고한다). 최상위 수준에서 코어를 다음 5가지 주요 기능으로 세분화했다.

- 식별
  - 주요 자산, 정보, 프로세스에 대한 위험을 식별하고 우선순위를 정한다.

- 보호
    - 그러한 자산, 정보, 프로세스를 보호하기 위한 적절한 안전 수단을 구현해 사이버보안 사건의 영향을 억제한다.
- 탐지
    - 의심스럽고 악의적인 활동을 탐지하기 위한 조치를 취한다.
- 대응
    - 사건에 적절하게 대응하는 능력을 개발한다.
- 복구
    - 사건의 발생 후 서비스와 운영을 복구할 수 있게 한다.

각 기능은 광범한 사이버보안 관련 영역을 망라하는 별개의 범주들로 세분화되지만, 범주들이 사이버 문제에만 국한되지는 않는다. 물리적 보안과 개인적 보안을 포함한다. 각 범주는 여러 하위 범주로 나눠진다. 이들 하위 범주는 일반적인 통제 기반 진술문과 유사하지 않다. 비즈니스의 결과 진술문으로 표현돼 있다. 따라서 하위 범주는 원하는 결과의 달성 방법을 정확하게 지시하지는 않지만 특정 비즈니스 목표의 달성을 위한 맞춤형 솔루션의 설계와 개발을 지원할 수 있다. 각 기능별 범주와 하위 범주의 수는 다르지만, 전체 프레임워크에는 23개의 총 범주와 108개의 총 하위 범주가 있으며, 이들은 각기 다른 5개 기능에 흩어져 있다.

코어의 마지막 요소는 참조 섹션이다. 각 하위 범주에는 잘 알려진 기존 표준, 지침, 산업 관행에 대한 해당 정보 참조 목록이 포함된다. 이 참조 정보는 COBIT-5, ISO/ IEC-27001:2013, NIST 특별 공보 번호 800-53 개정4판 등 사이버보안 지침의 전통적이고 상세한 기술 소스에 대한 링크를 제공한다.

기능 고유 식별자	기능	범주 고유 식별자	범주
ID	식별	ID.AM	자산관리
		ID.BE	비즈니스 환경
		ID.GV	지배 구조
		ID.RA	위험관리
		ID.RM	위험관리 전략
		ID.SC	공급망 위험 관리
PR	보호	PR.AC	ID 관리와 접근 통제
		PR.AT	자각과 교육 훈련
		PR.DS	데이터 보안
		PR.IP	정보 보호 프로세스와 절차
		PR.MA	유지보수
		PR.PT	보호 기술
DE	탐지	DE.AE	비정상적인 것과 사건
		DE.CM	지속적인 보안 모니터링
		DE.DP	탐지 프로세스
RS	대응	RS.RP	대응계획 수립
		RS.CO	커뮤니케이션
		RS.AN	분석
		RS.MI	완화
		RS.IM	개선
RC	복구	RC.RP	복구계획 수립
		RC.IM	개선
		RC.CO	커뮤니케이션

그림 19-5 기능과 범주 고유 식별자(출처: 국가 표준 및 기술 연구소의 핵심 인프라 사이버보안 버전 1.1 향상을 위한 프레임워크)

이러한 코어 요소들이 어떻게 조화를 이루는지 예를 살펴보자. 식별 기능에는 다음 6가지 범주가 있다.

- 자산관리

- 사업 환경
- 지배구조
- 위험평가
- 위험관리 전략
- 공급망 위험관리

이들 범주는 조직의 주요 자산, 정보, 프로세스에 대한 위험을 식별, 우선순위 지정, 관리하는 전반적인 GRC^{Governance, Risk and Compliance} 프로세스를 망라한다. 그것은 하드웨어, 소프트웨어, 데이터, 인력에 이르기까지 조직의 모든 자산을 포괄하는 6개의 하위 범주를 포함하며, 자산관리 범주에만 중점을 둔다. 이들 하위 범주 중 하나는 구체적으로 "조직 내의 물리적 장치와 시스템이 목록화돼 있다"라고 명시한다. 목록을 작성하는 방법은 알려주지 않는다. 추가 지침을 위해 하위 범주에 대해 나열된 참조 정보 중 하나(예를 들어 NIST 특별 발행판 번호 800-53 개정판 4, 특히 정보시스템 구성 요소 인벤토리(CM-8), 정보시스템 인벤토리(PM-5))를 활용할 수 있다(ID.AM-1 기능, 범주, 하위 범주, 참조 정보에 대한 설명을 구하려면 그림 19-6을 참고한다).

각 기능은 이전 기능의 개발에 의존한다. 예를 들어 주요 시스템과 해당 시스템이 직면한 위험을 아직 식별하지 못한 경우 적절한 보호 메커니즘을 정하기가 어렵다. 의심스러운 활동과 악의적인 동작을 사전에 탐지해야만 그런 사건에 효율적이고 효과적으로 대응할 수 있다.

프레임워크의 특성을 얼마나 잘 구체화하고 있는지 이해하려면 조직의 위험관리 상황을 가장 잘 나타내는 계층을 결정해야 한다. NIST CSF 계층은 조직이 4단계 계층적 규모로 위험을 관리하는 방법의 통찰력을 제공한다.

- **1단계:** 부분적
  - 조직은 비공식적이고 임시적이며 반응적인 방식으로 위험을 관리하고 있다. 사이버보안 위험에 대한 인식은 제한적이다.
- **2단계:** 위험 정보의 고지

- 위험관리 실무들은 조직 전반의 지하 창고^{silos}에 흩어져 있다. 사이버 보안 활동들의 우선순위는 있다. 위협 정보와 비즈니스 요구를 활용은 하지만 사실상 전술적인 접근방식이다.

기능	범주	하위 범주	참조 정보
식별 (ID)	**자산 관리(ID.AM):** 조직은 사업 목적을 달성하는 데 필요한 데이터, 인원, 기기, 시스템,시설을 식별, 관리한다. 이러한 자원의 식별, 관리 업무는 조직 목표와 조직의 위험 전략에 대한 상대적 중요도에 일치되도록 수행한다.	**ID.AM-1:** 조직 내의 물리적 기기와 시스템들은 목록화돼 있다.	**CIS CSC** 1 **COBIT 5** BAI09.01, BAI09.02 **ISA 62443-2-1:2009** 4.2.3.4 **ISA 62443-3-3:2013** SR 7.8 **ISO/IEC 27001:2013** A.8.1.1, A.8.1.2 **NIST SP 800-53 Rev. 4** CM-8, PM-5

그림 19–6 프레임워크 코어 – ID.AM–1(출처: 국가 표준기술연구소의 핵심 인프라 사이버보안 버전 1.1 향상을 위한 프레임워크)

- **3단계:** 반복 가능
  - 공식적이고 포괄적인 위험관리 프로그램이 존재한다. 잘 정의된 사이버보안정책, 절차, 지표가 마련돼 있으며, 필요시 조정을 위한 통상적 검토가 수반된다.

- **4단계:** 적응 가능
  - 위험관리 프로그램을 정기적으로 업데이트해 조직의 성과를 최적화하고 사고의 영향과 위험을 감소시킨다. 업데이트는 학습 성과와 기타 분석을 기반으로 실시한다. 정보는 일상적으로 외부 실체와 공유한다. 사이버보안과 위험관리는 조직 문화의 일부다.

업무상의 요구, 위험에 대한 태도와 조직의 자원 가용성에 상응하는 더 높은 계층으로의 진행이 권장되고 있으며 바람직한 방향이다. 모든 조직이 4단계 자격을 취득할 필요는 없다. 이 계층 구조는 CMM^{Capability Maturity Model}과 매우 유사하지만 실제 성숙도 점수를 나타내지는 않는다. 이 자격은 이해하기 쉬운 편이다. 범주와 하위 범주가 통제 기반 목적은 아니기 때문이다. 또한 조직은 특정 업무상의 요구, 자원, 위험 허용, 규제 책임에 맞게 프레임워크 채택을 조정해야 한다. 하나의 크기로 모두에 적합하거나 이상적인 프레임워크를 구현할 수는 없다. 그렇지만 계층 수준은 성숙도 모델이나 유사 점수 매기기 메커니즘과 매우 비슷하게 보인다. 그래서 종종 혼란과 좌절을 초래한다. 조직이 표준에 대한 적합성을 체계적, 구체적으로 측정하는 방법을 추구하는 것은 이해할 만하지만 현재는 계층 지정이 오늘날 가장 최적의 솔루션이다. 일부 보안 공급업체는 프레임워크에 맞는 성숙도 점수 생성법을 자체적으로 만들었지만, 공식적으로 그 자체가 표준의 일부가 된 것은 아니다.

프로파일은 조직에 맞게 프레임워크를 적합화, 최적화시키는 방법이다. 이 단계는 각 기능의 범주와 하위 범주를 조직의 고유한 업무 요구사항과 목표에 맞추는 것이 중요하다. 프레임워크의 각 범주와 하위 범주를 살펴본 후 사이버보안 상황을 평가하고 현재 상태를 가장 잘 나타내는 계층을 결정해보자. 위험 허용, 자원(돈과 사람)의 가용성, 모든 법적 및 규제 요구사항, 기타 적절한 요소를 고려해야 한다.

일단 현재의 NIST CSF 프로파일을 제대로 이해한 후 비슷한 활동을 수행해 단기(6~18개월)나 장기(18~36개월) 기간 동안 추구하는 미래 상태를 결정할 수 있다. 사이버보안 산업과 위협 환경은 너무나 역동적이다. 3년 이상 정확한 로드맵을 현실적으로 예측하긴 어렵다. 이 때문에 사이버보안 활동과 투자에 우선순위가 부여된 행동 계획을 마련하는 것이다. 목표는 원하는 프로파일을 달성하는 것이며, 반드시 특정 계층 수준의 결정에 따르는 것은 아니다.

프로파일의 또 다른 용도는 다른 조직과의 비교를 위한 벤치마크의 제공이다. 이 비교 데이터를 활용해 사이버보안 전략을 더욱 정당화하는 것이다.

조언을 하자면 결론에 도달하게 된 근거를 명확하게 설명할 수 있도록 가정과 평가 기준을 문서화해두자. 그러한 결론에 도달하게 된 이후에는 평가 과정과 몇 개월 동안 이뤄진 모든 대화와 결정 사항을 기억하기는 어렵다. 이는 향후 프레임워크 정렬 평가를 수행할 때 일관성을 유지하는 데 도움이 된다. 다른 조직과 프로파일을 벤치마킹하려는 경우 채택한 접근방식에 대한 설명도 필요하다.

비보안 전문가에게 좀 더 이해하기 쉬운 일반 용어를 사용했다는 점과 단순성이 이 프레임워크의 장점이다. 유익한 참조 기능은 NIST CSF를 강력하고 유연하게 만든다. 예를 들어 회사가 이미 COBIT 5 프레임워크를 채택한 경우 수행한 작업을 NIST CSF의 다양한 요소에 간단히 매핑할 수 있다. NIST CSF는 많은 이점을 제공한다.

- 반복 가능하고 측정 가능한 위험 기반 접근방식을 제시함으로써 이를 통해 사이버보안 프로그램을 개발, 관리할 수 있다.
- 포괄적 사이버보안 활동 목록을 제공함으로써 조직 고유의 요구를 충족시키는 활동에 이를 활용할 수 있다. 사이버보안 표준, 프레임워크와 지침에 대한 훌륭한 참고 자료이다.
- 사이버보안 투자 수익의 극대화를 위해 투자 우선순위를 단순화한다.
- 비보안 전문가에게 사이버보안 위험관리를 커뮤니케이션하고자 이해하기 쉬운 분류 체계를 이용하고 일반적인 언어로 표현한다.
- 동료 간에 현재 및 원하는 사이버보안 상태를 벤치마킹하는 데 적합하다.
- NIST 800-53, HIPAA, PCI와 같은 현행 규정과 표준을 보완해준다.

이 프레임워크의 유연한 특성과 통제 초점에서 벗어난 관점 때문에 이 프레임워크를 채택하기는 상당히 어렵다. NIST CSF는 몇 가지 과제를 안고 있다.

- 첫째, 비강제적이다. 따라서 특히 어떤 방법론을 이미 마련해둔 경우 조직은 새로운 프레임워크 채택의 필요성을 못 느낄 수 있다.
- 광범위하고 포괄적인 특성으로 인해 많은 결정 사항을 자유롭게 해석할 수 있다. 이로 인해 조직 내 통제의 효과성을 과대 평가할 수 있다.
- 시작해야 하는 일부 조직의 경우처럼 규범적인 것이 아니라는 점은 유연성의 단점이다. "여기서 거기로 가는 방법은?" 이를 정하는 일은 도전적 과제일 수 있다.
- 계층(부분적, 위험 정보의 고지, 반복 가능, 적응 가능)은 조직 내에 포함된 통제 수

준에 대한 통찰력을 제공하지만 계층이 실제 성숙도 평가는 아니다.

NIST CSF는 다른 많은 프레임워크와 마찬가지로 사이버보안 프로그램의 기본 요소를 사용하기 쉬운 형식으로 배치하고 그룹화하는 작업을 훌륭하게 수행한다. 핵심 구조는 업무 지향의 결과물을 체계적으로 수합해 제공한다. 계층은 프레임워크 채택과 관련된 위험관리 상황을 제시해준다. 프로파일은 현재 상태와 미래 상태를 캡처하는 방법을 제시해 사이버보안 권장 사항의 우선순위를 촉진시킨다. 이러한 권장 사항들은 통제 목적을 무작위로 선택한 것이 아니다. 권장 사항들은 업무상의 요구에 맞게 정렬돼 있다. 가용 자원의 크기에 따라 분류하고, 조직의 위험 성향에 맞추고, 법적 의무, 산업 관련 의무를 맞춤형으로 충족시킨다. 회사가 현재의 표준, 지침, 산업 관행에 참조 정보들을 매핑시키면 과거의 투자를 활용할 수 있다. 또한 재작업을 거의 하지 않고도 NIST CSF를 채택할 수 있다.

NSA INFOSEC 평가 방법론

국가 안보국 INFOSEC 평가 방법론^{NSA IAM:The National Security Agency INFOSEC Assessment Methodology}은 2002년 초 미국 국가안보국^{NSA}이 개발했다.

NSA INFOSEC 평가 방법론 개념

NSA IAM은 평가 활동의 토대가 되는 정보보안 평가 방법론이다. 이 방법론은 정보보안 평가를 사전 평가, 현장 활동, 사후 평가의 3개 국면으로 세분화했다. 이러한 각 국면에는 정보보안 평가의 일관성을 보장하기 위한 필수 활동이 포함돼 있다. 그러나 NSA IAM 평가는 문서 검토, 인터뷰, 관찰만으로 구성된다는 점을 유의해야 한다. 그 의도는 더 깊은 평가가 필요한 조직에서 가장 중요한 운영 영역을 식별하는 데 있다. NSA IAM 평가기간 중에는 테스트를 수행하지 않는다.

NSA는 기본 테스트 활동을 위해 INFOSEC 평가 방법론을 발표했다.

사전 평가 국면

사전 평가 국면의 목적은 고객 요구사항을 정의하고, 평가 범위를 설정하고, 평가 경계를 결정하고, 고객정보의 중대성을 이해하고, 평가 계획을 수립하는 데 있다. NSA IAM은 조직 정보 중요도와 시스템 정보 중요도를 모두 측정한다. 조직 정보는 주요 업무 기능을 수행하는 데 필요한 정보로 구성된다. 시스템 정보의 식별은 주요 업무 기능을 지원하는 제반 시스템에서 처리되는 정보 분석을 통해 한다.

NSA IAM은 정보 중요도를 분석하는 데 사용되는 매트릭스를 제공한다. 각 조직/비즈니스 기능과 조직을 지원하는 각 시스템별 매트릭스를 작성한다. 세로축은 정보 유형을 나타내고, 가로 축은 기밀성, 무결성, 가용성의 열을 나타낸다. 정보 중요도 영향 값을 각 셀에 할당한다. 표 19-1은 인적자원의 조직 정보 중요도 매트릭스의 예다.

정보 유형	기밀성	무결성	가용성
급여	높음	높음	중간
이익	낮음	중간	낮음
종업원 실적 평가	높음	높음	낮음

표 19-1 조직 정보 중요도 매트릭스

현장 활동 국면

현장 활동 국면은 사전 평가국면의 결론에 대한 타당성 검증, 평가 데이터의 수집, 고객 이해관계자들에게 초기 피드백을 제공하는 것으로 구성된다. 18개 베이스라인 분야에 대한 평가는 IAM 평가 중에 한다.

- 정책, 절차, 베이스라인 같은 정보보안 문서화
- 역할과 책임

- 비상계획
- 구성 관리
- 식별과 인증
- 계정관리
- 세션 통제
- 감사
- 악성코드 보호
- 시스템 유지보수
- 시스템 인증
- 네트워킹/연결성
- 통신 보안
- 미디어 통제
- 정보 분류와 라벨링
- 물리적 환경
- 직원 보안
- 교육, 훈련과 경각심

평가 후 국면

일단 평가 정보를 수합한 후 최종 평가 국면에서 분석을 거쳐 하나의 보고서로 통합한다. 최종 보고서에는 보고 요약서, 우수 보안 관행의 인정과 조직의 전반적 정보보안 상태에 관한 진술이 포함된다.

프레임워크와 표준의 동향

사업상 요구사항과 실무는 전 세계적으로 크게 다르다. 표준을 만드는 많은 조직의 정치적 이해관계도 마찬가지다. 모든 사람의 요구를 충족시켜줄 단일 프레임워크와 표준이 가까운 장래에 나올 것으로 보이지는 않는다. 규정(국제, 국가, 지방/주 등)과 표준(ISO, 산업별, 공급업체 등)에 관련된 수백 개 기관문서를 매핑하는 것은 복잡한 일이다. 이에 따라 기회와 틈새시장이 창출됐다. 기술 공급업체는 이 중요한 시장의 틈새나 차별화 요소를 적절하게 파악했다. 제품 판매의 촉진을 위해 자사 제품이 관계 기관의 요구사항을 처리하는 방법도 식별해냈다. 공급업체는 여러 규정과 표준에서 요구되는 특정 통제를 해결하려고 해당 성능을 매핑할 수 있는 기회에 흔쾌히 응했던 것이다.

네트워크 프론티어 사Network Frontiers는 불가능한 것(가능한 모든 알려진 규정, 표준, 모범 사례에서 IT통제에 대한 공통 매핑을 작성하는 일)을 시도한 가장 유명한 회사일 것이다. 그 결과 나온 것을 IT 통합 준거 프레임워크IT Unified Compliance Framework라고 하며, www.unifiedcompliance.com에서 찾아볼 수 있다. 그 후 이들 매핑은 아처 테크놀러지Archer Technologies, 마이크로소프트, 컴퓨터 어쇼시에이트Computer Associates, 맥아피McAfee, 기타 여러 공급업체에서 채택해 공급업체가 관리하거나 추적한 제반 통제를 개별 기관 문서의 요구사항에 맞추는 데 도움을 췄다.

단일 프레임워크의 채택을 통해 기술 제품의 개발, 조직 구조, 통제 목적을 단순화할 수 있다는 관점이 하나 있다. 이질적인 지역, 정치, 비즈니스, 문화, 기타 이해관계의 복잡성으로 인해 보편적으로 수용되는 통제 프레임워크는 결코 만들 수 없을 것이라는 또 하나의 관점이 있다. 진실은 아마도 중간 어딘가에 있을 것이다. 단일의 국제 표준 세트가 임박한 것은 아니지만 이 장에서 설명한 제반 도구는 궁극적으로 모든 참가자에게 이익이 되고 신뢰할 수 있고, 안전하며 지속 가능한 기술 인프라를 만드는 데 도움을 준다.

지식 베이스

참조	웹 사이트
감사기준서 No2: "재무제표 감사와 통합 실시하는 재무보고 내부통제 감사"(2004.06.17. 시행)	www.pcaobus.org
트레드웨이 지원 기구	https://www.coso.org/
위키피디아 COSO 정보	https://en.wikipedia.org/wiki/Committee_of_Sponsoring_Organizations_of_the_Treadway_Commission
위키피디아 ITIL 정보	http://en.wikipedia.org/wiki/ITIL_v3
국제표준화기구, "ISO-개요" 2004.1.	www.iso.org
ISACA(2006.1월 이전까지는 정보시스템 감사 통제 협회로 알려진 단체)	www.isaca.org
IT 인프라 라이브러리	https://www.itil.org.uk
IT지배구조 협회	https://www.isaca.org/why-isaca/leadership-and-governance
IT지배구조 협회, Boad Briefing on IT Goverence, 2판. Rolling Mesdows, IL, 2003, by IT Goverence Institute	https://www.oecd.org
Bejtlich, R.(2007. 12. 9). TaoSecurity. NSA IAM and IEM 요약	https://taosecurity.blogspot.com/2007/09/nsa-iam-and-iem-summary.html
SOX법 404조 IT관리자 준수 조항	www.Auditnet.org
소프트웨어 엔지니어링 협회	www.sei.cmu.edu
IT 통합 통제 프레임워크	www.unifiedcompliance.com

ISACA (2018). Introducing COBIT 2019. Overview.

ISACA (2018). Introducing COBIT 2019. Major Differences with COBIT 5.

ISACA (2018). Introducing COBIT 2019. Executive Summary.

Rafeq, A. (2019, 4 February). COBIT Design Factors: A Dynamic Approach to
Tailoring Governance in the Era of Digital Disruption. Retrieved from
http://www.isaca.org/COBIT/focus/Pages/cobit-design-factors.aspx

Silva, J. & Souza, J. (2019, 18 March). Defining Target Capability Levels in COBIT
2019: A Proposal for Refinement. Retrieved from http://www.isaca.org/
COBIT/focus/Pages/defining-target-capability-levels-in-cobit-2019-a-
proposal-for-refinement.aspx

White, S. (2019). What Is COBIT? A Framework for Alignment and Governance.
Retrieved from https://www.cio.com/article/3243684/what-is-cobit-a-
framework-for-alignment-and-governance.html

https://www.iso.org/the-iso-survey.html

https://www.iso27001security.com

Framework for Improving Critical Infrastructure Cybersecurity Version 1.1,
National Institute of Standards and Technology, April 16, 2018. Retrieved
from https://www.nist.gov/cyberframework/framework

CHAPTER 20

규제 법규

글로벌 비즈니스 공동체는 기업의 내부통제 관련 책임이나 책임 확대에 영향을 미치는 새로운 법규를 지속적으로 안내해 왔다. 20장은 정보기술 사용의 관점에서 내부통제 관련 규제의 변화 추이를 검토한다. 특히 19장에서는 다음 법규를 다룬다.

- 내부통제 관련 입법 소개
- 2002년 사베인스-옥슬리법^{Sarbanes-Oxley Act}
- 그램-리취-브릴리법^{Gramm-Leach-Bliley Act}
- 일반데이터보호규정^{GDPR, General Data Protection Regulation}
- 기타 개인정보보호규정^{Additional privacy regulations}
- 캘리포니아 보안침해 정보법^{SB 1386, California Security Breach Information Act}
- 캘리포니아 소비자정보보호법^{CCPA, California Consumer Privacy Act}
- 캐나다 개인정보보호 및 전자문서법^{PIPEDA, Canadian Personal Information Protection and Electronic Documentation Act}
- 개인정보보호법의 동향^{Privacy law trends}
- 병원 진료기록정보 보호법^{HIPAA, The Health Insurance Portability and Accountability Act}
- EU위원회와 바젤 II^{EU Commission and Basel II}
- PCI 데이터보안 표준^{Payment Card Industry (PCI) Data Security Standard}
- 기타 규제 법규의 동향

내부통제 관련 입법 소개

비즈니스와 기술의 글로벌적 특성으로 인해 기업 간의 협력 방식과 정보 공유 방식을 관장하는 표준과 규정이 필요했다. 전략적이고 협력적인 파트너십은 국제표준화 기구[ISO, International Organization of Standardization], 국제전자기술협회[IEC, International Electrotechnical Commission], 국제원격통신연합[ITU, International Telecommunication Union], 세계 무역 기구[WTO, World Trade Organization] 같은 기관과 함께 발전해 왔다. 모든 국가는 글로벌 거래를 촉진한다는 공통의 목표를 갖고 이러한 표준 기구에 자발적으로 참여해 왔다. 개별 국가들의 경우 자국 내 운영 기업의 경영 활동에 대한 정부통제는 더욱 강화해 왔다.

법안의 제안과 채택에 대한 동기는 생각보다 훨씬 복잡하다. 국가 이익, 산업 문제, 기업의 책략은 강력한 정치적 동인을 유발한다. 정치는 부정적인 의미를 가질 수 있지만 이 문맥에서 '정치적'은 단순히 암묵적 합의를 지칭한다. 즉, 법규들은 일반적으로 어떤 대표 집단에 보호와 이익을 준다는 것이다. 국가, 산업, 회사는 정보의 기밀성, 무결성, 가용성[1]에 대해 우려한다. 표준과 입법은 이러한 우려에 대응하는 두 가지 방법이다.

법규의 IT감사에 대한 영향

기업이 여러 기관의 법규를 준수해야 하는 복잡성에 적응함에 따라 IT감사에 대한

---

1. 정보기술(IT, information technology)의 보안(security)이란 용어는 다음과 같은 세 가지 개념을 포함한다. 1) 기밀성: 정보가 부적절한 실체나 프로세스에 노출되지 않게 한다. 정보가 인가받지 않은 실체에 노출되거나 이용되지 않게 한다. 정보의 무단 유출 방지. 민감한 데이터를 기밀 상태로 유지하며 이용을 적절한 개인이나 조직에 국한시킨다. 2) 무결성: 내용이나 정보 원천이 올바르고 적절하다. 정보의 무단 변조가 방지되고 있다. 온전하고도 완벽하고 손상되지 않은 상태다. 3) 가용성: 특정한 시간 내에 특정 자원에 접근할 수 있는 능력이다. 필요할 때 부당한 지체 없이 객체와 자원에 접근하거나 이들을 이용할 수 있는 능력이다. 정보나 자원을 인가 없이 사용하지 못하게 한다. 한편 컴퓨터 보안(computer security)은 IT 보안의 부분집합(sub-set)이다. 이는 컴퓨터 시스템에서 기밀성과 무결성에 대한 위협에 대처하기 위한 정보의 보호 영역을 다룬다. 그렇지만 가용성 측면은 다루지 않는다. 컴퓨터 자원의 절취와 컴퓨터 자원의 중단은 가용성에 대한 위협이며, 무단 정보 유출은 기밀성에 대한 위협이다. 또한 무단 정보 변조는 무결성에 대한 위협에 대응한다(출처: 최영곤, 박무현, 『기업 정보 자원의 보호론』, 3장 참고). ─ 옮긴이

법규의 영향도 진화하고 있다. 지난 수십 년 동안 미국 정부는 수많은 산업별 개인 정보보호법과 기타 규정을 승인했다. 개별 소비자 보호의 명분으로 각각 승인했다. 이에 따라 내부감사와 외부감사 그룹은 사업 프로세스와 절차를 검토해 기업과 소비자의 이익을 보호해줄 적절한 통제가 존재하는지 확인해야 한다.

그림 20-1에 표시된 포터 가치 사슬^{Porter Value Chain}을 고찰해보자. 오늘날 기업의 기능적 구성 요소들은 각각의 사업 프로세스를 지원하고자 IT조직에 대한 파트너십 요구를 계속 높이고 있다. IT통제와 지원 업무 기능 간의 연동 결합으로 인해 특정 IT통제를 기존 및 새로운 사업 프로세스에 연결시키는 대대적인 일이 생겨났다. 이러한 연결 시도는 소비자 보호 취지의 법안을 만드는 입법자들, 소비자 자산을 보호하려는 금융 서비스, 더 많은 제품을 판매하려는 유익한 공급자, 종잡을 수 없이 진화하는 것으로 보이는 요구사항들에 맞추려는 기업에서 일어난다.

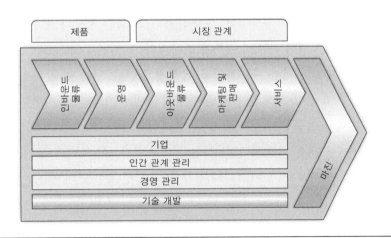

그림 20-1 포터 가치 사슬(출처: http://www.netmba.com/strategy/value-chain. 삽화 출처: CSLLC Original Work)

국제내부감사인협회^{IIA}와 국제정보시스템감사통제협회^{ISACA}는 통제, 감사 프로세스를 수립하는 회원들에게 도움이 되는 일반적 지침을 발표하고 있다. 기술은 비즈니스의 모든 부분에 영향을 줄 수 있다. 목적에 따라 효율적으로 제어되는 최상의 상태에서 기술은 경쟁 우위를 제공한다. 지배구조, 위험관리, 기술과 해당 조직의 준거 관리^{compliance management}를 보장하는 데 적합한 활동과 프로세스를 설정해 두지 않은 회사들이 있다. 이러한 준비가 안 된 최악의 경우 기술은 경쟁회사에 이득을 가져다준다.

기업재무 규제의 역사

1970년 당시 미국 역사상 가장 큰 파산으로 기록된 펜 센트럴 철도^{Penn Central Railroad} 파산과 금융 붕괴의 증가 결과로, 1970년대 재무보고 내부통제에 대한 우려가 나타나기 시작했다. 1976년, Moss and Metcalf 위원회의 의회 조사보고서는 회계와 감사 분야에서 연방정부의 규제 강화를 권고했다. 1977년, 해외부패방지법은 뇌물을 불법으로 규정했으며, 공시 목적으로 광범위한 거래 기록의 유지 의무를 회사에 부여했다.

1980년대 중반 무렵, 저축대부업계[2]가 파산했다. 의회는 정부가 회계기준을 제정하고 감사인을 감독해야 하는지 여부를 조사했다. 1986년, COSO^{Committee of Sponsoring Organizations} 위원회는 사기성 재무관리를 어떻게 줄일 수 있는지, 감사인이 실제로 하는 일과 일반 대중의 기대 간 격차를 어떻게 줄일 수 있는지 조사했다. COSO는 19장에서 자세히 설명한 내부통제 통합 프레임워크^{Internal Controls-Integrated Framework} 라는 내부통제에 대한 최초의 공식 지침을 발표했다. 이 자발적 산업 지침의 의도는 상장기업이 자율 규제 기업화돼 정부 규제의 필요성을 배제하게 하는 데 있었다.

1991년, 저축대부업계 붕괴에 대한 대응으로 은행 산업에 적용할 연방 예금보험회사개선법^{FDICIA, Federal Deposit Insurance Corporation Improvement Act}이 제정됐다. 서명 제도를 이용해 고위 경영진이 책임을 지게 하는 규정이 도입됐다.

---

2. 무분별한 대출 남발로 인해 붕괴된 미국 저축대부업계는 과거 한국의 상호 신용금고업과 유사하다. – 옮긴이

참고 규제 의무와 더불어 수많은 자발적 표준과 지침에도 불구하고 21세기 초 미국 내에서 활동한 일부 회사는 악명 높은 스캔들에 연루됐다. 이런 스캔들로 인해 미국 자본 시장에 대한 글로벌 신뢰가 타격을 받았다.

한편 2001년과 2002년에 엔론Enron을 포함한 몇 개 주요 기업이 파산한 후 미국 정부는 재빨리 미국 기업의 경영 활동에 대한 대중의 신뢰를 회복하고자 매우 광범위한 기업 개혁을 추진했다. 2002년의 사베인스-옥슬리법과 개정판은 미국에서 사업을 하는 모든 기업(외국과 국내)과 해당 사업을 지원하는 기술 그룹에 광범위한 영향을 미쳤다. 사베인스-옥슬리법 및 정부와 업계에서 설정한 관련 규제들이 정보 서비스 부문information services departments에 미치는 영향을 이 장에서 요약한다.

2002년 제정된 사베인스-옥슬리법

2001년 초, 엔론과 아서 앤더슨Arthur Andersen 회계법인에서 시작된 악명 높은 기업 스캔들이 거의 동시에 타이코Tyco 아델피아 통신Adelphia Communications, 월드컴WorldCom, 헬스사우스HealthSouth 등 기타 기업에서 터져 나왔다. 이에 대응해 미국 정부는 2002년 사베인스-옥슬리법(SOX법, 공식 명칭: 상장기업의 회계 개혁 및 투자자 보호법)을 제정했다.

미국은 자본 시장에 대한 투자자 신뢰를 회복하고자 SOX법을 제정하고 상장회사 회계 감독기구PCAOB를 설립했다. 주요 목표는 기업의 책임성 강화, 재무정보의 공시, 기업 회계부정의 방지에 있다. 따라서 SOX법 준수에 필요한 통제는 재무 데이터의 기밀성, 무결성, 가용성을 보장하는 데 필수적인 핵심 통제key controls에 초점을 두고 있다.

사베인스-옥슬리법이 상장기업에 미치는 영향

이 법규 준수로 인해 기업의 금전적 부담이 증가했으며, 이로 인해 많은 반대 의견과 지침의 적용 완화를 위한 로비를 불러왔다. 소규모 회사는 광범위한 문서화와 보고 의무에서 제외되기를 원했다. 2005~2006년 개정을 통해 재무거래와 보고에 영향을 미치는 모든 영역에 대해 어떤 회사가 적절한 내부통제를 갖추고 있다는 주장을 해야 하는지, 어떤 기술 통제기능을 테스트해야 하는지, 범위를 명시했다.

SOX법은 회사 경영진에게 IT통제를 포함해 재무거래 및 보고와 관련된 내부통제의 적절성과 효과성에 관한 입증 의무를 부과했다. 이러한 통제는 외부감사를 거쳐야 하며, 기업이 증권거래위원회^{SEC, Security and Exchange Commission}에 제출하는 연례 기업 보고서에 내부통제 운영 실태 보고서가 포함돼야 한다. 결과적으로 이제 기업 CEO와 CFO는 해당 애플리케이션을 지원하는 인프라를 비롯해 회사의 애플리케이션과 통신 시스템에서 생성된 정보의 품질과 무결성에 대해 설명책임을 진다.

한 가지 결과론적으로 SOX법 요구사항을 처리할 때 필요한 내부통제수단을 잘 모르는 정보 서비스^{IS} 관리자에게 기술 위험을 조사하고 모든 통제를 철저히 테스트하도록 부탁하는 일이 일어나고 있다. 이는 많은 IS 관리자가 새로운 법규의 준수를 확인하기 위한 지침이나 컨설팅 지원을 원한다는 의미다. 글로벌 IT커뮤니티는 재무제표 감사가 IS 부서의 운영 방식에 미치는 영향을 알고 있어야 한다. 글로벌 기업과 관련된 비즈니스 문화의 다양성과 미국 기반 기업에 대한 국제적 투자자 수가 많기 때문이다.

SOX법의 핵심 포인트

SOX법에는 많은 조항이 있다. 101, 302, 404, 409, 906은 정보 서비스 부서에 관련된 영향을 미치는 주요 조항이다.

101조

101조에 따라 PCAOB가 설립됐다. 상장회사에 대한 감사기준과 규칙의 제정을 관할하는 기관이다. 또한 PCAOB는 상장회사를 감사하는 회계법인에 대한 규제권한을 가진다. SEC의 승인을 받아 PCAOB에서 제정하는 제반 규칙을 감사기준 Auditing Standards이라고 한다.

2004년 6월 17일 시행된 '재무제표 감사와 통합 실시되는 재무보고 내부통제 감사'라는 제목의 감사기준서 No. 2는 내부통제 감사에 대한 PCAOB의 주요 지침이다. 감사기준서 No. 2에 대한 고찰은 이 장 뒷부분에서 다룬다.

302조

302조는 회사 CEO, CFO의 법적 책임을 명시하고 있다. SOX법에 따르면 CEO와 CFO는 내부통제 전반에 대한 책임을 진다. 그리고 회사 재무제표에 영향을 줄 수 있는 중대한 내부통제 변경사항을 분기마다 보고해야 한다. 기본적으로 이 두 임원은 매년과 분기별로 제출하는 모든 재무제표의 내용을 확인, 평가하고 직접 서명해야 한다. 또한 내부통제 설계를 이해하고 모든 내부통제의 효과성을 평가해야 한다. 이러한 통제기능들이 완전하고 정확한 정보의 보고를 보장하는지도 확인해야 한다. 정보 공시 통제disclosure controls에 대한 중요 변경사항과 보고의 정확성을 떨어뜨릴 수 있는 결함, 취약점, 부정행위를 공시해야 한다.

302조는 재무보고에 대한 외부감사인의 역할도 명시하고 있다. 외부감사인은 내부통제를 평가해 정확성과 규정 준수를 위해 수정이 필요한지 여부를 정한다. 외부감사는 경영진의 내부통제평가를 검토했으며 해당 평가의 프로세스와 평가를 승인했음을 입증해야 한다.

또한 이 조항에 따라 경영진은 특히 지난 분기에 발생한 재무보고에 대한 내부통제 변경사항을 처리해야 한다.

404조

404조에 따라 CEO와 CFO는 내부통제가 적절하고 문서화돼 있고 효과적임을 입증한다. 경영진의 평가는 네 부분을 포함한다. 처음 세 부분은 다음과 같다.

- 내부통제의 실재성과 강도에 대한 경영진의 책임
- 내부통제의 효과성 평가
- 통제효과성의 평가에 사용되는 체계 설명

통제에 하나 이상의 중요한 취약점이 존재하는 경우 경영진은 내부통제가 효과적이라고 진술할 수 없다.

네 번째 부분은 외부감사에 관한 것이다. 회사의 외부감사인은 내부통제의 효과성에 관한 경영진 진술의 정확성을 별도로 입증해야 한다.

참고 많은 조직은 내부통제효과성에 대한 증거와 내부통제의 실재성, 강도에 관해 공식적인 문서화를 갖추기 어렵다는 것을 알게 됐다.

PCAOB 감사기준서 No. 2: 2004년 3월 9일, PCAOB는 감사기준서 No. 2를 승인했다. 이 감사기준서는 재무보고 내부통제 감사에 적용되는 제반 요구사항을 설정해 회사 경영진과 외부감사인에게 요구되는 해당 범위와 접근방식에 중요한 지침을 제시했다. 또한 프로그램 개발, 프로그램 변경, 컴퓨터 운영, 프로그램과 데이터에 대한 액세스를 포함해 고려해야 할 통제 지침을 제시했다. PCAOB 감사기준서 No. 2는 입증 날짜 이전에 시행돼야 하는 재무보고 통제와 입증 날짜 이후에 운영될 수 있는 통제를 구체적으로 다룬다.

409조

409조에 따라 회사의 재무 성과나 운영 성과에 영향을 줄 수 있는 중요한 사건에 대해 CEO와 CFO는 '신속한 현행 공시^{rapid and current public disclosure}'를 해야 한다. 중요 사건에는 회사 구조조정, 주요 직원의 직무, 업무 변경, IT 프로젝트 예산 초과, 회사 임원의 주식 매각이 포함될 수 있다. '비작동'으로 판단되는 주요 새 재무나 운영 애플리케이션을 공시해야 할 수도 있다. '신속한 현행 공시'를 하려면 본질적으로 거의 실시간 보고^{near-real-time reporting}가 필요하다. 완료에 시간이 더 소요되는 일괄 처리법^{batch-oriented processing methods}에 의존하는 기업의 경우 악몽이 될 수 있다.

906조

906조는 세 부분으로 구성된다. 첫째, 재무정보가 포함된 모든 정기보고서에는 CEO와 CFO의 서면진술서가 첨부돼야 한다. 둘째, 이 보고서의 콘텐츠는 회사 재무상태의 공정표시다. 고의나 과실로 허위 진술서를 제출한 경우 부과될 벌금과 징역형을 규정하고 있다. 또한 기업 임원이 재무보고서를 적시에 인증하지 않으면 형사 처벌을 받는다.

IT부서에 대한 SOX법의 영향

대부분의 조직에서 재무보고 프로세스의 중요한 부분은 IT 서비스다. 제반 애플리케이션과 서비스가 재무거래의 생성, 저장, 처리, 보고를 지원해준다. 따라서 데이터 취급, 처리, 보고 시에 사용되는 기술에 대한 통제도 SOX법 준수에는 포함돼야 한다. 따라서 데이터 무결성과 안전한 운영을 보장하고자 전체 재무보고 프로세스에 중요한 것이 컴퓨팅 일반통제다. 이제 IT부서는 IT 내부통제의 설계, 문서화, 구현, 테스트, 모니터링, 유지보수 업무를 공식적으로 다뤄야 한다.

CEO와 CFO는 IS 부서를 잘 보살펴서 모든 애플리케이션, 데이터, 네트워킹, 약정, 라이선스, 원격 통신, 물리적 환경에 대한 일반적, 구체적 내부통제가 문서화되고 효과적이 되도록 유의한다. 전반적 위험과 통제 고려 사항의 경우 정보 서비스 부서 수준에서 평가한 다음 전사적 수준에서 평가한다. 전사적 수준 검토는 다음 질문에 따라 달라질 수 있다.

- 해당 조직의 규모는?
- 주요 기능들을 아웃소싱하고 있는가?
- 지리적으로 분산된 위치의 경우 프로세스와 책임의 분화는?
- 통제책임이 사용자 그룹, IS 기능, 제3자 공급업체 간에 어떻게 흩어져있는가?
- 개발, 문서화, 관리 애플리케이션, 인프라 모두에 대한 IS 전략은?

현재까지 감사에서 밝혀진 기업의 주요 취약점은 일관성, 문서화, 커뮤니케이션이다. IS 내의 한 그룹이 자신의 전략, 전술적 절차, 애플리케이션이 잘 통제되고 있다는 생각을 할 수 있다. 그러나 그 그룹이 하는 일을 다른 어느 그룹도 모른다고 한다면 나머지 다른 그룹들과의 커뮤니케이션이 없었기 때문일 수 있다. IT가 전체 비즈니스 목적에 최선의 서비스를 제공할 수 있는 방안에 관한 포괄적 전략계획의 부재는 조직의 가장 일반적인 결함 중 하나다. 이러한 부재로 인해 보안이 약화되고 제어되지 않거나 일관성 없는 아키텍처가 발생한다.

여러 위치에 있는 회사의 SOX법 고려 사항

글로벌 조직들과 미국에 기반을 두지 않은 기업들은 사업 단위별business-unit 기술 운영을 조사해 조직 전체에 대한 중대성을 결정해야 한다. IS 부서의 평가는 해당 부서가 처리한 거래의 중요성 정도, IS 부서가 마비될 경우 재무보고에 미칠 잠재적 영향과 기타 정성적 위험 요소에 따라 달라진다.

SOX법 규정 준수에 대한 제3자 서비스의 영향

제3자(외부 용역 제공업체) 서비스를 둘러싼 통제는 제3자의 역할과 책임에 대한 명확한 정의, 정책의 준거, 요구사항의 지속적 충족이 확보되게 해야 한다. 통제수단들은 현재의 약정과 절차의 검토와 모니터링을 통해 그 효과성과 조직 정책의 준거 여부에 대한 보장을 지향한다. 주요 약정의 해지는 재무보고에 중대한 영향을 미칠 수 있다. 따라서 회사 임원은 지침에 따라 이를 공개할 것이다.

감사기간 동안 아웃소싱 중인 기능이나 외부에서 구매, 유지보수 중인 소프트웨어의 경우 회사 내의 조직들은 주어진 통제에 대한 책임이 없다고 종종 주장한다. 입법상의 지침에 따르면 회사[3]는 서비스를 아웃소싱할 수 있지만 해당 서비스 통제 책임을 아웃소싱할 수는 없다. 회사가 문제를 아웃소싱하는 것이나 문제가 떠나가기를 기대하는 것은 거의 불가능하다.

독립 감사인의 인증을 통해 제3자 조직 통제에 대한 문서화가 필요하다. 그래서 서비스조직[4] 내부통제의 효과성과 완전성을 판별하기 위한 평가가 있어야 한다. 이런 증거는 일반적으로 제3자 서비스조직 통제^{SOC} 보고서에서 찾을 수 있다. SOC 보고서나 이와 유사한 감사의견에 통제 테스트, 테스트 결과, 통제효과성에 대한 제3자 서비스감사인[5]의 의견이 포함돼 있지 않다면 제반 보고서는 SOX법 준수에 미흡하다. 이용자 기업들이 유념해서 확인해야 할 것은 아웃소싱된 서비스의 수행에 이용된 특정 환경, 플랫폼, 애플리케이션이 SOC(또는 유사한 감사) 보고서에 포함돼 있는지 여부다.

제3자 서비스감사와 회사, 회사의 자회사, 다국적 기업과 관련된 회사 활동의 주요 부분 아웃소싱에 대한 4가지 기능 목표는 다음과 같다.

- 데이터 무결성, 가용성, 기밀성에 관한 정책 표명은 고위 경영진에 의해 결정된다. 아웃소싱 약정을 위한 협의에서 정책 표명을 유지, 지지해야 한다.
- 아웃소싱 약정에서 장본인들이 자산 보호 요구사항을 명확하게 정의하고 이해하게 해야 한다.
- 데이터와 정보의 보관 책임을 잘 정의해 그에 따르게 한다.

---

3. 회사란 이용자 기업(서비스조직을 이용하는 기업으로서 자신의 재무제표를 감사받고 있는 기업)을 말한다. – 옮긴이
4. 서비스조직은 이용자 기업의 재무보고 관련 정보시스템의 일부를 구성하는 서비스를 이용자 기업에 제공하는 제3자 조직(또는 제3자 조직의 사업부문)이다. – 옮긴이
5. 서비스감사인은 서비스조직의 요청에 따라 해당 조직의 통제에 관한 인증 보고서를 제공하는 감사인이다. – 옮긴이

- 두 당사자가 정의한 서비스 수준은 측정 가능하며 수용 가능해야 한다. 합의된 서비스 수준을 충족시키지 못하면 보상 조치를 취해야 한다. 대금 청구와 송장은 정확해야 하며 예산 내의 비용이어야 한다.

참고 SOC 보고서와 아웃소싱 운영 감사에 대한 추가 정보는 16장을 참고한다.

SOX법 규정 준수에 필요한 특정 IT통제

지금까지 SOX법 준수를 검토하는 PCAOB와 외부감사인은 주로 보안, 변경관리, 문제점 관리에 주의를 기울였다. 감사의 주요 초점은 재무 데이터의 처리, 저장, 통신을 위한 기술 인프라의 무결성이다. 여러 회계와 비즈니스 운영체제가 제공하는 데이터 웨어하우스에서 재무보고서를 생성할 때 특히 그렇다.

특히 응용통제의 경우 IT통제의 소유 주체가 명확하지 않을 수 있다. 따라서 각 영역에서의 감사는 업무 프로세스 수준에서 자동 통제와 수동 통제를 통합해야 한다.

일반적으로 SOX법 요구사항의 준수에 효과적인 다음의 IT통제를 문서화, 평가해야 한다.

- 접근통제
- 변경통제
- 데이터 관리
- IT운영
- 네트워크 운영
- 자산관리

접근통제

보안정책의 수립은 경영진의 지시에 따른다. 보안관리는 이러한 보안정책을 시행하고 모니터링하기 위한 효과적이고 문서화된 프로세스를 갖추고 있어야 한다. 이러한 정책과 프로세스는 모든 이용자 그룹에 전달돼야 한다. '이용자 그룹 스튜어드'를 사용해 보안관리 작업부하를 분산하는 경우 해당 스튜어드는 IS 지원 담당자가 사용하는 것과 동일한 정책, 절차를 따라야 한다. 또한 사용자 커뮤니티와 철저하고 효과적으로 커뮤니케이션해야 한다.

다음과 같은 질문을 해보자. 누가 애플리케이션과 데이터에 접근할 수 있는가? 누가 접근권한을 부여하는가? 접근 수준을 얼마나 자주 검토하는가? 인증 절차는 무엇인가? 승인된 사람이 퇴사하거나 직무를 변경하면 어떻게 되는가? 요소 수준에서 데이터보안을 시행하는가? 패스워드의 사용과 정기적인 변경 여부는?

승인된 업무상의 사유를 갖춘 개인만이 재무거래나 거래의 집행을 할 수 있게 해야 한다. 마찬가지로 재무 데이터와 '보호된 개인' 데이터에 대한 접근은 승인된 업무상의 접근 사유를 갖춘 개인에 국한돼야 한다.

변경통제

재무보고의 정확성, 완전성, 무결성을 보장하고자 회사는 효과적인 변경통제 프로세스를 문서화 형태로 갖춰야 한다. 이 프로세스는 재무 애플리케이션, 모든 인터페이스 애플리케이션, 데스크톱과 호스트 서버를 제어하는 운영체제, 요약 분석표 생성에 사용되는 생산성 도구, 데이터베이스관리시스템, 네트워크에 대한 변경을 포함한다. 변경 프로세스에는 다음 사항이 들어 있어야 한다.

- 경영진 검토시의 요점
- 승인 절차
- 변경 국면들changed components의 이관 절차
- 일정계획의 변경

- 경영진에 보고하는 절차
- 이용자 커뮤니티에 변경사항을 전달하는 절차

다음과 같은 질문을 해보자. 누가 변경 개시를 할 수 있는가? 누가 변경을 승인하는가? 누가 변경할 수 있는가? 프로덕션 국면으로의 변경에 앞서 어떤 테스트를 수행해야 하는가? 누가 테스트를 수행하고 변경사항을 검증하는가? 테스트한 내용을 문서화하는 방법은? 개발 국면을 프로덕션으로 촉진시키고자 어떤 프로세스를 이용하는가?

변경통제는 애플리케이션, 생산성 도구, 운영체제 소프트웨어에 적용된다. 인프라 변경에 대한 커뮤니케이션은 전통적으로 취약했다. 인프라가 작동되는 한 언제, 혹은 어떤 내용이 변경됐는지에 대해 이용자들은 신경 쓰지 않는다는 것이 IS 부서 직원들의 오랜 생각이다. 그러나 작동하지 않으면 어떻게 될까? 애플리케이션이나 운영체제와 관련이 없는 것으로 보이는 변경으로 인해 트랜잭션 중의 한 범주가 보고되지 않으면 어떻게 될까?

재무보고 통제controls over financial reporting에 대한 감사인의 검토 시 재무 애플리케이션 변경통제는 명백한 관심 사항의 하나다. 준거테스트를 실시하는 감사인은 인터페이스 시스템, 데이터베이스 인프라, 운영체제, 네트워크 시스템, 하드웨어 구성에 대해서는 흔히 부적절한 변경통제의 위험을 평가하지 않았다. 내부 IS 그룹조차도 재무보고 활동과 연계된 이들 영역과 문서화돼 시행 중인 통제와의 관련성을 인식하지 못할 수 있다. 위험평가 전문가의 최근 분석에 따르면 재무 애플리케이션과 데이터 시스템에서 부적절한 변경통제 방법은 정보 무결성에 손상을 초래할 수 있다. 잠재적 위험에는 부정확한 보고나 불완전한 보고가 포함된다.

데이터 관리

데이터 관리에는 논리적 데이터와 물리적 데이터 관리뿐만 아니라 중요한 데이터, 특히 재무 처리, 보고 과정에 관련된 데이터의 식별, 보호가 포함된다.

시스템 간 데이터 전송: 인터페이스 시스템에서 재무 데이터 웨어하우스^data warehouse^나 전사적 자원 관리^ERP, Enterprise Resource Planning^ 시스템으로의 다운로드 타이밍과 빈도는 감사 검토 항목이다. 데이터 웨어하우스 질의와 보고^queries and reporting^의 응답 성능은 SOX법에서의 이슈가 아니라 데이터 웨어하우스 기능에 중요하다. 관련 이슈는 다운로드가 일관성 있고 시의적절하며 유효성 검사 루틴을 완료했는지 여부다. 추출, 변환, 다운로드 프로세스에서 발견된 오류는 합리적인 시간 내에 이를 분리, 보고, 제거해야 한다. 정확한 재무보고를 위해 이렇게 해야 한다.

데이터베이스 구조: 재무 데이터를 저장하는 데 사용되는 데이터베이스관리시스템의 호환성이 중요하다. 재무보고에 사용된 거래 데이터를 상이한 데이터 구조에 저장하면 요약, 해석, 분석의 무결성이 손상될 수 있다. 다른 데이터 구조가 필요하다면 보완통제를 설정해 최종 데이터 컴파일에 대한 유효성을 검증해야 한다.

데이터 엘리먼트의 일관성: 많은 회사는 서로 다른 용어를 사용해 동일한 정보를 나타내거나 동일한 용어를 사용해 다른 정보를 나타내는 여러 회계 시스템을 운용하고 있다. 따라서 메타데이터 파일, 데이터 사전을 사용해 주요 데이터 엘리먼트를 일관되게 해석해야 한다.

데이터의 물리적 통제: 데이터의 물리적 통제는 재무보고의 무결성에도 필요하다. 서버, 워크스테이션, 하드카피 보고서가 위치해 있는 시설이 안전하지 않으면 누군가가 무단으로 보거나 변경시켜 트랜잭션이나 데이터를 손상시킬 수 있다.

데이터 백업: 백업 프로세스의 시간과 빈도는 문제 상황에서 단기적 데이터 복구에 대한 비즈니스 요구에 따라 결정해야 한다. 재해복구와 비즈니스 연속성 계획은 SOX법의 최근 준수 요건 중에서 본질적 일부는 아니지만 비즈니스 탄력성에 중요하다. 재해복구에 대한 추가 정보는 5장을 참고한다.

IT운영

PCAOB는 비효율적인 IT통제환경이 재무보고 내부통제에 중대 취약점의 존재를 나타내는 중요 지표라고 밝혔다. IT운영 통제는 뻔한 하드웨어, 데이터센터 관리 이상으로 확장된다. IT환경 확보와 관련해 IT 인프라의 정의, 취득, 설치, 구성, 통합, 유지보수에 관한 통제가 있다. 운영에 대한 지속적인 일상 통제Ongoing daily controls 는 다음과 같다.

- 일상적인 서비스 수준 관리
- 제3자 서비스 관리
- 시스템의 가용성
- 고객 서비스
- 구성과 시스템 관리
- 이슈 관리와 해결
- 운영 관리 일정
- 시설 관리

운영의 시스템 소프트웨어 구성 부문은 다음에 대한 통제를 포함한다. 즉, 운영체제 소프트웨어의 취득, 구현, 구성, 유지보수, 데이터베이스관리시스템, 미들웨어 소프트웨어, 네트워크 통신 소프트웨어, 보안 소프트웨어, 유틸리티 등이 있다.

시스템 소프트웨어에는 사고 추적, 로깅, 모니터링 기능도 포함된다. 끝으로 IT운영 통제의 또 다른 예는 유틸리티 사용에 대한 상세한 보고다. 이는 강력한 데이터 변경 기능에 대한 무단접근 경보를 관리층에게 발하는 것과 관련이 있다.

네트워크 운영

네트워크 운영과 문제점 관리의 감사에는 WAN^Wide Area Network^이나 LAN^Local Area Network^ 진입점 검토가 포함된다. 재무 애플리케이션과 데이터에 대한 무단접근과 잠재적인 수정을 방지하려면 모뎀, 라우터, 외부로 향한 방화벽을 올바르게 구성해야 한다. 네트워크의 세분화와 중요시스템, 데이터의 격리를 보장하고자 내부 방화벽의 구성을 점검해야 한다. 내부 네트워크 세분화는 다음과 같은 많은 이점을 제공한다.

- 중요시스템과 데이터에 보안 노력을 집중할 수 있다.
- 잠재적인 공격의 표면 면적을 감소시킨다.
- 악성 소프트웨어의 확산과 영향을 최소화한다.
- 환경에서 공격자의 측면 이동을 방해한다.
- 규제 준수에 대한 감사와 평가 범위를 줄인다.

재무보고와 관련된 중요 서버, 라우터, 방화벽을 포함한 네트워크 구성 다이어그램은 감사인에게 제공되는 문서편람에 들어 있어야 한다. 인바운드 모뎀과 VPN(가상 사설망) 연결은 특히 무단접근 위험을 높인다. 모든 외부 원격 통신 연결(인터넷이나 지점 간)은 회사 네트워크 라우터와 방화벽을 통과하게 해야 한다. 네트워크 장치 감사에 대한 자세한 내용은 6장을 참고한다.

각 서버와 워크스테이션(특히 휴대용 컴퓨터)에 엔드포인트 컴퓨터 보호 소프트웨어를 설치해 현행의 위협(악성 소프트웨어, 자동 공격, 사회적 공작, 기타 악의적 행위)에 대비한다. 바이러스, 웜, 트로이 목마의 알려진 특성에 의존하는 간단한 바이러스 백신 소프트웨어는 복잡한 휴리스틱과 머신러닝 멀웨어 방지 기술로 대체됐다. 인공지능 AI와 행동 분석을 이용한 고급 도구들은 가장 정교한 공격들을 식별, 중지시키지만 지속적인 모니터링이 필요하다.

회사의 워크스테이션이나 서버에서 중대한 보안사고가 발생하면 이를 철저하게 조사, 완화, 문서화해야 한다. 그러한 문서화는 사고의 영향 산정과 해결책을 포함해야 한다.

자산관리

자산관리 감사는 주로 권한부여(승인), 재정 지출, 적절한 감가상각, 보고를 다룬다. 주요 자산(예를 들어 소프트웨어, 데이터, 하드웨어, 미들웨어, 시설)이 목록화돼 있고 그 자산의 '회사에서 소유 주체가 누군지'를 식별할 수 있는가? SOX법 감사 중에 검토할 수 있는 자산관리 관련 항목의 예로는 재고자산, 자산의 처분, 자산 항목의 변경관리, 자산 절차에 대한 전반적인 이해가 있다. 레코드 관리는 자산관리 계획에서 없어서는 안 될 부분이다.

회사는 시설통제를 자산관리 내에서 고려해야 한다. 데이터센터 시설은 시스템과 데이터를 유지하기 위한 적절한 환경관리기능을 갖추고 있는가? 예를 들어 화재진압, 무정전 전원공급장치, 에어컨, 고층 마루, 문서화된 비상 대비 절차를 검토해볼 수 있다. 시설통제 감사와 관련된 자세한 내용은 5장을 참고한다.

SOX법 준거가 회사에 미치는 재무적 영향

내부통제 검토 비용과 SOX법 준거 비용은 내부 자원, 외부 서비스 모두에서 처음에는 중요한 문제였다. 많은 내부감사인은 내부통제평가에 필요한 배경, 지식이나 경험의 부족으로 인해 현재 환경이 SOX법 요구사항을 충족하는지 여부를 적절히 평가하지 못했다. 철저한 문서화나 커뮤니케이션에 대한 회사 직원들의 동기도 종종 부족했다. 결과적으로 외부서비스 업체는 SOX법 요구사항의 해석과 회사의 현행 통제 상태 사이의 통제 결함control deficiencies을 판별하는 데 도움이 되는 차이 분석gap analysis을 제공할 기회를 활용했다. 많은 경우 이러한 차이 분석의 결과는 새로운 인프라, 서비스, 소프트웨어, 인원수, 관련 요구사항의 필요성으로 귀착했다.

준거 비용이 높다는 인식에도 불구하고 비효율적인 통제나 비준수로 인해 훨씬 높은 비용이 발생한다. 일단 해당 기업에서 채택한 이러한 통제는 일상적인 비즈니스 운영의 일부가 돼야 한다. 1년에 한 번 감사를 통과하기 위한 수단으로 SOX법을 준수하면 되는 그런 것이 아니다. 회사의 외부감사인이 통제에서 중요 취약점을 발견한 경우 회사의 역량과 신뢰성에 의문이 생길 수 있다. 따라서 주가와 자본 가용성이 떨어진다. 경영 구조와 통제 관련 위험에 대한 투자자의 견해는 회사 투자에 대한 관심에 영향을 미친다.

다국적 기업의 경우 감사인들은 뇌물로 표시된 의심스러운 지급에 대해서는 더 자세히 의문을 제기해야 한다는 압력에 직면할 수 있다. 과거에는 기업 임원들이 해외 서비스를 받고자 지불한 의심스러운 돈의 내역을 공개할 필요가 없었다. 이 제는 더 이상 옵션이 아닐 수 있다.

좀 더 구체적으로 예시적인 통제나 해당 통제의 테스트를 고찰하려면 COBIT 5, 3판을 이용한 SOX법의 IT통제 목적(www.isaca.org/knowledge-center/research/researchdeliverables/pages/it-control-objectives-for-sarbanes-oxley-3rd-edition.aspx에서 입수 가능함)을 참고한다.

그램-리치-브라일리법

이 법의 공식 명칭은 금융서비스 현대화법이다. GLBA[Gram-Leach-Bliley Act]로 더 널리 알려진 이 법은 주로 금융기관 간의 관계성과 기능의 확대를 허용하기 위한 것이다. 이 법은 은행 소유 기업이 새로운 제휴를 수행하고 이전에 제한됐던 활동에 참여할 수 있는 방법과 상황을 다루고 있다.

GLBA 요구사항

내부통제에 미치는 영향의 관점에서 GLBA Title V 섹션은 금융기관 고객 개인정보의 공유 방법을 관리하기 위한 일련의 규제 사항을 제시하고 있다. GLBA는 금융기관이 고객에게 기관의 개인정보 정책과 관행을 공시하도록 요구한다. 이 법률은 '옵트아웃[opt-out],[6] 옵션을 통한 정보유지 방법에 대해 고객에게 제한된 통제권

---

6. 옵트인(opt-in) 방식은 전화나 이메일 또는 유료 서비스를 제공할 때 수신자의 허락을 받은 경우에만 발송할 수 있게 하는 서비스 방식이다. 전화나 메일의 경우 스팸 형태의 전화나 메일을 규제하고자 도입한 방식이며, 유료 서비스는 고객이 사전 동의한 서비스만 제공받아 불필요한 요금을 줄인다. 옵트아웃(opt-out) 방식은 광고성 메일이나 음란성 메일 차단 방식의 하나로, 수신자가 거부 의사를 밝혀야만 문자를 보낼 수 없게 하는 방식이다(출처: IT용어사전, 한국정보통신기술협회 및 한경 경제용어사전). - 옮긴이

을 제공한다. 매년 금융기관은 고객에게 기관의 개인정보보호 정책을 다시 알려야 한다.

이 법의 시행은 연방무역위원회, 연방은행기관, 국가신용조합관리국, SEC에 부과돼 있다.

고객 개인정보보호 조항

GLBA는 금융기관에게 고객정보의 프라이버시 유지 방법을 검토하고, 많은 경우에 정밀 검사를 하도록 요구한다. 또한 이 법은 누가 어떤 정보에 접근할 수 있는지, 어떤 상황에서 누구와 정보를 공유할 수 있는지 지속적인 검토를 요구한다. 이법의 가장 광범위한 영향은 개별 건별로 고객정보에 대한 접근과 사용을 통제하기 위한 지속적인 요구사항이다. 법으로 규정된 '옵트아웃' 요건으로 인해 운영과 마케팅 활동이 훨씬 더 복잡해졌다.

내부통제 요구사항

GLBA의 501B조는 기본적으로 세 가지 높은 수준의 통제 목적을 요구하고 있다.

- 고객 재무정보의 기밀유지
- 고객 레코드를 예상 위협으로부터 보호
- 고객에게 실질적인 영향을 줄 수 있는 고객정보에 대한 무단접근으로부터 보호

또한 501B조는 관할 구역 내에서 적절한 표준을 수립할 권한을 다음의 관리 기관에 부여하고 있다.

- 연방무역위원회[FTC]
- 연방예금보험공사[FDIC]
- 통화감독국[OCC]

- 저축기관감독청^{OTS}
- 증권거래위원회^{SEC}
- 연방준비제도이사회^{FRB}
- 국가신용조합관리국^{NCUA}
- 상품선물거래위원회^{CFTC}

OCC, OTS, FDIC, FRB에서 발표한 'FTC 보호 규칙'과 '고객정보보호 표준을 수립하는 기관 간 지침'이라는 두 가지 유력한 표준이 내부통제 요구사항의 개요다. 일반적으로 은행에 영향을 미치는 기관 간 지침 문서에는 다음 사항이 필요하다.

- 서면 형태의 정보보안 프로그램/전략
- 위험평가와 관리
- 고객정보시스템에 대한 접근통제
- 고객정보가 포함된 영역에 대한 물리적 접근통제
- 전자적으로 저장되거나 전송되는 고객정보의 암호화
- 변경관리 절차
- 이중 통제절차, 업무분장과 직원에 대한 배경 점검
- 고객정보에 대한 무단접근을 탐지하는 보안 모니터링 시스템
- 보안사고를 효과적으로 해결하기 위한 사고대응 프로그램
- 물리적 파괴에서 고객정보를 보호하는 방법

그러나 기관마다 다른 유형의 주체를 관리한다는 점에 유의해야 한다. 규칙과 지침에 따라 기관마다 어느 정도의 차이는 있다.

연방금융기관검사협의회

FFIEC^{Federal Financial Institutions Examination Council}는 FRB, FDIC, OCC, OTC, NCUA로 구성된다. FFIEC는 감사인이 비즈니스 연속성, 전자 금융 및 정보보안과 같은 특정 영역

에서 필요한 통제를 식별하는 데 사용할 수 있는 IT 검사 핸드북을 제공하고 있다. FFIEC 핸드북은 www.ffiec.gov에서 찾아볼 수 있다.

일반데이터보호규정

2016년 4월 14일은 사이버보안 분야에서 중요한 전환점을 맞이한 날이다. 유럽연합EU 의회가 일반데이터보호규정GDPR, General Data Protection Regulation을 승인한 날이다. 2018년 5월 25일은 GDPR이 공식적으로 발효된 날이다. 이 획기적인 규정은 EU 거주 시민들 개인 데이터와 개인정보personal data and privacy의 취급 방식에 대한 생각을 글로벌 관점에서 영원히 바꿔놨다. GDPR은 20년 전에 제정된 데이터보호 지침 95/46/EC를 대체했다. GDPR은 다음과 같은 야심찬 목표를 설정했다.

1. 유럽 전역의 개인정보보호법privacy laws을 일관성 있게 지속적으로 유지한다.
2. EU 시민의 데이터 프라이버시를 철저히 보호한다.
3. EU 시민이 개인 데이터와 개인정보를 좀 더 잘 처리할 수 있게 추가 권한을 부여한다.
4. 데이터 프라이버시 취급법에 대한 조직의 접근방식을 변경한다.
5. 조직이 개인 데이터를 관리하는 방식을 변경한다.

다른 국가에서 사업을 하기 때문에 단순히 GDPR이 적용되지 않을 것이라는 생각을 하면 안 된다. GDPR은 EU 내에 거주하는 시민에게만 영향을 미치지 않으며, EU에 설립된 회사와 거래하는 회사로 제한되는 것도 아니다. 여기에는 지급이 필요한지 여부에 관계없이 제공되는 상품과 서비스를 포함해 EU 내 데이터 주체의 개인 데이터를 처리하는 모든 회사가 전면적으로 포함된다. EU 시민을 대상으로 한 상품이나 서비스를 제공하는 비EU 사업체는 규정을 준수해야 한다. 여기에는 조직에서 간과하거나 제대로 관리하지 못하는 제3자 서비스와 클라우드 관련 서비스가 포함된다. 파트너나 공급업체 중 하나가 규정을 준수하지 못하면 회사가 그로 인한 결과에 직면할 수 있다. 공급업체는 시스템에 광범위하게 접근할 수 있을 뿐만 아니라 시스템에 전달되는 개인 데이터를 처리하거나 저장할 수 있다. GDPR은 제3자 관계를 올바르게 관리하는 데 중점을 둔다. 보안 및 감사팀은 공급업체와의 계약서에 사용하는 문구를 정확히 작성해야 한다. 또한 GDPR 준수를 관리하고자 공급업체에서 개인정보를 매일 단위로 처리하는 방법을 이해해야 한다.

GDPR은 어떤 유형의 개인 데이터를 보호하는가? 실제 살아있는 사람(데이터 주체)을 식별하는 데 이용할 수 있는 모든 데이터에 적용된다. 이름, 주소, ID 번호와 같은 일반적인 신원 정보를 포함한다. 여기에는 건강 및 유전 데이터, 인종이나 민족 데이터, 성적 취향과 정치적 견해도 포함된다. 또한 비즈니스 데이터가 이메일 주소, 생체 데이터, 위치 정보 데이터, IP 주소, 브라우저 쿠키 데이터, 기타 요소와 같은 사람의 식별에 이용될 수 있는 경우 개인 데이터로 간주할 수 있다.

데이터 주체는 규정에 명시된 몇 가지 권리를 갖지만, 핵심은 다음과 같다.

- **투명성**: 회사에서 보관 중인 부본과 올바른 개인 데이터의 입수 권한
- **이식성**: 개인정보를 한 회사에서 다른 회사로 옮길 권리
- **잊혀질 권리**: 회사에 개인정보를 삭제하게 요청할 권리

자신의 데이터 흐름과 업무 프로세스를 제대로 관리하지 못하는 회사는 잊혀질 권리라는 마지막 과제를 해결해야 한다. 클라우드 제공업체나 백업 시스템과 같이 데이터가 상주할 수 있는 모든 장소를 고려할 때 특히 어려운 문제다. 비즈니스를 적절하게 운영하기 위한 경우나 다른 규제 준거 요구사항을 위해 유지해야 할 정보에는 잊혀질 권리가 적용되지 않는다.

GDPR에 중요한 또 다른 측면은 동의다. 회사가 개인 데이터를 사용할 수 있게 데이터 주체는 '옵트인'해야 한다. 회사는 더 이상 동의(암묵적 동의)를 기본값으로 가정할 수 없다. 개인정보의 상이한 사용 사례들을 구체적으로 '옵트아웃'하게 데이

터 주체에게 추가 조치를 취하도록 강요할 수도 없다. 브라우저 활동 관리를 위한 쿠키 사용과 같은 일반적인 사용 사례에 대해서도 동의를 얻어야 한다. 동의 관점에서 동의는 명확하게 알려주고 자유롭게 제공해야 한다. 회사는 더 이상 복잡한 법률 전문 용어를 사용하거나 길고 복잡한 최종 사용 약정서에 악의적인 개인 데이터 사용 사례를 감춰둘 수 없다. 모든 용어와 공시는 보통 사람이 이해할 수 있어야 한다. 마지막으로 동의는 처음 제공하는 것만큼 쉽게 철회할 수 있어야 한다. 이러한 맥락에서 동의는 개인정보의 사용을 지칭한다. 웹 사이트의 올바른 작동을 위한 기술적 요구사항이 있다. 또한 명시적 동의를 필요로 하지 않은 수행 중인 거래를 기반으로 특정 데이터의 수집을 위한 합법적인 사업상의 사유들이 존재한다.

GDPR의 중심이 되는 두 가지 주요 역할, 즉 데이터 컨트롤러와 데이터 프로세서를 이해하는 것이 중요하다. 데이터 컨트롤러와 데이터 프로세서 양쪽 모두 가능하고 일반적이다.

데이터 컨트롤러

데이터 컨트롤러는 개인 데이터의 처리법을 최종적으로 결정하는 사람이나 조직이다. 데이터 컨트롤러는 데이터 주제와 관계가 있다. 이들은 어떤 개인정보를 어떻게 처리할 것인지 결정한다. 이들은 프라이버시 게시와 최종 사용자 동의를 관리하고 데이터 프로세서에 적절한 지침을 제공할 책임이 있다. GDPR에 준거와 비즈니스 운영에 관련돼 있기 때문이다.

데이터 프로세서

한편 데이터 프로세서는 데이터 컨트롤러를 대신해 개인 데이터를 엄격하게 처리한다. 데이터 프로세서는 데이터 컨트롤러와 관계가 있으며, 실제 데이터 주체보다는 오히려 해당 주체의 지시를 따른다. 개인정보의 보안관리 업무를 담당한다.

이 규정에는 약 100개의 구체적 항목이 있지만, 이를 이해해야 할 7가지 주요 요구사항으로 요약할 수 있다.

합법성, 투명성, 공정성: 기업은 명확하게 GDPR의 모든 요소를 합법적인 방식으로 준수하면서 업무를 수행하고 개인 데이터를 처리해야 한다. 조직이 수집 대상 개인 데이터, 사용 방법, 공유 대상에 대해 개방성과 정직성을 요구하는 것이 투명성이다. 이 요구사항만으로도 많은 마케팅 프로세스와 데이터 수집 프로세스를 변경하기에 충분하다. 정기적으로 문서를 업데이트하고 변경사항을 웹 사이트 방문자에게 알리기 때문에 회사의 개인정보보호 정책의 변경을 알리는 게시를 흔히 접할 수 있다. 공정성은 조직의 개인정보보호 정책, 이용 약관, 기타 절차 공시에 설명된 내용이 매일 운영되는 내용과 일치하게 해준다. 결과적으로 GDPR 규정 준수는 비즈니스 프로세스의 빠른 변화를 고려한 지속적인 노력이다.

목적의 한계: 합법성, 투명성, 공정성의 첫 번째 구축을 기반으로, 조직은 개인정보의 수집을 특정의 적법한 목적에 국한해야 한다. 이 목적은 합법적이고 명시적으로 설명돼야 한다. 조직은 다른 목적으로 데이터를 사용할 수 없다. 회사의 웹 사이트에서 고객이 구매한 물품을 배송하고자 고객 주소를 수집하는 경우 회사는 해당 정보를 이용해 고객의 투표 지역을 알아낸 다음 정치 광고를 내보낼 수 없다. 이는 개인 주소 수집의 원래 목적이 아니기 때문이다.

데이터 최소화: 조직은 비즈니스 업무에 요구되는 특정 처리를 위해 필요한 최소 정보만 수집, 유지해야 한다. 배송지 주소를 예로 들면 회사는 고객의 생년월일을 물어볼 필요가 없다. 이 정보는 거래와 무관하다. 또한 데이터를 필요 이상으로 오래 유지하면 안 된다.

정확성: 조직은 환경에 저장된 개인 데이터가 정확하고 고객이 개인정보를 수정하고 업데이트할 수 있게 정류 프로세스를 갖춰야 할 의무가 있다. 이러한 것이 쉬운 일인 것으로 생각할 수 있지만, 조직이 초기 정보 수집과 더 이상 관련이 없을 때 정보를 삭제하는 올바른 절차를 갖추고 있는 환경이라 하더라도 기존 데이터를 업데이트할 수단이 없는 경우도 있다.

저장의 한계: 원래 소유자에게 귀속될 수 있는 개인 데이터가 더 이상 필요하지 않은 경우 제거해야 한다. 또한 데이터 분석 목적으로 사용 중인 경우 해당 귀속을 제거하고자 익명화하거나 다른 정보와 한데 모을 수 있다.

무결성과 기밀성: 무결성과 기밀성은 대부분의 사이버보안과 감사 전문가가 인식하는 전통적인 기본통제다.

설명책임: 조직은 GDPR의 요구사항에 준거하고 있음을 예증할 수 있어야 한다. 이러한 요구사항을 효과적으로 충족하고자 GDPR은 조직이 구현, 관리해야 하는 6가지 사이버보안 축을 간략하게 제시했다. 이 축은 숙련된 사이버보안 전문가에게 친숙하게 보일 수 있다. 각 축은 연동 퍼즐과 마찬가지로 다음 축과 상호 연결돼 강력한 데이터 관리 수명주기를 형성한다.

데이터 거버넌스: 데이터 거버넌스는 감사, 교육훈련, 알림, 데이터보호 기관과의 커뮤니케이션 같은 활동을 포괄한다. 준거 행위의 개선, 요청받은 문서 작성 시의 시간 효율성과 비즈니스 관행 개선에 대한 자신감을 유지하는 데 도움이 된다.

데이터 분류: 데이터 분류를 통해 조직은 내부나 외부에 남아있는 데이터를 올바르게 분류, 보호해 혼란과 잠재적인 위반이나 침해를 줄일 수 있다. 적절한 기대치를 설정하고 지속적으로 준수하려면 회사 지침이 명확해야 한다.

데이터 검색: 데이터 검색은 "항상 데이터의 위치를 알고 승인된 위치에 저장해야 한다"라는 개념을 따른다. 개인 데이터와 관련된 모든 활동을 모니터링하는 한편 비즈니스와 접근의 용이성을 위해 데이터에 라벨을 붙여 식별하게 한다.

데이터 접근: 데이터 접근은 데이터 주체에게 개인 데이터의 요청 권리를 부여한다. 개인 데이터의 수정이나 제거가 필요한 경우나 심지어 처리를 위해 제3자에게 전송해야 할 경우에 부여한다. 반대로 데이터 주체는 데이터가 어떻게 저장/처리되고 있는지와 목적을 알아야 한다. 보존 정책을 준수해야 하며 동시에 개인 데이터 부본을 전자적 형식을 통해 고객과 공유함으로써 데이터 주체에게 투명성을

제공해야 한다. 데이터 이식성으로 알려진 개념이기도 하다.

데이터 취급: 언급한 바와 같이 데이터 접근은 데이터 주체에게 개인 데이터에 대한 접근권한뿐만 아니라 데이터 주체에게 잊혀질 권리를 부여하는 개정된 규정이 있다. EU에서 이는 일반적으로 '데이터 삭제' 개념으로 알려져 있다. 개인 데이터 제거를 요청하거나 데이터 처리에 대한 동의를 철회할 수 있는 권리가 고객에게 부여돼 있다. 데이터 취급 업무는 기본 목적이 더 이상 관련성이 없거나 합법적인 것으로 남아 있지 않거나 데이터 주체가 개인 데이터를 제거하기를 원하는 경우 개인정보 제거나 데이터 삭제를 다룬다. 삭제할 권리가 적용되지 않는 시점을 이해하는 것도 중요하다. 예를 들어 데이터 주체가 약정하에 있을 때 데이터 관리자는 법령이나 법적 의무를 준수해야 한다. 또는 공공의 이익이나 공식 당국의 입장에서 데이터가 필요할 수 있는 시점을 알고 있어야 한다.

데이터보호: 마지막으로 데이터보호나 설계에 의한 프라이버시 정책은 일종의 기본으로, 나중에 추가할 것이 아니라 오히려 시스템의 설계 중에 조직이 이 요구사항을 핵심에서부터 통합해야 한다. 이 규정의 5절은 작업에 필요하거나 필요한 개인 데이터만 처리해 데이터 컨트롤러가 요구사항을 충족시키게 함으로써 데이터 최소화를 해결하고 있다.

GDPR의 가장 널리 알려진 측면 중 2개 이상이나 경영진이 최고로 생각하는 구성 요소 중 적어도 하나는 규정 비준수에 대한 벌금이 크고 위반 통지에 대한 72시간의 시간제한이 있다는 것이다. 벌금과 처벌은 계층형 시스템으로 돼 있다. 상위 계층에서는 연간 글로벌 매출의 4%나 2천만 유로(둘 중 큰 금액)의 벌금이 부과될 수 있다. 하위 계층에서 벌금은 연간 글로벌 매출의 2%나 천만 유로(둘 중 큰 쪽)일 수 있다. 벌금의 정도는 위반의 심각성과 비준수 범위에 근거한다. 데이터 컨트롤러, 데이터 프로세서, 또는 양쪽에 벌금이 부과될 수 있으며 규정의 어떤 요소를 위반했는지에 따라 결정된다.

회사는 어떻게 GDPR을 준수하고 유지하는가? 이 중요한 과제에 참여해야 하는 모든 이해관계자는 기술 문제뿐만 아니라 긴급성을 인식해야 한다. 즉, 마케팅, 판매, 운영, 법률, 재무, 감사, 경영진 리더십, 심지어 이사회와 같은 비즈니스 단위를 포함한 사이버 태스크 포스를 만들어야 한다는 의미다. 정기적으로 개인정보를 모니터링할 목적으로 위험평가와 감사를 수행해 개인 데이터의 수집, 처리, 저장(데이터 흐름 분석)을 완전히 이해해야 한다. 사용 중인 애플리케이션, 클라우드 공급자, 데이터 분석 도구 안에서는 가시성을 잃기 쉽다. 그 결과 GDPR 준수 문제가 야기될 수 있다. 모든 요구사항을 해결하는 데이터보호 계획을 수립해 회사의 전체 보안 전략에 통합해야 한다. 양호한 상태에서 개인 데이터를 누가 어디서 어떻게 처리중인지를 항상 알고 있으면서 GDPR하에서 모든 규정 준수 진행 상황을 문서화해야 한다. 위험의 완화와 측정 활동은 조직의 위험 취향에 맞는 지속적인 사이클 형태가 될 것이다. 마지막으로 GDPR은 전담 데이터보호 책임자[DPO]를 두도록 강력히 제안한다. 규정 준수 활동을 감독하고자 여러 DPO를 배치해 개별 EU 국가를 담당하게 하거나 여러 사업부를 담당하게 하는 조직이 많다.

GDPR은 전 세계적으로 비즈니스에 광범위한 영향을 미칠 것이며 프라이버시와 개인정보보호 표준을 설정할 것이다.

기타 프라이버시 규정

GDPR가 전 세계에 미치는 영향성과 기업에서 소비자로 개인 데이터 통제권의 이동에 따라 GDPR가 많은 관심을 받았지만 프라이버시 규정들은 점차 증가하고 있다. 국경 간 프라이버시 영향 평가 가이드에서 토마스 카롤[Thomas Karol]이 행한 탁월한 작업의 요약물에 의하면 회사에서 소유한 개인정보는 해당 개인의 개인적 권리를 거의 고려하지 않고 독점적인 비즈니스 콘텐츠로 한때 간주됐다. 정부기관과 프라이버시 활동가 그룹은 개인정보를 보호하는 수많은 법안을 만들었다. 국가와 주별 요구사항은 건강, 금융, 개인식별정보[PII]의 사용, 저장방법을 관리한다. 불행하게도 관심사의 다양성과 편리성 기준(정치적 이익)으로 인해 서로 다른 요구사항이 생겨났고, 균일성이 결여돼 개인정보를 적절하게 처리하는 데 어려움이 있다.

www.unifiedcompliance.com을 방문하면 여러 기관의 문서들에 대한 온라인 소스를 찾을 수 있다. 'privacy'라는 단어를 검색해 수십 개의 결과를 살펴보자. 프라이버시에 관련된 모든 기관을 결정적으로 나타내는 것은 아니지만 많은 프라이버시 관련 문서와 법률을 보여준다. 압도적인 기관 문서 목록 외에도 이 사이트에서 프라이버시와 관련된 특정 통제가 포함된 스프레드시트를 찾을 수 있다.

프라이버시와 개인정보보호에 중점을 둔 국가별 규정과 주별 규정의 몇 가지 예를 살펴보자.

캘리포니아 보안침해 정보법(SB 1386)

캘리포니아 보안침해 정보법(SB 1386)은 보안침해를 다룬 최초이자 가장 눈에 띄는 미국의 주 법률 중 하나다. 보안침해로 인해 개인정보가 유출될 수가 있다. 이 법률은 캘리포니아에서 사업을 수행하고 전산화된 개인정보를 보유하거나 라이선스를 부여하는 대행사, 개인이나 사업체에게 다음의 의무를 부과한다. 즉, 암호화되지 않은 주민 데이터가 노출된 것으로 '여겨지는' 경우 해당 주민에게 보안침해 정보를 알려야 한다. 직접 운영하는 회사뿐만 아니라 주 외부에서 운영하는 자와 캘리포니아 주민에 관한 데이터를 파일에 보유한 사람에도 이 법이 적용된다.

개인정보로 간주되는 것의 정의, 정보가 불법적으로 공개됐는지 여부를 평가하는 방법과 캘리포니아 시민에 대한 통지 요구사항이 이 법률에 포함돼 있다.

캘리포니아 소비자 프라이버시법

캘리포니아 주는 SB 1386 이후 유휴 상태에 머물러 있지 않았다. 캘리포니아 소비자 프라이버시법CCPA이라는 야심찬 새로운 소비자 보호법을 통과시켜 일반데이터보호규정을 도입한 후의 유럽연합 선례를 따르기로 결정했다. 이 법이 2018년

여름에 법으로 서명됐음에도 불구하고 실제 요구사항들은 2020년까지 발효되지 않을 것이다. 이 법은 개인정보로 간주되는 것에 대한 정의를 확장할 뿐만 아니라 회사가 개인정보를 수집, 이용할 수 있는 방법에 좀 더 엄격한 제한을 가한다. CCPA에 명시된 특정 기준을 충족하면 캘리포니아 경계에서 물리적 사업 운영 활동을 하지 않는 회사도 영향을 받을 수 있다. 주민에 대한 정보를 수집 중인 회사는 해당 주민에게 이를 통보해야 한다. 또한 온라인 광고와 같은 용도의 개인정보 사용 방법 제한, 개인정보의 제3자 판매 금지 등 캘리포니아 주민은 다수의 새로운 프라이버시 권리를 갖는다. 또한 주민은 회사가 저장하고 있는 자신 관련 데이터를 삭제하도록 회사에 요청할 수 있다. 이를 준수하지 않는 회사는 민사 처벌과 소송에 직면할 수 있다.

캐나다 개인정보보호 및 전자문서법

미국의 개인정보보호법이 널리 보급되고 있지만 일부 국제 개인정보보호법은 좀 더 엄격하다. 그러한 법률 중 하나는 캐나다 개인정보보호 및 전자문서법^{PIPEDA}이다.

캐나다는 2004년에 개인정보보호법을 제정했다. 정상적인 업무 과정에서 개인정보를 수집하는 캐나다의 비공개 기업은 PIPEDA를 준수해야 한다. 이 법은 개인정보의 수집, 사용, 공개를 관장하고자 다음 조항을 명시하고 있다.

- 정보 수집에 참여한 당사자는 설명책임을 이행해야 한다.
- 정보 수집자는 개인정보 수집 목적을 식별해야 한다.
- 정보 수집자는 소비자의 동의를 얻어야 한다.
- 개인정보 수집은 제한적이어야 한다.
- 개인정보의 사용은 제한적이어야 한다.
- 개인정보의 공개와 보유는 제한적이어야 한다.
- 정보 수집자는 개인정보의 정확성을 확인해야 한다.

- 정보 수집자는 개인정보보호를 위해 적절한 안전책을 마련해야 한다.
- 정보 수집자는 정보관리 정책을 쉽게 사용할 수 있게 해야 한다.
- 정보 수집자는 개인들에게 자신 관련 정보에 대한 접근권한을 제공해야 한다.
- 개인은 조직의 이러한 원칙 준수에 이의를 제기할 권리가 있다.

2018년에 새로 개정된 PIPEDA법은 위반 통지와 관련 부분을 가장 눈에 띄게 강화했다. 데이터 침해가 일어나면 영향을 받는 개인에게는 물론이고 캐나다 프라이버시 감독청에도 신고해야 한다. 규정 미준수로 인해 회사는 최고 $100,000의 벌금에 처해질 수 있다.

프라이버시 법규의 동향

캘리포니아의 SB 1386과 새로운 소비자 개인정보보호법의 제반 영향 추이 중 하나는 미국 내 다른 주에서도 이와 동일하거나 거의 동일한 버전의 법안을 채택했다는 사실이다. 일관된 연방 규정이 없기 때문에 캘리포니아는 소비자 개인정보보호 표준을 설정하는 데 열중하고 있다. 캘리포니아는 미국에서 가장 크고 인구가 많은 주 중 하나이므로 다른 주들은 리더를 따르는 것 외에 선택의 여지가 거의 없을 것이다. 여러 종류의 유사한 법률들과 보조를 맞추는 일이 중요한 작업이다. 예를 들어 미시간 사회보장번호 프라이버시법(MCL 445.81)은 2006년 1월 1일부터 발효됐다. 모든 단체가 개인의 사회보장번호를 공개적으로 표시하거나 우편으로 보내는 것을 이 법령에서 금지하고 있다. 문제를 더욱 복잡하게 만드는 규정도 있다. 즉, 법에 명시된 면제 조항에 따라 일부 공공 조직들은 이 법의 제정 전에 운영하는 방식과 동일한 방식으로 운영을 계속할 수 있다. 산재 보상청은 법에 명시된 예외를 받을 자격이 있는 조직 중 하나다.

대부분의 개인정보보호규정에 포함된 주요 요소는 위반통지와 관련된 요구사항이다. 미국에서는 각 주마다 고유한 요구사항이 있어 규정 준수 환경을 복잡하고 혼란스럽게 만든다. 제반 요구사항을 이해하는 데 도움을 받으려면 보안 공급업체와 로펌을 활용해야 한다. 보안 위반 알림에 관한 다양한 주법의 간단한 요약판 예시를 보려면 Perkins Coie 웹 사이트(https://www.perkinscoie.com/en/practices/security-privacy-law/index.html)를 방문해보길 바란다. 그러나 다른 많은 참고 자료도 제공한다. 회사는 일관성과 단순성을 위해 모든 고객에 대해 가장 제한적인 주법을 따를 것인지, 각 주에 맞게 접근방식을 조정할 것인지 정해야 한다. 회사는 해당 주의 위반 통지법을 법적으로 준수하더라도 명성에 해를 끼칠 수 있다. 사이버 침해 중 개인정보가 도난 당했다고 어느 한 주의 시민들에게는 알리고, 다른 주의 해당 규정은 손상된 레코드 수에 대한 임곗값을 다르게 설정하고 있기 때문에 동일한 위반에 의해 영향을 받는 다른 주의 시민에게는 알리지 않는다고 상상해보자.

아르헨티나, 일본, 호주, 캐나다, 모든 EU 회원국과 같은 많은 국가에서도 개인정보보호법을 채택하고 있거나 현재 채택 과정에 있다. 미국을 포함한 많은 국가는 개인정보보호 입법을 국가 차원에서 고려하고 있다.

역사적으로 조직 내 법무팀이 개인정보보호 관련 활동을 주로 담당해 왔다. 그러나 점점 더 많은 조직이 개인정보보호 최고책임자[CPO] 직책을 만들어 정보 프라이버시법과 규정의 확대에 따른 위험관리를 맡기고 있다. 보안과 감사 전문가는 (개발, 배치, 일상적인 운영 업무, 개인정보보호) 관련 기술의 준거와 프로세스 통제에서 점점 더 많은 역할을 수행하고 있다. 기업들이 PII에 대한 보호 능력이 없다는 사례를 보여주거나 소유자 동의 없이 금전적 이익을 위해 PII를 이용함에 따라 개인정보보호규정이 조직에 미치는 영향과 비준수에 대한 제반 제재는 계속 확대될 것이다. 전자적 소비자 개인정보보호라는 새로운 시대에 진입하고 있음은 분명하다.

병원 진료기록정보 보호법

1996년 미국 의회는 병원 진료기록정보 보호법[HIPAA]을 통과시켰다. 이 법에는 두 섹션이 들어있다. 타이틀 I은 직원이 실직하거나 이직한 후 적용받게 되는 건강보험 혜택을 규정한다. 타이틀 II는 건강정보를 단순화하고 표준화하기 위한 행정 조치를 다룬다. 타이틀 II의 IT 구성 요소는 전자 시대의 건강정보보안과 취급을 다룬다. 특히 IT직원들 사이에서 HIPAA 문제가 생기면 이 섹션의 함축적인 의미가 가장 지배적이다.

이 법의 IT 구성 요소는 보안을 위한 표준 방법론을 처방한다. 더욱이 HIPAA는 건강 관련 정보의 형식을 표준화한다. 제반 표준에는 개별 환자와 관련될 수 있는 모든 정보에 대해 환자의 기밀성과 데이터 무결성을 보장하는 방법이 포함된다.

이 법에서 가장 공통적으로 식별되는 구성 요소는 보호받는 건강정보^{PHI}나 전자적으로 보호된 건강정보^{EPHI}의 집합 형태로 알려진 데이터 본문이다. 이는 개별적으로 식별 가능한 건강정보^{IIHI}를 포괄한다. IIHI는 개인의 건강 상태, 치료나 치료비 지급과 관련이 있다. 개별적으로 식별 가능한 PHI를 유지하고 사용하는 모든 주체는 이 법의 적용을 받는다. HIPAA의 효과적인 범위는 병원, 보험회사, 의사(모든 유형의), 실험실, 건강 계획에 참여하거나 참여하는 회사에 이르기까지 다양한 기관을 포함한다. 이 법은 HIPAA의 영향을 받는 조직을 적용 대상$^{covered\ entities}$으로 지칭한다.

 참고 HIPAA는 매우 방대하고 복잡한 법안이다. 정부 웹 사이트(https://www.hhs.gov/hipaa/index.html)와 www.hipaasurvivalguide.com에 있는 "HIPAA Survival Guide"라는 두 가지 정보원이 있다 . 이 안내서는 여러분이 HIPAA의 모든 것을 이해하는 데 필요한 30년의 기간을 단축시켜줄 것이다.

HIPAA 개인정보보호와 보안 규칙

HIPAA 법안의 통과 후 보건복지부는 연방 등록부$^{Federal\ Register}$에 두 가지 규칙을 게시했다. HIPAA 개인정보보호 규칙은 2000년 12월에 게시됐으며, HIPAA 보안 규칙은 2003년 2월에 게시됐다.

HIPAA 개인정보보호 규칙은 주로 의료차트 보안이나 마스킹, 파일 캐비닛 잠금과 개인정보보호 정책의 설정 등 환자 개인정보보호를 위해 설계된 관리적 통제에 중점을 두고 있다. HIPAA 개인정보보호 규칙은 2003년 4월부터 시행됐다.

HIPAA 보안규칙은 네트워크 경계 보호, 암호화, 워크스테이션 보안과 같은 기술 통제에 중점을 두고 있지만, 관리적이나 물리적 안전 보호 기능도 포함돼 있다. EPHI의 저장, 유지, 전송 시에 EPHI를 보호하는 것이 보안 규칙의 주요 목표다. HIPAA 보안 규칙은 높은 수준의 표준과 각 표준을 지원하는 구현 사양으로 나뉜다. 구현 사양은 필수적(의무적)이거나 지정 가능(달리 정당화될 수 없는 한 요구됨)하다.

하이테크법

경제와 임상 건강을 위한 건강정보기술법^{HITECH Act}은 2009년 미국 복구 및 재투자법^{ARRA}의 일부다. ARRA는 국가 의료 인프라를 지원하는 기술의 채택을 장려한다. 인프라의 핵심 구성 요소는 공급업체에서 이용하는 전자건강기록^{EHR} 시스템이다. 이들 시스템은 각 환자에 대한 민감한 개인정보를 보관하면서 향후 크기와 범위가 크게 확장될 것으로 예상된다.

그 채택 속도가 빨라짐에 따라 크게 성장할 것으로 예상되는 HITECH법은 개인정보보호와 보안 요구사항의 범위 확장을 통한 추가적 보호를 규정하고 있다. 또한 비준수 제재는 증가해 왔으며, '의도적 무시'에 대한 제재는 강제 규정이다. 데이터 유출에 대한 통지 요구사항도 있다. HITECH법은 건강정보의 보호를 위한 통제의 실행에 새로운 강제력을 도입했다.

적용 대상에 대한 HIPAA의 영향

HIPAA 규정을 성공적으로 준수하려면 해당 법의 요구사항에 문화적, 조직적 조정이 필요하다. 관련 규정 준수 역할과 함께 교육과 규정 준수 활동이 필요하다. 개인정보보호 책임자와 대부분의 경우 보안 담당자도 필요하다. 접근성과 가시성의 측면에서 고위 경영진에 대한 보고 관계의 의미는 흔히 다음과 같다. 즉, HIPAA 규정 준수를 담당하는 주요 보안과 규정 준수 담당자가 CEO에 대한 명백하거나 확실한 보고 라인을 갖는 것이다.

HIPAA 준수는 확실히 기술적인 통제 이상이다. 정책, 절차, 통제는 IT 적용에 앞서야 한다. 많은 HIPAA 법규 준수 전문가들이 주의해야 할 사항은 강력하고 지속적인 정책 개발/관리를 위한 기본 요구사항들이 기술에 가려서 존재가 희미해지지 않게 하는 것이다. HIPAA 규정 준수에 가장 많은 변경이 필요한 조직의 경우 성공의 열쇠는 정책, 절차, 개인정보보호/보안 투자에 대한 관계 고위 경영진의 가시적인 보증 여부에 있었다.

EU와 바젤 II

과거 미국에서의 스캔들에 비견되는 유럽 기업의 스캔들 때문에 유럽연합^{EU} 기구는 기업지배구조, 투명성, 감사, 회계기준, 정보 서비스와 관련된 지침을 제정해 감사기준, 감독, 책임의 개선에 대해 유사한 요구사항을 부과했다. 가장 큰 차이점은 미국의 사베인스-옥슬리법은 벌금과 형사 제재를 수반하지만 EU는 그 수준의 시행을 권장하지 않는다는 것이다.

사베인스-옥슬리법은 미국에서 시작됐지만, 다른 국가에 본사를 둔 회사들에게는 파급 효과가 있다. 국제회계기준위원회^{International Accounting Standards Board}와 바젤 II 자본협약^{Basel II Capital Accord}에 의해 확립된 것과 같은 새로운 유럽의 전문 표준도 많은 다국적 기업에 계속 영향을 미칠 것이다.

바젤 II 자본협약

바젤 II는 주로 유럽에 있지만 미국과 캐나다에도 있는 국제은행들의 컨소시엄이다. 1974년에 시작된 이 그룹은 다양한 은행 관련 주제를 다룬 협약들을 발간하며,

국제은행에 대한 감독과 감독 강화를 지향한다. 자문위원회는 다양한 기술 표준과 재무 기준의 공표를 지향한다. 이 그룹의 초점은 국제은행의 자본화 표준에 관한 위험관리 체계를 제공하는 것이다. 바젤 II 협정은 전적으로 자발적인 것이며, 각 국가의 중앙은행들이 채택 여부를 관장한다.

바젤 II 자본협약은 가장 최근의 그리고 가장 가시적인 권장 사항이다. 이 협약의 취지는 강화된 리스크 관리와 자본 감독 규정을 구현하는 것이다. 국제적으로 영업 중인 은행의 자본 적정성을 관장하고자 구현한다.

일반적으로 바젤 II 자본협약은 대출과 관련해 위험관리 주위를 운행하는 IT통제를 마련하고 있다. 따라서 사베인스-옥슬리법의 경우와 마찬가지로 IT감사인은 주로 재무정보의 무결성을 보호하는 통제에 관심을 가져야 한다.

결제 카드업계 데이터보안 표준

2001년 중반에 비자 미국$^{Visa\ USA}$은 카드 소지자 정보보안 프로그램$^{CISP,\ Cardholder\ Information\ Security\ Program}$을 만들었다. 이 표준은 비자 회원 은행들에게 일종의 요구 사항이 됐다. CISP는 비자카드 소지자 데이터에 대한 높은 수준의 정보보안을 보장하기 위한 것이다. 이 보안 표준은 모든 비자 회원 은행, 비자카드를 받는 모든 판매자와 비자카드 소지자 거래를 처리하는 모든 서비스 제공업체에 적용된다. 2004년, 비자와 마스터카드^{MasterCard}는 제반 데이터보안 표준을 공동 후원해 업계 표준이 되게 했다. 현재의 명칭은 결제 카드업계 데이터보안 표준$^{PCI\ DSS,\ Payment\ Card\ Industry\ Data\ Security\ Standard}$이다. 다른 카드 발급 기관들이 이 표준을 채택하기 시작했다. 2006년 9월 7일, American Express, Discover Financial Services, JCB, MasterCard Worldwide, Visa International에서는 결제 카드업계 데이터보안 표준 협회$^{PCI\ SSC,\ Payment\ Card\ Industry\ Security\ Standards\ Council}$를 설립했다. 이들 카드 회사의 웹 사이트는 www.pcisecuritystandards.org에 있다. PCI SSC는 표준의 기술적이고 운영적인 요구사항을 관리한다. 그렇지만 실제 이 표준의 준수 시행은 Visa, MasterCard, 기타 협회 회원들과 같은 개별 결제 카드 브랜드들의 책임이다. 비자 회계 정보보안 AIS, Account Information Security이라는 국제 버전의 Visa CISP는 미국 이외의 실체에 적용된다.

PCI 표준은 초기판 이후 3차례 주요 개정을 거쳤으며, 수년 동안 몇 가지 개정을 거쳤다. 주요 목표와 해당 주요 목적은 그동안 크게 변하지 않았지만 변화하는 위협 환경에 대처하고자 새로운 요구사항을 정기적으로 도입했다. 예를 들어 궁극적인 표적에 진입하기 위한 도관으로 파트너를 이용한 공격 사건이 여러 번 발생한 후 PCI DSS 버전 3.2는 제3자 서비스 제공업체에 대한 조항을 추가했다. 다음은 PCI DSS 버전 3.2.1의 고급 개요다.

1. 안전한 네트워크와 시스템
    a. 올바르게 구성된 방화벽의 설치
    b. 디폴트 시스템 패스워드와 보안 설정의 변경
2. 카드 소지자 데이터의 보호
    a. 카드 소지자의 데이터보호를 위한 보안 수단의 배치
    b. 전송 중인 카드 소지자 데이터의 암호화
3. 취약점 관리
    a. 멀웨어 방지 솔루션 설치
    b. 시스템과 애플리케이션의 스캔과 패치
4. 접근통제
    a. '알고 있어야 할 필요성'을 기준으로 카드 소지자 데이터에 대한 접근 제한
    b. 강력한 식별, 인증, 권한부여 절차의 준수
    c. 적절한 물리적 통제의 구현
5. 모니터와 테스트
    a. 의심스럽고 악의적인 활동의 탐지를 위한 접근 모니터링
    b. 운영 절차와 기술적 통제를 정기적으로 테스트
6. 정보보안정책의 문서화

a. 서면의 정보보안정책 작성과 시행

PCI 표준에는 훨씬 자세한 정보와 특정 요구사항이 들어 있다. 추가 요구사항들은 카드 소지자 PIN 보호와 같은 신용카드 거래의 특정 요소에 중점을 둔다. 심지어 소프트웨어 공급업체에도 결제 처리 수명 주기에 사용되는 코드에 대한 추가 애플리케이션 보안 요구사항이 있다. 이용할 수 있는 정보는 풍부하다. 다른 보안 제공업체와 함께 결제 카드 브랜드들이 컨설팅과 구현 서비스를 제공하고 있다.

PCI 표준은 그 자체로는 법이 아니지만 카드 결제 처리 업계의 참여자를 위한 필수적 준거 요구사항이다. 일반적으로 가치 사슬의 어느 곳에서나 카드 소지자 정보를 저장, 처리, 전송하는 모든 실체, 시스템, 구성 요소는 이 표준에 따른다. 판매자가 신용카드를 계속 받거나 처리하려면 이 표준에 준거해야 한다. 더 이상 신용카드를 받거나 처리할 수 없게 될 위험은 표준 준수에 대한 강력한 동인이 된다. 퓨리서치 센터^{Pew Research Center}의 2018년 연구에 의하면 미국인의 29%가 현금 사용을 통한 구매를 하지 않는다. 이는 2015년에 실시된 유사한 연구에서보다 5% 증가한 것이다.

결제 처리 시스템의 참여자는 PCI 표준 수단들을 채택할 뿐만 아니라 표준 준수의 유효성도 검증해야 한다. 특정 표준들이 대금지급 처리 환경의 다양한 섹션에 적용된다. 판매자, 서비스 제공업체, 공유 호스팅 제공업체에 대한 특정 준수 표준과 감사 요구사항이 게시돼 있다. 감사기준과 표준 준수 요구사항은 규모에 관계없이 판매자에 대해 동일하지만 표준 준수에 대한 보고 요구사항은 취득자가 판매자에게 요구하는 내용에 따라 다르다. 신용카드 거래 건수에 따른 판매자 레벨별 지침이 있다. 예를 들어 어떤 레벨 1 판매자가 연간 6백만 건 이상의 거래를 처리하는 조직이 될 수 있지만 다른 위험 요소도 고려한다. 궁극적으로 조직에서 표준 준수를 입증하기 위한 수행 노력 수준의 결정은 구매자에게 달려 있다.

레벨1 판매자로 분류된 가장 높은 위험 수준의 판매자는 PCI 승인 스캐닝 업체^{ASV}로부터 분기별 내부 및 외부 취약점 스캐닝을 받아야 한다. 또한 레벨 1 가맹점은 독립적인 준수 검증을 받아야 하며, 이에 따라 적격 보안 평가자^{QSA}는 해당 조직의 통제를 검토하고 준수 보고서^{ROC}를 발행한다. 해당 취득자의 요구사항에 따라 다른 판매자들은 자체 평가 설문지^{SAQ}라고 하는 훨씬 더 짧은 자체 평가지를 작성해야 할 수도 있다. 판매자 레벨은 카드 소유자 정보의 분실에 대한 판매자의 위험 정도에 상응한다. 판매자의 취득자는 PCI 위원회가 정한 규칙에 관계없이 판매자 레벨을 정할 권한이 있다.

이 프로그램의 원활한 운용을 위해 비자 및 기타 카드 발급기관은 유효성 검사(감사)의 수행과 사고대응 조사 수행 권한이 있는 조직 목록을 게시했다. 감사기준, 승인된 서비스 제공업체, 인가된 감사 기관의 게시는 대금지급 처리 업계의 정보보안 인식을 제고하는 데 기여했다.

결제 카드 산업에 대한 PCI의 영향

PCI DSS에 대한 적합성은 '사업 비용'이 됐다. 카드 결제 처리업에 참여하고자 적합성을 협상할 수는 없다. 표준 채택을 보장하는 데 필요한 유일한 강제는 업계 참여의 배제다. 비자, 마스터카드, 기타 카드 발급 기관들은 이 표준을 준수하지 않는 서비스 공급자를 '인증 해제'했다. 이러한 발생 이벤트 중 가장 주목할 만한 것은 보안침해가 드러난 후 카드 소지자 개인 데이터가 없어진 일이다. 표준 준수를 위한 초기 과제 중 하나는 범위를 올바르게 정의하는 것이다. 카드 소지자 데이터 환경을 지원하는 IT 시스템과 이를 보호하고 모니터링하는 보안 시스템을 포함해 카드 소지자 데이터에 닿는 모든 시스템, 기술, 사람, 프로세스를 식별해야 한다. 카드 소지자 데이터 환경의 범위를 줄이면 표준 준수 노력이 간소화되겠지만, 조직의 특성에 따라 큰 과제가 될 수 있다.

데이터보안 관점에서 PCI 표준은 일반적으로 인정되는 데이터보안 표준과 실무를 나타낸다. 이 표준에 특별한 것은 없다. 하지만 이 표준은 방화벽, 바이러스 백신 소프트웨어, 일상적인 취약점 검색과 패치 같은 일반적인 보안 요소의 필요성을 구체적으로 요구함으로써 확고한 토대를 마련했다. 오늘날까지 여전히 기본적인 사이버보안이 취약한 조직을 쉽게 찾을 수 있지만, IT 보안 분야에서 이미 널리 인정되고 있는 일련의 표준적인 모범 실무다. PCI 표준은 합리적인 보안 관행을 나타낸다. 카드 결제 처리 업계에 PCI 표준 준수 의무를 부과함으로써 조직은 카드 소지자 데이터를 보호하기 위한 강력한 베이스라인의 구현, 유지를 촉진한다.

PCI DSS는 카드 결제 처리 소프트웨어에서 모든 소프트웨어 개발자의 초점을 기능 추가와 비용절감에서 표준에 맞게 소프트웨어를 재구성하는 방향으로 바꿔놨다. 다양한 상용 소프트웨어와 시스템 제공업체로부터 자체 상용 시스템을 개발, 유지하는 개별 소매업체에 이르기까지 미치는 영향의 스펙트럼이 감지되고 있다. 사베인스-옥슬리법의 일반적인 영향과 유사하게 PCI 표준은 기준, 통제, 감사에 관한 어휘를 최소 규모에서 최대 규모까지 업계 전반에 걸쳐 추가했다.

많은 조직에서는 PCI 표준을 비공식 보안 체계로 사용해 전체 보안 프로그램의 개발과 운영 관리를 조언한다. 기존의 체계나 규정에서 찾을 수 있는 것보다 더 규범적인 언어를 포함함으로써 표준을 이해하기가 더욱 수월해졌다. PCI 표준은 조직이 단순히 취약점을 일상적으로 스캔해야 한다고 말하는 대신 분기별로 취약점 스캔을 수행해야 하며, 치료 결과는 지정된 감사인에게 보고하도록 강제하고 있다. 이는 추측에서 벗어나 보안 전문가가 자신의 프로그램을 정당화하고 감사인이 정확히 무엇을 검증해야 하는지 쉽게 알 수 있게 해준다. 단점은 조직이 '체크박스' 사고방식에 빠지는 경향이 있다. 즉, 위험 프로파일이나 위협 환경이 추가보안 조치를 지시하는지 여부에 관계없이 PCI DSS 준수를 달성하는 것이 목표며 그 이상은 아무것도 없다는 생각이다. 해당 요청이 PCI DSS 규정 준수와 관련이 없는 경우 설사 전반적 위험 프로파일을 줄일 수 있어도 경영진은 시간과 비용의 소비를 원치 않는다.

PCI 표준에 대한 적합성 평가, 적합성 테스트, 표준의 평가, 준수 방법에 대한 교육훈련업체와 관련해 이 표준을 도입함으로써 전문 코티지 산업이 생겨났다. 이 표준은 최첨단 보안기술을 나타내지 않지만 정기적으로 업데이트돼 왔다. 표준 준수의 강제는 카드 결제 처리 업계에 극적인 변화를 가져왔다.

기타 규제 법규의 동향

1980년대와 1990년대의 전성기에 컴퓨터 보급이 확산되면서 IT에 대한 내부통제는 급변하는 인프라 아키텍처와 보조를 맞추지 못했다. 그러나 재무보고를 둘러싸고 시작된 내부통제에 대한 단속은 IT 포함으로 확대됐다.

이제 사베인스-옥슬리법, GLBA, 캘리포니아 SB 1386, HIPAA, 기타 규정 외에도 추가적 요구사항들이 나오고 있다. 신분 도용 행위[ID theft]가 위기로 다가오면서 데이터보호와 개인정보보호는 입법자들에게 매우 시급한 주제가 됐다. 규제는 재무회계와 같은 전통적인 측면에서 소비자 개인정보보호 및 데이터 처리와 같은 새로운 영역에 이르기까지 회사 운영의 모든 측면을 지배하고 있지만, 그게 전부가 아니다. 캐나다와 같은 국가는 인터넷 시대의 가장 성가신 측면 중 하나인 스팸 메일 문제를 다뤘다. 캐나다 스팸 방지법[CASL, Canadian Anti-Spam Legislation]이 2014년에 시행됐다. 캐나다 국경을 넘어 사업을 운영하는 기업들도 캐나다에 상용 이메일과 문자 메시지를 보내기 전에 사전 동의를 받아야 한다. 사기성 형태의 통신을 차단하고 신원 도용, 피싱, 기타 스팸 메시지의 위험을 제한하는 것이 목표다. CASL은 회사 임원에 대한 잠재적인 형사적 민사적 책임을 포함해 최대 1천만 달러의 벌금을 부과하는 세계에서 가장 엄격한 법률 중 하나일 수 있다. 이 법률은 이메일 마케팅에 큰 영향을 미쳤으며, IT감사 시 주의가 요구되는 또 하나의 영역을 나타낸다.

고위 경영진들은 규제 요건의 증가에 대한 경각심을 높이고 있다. 정보보안은 점점 더 중대한 가시성을 확보하고 있다. 이제 대부분의 회사는 자신의 노출에 대해 종전에는 거의 이해하지 못했음을 인식하고 있다. 또한 위험의 식별과 해결을 위해 점점 더 결정적인 조치를 취해야 한다는 점을 인정하고 있다.

지식 베이스

- 감사기준서 No. 2: "재무제표 감사와 통합 실시된 재무보고 내부통제 감사"(2004년 6월 17일 발효), www.pcaobus.org

- 캘리포니아 상원 법안 1386, https://it.ucsf.edu/policies/california-senate-bill-1386-sb1386.

- 연방준비제도이사회, 바젤 II 자본협약, www.federalreserve.gov/generalinfo/basel2.

- 연방무역기구(www.ftc.gov/privacy/privacyinitiatives/glbact.html).

- FFIEC 정보기술 핸드북, www.ffiec.gov

- 포드, 폴, 사베인스-옥슬리법과 글로벌 자본시장, Simpson Thacher & Bartlett: 뉴욕, 2004년.

- "IT부서에 대한 사베인스-옥슬리법의 영향", 2004년 4월 15일 텍사스 와코에 있는 베일러 대학교[Baylor University]의 세미나 및 패널 토의

- 국제 회계기준 위원회(https://www.ifrs.org/groups/international-accounting-standards-board/)

- 국제표준화기구, ISO-개요, 2004년 2월, www.iso.org

- IT지배구조 연구소, COBIT, 트레드웨이 위원회[COSO]의 후원 조직 기구, 롤링 메도우, IL, 2000년 7월, www.coso.org

- IT지배구조 연구소, 사베인스-옥슬리법의 IT통제 목적: 공시 및 재무보고 내부통제의 설계, 구현 및 지속 가능성에서 IT의 중요성, Rolling Meadows, IL, 2004년, www.isaca.org

- McDowall, Bob, "유럽에 도입될 기업지배구조에 대한 미국의 접근방식", www.it-analysis.com

- Protiviti, Inc, 사베인스-옥슬리법 가이드: IT 위험 및 통제 – 자주 나오는 질문, 2003년 12월.

- 상장기업 회계감독위원회, "재무제표 감사와 통합 실시된 재무보고

내부통제 감사", 최종 감사기준서, Release NO. 2004-001, 2004년 3월 9일.

- 2002년 사베인스-옥슬리법, 미국 증권거래위원회(2002년 7월 30일 시행), www.sec.gov/about/laws/soa2002.pdf

- "사베인스-옥슬리법: IT통제 중점", 2004년 4월 7일, 일리노이 주 ISACA SOX-IT 심포지엄

- "사베인스-옥슬리법 재무 규칙의 IS 조직에 대한 영향", 가트너 FirstTake, 가트너 리서치^{Gartner Research}, 2003년 5월 30일

- "사베인스-옥슬리법 404조, 정보기술 관리자의 준수 규정", www.Auditnet.org

- "302조 재무보고에 대한 기업의 책임", RSM McGadrey, 2003, www.rsmmcgladrey.com

- 신시내티 대학교 법과 대학, 2002년 "906조 - 재무보고에 대한 기업의 책임"

- 2004년 5월 15일자 Financial Executives International, "사베인스-옥슬리법 404조의 시간일정", www.fei.org

- 트레이너 Ed, "일을 바르게 처리합시다. 사베인스-옥슬리법에 대한 이해", SIM publication, 2003년.

- 미국 보건복지부, https://www.hhs.gov/hipaa/index.html

- Perkins Coie LLP 국제 로펌,"개인정보보호 및 보안법" https://www.perkinscoie.com/en/practices/security-privacy-law/index.html

- Farivar, Cyrus 및 Ingram, David," 미국의 인터넷을 바꿀 수 있을 캘리포니아의 새로운 데이터 프라이버시법" NBC 뉴스, 2019년 5월, https://www.cnbc.com/2019/05/14/california-consumer-privacy-act-could-change-the-internet-in-the-us.html

- 캐나다 개인정보보호청, https://www.priv.gc.ca/en/privacy-topics/privacy-breaches/respond-to-a-privacy-breach-at-your-business/gd_pb_201810/.

- PCI보안 표준위원회(https://www.pcisecuritystandards.org/)
- Perrin, Andrew, "더 많은 미국인들이 현금으로 주간 구매를 하지 않는다", 2018년 12 월, https://www.pewresearch.org/fact-tank/2018/12/12/more-americans-are-making-no-weekly-purchases-with-cash/
- EU GDPR, https://eugdpr.org/
- Nadeau, Michael, "일반데이터보호규정: 준수를 위해 알아야 할 사항", CSO Online, 2019, https://www.csoonline.com/article/3202771/general-data-protection-regulation-gdpr-requirements-deadlines-and-facts.html
- 유럽연합(https://ec.europa.eu/commission/priorities/justice-and-fundamental-rights/data-protection/2018-reform-eu-data-protection-rules_en)
- Deloitte, 캐나다 스팸방지법 FAQ, https://www2.deloitte.com/ca/en/pages/risk/articles/canada-anti-spam-law-casl-faq.html

CHAPTER 21

위험관리

위험을 관리하는 일이 기업에서 새로운 현상은 아니다. 모든 산업 분야의 모든 기업은 자체의 고유한 위험을 수반한다. 예를 들어 제조업체들은 내부 장비 고장에서 직원의 실수에 이르기까지 잠재적 손실 형태의 운영 위험^{operational risk}에 직면한다. 대부분의 기업은 일반적 위험을 관리할 수 있을 것이지만, 모든 위험을 전체적으로 관리하는 경우는 거의 없다. 관리가 어려운 위험 유형 중 하나가 사이버 위험이다. 사이버 위험 환경이 크게 바뀌었다. 몇 년 전까지만 해도 사이버 사건 위험의 효과적 억제책으로 컴퓨터의 경계 방화벽과 바이러스 백신 소프트웨어가 있으면 충분했다. 최근에는 정교한 피싱 공격(종업원을 속여 중요 정보를 공격자에게 노출시키도록 유도하는 데 사용되는 이메일), 랜섬웨어(상대방 데이터를 암호화시켜 몸값을 받을 때까지 사용이 어렵게 설계된 소프트웨어), 내부자 위협, 산업스파이로 활동하는 반민족 행위자, 기타 수많은 위협들이 존재한다. 이런 위협들로 인해 일반적으로 재무 위험을 대상으로 한 토론에 사이버 위험이 끼어 들어왔다. 사이버보안 전문가가 비즈니스의 다른 부분과 동일한 위험 언어로 말하는 경우는 거의 없으며, 사이버보안 부서는 일반적으로 IT부서에 묻혀 있다는 사실을 추가해보자. 비즈니스 위험은 일반적으로 IT팀과 사이버보안팀의 영역 밖에서 별도로 관리되고 있으며, 또한 회사에는 혼돈 상황에 대한 나름대로의 해결 방안도 있기 때문이다.

결과적으로 공식적 위험관리 프로세스^{formal risk management process}는 모든 IT감사 프로그램의 일부가 돼야 한다.

공식적 위험관리 프로그램이란 과연 어떤 것인가? 이것은 백만 달러짜리 가치가 있는 오늘의 질문이다. 21장에서는 위험분석 프로세스, 위험관리 순환 사이클과 위험의 효과적 식별, 처리법을 살펴본다. 특히 다음 사항을 다룬다.

- 위험관리의 이익
- 경영진의 시각에서 본 위험관리
- 정량적 위험분석
- 정성적 위험분석
- IT위험관리 순환 사이클
- 제3자 위험

본문에서 사용한 산식의 요약표는 이 장의 끝에 있다.

위험관리의 이익

건전한 IT 위험관리의 잠재력은 공공연한 비밀에 속할 것이다. 처음에는 다른 비즈니스 위험 유형들을 논의할 때 IT와 사이버보안 위험은 논의 대상에 포함되지 않았다. 비즈니스 리더들이 위험을 논의할 때 사이버보안 관련 표현은 없거나 주변적인 문제로 내버려뒀다. 있더라도 프레젠테이션 슬라이드상에 기껏해야 전체 사이버보안 위험 조망을 '기술 관련 중단상태'나 총칭적인 '사이버보안사고'라는 한 개의 머리 글로 축약한 정도였다. 현실 세계는 진화하고 있다. 침해 사건들이 점점 일반화되고 있다. 비즈니스 리더들은 사이버보안 관련 사건의 영향을 두렵게 우려하고 있다. 그래서 조직을 보호하고 사이버보안사고에 효과적으로 대응할 수 있게 준비해 영향의 최소화를 추구한다. 결과적으로 사이버보안 위험은 전반적인 비즈니스 위험 전략의 핵심 부분으로 발전하고 있다. 또한 비즈니스에 긍정적이거나 부정적인 영향을 미칠 수 있는 것으로 간주되기도 한다. 그 결과 많은 조직에서는 건전한 위험분석과 위험관리 실무를 통해 IT통제의 효율성을 높이거나 비용을 줄이거나 사이버 관련 사건의 영향을 최소화해 왔다. 조직의 IT 위험 노출에 대한 경영진의 견해 표명이 있으면 투자 수익률[ROI]이 거의 또는 전혀 없는 지역에 희소 자원을 소비하는 대신 적절한 자원을 사용해 가장 높은 영역의 위험을 완화시킬 수 있다. 결과적으로, 지출된 모든 금액에 대해 좀 더 높은 수준의 위험 감소를 달성할 수 있다.

사이버보안 전문가는 자신이 하고 있는 업무와 (마찬가지로 중요한) 하지 않고 있는 업무가 비즈니스의 전반적인 위험 상황에 어떻게 적용되는지를 지속적으로 설명하려고 노력한다. 사이버보안팀은 할 일이 너무 많지만 문제를 적절하게 해결하기에는 시간, 돈, 또는 숙련된 자원이 부족하다. 그처럼 많은 일은 주어진 기간 내에만 성취할 수 있으므로 수행할 수 있을 여러 가지 다른 업무의 우선순위를 어떻게 정할 것인가? 정답은 방법론상 위험 기반 접근방식에 따라 비즈니스 중심의 성과를 얻게 하는 것이다. 이를 통해 나쁜 일이 생길 경우에도 의사결정을 더 잘 방어할 수 있다. 위험을 수용, 완화하기로 결정한 곳에서 모든 노력을 비즈니스 기반 의사결정 프로세스에 투입, 발휘하게 한다. 그러면 위험관리 프로세스를 향상시키는 한편 손가락 가리키기 식의 주의 환기에서 비즈니스의 정상 운영으로의 복원으로 관심을 돌릴 수 있을 것이다.

경영진의 시각에서 본 위험관리

위험관리는 일종의 팀 단위의 노력이다. 경영진의 감독, 후원, 관여는 올바른 비즈니스 관점과 필요한 지원을 획득하는 데 필요하다. 성숙한 위험관리 프로그램을 갖춘 회사의 경우 일반적으로 다양한 사업 부문의 대표와 지원 그룹으로 구성된 기능 부서 간 위험 지배구조 위원회across-functional risk governance board나 운영위원회가 있다. 이들 위원회는 해당 각 사업 부문 데이터에 궁극적인 책임을 지기 때문에 위험평가와 통제 우선순위에 대한 의견, 지침을 제시한다. 프로젝트 업데이트와 검토 지표를 흡수하는 것 이상을 수행해야 한다. 고위험 결정이나 문서화된 회사 정책과 절차에서 벗어난 요청의 거부나 수락과 같은 활동을 위해 의사결정 기구의 역할을 수행해야 한다. 심지어 위험완화통제를 위한 특별 자금을 제공할 수도 있을 것이다. 일반적인 관행은 특정 프로젝트를 다루기 위한 실무 그룹을 만들어 해당 위원회에 보고하게 하는 것이다. 예를 들어 실무 그룹을 만들어 데이터 손실 방지 프로그램을 새로이 구현시킬 수 있는데, 이는 중요 정보가 회사 네트워크의 경계를 벗어나는 위험을 줄이기 위한 것이다. 보안은 단순한 IT나 기술상의 문제가 아니라 일종의 비즈니스 문제다.

사실상 비즈니스는 모두 위험과 보상에 관한 것이다. 경영진은 투자의 제반 이익을 관련 위험과 함께 가늠해봐야 한다. 결과적으로 ROI 분석, 핵심 성과 지표, 기타 수많은 재무와 운영 분석 도구를 통해 위험을 측정하는 데 대부분 익숙하다. 경영진은 재무 측면에서 위험을 바라본다. 조직의 IT 위험관리에서 성공적이 되려면 이러한 점을 이해해야 한다. 결과적으로 추가 통제에 대한 투자 관련 비즈니스 사례를 만들려면 일반적으로 일종의 재무 분석이 필요하다.

정량적 위험분석과 정성적 위험분석

정량적 방식 또는 정성적 방식으로 위험분석을 할 수 있다. 다른 것과 마찬가지로 각각 장단점이 있다. 정량적 접근방식은 좀 더 객관적이고 의사결정권자가 좀 더 쉽게 정당화할 수 있는 재무적 용어로 위험을 나타낸다. 올바른 데이터를 통해 좀 더 정확한 비용/이익 정보를 제공할 수 있다. 주요 과제는 올바른 데이터를 사용할 수 없는 경우가 많다는 점이다. 예를 들어 자동차 사고에서 안전벨트 사용의 안전성 영향을 정량적으로 측정하고자 과학적으로 제어된 실험을 이용한 많은 연구가 수행됐다. 바이러스 방지 소프트웨어에 대해서도 마찬가지다. 회사 컴퓨터에서 바이러스 백신 소프트웨어를 사용하는 경우 회사가 사이버 공격의 위험을 얼마나 줄일 수 있을까? 본질적으로 그것이 위험을 줄이는 것을 알고 있지만 정량화하기는 어렵다. 보험 수리적 데이터가 부족한 것 외에도 정량적 접근방식은 더 복잡하고 시간이 많이 걸리며 수학 공식이 필요하다. 결과적으로 조직의 특정 하위 집합에 대한 분석을 종종 예약하에 수행하거나 개별 프로젝트 수준에서 수행한다. 정성적 접근방식은 대규모 위험분석에 더 적합하며 계층화된 위험에 대한 관점을 제공한다. 정성적 분석은 위험을 표현하고자 높음, 보통, 낮음과 같은 일반적인 용어와 스케일을 사용하기 때문에 구현하기가 훨씬 쉽고 저렴하다. 가장 큰 단점은 결과가 대부분 주관적이므로 입증하기 어렵다는 것이다. 정성적 위험분석 사용자는 종종 결과를 방어하는 데 많은 시간을 소비한다. 해석의 여지가 너무 많기 때문에 정성적 분석은 적절한 결정을 내리는 데 필요한 확정적인 답변을 제시하지 못할 수 있다. 좀 더 성공적인 위험관리 프로그램을 갖춘 조직은 정성적 위험분석에 더 중점을 두어 초점 영역을 식별한 다음 정량적 위험분석 기술을 사용함으로써 두 가지 접근방식을 혼합하는 경향이 있다. 특정 위험의 완화 지출을 정당화하고자 그렇게 한다. 이 장에서 각 접근방식을 더 살펴본다.

정량적 위험분석

재무적, 물리적, 기술적 자원과 관련이 있는 경우를 제외하고 동일한 범용 수식을 이용해 여러 유형의 위험을 계산할 수 있다. 위험을 다음과 같이 정의할 수 있다.

위험 = 자산 가치 × 위협 × 취약점

위험의 구성 요소

위의 방정식에서 볼 수 있듯이 위험은 자산 가치, 위협, 취약점의 세 가지 요소로 구성된다. 이러한 요소에 대한 올바른 평가는 위험을 정확하게 평가하는 데 중요하다.

자산

일반적으로 자산은 금전적 가치로 표현하고, 조직에 가치 있는 것으로 정의할 수 있다. 자산은 우발적이거나 고의적 행위로 인해 피해나 손상을 입거나 파괴될 수 있다. 실제로 자산 가치는 단순한 교체 비용이 아니다. 따라서 정확한 위험 측정을 위해서는 최종적인 손상 비용을 고려해 자산을 평가해야 한다. 예를 들어 고객 신용카드 정보의 침해는 우선은 금전적 손실로 귀결될 것이다. 손상된 신용카드를 새 신용카드로 교체하는 데 관련된 모든 비용을 말한다. 많은 양의 신용카드 기록이 손상된 경우 사고는 장기간 동안의 사고대응과 조사 노력, 법적 조치, 회사의 평판 손상과 규제 관련 처벌로 이어질 수 있다. 이로 인한 누적 효과는 결과적으로 상당한 금전적 손실을 초래할 수 있다. 이 경우 수식의 자산 가치 부분은 신용카드 정보를 나타낸다. 개인정보 가치의 계산 금액에는 사고에 대한 대응, 조사 활동, 법적 조치, 평판 손상, 규제 관련 처벌로 인한 누적 비용 추정액이 포함된다.

위협

위협threat이란 일종의 잠재적 사건으로 정의할 수 있다. 위협이 실현된다면 바람직하지 않은 영향을 초래할 수 있다. 바람직하지 않은 영향은 여러 형태로 나타날 수 있지만, 종종 금전적 손실을 초래한다. 위협을 백분율로 일반화할 수 있지만, 손실의 정도와 발생 가능성의 두 가지 요소가 위협의 심각도에 영향을 미친다. 노출 계수EF, exposure factor는 손실의 정도를 나타낸다. 이는 위협이 실현되는 경우의 자산 손실률 추정치일 뿐이다. 예를 들어 화재로 인해 자산 가치가 70% 손실될 것으로 예상되는 경우 노출 계수는 70%나 0.7이다. 반면에 연간 발생률ARO, Annual Rate of Occurrence은 통제가 전혀 없는 경우 1년 내에 특정 위협이 실현될 가능성을 나타낸다. 예를 들어 3년마다 화재가 발생할 것으로 추정하면 연간 발생률은 33%나 0.33이다. 그러므로 노출 계수에 연간 발생률을 곱해 위협을 백분율로 계산할 수 있다. 위의 예에서 화재 위협의 계산 결과값은 23.1%나 0.231이다.

취약점

취약점Vulnerabilities이란 특정 자산을 보호해주는 누적 통제의 부재나 약점absence or weakness of cumulative controls으로 정의내릴 수 있다. 취약점은 통제 결함의 수준에 따라 백분율로 추정한다. 통제효과성effectiveness of the control을 1이나 100%로 놓고 통제 결함CD, control deficiency을 계산할 수 있다. 예를 들어 산업스파이 통제가 70% 효과적이라 판단했다면 100% − 70 % = 30%(CD)다. 그러므로 이 취약점을 30%나 0.3으로 표시한다.

 참고 일반적으로 둘 이상의 통제기능을 배치해 자산을 보호한다. 예를 들어 영업 기밀을 훔쳐 경쟁업체에 팔아넘기려는 직원의 위협을 파악했을 수 있다. 회사는 이러한 위협에 대응해 정보 분류 정책을 구현하고, 데이터 손실 방지 기술을 채택해 발신 이메일을 모니터링하며, 휴대용 저장장치 사용을 금지한다. 산업스파이 활동에 대한 취약점을 추정할 때는 이러한 각 통제기능의 누적 효과를 고려해야 한다.

실제 적용 예

위험분석 방법을 정의했으므로 이제 이를 실제로 실행해볼 수 있다. 다음은 이 공식이 IT와 기타 영역에서 어떻게 관련되는지에 대한 몇 가지 예다.

물리적 위험 시나리오

미국 정부는 중동 지역 군사시설에 둔 지휘통제센터가 이 지역에서의 작전 능력에 매우 중요하다고 여긴다. 이 시설이 파괴될 경우 인명 손실(시설과 현장 모두), 시설 자체의 손상과 군사목표에 혼란을 초래할 수 있다.

이 예시에서 자산은 지휘통제센터다. 지휘통제센터의 실제 가치에는 영향을 받을 군인들의 생명, 지휘통제 시설 자체, 그리고 손실이 발생했을 때 충족되지 않을 군사목표가 포함된다. 전문가들은 지휘통제센터 손실에 대한 누적 비용이 5억 달러가 될 것으로 추정한다(참고, 이 예제는 사람의 생명을 금액으로 환산할 수 없으므로, 단지 예시적인 방법일 뿐이다. 정량적 방법을 구현하기 어려운 이유 중 하나다). 시설에 대한 폭탄 공격의 위협을 식별했다. 공격이 성공하면 85%의 손실이 발생한다고 추정한다. 전문가들은 이러한 유형의 공격시도가 일주일에 한 번 또는 매년 52회 발생하며 이를 방지할 수 있는 통제기능이 없을 경우 발생한다고 말한다. 지휘통제센터에는 물리적 방벽, 경계경보시스템, 군경 순찰대, 기지 방어를 위한 3,500명의 추가

병력 등 여러 가지 안전 대책이 있다. 결과적으로 제반 통제가 99.99% 효과적이거나 0.01% 부족한 것으로 추정한다. 이 정보를 통해 지휘통제센터의 폭탄 공격 위험에 대한 금전적 가치를 5억 달러로 산정할 수 있다.

[자산 가치] × 0.85 손실(EF) × 연간 52회(ARO) [위협] × 0.0001 통제 결여(CD) [취약점] = $2,210,000 [위험]

이 연습 사례를 한 단계 더 발전시켜 지휘통제센터 보호를 위해 총 투자액 최대 220만 달러를 정당화할 수 있다. 정당화할 수 있는 정확한 금액은 이런 위험완화를 위해 이미 지출한 금액과 선택된 통제로 인한 예상 위험 감소 수준에 전적으로 달려있다. 위험 수식의 취약점 부분 축소를 통해 위험완화의 극대화를 추구한다. 통제기능의 선택에 대한 세부 설명은 이 장의 후반부에 있다.

IT 위험 시나리오

어느 국내 소매업체의 IT감사 책임자는 신용카드 정보와 관련된 회사의 법적 환경이 변하고 있다는 사실을 알게 됐다. 지금까지 회사는 고객의 개인정보나 신용카드 관련 정보의 유출 위험을 고려하지 않았다.

홍보, 법률, 재무 이해관계자를 인터뷰한 IT감사 책임자는 단일 위반 비용을 약 3천만 달러(매출 손실, 법적 비용, 규제 결과)로 추정했다. 이제 해당 자산은 개인 신용카드와 관련 재무정보라는 것을 여기서 알게 됐다. 더욱이 회사에서 그 자산의 가치는 3천만 달러다. 해킹과 관련된 여러 가지 위반 사고가 최근 뉴스에 보도됐으므로 감사 책임자는 이 위협을 조사하기로 했다. 정보보안책임자와의 대화에서 감사 책임자는 회사가 지속적인 공격을 받고 있음을 알게 됐다. 그렇지만 대부분의 공격은 취약 부문을 탐색해보기 위한 수준에 지나지 않았다. 정보보안책임자의 추정에 의하면 매주 약 한 번의 실제 공격이 발생하고, 신용카드 처리 시스템이 손상되면 자산이 완전히 소실될 수도 있을 것이다. 현재 통제는 99.99% 효과적이지만, 회사가 추가 통제에 투자하지 않으면 침해로 인한 손실 발생이 임박한 상황이다. 이 정

830

보를 바탕으로 외부 보안침해의 위험을 3천만 달러로 산정할 수 있다.

[자산 가치] × 100% 손실(EF) × 52 해킹 시도 횟수(ARO) [위협] × 0.01% 또는 0.0001 통제결함(CD)) [취약점] = $ 156,000 [위험]

위험에 대한 대책

위험의 처리 방법에는 세 가지가 있다. 위험을 수용하거나 완화하거나 이관하는 것이다. 적절한 방법은 위험을 허용 가능한 수준으로 낮추거나 제3자에게 양도하는 데 필요한 투자 금액 대비 위험의 재무적 가치에 전적으로 달려 있다. 처방적 통제 이외에도 많은 규정에 의거 조직은 보호 대상 정보에 대한 위험을 평가하고 합리적인 통제를 구현해야 한다. 적절한 수준으로 위험을 줄이려면 그렇게 한다.

위험의 수용

위험의 재무적 가치가 위험을 완화하거나 이관하는 비용보다 적은 경우 가장 합리적인 옵션은 위험을 수용하는 것이다. 그러나 조직이 위험을 수용하기로 선택한 경우 위험을 실제로 평가했다는 것을 입증하고 그 결정에 대한 근거를 문서화해야 한다.

위험의 완화

위험에 중요한 재무적 가치가 수반돼 있는 경우 위험을 감수하기보다는 완화하는 것이 더 적절하다. 몇 가지 예외가 있지만 어떤 통제의 구현, 유지비용이 완화될 위험의 금전적 가치보다 낮아야 한다.

위험의 이관

보험업은 위험 이관을 기반으로 한다. 조직은 종종 보안침해나 치명적인 시스템 중단 비용을 상쇄하고자 보험에 가입한다. 여기서 주목해야 할 점이 있다. 즉, 이러한 유형의 보험증권을 제공하는 보험회사는 종종 보험 계약자에게 특정 통제를 구현하도록 요구한다. 통제 요구사항을 준수하지 않으면 보험이 무효화될 수 있다.

부정확성의 일반적 원인

오늘날 대부분의 위험분석 시도의 결과는 최종 예상치에 미치지 못한다. 유감스럽게도 제시받은 위험 정보를 조직의 경영진이 신뢰하지 않을 경우 위험완화 투자에 어울리지 않은 요청은 기각되기 쉽다. 경영진의 관심은 조직이 돈을 벌거나 조직의 돈을 절약할 수 있는 영역에 제한된 자원을 투자하는 데 있다. 따라서 추가 자원을 위해 경영진에 접근할 때마다 확실한 위험분석 자료를 제시하는 것이 중요하다. 다음은 위험분석의 부정확성에 관한 가장 일반적 원인들이다.

자산, 위협이나 취약점에 대한 식별 실패

위험분석 과정에서 부정확성의 가장 일반적인 원인은 자산, 위협, 취약점에 대한 식별을 제대로 하지 않은 데 있다. 이는 대부분의 조직이 공식적인 위험관리 과정을 이용하지 않고 실무자들이 위험분석에 대한 훈련을 받지 않았기 때문이다. 조직이 컴퓨터 하드웨어에서 소프트웨어 애플리케이션에 이르기까지 자산의 추적, 관리를 얼마나 부실하게 하는지 알게 된다면 놀랄 일이다. 가상머신^{Virtual machines}은 전체 컴퓨터 시스템을 에뮬레이트하는 소프트웨어 프로그램이다. 한 회사가 단 몇 대의 실제 물리적 머신에서 수백 개의 가상 컴퓨터 시스템을 실행할 수 있다는 의미다. 신용카드를 소지한 직원은 누구나 마이크로소프트나 아마존과 같은 서비스 제공업체로부터 서비스로서의 인프라^{IaaS, Infrastructure as a Service}, 서비스로서의 소프트웨어^{SaaS, Software as a Service}, 심지어 서비스로서의 플랫폼^{PaaS, Platforms as a Service}을 구매하고 웹 브라우저를 통해 이용할 수 있다. 이 때문에 클라우드 공급업체에 의해 문제가 악화된다. 위협과 취약점은 사실상 역동적이고 기하급수적으로 증가하기 때문에 식별하기가 훨씬 어렵다. 매일 멀웨어의 새로운 변종들이 소개된다는 사실을 알고 있다. 해킹 소프트웨어는 기존 대책을 우회하도록 더욱 정교해졌다. 익스플로잇 키트$^{Exploit\ kits}$는 컴퓨터 시스템에 대한 공격 프로세스를 자동화해 컴퓨터 시스템과 프로그래밍 기술에 대한 심층적인 기술 지식이 필요하지 않게 특별히 설계된 애플리케이션이다. 초보 해커도 이를 이용해 조직에 혼란을 줄 수 있다. 컴퓨터 관련 새로운 취약점들도 거의 매일같이 발견되고 있다.

위협과 취약점을 식별, 추적하기는 어렵다. 그러나 CERT, Bugtraq, 기타 무료 및 구독 기반 보안 취약점 알림 서비스로부터의 정보보안 경고와 같은 도움을 구할 수 있는 많은 리소스가 있다. 하드웨어와 소프트웨어 공급업체들의 신 발매 제품에는 취약점을 수정하게 설계된 알림 서비스가 일반적으로 제공된다. 조직에서 '위협 인텔리전스 서비스'라는 새로운 사이버보안 제품은 거의 필수품이 됐다. 이러한 서비스는 특정 산업이나 특정 회사를 대상으로 하는 특정 위협 정보를 시기적절하게 제공한다. 미국 정부조차도 증가하는 사이버보안 위협에 대처하고자 산업계와 협력하고 있다. 정보공유분석센터^{ISAC}라는 특별한 산업 컨소시엄이 결성됐다. 여기서 위협과 공격에 대한 정보는 금융 부문과 같은 특정 중요 인프라 산업의 경쟁자들과 공유하며, 미국 정부와도 공유한다. IT감사인도 공개된 보안사고들을 검토해봄으로써 보안침해의 발생 원인을 배울 수 있다. www.privacyrights.org/ar/ChronDataBreaches.htm은 보안사고 정보를 연대순으로 기록, 통합하는 인터넷 리소스의 하나다. 자산, 위협, 취약점 식별에 관해 타당성이 증명된 방법들을 이 장의 뒷부분에서 알아본다.

추정의 부정확성

아쉽게도 위험분석에는 상당한 양의 추정이 포함된다. 부정확한 과학인 셈이다. 이 사실로 인해 많은 오류가 발생할 수 있다.

자산: 위험분석에 대한 전통적 접근방식은 자산 자체의 손실 이외에 손상으로 인해 초래된 결과 비용을 고려하지 않는다. 앞의 예에서 봤듯이 손상 비용은 자산의

장부 가치에서 멈추는 일은 거의 없다. 따라서 자산 가치의 실제 손실은 물론이고 결과적 손실도 포함시키는 것이 중요하다. 결과적 손실에는 법적비용, 규제비용, 브랜드 손상, 치료비, 생산성 감소 등이 포함될 수 있다. 이러한 비용을 포함시키면 위험평가의 정확도는 높아지지만, 정량화하기가 어려울 수 있다.

위협: 자산이나 취약점과 달리 위험분석 수식에서 위협은 항상 단일 값에서 도출되는 유일한 요소다. 앞에서 설명한 IT 위험 시나리오에서는 해킹 시도가 위협에 포함됐다. 직원이 접근권한을 남용하거나 신용카드 정보를 도용하고 판매하는 등의 다른 위협과 해킹 위협을 결합하는 경우 위험 계산 결과가 부정확하게 나올 수 있다.

또 다른 일반적인 오류는 위협 값에 노출 계수를 추정해 반영시키는 것을 하지 않음으로써 발생한다. 이런 오류는 종종 위험 값을 부풀린다. 정확한 위험 값을 계산하려면 노출 계수와 연간 발생률을 모두 포함시켜야 한다.

취약점: 앞서 설명한 것처럼 취약점은 누적 통제의 부재나 약점이다. 따라서 취약점을 식별하려면 제반 통제의 강도를 이해해야 한다. 통제 강도를 정확하게 평가하지 않거나 보완통제를 고려하지 않기 때문에 위험분석 시 오류가 종종 발생한다.

정량적 위험분석의 실무

"이건 그림의 떡이다. 현실 세계에서는 필요한 직무 수행에 충분한 시간이 있는 경우는 거의 없다. 이력 데이터를 조사하고 위험을 계산하는 데 많은 시간을 허비하는 것과는 상관없이 말이다. 이러한 계산은 이론적으로는 훌륭하지만 모든 위협에 적용할 시간은 없다. 실제로 누군들 모든 위협을 식별할 시간이 있겠는가?" 물론 여러분의 이런 생각을 알고 있다. 사실 각각의 모든 위협에 대해 이러한 계산을 수행하는 것은 비현실적이다. 그렇지만 조직이 직면할 가능성이 가장 높거나 가장 위험한 위협은 최선을 다해 식별해야 한다.

정량적 위험분석법 중 가장 많이 사용되는 한 가지는 정보위험 요인분석^{FAIR}이다.

이 정량적 위험분석을 좀 더 자세히 배우려면 www.fairinstitute.org의 페어 연구소[FAIR Institute]를 방문해보자. 정보와 교육훈련 기회를 얻을 수 있다.

정성적 위험분석

정량적 위험분석 접근법과 달리 정성적 위험분석 기법은 기업 위험에 대한 높은 수준의 관점을 제공할 수 있다. 정량적 방법이 수식에 중점을 둔데 비해 정성적 위험분석은 위험을 평가, 표현하기 위해 높음, 중간, 낮음과 같은 값, 또는 빨강, 노랑, 녹색과 같은 컬러에 중점을 둔다.

이 장의 앞부분에서 언급했듯이 정성적 접근방식과 정량적 접근방식은 서로 보완적이다. 대부분의 조직은 위험관리 방법론의 기반을 정성적 방법에 두면서 정량적 수식을 사용해 특정 위험완화 투자에 대한 비즈니스 사례를 구축하고 있다. 정성적 위험분석이 더 많이 사용되는 기법이기 때문에 이 장의 나머지 부분은 정성적 위험분석에 할애한다.

IT 위험관리 순환 사이클

대부분의 방법론들이 그러하듯 적절하게 적용해보면 위험관리도 순환 사이클의 특성을 나타낸다(그림 21-1). 이 사이클은 정보자산의 식별에서 시작해 잔여위험관리로 마무리되는 여러 국면으로 나눌 수 있다. 구체적인 국면은 다음과 같다.

- **국면 1:** 정보자산의 식별
- **국면 2:** 위협의 정량화와 정성화
- **국면 3:** 취약점 평가
- **국면 4:** 통제 결함의 개선
- **국면 5:** 잔여위험관리

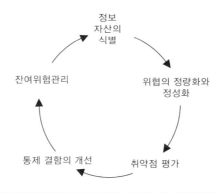

정보
자산의
식별

잔여위험관리

위협의 정량화와
정성화

통제 결함의 개선

취약점 평가

그림 21-1 위험관리 순환 사이클

국면 1: 정보자산의 식별

위험관리 순환 사이클의 첫 번째 국면은 조직의 정보자산을 식별하는 일이다. 성공하려면 몇 가지 과업을 완료해야 한다.

- 정보 중요도 값을 정의한다.
- 비즈니스 기능을 식별한다.
- 정보 프로세스를 매핑한다.
- 정보자산을 식별한다.
- 정보자산에 중요도 값을 할당한다.

이 국면의 목표는 모든 정보자산을 식별하고 각 정보자산에 기밀성, 무결성, 가용성 요구사항에 대해 높음, 중간, 낮음의 중요도 값을 할당하는 것이다. 예를 들어 신용카드 정보를 소매시스템에서 처리하는 정보자산으로 식별할 수 있다. 이 정보자산은 PCI DSS^{Payment Card Industry Data Security Standard}의 적용을 받는다. 정보자산이 무단으로 공개되는 경우 도둑에게는 가치가 있다. 이 정보가 변경되는 경우에도 쓸모가 없다. 그렇지만 대부분의 경우 이 정보에 대한 일시적 접근 제한은 견딜만 하다. 따라서 기밀성과 무결성 모두에 신용카드 정보 값을 높게 할당하고 가용성에 대해서는 중간값을 할당할 수 있을 것이다.

정보자산은 조직에 가치를 제공하는 모든 것이다. 하드웨어, 소프트웨어, 업무 프로세스, 운영 절차, 데이터일 수 있다. 세 가지 수준의 계층 구조(높음/중간/낮음)를 사용하는 것이 좋지만, 1~5와 같은 다른 스케일을 자유롭게 사용할 수 있다.

주의 1에서 5와 같은 서수를 사용한다고 해서 정량적 위험분석 기법을 사용하고 있다는 의미는 아니다. 순위나 우선순위를 부여하고자 단지 정성적으로 숫자를 사용할 뿐인 것이다. 여기에 일반적인 오해가 있다.

정보자산을 식별하기 위한 가장 좋은 방법은 조직의 기능에서 시작하는 하향식 top-down 접근방식을 취하는 것이다. 즉, 해당 비즈니스 기능을 지원하는 프로세스를 식별하고, 각 비즈니스 기능을 지원하는 시스템에서 처리되는 데이터와 정보자산으로 드릴다운 drill-down 하는 방식이다. 그림 21-2는 비즈니스 기능 분해를 이용한 정보자산 식별법을 보여준다. 대규모 조직의 경우 프로세스를 단순화하고 속도를 높이고자 유사 자산을 범주로 그룹화하는 것이 도움이 될 수 있다. 예를 들어 전 세계에 10개의 이메일 서버를 분산시켜 둔 어느 국제기업의 경우 감사인은 10개의 개별 이메일 서버를 단일 집합 자산으로 취급할 수 있다.

그림 21-2 비즈니스 기능의 분해

정보 중요도 가치의 정의

정보자산의 식별에 앞서 높음, 중간, 낮음의 정보 중요도 가치 중 어느 것이 회사업무에 해당되는지 알고 있어야 한다. 이는 주어진 가치를 지닌 어떤 자산에 침해사건이 발생한 경우 그 영향의 심각도 관점에서 각각의 가치를 프로세스의 첫 번째 단계에서 명확히 하는 이유다. 예를 들어 보안침해 사건의 발생 시 500,000달러 이상의 잠재적 금전적 손실을 의미하는 높은 값을 명시할 수 있다. 이 정의는 식별하는 정보자산의 기밀성, 무결성, 가용성과 일치한다.

성공적이 되려면 주요 조직 이해관계자로부터 동의를 받아 제반 정의를 문서화해둬야 한다. 어떤 높은 중요도 값의 의미가 CEO, CFO, 운영 부사장과 다른 경우 감사인은 이들 개인과 조정을 통해 단일 결론을 확보할 필요가 있다. 이러한 일을 하는 적당한 시기는 해당 프로세스의 후반부다. 일단 정의를 명확히 해두면 전반적인 위험분석 프로세스를 벗어나지 않으면서도 위험 취향의 변화에 따라 나중에 정의를 조정할 수 있다.

업무 기능의 식별

위험관리의 가장 어려운 측면 중 하나는 정보자산이 어디에 있는지, 어떤 자산이 업무에 가장 중요한지 식별하는 일이다. 다행히 대부분의 업무는 기능별로 구성돼 있다. 결과적으로 중요한 업무 기능은 조직도를 통해 식별할 수 있다. 물론 모든 업무 기능이 정확하게 표현돼 있는지 여부에 대한 검증은 여전히 필요하다.

일단 업무의 기능이 식별되면 중요도 값을 각 기능에 할당할 수 있다. 예를 들어 소매 운영 업무의 기능에는 신용카드 정보 사용으로 인해 높은 수준의 기밀성이 필요하다고 판단할 수 있다. 거래는 사실상 재무적 특성을 지니기 때문에 높은 수준의 정보 무결성이 필요할 수 있다. 또한 거래 처리의 짧은 지연은 조직에 중간 정도의 영향을 미치기 때문에 중간 정도의 정보 가용성이 필요할 수 있다.

정보 프로세스의 매핑

조직의 중요 업무 기능을 식별했으면 해당 업무 기능을 지원하는 모든 프로세스의 식별 작업을 시작할 수 있다. IT의 본질은 정보의 처리이기 때문에 다른 유형의 위험과 달리 IT 위험은 여러 업무 기능에 걸쳐 복잡성을 가중시킨다. 프로세스 내의 여러 지점을 식별한다. 이러한 프로세스 흐름을 식별하는 것은 몇 가지 이유로 매우 중요하다.

- 각 프로세스에서 사용되는 정보자산 식별에 도움이 된다.
- 수동 입력이 필요한 프로세스 지점(단계) 식별에 도움이 된다(완전 자동화 프로세스보다 취약한 경향이 있음).
- 보호가 필요한 정보시스템을 이해하는 데 도움이 된다.

이 시점에서 정보 처리에 사용하는 기술이 아니라 프로세스 흐름 자체에 관심이 있다는 점에 유의해야 한다.

앞서 소매 운영 업무의 기능을 식별했다. 소매 운영 업무의 기능은 회사에 현금 흐름을 공급하고 PCI에 의해 규제되는 신용카드 거래를 처리하는 책임을 맡고 있다. 이는 이미 알려진 사실이므로 신용카드 처리를 중요한 프로세스로 식별할 수 있다. 여기에서 프로세스에 포함된 단계나 시스템(프로세스 지점)을 정해야 한다. 이 사례에서 신용카드가 다음과 같은 방식으로 처리된다고 판단할 수 있다(그림 21-3).

1. 소매점 직원은 거래 중에 고객의 신용카드를 POS 단말기 인식장치에 접촉시킨다.
2. 거래는 각 소매점 내의 백엔드^{back-end} 시스템으로 집계된다.
3. 집계된 거래는 야간 동안 인터넷을 통해 사이트 간 VPN(가상 사설망)을 경유해 본사로 전송된다.
4. 상점 거래는 다른 모든 상점의 거래와 함께 중앙 데이터베이스로 집계된다.

5. 모든 상점의 거래는 다음 날 배치 파일^batch file의 전용 통신 데이터 링크를 통해 신용카드 처리 회사로 전송된다.

6. 신용카드 처리 회사는 이틀 후 회사 은행 계좌에 돈을 입금한다.

정보자산의 식별

정보 프로세스 지도를 자세히 그려두면 프로세스를 통한 정보자산의 가능한 흐름을 식별할 수 있다. 프로세스를 검토할 때 해당 프로세스를 통과하는 모든 잠재적 자산을 고려해야 한다. 예를 들어 신용카드 데이터가 정보자산이라는 것은 명백하지만 운영 인프라 시스템(앞의 예시에서 신용카드거래 집계시스템에 사용되는 시스템 관리 및 모니터링 정보)도 고려할 수 있다. 이러한 유형의 정보자산은 간과되지만 종종 중요할 수 있다.

그림 21-3 신용카드 처리 과정

정보자산에 정보 중요도 값 할당

정보자산을 식별했으면 임곗값을 할당할 차례다. 중요도 값을 할당할 때는 해당 자산의 기밀성, 무결성, 가용성^CIA에 대한 요구사항을 고려해야 한다. 정보 중요도 매트릭스를 이용하면 이러한 관계를 잘 표현할 수 있다. 이 매트릭스는 원래 국가 안보국^NSA, National Security Agency에서 NSA INFOSEC 평가 방법론의 용도로 개발한 것이다. 표 21-1은 이 매트릭스의 예다.

정보자산	기밀성	무결성	가용성
신용카드 데이터	높음	높음	보통
시스템의 구성	보통	높음	보통
시스템 모니터링 정보	낮음	높음	높음

표 21-1 정보 중요도 매트릭스

국면 2: 위협의 정량화와 정성화

정보 위협은 브랜드 충성도의 감소, 자원 손실, 수익 감소, 복구 비용, 법적 결과, 규제 성격의 벌과금을 통해 조직에 영향을 미친다. 위협이 현실화된 경우에도 이러한 비용을 제대로 식별하지 않고 간과하는 수가 간혹 있다. 예를 들어 조직이 랜섬웨어의 공격을 받아 일시적으로 처리 능력을 상실했으며, 복구에 수백 시간이 걸린다고 가정해보자. 복구에 필요한 시간을 정량화하고 처리 지연 관련 손실을 추정해 비용을 계산할 수 있다. 그러나 다른 요소도 고려해야 한다. 고객에게 서비스를 제공할 수 없었기 때문에 회사 평판이 악영향을 받았는가? 판매 손실이 있었는가? 일부 직원이 일할 수 없었는가? 보안침해로 인해 조직이 법적 문제에 노출될 위협 요인이 발생했는가? 보시다시피 영향을 받을 수 있는 조직 내의 모든 영역을 식별하려면 깊이 생각해봐야 한다. 그래서 이러한 위협 분석 프로세스를 세분화해보기로 한다.

위험관리 순환 사이클의 다음 단계는 위협의 정량화^{Quantify}와 정성화^{Qualify}다(그림 21-4). 하향식 접근방식을 사용해 위협을 식별한다. 비즈니스 위협에서 시작해 식별된 비즈니스 위협의 근원이 될 수도 있는 기술적 위협으로 나아가는 식으로 진행한다. 나중에 이를 좀 더 자세히 설명할 것이다.

이 국면의 위험관리 순환 사이클에서 다음 단계들이 필요하다.

- 비즈니스 위협을 평가한다.

- 기술적, 물리적, 관리적 위협을 식별한다.
- 프로세스 흐름의 약점을 평가한다.
- 프로세스 구성 요소 위협을 식별한다.
- 위협의 영향과 확률을 정량화한다.

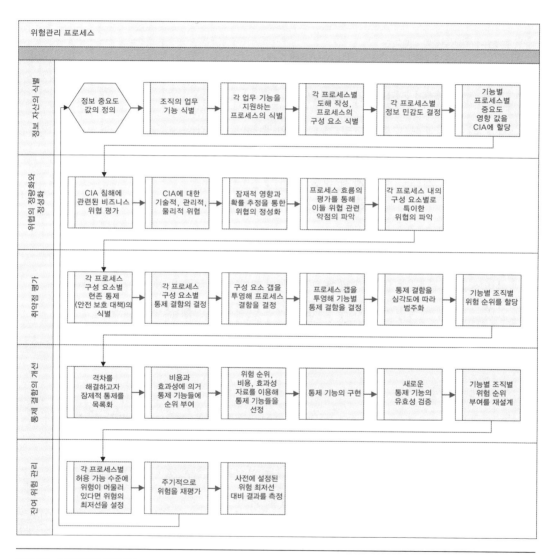

그림 21-4 위험관리 프로세스

참고 정보에 대한 위협을 효과적으로 식별하려면 위험관리 프로세스의 첫 번째 국면인 정보자산의 식별을 완료해야 한다. 제대로 식별해보면 위협들은 정보자산이나 정보자산 집단과 관련돼 있음을 알게 된다. 시스템 관련 위협들은 시스템에서 처리하는 정보자산으로 흘러들어간다.

비즈니스 위협의 평가

위협은 여러 가지 방법으로 설명할 수 있지만 정보에 대한 비즈니스 위협은 재무적 위협, 법적 위협, 규제 위협의 세 가지 범주로 나눌 수 있다. 모든 비즈니스 위협은 이러한 범주 중 하나에 속한다.

재무적 위협: 정보 위협들은 모두 사실상 재무적 특성을 지닌다고 주장할 수 있다. 모든 정보 위협은 현실화되면 금전적 손실로 귀결되기 때문이다. 이것이 사실일 수도 있지만 규제와 법적 위협도 확산성 때문에 정의를 내린다. 목적상 재무적 위협을 다음과 같이 정의한다. 즉, 현실화될 경우 실제로 자금, 평판, 운영 효율성, 경쟁 우위의 상실을 초래할 수 있으며, 이는 궁극적으로 금전적 영향으로 귀결된다. 다음 사항이 재무적 위협에 포함될 수 있다.

- 재무 부정
- 재산 정보의 손실
- 생산성 손실

일단 정보자산을 식별해보면 이러한 유형의 위협이 좀 더 분명해진다. 예를 들어 앞에서 식별한 신용카드 정보자산은 이 세 가지 위협에 모두에 노출돼 있다. 다음 질문은 이렇게 된다. 즉, 현실화될 경우 위협은 운영 효율성, 회사 평판, 경쟁 우위나 회사의 현금 포지션에 어떤 영향을 줄 것인가?

법적 위협: 일부 재무적 위협을 식별한 후에는 위협의 현실화에 관련된 잠재적인 법적 위험 노출^{legal exposure}을 고려해야 한다. 현행 개인정보보호법^{current privacy laws}에

따라 개인의 이름과 관련 주소, 주민등록번호, 건강정보, 신용정보와 같은 개인의 사적 정보가 무단으로 공개되면 회사는 틀림없이 법적인 상황에 노출될 것이다. 또한 계약상의 서비스 수준이 영향을 받거나 다른 조직의 기밀 정보가 공개될 경우 계약 위반 사고가 발생할 수 있다. 말할 필요도 없이 법원이 회사에 호의적일 지라도 법률 관련 비용을 높게 치를 수 있다.

정확한 비즈니스 위협 평가를 받으려면 정보보안침해 시 잠재적인 법적 상황에 노출돼 발생한 악영향을 식별해야 한다.

규제 위협: 재무적 위협 및 법적 위협과 함께 규제 위협에 대한 고려도 중요하다. 정보보안사고로 인한 규제 위반은 회사 운영의 일시적이거나 영구적 정지는 물론 이고 벌금이나 기타 제재(회사 임원의 징역 포함)로 이어질 수 있다. 전기회사와 같은 중요 인프라 조직과 금융기관은 일반적으로 비준수로 인한 심각한 결과 때문에 운영을 관장하는 법률을 매우 중요시한다. 그런데 의료기관, 상인, 공개기업도 엄격한 규제를 받는다.

규제 위협의 식별에서 핵심은 조직에서 처리하는 정보를 관장하는 법률이나 필수 산업 표준을 이해하는 것이다. 이전 예를 보면 PCI DSS[Payment Card Industry Data Security Standard]는 조직에서 처리하는 신용카드 정보의 보호에 영향을 미친다. 미국 기업에 영향을 미치는 규정에 관한 추가 정보는 20장을 참고한다.

기술적, 물리적, 관리적 위협의 식별

정보자산과 관련된 모든 비즈니스 위협을 식별하고 나면 기술적, 물리적, 관리적 위협의 식별을 시작할 수 있다. 이러한 위협이 현실화되는 경우 그동안 식별해 온 비즈니스 위협 중 한 개의 발생 원인이 될 것이다. 예를 들어 시스템 오작동은 조직의 생산성 저하를 초래한다.

기술적 위협: 일반적으로 기술적 위협은 시스템에 관련된 것으로, 전자적으로 저장되거나 전송된 정보에 영향을 준다. 앞에서 신용카드 처리 사례의 경우 기술적인

위협 중 하나는 시스템 침투다. 이러한 위협은 규제나 법적 비즈니스 위협과 더불어 기업 비밀의 절취를 유발할 수 있다. 기술적 위협의 예는 다음과 같다.

- 시스템 침투
- 멀웨어
- 시스템이나 애플리케이션 고장
- 논리적 접근통제 실패

물리적 위협: 물리적 위협은 일반적으로 시설과 관련이 있으며, 종종 자연재해 사건이나 기계적 고장과 연계될 수 있다. 다음은 물리적 위협의 예다.

- 자연재해나 인공재해
- 물리적 침투
- 화재
- 버스트 파이프나 날씨 관련 홍수로 인한 누수
- 과도한 열이나 습도
- 전기 고장이나 정전

특성상 물리적이지만 이러한 위협으로 인해 많은 정보 손실을 입게 될 수 있다. 비즈니스 연속성/재해복구계획, 데이터센터 통제는 이러한 위협에 대응하기 위한 대책이다. 데이터센터 감사와 비즈니스 연속성 계획에 대한 정보는 5장을 참고한다.

관리적 위협: 정보보안 분야에서 보안 위반의 원인은 대부분 '인적 요소'에 있다는 것은 상식이다. 의도적이든 우발적이든 간에 그렇다. 관리적 위협은 사람에 관련돼 있고, 다음을 포함할 수 있다.

- 민감 정보의 우발적인 공개
- 사회적 공작

- 정보 절취
- 산업스파이
- 악의적인 정보 파괴
- 우발적인 정보 삭제나 손상
- 시스템 구성의 오류
- 컴퓨팅 자원의 부적절한 사용(예, 사무실에서 포르노물 보기)

관리적 위협은 좀 더 불분명하고 직원에 대한 내재적 불신을 암시하는 경향이 있기 때문에 간과되는 경우가 많다. 그럼에도 불구하고 조직 내의 사람들은 적지 않은 위협을 정보자산으로 안내한다.

 참고 중국의 만리장성은 북부 지역의 무장 세력으로부터 중국을 방어하기 위한 목적으로 축조됐다. 남의 말을 잘 믿는 한 중국 장수가 상하이 문을 통한 만주족 군대의 진입을 허용해 버리자, 만리장성은 더 이상 쓸모없게 됐다. 그러나 많은 사람이 이 사실을 모르고 있다. 한 번 중국이 정복되자 만리장성의 전략적 가치는 거의 상실했던 것이다. 만주족에서 관할하는 토지가 장벽의 훨씬 북쪽에까지 펼쳐 있었기 때문이다. 이와 마찬가지로 직원 한 명이 여러분의 조직을 위험의 세계로 안내할 수도 있다.

프로세스 흐름의 평가

지금까지 비즈니스 위협과 높은 수준의 기술적 위협에 대해 이해했으므로 정보자산의 식별 시에 매핑해둔 프로세스를 조사할 수 있다. 지금부터는 약점에 대해 전체적인 프로세스를 검토한다. 수동적인 프로세스는 고도로 자동화된 프로세스보다 본래 취약한 경향이 있다. 실제로 다음과 같이 통제 강화가 필요할 수도 있는 몇 가지 사항을 찾아볼 수 있다.

- 수동식 입력과 출력
- 신뢰할 수 없는 네트워크를 통한 데이터 전송

- 애플리케이션 간 인터페이스
- 외부 데이터의 입력과 출력(클라우드 공급자 포함)
- 데이터 저장소들 간의 직무 비분리
- 접근 허용 권한의 취약점과 개방성

최근 몇 년 동안 유틸리티와 클라우드 컴퓨팅이 증가함에 따라 정보 흐름이 더욱 분산됐다. 이런 현상은 분명 위험을 증가시킨다. 인터넷을 통해 데이터를 전송해야 할 필요성과 불과 몇 년 전까지만 해도 격리된 내부 네트워크의 경계 내에 남아 있었을 민감한 정보를 클라우드 공급자에게 맡겼기 때문이다. 클라우드 컴퓨팅 환경 감사의 좀 더 자세한 내용은 16장을 참고한다.

프로세스 구성 요소 위협의 식별

프로세스 흐름을 매핑하고 분명한 약점들을 조사했으므로 시스템, 수동 입력이나 출력과 같은 다른 프로세스 구성 요소에 대한 위협을 분석할 수 있다. 신용카드 결제 프로세스의 6단계를 개략적으로 설명하는 그림 21-3을 참고한다.

목표는 프로세스의 각 단계와 관련된 위협을 식별하는 것이다. 예를 들어 카드를 인식기에 갖다 대면서(1단계) 점원이 매장 고객의 신용카드나 신용카드번호 부본을 소지하게 될 위협을 식별할 수 있다. 또는 각 소매점 내의 시스템으로 거래가 집계될 때 시스템 장애나 시스템 침투 위험을 식별할 수 있다(2단계). 각 프로세스 구성 요소에 대한 몇 가지 위협도 식별할 수 있어야 한다. 정보자산 처리와 관련된 모든 위협은 결합 상태로 나타난다.

위협 영향과 확률의 정량화

위협을 식별한 후에는 위협의 잠재적인 영향과 위협이 완화되지 않을 경우의 발생 확률을 이해해야 한다. 앞서 '정량 위험분석' 절에서 다룬 것처럼 두 가지 요소가 위협의 심각도를 추정하는 데 중요하다.

- 자산 손실의 영향이나 정도
- 발생 가능성이나 확률

그림 21-5처럼 컬러 코딩과 1~5의 정성적 척도를 사용해 복합 심각도 위협 값들 사이를 분별할 수 있다. 비즈니스의 성격과 현재의 위험 성향은 특정 사각형의 심각도(컬러)를 조정해준다. 그림 21-5의 확률/영향 매트릭스에서 4의 확률을 가진 3의 영향은 노란색(Y) 컬러로 분류하고, 심각도는 중간으로 표시한다. 다른 회사는 동일한 정사각형 오렌지색(O) 컬러로 분류하고, 중간-높음(주어진 상황에서 심각도가 좀 더 높다고 생각됨을 의미함)으로 표시할 수 있을 것이다. 척도상의 문구를 변경해 더욱 서술적인 표현을 사용하는 것도 가능하다.

	1	2	3	4	5
5	Y	O	O	R	R
4	Y	Y	O	O	R
3	B	B	Y	Y	O
2	G	B	B	Y	Y
1	G	G	B	B	Y

확률 (표 상단)
영향 (표 좌측)

척도	컬러 코드
높음	(R) 빨간색
중간-높음	(O) 오렌지색
중간	(Y) 노란색
중간-낮음	(B) 파란색
낮음	(G) 녹색

그림 21-5 확률/영향 매트릭스

또한 정량적 위험분석 기법으로 되돌아가 보자. 노출 계수[RF]로 손실 정도를 표시하고 연간 발생률[ARO]로 발생 가능성을 나타낼 수 있다. 그런 다음 EF × ARO를 곱하면 위협을 정량화할 수 있다. 신용카드 처리 예를 살펴보자. 하드디스크 고장으로 인해 매장 판매량의 하루치 손실이 발생하고, 2년에 한 번 매장 측 시스템이 마비될 것으로 추정할 수 있다. 1/365(0.00274) × 0.5를 곱해 위협을 계산해본다. 결과는 대략 0.00137이다. 그런 다음 각 상점의 연간 매출에 이 수치를 곱해 해당 위협을 정량화한다.

국면 3: 취약점 평가

이제 정보자산들과 정보자산 각각에 대한 제반 위협을 식별했다. 이 국면에서 취약점을 평가하려 한다. 위협을 조사할 경우 공통 분모는 정보자산이다. 각 위협은 정보자산과 관련돼 있기 때문이다. 반면에 취약점 평가 시 공통 분모는 정보 프로세스다.

먼저 프로세스 구성 요소 취약점들을 식별한 후 그 취약점들을 결합해 프로세스 취약점을 결정한다. 그런 다음 프로세스 취약점들을 결합해 비즈니스 기능 취약점들을 결정한다.

(비즈니스 기능에서 프로세스 구성 요소에 이르기까지) 톱다운$^{top-own}$(하향식) 방식 대신 바텀업$^{bottom-up}$(상향식) 방식으로 취약점을 평가하려고 한다. 다음 단계를 적용해 취약점 분석을 진행하기로 한다.

1. 위협에 관련된 현행 통제를 식별한다.
2. 프로세스 구성 요소의 통제 결함들을 판별한다.
3. 통제 결함들을 프로세스와 비즈니스 기능에 결합시킨다.
4. 통제 결함들을 심각도별로 분류하고 위험 등급을 할당한다.

참고 제2차 세계대전 전에 프랑스는 동쪽 이웃에 위치한 독일을 점증하는 위협 세력으로 인식했다. 그래서 프랑스 정부는 침략에 대비해 마지노선(Maginot Line)이라는 이름의 장벽, 탱크 방어와 벙커를 구축했다. 프랑스군 지도부는 아르덴 숲(Ardennes Forest)의 북쪽에서 벽 쌓기를 끝내기로 결정했다. 울창한 자연숲으로 인해 더 이상 통과 불능하다고 믿었기 때문이다. 1940년, 침공해 온 독일군은 울창한 숲을 돌파하는 대신 마지노선의 우회로 전략을 선택했다. 프랑스인들이 해당 위협을 파악한 것은 확실했지만 취약점 계산은 잘못했다는 것이 역사의 교훈이다. 이처럼 정보자산에 대한 위협의 파악뿐 아니라 관련 취약점에 대한 정확한 평가도 중요하다.

기존 통제의 식별

취약점 조사에서 초기 단계는 제반 위협의 검토와 각 위협을 완화해주는 현행 통제 existing controls의 목록화다. 신용카드 처리 예에서는 하드디스크 고장의 위협을 식별했다. 또한 시스템이 매일 밤 하드디스크에 저장된 정보를 백업하고 RAID^{Redundant Array of Independent Disks} 레벨 5 구성이 하드디스크 중복성을 제공한다고 판단할 수 있다.

조직의 위험을 정확하게 이해하려면 적용된 모든 통제기능을 식별해야 한다. 위협과 마찬가지로 통제는 사실상 기술적, 물리적, 관리적인 특성을 지닐 수 있다. 표 21-2는 각 통제 유형의 목록 일부를 보여준다.

통제 유형	예시
기술적	접근통제시스템, 두 단계 인증, 방화벽, 암호화 시스템, 침투 방지 시스템, 엔드포인트 보호용 소프트웨어, 백업 시스템, 감사, 로깅 시스템, 시스템 강화하기
물리적	안전 요원, 키 카드 물리적 액세스 시스템, 경보시스템, 금고, 화재진압시스템, HVAC 시스템, 울타리, 조명, 보안 카메라
관리적	수용 가능한 이용 정책, 비즈니스 지속성 계획, 패스워드 정책, 사고대응계획, 시스템의 베이스라인 구성, 정보의 분류, 정보보안, 훈련과 자각, 감사, 평가

표 21-2 통제 유형

프로세스 구성 요소 통제 결함들의 결정

사용해 온 현행 통제를 이제 식별했으므로 통제가 비효율적이거나 존재하지 않는 영역을 잘 알아볼 수 있게 됐다. 앞의 예에서는 야간 백업과 RAID 레벨 5 디스크 중복성이라는 하드디스크 장애의 위협을 완화하는 두 가지 통제를 식별했다. 각 상점은 오후 9시에 문을 닫으며 상점 측 시스템은 시작된 거래를 자정에 전송한다. 전체 시스템 백업은 본사에서 오전 3시에 한다. 하루 중 언제든지 시스템 오류가 발생하면 하루 종일분의 거래 자료가 사라질 수 있다. 따라서 시스템 백업 전략은 실시간 중복성을 제공하는 RAID 레벨 5 디스크 어레이^{disk array}만큼 효과적이지 않다. 이 단계에서는 통제 결함의 식별뿐만 아니라 현행 통제의 효과성 측정도 해야 한다는 점이 중요하다.

통제 결함들의 결합

프로세스 구성 요소에 대해 모든 통제 결함을 식별한 후에 결합해보면 정보 프로세스의 위험 상태를 확인할 수 있다. 그런 다음 각 비즈니스 기능을 지원하는 제반 프로세스를 결합해보면 각 비즈니스 기능에 대한 위험 상태를 확인할 수 있다. 결합된 비즈니스 기능의 위험 상태는 조직의 위험 상태를 알려준다.

위험 등급의 지정과 심각도별 통제 결함의 범주화

조직의 위험에 대해 훌륭한 식견을 갖춘 사람들은 기저 위험 중 일부는 다른 위험보다 더 심각하게 부상하기 시작할 것이라는 사실을 인식한다. 그런 위험들은 완화되지 않은 상태에 있거나 귀한 정보자산에 영향을 미치기 때문이다. 자연적으로 이 시점에서 비즈니스 기능, 정보 프로세스, 프로세스 구성 요소의 정성적 위험 등급을 높음, 중간, 낮음으로 할당할 수 있어야 한다. 높은 위험 등급을 부여한 위험에 주의를 집중해야 한다. 통제에 대한 추가 투자를 정당화하고자 심각도가 좀 더 높은 위험을 분석해 정량적 값을 추가적으로 산정할 수 있다.

국면 4: 통제 결함의 개선

이 시점에 조직의 위험들은 높음, 중간, 낮음으로 분류돼 있어야 한다. 초기에는 가장 심각한 위험을 완화하는 데 중점을 둘 것이다. 가장 높은 투자 수익률을 기대할 것이기 때문이다. 통제 결함을 개선하고자 다음 단계를 적용할 것이다.

1. 통제의 선택
2. 통제의 구현

3. 새로운 통제의 유효성 검증
4. 위험 등급의 재산정

통제의 선택

조직은 고급 기술의 사용이나 과장된 마케팅 때문에 통제를 구현한다. 많은 경우 대부분의 위험을 완화시키는 통제는 이런 범주 중 어느 쪽에도 맞지 않는다. 통제 수단의 선택은 순전히 업무상의 결정이어야 한다. 결정 시 완화해야 할 위험 수준, 비용, 통제 용이성을 고려한다.

잠재적 통제의 식별: 대부분의 위험은 여러 가지 방법으로 완화할 수 있다. 사용되는 방법은 매우 저렴한 것에서부터 엄청나게 비싼 것이나 기술적, 물리적, 관리적 성격의 것에 이르기까지 다양하다. 조직은 보안정책, 보안 인식 교육, 약정과 같은 관리적 통제를 종종 간과한다. 이러한 통제를 올바르게 구현시키면 매우 적절하고 효과적일 수 있다.

비용과 효과성에 의한 통제 등급 부여: 통제를 식별한 후 비용, 효과성, 사용 편의성의 관점에서 통제들을 상호 비교해볼 수 있다. 통제 비용은 정량화가 매우 용이하며, 종종 유일하게 고려되는 속성이기도 하다. 그러나 통제를 제대로 선택하려면 통제의 효과성을 고려해야 한다. 예를 들어 네트워크 침투 위협을 완화하고자 조직은 기존 방화벽을 고급 네트워크 검사 기술을 갖춘 100,000달러 방화벽 장치로 업그레이드한다. 그러나 기존 방화벽은 위험의 일부를 제외한 모든 것을 완화시키고 있기 때문에 과연 이것이 회사 자금을 가장 잘 사용한 방법이었을까? 통제의 사용 편의성도 중요하다. 많은 조직이 1990년대 후반과 2000년대 초반에 침투 탐지 시스템을 구입했다. 그러나 제대로 작동시키려면 고도의 전문 기술과 많은 분석 시간이 필요함을 알게 됐다.

통제를 선택하는 한 가지 방법은 스프레드시트에 통제를 나열하고 세 개의 속성 각각을 별도의 열에서 1~10의 척도로 산정하는 것이다. 속성에 가중치를 부여해 세립성^{granularity}을 높일 수도 있다. 그런 다음 이 도구를 사용해 좀 더 현명한 결정을 내릴 수 있다.

통제의 구현

통제수단을 선택한 후에는 적절하게 구현해야 한다. 회사가 IT감사나 평가 대상인 경우 대개 감사결과 발견 사항은 통제가 없는 것이 아니라 잘못 구성되거나 잘못 구현된 통제와 관련이 있다. 따라서 새로운 통제를 올바르게 구현하는 것이 중요하다.

새로운 통제에 대한 유효성 검증

한 단계 앞으로 진행시키려면 조직의 IT감사부서에서 새로운 통제를 테스트해 유효성을 검증해야 한다. 이는 경영진에게 투자가 정당하다는 확신을 제공할 것이다. 초기 구현 후 통제의 유효성 검사를 한 번만 수행하면 안 된다. 모든 통제를 정기적으로 테스트해 제대로 작동하는지 확인해야 한다. 직원의 교체와 새로운 비즈니스 우선순위로 인해 시간 경과에 따라 통제효과성 유지가 어려울 수 있다. 이러한 감사나 평가 결과는 조직의 새로운 위험 노출 상황을 산정하는 데 도움이 된다.

위험 등급의 재산정

업무를 올바르게 수행했다면 전체적인 조직 위험과 비즈니스 기능 위험은 이제 원래 수준보다는 감소돼 있어야 한다. 통제를 구현한 정보 프로세스도 영향을 받을 것이다. 따라서 새로운 통제의 추가를 반영하고자 이들 영역에서 위험을 다시 산정해야 한다. 위험에 대한 등급 부여는 잔여위험을 기준으로 할 것이다. 이는 위험을 완화시킨 후에도 남아있는 위험을 말한다. 높은 위험 등급 대신 프로세스에 중간이나 낮은 위험 등급을 할당하게 될 것이다.

국면 5: 잔여위험관리

위험은 본질적으로 성질상 역동적이며, 특히 위험의 위협 요소가 그렇다. 결과적으로 위험을 지속적으로 측정하고 새로운 위협에 대응하고자 새로운 통제에 투자해야 한다. 이 국면은 두 단계로 구성돼 있다.

1. 위험의 베이스라인 설정
2. 위험의 재평가

위험의 베이스라인 설정

이제 위험 등급을 재산정했으므로 위험 등급을 집계해 위험의 베이스라인을 설정할 수 있다. 이 베이스라인을 사용해 위험 상황의 변화를 측정하고 향후 위험관리 프로세스를 순환하면서 추세를 식별할 것이다. 전체 조직의 비즈니스 기능과 프로세스 위험 등급뿐만 아니라 통제 구현이나 위험 수용 결정에 사용된 추론에 대한 설명 기술이 위험의 베이스라인에 포함돼야 한다.

위험의 재평가

해당 프로세스의 완료 후 위험을 주기적으로 재평가할 계획을 세워야 한다. 끊임없이 변화하는 IT 특성으로 인해 조직은 위험관리 순환 사이클을 최소 1년에 한 번 완료해야 한다. 그렇지만 다음과 같은 특정 사건의 경우 위험평가를 개시해야 한다.

- 기업 합병이나 인수
- 신 시스템의 설치
- 비즈니스 기능 변경
- 새로운 통제의 추가나 위험분석을 요구하는 새 법률이나 규정의 시행

제3자 위험

조직의 제3자 파트너, 공급업체, 판매업체와 관련된 위험관리는 전체 위험관리 프로그램의 구성 요소여야 한다. 비즈니스 활동을 아웃소싱할 수 있지만 제반 책임을 아웃소싱할 수는 없다. 2013년에 소매업체의 거인 Target은 공격을 받았다. 공격자들이 Target과 제3자인 HVAC사와의 관계 및 연결망을 이용해 내부 네트워크를 손상시키고 고객 신용카드정보를 훔쳤던 것이다. 현재까지 아무도 Target의 도관으로 사용된 HVAC사의 이름을 기억하지 못한다.

보안 프로그램에 대한 가시성과 통제가 훨씬 적다는 사실과 제3자가 제공하는 보안 프로그램을 조직이 자주 사용한다는 사실을 감안할 때 제3자 파트너의 안전을 보장하는 데 높은 우선순위가 부여돼야 하며, 이를 위해 약간 다른 접근방식이 필요하다. 제3자 위험관리 프로세스의 많은 단계는 이 장에서 이미 다룬 것과 유사하다. 관련된 고급 단계를 살펴보자.

위험의 식별

모든 제3자와의 관계를 목록으로 만들어 작성해보자. 신용 등급이나 사이버보안 침해 이력 등 조직 상태에 대한 실사를 수행한다. 계약 문구에서 서비스 수준 약정, 규정 준수, 필수 사이버보안통제(특히 위반 통지와 감사 조항에 대한 권리)와 같은 주요 요소 및 사고 발생 시 손해 배상 정도를 중점적으로 검토한다. 정보 흐름 맵을 만들어 조직 내부와 외부의 모든 경로 및 어떤 데이터와 시스템이 노출되는지를 차트로 표시한다. 이 위험 식별 단계에서 수집된 정보와 비즈니스 운영에 대한 심각도를 기반으로 다음과 같이 제3자 위험 계층을 그룹화한다.

- **계층 1**: 노출이 큰 대규모 전략적 파트너십
- **계층 2**: 약간 노출된 중간 규모 파트너십
- **계층 3**: 노출이 거의 또는 전혀 없는 소규모 파트너십

제3자와의 관계에서 비즈니스 운영에 대한 책임을 지정하는 것은 정보 수집과 전체 프로세스 관리에 좋은 방안이 된다.

위험평가

위험평가 프로세스 중에 수행되는 실사의 수준은 제3자 회사의 위험 계층과 직접 연계돼 있다. 감사인은 자기 회사의 시스템에서 수행할 수 있는 것과는 달리 대부분의 제3자 회사의 통제에 대해 침투테스트를 수행할 수 없다. 예를 들어 감사인은 기술을 사용해 자기 회사의 내부 컴퓨터 시스템이나 애플리케이션 소스코드에서 취약점을 검색할 수 있지만, 제3자 회사에서는 해당 환경의 시스템과 소프트웨어에서 동일한 검색을 할 수 없다. 위험 수준을 평가하려면 다른 방법을 사용해야 한다.

계층 3에 해당하는 회사는 제3자 회사와의 업무 관계에서 발생될 위험을 단순히 감수하기로 할 수 있다. 계층 2에 해당하는 회사는 표준 외부감사의견이나 16장에서 다룬 SOC 보고서를 요청, 검토해야 한다. 계층 1에 해당하는 회사는 내부시스템이나 코드 취약점 검색 보고서 및 재해복구 연습 결과와 같은 추가 정보를 요청하고 검토해야 한다. 이러한 세부 보고서는 '읽기 전용' 모드로 공유할 수 있으므로 제3자 회사 구내에서 또는 접근이 통제된 원격 협업 메커니즘을 통해 검토해야 할 것이다.

표준 SOC 보고서나 기타 인증을 사용할 수 없는 경우 회사는 종종 보안 설문지를 작성해야 한다. 이러한 맞춤형 설문지는 때때로 NIST 80-53과 같은 산업의 통제 프레임워크에 기반을 둔 수백 가지 보안 관련 질문을 포함할 수 있다. 이 프로세스를 표준화하는 데 흔히 사용되는 도구는 SIG^{Standardized Information Gathering} 설문지다. https://sharedassessments.org/sig를 방문하면 이 솔루션에 대한 자세한 내용을 알 수 있다. 기업은 업계 모범 사례를 기반으로 설문지를 작성하고 여러 비즈니스 파트너에게 재사용할 수 있다. 고유한 설문지를 작성해야 하는 부담을 덜 수 있는 것이다. 일부 사이버보안 공급업체는 제3자 관리 도구도 제공한다. 이러한 솔루션에는 산업의 프레임워크와 규정에 따라 사전 생성된 설문지가 제공돼 질문에 대한 답변을 데이터베이스에 수집해 답변의 재사용과 자동화된 보고를 촉진한다.

개선책

모든 평가 결과를 수합한 후에는 이를 분석해 해결해야 할 공백이 있는지 결정해야 한다. 적절한 조치를 취하고자 동일한 수준의 우려와 긴급성을 제3자와 공유해야 한다. 이 때문에 개선책은 일종의 까다로운 제안이다. 제3자가 감사인이 원하는 특정한 조치를 취했는지의 여부는 협상에 달려 있다. 계약서상의 문구와 위험의 특성에 따라 제3자는 해결해야 할 공백의 수정 의무가 없을 수 있다. 또한 감사인은 제3자 서비스 사용을 단순히 중단할 수 있는 입장에 있지 않을 수 있다. 그래서 이 단계에서는 진정으로 협업이 필요하다.

모니터링과 보고

처음에 제3자 회사와 계약을 체결할 때 이 수준의 실사를 수행하는 것이 일반적이다. 계층 1에 해당하는 회사의 경우 최소한 파트너십 개선 과정을 추적하고 파트너십 기간 동안 매년 위험평가를 수행해야 한다. 이러한 관계는 위험관리 운영위원회와 함께 검토하고 다른 모든 위험과 함께 관리해야 한다.

수식의 요약

용도	부연 설명	수식
위험의 정의	위험을 표현하는 데 사용	위험 = 자산가치 × 위협 × 취약점
위협 추산	위협의 수치적 표현	위협 = 노출 계수(EF) × 연간 발생률(ARO)
취약점 추산	통제 결함의 측정	통제 결함(CD) = 1 − 통제효과성
위험 추산	위험의 정량화에 사용	위험 = 자산 가치 × EF × ARO × CD

지식 베이스

참고	웹 사이트
SFG 공유 평가, 표준화된 정보 수집(SIG) 질문서(2019년 6월 발효)	https://sharedassessments.org/sig/
FAIR 연구소(2019년 6월 발효)	https://www.fairinstitute.org/

찾아보기

IT 감사 3/e

정보자산 보호를 위한 통제기반 IT 감사

발 행 | 2021년 3월 31일

지은이 | 마이크 케게레이스 · 마이크 실러 · 크리스 데이비스
옮긴이 | 지현미 · 최영곤

펴낸이 | 권 성 준
편집장 | 황 영 주
편 집 | 조 유 나
디자인 | 송 서 연

에이콘출판주식회사
서울특별시 양천구 국회대로 287 (목동)
전화 02-2653-7600, 팩스 02-2653-0433
www.acornpub.co.kr / editor@acornpub.co.kr

한국어판 ⓒ 에이콘출판주식회사, 2021, Printed in Korea.
ISBN 979-11-6175-510-6
http://www.acornpub.co.kr/book/it-auditing

책값은 뒤표지에 있습니다.